Pemsel

Weltgeschichte der Seefahrt

Helmut Pemsel

Weltgeschichte der Seefahrt

Band I
Geschichte der zivilen Schiffahrt
Von den Anfängen der Seefahrt bis zum Ende des Mittelalters

Band II
Geschichte der zivilen Schiffahrt
Vom Beginn der Neuzeit bis zum Jahr 1800
mit der Frühzeit von Asien und Amerika

Band III
Geschichte der zivilen Schiffahrt
Von 1800 bis 2002
Die Zeit der Dampf- und Motorschiffahrt

Band IV
Biographisches Lexikon
Admirale, Seehelden, Kapitäne, Seeflieger,
Seefahrer, Reeder, Ingenieure, Kartographen,
Ozeanographen, Politiker und Historiker
Von der Antike bis zur Gegenwart

Band V
Seeherrschaft
Seekriege und Seepolitik von den Anfängen bis 1650

Band VI
Seeherrschaft
Seekriege und Seepolitik von 1650 bis 1914

Band VII
Seeherrschaft
Seekriege und Seepolitik von 1914 bis 2005

Helmut Pemsel

Weltgeschichte der Seefahrt

Band V

Seeherrschaft I

Seekriege und Seepolitik
von den Anfängen bis 1650

Koehler

MARINE

Wien · Graz 2004

Bibliografische Information Der Deutschen Bibliothek
Die Deutsche Bibliothek verzeichnet diese Publikation in der Deutschen Nationalbibliographie; detaillierte bibliografische Daten sind im Internet über http://dnb.ddb.de abrufbar.

Gedruckt mit Unterstützung des Bundesministeriums für Bildung, Wissenschaft und Kultur in Wien

Zu der Abbildung auf dem Umschlag:
Hendrick C. Vroom: Seeschlacht zwischen Spaniern und Engländern (Öl auf Leinwand)
(© Tiroler Landesmuseum Ferdinandeum, Innsbruck)

Alle Rechte vorbehalten.

Veröffentlichung in Deutschland:
ISBN 3-7822-0837-4
Koehlers Verlagsgesellschaft mbH, Hamburg
Internet: www.koehler-mittler.de

Veröffentlichung in Österreich:
ISBN 3-7083-0025-4
Neuer Wissenschaftlicher Verlag GmbH
Argentinierstraße 42/6, A-1040 Wien
Telefon: (++43/1) 535 61 03-22
Telefax: (++43/1) 535 61 03-25
e-mail: office@nwv.at

Geidorfgürtel 20, A-8010 Graz
e-mail: office@nwv.at

www.nwv.at

© NWV Neuer Wissenschaftlicher Verlag, Graz · Wien 2004

„Es soll nicht nur untersucht werden, wie Menschen, Völker und Staaten auf den Meeren wirkten, dort wirtschaftlich miteinander konkurrierten und sich militärisch bekämpften: Es gilt auch zu erforschen, welchen Einfluß in umgekehrter Richtung das Geschehen auf der See und in Übersee auf die Lebens- und Geisteshaltung der Zeit und auf die Politik der Mächte hatte."

Prof. Dr. Egmont Zechlin,
Hamburg, 1947

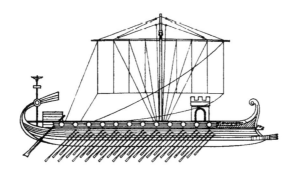

Hinweise für den Benutzer

Abkürzungen

Adm.	Admiral
BRT	Brutto Register Tonne
Com.	Commodore
F	Flaggschiff; bei Schiffsnamen
FM	Feldmarschall
Gen.	General
GenLt.	Generalleutnant
GenMj.	Generalmajor
KAdm.	Konteradmiral
kn	Knoten (Geschwindigkeit in Seemeilen/Stunde)
Kpt.	Kapitän
t	Tonnen (Wasserverdrängung)
VAdm.	Vizeadmiral

(E), (F), (H) usw. hinter dem Namen: Nationalität (England/Großbritannien), (Frankreich), (Niederlande) usw.

Die Zahlen in Klammer hinter dem Schiffsnamen bedeuten bei frühen Segelschiffen das ungefähre Fassungsvermögen in Raumtonnen, bei Segelkriegsschiffen die Anzahl der Kanonen, bei den Dampf- und Motorschiffen die Wasserverdrängung in Gewichtstonnen und bei Flugzeugträgern die Anzahl der an Bord befindlichen Flugzeuge oder die Tonnage.

Maßstab der Schiffsskizzen

bis 1850   1:1000
ab 1850   1:2000
Bei einem anderem Maßstab ist dieser an der Zeichnung angegeben.

Inhaltsverzeichnis

Hinweise für den Benutzer VI

Geleitwort Prof. Dr. Jürgen Rohwer XIII

Vorwort zur 4. deutschen Ausgabe 2004/2006 XIV

Vorwort zur 3. deutschen Ausgabe 1995 XIV

Vorwort zur 2. deutschen Ausgabe 1985 XV

Vorwort zur 1. Ausgabe von 1975 XVIII

Zeittafeln XX

Die Prähistorische Seefahrt 1

Zeit der Riemenschiffe 7

Die frühen Hochkulturen 7

Die Seekriege der Griechen (500–240) 29
    Die großen Perserkriege 35
    Krieg Korinth gegen Kerkyra/Korfu 42
    Peloponnesischer Krieg. Erster Teil 44
    Die Sizilische Expedition von Athen 48
    Peloponnesischer Krieg. Zweiter Teil (Dekeleischer Krieg) 50
    Korinthischer Seekrieg 56
    Krieg um Amphipolis und die Chalkidike 58
    Makedonien gegen Athen 60
    Perserfeldzug 62
    Kämpfe während der Diadochenkriege 62

Die Seekriege von Rom (und seiner Vorläufer) 1100 vor bis 630 nach Chr. 69
    Die Ereignisse im westlichen Mittelmeer bis zum Eingreifen der römischen Republik 75
    Krieg von Karthago gegen Syrakus 78

Krieg Rom gegen Tarent 80
Der Erste Punische Krieg 80
Der Zweite Punische Krieg 86
Der Zweite Makedonische Krieg 90
Krieg Rom gegen Syrien 92
Der Dritte Makedonische Krieg 94
Der Dritte Punische Krieg 96
Erster Krieg Roms gegen Mithridates von Pontus und Beginn der Römischen Bürgerkriege 98
Dritter Krieg Roms gegen Mithridates von Pontus 98
Seekrieg von Rom gegen die Seeräuber 100
Bürgerkrieg von Caesar gegen Pompeius 100
Krieg des Triumvirates gegen die Republikaner 102
Seekrieg gegen Sextus Pompeius 104
Krieg Oktavian gegen Antonius 108
Die römische Kaiserzeit 112
Die Gotenkriege 116
Die Seeherrschaft der Vandalen 120
Der Gotenkrieg von Ostrom 122
Krieg Ostroms gegen Persien 124

Die Araber im Mittelmeer (7.–10. Jh.) 129

Der erste Angriff auf Konstantinopel 134
Der Kampf um die Prokonsularis (Tunesien) 136
Der Zweite Angriff auf Konstantinopel 138
Der Dreimächte-Seekrieg 156

Die Seezüge der Germanen und Wikinger 161

Die Seekriege im Mittelmeer (11.–14. Jh.) 183

Kampf um Sardinien 188
Angriff der Normannen auf Byzanz 192
Erster Kreuzzug nach Palästina 194
Kriegszug von König Sigurd I. Magnusson 196
Krieg Mailand gegen Como 196

Die Normannen in Nordafrika 200
Krieg Sizilien gegen Byzanz 202
Krieg Genua gegen Pisa 204
Dritter Kreuzzug 208
Vierter Kreuzzug 210
Erster Krieg Venedig gegen Genua 214
Seekrieg Genua gegen Pisa 218
Krieg um Sizilien. Teil 1 220
Zweiter Seekrieg Venedig gegen Genua 222
Krieg um Sizilien. Teil 2 222
Comer See 226
Kampf um Sardinien 226
Der dritte Seekrieg Venedig gegen Genua 230
Zypern 230
Vierter Seekrieg Venedig gegen Genua (Chioggiakrieg) 232

Die Seekriege im Ärmelkanal und der Biskaya (12.–15. Jh.) 237

    Der Hundertjährige Krieg England gegen Frankreich 242

Deutsches Reich, Skandinavien und die deutsche Hanse (12.–15. Jh.) 251

    Norwegen 254
    Krieg von Dänemark gegen die Hanse und Schweden 258
    Krieg der Hanse gegen Dänemark 258
    Schweden. Kampf um die Krone 262

Die Seekriege im Mittelmeer (15.–16. Jh.) 263

    Krieg Mailand und Genua gegen Venedig 267
    Krieg Portugal gegen Kastilien 270
    Italienkrieg von Frankreich 272
    Krieg Venedig gegen die Türkei 274
    Krieg um das Königreich Neapel 276
    Offensive von Spanien in Nordafrika 278
    Erster Krieg Kaiser Karls V. gegen Franz I. von Frankreich 280
    Kämpfe am Comer See 282
    Kampf um Zypern 294

Die Seekriege in Süd- und Ostasien (bis zum 16. Jh.) 303

    Ozeanien 324

    Seekrieg Japan gegen Korea 324

Zeit der Segelschiffe 329

Die Fahrten der Entdecker (15. und 16. Jh.) 331

Spanien und Portugal erobern ihre Überseereiche (16. Jh.) 343

    Das portugiesische Kolonialreich 345

    Das spanische Kolonialreich 356

Mittel- und Westeuropa im 16. Jahrhundert (Reformation) 363

    Krieg um Portugal 372

    Freiheitskampf der Niederlande (1. Teil) und Krieg Spaniens gegen England 372

Nord- und Osteuropa im 16. Jahrhundert 383

    Krieg Lübeck gegen Dänemark und Schweden 385

    Der Nordische Siebenjährige Krieg 386

    Krieg Schweden und Polen gegen Rußland 388

    Der Kalmar Krieg 392

Die Seekriege zur Zeit des Dreißigjährigen Krieges 393

    Frankreichs letzter Hugenottenkrieg 398

    Die Kämpfe in der Ostsee und im Deutschen Reich 400

    Krieg Schweden gegen Dänemark 402

    Seekrieg Spanien gegen die Niederlande 404

    Seekriege und Ereignisse in Übersee 408

        Westindien und Nordamerika 408

        Indischer Ozean und Stiller Ozean 410

        Südatlantik 418

        Vorstoß der Niederländer nach Südamerika 418

    Seekrieg Frankreich gegen Spanien 420

    Die Kämpfe im Mittelmeer neben den großen Kriegen 426

    Der Krieg um Kreta 430

Die Kämpfe auf dem Bodensee 434
Der englische Bürgerkrieg zur See 436

Anhang *441*
   1. Der Schiffskatalog der Ilias (Homer), die älteste erhaltene Flottenliste 441
   2. Die königlich englische Flotte 1513 443
   3. Schiffe der königlich englischen Flotte 1588 444
   4. Schiffe der Spanischen Großen Armada 1588 445

Literaturverzeichnis *447*

Index Band V *451*

Ergänzungen und Korrekturen *485*

Inhaltsverzeichnis von Band VI

Die Seekriege in der zweiten Hälfte des 17. Jahrhunderts

Die Seekriege in der ersten Hälfte des 18. Jahrhunderts

Die Seekriege in der zweiten Hälfte des 18. Jahrhunderts
  Der Siebenjährige Krieg
  Der Nordamerikanische Unabhängigkeitskrieg

Die Seekriege von 1790 bis 1815
  Der Seekrieg von Großbritannien gegen die französische Republik
  Der Seekrieg von Großbritannien gegen das französische Kaiserreich

Die Seekriege in der ersten Hälfte des 19. Jahrhunderts

Die Zeit der Dampfschiffe

Die Entwicklung der Dampfkriegsschiffe

Die Ereignisse zur See in der zweiten Hälfte des 19. Jahrhunderts
  Der Krimkrieg
  Der Sezessionskrieg der USA
  Der Seekrieg Japan gegen China

Der Seekrieg USA gegen Spanien

Ereignisse zur See zu Beginn des 20. Jahrhunderts

    Der Seekrieg Japan gegen Rußland

    Der Erste Balkankrieg

Inhaltsverzeichnis von Band VII

Der Erste Weltkrieg

Die Zeit zwischen den beiden Weltkriegen

    Der Bürgerkrieg in Rußland/Sowjetunion

    Der Spanische Bürgerkrieg

Der Zweite Weltkrieg

Das Elektronische Zeitalter

Die neuen Kriegsschiffe

Die Ereignisse zur See vom Zweiten Weltkrieg bis 1990

    Der Koreakrieg

    Der Seekrieg vor Vietnam

    Der Seekrieg Indien gegen Pakistan

    Der Erste Golfkrieg

Der Weg in das dritte Jahrtausend

    Der Zweite Golfkrieg

    Der Dritte Golfkrieg (Irakkrieg)

Ausblick

Geschichte der Taktik zur See

Gesamt-Literaturverzeichnis

Index

Geleitwort Prof. Dr. Jürgen Rohwer

Vor nunmehr 29 Jahren veröffentlichte der bekannte österreichische Schiffahrts- und Marine-Historiker Helmut Pemsel seinen Band „Von Salamis bis Okinawa", der auf nur 160 Seiten eine gedrängte Chronik zur Seekriegsgeschichte bot. Der Band fand damals großes Interesse, weil er nicht nur die im dem anglo-amerikanisch-europäischen Bereich bekannten Seekriege behandelte, sondern auch Wert auf die dort weniger beachteten, aber historisch wichtigen Operationen im arabisch-türkischem Raum des Mittelmeeres und in den skandinavischen Seegebieten legte.

In der zweiten Auflage zehn Jahre später legte Helmut Pemsel eine wesentlich erweiterte, zweibändige Auflage vor, die sich auch mit der vorgeschichtlichen Entwicklung und den seit der ersten Auflage vergangenen Jahre befaßte. Sie enthielt auch einen erheblich erweiterten und verbesserten Kartenteil und gab den großen politischen Zusammenhängen, die zu den Seekriegen geführt hatten, breiteren Raum. Besonders verdienstvoll war es, daß auch die Operationen in den weniger beachteten osteuropäischen Gewässern, im Indischen Ozean und im Fernen Osten berücksichtigt wurden. Ein ergänzender dritter Band mit den Lebensläufen der wichtigsten Flottenführer und Seehelden ergänzte das Werk.

Nun erscheint eine auf sieben Bände angelegte dritte Auflage als „Weltgeschichte der Seefahrt", in denen die ersten drei Bände die bisher fehlende zivile Schiffahrt behandeln, der vierte das Biographische Lexikon ergänzt und die Bände fünf bis sieben sich mit der Seeherrschaft im Rahmen der Weltgeschichte befassen. Ausgehend von der prähistorischen Seefahrt werden im Band 5 weltweit, und sogar unter Einschluß der Vorgänge auf Binnengewässern wie den Bodensee, die Zeit der Riemenschiffe und die Zeit der Segelschiffe bis Mitte des 17. Jahrhunderts dargestellt, während der Band 6 sich mit den Seekriegen von der zweiten Hälfte des 7. bis zum Beginn des 20. Jahrhunderts beschäftigt und dabei auch die technische Entwicklung berücksichtigt. Der 7. Band soll die Zeit der beiden Weltkriege und das „elektronische Zeitalter" bis zur Gegenwart unter Einschluß der neuen Technologien beschreiben und mit einem Ausblick auf das 21. Jahrhundert sowie einem Überblick über die Entwicklung der Seetaktik enden.

Das durch seine Karten besonders anschauliche Nachschlagewerk wird dem Leser das zeitlich und räumlich so weit gespannte Feld der Schiffahrts- und Seekriegsgeschichte in überschaubarer und ansprechender Weise nahe bringen. Wir müssen dem Autor für sein großes Werk sehr dankbar sein, und den Bänden eine weite Verbreitung wünschen.

Jürgen Rohwer
1985–2000 Vizepräsident der Internationalen Kommission für Militärgeschichte

Vorwort zur 4. deutschen Ausgabe 2004/2006

Die Erweiterung des Umfangs der Seeherrschaft von 800 auf etwa 1200 Seiten und damit auf drei Bände hat es möglich gemacht, daß einige neue Abschnitte, die bisher zu kurz gekommen sind und in anderen Kapiteln untergebracht waren, nun ausführlicher behandelt werden können. Neue Hauptabschnitte sind die Seekriege in Nord- und Osteuropa im 16. Jahrhundert und der Weg in das 3. Jahrtausend. Der größere Umfang hat es auch zugelassen, weitere Seekriege auf Binnengewässern wie den oberitalienischen Seen oder am Bodensee nachzutragen.
Im Text der Chronik – und in den Karten – habe ich zu den Daten zur See auch die zeitgleich wichtigsten Ereignisse im Landkrieg aufgeführt, damit man das Wechselspiel zwischen See- und Landoperationen besser erkennen kann.

Die Unterteilung der Bände erfolgt nun in den Jahren 1650 (nach dem Dreißigjährigen Krieg) und 1914 (vor Beginn des Ersten Weltkrieges). Durch die Aufteilung der „Seeherrschaft" auf drei Bände wurde auch der Anhang vom letzten Band auf alle drei Bände verteilt. Jeder dieser drei Bände hat daher seine eigenen Tabellen, sein eigenes Literaturverzeichnis und seinen eigenen Index.

Die vielen neuen Karten wurden von mir in groben Umrissen mit der Hand vorgezeichnet und dann am PC mit zwei Zeichen- und einem Textverarbeitungsprogramm fertiggestellt. Ich habe bewußt weniger Einzelheiten eingezeichnet, vor allem nur jene Ereignisse, die daneben oder auf benachbarten Seiten im Text stehen, damit sie auch ohne Lupe lesbar sind. Die Karten sollen keinen Atlas ersetzen.
Im übrigen gilt nach wie vor das eingehende Vorwort für die zweite Ausgabe aus dem Jahr 1985, das nach dem Vorwort von 1995 folgt.

Wien, Herbst 2004   Helmut Pemsel

Vorwort zur 3. deutschen Ausgabe 1995

Die erste Auflage einer Chronik zur Seekriegsgeschichte ist 1975 unter dem Titel „Von Salamis bis Okinawa" erschienen. Diese Chronik wurde zu einer maritimen Weltgeschichte erweitert und 1985 in zwei Bänden unter dem Titel „Seeherrschaft" publiziert. In England und den USA sind von der ersten Ausgabe bisher bereits vier Auflagen erschienen.
Nun liegt auch in deutsch eine dritte Auflage vor. Erfreulicherweise mußten neben rund einem Dutzend Druckfehlern nur zwei sachliche Fehler korrigiert werden. Ergänzt wurde diese Ausgabe um die Ereignisse der letzten zehn Jahre (1985–1994) wie z. B. das Ende des Ersten Golfkrieges und den Zweiten Golfkrieg sowie zwei neue Tabellen in der Statistik. Der Flottenstärkevergleich wurde nach Weyers Flottentaschenbuch 1994/96 auf den neuesten Stand gebracht.
Die Auflösung der Sowjetunion brachte noch immer ungeklärte Fragen über den Besitz der Schwarzmeerflotte zwischen Rußland und der Ukraine. In der Statistik wurde daher die ehemals Rote Flotte den heutigen Staaten der GUS zugerechnet.

Wien, Frühjahr 1995   Helmut Pemsel

Vorwort zur 2. deutschen Ausgabe 1985
(gekürzt)

Das hier vorgelegte zweibändige Werk „Seeherrschaft" stellt – wie es der Untertitel sagt – maritime Weltgeschichte von den Anfängen der Seefahrt bis zur Gegenwart dar. Alle wichtigen kriegerischen Auseinandersetzungen zur See von den Perserkriegen bis zur Gegenwart (1985) werden behandelt. Erstmals in der einschlägigen Literatur wird dieses Thema aus übernationaler Sicht dargestellt. Weder eine Nation noch eine Zeitepoche ist bewußt bevorzugt worden.

Ausgangsbasis für diese Seekriegsgeschichte war mein im Jahr 1975 erschienenes Buch „Von Salamis bis Okinawa", eine Chronik zur Seekriegsgeschichte. Der erhebliche und positive Widerhall dieses Buches bei den Lesern und Rezensenten, aber auch die zahlreichen Anregungen, Vorschläge und Wünsche vieler Interessierter, ließen den Gedanken an eine neue Auflage reifen. Bei den hierfür erforderlichen Arbeiten entwickelte sich aus einer korrigierten und erweiterten Neuauflage zunächst noch eine Neuausgabe und aus dieser schließlich ein zweibändiges Werk mit 800 Seiten. Der jetzige neue Titel war gerechtfertigt durch eine erhebliche thematische Erweiterung, durch den doppelten Umfang bei Text und Karten und durch den großen zeitlichen Abstand vom Erscheinen des ursprünglichen Buches beim heute nicht mehr bestehenden J. F. Lehmanns Verlag in München.

In dem einbändigen Werk von 1975 wurden vorwiegend Kämpfe behandelt, an denen Kriegsschiffe „erster Ordnung" beteiligt waren. In diesen zwei Bänden sind auch Kämpfe von Einheiten zweiter Ordnung aufgenommen worden. Dies sind vor allem zur Zeit der Riemenschiffe Kämpfe von kleineren Verbänden und damit auch die Kriege der kleineren Länder und deren Flotten. Als typisches Beispiel seien der Kampf um Sardinien im 14. Jahrhundert oder die frühen Seekriege der nordischen Länder genannt. Aus der Segelschiffszeit wurden vor allem die wichtigen Fregattenkämpfe wie die im Krieg zwischen Großbritannien und den USA 1812–1815 aufgenommen. Aus dem 19. Jahrhundert wurden vor allem die Freiheitskämpfe in Südamerika und die Kämpfe der kleineren Flotten behandelt.

Gegenüber dem Buch von 1975 wurde diese Ausgabe auf eine wesentlich breitere Basis gestellt. Am Anfang wurde sie um das Kapitel über die prähistorische Schiffahrt erweitert, am Schluß wurden die Ereignisse nach dem Zweiten Weltkrieg zu einem eigenen Hauptkapitel zusammengefaßt und eingehend behandelt. Ferner wurden die Entdeckungsreisen und Forschungsfahrten (Tauchversuche) mit strategischer Bedeutung aufgenommen. Das wichtigste aber ist die Zusammenfassung des ganzen Inhalts in 28 Kapiteln, denen jeweils eine marinepolitische Einführung vorangestellt wurde. Zum besseren Überblick wurden diese Einführungen über den ganzen Satzspiegel gesetzt, sie allein stellen bereits eine kurze maritime Weltgeschichte dar.

Die Namen der bedeutendsten Personen – Flottenführer, Kapitäne, Kommandanten, Entdecker etc. – sind im Personenverzeichnis durch Fettdruck hervorgehoben. Für diese über 250 Namen wurden Kurzbiographien mit Lebensdaten und Abbildungen in meinem ebenfalls 1985 beim Bernard & Graefe Verlag erschienenen Werk „Biographisches Lexikon zur Seekriegsgeschichte" zusammengestellt. Dort kann man sich rasch über Persönlichkeit, Leben und Leistung der Menschen, die den Gang der maritimen Geschichte beeinflußt haben, informieren.

Um den Zusammenhang der geschichtlichen Ereignisse nicht zu sehr zu zerreißen, wurde am Ende des zweiten Bandes eine Geschichte der Taktik mit den entsprechenden graphischen Erläuterungen zusammengefaßt.

Mehrfach wurde angeregt, genauere Daten auch weiter in der Vergangenheit zu präzisieren und mehr Schiffsnamen zu bringen. Dem ersten Wunsch bin ich nach Möglichkeit nachgekommen. Ich habe es allerdings vorgezogen, lieber ein Datum einmal unbestimmt zu lassen, als unsicheren Quellen zu folgen. Bei den Schiffsnamen habe ich für einige wichtige Seeschlachten die Namenslisten der teilnehmenden Schiffe eingefügt, um den Stand der Namensgebung bei den einzelnen Flotten anschaulich zu machen. Bei allen Ereignissen die Namenslisten zu bringen hätte viel Platz beansprucht und wäre für den Leser ermüdend.

Die beiden Bände der „Seeherrschaft" sind im Unterschied zu „Von Salamis bis Okinawa" statt in drei in fünf Hauptkapitel unterteilt:
Die Zeit der **Prähistorischen Schiffahrt** reicht von den frühesten Nachweisen über die Nutzung der Wasserflächen durch den Menschen bis zum Ende des Neolithikums (Jungsteinzeit). Dies ist im östlichen Mittelmeer und im Persischen Golf der Beginn des 3. Jahrtausends vor der Zeitenwende, im westlichen Mittelmeer der Beginn des 1. Jahrtausends vor der Zeitenwende, in Nordeuropa die Zeitenwende und im Stillen Ozean das Ende des 19. Jahrhunderts.
Der zweite Hauptabschnitt behandelt die **Zeit der Riemenschiffe,** das ist vom Beginn der frühen Hochkulturen bis zum Ende des 16. Jahrhunderts nach der Zeitenwende. Dabei sind die zum Kampf mit Riemen (Rudern) angetriebenen Kriegsschiffe gemeint. Die taktische Einsatzmöglichkeit ist hierbei bedingt durch die technische Art der Fortbewegung beim Kampf. Handelsschiffe wurden ja schon viel früher mit Segeln angetrieben.
Der dritte Hauptabschnitt stellt die **Zeit der Segelschiffe** dar, die in diesem Fall vom Ende des 16. Jahrhunderts bis zur Mitte des 19. Jahrhunderts reicht. Bei den Kämpfen der Engländer gegen die spanische Große Armada im Ärmelkanal 1588 treten die Segelschiffe die Herrschaft auf den Weltmeeren an, und mit der Einführung der Dampfmaschinen in der ersten Hälfte des 19. Jahrhunderts geht diese zu Ende.
Der vierte Hauptabschnitt – und hier beginnt der zweite Band des Werkes – ist die **Zeit der Dampfschiffe.** Vom Krimkrieg, wo sich der mechanische Antrieb erstmals als unerläßlich erwiesen hat und damit die dritte große Revolution im Schiffsantrieb (und Schiffbau) nach der Einführung der Riemen (um 3000 v. Chr.) und der Perfektion der Segelkriegsschiffe (um 1600 n. d. Zw.) stattgefunden hat, bis zum Ende des Zweiten Weltkrieges reicht diese Zeitspanne. Trotz Einführung von Turbine und Dieselmotor hat in den Jahren von 1850 bis 1950 doch eine kontinuierliche Entwicklung stattgefunden. Für die Zeit nach dem Zweiten Weltkrieg wurde ein neuer, fünfter Hauptabschnitt eingeführt: **das elektronische Zeitalter.**

Auf eine Problematik bei den frühen Zeitansätzen sei noch kurz hingewiesen. Das Kapitel über das Seewesen der frühen Hochkulturen wurde auf den neuesten Stand der Geschichtsforschung (1985) gebracht. Gerade in diesem Bereich sind fast jährlich neue Erkenntnisse zu erwarten. Vor allem die Zeitansätze der „Mittleren Chronologie" vor 1500 v. d. Zw., die hier verwendet wurden, werden nach den letzten Erkenntnissen der Radiokarbondatierung immer stärker in Zweifel gezogen (z. B. Zeitschrift „Antiquity", März 1979). Nach einigem Überlegen habe ich mich jedoch entschlossen, bei meinen Zeitansätzen zu bleiben. Sollte sich die neue Datierung mit den höheren Zeitangaben durchsetzen, müßten die Zeiten vor 1500, die das alte Ägypten und Vorderasien betreffen, entsprechend geändert werden.

Dazu als Beispiele:

	Mittlere Chronologie	Radiokarbondatierung
König Snefru, Ägypten	2580–2553	2850–2823
das frühdynastische Ur	2800–2414	3100–2469
die El-Obeid-Kulturen	3600–3200	5000–4000

Bei der Schreibung russischer Namen habe ich mich nach einigem Zögern entschlossen, bei der volkstümlichen Umschrift zu bleiben und nur im Index auch die wissenschaftliche Umschrift anzuführen. Im umgekehrten Fall hätte in allen Karten, die aus dem Buch „Von Salamis bis Okinawa" stammen, die Beschriftungen geändert werden müssen. Bei den chinesischen Namen wurde neben der Wade/Giles-Umschrift in Klammer die neue Pinjin-Umschrift eingefügt.

Herr Professor Dr. Jürgen Rohwer, Direktor der Bibliothek für Zeitgeschichte in Stuttgart, hat nicht nur das Vorwort geschrieben, sondern das ganze Werk dankenswerter Weise überprüft und zahlreiche Vorschläge für Ergänzungen und Korrekturen gemacht, die zum Großteil noch berücksichtigt werden konnten.

Weiters gilt mein Dank den vielen Museen und Archiven sowie zahllosen Privatpersonen, die im einzelnen hier anzuführen unmöglich ist, für ihre selbstlose Unterstützung. Ganz besonders möchte ich dem Service Historique de la Marine in Vincennes für die prompte und ausführliche Beantwortung meiner Fragen danken. Das deutsche Bundesarchiv/Militärarchiv in Freiburg konnte aus Personalmangel (Brief vom Dezember 1979) leider keine Daten liefern, Anfragen an die Sowjetunion über die Botschaft in Wien wurden ignoriert.

Die **Karten** wurden nach meinen Entwürfen von Herrn Helmut Fechter, Deutschland, und von meinem Kollegen von der Arbeitsgemeinschaft für österreichische Marinegeschichte, Herrn Georg Pawlik, Wien, gezeichnet.

Die **Schiffsskizzen** sollen das Zeitkolorit vermitteln und zugleich den Wandel im Schiffbau und der Bewaffnung veranschaulichen. Ein durchgehend einheitlicher Maßstab war nicht möglich. So sind die Skizzen bis 1850 in 1:1000, ab 1850 in 1:2000 wiedergegeben.

Die für diese Arbeit verwendete Literatur war weitgehend fremdsprachig. Übersetzungen besorgten Bernd Österle, Ostberlin (russisch), Erika Reitan, Stord (norwegisch), Robert Kriegler, Bludenz (italienisch), Rodolfo Berlinger, Chile (spanisch), Kishio Kagawa, Tokio (japanisch), Frau Botschaftsrat Ok, Wien (türkisch) und meine Frau Edith (französisch, italienisch). Für Englisch war ich selbst zuständig, mit Spanisch habe ich mich dank Latein herumgeschlagen. Für die Durchsicht und Korrektur russischer und chinesischer Namensumschriften danke ich den Mitarbeitern des slawistischen bzw. sinologischen Instituts der Universität in Wien.

Bei dieser Menge von Daten in Text und Karten ist es möglich, daß sich trotz größter Sorgfalt Fehler eingeschlichen haben. Für Korrekturen mit Quellenangabe bin ich stets dankbar.

Der letzte Dank geht an meine Frau, die mit großer Geduld nicht nur übersetzt, sondern mit mir auch viele Tage Korrektur gelesen hat.

Wien, Frühjahr 1985   Helmut Pemsel

Vorwort zur 1. Ausgabe von 1975

Die „Chronik zur Geschichte der Seekriege" behandelt alle wichtigen kriegerischen Auseinandersetzungen zur See von den Perserkriegen bis zur Gegenwart (1974). Erstmals in der einschlägigen Literatur wird dieses Thema in übernationaler Sicht behandelt. Besonders sind die „dunklen Jahrhunderte" der Seekriegsgeschichte – die Seekriege im Mittelmeer von Aktium bis ins 16. Jahrhundert, soweit exakt erfaßbar – ebenfalls eingearbeitet worden.
Für die Aufnahme von Kriegsereignissen zur See in diese Arbeit sind gewisse Mindestforderungen aufgestellt worden. So sind in der Neuzeit vorwiegend Kämpfe behandelt, an denen Kriegsschiffe „erster Ordnung" beteiligt waren. Es gibt nur wenige Ausnahmen, wie bei der Verwendung von technischen Neuerungen, z. B. den Kampf >Monitor< gegen >Merrimac< oder die Versenkung der >Elath<.
Die Terminologie der Kämpfe zur See ist teilweise abweichend von anderen Werken einheitlich wie folgt festgelegt:

Seeschlacht: Zusammentreffen von Flottenverbänden mit Schiffen erster Ordnung *und* ernsthaftes Fechten.
Treffen: wie oben, jedoch ohne ernsthaftes Fechten.
Gefecht: Zusammentreffen von Verbänden ohne Schiffe erster Ordnung oder kleiner Schiffsverbände der Galeerenzeit und Kämpfe einzelner Schiffe erster Ordnung.

Als Schiffe erster Ordnung werden verstanden:
- **Galeeren** des Altertums und des Mittelalters
- **Galeonen** des 16. und 17. Jahrhunderts
- **Segellinienschiffe** des 17. bis 19. Jahrhunderts
- **Hochseepanzerschiffe** des 19. Jahrhunderts
- **Linienschiffe und Panzerkreuzer** des 19. und 20. Jahrhunderts
- **Schlachtschiffe und Flugzeugträger** des 20. Jahrhunderts

Aus den beiden Weltkriegen des 20. Jahrhunderts wurden neben den See- oder See/Luftschlachten- und Gefechten auch die wichtigsten Geleitschlachten und Landungsoperationen geschildert.
Zur besseren Anschaulichkeit ist dem Text die entsprechende Illustration – Landkarte, Gefechtsplan oder Schiffsskizze – gegenübergestellt. Die einzelnen Ereignisse werden in ihrem Zusammenhang gebracht und nicht im Interesse einer strengen Chronologie aus ihrem Zusammenhang gerissen.

Möglichste Sorgfalt ist auf die Schreibweise der Eigennamen gelegt. Bei unterschiedlichen Schreibweisen in den Quellen wurde die richtige Schreibweise aus der Zeit festgestellt. In einigen Ausnahmefällen ist die international gebräuchliche Schreibweise der richtigen örtlichen vorgezogen worden (z. B. Tassafaronge statt Tasivarongo).

Ferner wurden die Namen in der Art des jeweiligen Zeitalters geschrieben (z. B. Ephesos zur Zeit der Griechen und Ephesus zur Zeit der Römer). Noch heute gültige geographische Bezeichnungen wurden trotz aller Unregelmäßigkeiten vorwiegend nach dem „Knaurs Großer Weltatlas", München/Zürich 1972 geschrieben. Bei Ortsnamen mit einer eingebürgerten deutschen Namensform (z. B. Warschau statt Warszawa) wurde erstere gewählt. Sorgfältig wurden auch Umbenennungen mit dem jeweiligen Zeitabschnitt abgestimmt (z. B. England zu Großbritannien 1707 und Byzanz zu Konstantinopel 324 und dieses zu Istanbul 1453).

Durch die Einführung des Gregorianischen Kalenders in den einzelnen Ländern zu verschiedenen Zeiten ergeben sich in manchen Werken Zeitdifferenzen von zehn bis elf Tagen. Ich habe mich bemüht, diese Unterschiede nach Möglichkeit auszuschalten, ab 1582 sind die Daten des neuen Kalenders verwendet worden.

Nicht versäumen möchte ich, mich bei den Helfern zu bedanken, die wesentlich dazu beigetragen haben, daß dieses Buch überhaupt erscheinen konnte. Herr Prof. Dr. Jürgen Rohwer hat das Manuskript durchgesehen und dem Verlag empfohlen. Beim J. F. Lehmanns Verlag hat Herr V. Schwartz mir immer ein offenes Ohr geliehen. Zu größtem Dank bin ich Herrn Wolf Kaliebe verpflichtet. Er hat die mühsame und zeitaufwendige Arbeit der Text- und Kartenkorrektur durchgeführt, viele technische Fragen geklärt und mich auch noch in der letzten Zeit in manchem privaten Gespräch mit wertvollen Ratschlägen unterstützt. Mein besonderer Dank geht auch an Herrn Helmut Fechter, der wesentlich dazu beigetragen hat, dem Buch diese Anschaulichkeit zu verleihen. Nach meinen bestimmt nicht immer leicht zu enträtselnden Entwürfen hat er die Karten in zweijähriger Arbeit genau nach meinen Vorstellungen gezeichnet.

Weiters geht mein Dank an die Marinemuseen und Archive, die rasch und entgegenkommend meine Anfragen beantwortet haben. Auch meine Kollegen von der Arbeitsgemeinschaft für österreichische Marinegeschichte sowie Herr Dr. Klaus Reisch in Kitzbühel mit seiner reichen Marinebibliothek waren mir eine große Hilfe. Zuletzt möchte ich noch Frau Dr. Hertha Ladenbauer vom österreichischen Bundesdenkmalamt für ihre Aufmunterung danken, die sie mir gab, wenn ich einmal nicht weiter konnte, sowie für die reiche Erfahrung in der Publizierung von wissenschaftlichen Arbeiten, die sie mir angedeihen ließ.

Sommer 1975 H. Pemsel

Zeittafeln

Erdgeschichte, Urgeschichte und frühe Hochkulturen

3000 Mill. Jahre	Erdurgeschichte (Kryptozoikum)	Bildung der Erdkruste	Entstehung des Lebens Einzeller
570 Mill.	Erdaltertum (Paläozoikum)	Bildung von Land und Meer	Algen Meerestiere Amphibien
230 Mill.	Erdmittelalter (Mesozoikum)	Bildung der Bodenschätze (Erze, Salz, Steinkohle, Erdöl)	Landtiere Dinosaurier
70 Mill.	Erdneuzeit Tertiär (Neozoikum)	Bildung der heutigen Kontinente	Säugetiere Prähominiden
2 Mill.	Quartär		erste Menschen „Faustkeile"
600.000	Ältere Altsteinzeit (Altpaläolithikum)	Günz-Eiszeit Mindel-Eiszeit	erste Werkzeuge älteste Speere
120.000	Mittlere Altsteinzeit (Mittelpaläolithikum)	Riß-Eiszeit Würm-Eiszeit	Holz zur Schwimmhilfe?
50.000	Jüngere Altsteinzeit (Jungpaläolithikum)		Fischer Bootsbauer?
10.000	Mittelsteinzeit	Ende der Eiszeiten	„Seefahrer" Segel?
6000	(Mesolithikum)	Ostsee ein Binnenmeer	Boote gepaddelt
5000	Jungsteinzeit (Neolithikum)	südliche Nordsee trocken	früheste Schiffsdarstellungen
4000		Ärmelkanal entsteht	früher Kulturaustausch über See
3000	Bronzezeit bei frühen Hochkulturen	Ägypten Mesopotamien	Schiffe gerudert Seehandel von
2000		Seemacht Kreta	Mesopotamien nach Indien
1500	Eisenzeit bei den frühen Hochkulturen	*Hatschepsut* Mykenä	Seehandel nach Ostafrika (Punt)
1200		*Ramses II.* Seeschlacht im Nildelta	Seevölkersturm
1000	Bronzezeit in Europa	Phöniker	Rammsporn
500	Eisenzeit in Europa	*Polykrates* Afrika umfahren?	Trieren

Zeit der Riemenschiffe

Jahr	Ereignisse	Schlachten/Orte	Personen
500	Perserkriege Peloponnesischer Krieg	Salamis Syrakus, Aigospotamoi	*Themistokles*
400			
300	Erster Punischer Krieg Zweiter Punischer Krieg	Eknomos, Ägatische Inseln	Enterbrücke *Gaius Duilius*
200	Makedonische Kriege		
100	Seeräuberkrieg römische Bürgerkriege	Actium	*Sextus Pompeius* *Agrippa*
Zeitenwende			
100			
200	Gotenkriege		
300		Seeschlacht im Hellespont	
400	Völkerwanderung Seeherrschaft der Vandalen	Seeschlacht bei Kap Bon	*Geiserich*
500	Gotenkrieg von Ostrom		
600	Vorstoß der Araber	Seeschlacht der Masten Konstantinopel	*Herakleios I.*
700	Araber in Sizilien Araber in Spanien		
800	Araber in Sizilien Wikinger in der Normandie		Wikingerschiffe
900	Waräger/Russen im Schwarzen Meer		
1000	Normannen in England	Landung in England Wikinger in Grönland	*Wilhelm der Eroberer*
1100	Kreuzzüge Normannen in Süditalien	Wikinger in Amerika	*Leif Eriksson*
1200	Mongolen in China Venedig gegen Genua	Kamikaze = Götterwind	Heckruder Kompaß
1300	Frankreich gegen England deutsche Hanse	Sluis Chioggia	
1400	Hanse gegen Dänemark	*Zheng He/Cheng Ho* im Indischen Ozean	Kanonen
1500	Portugiesen in Indien Spanier in Amerika	Entdeckungsfahrten der Europäer	*Bartolomeu Diaz* *Chr. Kolumbus*
1600	Türken im Mittelmeer	Lepanto	*Don Juan d'Austria*

Zeit der Segelschiffe

1580	Freiheitskampf der Niederlande	spanische Armada	*Howard Drake*
1590	Freiheitskampf der Niederlande		
1600	Freiheitskampf der Niederlande	Riemenflotten nur mehr in Küstengewässern	
1610		›Sovereign of the Seas‹	
1620	Freiheitskampf der Niederlande	Seeschlacht in den Downs	*Tromp d. Ä.*
1630	Dreißigjähriger Krieg	Niederländer und Engländer in Ostindien	
1640	Freiheitskampf der Niederlande		
1650	1. engl.-niederl. Seekrieg Dänemark - Schweden	3-Tage-Schlacht im Kanal Seeschlacht bei Outer Gabbard	*Blake* ›Brederode‹
1660	2. engl.-niederl. Seekrieg	Seeschlacht bei Texel	*de Ruyter*
1670	3. engl.-niederl. Seekrieg Schonensche Krieg	Seeschlacht in der Kjögebucht	*Niels Juel*
1680			Schiffsklassen
1690	Pfälzischer Erbfolgekrieg	Seeschlacht bei Beachy Head und Barfleur-La Hougue	*Tourville* ›Soleil Royal‹ I
1700	Spanischer Erbfolgekrieg	Seeschlacht bei Malaga	Handelskrieg
1710		Seeschlacht bei Kap Passaro	Linienschiffe
1720			Fregatten
1730			
1740	Österreichischer Erbfolgekrieg	Seeschlacht bei Toulon	
1750			
1760	Siebenjähriger Krieg	Seeschlacht bei Quiberon	*Hawke* Blockadekrieg
1770	nordamerikanischer		
1780	Unabhängigkeitskrieg	Seeschlacht bei Kap Henry Seeschlacht bei Dominica	*Rodney* bew. Neutralität
1790	Seekriege Englands gegen Frankreich	Seeschlacht bei Quessant Seeschlacht bei Aboukir	*Howe* *Nelson*
1800	Seekriege Englands gegen Frankreich	Trafalgar, ›Victory‹ Kontinentalsperre	Blockadekrieg
1810	*Napoleons* Ende	erste Dampfschiffe	›City of Clermont‹
1820	griechischer Freiheitskampf	Seeschlacht bei Navarino	
1830			Schiffsschraube
1840	1. Opiumkrieg USA – Mexiko	Ende der britischen Navigationsakte	Granate Seekabel

Zeit der Dampf- und Motorschiffe

1850	Krimkrieg 2. Opiumkrieg	Bombardement von Kinburn	>Napoleon< Granaten Panzerung
1860	Sezessionskrieg der USA Österreich – Italien	Gefecht Chesapeakebucht *Farragut* Lissa ... *Tegtthoff*	>Gloire< >Monitor< Seeminen Ramme Suezkanal
1870	Frankreich erobert Indochina	Salpeterkrieg	Dampfmaschine statt Segel >Duilio<
1880	Pazifikkrieg Südamerika	Beschießung von Alexandria	Einsatz Fischtorpedo
1890	Bürgerkrieg in Chile Japan – China USA – Spanien	>Blanco Encalada< + Seeschlacht vor dem Yalu ... *Ito* Seeschlacht bei Santiago/Kuba	Torpedoboote, Linienschiffe Gefechtsentfernung 6000 Meter Panzerkreuzer
1900	China, „Boxerunruhen" Japan – Rußland	Seeschlacht bei Tsushima *Togo*	Funkentelegraphie U-Boote >Dreadnought<
1910	Balkankriege Erster Weltkrieg	X Skagerrak ... *Scheer* U-Bootkrieg ... *Jellicoe*	>Seydlitz< Handelskrieg U-Boot-Krieg erste Flugzeuge >Hermes<
1920	russischer Bürgerkrieg	Flottenabkommen von Washington	>Nelson<
1930	spanischer Bürgerkrieg Japan – China	Flottenvertrag von London zwischen Großbritannien und Deutschland	Flugzeugträger Reichweite: Artillerie ... 40 km Flugzeug ... 400 km
1940	Zweiter Weltkrieg	>Bismarck< ... *Lütjens* X Tarent ... *Cunningham* X Pearl Harbor ... *Yamamoto* X Midway ... *Nimitz* X Leyte	>Enterprise< I >Yamato< Radar Landungsschiffe Atombombe

Elektronisches Zeitalter

1950	Koreakrieg	*MacArthur* Landung bei Inchon	>Nautilus< Atomantrieb Raketen >G. Washington< SSBN
1960	Krieg in Vietnam	Raumschiff um die Erde	>Enterprise< II RBN
1970	Indien – Pakistan	Raumschiff landet am Mond ... *Gorschkow* SALT I	Raketen statt Artillerie >Nimitz<
1980	Erster Golfkrieg Falklandkrieg Erster Golfkrieg	UN Seerechtskonvention unterzeichnet	>Invincible<
1990	Zweiter Golfkrieg Krieg am Balkan 1 Krieg am Balkan 2	Zerfall der UdSSR Zerfall von Jugoslawien Vertrag Rußland-Ukraine	FK „Tomahawk" >Charles de Gaulle< RB
2000	Krisen Irak, Palästina Krieg in Afghanistan Dritter Golfkrieg	Bau internationaler Weltraumstation ISS	Untergang der >Kursk<

Die Prähistorische Seefahrt

(Zeit der gepaddelten Kriegsfahrzeuge)

Obwohl des Schwimmens kundig, hatte sich in frühesten Zeiten der Mensch sicher nur unfreiwillig – wie auch die Landtiere – dem Wasser anvertraut. Überschwemmungen hatten ihn jedoch schon sehr früh in seiner Entwicklung dazu gezwungen, sich nach Hilfsmitteln umzusehen, die es ihm ermöglichten, sich länger als es ihm seine Schwimmausdauer gestattete über Wasser zu halten. Er lernte Schilf, Bambus oder ganze Bäume nicht nur zu seiner Rettung zu benutzen, sondern auch gezielt zur Überwindung von begrenzten Wasserhindernissen einzusetzen. Mit dem ersten Einbaum oder Floß, mit dem der Mensch ein Beutetier auch am anderen Ufer eines Gewässers angreifen konnte, hatte er begonnen, sich die Wasserflächen der Erde untertan und nutzbar zu machen und damit „Seeherrschaft" auszuüben.

Wann diese Entwicklung begonnen hatte, ist heute nicht mehr feststellbar. Sie reicht aber sicher weit in das Paläolithikum (Altsteinzeit) zurück, wie die Funde von rund 500.000 Jahre alten Wurfspeeren aus einer Braunkohlengrube in Mitteldeutschland zeigen. Die **ersten Wasserfahrzeuge** waren sicher zunächst mit der Hand gepaddelt worden. Später wurden auf flachen Gewässern Staken (Stangen) verwendet und bald kam auch das hölzerne Paddel in Gebrauch. Aus Tierhäuten gefertigte Segel waren wohl ebenfalls bereits bei günstigen Bedingungen in der Altsteinzeit in Verwendung. Für den frühesten Transport von schweren Gütern wurden Flöße aus zusammengebundenen Baumstämmen, aus Papyrusbündeln, aus Bambusstauden oder ähnlichem Material gebaut.

Durch das Anwachsen der Schiffsgrößen im Neolithikum (Jungsteinzeit) wurde es immer schwieriger, die Verdrängungsfahrzeuge (Einbäume, Fellboote u.a.) oder die Flöße mit Paddeln gegen den Wind oder eine Strömung fortzubewegen. Zu Beginn der frühen Hochkulturen in Ägypten und Mesopotamien wurde daher der Riemen (Ruder) entwickelt, mit welchem die Kraft besser als mit dem Paddel zum Antrieb umgesetzt werden konnte. Nach den frühesten Schiffsdarstellungen aus Ägypten ist es höchst wahrscheinlich, daß die Riemen aus den Steuerrudern, die eine ähnliche Befestigung an der Bordwand hatten, entstanden sind. Dadurch war die erste große **Revolution im Schiffsantrieb,** unabhängig vom Wind, im Mittelmeer begonnen worden. In Nordeuropa hielt sich das Paddel als Hauptantrieb neben dem Segel noch rund drei Jahrtausende, in Ozeanien bis in das 20. Jahrhundert.

Die frühesten Wasserfahrzeuge der Menschheitsgeschichte – Einbäume, Flöße, Fellboote, Schilfboote, aufgeblasene Tierhäute und andere Konstruktionen – waren bis zum Beginn der Jungsteinzeit nur geeignet, Flüsse, Seen und ruhige Küstenstriche gezielt zu befahren. Wie sich heute kein Astronaut ohne die Gewähr, wieder auf die Erde zurückkehren zu können, in den Weltraum schießen ließe, so war auch in der Steinzeit sicher kein Mensch mit seinem primitiven Wasserfahrzeug freiwillig auf die Hohe See gefahren, ohne das Ziel genau zu kennen und möglichst gewiß zu sein, wieder zurückkehren zu können. Fahrzeuge wie Thor Heyerdahls >Kon Tiki< oder >Ra II< waren zwar im Stande, mit den Meeresströmungen Ozeane zu überwinden, konnten aber gegen diese Strömung nicht ansegeln und waren daher für gezielte Fahrten und einen regelmäßigen Kulturaustausch über große Entfernungen noch nicht geeignet. Erst größere Verdrängungsfahrzeuge aus Spanten und Blanken oder einer ähnlichen Konstruktion, die mehr auf als im Wasser liegen, konnten durch ihre leichte Bauweise zunächst mit Paddeln, später mit Riemen und Hilfssegeln über längere Strecken auch gegen eine Meeresströmung gezielt fortbewegt werden.

Im 7. Jahrtausend vor der Zeitenwende begann die Besiedelung der größeren landfernen Inseln im Mittelmeer und vor den Küsten von Europa und Westafrika. Diese Tatsache und die ersten Funde von Skelettresten von größeren Fischen der Hohen See in den Siedlungsspuren der Küstenbewohner dieser Zeit beweisen, daß von da an die Wasserfahrzeuge groß und stabil genug waren, um auch größere Strecken offenen Meeres zu überwinden. Man kann also sagen, daß die Schiffahrt im engeren Sinn im 7. Jahrtausend begann, während vorher nur Boote die Küstengewässer befuhren. Erst die frühen Hochkulturen hatten jedoch neben den Wasserfahrzeugen auch die nötigen ersten Navigationskenntnisse (Gnomon/Sonnenstab, Winkelmessung des Polarsterns etc.) erworben, die es ihnen ermöglichten, die Meere der ihnen bekannten Erdteile in Küstennähe zu befahren.

Die frühesten Funde von Schiffen, Booten und Schiffsausrüstung sowie deren Darstellungen oder indirekte Hinweise auf Schiffahrt zeigen nur den jeweils letzten Stand der Forschung. Neue Funde können diese frühesten Daten jederzeit weiter in die Vergangenheit verschieben.

ca. 120.000–50.000 v. Chr. **Altsteinzeit.** Im mittleren Paläolithikum gibt es wahrscheinlich schon eine Verwendung von primitiven Wasserfahrzeugen, läßt sich aber heute (2003) noch nicht nachweisen.

ca. 50.000–10.000 **„Seefahrende" Stämme.** Die frühesten materiellen Hinweise auf Seefahrt wie Knochenharpunen und Angelhaken stammen aus dem Magdalenien (um 20.000 v. Chr.), der ausgehenden Altsteinzeit.

um 25.000 **Australien.** Die frühesten Besiedlungsspuren stammen aus dieser oder noch etwas früherer Zeit. In der letzten Eiszeit hat durch den damals niedrigeren Wasserstand eine Landbrücke von Südostasien nach Australien bestanden. Diese war durch die „Wallace-Linie" bei der heutigen Makassar-Straße durch einen schmalen Meeresarm unterbrochen. Die ersten Siedler in Australien müssen auf ihrer Wanderung diese überwunden haben und gehören daher zu den ersten „Seefahrern".

um 12.500 **Ägypten.** In Oberägypten werden am Nil bei Abd el-Qadir und Dschebel Sahaba frühe Siedlungen von Jäger- und Fischerkulturen festgestellt. Die Bedeutung der Fischerei zeigt sich besonders bei den Funden in der „Catfish-Cave" (Katzenfisch = Wels-Höhle)

ab ca. 10.000 **Nordeuropa.** Nach dem Abklingen der letzten Eiszeit folgen die Menschen den nach Norden wandernden Wildtieren. An den nordeuropäischen Küsten entwickeln sich Kulturen von Jägern, Fischern und Muschelsammlern. Diese Leute besiedeln allmählich die Küstengebiete von Skandinavien, das ab dem 8. Jahrtausend vor der Zeitenwende eisfrei wird. Sie bauen die ersten Boote in Nordeuropa, wahrscheinlich mit Fellen über ein Gerüst aus Holz oder Geweihstangen. Teile dieser Jäger und Fischer besiedeln mit ihren Booten über das See-Flußsystem auch den Norden der eurasischen Landmasse.

9. Jtd. **Mittelmeer.** Zur selben Zeit dürften auch im Mittelmeer Menschen begonnen haben, kurze Strecken offenen Meeres in Booten zu überwinden. Auf der Insel Skyros in der Ägäis sind aus dieser Zeit vom Festland stammende Mikrolithe der frühen Mittelsteinzeit gefunden worden.

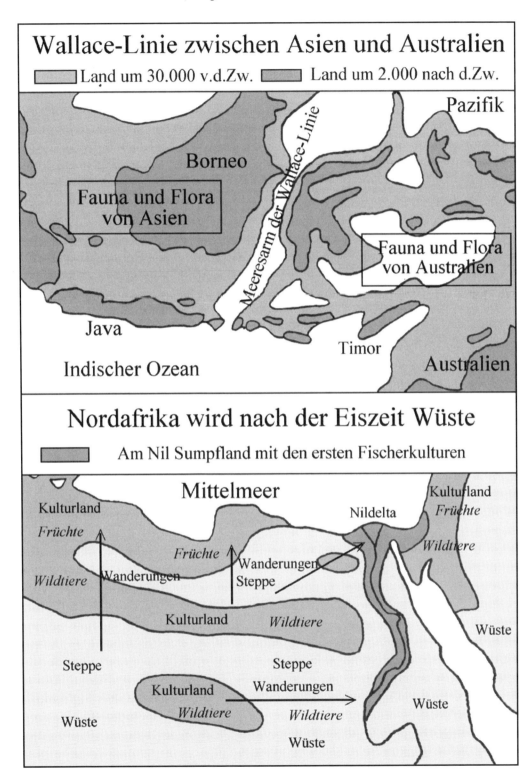

8. Jtd.	**Finnland.** Im Süden des Landes werden in Torfmooren Reste von Fischernetzen und Schlittenkufen auf diese Zeit datiert.
8. Jtd.	**England.** An der Nordseeküste bei Scarborough wird 1948 das Paddel von Star Carr gefunden. Es ist eines der ältesten erhaltenen Holzgeräte und der erste direkte Hinweis auf frühen Bootsbau. Fast gleich alt ist das am Wohnplatz von Duvensee in **Schleswig-Holstein** gefundene Paddel, das um 7000 v. Chr. geschnitzt worden ist.
7. Jtd.	**Beginn der Hochseeschiffahrt.** Um diese Zeit beginnen die Menschen erstmals Wasserfahrzeuge zu bauen, mit denen die Hohe See gezielt befahren werden kann. Es sind wahrscheinlich Fellboote wie die irischen Korakel oder die ersten Boote mit Spanten und Planken. Die meisten großen Inseln werden damals dauerhaft besiedelt. Zypern, Kreta, Sardinien, Irland, Malta und die Kanarischen Inseln zeigen aus dieser Zeit erste Besiedlungsspuren. Von da an wird auch schon regelmäßig Obsidian von Milos in der Ägäis nach Thessalien verschifft. Ebenfalls im Frühneolithikum wird Schmirgel von der Insel Thera zur Steinpolitur und Fertigung von Schalen am Festland verwendet.
6. Jtd.	**Nördliches Eismeer.** Jäger- und Fischerstämme erreichen die Küsten der Kolahalbinsel, von Ostkarelien und Nordfinnland und ziehen nach Südwesten zum Drontheimfjord in Mittelnorwegen.
6. Jtd.	**Zypern.** Auf der Insel sind zu dieser Zeit bereits Messer aus Obsidian in Gebrauch. Dieses vulkanische Glas kommt auf Zypern nicht vor und stellt daher das erste feststellbare überseeische Handelsgut vom Festland dar.
um 5000	**Ostsee.** Diese war während der vergangenen zwei Jahrtausende ein Binnenmeer. Nun erhält sie durch Sturmfluten wieder eine Verbindung mit der Nordsee durch die Bildung von Sund und den beiden Belten. Die direkte Landverbindung von Jütland nach Südschweden ist endgültig unterbrochen und wird erst im Jahr 2000 durch eine Tunnel/Brücken-Kombination wiederhergestellt.
5. Jtd.	**Sizilien.** Leute der sogenannten Stentinello-Kultur wandern über See auf der Insel ein. Die seit dem Paläolithikum besiedelte Insel ist erst seit der letzten Eiszeit durch die Straße von Messina vom italienischen Festland getrennt, sie erlebt nun ihre erste Einwanderung durch ein seefahrendes Volk. Dieselben Kulturträger besiedeln auch Malta und erstmals die Liparischen Inseln. Von Lipari aus wird dann Obsidian nach Sizilien, Süditalien und nach Nordwestafrika verschifft und dafür Ton für die Töpferei von Sizilien nach Lipari importiert.
4000–2000	**Nordsee.** Die seit der letzten Eiszeit trocken gefallene südliche Nordsee wird allmählich wieder überflutet und erhält über den Ärmelkanal eine direkte Verbindung zum Atlantik. Die Britischen Inseln sind seither vom Kontinent abgetrennt.
um 4000	**Mesopotamien.** Schon vor der biblischen Sintflut treiben die Menschen der El Obeid-Kultur des Zweistromlandes Handel mit Küstenplätzen in Südarabien, wobei sie Keramik liefern und Trockenfische und Perlen importieren.
3500–3000	**Ägäis.** Es wird bereits seit der Jungsteinzeit ein lebhafter Seehandel betrieben. Die meisten Inseln dieses Raumes sind von da an dauernd besiedelt wie z. B. Ägina, Mykonos, Naxos und andere.

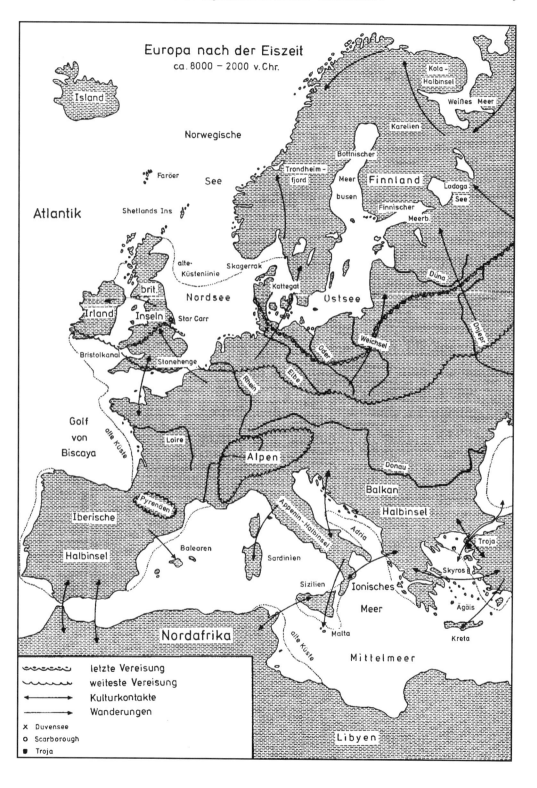

um 3000	**Westliches Mittelmeer.** Im Neolithikum halten Seefahrer Kulturkontakte zwischen der Iberischen Halbinsel und Sizilien einerseits und Nordwestafrika andererseits. Diese Kontakte gehen über die Straße von Gibraltar, über die Enge bei der Insel Alboran und über die Straße von Sizilien. Die Inseln des westlichen Mittelmeeres sind von da an dauernd besiedelt.
Anfang 3. Jtd.	**Ägypten.** Es werden erstmals bei den größeren Schiffen die Paddel durch die kräftesparenderen **Riemen (Ruder)** ersetzt. Im Laufe der Bronzezeit setzen sie sich im ganzen Mittelmeer durch. Gut ist der Übergang bei den Fresken des „Admiralshauses" auf der Insel Thera (heute im Nationalmuseum von Athen) aus der Mitte des 2. Jahrtausends vor der Zeitenwende zu sehen. Der Name Thera wird übrigens heute durch Lautverschiebung als Thira ausgesprochen, aber noch immer als Thera geschrieben.
vor 2700	**Troja.** Die Stadt wird nahe beim Südeingang der Dardanellen gegründet. Sie ist über die ganze folgende Bronzezeit ein bedeutender Herrschersitz an der strategisch wichtigen Kreuzung des Landweges von Asien nach Europa und des Seeweges von der Ägäis in das Schwarze Meer. Alle Schiffe haben vor Troja auf günstigen Wind warten müssen, um gegen die Strömung aus dem Schwarzen Meer vorankommen zu können.
3. und 2. Jtd.	**Megalithkultur.** Seefahrende Bevölkerungsgruppen verbreiten diese Kultur über fast alle Küstengebiete in West- und Nordeuropa. Für den Bau von Stonehenge in Südengland werden um 1600 v. Chr. viele Tonnen schwere Steinblöcke aus Wales über den Bristolkanal herantransportiert. Dazu sind Schiffe (oder Flöße?) mit einer Tragkraft nötig, wie sie in nordeuropäischen Gewässern erst Jahrtausende später wieder gebaut werden.
13. Jh.	**Lipari.** Die Träger der Ausonischen Kultur aus Süditalien erobern die Liparischen Inseln und die diesen gegenüberliegende Küste Siziliens.
1. Jtd.	**Insulinde/Südsee.** Die Protomalaien in Südostasien erobern Schritt für Schritt zunächst die Inselwelt zwischen Asien und Australien und besiedeln schließlich Mikronesien und später auch das westliche Polynesien. Sie drängen die Ureinwohner nach Australien ab und bilden mit ihren Auslegerbooten die erste Seefahrerkultur zwischen Madagaskar im Indischen Ozean und Samoa in der Südsee. Auch fallweise Kontakte mit den frühen Hochkulturen von Mittel- und Südamerika werden immer wahrscheinlicher.
11.–3. Jh.	**Polynesien.** Allmählich wird die ganze Inselwelt der Südsee bis zur Osterinsel besiedelt.
ca. 8. Jh.	**Hawaii-Inseln.** Gegen Ende des ersten Jahrtausends nach der Zeitenwende werden die Sandwich/Hawaii-Inseln von den Marquesas-Inseln und von Fidschi aus zum ersten Mal besiedelt.
ca. 9. Jh.	**Neuseeland.** Von Polynesien her kommen die Vorfahren der Maoris als erste Einwanderer nach Neuseeland.

Zeit der Riemenschiffe

Die frühen Hochkulturen

In **Ägypten** begann die Hochkultur mit dem Übergang vom 4. zum 3. Jahrtausend vor unserer Zeitrechnung. Im Ersten Reich (2850–2190) wurden die riesigen Pyramiden als Grablegen für jeweils einen Pharaonen gebaut. Neben den Pyramiden wurden die „Sonnenschiffe" des Pharaos beigesetzt. Diese ungeheuren Bauleistungen waren nur durch den Nil als Verkehrsweg für die riesigen Mengen an Baumaterial (darunter Obelisken mit mehreren hundert Tonnen Gewicht) möglich, auf dem die Güter transportiert werden konnten. Der Nil war auch das Band, das das Reich der Pharaonen und deren Kultur für rund 3000 Jahre zusammenhielt.
Nach einer Zwischenzeit der Unruhe und des Zerfalls in einzelne Gaufürstentümer, entstand das Mittlere Reich (2050–1780). In dieser Zeit griff Ägypten auch auf Nachbargebiete wie den Sinai und Nubien aus, wo es bedeutende Gold- und Kupferbergwerke gab. Nach der zweiten Zwischenzeit durch den Einfall der Hyksos (Pferd und Streitwagen) begann das Neue Reich (1570–715). In ihm erreichte das Land seine größte Blütezeit und beherrschte auch die Cyrenaika und große Teile von Palästina, dem Libanon (Zedern!) und Syrien. Der Ansturm der „Seevölker" wurde um 1190 in einer großen See- und Landschlacht abgewiesen. In der Spätzeit (715–332) wurde der Seehandel mit Griechenland gefördert, ein Kanal vom Nil zum Roten Meer gebaut und seeerfahrene Phöniker zu einer Umfahrung von Afrika ausgesandt.
Die bedeutendsten Leistungen der Ägypter für die Geschichte sind neben den Pyramidenbauten die riesigen Tempelbauten, die Großplastik, die Erfindung der Hieroglyphenschrift und das Papier aus der Papyrusstaude. Der Luxus am Hof der Pharaonen war unvorstellbar, aus den Goldminen in Nubien kam so viel Edelmetall, daß das ganze Mittelalter von den Goldlieferungen aus den Raubzügen in den Pharaonengräbern davon versorgt wurde.

In **Mesopotamien**, dem „Zwischenstromland" von Euphrat und Tigris und heutigen Irak, ging eine ähnliche Entwicklung vor sich. Die Zeit der Sumerer – ein Volk unbekannter Herkunft – dauerte ungefähr von 2800 bis 2000. Sie bauten im Mündungsgebiet der beiden Flüsse die ersten größeren Handelsstädte und Stufentürme aus Lehmziegeln mit den bedeutenden Dynastien von Ur und Lagasch. Die Macht ging schließlich auf das Reich von Akkad (2350–2150) mit dem Zentrum in der Gegend des heutigen Bagdad über. Nach der Zwischenherrschaft der aus den Bergen gekommenen Gutäer (2150–2050) und der dritten Dynastie von Ur (2050–1950) ging die Zeit von Sumer zu Ende.
Die starke Einwanderung von Semiten führte zur Bildung des Altassyrischen Reiches (1800–1375) mit seinem Zentrum beim heutigen Mossul. Dieses wurde vom Reich von Babylon (1753–1530) unter seinem Herrscher Hammurabi (1727–1688) zurückgedrängt, das seinerseits durch den Einbruch der Kassiten (ca. 1530–1160) stark an Bedeutung verlor. Das Mittelassyrische Reich (1375–1047) unterhielt politische Beziehungen mit Ägypten und griff im Norden bis an das Schwarze Meer aus. Das Neuassyrische Reich (883–612) wurde das erste Weltreich im „Goldenen Halbmond". Es erreichte unter Tiglat-pileser III. (745–727) seine größte Ausdehnung und reichte von Babylon über Assyrien, Syrien, Libanon, Palästina, (Zypern?) und Ägypten bis nach Nubien. Die Meder und Babylonier zerstörten schließlich das schon geschwächte Reich und machten dessen Hauptstadt Ninive 612 zu einer Ruinenstätte. Das Neu-

babylonische Reich (625–539) erreichte unter Nebukadnezar II. (604–562) seine höchste Blüte. Unter ihm wurde Jerusalem zerstört und die Juden in die Gefangenschaft geführt. Schließlich wurde dieses Reich durch den Perserkönig Kyros II. den Großen (559–529) zerstört.
Die Sumerer entwickelten die Keilschrift und kennzeichneten ihre Warenbestände mit Rollsiegeln. Von ihnen stammt die Tageseinteilung in 24 Stunden zu 60 Minuten und 60 Sekunden und die Kreiseinteilung zu 360 Grad. Die Literatur kam bereits zu beachtlicher Blüte. Von Hammurabi von Babylonien stammt die erste umfangreiche Gesetzessammlung, („Codex Hammurabi"), die uns auf einer Steinstele teilweise erhalten ist. Die Assyrer haben aus ihren riesigen Palästen zahlreiche Steinreliefs und Großplastiken hinterlassen. Das Tontafelarchiv von Ninive mit über 22.000 Tafeln ist eine wichtige Geschichtsquelle dieser Zeit. Die Assyrer waren auch für ihre brutale Kriegführung und die grausame Behandlung der Unterworfenen gefürchtet. In Babylon wurde um 600 v. Chr. der riesige „Turm zu Babel" (Etemenanki) gebaut, dessen Vorgänger, die Stufentürme (Zikkurat), schon in der Frühdynastischen Zeit gebaut worden waren. Aus dem Mesopotamien (und auch z.T. Ägypten) dieser Zeit stammen bedeutende Leistungen auf dem Gebiet der Astronomie, der Medizin, der Philosophie, der Geschichtsschreibung und der Dichtkunst wie das Gilgamesch-Epos (ca. 3000 v. Chr.).

In **Kleinasien** hatten die indogermanischen **Hethiter** ein Großreich errichtet, das ungefähr von 1640 bis 1200 bestand. Ihr Herrschaftsgebiet erstreckte sich von der Ägäis bis nach Syrien. Das Kernland war die Umgebung der Hauptstadt Hattusa, heute das Dorf Bogazköi, in dem ein großes Tontafelarchiv gefunden wurde, das über die Beziehungen mit Assyrien und Ägypten Auskunft gibt. Bei ihrer Ausbreitung unternahmen die Hethiter einen Kriegszug bis nach Babylon (um 1595) und lieferten am Orontes bei Kadesch den Ägyptern eine große Schlacht (1300), nach der die Grenze in Syrien festgelegt wurde. Dazu wurde auch das Reich von Mitanni am Euphrat erobert (1350). Im Westen hatten die Hethiter Kontakt mit den mykenischen Griechen. Um 1200 ist das Reich im Seevölkersturm fast spurlos untergegangen.
Nach dem Untergang der Hethiter entstand im Westen von Kleinasien das **Reich der Lydier** (680–546). Dieses unterwarf die Griechenstädte an der Westküste und dehnte sich bis zum Halys in Mittelanatolien aus. Unter König Kroisos (560–546) erreichte es seinen Höhepunkt aber auch den Untergang durch die Perser.
Neben dem „Goldenen Halbmond" gab es nur noch eine frühe Hochkultur, die schon im 3. Jahrtausend v. Chr. bestanden hat, die **Induskultur** (2500–1800), benannt nach den Fundstätten von Harappa und Mohenjo Daro. Sie verfügte bereits über Ziegelbauten und Flußschifffahrt auf dem Indus mit dessen Nebenflüssen.
Neben den zwei genannten Fundstätten wird meist auf die Hafenstadt Lothal östlich der Indusmündung vergessen, in der es schon eine gemauerte Dockanlage gegeben hat. Von dort und vom Indus fand schon ein früher Kulturaustausch mit Mesopotamien statt. Diese Kultur wurde mit größter Wahrscheinlichkeit von den im 3. Jahrtausend aus dem Nordwesten einwandernden Ariern zerstört.

In **China** entstanden die ersten Hochkulturen am mittleren Lauf des Hoang Ho. Die chinesische Kultur ist die einzige der Welt, die praktisch ohne Unterbrechung von der Mitte des 2. Jahrtausends v. Chr. bis heute andauert. Schon zu ihrem Beginn wurde die Schrift der (einsilbigen) Worte entwickelt. Tempel- und Palastbauten, Anlage von schiffbaren Kanälen, Be- und Entwässerung und Dammbauten wegen den großen Schwankungen des Wasserstands des Hoang Ho reichen in die früheste Zeit zurück. Kultur und Zivilisation von China waren immer nach Innen gerichtet, außerhalb des „Reiches der Mitte" gab es bis in das 19. Jahrhundert n. Chr. nach Ansicht der Chinesen nur Barbaren. Das war zwar bei fast allen Völkern der Antike der Fall, reichte aber nicht bis in die Neuzeit.

In **Amerika** gab es eine Reihe von Hochkulturen wie die Maya (200–800), Azteken (1350–1530) und die Inka (1400–1530), die reine Festlandkulturen waren und über eine geringe Küstenschiffahrt hinaus keine Seefahrt betrieben.

Die **Seefahrt** in Frühgeschichte und Altertum war an die Nähe der Küsten gebunden. Durch das Fehlen von fast allen navigatorischen Hilfsmitteln und die Kleinheit der frühen Wasserfahrzeuge war sie ein doppeltes Wagnis. Es wurde nur bei Tag gefahren und bei Nacht geankert. Obwohl im Altertum, mehr als später, Seefahrt und Seehandel mit Seekrieg und Seeraub Hand in Hand gingen, gab es schon ab dem Beginn des 1. Jahrtausends v. Chr. eine Unterscheidung in breitere Frachtschiffe, vorwiegend zum Segeln, und schlankere Kriegsfahrzeuge, vorwiegend zum Rudern, nur mit einem Hilfssegel. Dieses wurde zum Gefecht eingezogen, der dazugehörige Mast umgelegt. Die einzigen Hilfen zur Navigation waren das Steinlot zur Bestimmung der Wassertiefe, markante Punkte an Land zur Ortsbestimmung, Sonnenstand und Polarstern zur ungefähren Bestimmung des Kurses.
Die ersten größeren Wasserfahrzeuge wurden von den Ägyptern am Nil und von den frühen Hochkulturen in Mesopotamien und Indien am Euphrat, Tigris und Indus gebaut. Diese noch kiellosen Schiffe waren jedoch nur bedingt fähig, die Hohe See zu befahren. Handelsinteressen, die Notwendigkeit, immer größere Lasten auf weitere Entfernungen zu transportieren, zwangen zum Bau von hochseefähigen Schiffen.
In dem für die Kulturentwicklung besonders wichtigen **Mittelmeerraum** war die Seefahrt wegen der Winterstürme bis zum Beginn der Neuzeit auf die Monate April bis Oktober beschränkt. Im Indischen Ozean richtete sich die Schiffahrt bis zur Einführung der Dampfmaschine nach den Monsunwinden. Bei den Fahrten durch das Rote Meer war den frühen Seefahrern sicherlich die unterschiedliche Sonnen- und Zirkumpolarsternhöhe und dadurch der Breitenunterschied aufgefallen.
Sowohl Ägypten als auch Mesopotamien, die Induskulturen und China hatten fast nie Seemacht ausgeübt. Ihr maritimes Interesse lag im Handelsverkehr entlang ihrer Küstengebiete. Dieser wurde von den in ihrem Einflußbereich lebenden Küstenbewohnern durchgeführt. Auf diese Weise hatte im 3. Jahrtausend der erste größere Kulturaustausch zwischen Mesopotamien und Indien sowie im Mittelmeer stattgefunden.
Die erste bedeutende **Seemacht** war das minoische **Kreta** (2600–1400) im Mittelmeer, das mit seiner Flotte weite Teile des östlichen Mittelmeeres beherrscht (Fresken von Thera) und in Zusammenarbeit mit dem Neuen Reich in Ägypten die damals übliche Piraterie zugunsten eines friedlichen Seehandels eingedämmt hatte. Die Herrschaft von Kreta wurde von den minoischen Griechen des Festlandes mit der Zerstörung des Palastes von Knossos (1425) beendet. An seine Stelle traten neben den mykenischen Griechen auch die Seestädte an der Küste der Levante wie z. B. Ugarit. Die **Griechen**, deren frühe Hochkultur nach der Stadt Mykenä benannt ist, beherrschten von rund 1600 bis ca. 1150 die Ägäis und angrenzende Meeresteile. Sie bauten Verwaltungspaläste für ihre Fürsten und bestatteten diese in riesigen Kuppelgräbern. Ihre Kultur spiegelt sich in der Ilias und Odyssee, zwei der bedeutendsten frühen Epen der Menschheitsgeschichte, und in den Ausgrabungen wider. Zu ihren bedeutendsten kulturellen

Leistungen gehörten die Entwicklung der Buchstabenschrift mit Selbstlauten, der Tempelbau, die Großplastik, die Naturwissenschaften, die Philosophie und die Literatur.

In **Palästina** erkämpften sich die **Israeliten** unter den Königen David und Salomon ein eigenes Reich mit dem Zentrum in Jerusalem, das in wechselvollen Kämpfen bis zur Zerstörung der Stadt durch die Babylonier gehalten wurde. Die Israeliten entwickelten als Erste den Monotheismus, den Glauben an einen einzigen Gott (von Echnaton in Ägypten abgesehen) der zu weltweiter Bedeutung gelangte.

Nach dem **Seevölkersturm** um 1200 v. Chr. dauerte es wieder mehrere Jahrhunderte, bis sich im Mittelmeer Seemächte herausbildeten. Zunächst waren es die **Phöniker**, die ihr Handelsimperium von den Küstenstädten in Syrien, dem Libanon und Palästina in des westliche Mittelmeer ausdehnten. Von ihrer Gründung Karthago, das immer selbständiger wurde, wurden Handelsstützpunke in Südspanien und an der Atlantikküste von Marokko errichtet. Spuren von phönikischen (und späteren) Seefahrern, die von der im Atlantik herrschenden Meeresströmung nach Süd- und Mittelamerika verschlagen wurden, werden noch heute fallweise entdeckt, sind aber kein Beweis für regelmäßige Kulturkontakte.

Daß von den Phönikern keine kriegerischen Unternehmungen überliefert sind, liegt daran, daß sie uns überhaupt keine Aufzeichnungen über ihr Tun hinterlassen haben. Sie wollten sich die Konkurrenz vom Hals halten. Daß sie nicht nur Kaufleute waren, beweist die Weiterentwicklung der Kriegsschiffe. Sie bauten die ersten Galeeren mit zwei Riemenreihen übereinander und erfanden den Rammsporn. Tyrus, auf einer Insel vor der Küste gelegen, konnte sich dank seiner Flotte im Kampf gegen die übermächtigen Assyrer behaupten.

2700–2200 v. Chr.	**Ägypten.** Das Alte Reich geht dazu über, Seehandel mit der syrischen Küste und dem Lande Punt (in Ostafrika) zu treiben. Pharao Snofru (2580–2553) schickt die erste bekannte Expedition von 40 Schiffen an, um Zedernholz von der syrischen Küste zu holen. Unter Pharao Sahuré (2458–2446) erreichen die Syrienfahrten einen Höhepunkt.
um 2700	**Ägypten.** Die Pharaonen des Alten Reiches lassen neben ihren Pyramiden ein „Sonnenschiff" in einer unterirdischen Felsengruft aufstellen. Mit diesem soll ihre Seele in das Jenseits reisen. Eines dieser Schiffe wird 1954 entdeckt und geborgen.
um 2570	**Ägypten.** Pharao Snofru unternimmt mit der Nilflotte eine Strafexpedition nach Nubien und kehrt mit Gefangenen und einer Rinderherde zurück.
um 2500	**Mesopotamien.** Die Herrscher des frühdynastischen Ur treiben Seehandel im Persischen Golf über Dilmun/Bahrein bis nach Oman. Vor allem Perlen und Kupfer werden importiert.
um 2450	**Ägypten.** Pharao Sahure transportiert mit Frachtschiffen eine Armee an die Küste des Libanon, um den beschwerlichen Landmarsch durch die Wüste zu vermeiden.
24. Jh.	**Ägypten.** Uni, ein Richter und hoher Hofbeamter, führt einen Kriegszug gegen Palästina an. Dabei folgt dem Heer eine Versorgungsflotte entlang der Küste bis zur „Nase der Antilope" (Berg Karmel beim heutigen Haifa?).
2368	**Mesopotamien.** König Sargon von Akkad (2371–2316) erobert Syrien bis zur Küste des Mittelmeeres. Die Beute wird auf zahlreichen Flößen den Euphrat abwärts transportiert.

Zeit der Riemenschiffe: Die frühen Hochkulturen

2400–2100 **Kykladen.** Die Bewohner der Inseln in der Ägäis üben in der Bronzezeit mit vielruderigen Schiffen eine Seeherrschaft aus. Sie sind Kulturmittler zwischen Kleinasien einerseits und Griechenland andererseits.
Um die gleiche Zeit beginnen griechische Stämme in Mittelgriechenland und auf der Peloponnes einzuwandern.

um 2200 **Ägypten.** Gegen Ende des Alten Reiches kommt es in Ägypten zu Auseinandersetzungen zwischen den Herrschern in Theben und Memphis. Die Flußflottille von Memphis siegt dabei in mehreren Gefechten und hilft bei der Eroberung von Theben.

um 2100 **Mesopotamien.** König Manishtusu von Akkad (2306–2292) unternimmt einen Kriegszug über den Persischen Golf in ein Land, dessen genaue Lage noch nicht festgestellt ist. Es ist jedenfalls die erste bekannte große **Flottenexpedition** der Geschichte.

2005 **Ägypten.** Nach einem mehrjährigen Kriegszug flußabwärts erobert Pharao Mentuhotep III. (2010–1998) von Theben die Hauptstadt von Unterägypten Herakleopolis. Er eint dadurch erneut das Land und begründet das Mittlere Reich.

2000–1400 **Kreta.** Die Insel entwickelt sich zur ersten Thalassokratie (= Seeherrschaft) der Geschichte und beherrscht das ganze östliche Mittelmeer. In den Fresken der Insel Thera/Santorin in der Ägäis, ein Vorposten von Kreta, sind Flottenexpeditionen und Prunkschiffe abgebildet. Die Fresken sind zur Sicherheit in das Nationalmuseum von Athen verlegt worden und dort zu besichtigen. Die Kreter bauen die Hochseeschiffe schon stabiler auf Kiel und Spanten.

um 1990 **Ägypten.** Zur Festigung seiner Herrschaft unternimmt Pharao Amenemhet I. (1991–1961) einen Flottenvorstoß von Unterägypten bis nach Assuan und wirft unbotmäßige Gaufürsten nieder. Er wird dabei von einem Geschwader von 20 Kriegsschiffen, gebaut aus Zedernholz vom Libanon, des Gouverneurs von Beni Hassan unterstützt.

um 1950 **Ägypten.** Unter Pharao Sesostris I. (1971–1927) wird für Oberägypten bei der Insel Elefantine ein befestigter Hafen für die Flußflottille angelegt. Ein gleicher Hafen besteht für Unterägypten bei Memphis

um 1900 **Ägypten.** Zur Zeit der XII. Dynastie (1991–1786) dürfte erstmals eine Kanalverbindung vom östlichen Nil-Mündungsarm zum Golf von Suez und dadurch zum Roten Meer hergestellt worden sein.

1870 **Ägypten.** Pharao Sesostris III. (1878–1840) muß das Reich gegen Einfälle von Stämmen aus Nubien, die bis nahe dem ersten Katarakt vorgedrungen sind, verteidigen. Er unternimmt eine Flottenexpedition, überwindet auch den zweiten Katarakt, unterwirft das Reich von Kusch und dehnt die Grenze Ägyptens bis Nubien aus. Elf Jahre später läßt er um den ersten Katarakt einen Kanal bauen, um mit der Flotte leichter nach Süden vordringen zu können.

1792–1750 **Mesopotamien.** König Hammurabi bringt in langjährigen Kriegszügen das Land fast zur Gänze unter seine Herrschaft. Dabei spielen die Flußflottillen vor allem zum Truppentransport eine große Rolle. Zahlreiche Aufforderungen an Verbündete und Untergebene zum Stellen von Flußfahrzeugen sind bekannt.

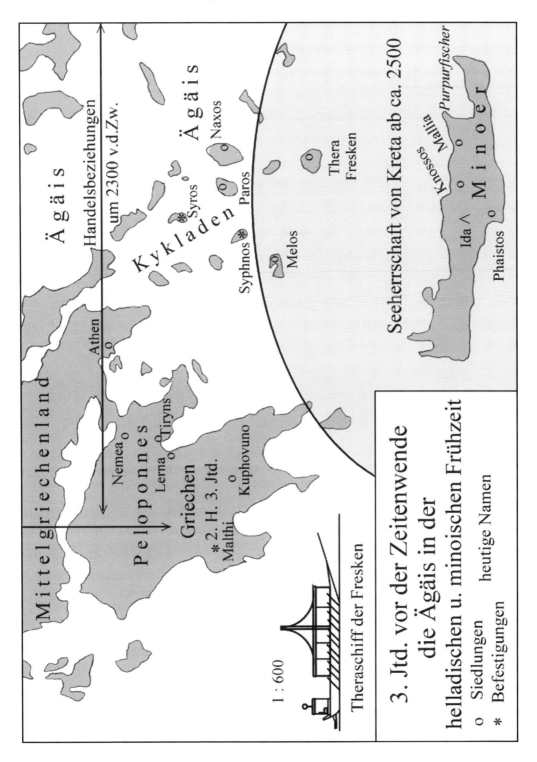

	Zeit der Riemenschiffe: Die frühen Hochkulturen
um 1610	**Ägypten.** Gegen Ende der Hyksosherrschaft besiegt Sehenenré, der Herrscher von Theben, den Pharao der Hyksos, Apophis III. (1615–1580), und stößt mit seiner Flußflotte nilabwärts bis Mittelägypten vor.
um 1595	**Hethiter.** König Mursilis (1610–1580) unternimmt einen Raubzug nach Mesopotamien. Er erobert und plündert Babylon. Zum Anmarsch und zum Abtransport der reichen Beute werden Flußfahrzeuge am Euphrat verwendet.
ab 1570	**Ägypten.** Pharao Ahmose (1570–1546) befreit das Land von den Hyksos und begründet das Neue Reich, das zu einer bedeutenden Seemacht im östlichen Mittelmeer und im Roten Meer aufsteigt. Bei der Vertreibung der Hyksos kommt es mehrfach zu Seegefechten im Nildelta. Eines der Kriegsschiffe von Ahmose heißt >Ankunft in Memphis<.
1505–1450	**Ägypten.** Unter Pharao **Thutmosis III.** erreicht die Seeherrschaft von Ägypten ihren höchsten Stand. Bei Memphis wird der Kriegshafen Perunefer (= Gute Reise?) vergrößert und erhält Werftanlagen und Nachschubdepots. Stützpunktkommandant ist Kronprinz Amenophis, was die Wertschätzung der Flotte zeigt. Ägypten reicht vom vierten Nilkatarakt bis zum Euphrat.
1475	Eine ägyptische Transportflotte, die das Heer in Palästina unterstützt, erobert am Rückweg zwei Handelsschiffe, wahrscheinlich aus Zypern, die eine reiche Ladung an Sklaven, Kupfer und Blei an Bord haben. Entweder war dies ein reiner Akt der Piraterie oder das Bestreben, ein Handelsmonopol an der Küste der Levante zu erzwingen.
1471	Pharao Thutmosis III. unternimmt seinen größten Feldzug nach Norden. Zum Vermeiden des langen Landmarsches wird das Heer mit allen Nachschubgütern auf einer großen Transportflotte, die in den letzten beiden Jahren in Memphis gebaut worden ist, an einen der Häfen an der syrischen Küste gebracht. Mitgeführt werden große Pontons zum Bau von Schiffsbrücken über die Flüsse Orontes und Euphrat.
1450	**Griechenland.** Die Griechen des Festlandes erobern das minoische Kreta und sind in der spätmykenischen Zeit als Nachfolger der Kreter die vorherrschende Seemacht in der Ägäis und im zentralen Mittelmeer. Entweder war die meerbeherrschende Flotte der Minoier bereits verfallen, oder die Mykener hatten ihrerseits schon eine starke Kriegsflotte aufgebaut. Eine dritte – unwahrscheinliche – Möglichkeit wäre ein Einsickern von kleinen Kampfgruppen an auseinanderliegenden Küstenplätzen.
um 1380	**Ägypten.** Pharao Echnaton läßt beim heutigen Tell el-Amarna eine neue Hauptstadt erbauen. Im Jahr 1887 wird dort das Tontafelarchiv der Pharaonen aus der Zeit von ca. 1420 bis 1360 gefunden. Die Korrespondenz mit den Herrschern in Vorderasien gibt uns wertvolle Hinweise über die damaligen politischen Beziehungen.
1302	**Ägypten.** Schon seit den letzten hundert Jahren kommt es zu Einfällen von Stämmen aus dem Westen in das Nildelta. Nach einem Überfall eines Piratengeschwaders vom Stamm der Scherden muß Pharao Ramses II. (1304–1237) die Land- und Seeverteidigung im Nildelta gegen Angriffe vom Westen verstärken.
1300	**Landschlacht bei Kadesch am Orontes.** Die Hethiter unter König Muwatallis (1315–1293) erringen mit ihren ganzen Streitkräften einen Abwehrerfolg über

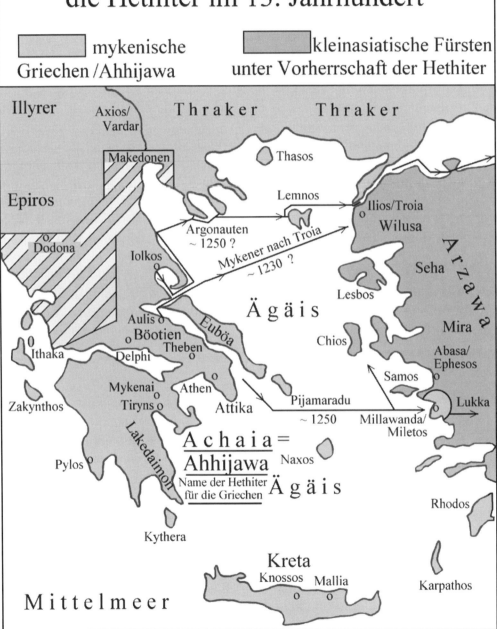

den mit vier Divisionen angreifenden Pharao Ramses II., der mit seinem Heer die Küstenstraße über Palästina und den Libanon angerückt ist. Die Versorgungsgüter werden von einer Begleitflotte transportiert. Das umstrittene Syrien bleibt in der Hand der Hethiter.

um 1260 **Griechenland.** Möglicherweise ist in das Ende der spätmykenischen Zeit der historische Hintergrund der **Argonautensage** zu datieren. Nach ihr fährt der Königssohn Jason mit den größten Helden von Griechenland mit der >Argo< in das Schwarze Meer, um das „Goldene Vließ" aus Kolchis im Kaukasus zu holen. Es hat bereits zu dieser Zeit erste Kontakte griechischer Seefahrer mit dem Gebiet des Schwarzen Meeres gegeben.

um 1250 **Kleinasien.** Der Achaier/Grieche Pijamaradu führt von Millawanda/Milet aus einen ständigen Kleinkrieg gegen die Untertanen der Hethiter an der Westküste von Kleinasien von Troja bis Lukka. Vor jedem anrückenden Heer der Hethiter zieht er sich mit seiner Flotte nach Griechenland zurück. Darüber beschwert sich Großkönig Hattusilis III. (ca. 1265–1240) in einem Brief an den König von Ahhijawa/Achaia/mykenisches Griechenland.

um 1250 **Griechenland.** Tontafelfunde mit der Linear-B-Schrift aus Theben in den neunziger Jahren des 20. Jahrhunderts erhöhen die Wahrscheinlichkeit, daß Böotien mit Euböa und Theben als Hauptstadt das Zentrum des aus den hethitischen Quellen überlieferten Reiches von Ahhijawa war. Von dessen Hafen Aulis soll auch die Flotte der Griechen nach Troja aufgebrochen sein.

um 1240 **Zypern.** Die Insel ist ein wichtiger Handelsstützpunkt zwischen der Ägäis und der Levante. Mit ihrem immer größeren wirtschaftlichen und politischen Gewicht droht sie sich der Oberherrschaft der Hethiter zu entziehen, deren König Tudhalijas IV. daher die Insel endgültig unterwirft, wahrscheinlich mit Hilfe der Flotte der syrischen Vasallenstaaten.

1231 **Ägypten.** Pharao Merenptah (1236–1223) vereitelt in einer Landschlacht im westlichen Nildelta einen Invasionsversuch der Libyer unter König Mauroy, der schon von mehreren Stämmen der „Seevölker" aus dem südlichen Kleinasien oder der Ägäis unterstützt wird.

um 1230 **Troja.** Nach Homer erfolgt der Zug der Griechen mit angeblich 1000 Schiffen (und Booten!) nach Troja und die Einnahme der Stadt nach zehn Jahren Kampf und Belagerung. Es ist die erste bekannte große amphibische Operation (Schiffskatalog der Ilias). Die Existenz von Troja ist zwar archäologisch nachgewiesen, noch nicht aber eine Zerstörung durch die Griechen zu dieser Zeit.

1200–1000 **Dorische Wanderung.** Sie bringt große Umwälzungen im Siedlungsgefüge der griechischen Welt rund um die Ägäis. Die Dorer besiedeln den Süd- und Ostteil der Peloponnes, Kreta und Rhodos mit dem benachbarten Küstenstreifen in Kleinasien. Die Ionier sichern sich neben Samos und Chios die Küste Kleinasiens vom heutigen Smyrna bis Halikarnassos. Die Aioler siedeln auf der Insel Lesbos mit der benachbarten Küste von Kleinasien.

um 1195 **Seeschlacht bei Zypern.** Der hethitische König Suppiluliumas II. besiegt die Flotte des mit den Seevölkern verbündeten Zypern. Dessen Schiffe werden auf Hoher See verbrannt. Erste durch schriftliche Überlieferung (Tontafeln von Ugarit) fixierbare Seeschlacht. Trotzdem bricht das Hethiterreich zusammen. Die Flotte von Ugarit wird aufgerieben.

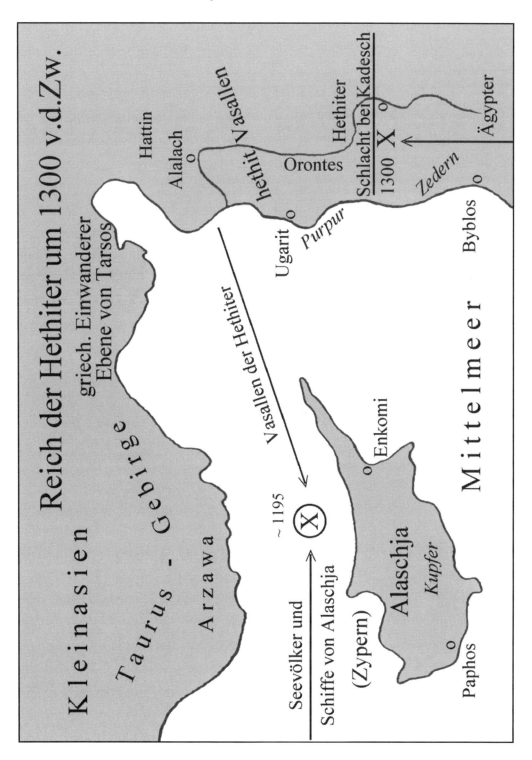

um 1190   **Seeschlacht im Nildelta.** Pharao Ramses III. (1198–1166) besiegt die Seevölker in einer Schlacht zu Wasser und am Lande entscheidend. Ein Teil der „Seevölker" läßt sich in Palästina nieder (Philister). Die Seestreitkräfte der Seevölker beherrschen von Palästina aus den Seehandel vor der Küste, bis sie von Israel und Tyrus Anfang des 10. Jahrhunderts aufgerieben werden.

um 1110   **Assyrien.** König Tiglat-pileser III. (1115–1077) erobert das Gebiet um den mittleren Euphrat, baut unterhalb von Karkemisch aus aufgeblasenen Tierhäuten eine Schiffsbrücke und stößt bis zum Mittelmeer vor. Dort zahlen ihm die Fürsten von Byblos und Sidon Tribut. Er selbst unternimmt eine Seereise, möglicherweise nach Zypern, und kontrolliert in der Folge die wichtige Handelsroute vom Persischen Golf zum Mittelmeer.

1045   **China.** Aus diesem Jahr stammt die erste überlieferte Verwendung von Flußschiffen zum Kriegseinsatz. Beim heutigen Meng-chin am Mittellauf des Gelben Flusses (Hoang Ho) setzen die Truppen des Reiches Zhou 300 Streitwagen und 48.000 Soldaten über den Fluß zum Angriff auf das Reich Shang. Es werden noch adaptierte Frachtschiffe verwendet.

ab ca. 1000   **Phöniker.** Diese werden von ihren Stadtstaaten an der Ostküste des Mittelmeeres die führende Seemacht vom Libanon bis zur Straße von Gibraltar. Ihre wichtigsten Stadtstaaten sind Tyrus, Byblos und Sidon. Später kommt die Neugründung Karthago dazu. Handelsstützpunkte werden auf Malta, Panormus/Palermo, Hippo/Bizerta Utica bei Tunis, Gades/Cádiz, in Tartessos im Süden der Iberischen Halbinsel und bis an die Atlantikküste von Marokko gegründet. Daß sie dieses Seeimperium mit einer Kriegsflotte verteidigt haben, beweist der erste Bau von Galeeren mit zwei Riemenreihen übereinander und die Erfindung des Rammsporns.

9. Jh.   **Seekrieg in der Ägäis.** Die Amphiktionie (= Umwohnerschaft, Bund mit religiös-politischen Zielen) von Kalaureia, das heutige Poros im Saronischen Golf, mit den Orten Ägina, Athen, Epidauros, Nauplia, Hermione, Prasiai und Orchomenos liegt in einer Auseinandersetzung zur See mit Euböa, den nördlichen Kykladen und Thessalien. Es wird vermutet (van Dornick jr. in: IJNA 1982, 277 ff), daß damals der Anstoß zur Entwicklung der griechischen Trieren mit Rammsporn der späteren Zeit gegeben worden ist. Kontakte mit den im Schiffbau weiter fortgeschrittenen Phönikern zu dieser Zeit sind erwiesen.

ab 8. Jh.   **Beginn der griechischen Kolonisation.** Die wachsende Zahl von Bewohnern kann von der begrenzten Anbaufläche nicht mehr ausreichend ernährt werden. Die Gemeinden nützen daher ihre guten maritimen Fähigkeiten zum Aufsuchen von günstigen Plätzen für die Anlage von Pflanzstädten. Im Gebiet des Schwarzen Meeres werden vor allem die Ionischen Städte von Kleinasien aktiv, allen voran Milet.
Es entstehen Sinope (812 erste Gründung), Kyzikos (757), Trapezus (756), Chalkedon (685), Abydos (675) und Byzantion (668). Im Westen wird zuerst Euböa aktiv, später auch vor allem Korinth, Rhodos und Phokäa. Die wichtigsten Gründungen dort sind Ischia (770), Cumae (760), Zankle/Messina (759), Naxos auf Sizilien (735), Rhegion (705), Himera (649), Kyrene (639), Massilia/Marseille (600) und Akragas (580).

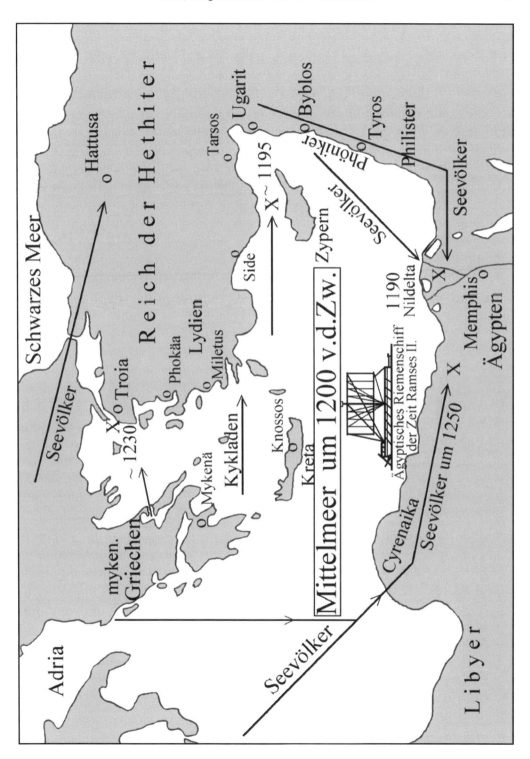

Das Handelszentrum Naukratis (670) im Nildelta wird von den Pharaonen gefördert. Dort werden hundert Jahre später alle Griechen aus Unterägypten zusammengezogen. Eine weitere Ausbreitung in das westliche Mittelmeer verhindern die Punier und Etrusker.

um 740 **Ägypten.** Das Land zerfällt nach dem Ende des Neuen Reiches in mehrere Dynastien in Theben, Memphis und dem Nildelta. Der Äthiopier Pianchi (740–716 in Ägypten), Herrscher über den heutigen Sudan, erobert in einem erfolgreichen Kriegszug ganz Ägypten. Die Stadt Memphis leistet heftigen Widerstand und kann erst durch den Einsatz der Flußflottille von Pianchi bezwungen werden. Die Schiffe werden dabei mit Landungstruppen neben die an dem Kais liegenden ägyptischen Schiffe gelegt und über diese hinweg stürmen die Soldaten die Befestigungen an der Nilfront. Pharao Tefnacht (740–721) verbrennt darauf seine Schiffe im Delta und ergibt sich zunächst Pianchi.

ab 730 **Ägypten.** Pharao Tefnacht kann erneut seine Unabhängigkeit erringen. Seine materiellen Mittel schöpft er aus der Förderung des griechischen Seehandels im Nildelta.

ab 8. Jh. **Libanon.** Die Assyrer des Neuen Reiches in Mesopotamien dringen in Phönikien vor. Die meisten Küstenstädte geraten nach und nach unter ihre Herrschaft.

Ende 8. Jh. **Korinth.** Die Stadt ist die bedeutendste Seemacht in der griechischen Welt. Es sucht sich die wichtigsten Plätze zur Gründung von Tochterstädten wie Syrakus und Kerkyra/Korfu aus. Sein Schiffbaumeister Ameinokles baut die modernsten Kriegsschiffe seiner Zeit.

ab 725 **Seegefecht vor Tyrus.** Die Assyrer unter Salmanassar V. (727–722) belagern die Inselstadt Tyrus. Ein Geschwader von zwölf Schiffen der Tyrer schlägt ein etwas stärkeres Geschwader aus Sidon, das den Assyrern tributpflichtig ist. Es sichert dadurch weiterhin die Seeverbindungen von Tyrus.

709 **Zypern.** Nach der Unterwerfung fast aller Städte an der Küste der Levante und von Kilikien erkennen die Könige der Insel Zypern die Oberhoheit des Assyrerkönigs Sargon II. (722–704) durch Tributgeschenke an (Stele von Kition).

694 **Neues Reich von Assyrien.** Die Assyrer lassen von phönikischen Schiffbauern am Euphrat eine Flotte bauen, mit der sie einen erfolgreichen Kriegszug gegen Elam am Persischen Golf unternehmen.

Durch die Unterwerfung von Sidon (677) und Tyrus (671) bringen die Assyrer die schon seit einem Jahrhundert in ihrer Abhängigkeit stehende phönikische Küste endgültig unter ihre Herrschaft.

Anfang 7. Jh. **Ägina.** Gegen eine drohende Invasion aus Athen ruft Ägina Argos zu Hilfe. Gemeinsam wehren sie die Athener verlustreich ab. Athen spielt für fast zwei Jahrhunderte keine Rolle mehr zur See und ist seitdem mit dem reicheren Ägina in ständiger Feindschaft.

um 700 **Der Lelantinische Krieg.** Auf Euböa kämpfen die Städte Chalkis und Eretria um den Besitz der zwischen ihnen liegenden lelantinischen Ebene. Chalkis wird von Korinth, Samos und der Thessalischen Liga unterstützt, Eretria von Ägina, Milet und Megara. Da es wahrscheinlich auch um den überseeischen Besitz geht und Korinth um diese Zeit seinen Schiffbaumeister Ameinokles nach Samos schickt, um dessen Flotte aufzurüsten, kann man annehmen, daß es

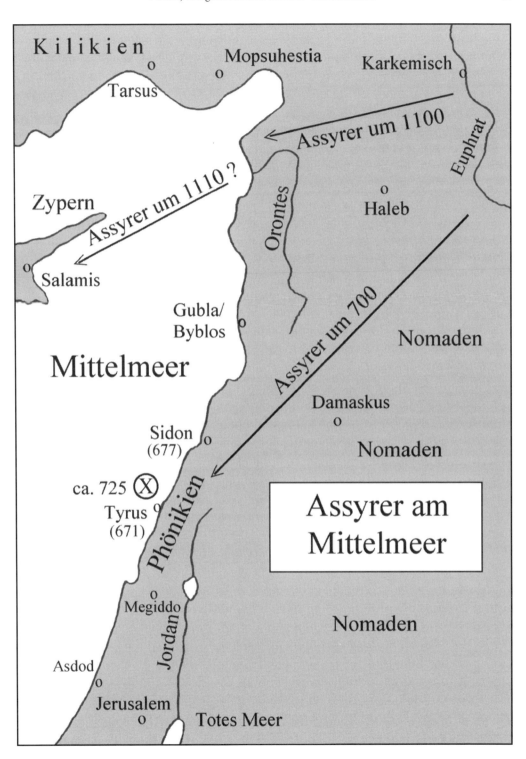

sich auch um einen Seekrieg handelt. Über die sicher stattgefundenen Seegefechte ist nichts überliefert. Der Krieg wird durch einen Angriff der Reiterei aus Thessalien in der Lelantiner Ebene für Chalkis entschieden.

671 **Ägypten.** König Assarhaddon (681–669) von Assyrien erobert in einem raschen Feldzug das Land am Nil. Das assyrische Weltreich erhält dadurch seine größte Ausdehnung.

667 **Ägypten.** Das Land erhebt sich gegen die Assyrer und vertreibt deren Garnisonen. Assurbanipal von Assur (669–627) erobert erneut Ägypten. Die phönikische Flotte wird dabei zum Transport der Truppen nilaufwärts bis nach Theben eingesetzt. Ägypten wird eine assyrische Provinz unter einem einheimischen Statthalter. Ab 663 ist dies Psammetich I., der sich immer mehr von Assyrien löst, indem er dieses gegen das Neubabylonische Reich unterstützt.

7. Jh. **Ägypten.** Pharao Psammetich I. (663–609) hält sich eine griechische Söldnerflotte und fördert den griechischen Seehandel in seinem Reich. Sein Nachfolger Necho (609–594) verstärkt die maritimen Anstrengungen. Auf seine Veranlassung gelingt griechischen Seefahrern die erste **Umfahrung von Afrika** im Uhrzeigersinn in zwei Jahren. Der begonnene Kanalbau vom Nil zum Roten Meer kann nicht vollendet werden.

Ende 7. Jh. **Korinth.** Während der Regierungszeit des Tyrannen Periander (625–585) erreicht Korinths Seeherrschaft die höchste Blüte. Im Westen beherrscht es die Schiffahrt nach Italien, in der Ägäis ist es als Verbündeter von Milet ebenfalls tonangebend. In den letzten Regierungsjahren von Periander wird die Nachbarstadt Sikyon unter der Führung von Kleistenes immer bedeutender. Im Westen macht sich Kerkyra von Korinth unabhängig, im Saronischen Golf wird Ägina eine gefährliche Rivalin.

um 664 **Seeschlacht im Ionischen Meer.** Die Flotte von Korinth kämpft gegen die Flotte der Tochterstadt Kerkyra/Korfu. Es ist die erste bekannte Seeschlacht in der griechischen Geschichte. Kerkyra löst sich immer mehr aus dem Einfluß von Korinth.

614 **Ende von Assyrien.** Die vereinigten Heere der Meder und Babylonier erobern die Hauptstadt Ninive. Das Assyrerreich bricht zusammen und hinterläßt für kurze Zeit ein Machtvakuum.

um 610 **Athen.** Die Stadt erobert in einem mehrjährigen Krieg mit Megara die Insel Salamis. Unmittelbar danach beginnt es eine Seeverbindung durch die Dardanellen und den Bosporus mit dem Schwarzen Meer aufzubauen.

590 **Erster „Heiliger Krieg" um Delphi.** Dieser bricht aus, weil die Hafenstadt Krisa im Golf von Korinth den Pilgern nach Delphi hohe Zölle auferlegt. Die Flotte von Sikyon blockiert erfolgreich Krisa und unterbindet dadurch dessen Seeverbindungen, wodurch es zu dessen Niederlage beiträgt.

1. Hälfte 6. Jh. **Phokäa** in Kleinasien ist zu dieser Zeit die bedeutendste griechische Seestadt in der Ägäis. Es unterhält enge Verbindungen mit den Tochterstädten Massilia, Emporion/Ampurias (580 gegründet) und Alalia (565). Phokäa hat damit als einzige griechische Seestadt Zugang zum westlichen Mittelmeer.

588 **Seeschlacht vor dem Libanon.** Pharao Apries (588–567) besiegt die Geschwader von Tyrus und Zypern und erobert Sidon. Die Eroberung von Jerusalem (586) durch König Nebukadnezar II. (605–562) von Babylon kann er nicht

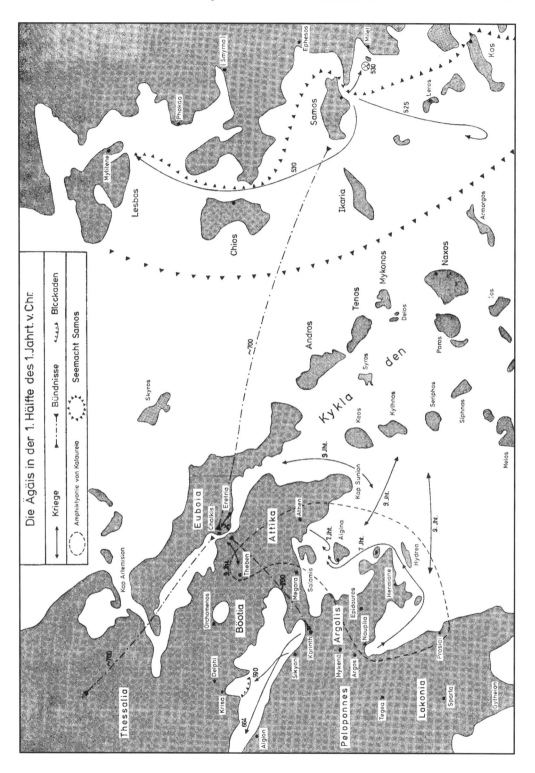

verhindern. Noch im selben Jahr räumt Apries wieder Sidon und Nebukadnezar beginnt mit der Belagerung von Tyrus. Die Stadt kann sich durch ihre Seeverbindungen 13 Jahre lang halten und muß erst 573 kapitulieren.

um 560 **Ägypten.** Pharao Amasis (569–526) kann Zypern besetzen, die Cyrenaika wird tributpflichtig. Amasis schließt Bündnisse mit König Kroisos von Lydien und Polykrates von Samos. Ägypten ist noch einmal für wenige Jahrzehnte die Vormacht im östlichen Mittelmeer. Nach der Eroberung von Ägypten durch die Perser (525) ist die letzte Seeherrschaft der Pharaonen zu Ende.

6. Jh. **Lydien.** König Kroisos (560–546) bringt die griechischen Städte in Kleinasien unter seinen Einfluß. Ephesos wird erobert, mit Milet wird ein Vertrag geschlossen.

549 **Perserreich.** Der persische König Kyros II. von Anschan (Elam?) erobert das Reich der persischen Meder, denen er bisher untergeben war. Damit beginnt der Aufstieg des Perserreiches zur größten damaligen Weltmacht.

546 **Perserreich.** Lydien wird von König Kyros II. d. Gr. (558–529) erobert, die Unterstützung der Verbündeten aus Ägypten, Babylonien und Sparta für Lydien kommt zu spät. Die Flotte von Sparta kommt nicht einmal dazu auszulaufen. Die Griechenstädte im westlichen Kleinasien gelangen dadurch unter persische Oberhoheit. Anschließend werden auch die Hafenstädte an der Südküste Kleinasiens erobert.

ca. 538–522 **Polykrates von Samos.** Er baut eine Flotte von 100 Kriegsschiffen und errichtet eine Seeherrschaft in der östlichen Ägäis. Polykrates siegt über die Geschwader von Milet und Lesbos (530) und schickt schließlich die Hälfte seiner Flotte nach Ägypten, um den Persern bei der Eroberung des Landes zu helfen. Die Besatzungen meutern jedoch, kehren um und besiegen das Geschwader in der Heimat. Nach der Ermordung von Polykrates durch den persischen Satrapen in Kleinasien (522) ist die Seegeltung von Samos wieder zu Ende.

um 536 **Perserreich.** Nach der Eroberung des Neubabylonischen Reiches (539) wird auch das heutige Oman auf der arabischen Halbinsel von einer Flotte erobert. Die Perser kontrollieren dadurch den Seeverkehr vom Golf in den Indischen Ozean. Die zu Babylon gehörenden phönikischen Seestädte unterstellen sich freiwillig den Persern, die dadurch im Mittelmeer eine starke Kriegsflotte erhalten. Bei der Eroberung von Ägypten (Mai 525) unter König Kambyses II. (530–522) kommt diese Flotte, mit ihrem Hauptstützpunkt in Akkon, bereits zum Einsatz. Als erstes unterstützt ein Geschwader der Phöniker die Insel Zypern beim Abfall von Ägypten.

524 **Ägypten.** Kambyses stößt mit Heer und Nilflotte bis nach Nubien vor und sichert die Grenzen des Landes nach Süden. Bereits unter seinem Nachfolger Dareios erobert dessen Stadthalter Aryandes mit einem Heer und der Flotte unter Admiral Badres den Persern die Cyrenaika und sichert das Land nach Westen. An einem Angriff auf Karthago weigert sich die Flotte der Phöniker teilzunehmen und der Plan wird fallengelassen.

522 **Perserreich.** Nach dem Tod von Kambyses kämpft sein Neffe und Nachfolger Dareios fast ein Jahr um den Thron. Er muß dabei den Usurpator Gaumata besiegen und mehrere gefährliche Aufstände niederwerfen. Ab Mitte 520 hat er seine Herrschaft gesichert. Unmittelbar danach bringt er Länder im Osten bis zum Indus unter seine Herrschaft.

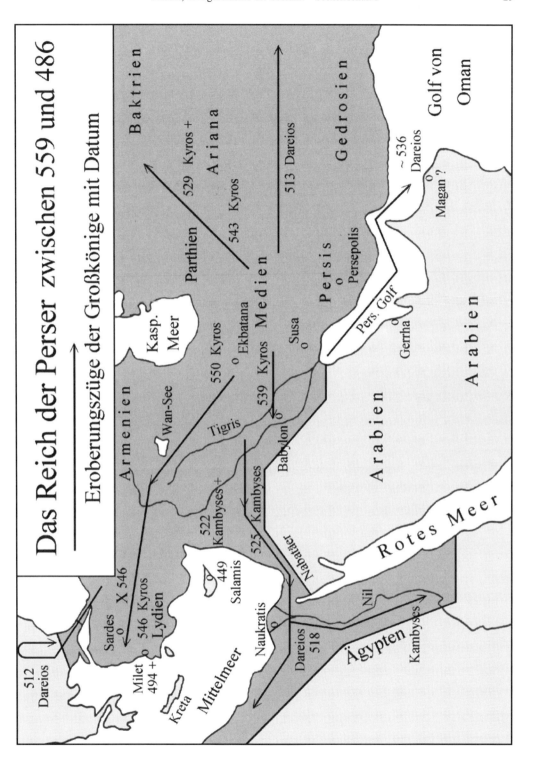

516	**Perserreich.** König Dareios I. (521–486) unternimmt einen Kriegszug gegen die Skythen. Ein starkes Heer wird von rund 300 Schiffen der Griechen aus Kleinasien unterstützt. Der Bosporus wird auf einer Schiffsbrücke überquert, ebenso der Unterlauf der Donau. Der Vorstoß in die Weiten der heutigen Ukraine bringt jedoch keinen Erfolg. Dareios bricht daher den Vorstoß ab. Ein Teil des griechischen Geschwaders erobert mit persischen Landtruppen die Inseln Lemnos und Imbros.
6. Jh.	**Indien.** Das Reich von Magadha am Ganges wird der bedeutendste Staat in Vorderindien. Sein Herrscher Bimbisara (ca. 540–490) erobert die Stadt Champa um Unterlauf des Ganges, dem damals wichtigsten Umschlagplatz zwischen der Flußschiffahrt und der Küstenschiffahrt im Golf von Bengalen.
6.–5. Jh.	**Ceylon.** Ein Heer aus Nordindien unter König Vijaya landet mit einer Flotte auf der Insel und verdrängt die Ureinwohner in das Landesinnere.

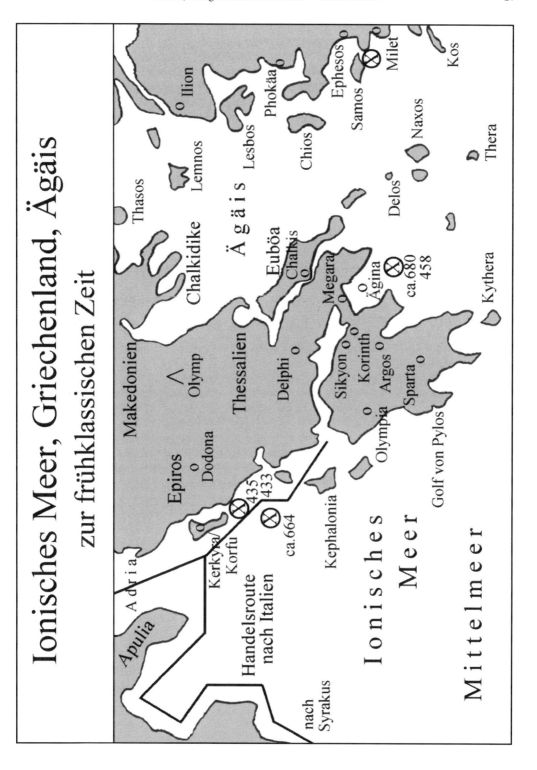

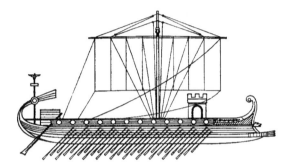

Die Seekriege der Griechen (500–240)

Die politische Lage

Östlich der Ägäis hatte sich im 6. Jahrhundert das erste Großreich der Antike gebildet. Von Großkönig Kyros II. (559–529) war das **Perserreich** geschaffen worden. Er eroberte das Lyderreich (546) und Babylon (539) und entließ die Juden aus der Babylonischen Gefangenschaft. Kambyses II. (529–522) eroberte Ägypten (525) und dann auch Libyen und Nubien. Der Nachfolger Großkönig **Dareios I.** (521–486) unternahm einen Kriegszug nach Ägypten und eroberte dann den heutigen Iran, Afghanistan und das ganze Gebiet bis zum Indus. Er unternahm einen Zug gegen die Skythen bis an die Donau und erlangte die Oberhoheit über Makedonien und Thrakien. In der Folge dieses Ausgreifens an das Schwarze Meer begann der Kampf mit den Griechen.

Das Perserreich erhielt eine durchdachte Verwaltung mit Einteilung in 20 Satrapien. Es wurden Straßen gebaut (die „Königsstraße" von der Hauptstadt Susa nahe dem Persischen Golf bis Sardes in Kleinasien), der Nilkanal zum Roten Meer wurde wieder schiffbar gemacht und die ersten Goldmünzen eingeführt.

Diesem Riesenreich standen die kleinen griechischen **Stadtstaaten** gegenüber. Diese hatten mit ihrer politischen Organisation (freie Bürger), dem Staatsrecht (Solon, Kleistenes, später Perikles), ihrer Gesetzgebung (Drakon), ihrer Philosophie (Thales, Pythagoras, Sokrates, Platon, später Aristoteles), der Geschichtsschreibung (Homer, Herodot, Thukydides), der Dichtung (Pindar, Sappho, Aischylos), der Architektur (Tempelbau), der Großplastik (Polyklet, Praxiteles), dem Seehandel mit Geldwirtschaft und der frühen Kunst bereits den Status einer Hochkultur erreicht. Die wichtigste Kulturvermittlung war jedoch das Buchstabenalphabet mit Selbstlauten, das an die Römer weitergegeben wurde.

Der Sieg über die Perser wurde im Peloponnesischen Krieg wieder in Frage gestellt. Erst die Makedonen unter König Philipp II. (359–336) konnten die Griechen zum Korinthischen Bund bringen und **Alexander d. Gr.** (336–323) vernichtete das Perserreich. Nach seinem Tod kamen die Diadochenkriege und der neuerliche Zerfall der Levante in zahlreiche Staaten aller Größen. Deren Kriege spiegeln sich in der Chronik dieses Kapitels wider.

Griechenland im heutigen Umfang mit der Küste Kleinasiens war im Altertum immer nur ein geographischer Begriff. Die Griechen hatten nie einen eigenen Gesamtstaat gebildet. Die Natur des Landes begünstigte den Partikularismus. Die gemeinsamen Merkmale der Griechen waren in erster Linie die Sprache und die Religion. Eine gewisse Hegemonie hatten sich jedoch das dorische Sparta und das ionische Athen geschaffen.

Mit dem Beginn der griechischen **Kolonisation** in der ersten Hälfte des letzten Jahrtausends vor der Zeitenwende trat ein neuer Machtfaktor zur See auf. Die Griechen standen ursprünglich der See durchaus ablehnend gegenüber. Durch die Landesnatur (zerklüftete bergige Küstenlinien mit nur wenigen flachen Siedlungsebenen) mußten sie sich schnell mit der See vertraut machen. Bei ihrer Kolonisation im zentralen und westlichen Mittelmeer kamen sie bald mit den seebefahrenden Phönikern in Kontakt. Zuerst scheinen sie diesen nach Möglichkeit aus dem Weg gegangen zu sein. Sie nahmen ihre Route nach dem Westen entlang der Nordküste des Ionischen Meeres und durch die Straße von Messina, während die Phöniker ihre Fahrten entlang der Nordküste von Afrika unternahmen. In den Bereichen Kreta, Zypern und Ägypten hatten sich ihre Interessengebiete jedoch bald überschnitten. Da jedoch weder die Griechen noch die Phöniker einheitliche Machtzentren hatten, kam es zu keinen größeren Unternehmungen gegeneinander. Die Rivalität bestand in einem ständigen Kleinkrieg, wobei die Fahrzeuge der jeweils Andersprachigen (der Barbaren) wie damals üblich als Piraten angesehen wurden und dadurch Freiwild und legitimes Opfer waren.

Athen war bis zur Wende vom 6. zum 5. Jahrhundert – wie auch Sparta – in erster Linie eine Landmacht. Ab dem 8. Jahrhundert waren die wichtigsten Seestädte in Griechenland Korinth, Chalkis, Sikyon und Ägina sowie in Kleinasien Phokäa und Milet. Der erste griechische Staatsmann, der die erste historisch greifbare Thalassokratie (= Seeherrschaft) schuf, war **Polykrates von Samos** (538–522). Zu den ersten geplanten großen Kämpfen um die Seeherrschaft kam es jedoch in den Perserkriegen der Griechen. Durch die Eroberung der östlichen Küstengebiete des Mittelmeeres durch die Perser (Phönikien, Kleinasien, Ägypten und Zypern) wurde die stärkste Landmacht ihrer Zeit auch zur Seemacht. Es standen den Persern nun die Flotten der bedeutendsten Seefahrerstaaten zur Verfügung, wobei die Phöniker nur zu gerne zum Kampf gegen ihre griechischen Handelskonkurrenten bereit waren. Daß die Perser von der geplanten Eroberung von Karthago absehen mußten, weil die Phöniker sich weigerten, gegen ihre Blutsverwandten zu ziehen, zeigt, daß die Phöniker die Abhängigkeit der Perser von den Flotten und seemännischen Kenntnissen der Küstenstädte erkannten.

Durch den Vorstoß von Großkönig **Dareios d. Gr.** (521–486) gegen die Skythen im Jahr 516 kam die Meerenge des Bosporus unter persische Kontrolle. Die für die Getreideversorgung der griechischen Stadtstaaten wichtige Seeverbindung aus dem Schwarzen Meer, über das die Verbindung mit den griechischen Pflanzstädten auf der Krim gegeben war, war nun in der Hand der Perser. Der persische Griff zum Bosporus mag daher auch zum Aufstand der ionischen Griechenstädte in Kleinasien beigetragen haben. Nach dem Sieg der Perser in der Seeschlacht bei Lade 494 brach der Aufstand rasch zusammen. Die Perser beherrschten nun die Ägäis. Durch die für damalige Verhältnisse milde Behandlung der Aufständischen (ausgenommen Milet), konnten die Perser für ihre weiteren Operationen auch auf die starken Flottenverbände der ionischen Griechen zurückgreifen.

Wegen der Unterstützung der Aufständischen durch Athen und Euböa beschloß Dareios auch die Festlandsgriechen zu unterwerfen. Athen und Sparta weigerten sich, Salz und Brot als Zeichen der Unterwerfung (wie viele andere Griechenstädte) zu senden, und rüsteten für die Verteidigung. Im ersten Perserzug – 492 – gegen Griechenland unterstützten sich Heer und Flotte gegenseitig in der damals üblichen Art. Das Heer marschierte entlang der Küste und sicherte der Flotte Liegeplätze für die Übernachtung. Die Flotte sorgte mit ihren Versorgungsschiffen für den raschen Nachschub des Heeres. Beim zweiten Zug wurden die Möglichkeiten der Seeherrschaft zum ersten Mal voll ausgenützt. Das Heer wurde von der Flotte auf dem kurzen Weg quer über die Ägäis transportiert. Die schnelle Reaktion der Athener unter Miltiades und das schwerfällige Manövrieren der Flotte hatten die im Grunde richtige strategische Entscheidung um den Erfolg gebracht.

Der strategische und politische Weitblick von Dareios hatte alle Meere in seinem Herrschaftsbereich in seine Planungen einbezogen. So erteilte er dem Seefahrer **Skylax von Karyanda** den Auftrag, die Küsten von Indien über die arabische Halbinsel bis nach Ägypten zu erkunden, was auch geschah. Zur raschen Verschiebung der Flotten zwischen dem Mittelmeer und dem Indischen Ozean ließ er den Kanal vom Nil zum Roten Meer wieder fahrbar machen.

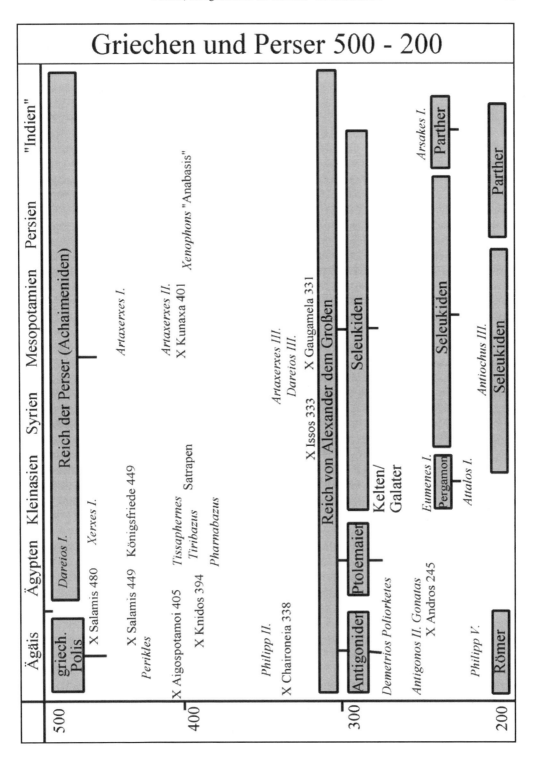

Die Seekriege

Die nun folgenden Kriege zwischen den Griechen und Persern waren die **ersten großen kombinierten Land- und Seekriege**. Das Streitmittel zur See waren die Galeeren mit zwei bis drei Riemenreihen übereinander (Biremen und Trieren). Sie waren mit einem Rammsporn versehen, um den Gegner in den Grund bohren zu können. Eine weitere Taktik war das Abstreifen des Ruderwerkes im Vorbeifahren, wodurch der Gegner manövrierunfähig wurde (siehe Taktik im Anhang des letzten Bandes). Neben diesen „Schlachtschiffen" (Schiffe erster Ordnung) wurden noch die kleineren Penteren verwendet, mit 25 Riemen an jeder Seite. Die Kriegsschiffe hatten einen flachen Boden, damit sie auf den Strand gezogen werden konnten.

In Athen hatte **Themistokles** die große Gefahr, die durch die Flotten der persischen Satellitenvölker drohte, erkannt und Athen zum Aufbau einer starken Flotte überredet. Diese Kriegsflotte rettete Athen im dritten Kriegszug, diesmal unter Großkönig Xerxes (485–465), und machte es nach den Perserkriegen zur größten Seemacht in der griechischen Welt.

Nach der Seeschlacht bei Salamis war die Flottenmacht der Perser, ähnlich wie jene der uneinigen ionischen Griechen nach der Seeschlacht bei Lade, wie ein Kartenhaus auseinandergefallen. Die Ionier und Zyprioten waren mit ihren Flotten zu den Griechen übergelaufen, die Ägypter waren wieder im Aufruhr und nur die Phöniker waren noch bei der Stange zu halten, kämpften aber mit wesentlich weniger Begeisterung für ihre Herren. Die nun das östliche Mittelmeer beherrschende Flotte der Griechen, zunächst noch unter dem Befehl von Sparta, dann im Attischen Seebund unter der Leitung von Athen, hatte sich zunächst mit der Befreiung von Zypern vor Überraschung aus dem Osten gesichert. Dann aber wurde als vordringlichste Aufgabe der Seeweg durch die Meerengen in das Schwarze Meer wieder geöffnet und gesichert.

Der zur Vertreibung der Perser aus der Ägäis gegründete **Attische Seebund** wurde durch das politische Übergewicht von Athen immer mehr zum Attischen Reich umgestaltet, abtrünnige Mitglieder wurden von Athen unterworfen. Viele Mitglieder lösten ihren Kriegsdienst mit Geld ab. Dadurch konnte Athen seine Flotte immer mehr ausbauen. Die ehemals griechische Flotte wurde immer mehr zu einem Machtinstrument Athens. So wurde aus einem Verteidigungsbündnis ein attischer Imperialismus, der Athen immer mehr in Gegensatz zum **Peloponnesischen Bund** unter der Führung von Sparta brachte. Zunächst war Athen aber noch gegen die Perser erfolgreich. Es siegte entscheidend am Eurymedon, seine Unterstützung des aufständischen Ägypten scheiterte aber kläglich. Nach dem Seesieg bei Salamis auf Zypern 449 v. Chr. konnte mit Persien aber endlich ein Friede geschlossen werden. Die mit Athen rivalisierenden Seestädte im Attischen Seebund Ägina (458) und Samos (439) wurden unterworfen.

Athen wurde schließlich 433 in die Kämpfe zwischen Korinth und Kerkyra/Korfu hineingezogen. Da Korinth ein Mitglied des Peloponnesischen Bundes war, führte nun der seit 20 Jahren latente Gegensatz zwischen Athen und Sparta zum offenen Krieg. Dabei stand der stärksten Landmacht der Antike – Sparta – die stärkste Seemacht – Athen – gegenüber. Beide galten auf ihrem Gebiet für unbezwingbar.

Die ersten Kriegsjahre des **Peloponnesischen Krieges** brachten keine Entscheidung. Athen sicherte seine und störte die gegnerischen Seeverbindungen. Es unterhielt auch im Golf von Korinth ein Geschwader, das seine Verbündeten im Ionischen Meer unterstützte. Die Besetzung von Pylos im Gebiet der von Sparta unterworfenen Messenier brachte diese zum Aufstand. Dies führte zur Niederlage der Hopliten von Sparta auf der Insel Sphakteria, ein für die griechische Welt unglaubliches Ereignis. Athen versäumte es in seinem Gefühl der Überlegenheit die von Sparta angebotenen günstigen Friedensbedingungen anzunehmen, willigte aber dann wegen seiner Mißerfolge in Thrakien doch in einen für beide Seiten unbefriedigenden Waffenstillstand ein.

Angst vor einer Unterstützung von Sparta durch dessen Freunde in Syrakus führte auf Betreiben von **Alkibiades** zu der Expedition eines Heeres mit Flotte von Athen nach Sizilien. Dieses Unternehmen endete in einer Katastrophe und schwächte die Stellung Athens entscheidend. Vor allem seine finanziellen Reserven waren nun aufgebraucht. Aus Mangel an freien Bürgern war Athen auf die Anwerbung von fremden, bezahlten Ruderern für die Kriegsflotte angewiesen.

Nun brach der Krieg erneut aus. Der zu Sparta übergegangene **Alkibiades** konnte sich die Hilfe der Perser sichern. Mit deren finanzieller Unterstützung wurde eine eigene Kriegsflotte aufgebaut. Als Alkibiades seinen Einfluß in Sparta verlor, bereitete er geschickt seine Rückkehr nach Athen vor. Als Flottenführer von Athen schlug er mehrfach die Flotte Spartas und sicherte noch einmal Athens Stellung. Sein Stellvertreter nahm gegen seine Anweisung bei Notion den Kampf gegen die Spartas Flotte unter Lysander an und erlitt eine schwere Niederlage. Alkibiades mußte daher erneut aus Athen fliehen und zog sich auf seinen Besitz in der thrakischen Chersones (Halbinsel Gallipoli) zurück. Der Seesieg bei den Arginusen rettete noch einmal Athen und sicherte die Getreideversorgung aus dem Schwarzen Meer, um die sich die meisten Kämpfe zur See drehten.

Die Niederlage der Flotte von Athen in den Dardanellen bei Aigospotamoi durch Lysandros ließ jedoch die Stellung Athens mit einem Schlag zusammenbrechen. Nur Geschwaderführer Konon konnte mit seinen Schiffen nach Zypern entkommen. Lysandros war es erneut gelungen, sich die Unterstützung der Perser zu sichern, mit deren Geld er Athen die Ruderer am „freien Markt" abwerben konnte. Athen war nicht mehr im Stande eine neue Flotte aufzubauen, da alle finanziellen Mittel aufgebraucht waren.

Athen hatte die Möglichkeiten, die im die maritime Politik von Themistokles und Perikles geschaffen hatte, weit überschätzt. Die Männer, die diese Politik hätten verwirklichen können, waren entweder an der Pest gestorben (Perikles), oder aus Neid aus Athen vertrieben worden (Themistokles, Alkibiades). Nutznießer des Krieges waren die Perser, die ohne eigene aktive Beteiligung ganz Kleinasien und Zypern wieder unter ihre Oberhoheit brachten.

Die um 400 erneut rebellierenden ionischen Städte in **Kleinasien** wurden diesmal von Sparta, das nun die Ägäis beherrschte, unterstützt. Die phönikische Flotte der Perser, unterstützt von Konon mit seinem Geschwader aus Athen, vernichtete bei Knidos die Flotte von Sparta und beendete dessen kurzen Seemachtstraum. Athen konnte nun seine Befestigungen wieder aufbauen und seine alte Machtstellung zum Teil wieder zurückgewinnen. Zwischen dem Perserreich, das durch interne Kämpfe zeitweise geschwächt war, Sparta und Athen hatte sich im östlichen Mittelmeer eine Art Kräftegleichgewicht herausgebildet.

Ein neues Machtzentrum entstand kurz darauf im Norden von Griechenland durch den Aufstieg von **Makedonien** unter König Philipp II. (359–336). Durch die Eroberung Thrakiens, der Chalkidike, der Westküste des Schwarzen Meeres und der thrakischen Chersones waren die nördlichen Küsten der Ägäis unter seine Herrschaft geraten, und er bedrohte die Getreideversorgung von Athen aus Südrußland. Philipp geriet dadurch in krassem Gegensatz zu Athen, wo vor allem der Redner und Politiker Demosthenes in seinen als „Philippika" noch heute sprichwörtlichen Reden vor der Gefahr aus Makedonien warnte.

Mit seiner äußerst geschickten Politik, einer Mischung aus Überredung, Bestechung und Gewalt, entzweite Philipp die griechischen Staaten und besiegte Athen in der Landschlacht bei Chaironeia. Durch seine rücksichtsvolle Behandlung der Unterlegenen konnte er ganz Griechenland erstmals in seiner Geschichte im „**Korinthischen Bund**" vereinen. Ziel des Bundes war ein Kriegszug nach Kleinasien zur Befreiung der ionischen Griechen von den Persern und Vergeltung für die Verwüstung der Akropolis von Athen 480 durch die Perser. König Philipp wurde mitten in den Vorbereitungen für den Kriegszug aus privaten Gründen ermordet. Sein Sohn Alexander führte die Vorbereitungen ohne Verzögerung weiter.

Alexander (später der Große) setzte, gedeckt durch die Bundesflotte, mit seinem Heer über den Hellespont, legte dann den Schwerpunkt seiner Offensive auf die Landoperation und löste vorübergehend sogar die Flotte auf. Als Persiens tüchtiger Söldnerführer Admiral Memnon aus Rhodos mit der persischen Flotte weit in die Ägäis vorstieß und die Meerengen bei den Dardanellen zu sperren drohte, ließ Alexander die Bundesflotte wieder aufstellen. Doch ging die Gefahr durch den frühzeitigen Tod von Memnon wieder vorbei.

König Dareios III. (336–330) zog die Flotte aus der Ägäis ab und verstärkte mit der Marineinfanterie sein Landheer. Trotzdem unterlag er Alexander zu Lande nach der Niederlage am Granikos auch bei Issos (333) und Gaugamela (331). Es war eine Wechselwirkung zwischen Land- und Seekrieg wie im deutsch-französischen Krieg 1870/71. Die Flotte unterstützte Alexander bei der Eroberung von Syrien und dem Libanon (Belagerung von Tyrus), Palästina und Ägypten, wobei sie vor allem zur Sicherung der Versorgung eingesetzt wurde. Die Geschwader der phönikischen Seestädte gingen dabei eines nach dem anderen von den Persern zu Alexander über, als erste die von Sidon, Zypern und Rhodos, später auch die anderen. Erst nach der Sicherung der Verbindungen über das östliche Mittelmeer brach Alexander zu seinem Zug in das Herz des Perserreiches auf. Die Fahrt seiner am Indus gebauten Flotte unter Admiral Nearchos durch den Persischen Golf nach Mesopotamien sollte der Auftakt zu größeren Unternehmungen sein. Beim Tod von Alexander (323) in Babylon waren die Vorbereitungen für eine Eroberung des „Südmeeres" mit der Erkundung des Seeweges um die arabische Halbinsel bis nach Ägypten im Gange.

Zur Zeit der **Diadochen** bauten sich die Ptolemäer im östlichen Mittelmeer eine Seemacht auf. Sie brachten Zypern, Teile der Küsten von Kleinasien und Inseln in der Ägäis in ihre Gewalt. Sie konnten ihre Seeherrschaft nach den Niederlagen in den Seeschlachten bei Kos (258) und Andros (246/45) nicht aufrechterhalten. Unter Philadelphos (285–246) wurde der Nilkanal zum Roten Meer wieder hergerichtet, die Fahrten nach Indien blieben aber nur eine Episode, eine dauerhafte Verbindung kam nicht zustande.

Der Versuch von Athen, zur See noch einmal eine Rolle zu spielen, wurde in zwei Seeschlachten vor den Dardanellen bei Abydos und Amorgos zunichte gemacht. Demetrios Poliorketes konnte sich mit seiner Flotte trotz der Rückschläge zu Lande seine Seeherrschaft in der Ägäis erhalten. In den Wirren der Diadochenkriege vermochte sich **Rhodos** eine beachtliche Stellung als Seehandelszentrum aufzubauen. Sein Seerecht wirkte über Ostrom bis in die venezianische und katalanische Seegesetzgebung.

Als sich das Seleukidenreich unter Antiochos III. d. Gr. (223–187) anschickte, im östlichen Mittelmeer wieder eine Seemacht aufzubauen, kam es bereits mit einem stärkeren Machtzentrum aus dem westlichen Mittelmeer in Konflikt – mit Rom.

Hellenismus. Durch Alexander d. Gr. wurde die griechische Kultur in den ganzen Orient verbreitet. Es entstanden große Nachfolgestaaten, die nach griechisch/makedonischer Art eingerichtet wurden. Trotz der vielen Völkerschaften waren griechische Sprache und Schrift und die Kultur ein einigendes Band. Hervorzuheben sind das Museion von Alexandria mit seiner Bibliothek und Philosophenschule (Erathostenes, Euklid), ferner die Blüte von Dichtung (Hofdichtung, Bukolik), der Medizin (Blutkreislauf, Nerven), der Philosophie von Athen (Epikur, Zenon), der Astronomie (heliozentrisches Weltbild von Aristarch, Sternkatalog von Hipparch). Die Astrologie verknüpfte das menschliche Schicksal mit den Sternen, der ganze Orient war ein einheitlicher Wirtschaftraum mit dem Welthandelszentrum in Alexandria (siehe Band I/84, 92) und die neuen Kunstzentren in Alexandria, Pergamon und Rhodos.

Die großen Perserkriege　　　　　　　　　　　　　　　　　　　　　　　　　　　500–448

Ein persisches Armeekorps versucht mit einem Geschwader von 200 Schiffen der Griechenstädte in Kleinasien die Insel Naxos zu erobern. Die Inselbewohner leisten heftigen Widerstand, die Perser müssen nach vier Monaten Belagerung wieder abziehen. 　499

Die Kämpfe gegen die Perser beginnen mit dem Aufstand der Ionischen Griechen in Kleinasien unter der Führung von Aristagoras von Milet. Sie erhalten Unterstützung von Athen und Euböa.

Kleinasien. Nach der Einnahme der persischen Provinzhauptstadt Sardes durch die Aufständischen, fährt einer ihrer Flottenverbände die Küste entlang und bringt fast alle Griechenstädte sowie die Inseln Rhodos und Zypern zum Anschluß an die Aufständischen.　498

Seeschlacht bei Zypern. Die Griechen der Insel haben sich gegen die Perser erhoben. Die Flotte der Phöniker bringt persische Truppen auf die Insel. Ein ionisches Geschwader besiegt zwar das phönikische Geschwader, Zypern wird aber von den bereits gelandeten Truppen wieder unterworfen.　497

Die Perser starten eine **neue Offensive**, um die aufständischen Griechen in Kleinasien zu unterwerfen. Ihre phönikischen Geschwader werden von Schiffen aus Kilikien, Zypern und Ägypten verstärkt. Insgesamt rund 600 Kriegsschiffe aller Klassen sollen in die Ägäis ausgelaufen sein. Auf dem Weg dorthin wird die Festung Lindos auf der Insel Rhodos erobert. Die unter sich uneinigen ionischen Griechen versammeln mittlerweile ein Geschwader von 350 Schiffen, davon 100 aus Chios, 80 aus Milet, 70 aus Lesbos, 60 aus Samos und rund 40 von den übrigen Städten. Das starke Ephesos beteiligt sich nicht am Kampf. Führer der Griechen ist Dionysios von Phokäa.　494

Seeschlacht bei Lade. Bei der kleinen Insel (heute bereits verlandet) vor Milet treffen die beiden Flotten zusammen. Das Geschwader aus Chios eröffnet erfolgreich die Schlacht. Als jedoch die Schiffe von Samos verräterisch den Kampf verweigern und fortsegeln, folgen ihnen diejenigen von Lesbos. Der Rest der Griechen wird darauf trotz tapferer Gegenwehr von der persischen Flotte überwältigt. In dieser Schlacht zeigt sich die Schwäche einer Koalitionsflotte wegen der auseinanderstrebenden Interessen ihrer einzelnen Kontingente. Dionysios entkommt und geht in das westliche Mittelmeer, wo er für einige Jahre ein Freibeuterleben führt. Das Geschwader von Lesbos unter Histiaios kämpft noch kurze Zeit in der Ägäis, bis sein Führer den Persern in die Hände fällt. Ionien wird von der persischen Flotte in kurzer Zeit unterworfen. Die Hilfeleistung von Athen und Euböa für Milet, das von den Persern zerstört wird, ist der Anlaß für die Vergeltungszüge der Perser nach Griechenland.　494

493/492	**Athen.** Dort erkennt der Politiker Themistokles die Gefahr, die von der persischen Flotte droht. Mit viel Überredung gelingt es ihm, daß Athen eine starke Flotte aufzubauen beginnt und auf der Halbinsel Piräus einen Kriegshafen anlegt.
492	**Der erste Perserzug.** Das Heer des Perserkönigs Dareios unter dem Feldherrn Mardonios geht über den Hellespont (Dardanellen) gegen die Thraker vor, um sich die Flanke für den Angriff auf Attika frei zu machen. Die Thraker wehren sich heftig. Die das persische Heer begleitende Flotte scheitert in einem Sturm am Gebirge Athos. Mardonios bricht deshalb den Feldzug ab. Sparta und Athen verweigern die verlangte Unterwerfung.
490	**Der zweite Perserzug.** Diesmal wird das Heer des Dareios unter Datis und Artaphernes direkt nach Attika übergesetzt. Auf dem Weg dorthin werden Rhodos und Naxos unterworfen. Auch Eretria auf Euböa wird erobert und zerstört. Zum Transport der Reiterei verwenden die Perser spezielle Pferdetransportschiffe. Die Perser unternehmen damit die erste große, genauer überlieferte amphibische Operation der Geschichte. Die Landung erfolgt in der Ebene von **Marathon**. Der Weg nach Athen ist aber den Persern vom griechischen Heer unter Miltiades versperrt. Die Perser beginnen sich daher wieder einzuschiffen. Dabei werden sie von den Griechen angegriffen. Da die Reiterei schon verladen ist, erleiden die Perser eine Niederlage. Sieben der am Strand liegenden Schiffe können die Athener erobern. Der Rest kann entkommen. Eine neue Landung bei Athen verhindert der schnelle Rückmarsch des griechischen Heeres. Die Perser ziehen sich darauf zurück.
	Zur Abwehr weiterer Angriffe der Perser baut nun Athen auf Rat des Themistokles eine starke Flotte. Der Bau wird mit dem Ertrag der Silbergruben von Laurion bei Kap Sunion finanziert, der bisher auf die Bevölkerung aufgeteilt worden ist.
487	Die neue Flotte von Athen, verstärkt durch 20 Schiffe aus Korinth, kämpft zweimal mit Erfolg gegen die Flotte des bisher zur See überlegenen Ägina.
486	Tod des Perserkönigs Dareios. Sein Sohn Xerxes I. (486–465) beginnt mit den Vorbereitungen für einen weiteren Zug gegen Griechenland.
480	**Der Dritte Perserzug.** Wie beim ersten Mal nimmt das Heer den Weg zu Lande über den Hellespont. Eine große Kriegsflotte mit zahlreichem Troß folgt entlang der Küste. Xerxes übernimmt selbst den Oberbefehl. Die 1200 Kriegsschiffe, zum Teil bereits neue Trieren, der Rest Pentekonteren, werden von folgenden persischen Provinzen gestellt: Phönikien (300), Ägypten (200), Zypern (150), Kilikien (100), Ionien (100), Hellespont (100), Karien (70), Lykien (50), der Rest von kleineren Städten. Dazu kommen 3000 Transport- und Nachschubschiffe. Bei einer Besatzung von 100 Mann pro Kriegsschiff und 20 pro Hilfsschiff kommt man auf 180.000 Matrosen und Seesoldaten. Dabei ist die Besatzung der Kriegsschiffe sehr niedrig angesetzt. Das Landheer soll ungefähr die gleiche Stärke gehabt haben. Diese große Gefahr vor Augen, unterwerfen sich die meisten griechischen Staaten den Persern. Nur wenige unterstützen Athen und Sparta in ihrem Entscheidungskampf. Sparta übernimmt den Oberbefehl über das gemeinsame Heer.

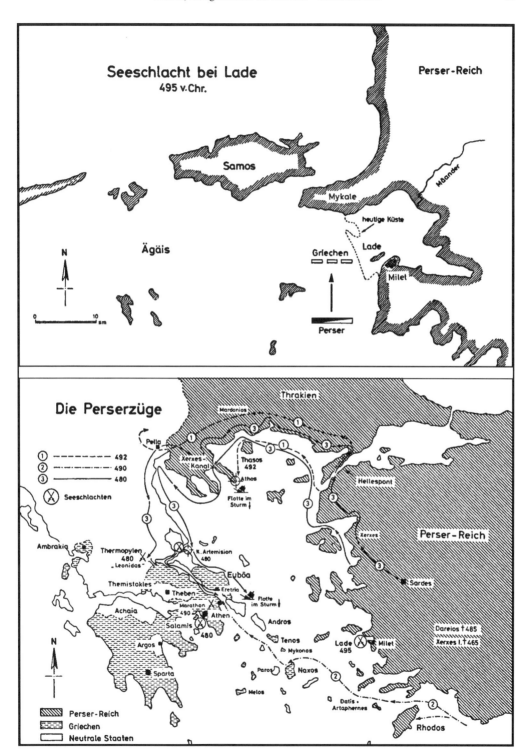

Die Perser bauen zwei Schiffsbrücken über den Hellespont, graben einen Kanal durch den Athos-Isthmos, um den Marsch von Heer und Flotte zu beschleunigen und das gefährliche Kap zu vermeiden. Das persische Heer wird an der Enge der Thermopylen von einem griechischen Kontingent unter dem Spartaner Leonidas aufgehalten.

August 480 **Seeschlacht bei Kap Artemision.** Um die Stellung des griechischen Heeres bei den Thermopylen zu decken, marschiert die griechische Flotte unter dem Spartaner Eurybiades beim Kap Artemision in einer Meerenge auf. Themistokles führt das starke Kontingent von Athen. Die 327 griechischen Schiffe, fast nur Trieren, werden von folgenden Städten gestellt: Athen (180), Korinth (40), Megara (20), Chalkis (20), Ägina (18), Sikyon (12), Sparta (10), Epidauros (8), Eretria (7), Troizen (5), Lokris (5) und Syra (2). Gegen die überlegenen Perser hat die griechische Flotte in ihrer Aufstellung links Deckung am Festland, rechts an der Insel Euböa. Ein Versuch der Perser, die Griechen mit einem Teil ihrer Flotte durch Umfahren von Euböa auch im Rücken anzugreifen, scheitert. In einem Sturm wird das Umgehungsgeschwader aufgerieben. Der gleiche Sturm vernichtet auch einige Dutzend Schiffe der persischen Hauptflotte beim Einlaufen in die Enge bei Kap Artemision. Die Griechen machen daraufhin einen Vorstoß und können einige versprengte Schiffe erobern. Das von den Griechen gegen das persische Umgehungsgeschwader zur Enge bei Chalkis entsandte Geschwader von 53 Schiffen kehrt rechtzeitig für den Hauptkampf zurück.

Zwei Tage später greifen die Perser an. Wieder behaupten die nun vollzähligen Griechen nach hartem Kampf ihre starke Stellung. Die Nachricht vom Fall der Thermopylen zwingt jedoch auch die griechische Flotte zum Rückzug. Dies ist die erste genauer bekannte Seeschlacht der Geschichte.

Anfang September 480 **Athen.** Die Griechen räumen auf Rat von Themistokles die Stadt, die Bevölkerung wird auf der Insel Salamis und in Troizen auf der Peloponnes in Sicherheit gebracht. Die griechische Flotte stellt sich zum Schutz in der Meerenge zwischen Salamis und dem Festland auf.

23. September 480 **Seeschlacht bei Salamis.** Auch in dieser Stellung kann sich die zahlenmäßige Überlegenheit der persischen Flotte nicht auswirken. Den 300 griechischen stehen noch immer rund 800 persische Kriegsschiffe gegenüber. Themistokles postiert die griechische Flotte so, daß der rechte Flügel bei Salamis weit vorgeschoben ist, der linke Flügel beim Festland zurückgezogen steht. Eine kleine Insel am Eingang der Meerenge erschwert noch den Angriff auf diese Stellung. Xerxes befiehlt dennoch, durch eine geheime Botschaft von Themistokles verleitet, den Angriff. Es stehen den Persern zuerst rund 600 Schiffe zur Verfügung, da ein Geschwader noch nicht eingetroffen ist und ein zweites den Ausgang der Meerenge zwischen Salamis und dem Festland blockiert, um den Griechen den Fluchtweg zu verlegen. Durch die Insel am Osteingang wird die Schlachtordnung der Perser gestört. Sobald die Flotten auf ungefähr gleicher Höhe sind, greift Themistokles den schlecht geordneten linken Flügel der Perser an. Dieser wird umfaßt und auf das rechte Treffen geworfen, das schon von der Abteilung aus Sparta heftig angegriffen wird. In dem Schiffsgemenge (Meleé) kann sich die größere Zahl der Perser nicht entfalten. Sie erleiden schwere

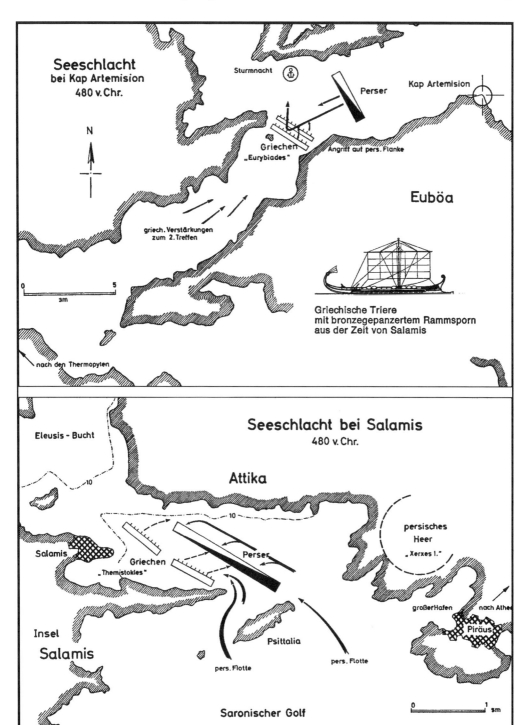

Verluste, werden aber nicht aufgerieben. Die Griechen verlieren rund 40 Schiffe, bei den Persern sind rund 200 vernichtet. Obwohl seine Flotte noch immer stärker als die griechische ist, befiehlt Xerxes den Rückzug nach Piräus. Der Rammsporn der griechischen Trieren erweist sich als die entscheidende Waffe. Erstmals greift der Seekrieg in den Gang der Weltgeschichte ein. Die persische Gefahr für Griechenland ist gebannt. Die Seeherrschaft von Athen, zunächst in der Ägäis, ist begründet. Griechenland ist von jetzt an für die Perser fast unangreifbar. Das persische Feldheer unter Mardonios kämpft noch ein Jahr in Attika und unterliegt dann bei **Plataä** (479 v. Chr.). Im selben Jahr geht die griechische Flotte zum Angriff gegen die Perser bei Samos vor. Diese ziehen sich nach Kleinasien zurück und legen ihre Flotte am Vorgebirge Mykale auf den Strand.

August 479 **Schlacht bei Mykale.** Die Perser haben um ihre an Land gezogenen Schiffe ein befestigtes Lager errichtet, das die Griechen unter der Führung von Leotychides von Sparta und Xanthippos von Athen angreifen. Die Verteidiger werden geschlagen und die Schiffe der Perser verbrannt. Die Griechen verfügen nun über die Seeherrschaft in der Ägäis.

478 Die griechische Flotte unter Pausanias befreit zunächst die Insel Zypern, fährt dann zu den Dardanellen und erobert Byzanz. Der Seeweg in das Schwarze Meer ist wieder frei.

Bisher hat Sparta den Oberbefehl über die griechische Flotte gehabt. Nun geht dieser auf Wunsch der befreiten ionischen Städte auf Athen über.

477 **Erster Attischer Seebund.** Auf Anregung des Atheners Aristides wird ein Seebund zur Befreiung der noch in der Ägäis von den Persern besetzten Inseln gebildet. Dieser steht unter der Führung von Athen, vom dem das bei weitem größte Kontingent an Schiffen gestellt wird.

474/473 **Athen.** Trotz seiner großen Verdienste für die Befreiung Athens von den Persern wird Themistokles durch Ostrakismos (Scherbengericht) von den Bürgern aus der Stadt verbannt.

466 **Doppelschlacht am Eurymedon.** Die griechische Flotte unter Kimon, dem Sohn des Miltiades, schlägt ein persisches Landheer und die persische Flotte, wobei rund 200 Schiffe der Phöniker vernichtet oder erobert werden. Wenige Tage später wird noch ein weiteres Geschwader von 80 Schiffen, das zur Verstärkung nachkommt, von den Griechen aufgerieben.

464 Kimon vernichtet mit einem kleinen Geschwader das thrakisch/persische Geschwader in der nördlichen Ägäis und erobert die Halbinsel Gallipoli/thrakische Chersones.

464 **Gefecht bei Thasos.** Ein starkes Geschwader unter Kimon besiegt die Flotte der gegen Athen aufständischen Insel Thasos und zwingt sie nach zweijähriger Belagerung zur Kapitulation.

Athens wachsende Macht bringt es zunehmend in Gegensatz zu Sparta, der bisherigen militärischen Vormacht in Griechenland.

459–449 **Sparta** greift wiederholt in die Kämpfe von Athen mit widerspenstigen Bundesgenossen ein.

458 **Seeschlacht bei Ägina.** Die Flotte des Seebundes unter Leodorates schlägt die vereinigten Seestreitkräfte von Ägina und Korinth, die zusammen 70 Schiffe verlieren.

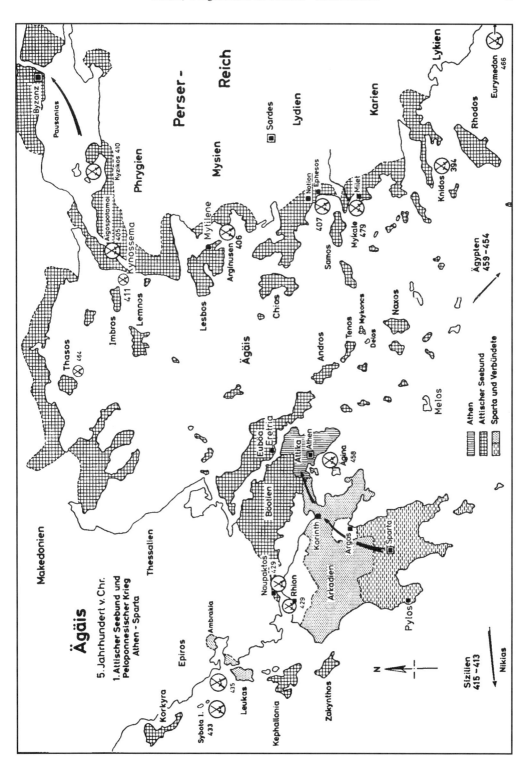

459–454	**Flottenexpedition nach Ägypten.** Die Griechen wollen den Aufstand der Ägypter gegen die Perser unterstützen. Anfängliche Erfolge bringen die Griechen bis nach Memphis. Die Perser unter König Artaxerxes I. (464–425) erobern Ägypten wieder zurück und reiben die gesamte griechische Expeditionsflotte auf. Auch ein Hilfsgeschwader von 50 Schiffen wird vernichtet. Die Kasse des Attischen Seebundes wird als Reaktion von dem exponierten Delos nach Athen gebracht.
455	Nach der Katastrophe von Ägypten sendet Athen ein Geschwader rund um die Peloponnes, das das Arsenal von Sparta in Gythion zerstört, das Gebiet von Sikyon verheert und neue Verbündete am Eingang des Golfes von Korinth gewinnt.
449	**Doppelschlacht bei Salamis** (Zypern). Die Griechen schlagen nach dem Schlachtplan des kurz vorher verstorbenen Kimon die phönikisch-kilikische Flotte der Perser und zu Lande das persische Heer.
448	**Kalliasfriede mit Persien.** Die Griechen verzichten darauf, weitere Erhebungen gegen die Perser in Kleinasien zu unterstützen. Dafür sichern die Perser den griechischen Städten in Kleinasien Autonomie zu. Das Ziel des Attischen Seebundes ist damit erreicht. Perikles wandelt den Seebund zum Attischen Reich um.
446	**Athen.** Mit Sparta wird ein Friede auf 30 Jahre abgeschlossen. Athen ist auf dem Höhepunkt seiner Macht. Im Hafen von Piräus werden die großen Schiffshäuser für die Galeeren gebaut, deren Reste man noch heute im Marinemuseum sehen kann.
441–439	**Revolte von Samos.** Die Insel lehnt sich gegen die Bevormundung von Athen im Attischen Seebund/Reich auf. Perikles zerniert die Insel mit mehreren Galeerengeschwadern und liefert der Flotte von Samos mit 44 gegen 70 Trieren einen unentschiedenen Kampf. Als weitere Verstärkungen aus Athen unter Phormio eintreffen, muß sich die Insel unterwerfen. Persische Unterstützung für Samos bleibt wirkungslos, da die persische Flotte keinen Kampf wagt.

435–433 Krieg Korinth gegen Kerkyra/Korfu

	Die von Kerkyra gegründete Stadt Epidamnos, die Vorgängerin von Dyrrhachium/Durazzo, revoltiert gegen ihre Mutterstadt und wird von Korinth unterstützt, das ein Geschwader von 75 Schiffen zu Hilfe schickt. Die Flotte von Kerkyra ist 120 Schiffe stark, von denen 40 die Blockade von Epidamnos aufnehmen.
Sommer 435	**Gefecht beim Vorgebirge Leucimne.** In der Nähe des historischen Actium trifft das Geschwader aus Korinth auf die restlichen 80 Schiffe von Kerkyra und erleidet eine klare Niederlage, wobei es 15 Schiffe verliert. Am selben Tag muß sich Epidamnos dem Blockadegeschwader von Kerkyra ergeben. Korinth rüstet im folgenden Jahr seine Flotte zu einem neuen Angriff auf Kerkyra aus. Dieses wendet sich daraufhin an Athen um Hilfe, das mit ihm ein Verteidigungsbündnis schließt.
Sommer 433	Die Flotte von Korinth läuft in das Ionische Meer aus. Athen schickt Kerkyra zunächst zehn Schiffe, zwei Wochen später weitere 20 zu Hilfe.

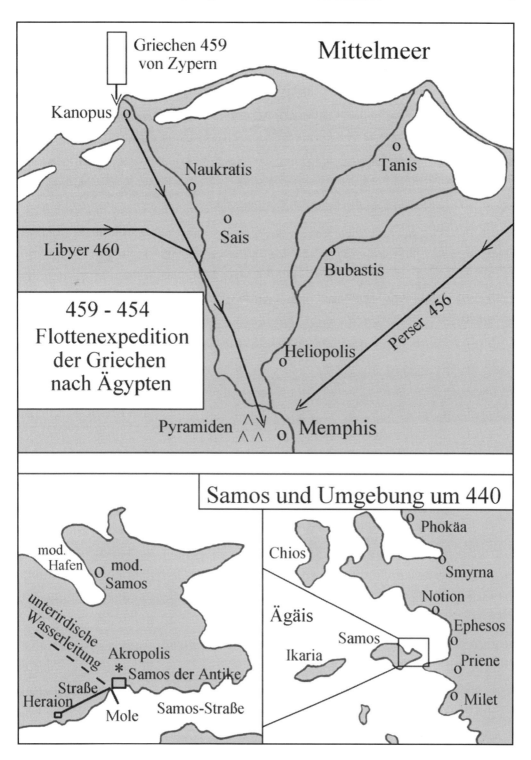

September 433 **Seeschlacht bei Sybota.** Die korinthische Flotte, verstärkt durch 60 Schiffe seiner Verbündeten, 150 insgesamt, greift die 110 Schiffe von Kerkyra südlich der Insel trotz der Anwesenheit der ersten zehn Schiffe aus Athen, die sich zunächst passiv verhalten, an. In der folgenden Seeschlacht verliert Kerkyra 60 Schiffe, den Sieg vollständig auszunutzen verhindert aber das Eintreffen der weiteren 20 Schiffe aus Athen am Abend des Kampftages. Der Nimbus der Unbesiegbarkeit Athens zur See ist bereits so groß, daß die Flotte von Korinth am folgenden Tag die von dem zahlenmäßig schwächeren Geschwader von Athen angebotene Schlacht nicht annimmt und heimfährt. Korinth drängt nun das auf Athen eifersüchtige Sparta zum Krieg gegen Athen.

431–404 **Peloponnesischer Krieg. Erster Teil**

Es stehen sich der **Attische Seebund** unter der Führung Athens und der **Peloponnesische Bund** unter der Führung von Sparta gegenüber. Seemacht steht gegen Landmacht. Die Flotte für den Peloponnesischen Bund wird zum Großteil von Korinth gestellt. Nach dem Kriegsplan von Perikles wird Attika dem zu Lande stärkeren Spartanern preisgegeben, das Volk wird hinter die Mauern der großen Doppelfestung Athen-Piräus in Sicherheit gebracht. Mit der Flotte soll der Krieg offensiv geführt werden.

König Archidamos von Sparta eröffnet den Krieg zu Lande (**Archidamischer Krieg** 431–421). Das Heer von Sparta verwüstet zunächst einmal Attika. Athen versäumt es, die Flotte sofort voll einzusetzen. Es ist nur bedacht, die lebenswichtigen Seeverbindungen offen zu halten.

431 Ein Geschwader von 100 Kriegsschiffen aus Athen macht einen Streifzug rund um die Peloponnes, verwüstet dessen Küsten und gewinnt im Ionischen Meer neue Verbündete.

430 Während in Athen schon die Pest ausbricht, verwüstet ein Geschwader von 150 Schiffen aus Athen die Küste um Epidauros. Später fährt das Geschwader nach der Chalkidike, die Pest findet daher auch Verbreitung außerhalb von Athen. Sparta versäumt es, die temporäre Schwäche Athens zur See auszunützen.

429 Perikles stirbt an der Pest, die unter den in der Doppelfestung zusammengedrängten Bewohnern wütet. Athen fehlt nun ein kongenialer Führer.

Im Golf von Korinth unterhält Athen ein Geschwader von etwa 20 Trieren unter Phormio. Sparta sendet ein Geschwader von 45 Schiffen, um diese zu vertreiben.

429 **Seeschlacht bei Rhion.** Die Athener überrennen das in einer ungünstigen Igelstellung aufgestellte Geschwader Spartas. Einige Schiffe werden versenkt, der Rest in die Flucht geschlagen.

429 **Seeschlacht bei Naupaktos.** Sparta schickt die ganze Flotte der Bundesgenossen unter Brasidas in den Golf von Korinth. Phormio wendet sich zunächst mit seinen 20 Schiffen vor den 77 der Gegner in die Flucht. Dann wirft er sich plötzlich auf die ersten der ungeregelt folgenden Feinde und schlägt sie in die Flucht. Sparta verliert sieben Schiffe gegenüber nur einem von Athen. Sparta ist gezwungen die Seeoffensive im Westen aufzugeben.

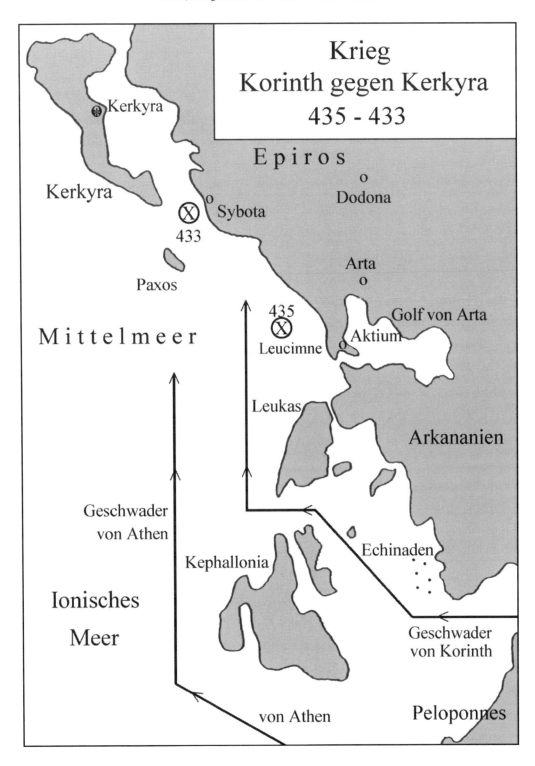

427	**Bürgerkrieg auf Kerkyra.** Die Oligarchen werden vom Peloponnesischen Bund, die Demokraten von Athen unterstützt. In einer Seeschlacht vor der Insel besiegen 20 Trieren der Peloponnesier ein Geschwader von 60 Schiffen aus Kerkyra, während zwölf Trieren aus Athen ein zweites Geschwader von 33 Schiffen der Peloponnesier in Schach halten und den Rückzug der Demokraten decken.
427	**Sizilien.** Athen schickt ein Geschwader von 20 Schiffen nach der Insel, um seine dortigen Verbündeten gegen Syrakus zu unterstützen. Von seiner Basis Rhegium/Reggio erobern die Athener Messina und kontrollieren nach einem Seesieg bei Mylae (426) die Meerenge.
Mai 426	**Athen** beginnt die Seeoperationen dieses Jahres, indem es ein Geschwader unter Demosthenes rund um die Peloponnes nach Nordwestgriechenland schickt. Kurz darauf führt Nikias ein Geschwader von 60 Trieren nach der Insel Melos, die sich den Verpflichtungen des Attischen Seebundes zu entziehen sucht.
425	**Kampf um Pylos.** Ein kleines Geschwader von fünf Schiffen aus Athen unter Demosthenes besetzt den strategisch wichtigen Felsen Koryphasion am Golf von Pylos/Navarin an der Westküste der Peloponnes. Er unterstützt dort die gegen Sparta aufständischen Messenier und bewirkt damit den Abzug des spartanischen Heeres aus Attika. Sparta schickt gegen Demosthenes seinen besten General Brasidas mit fast 500 Hopliten, deren Angriff auf Pylos/Koryphasion aber abgewiesen wird.
Juni 425	**Gefecht im Golf von Pylos.** Ein Entsatzgeschwader von 40 Schiffen aus Athen siegt in der Bucht über das Geschwader aus Sparta und erringt dort für Athen mit einem Schlag die Seeherrschaft. Die auf der Insel Sphakteria verschanzten Hopliten Spartas sind dadurch vom Festland abgeschnitten. Sparta schließt daraufhin mit Athen einen Waffenstillstand, in dem es für die Erlaubnis, seine Truppen auf Sphakteria versorgen zu dürfen, seine ganze Flotte an Athen zum Pfand gibt.
	Die folgenden Friedensverhandlungen führen wegen der harten Bedingungen Athens zu keinem Ergebnis. Bei Wiederaufnahme der Kämpfe lehnt Athen aus nichtigem Vorwand die Rückgabe der Flotte von Sparta ab.
	Sparta kann seine auf Sphakteria blockierten Hopliten zunächst mit kleinen Booten und Schwimmern versorgen. Die Hopliten unterliegen aber schließlich nach 72tägiger Belagerung einem Überraschungsangriff der Athener über die für unbesteigbar gehaltene Steilküste im Norden der Insel. Rund 300 Hopliten müssen schließlich kapitulieren, ein damals unerhörtes Ereignis.
425	Nach dem Erfolg vor Pylos plündert ein Geschwader von Athen die Küsten von Korinth am Saronischen Golf.
424	Ein Geschwader von 60 Schiffen aus Athen unter Nikias verheert die Küsten von Lakonien und erobert die strategisch wichtige Insel Kythera.
424	**Thrakien.** Landtruppen aus Sparta unter Brasidas marschieren durch ganz Thessalien und erobern die Stadt Amphipolis an der Mündung des Strymon. Ein Entsatzgeschwader aus Athen unter dem Historiker Thukydides kommt zu spät. Dies ist ein schwerer Schlag für Athen, das von dort Münzmetall und Schiffbauholz importiert.

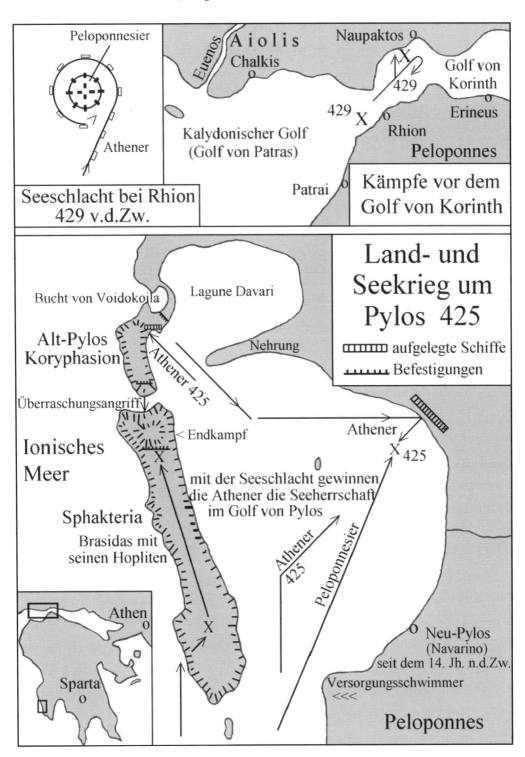

421	**Friede des Nikias.** Athen und Sparta schließen endlich einen Frieden, der aber nur ein Waffenstillstand bleibt („fauler Friede"). Es braucht nur einen geringen Anlaß, damit der Krieg wieder beginnt.
416	**Milos.** Die Insel hat schon mehrmals gegen das harte Regiment von Athen aufbegehrt. Als abschreckendes Beispiel landet ein Geschwader von 38 Schiffen aus Athen mit 3000 Mann Heerestruppen, welche die Insel erobern. Alle Männer werden hingerichtet, Frauen und Kinder in die Sklaverei verkauft.

415–413 Die Sizilische Expedition von Athen

Segesta auf Sizilien ruft Athen zu Hilfe gegen Syrakus, das mit Sparta verbündet ist. Athen versammelt auf Kerkyra ein Expeditionsheer von 134 Trieren, davon 40 als Truppentransporter eingerichtet, 30 Versorgungsschiffen und 100 kleinen Fahrzeugen. Zu den 25.000 Mann Schiffsbesatzungen kommen 5100 Hopliten und 1300 Leichtbewaffnete. 34 Trieren werden von Chios und anderen Verbündeten gestellt.

415	Im Hochsommer trifft diese Armada unter der gemeinsamen Führung der Politiker Nikias und Alkibiades und des Generals Lamachus vor Sizilien ein. Alkibiades wird wegen des Vorwurfs, in Athen Religionsfrevel begangen zu haben, zurückberufen und setzt sich nach Sparta ab. Die Führung der Expedition geht schließlich auf Nikias allein über, der außer der Errichtung eines Stützpunkts in Catana den Rest des Jahres mit nutzlosem Manövrieren vor der Küste zubringt.
Mai 414	**Die Offensive.** Das Expeditionsheer von Athen landet nördlich von Syrakus und beginnt mit Unterstützung seiner sizilianischen Verbündeten die Belagerung der Stadt. Bei den ersten Gefechten fällt Lamachus, den Athenern fehlt nun ein militärischer Fachmann bei der Leitung der Kämpfe. Die Expeditionsflotte läuft in den großen Hafen im Süden von Syrakus ein und errichtet dort den Hauptstützpunkt für die Operationen. Auf einen Hilferuf von Syrakus sendet Sparta den General Gylippos und Korinth einige Kriegsschiffe nach Syrakus. Mit rund 3000 Mann trifft Gylippos im rechten Augenblick ein und übernimmt den Oberbefehl bei der Verteidigung.
414/413	Im folgenden Winter verstärkt Gylippos die syrakusische Flotte durch Neubauten und errichtet am Nordrand des großen Hafens einen geschützten Liegeplatz. Die beiden Flotten liegen sich nun Aug in Aug gegenüber. Die Verluste der Athener durch Abnützung werden von zehn neu eintreffenden Schiffen nur unzureichend ersetzt.
Frühjahr 413	**Erste Seeschlacht im Hafen von Syrakus.** Die Flotte von Syrakus greift mit einem Geschwader von 35 Schiffen im Hafen und einem weiteren von 45 Schiffen von außerhalb des Hafens an. Die Athener treten ihnen mit 60 einsatzbereiten Schiffen entgegen und können beide feindlichen Geschwader durch ihre überlegene Taktik zurückschlagen. Syrakus verliert elf Schiffe, Nikias nur drei. Gylippos gelingt es jedoch, während der Seeschlacht das Lager der Athener in einem überraschenden Angriff zu überrennen. Zur selben Zeit erobert vor der Küste von Kalabrien ein Geschwader von zwölf Schiffen aus Syrakus ein Versorgungsgeleit für Nikias mit Sold und Schiffbauholz.

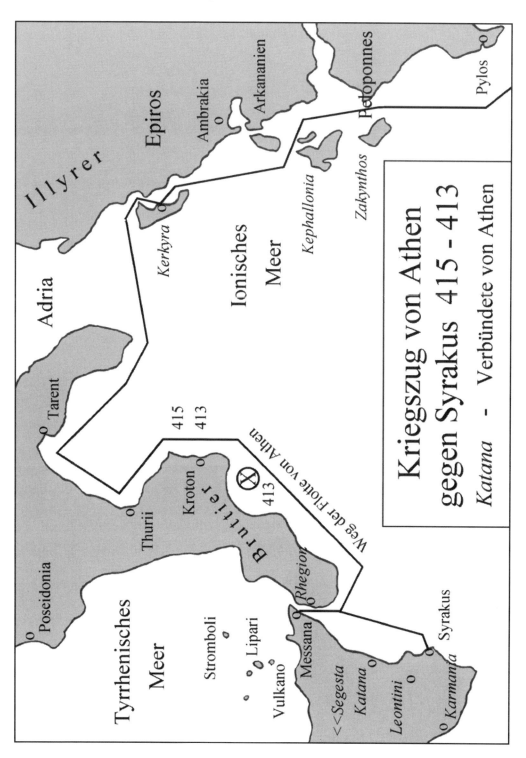

Juni 413 **Zweite Seeschlacht im Hafen von Syrakus.** Gylippos läßt die Flotte in Stärke von 80 Schiffen überraschend angreifen. Nach zwei Tagen Manövrieren ohne Nachtruhe kommt es am dritten Tag zum Kampf. Die Flotte der Syrakusaner kann mit verstärktem Rammsporn sieben Schiffe von Nikias vernichten und weitere schwer beschädigen. Syrakus verliert nur zwei Schiffe.

Juli 413 Aus Athen trifft eine Verstärkung von 73 Trieren mit 15.000 Mann, darunter 5000 Hopliten und 3000 Leichtbewaffnete, ein. Ein Versuch, Syrakus im Sturm zu nehmen, scheitert jedoch.

7. September 413 **Dritte Seeschlacht im Hafen von Syrakus.** Seine Flottenführer raten Nikias zum Abzug, bevor es zu spät sei. Er kann sich jedoch nicht dazu entschließen. Um den Abzug zu verhindern, läßt Gylippos seine Flotte in Stärke von 76 Schiffen angreifen. Obwohl die Athener diesen noch 86 Schiffe entgegenstellen können, erleiden sie eine schwere Niederlage. Sie verlieren 18 Schiffe, können aber den Angriff der Landtruppen des Gylippos abwehren. Syrakus besitzt nun die Seeherrschaft im großen Hafen und schließt die Zufahrt mit einer Schiffs- und Pilotensperre. Nur eine enge Einfahrt wird offen gehalten.

10. September 413 **Vierte Seeschlacht im Hafen von Syrakus.** Nikias beschließt nun den Ausbruch. Alle noch fahrfähigen 110 Schiffe werden mit den besten Soldaten bemannt, der Rest des Heeres wird als verlorene Nachhut in engem Bogen um das Lager aufgestellt. Unter den letzteren befindet sich auch Nikias. Beim Versuch, die Hafensperre zu forcieren, werden die Athener von der Flotte von Syrakus von allen Seiten angegriffen und erleiden eine schwere Niederlage. Ihre große Zahl konnte sich genausowenig wie jene der Perser bei Salamis entfalten. Sie verlieren rund 50 Schiffe gegenüber 20 von Syrakus. Nikias versucht dann zu Lande zu entkommen. Das Heer wird aber aufgerieben. Die Gefangenen werden als Sklaven verkauft oder verhungern in den Steinbrüchen von Syrakus. Diese Niederlage ist der Beginn des Niederganges von Athens Seeherrschaft. Ein Bundesgenosse nach dem anderen fällt nun ab.

413–404 **Peloponnesischer Krieg. Zweiter Teil** (Dekeleischer Krieg)

Sparta nimmt auf Betreiben von Alkibiades, der vor einem Sieg der Athener über Syrakus warnt, den Kampf wieder auf. Es sichert sich die Unterstützung von Tissaphernes, dem persischen Satrapen von Lydien, für die Preisgabe der Griechenstädte in Kleinasien.

413 **Gefecht bei Erineus** (Golf von Korinth). 30 Schiffe aus Korinth unter Polyanthes treffen auf 33 Schiffe aus Athen unter Diphilus. Durch Rammstoß werden sieben Schiffe aus Athen bei einem Verlust von drei Schiffen aus Korinth vernichtet.

412 **Sparta.** Ein Geschwader unter Alkibiades bringt Chios, Lesbos, Ephesos und Milet zum Abfall von Athen. Dieses macht daraufhin Samos zu seinem Hauptstützpunkt in der östlichen Ägäis, erobert von dort aus Lesbos zurück, blockiert Chios und Milet und hält die Seeverbindung zum Schwarzen Meer offen.

412 **Gefecht vor Milet.** Ein Geschwader von Athen unter Phrynichos siegt über ein Geschwader von Milet, muß sich dann aber vor der stärkeren Flotte der Peloponnesier nach Samos zurückziehen.

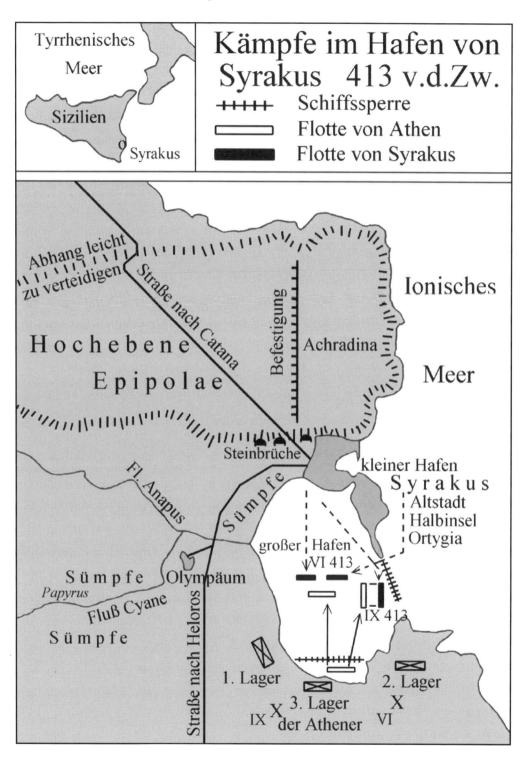

411   **Gefecht bei Eretria.** 42 Schiffe der Flotte des Peloponnesischen Bundes unter dem Spartaner Agesandrias unterstützt einen Aufstand in Eretria auf Euböa. Sie treffen auf ein Geschwader aus Athen unter Thyokares, das im folgenden Kampf 22 Schiffe durch Entern verliert.

Nach diesem Mißerfolg ruft Athen den aus Sparta vertriebenen Alkibiades zurück, der sich zunächst zum persischen Satrapen Tissaphernes begeben und dort seinen Frontwechsel sorgfältig vorbereitet hat.

September 411   **Seeschlacht bei Kynossema** (Kilid Bahr). In den Dardanellen treffen 76 Schiffe von Athen auf ein etwas stärkeres Geschwader des Peloponnesischen Bundes. Dank der besseren Schiffsführung ihrer Kapitäne bleiben in dem schwierigen Gewässer mit seinen wechselnden Strömungen Athens Schiffe siegreich. Es ist der erste bedeutendere Erfolg nach der Katastrophe von Syrakus.

Oktober 411   **Seeschlacht bei Abydos.** Alkibiades vereinigt sich mit seinem ionischen Geschwader mit dem bei Kynossema siegreichen Schiffen und verfügt nun über 74 Trieren gegenüber 97 von Sparta. Obwohl noch immer zahlenmäßig unterlegen, bringt er der persisch-spartanischen Flotte unter Mindaros eine vernichtende Niederlage bei, die 30 Schiffe verliert.

April 410   **Seeschlacht bei Kyzikos.** Alkibiades siegt in der Propontis/Marmarameer erneut über die Spartaner. Er lockt sie durch scheinbare Flucht aus dem Hafen, greift unvermutet an und vernichtet deren Geschwader vollständig. Flottenführer Mindaros fällt.

Die Getreidezufuhr aus dem Schwarzmeergebiet ist für Athen wieder gesichert. Sparta, nun ohne Flotte, wäre zum Frieden bereit, doch Athen lehnt ab.

März 406   **Seeschlcht bei Notion.** Die Flotte des Peloponnesischen Bundes unter Lysandros siegt über ein Geschwader aus Athen unter Antiochos. Alkibiades wird daraufhin wegen des Versagens seines Stellvertreters für das folgende Jahr nicht mehr zum Strategen gewählt.

In Sparta wechselt das Flottenkommando jährlich. Nachfolger von Lysandros für das Jahr 406/405 als Nauarch (Flottenbefehlshaber) wird Kallikratidas, der den Erfolg von Lysandros ausbauen möchte und eine Offensive gegen den Hellespont beginnt.

Juli 406   **Gefecht vor Mytilene.** Kallikratidas läuft mit 170 Schiffen aus Milet aus. Der Athener Konon folgt im von Samos aus, hat aber nur 70 Schiffe zur Verfügung. Vor Mytilene treffen die beiden Geschwader aufeinander. Konon kann sich mit 40 Schiffen in den sicheren Hafen retten, 30 Schiffe werden aber von Kallikratidas abgefangen.

Athen unternimmt nun größte Rüstungsanstrengungen. 110 Schiffe werden neu in Dienst gestellt und aus Mangel an freien Bürgern auch mit Sklaven bemannt, denen man für den Fall des Sieges die Freiheit verspricht. Acht Strategen werden mit dem Kommando der Flotte betraut. Unterwegs ziehen diese weitere 40 Schiffe aus Samos an sich.

August 406   **Seeschlacht bei den Arginusen.** Kallikratidas läßt 50 Schiffe zur Bewachung von Konon zurück und tritt den 150 Schiffen aus Athen mit seinen 120 übrigen Schiffen entgegen. Letztere sind den neu ausgehobenen Mannschaften wohl überlegen. Die Athener haben aber die besseren Schiffsführer. Südlich von Mytilene treffen die beiden größten Flotten, mit denen sich Griechen selbst

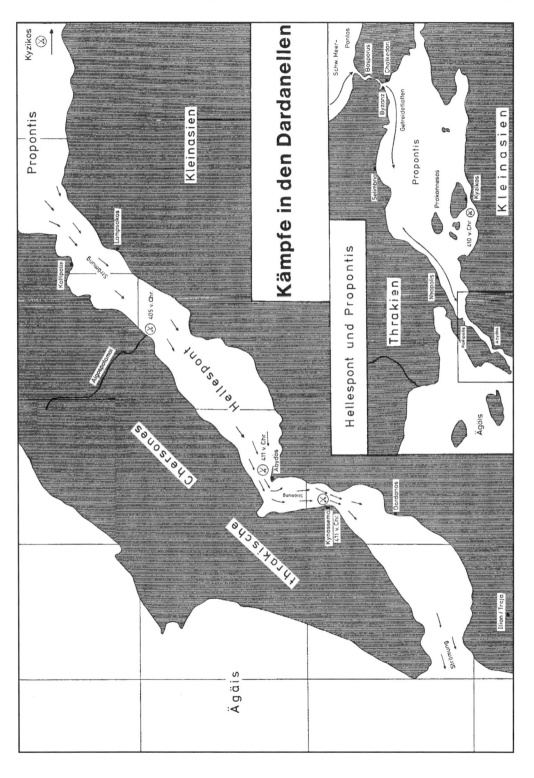

gegenüber gestanden sind, aufeinander. Die Athener sind wie bei Artemision ein zwei Treffen aufgestellt. Der Kampf beginnt an den beiden Flügeln mit Umfassungsversuchen. Der linke Flügel der Athener ist zuerst erfolgreich und als am rechten Flügel Kallikratidas fällt, ist die Schlacht für Athen gewonnen. Sparta verliert 69 Schiffe und rund 10.000 Mann. Bei den Athenern sind 13 Schiffe versenkt, zwölf weitere treiben manövrierunfähig in sinkendem Zustand. Die Führer der Flotte Athens sind sich zunächst über die weitere Vorgangsweise nicht einig. Sie versäumen daher, den Sieg durch eine energische Verfolgung total zu machen. In einem aufkommendem Sturm gehen auch die Besatzungen der sinkenden Schiffe unter.

Trotz der Erringung der Seeherrschaft werden die acht siegreichen Strategen für ihre Unterlassungen nach der Schlacht in Athen zum Tode verurteilt. Der Exekution des Urteils können sich zwei durch Flucht entziehen. Sokrates erhebt vergeblich gegen das Urteil Einspruch.

405 **Sparta.** Lysandros wird wieder Nauarch und nützt sein gutes Verhältnis zu den Persern, die ihm erneut Geldmittel zum Neuaufbau der Flotte geben. Mit dieser fährt er erneut in den Hellespont und unterbindet die Getreidezufuhr nach Athen. Dies bringt die attische Flotte sofort erneut auf den Plan.

September 405 **See- und Landschlacht bei Aigospotamoi.** Die Athener mit 180 Schiffen unter sechs Strategen bieten in der Mitte der Meeresstraße den Kampf an, den Lysandros zunächst nicht annimmt. Nach mehreren Tagen des Manövrierens legt die attische Flotte an der Küste beim „Ziegenfluß" (Aiogospotamoi) zum Wassernehmen an. Alkibiades kommt von seinem Landsitz auf der Halbinsel Gallipoli, um seine Landsleute vor dieser ungünstigen Lage zu warnen, wird aber brüsk abgewiesen. Tatsächlich greift Lysandros die ungenügend geschützten Schiffe der Athener an und erobert mit einem Schlag fast die ganze feindliche Flotte. Nur das Geschwader von neun Schiffen unter Konon kann entkommen.

Athen wird nun sowohl vom Heer zu Lande als auch von der Flotte des Peloponnesischen Bundes unter Lysandros von der See her eng blockiert.

5. April 404 **Übergabe von Athen.** In der ersten richtig durchgeführten Hungerblockade der Seekriegsgeschichte wird die Stadt zu Fall gebracht. Athen muß die restliche Flotte ausliefern und die Befestigungsmauern schleifen. Der Seebund wird aufgelöst. Die eigentlichen Sieger des Krieges sind die Perser, die ganz Kleinasien wieder zurückgewinnen.

Sommer 404 **Sparta.** Nach dem Fall von Athen zwingt Lysandros auch Samos zur Kapitulation. Er kreuzt dann durch die ganze Ägäis und setzt bei den früheren Verbündeten von Athen oligarchische Diktaturen ein.

um 400 **Erster Achäischer Bund.** Nach dem Ende des Peloponnesischen Krieges nimmt das Piratenunwesen stark zu. Dagegen schließen sich zwölf Städte am Golf von Korinth zusammen.

um 400 **Athen.** Trotz der schweren Niederlage vor wenigen Jahren nehmen die Seehändler von Athen ihre Handelsbeziehungen rasch wieder auf. Aus ihren Gewinnen wird auch bald wieder mit dem Aufbau einer noch kleinen Kriegsflotte begonnen.

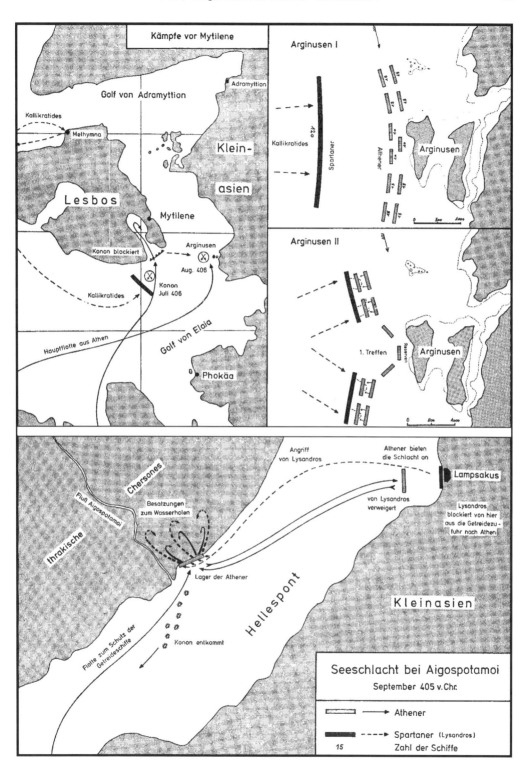

396–386	**Korinthischer Seekrieg**
	Die Griechen in Kleinasien lehnen sich erneut gegen die persische Herrschaft auf. Sie rufen Sparta zu Hilfe, das ab 400 v. Chr. erfolgreich in die Kämpfe eingreift. Persien ernennt daraufhin den bei Aigospotamoi entkommenen Admiral Konon zu seinem Flottenbefehlshaber.
396	Konon unternimmt einen Vorstoß an die Küste von Kleinasien. Er erleidet zunächst einen Rückschlag, kann dann aber Rhodos zum Abfall von der Allianz mit Sparta bringen.
	Im folgenden Jahr bringt der persische Satrap Tissaphernes ein Bündnis von Theben, Korinth, Argos und Athen gegen Sparta zusammen. Zu Lande ist zunächst Sparta erfolgreich.
August 394	**Seeschlacht bei Knidos.** In der Nähe von Rhodos bringt die persisch-griechische Flotte von 100 Schiffen unter Konon den 85 Schiffen von Sparta und seinen Verbündeten unter Peisander eine vernichtende Niederlage bei. Peisander fällt und Sparta verliert mit einem Schlag seinen Gewinn aus dem Peloponnesischen Krieg.
	Die Flotte unter Konon erobert noch im selben Jahr fast alle Stützpunkte von Sparta in Ionien.
393	Konon mit der persisch-griechischen Flotte verheert die Küste von Lakonien, erobert die Insel Kythera und schließt in Korinth ein Bündnis mit den Gegnern Spartas.
390	**Sparta.** Ein Geschwader kann die Inseln Samos und die Stadt Knidos erobern.
389	**Athen.** Seine Flotte sichert die Verbindung durch die Dardanellen und den Bosporus in das Schwarze Meer und hält die spartanische Flotte in Schach. Der Korinthische Bund wird daraufhin den Persern zu mächtig und es geht auf die Seite von Sparta über.
387	**Kriegsende.** Der persische Satrap Tiribazus zieht in der Ägäis ein Geschwader von 80 Schiffen aus Syrien, Sparta und Syrakus (von Dionysos geschickt) zusammen, das in den Dardanellen die Verbindung von Athen mit dem Schwarzen Meer unterbricht. Athen und seine Verbündeten sind nun zum Frieden bereit. Persien behält Kleinasien und Zypern, alle anderen Griechenstädte erhalten ihre Unabhängigkeit.
381	**Seeschlacht bei Kition** (Golf von Larnaka). Nach dem Frieden mit den Griechen beginnt Persien mit deren Unterstützung die Aufständischen auf Zypern und in Kilikien niederzuwerfen. An der Südküste der Insel Zypern schlagen die mit den Persern verbündeten Griechen die Flotte des aufständischen Zypern. Uneinigkeit bei den Persern macht ihren Erfolg zunichte.
376	**Seeschlacht bei Naxos.** Ein Geschwader von 60 Schiffen aus Sparta blockiert den Saronischen Golf und unterbricht die Getreideversorgung von Athen. Dieses greift mit 80 Trieren an und bringt den Spartanern eine vernichtende Niederlage bei. Athen sichert dadurch seine Seeherrschaft in der Ägäis für die nächsten 50 Jahre.
375	**Seeschlacht bei den Echinaden.** Ein Geschwader von Athen blockiert den Golf von Korinth und behindert dadurch das Heer von Sparta am Angriff auf Theben. Ein Geschwader der Peloponnes von 55 Schiffen erscheint daraufhin

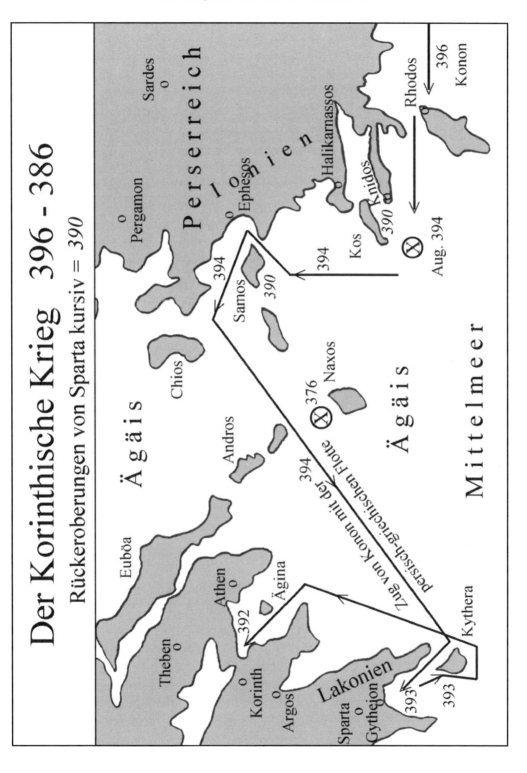

vor dem Golf von Patras, wird aber von den Athenern geschlagen. Athen festigt dadurch auch seine Seeherrschaft im Ionischen Meer und gewinnt Akarnanien, Kerkyra und die Molosser als Verbündete.

Ein weiteres Geschwader aus Athen unternimmt im selben Jahr eine Kreuzfahrt in die nördliche Ägäis, sichert die Getreideversorgung aus dem Schwarzen Meer und die Lieferungen von Schiffbauholz aus Makedonien.

373   **Sparta.** Mit der Hilfe eines Geschwaders, das Dionysos I. von Syrakus schickt, versucht Sparta Kerkyra zu erobern. Das Geschwader von Kerkyra wird geschlagen, die Festung eng blockiert. Als einige Monate später ein Geschwader aus Athen erscheint, zieht sich das Geschwader aus Sparta ohne Kampf zurück, die Schiffe aus Syrakus werden verjagt und Kerkyra befreit.

371   **Sparta.** König Kleombrotos zieht mit einem kleinen Heer entlang der Küstenstraße gegen Theben. In der Hafenstadt Krisa am Golf von Korinth erobert er das Marinearsenal und 12 Kriegsschiffe von Theben. Kurz darauf erleidet Sparta die vernichtende Niederlage bei **Leuktra** durch die Thebaner unter deren Feldherrn Epaminondas. Es beginnt der Niedergang von Sparta.

371 - 360   Krieg um Amphipolis und die Chalkidike

Athen will seine Herrschaft vom 5. Jahrhundert wieder errichten und beginnt mit dem Angriff auf Amphipolis. Daraus entwickelt sich ein Krieg in der nördlichen Ägäis, in den alle dortigen Mächte einbezogen werden.

364   **Theben.** Ein Geschwader der Stadt unternimmt eine Fahrt durch die Ägäis und nimmt freundschaftliche Beziehungen mit Rhodos, Chios und Byzantion auf, die eigentlich zum Attischen Seebund gehören.

363   **Theben.** Die Stadt baut auf Anraten von Epaminondas seit 366 eine Flotte von 100 Trieren, mit denen es unter dem General selbst im Bosporus eine Getreideflotte von Athen aufbringt. Die Unsicherheit der Versorgung schwächt die Finanzkraft Athens. Theben wiederholt jedoch nicht seinen Versuch, Athen die Seeherrschaft streitig zu machen.

362   **Propontis.** Die meisten Städte an den Meerengen sind zu Theben übergegangen. Immer wieder werden Getreideflotten von Athen aufgehalten und zum Entladen gezwungen. Dieses kann wenig dagegen unternehmen, da es mit dem Kampf um die Chalkidike und Amphipolis beschäftigt ist.

362   Ein kleines Geschwader aus Pherai in Thessalien, mit Theben verbündet, unternimmt Kaperfahrten zu den Kykladen und kehrt mit einigem Erfolg zurück.

362   **Landschlacht bei Mantinea.** Epaminondas siegt auf der Peloponnes gegen Sparta und Athen, stirbt aber an einer Verwundung. Die Hegemonie Thebens geht zu Ende.

360   **Alexander von Pherai** bringt mit Hilfe von Freibeutern der Flotte von Athen bei der Belagerung von Panormos eine Niederlage bei, wobei er sechs Schiffe erobert.

357–355   **Bundesgenossenkrieg gegen Athen.** Angestiftet durch König Mausolos von Halikarnassos revoltieren die bisher im 378 gegründeten, kurzlebigen **Zweiten Attischen Seebund** mit Athen verbündeten Inseln Rhodos, Chios und Kos sowie Byzanz gegen ihre bisherigen Genossen.

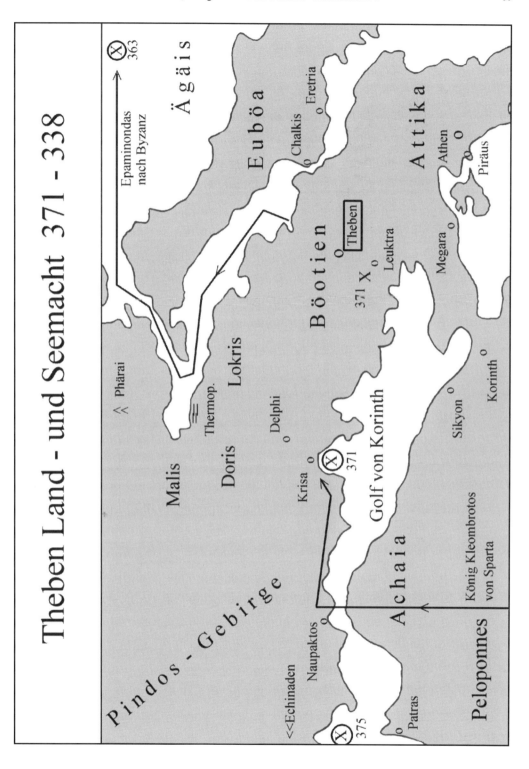

357 und 356	In zwei Seeschlachten vor der Insel Chios wird die Flotte von Athen von den Verbündeten abgewiesen. Der Seebund fällt wieder auseinander.
357	**Makedonien.** König Philipp benützt die Gelegenheit des Bundesgenossenkrieges, um sich der wichtigen Hafenstadt Amphipolis zu bemächtigen. Es ist der Beginn der Auseinandersetzungen zwischen Athen und Makedonien. Philipp gründet dazu die Stadt Philippi und beherrscht nun den einträglichen Bergbau auf Gold und die großen Wälder dieser Gegend, die das wichtige Schiffbauholz liefern. Noch kontrolliert aber Athens Flotte die nördliche Ägäis, und Philipp muß sich zunächst noch um dessen Wohlwollen bemühen.
351	**Makedonien.** Im sogenannten Olynthischen Krieg überfällt Philipp mit seiner Flotte die Inseln Lemnos und Imbros vor der Einfahrt in die Dardanellen. Er erobert dort einen Geleitzug mit Getreide für Athen an Bord und schließlich am Strand von Marathon sogar eine attische Staatsgaleere. Athen schickt darauf ein Geschwader zu den Meerengen, um die Getreideversorgung sicherzustellen. Der Athener Redner Demosthenes hält im folgenden Jahr die erste seiner berühmten „Philippika", der Brandreden gegen König Philipp.
344	**Ägypten.** Das Land hat in den letzten Jahrzehnten unter der XXX. Dynastie die Unabhängigkeit vom Perserreich errungen. Nun revoltieren auch Zypern und Phönikien. Beide werden von den Persern unter Großkönig Artaxerxes III. (359–338?) unterworfen. Bei der Einnahme von Sidon verbrennen die Einwohner ihre Schiffe, ihre Häuser und sich selbst. Im folgenden Jahr kann Artaxerxes mit Hilfe von griechischen Söldnern auch Ägypten wieder unterwerfen.

342–339	**Makedonien gegen Athen**
Sommer 340	**Forcierung der Dardanellen.** König Philipp von Makedonien erobert die Insel Tenedos und greift die Städte auf der Halbinsel Gallipoli und Byzanz mit Land- und Seestreitkräften an. Das von der Zufuhr aus dem Schwarzen Meer abhängige Athen entsendet daraufhin ein Geschwader in die Dardanellen. König Philipp erzwingt sich den Weg in das Marmarameer, indem er Landtruppen an beiden Ufern ausschifft und Heer und Flotte gemeinsam vorrücken. In der Propontis/Maramarameer wird zunächst die starke Festung Perinthus von Land und See aus vergeblich belagert. König Philipp belagert anschließend Byzanz und nimmt eine dort liegende Getreideflotte von 230 Schiffen aus Athen weg. Das Holz der Schiffe verwendet er zum Bau von Belagerungsmaschinen. Mit Unterstützung von Schiffen aus Athen, Rhodos, Kos und Chios kann die Stadt die Angriffe abwehren.
339	**Bosporus.** Philipps Flotte weicht in das Schwarze Meer aus und kann nicht mehr zurück, da die stärkere Flotte der Verbündeten den Bosporus sperrt. Philipp läßt den Gegnern einen falschen Befehl für seinen General in die Hände fallen, worauf diese den Bosporus verlassen und Philipps Flotte in die Ägäis zurückkehren kann.
337	**Makedonien.** König Philipp gründet nach seinen Siegen über Theben und Korinth die **Liga von Korinth,** der alle bedeutenden griechischen Staaten ohne Sparta beitreten müssen. Zweck ist der gemeinsame Krieg gegen das Perserreich.

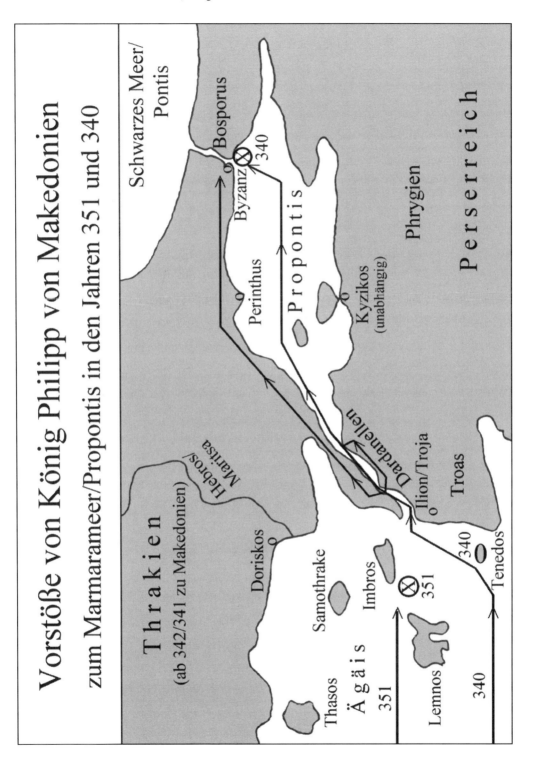

334–323 Perserfeldzug

Alexander d. Gr. wendet sich nach seinem Sieg am **Granikos** (334) in das Innere von Kleinasien und löst die ionische Flotte auf. Die persische Flotte unter Admiral Memnon († 333) kann daher ungehindert die Offensive ergreifen und erobert Chios und Mytilene. Bevor sich dies strategisch auswirkt, stirbt Memnon und Alexander siegt entscheidend zu Land. Nach seinem Sieg über das persische Heer bei **Issos** (333) wendet sich Alexander nach Süden, um mit den phönikischen Hafenstädten den Persern ihre Flottenstützpunkte zu entreißen.

332 **Belagerung von Tyrus.** Beim Angriff auf die Stadt setzt Alexander seine neue Flotte erstmals erfolgreich ein. Es stehen ihm 230 Kriegsschiffe, davon 120 aus Zypern, 86 aus Sidon, zehn aus Rhodos, zehn aus Lykien, drei aus Karien und nur eines aus Makedonien, zur Verfügung. Zum Angriff auf die Inselfestung werden von ihm auch Taucher eingesetzt.

331 **Landschlacht bei Megalopolis.** Antipater, der Statthalter von Makedonien, wirft einen Aufstand von Sparta nieder, das dem Korinthischen Bund beitreten muß.

Oktober 331 **Landschlacht bei Gaugamela.** Alexander besiegt am Oberlauf des Tigris das persische Heer unter Großkönig Dareios entscheidend. Das Perserreich beginnt sich aufzulösen, Alexander stößt durch Persien bis zum Indus vor.

326–324 **Indischer Ozean.** Nach dem Erreichen von Indien läßt Alexander am Indus eine Flotte bauen, die das Heer beim Marsch nach Süden zum Indischen Ozean unterstützt. Ein kleiner Teil des Heeres nimmt den Rückweg auf der Flotte unter Admiral Nearchos nach Westen zum und durch den Persischen Golf und trifft bei Susa wieder auf Alexander. Nearchos verfaßt über die Fahrt einen Reisebericht. Zu einer geplanten Erkundungsfahrt rund um die arabische Halbinsel bis Ägypten kommt es wegen des Todes von Alexander (Juni 323 v. Chr.) nicht mehr.

323–302 Kämpfe während der Diadochenkriege

323–322 **Der Lamische Krieg.** Nach dem Tod von Alexander versucht Athen die Herrschaft der Makedonen unter dem Reichsverweser Antipater abzuschütteln. In zwei Landschlachten ist Athen zunächst erfolgreich.

322 Nach den Seerüstungen verfügen die Makedonen über 240, die Athener über 170 Schlachtschiffe. In zwei Seeschlachten bei **Abydos und Amorgos** siegen die Makedonen unter Kleitos über die Flotte von Athen. In beiden Seeschlachten dürfte Athen zusammen rund 50 Schiffe verloren haben. Schwerer noch wiegt der Verlust an wehrfähigen Bürgern. Im folgenden Friedensvertrag muß Athen eine makedonische Besatzung im Kriegshafen Munichia vor Athen akzeptieren. Die kurze Seeherrschaft von Athen in der Ägäis bricht wieder zusammen.

320 **Pisidien.** An der Südküste von Kleinasien gelegen, erhebt sich das Territorium gegen den Reichsverweser Antipater. Admiral Kleitos besiegt das Geschwader von Kilikien vor Rhodos und Zypern, der Aufstand bricht zusammen.

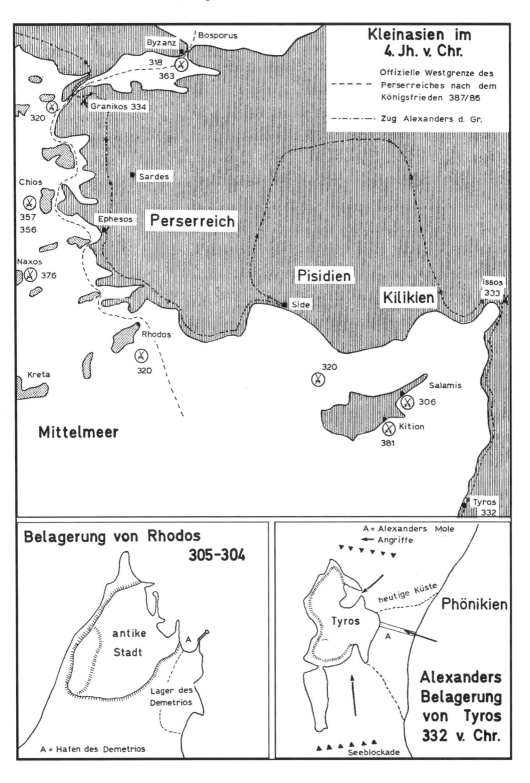

318	**Seeschlacht vor dem Bosporus.** Die syrische Flotte von Antigonos unter Nikanor trifft auf die griechisch-makedonische Flotte unter Kleitos. Die Syrer verlieren beim ersten Zusammentreffen fast die Hälfte ihrer Schiffe. Wenig später überrascht Nikanor die Gegner, als sie ihre Schiffe am Strand liegen haben. In einem Angriff von Land und See werden die Makedonier geschlagen, ihre Flotte wird vernichtet.
314	**Ägäis.** Ein Geschwader aus Ägypten erobert mit Unterstützung durch Schiffe aus Athen die Insel Lemnos. Noch im selben Jahr kann Antigonos die Insel mit seiner Flotte zurückerobern.
310	**Ägypten.** Seine Flotte wird vor Kilikien von Demetrios Poliorketes verlustreich abgewiesen. Sie kann aber trotzdem die Insel Zypern erobern.
307	**Syrien.** Die Flotte des Antigonos unter seinem Sohn Demetrios Poliorketes vertreibt die Makedonier aus Athen und Megara. Demetrios erklärt alle Griechenstädte für unabhängig. Anschließend ruft Antigonos seinen Sohn zurück, zum Kampf gegen den Hauptfeind Ptolemaios von Ägypten. Das erste Angriffsziel ist die in dessen Besitz befindliche Insel Zypern. Bei der Belagerung der Stadt Salamis auf dieser Insel kommt es zu einer der bedeutendsten Seeschlachten der Antike.
306	**Seeschlacht bei Salamis auf Zypern.** Ptolemaios kommt mit einer Flotte von 140 Kriegsschiffen und Transportern dem belagerten Salamis zu Hilfe. Demetrios blockiert die im Hafen liegenden 60 ägyptischen Schiffe mit zehn Kriegsschiffen und tritt Ptolemaios mit 108 Kriegsschiffen und 57 bewaffneten Transportern entgegen. Er lehnt dabei seinen rechten Flügel an die Küste und stellt die Kontingente aus Athen und Phönikien an den linken Flügel. Diese, seine besten Schiffe, werfen das ihnen gegenüber stehende ägyptische rechte Geschwader auf das Zentrum und die gesamte in Verwirrung gebrachte ägyptische Flotte wird auf den Strand getrieben und vernichtet oder erobert. Auf den ägyptischen Transportern werden 8000 Gefangene gemacht. Nur 20 ägyptische Schiffe können entkommen. Die in Salamis liegenden 60 Schiffe müssen sich ebenfalls ergeben. Antigonos nimmt nach diesem glänzenden Sieg den Königstitel an. Diesem Beispiel folgen die übrigen Diadochen.
Winter 306/05	**Syrien.** Der folgende Angriff von Antigonos auf Ägypten mit Heer und Flotte scheitert wegen mangelhafter Vorbereitung schon vor dem östlichen Nildelta.
305–304	**Rhodos.** Die Insel widersteht erfolgreich dem Invasionsversuch durch Demetrios Poliorketes. Blockadebrecher können die Insel mit dem nötigsten versorgen.
304	**Athen.** Nach der vergeblichen Belagerung von Rhodos überquert Demetrios mit seiner Flotte von 330 Kriegsschiffen und zahlreichen Transportern die Ägäis, landet bei Aulis im Rücken von Kassander und zwingt diesen die Belagerung von Athen aufzuheben.
302	**Endkampf.** Demetrios überrascht vor den Meerengen mit der Flotte einen Truppentransport des Kassander mit Verstärkungen für das Heer in Kleinasien und kann einen Teil der Schiffe abfangen. Trotzdem kommt es im folgenden Jahr bei **Ipsos** zur „Schlacht der Könige". Antigonos verliert Reich und Leben, Demetrios kann jedoch entkommen und sich mit der Flotte eine neue Herrschaft aufbauen. Es folgt noch die Landschlacht bei Kurupedion (281), mit der die Diadochenkriege enden.

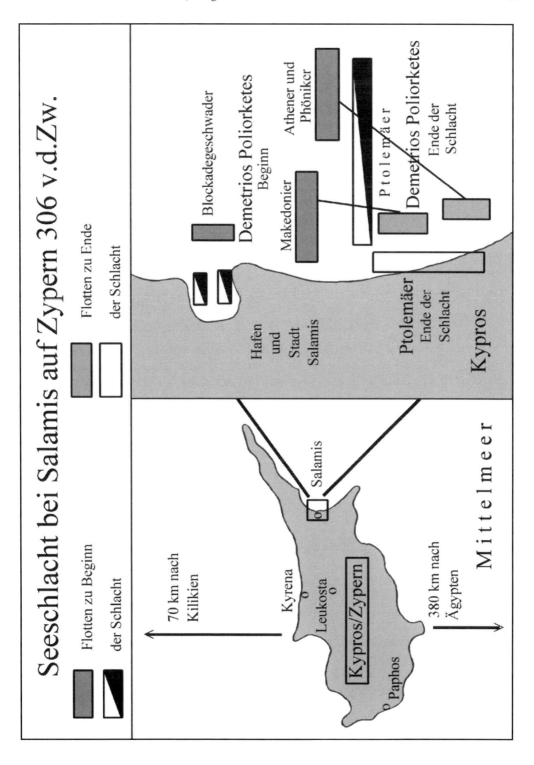

295	**Athen.** Demetrios belagert und blockiert das aufständische Athen. Ein Hilfsgeschwader für die belagerte Stadt aus Ägypten segelt angesichts der Flotte von Demetrios wieder ab. Athen muß sich im folgenden Frühjahr ergeben.
289	**Kleinasien.** Demetrios erringt 293 die Herrschaft in Makedonien und bereitet die Rückeroberung von Kleinasien vor. In den Werften von Korinth, Chalkis, Piräus und Pelle werden Trieren gebaut, bis seine Flotte wieder die stärkste im östlichen Mittelmeer ist. Er verfügt schließlich über 300 große Kriegsschiffe gegenüber 200 von Ägypten. Trotz der Nähe der ägyptischen Flotte landet er seine Truppen in Kleinasien, verliert dann aber den Krieg zu Lande.
283	**Ägypten.** Ptolemaios, Feldherr Alexanders, gründet 304 das nach ihm benannte Reich in Ägypten. Sein Baumeister Sostratos von Knidos erbaut auf der Insel **Pharos** vor dem Hafen von Alexandria den ersten großen **Leuchtturm**. Dieser wird Namensgeber für spätere Leuchttürme (eines der sieben Weltwunder der Antike).
286	**Ägypten.** Nach dem Fall von Demetrios Poliorketes geht sein Admiral Philokles mit dem Rest der Flotte zu Ägypten über. Das gleiche machen die Seestädte Tyrus und Sidon. Ägypten erlangt dadurch die Seeherrschaft im östlichen Mittelmeer.
280	**Vasenfest von Delos.** Nach dem Tod von Demetrios, Lysimachos und Seleukos, der letzten Diadochen, und der Niederlage von Antigonos gegen Keraunos von Makedonien, der selbst gegen die Galater fällt (279), beherrscht die ägyptische Flotte auch die Ägäis. Ptolemaios II. (285/283–246) stiftet daher im heiligen Delos das nach seinem Vater genannte Fest, die Ptolemaieia.
279	**Makedonien.** Antigonos II. Gonatas, der Sohn des Demetrios und Enkel von Antonios dem Einäugigen, gründet die Herrschaft der Antigoniden.
275	**Milet.** Die Stadt wird von der Landseite vom syrischen Heer belagert, die Flotte blockiert die Seeseite. Ein ägyptisches Geschwader unter Admiral Kallikrates von Samos vertreibt die syrischen Schiffe. Die Landblockade kann es aber nicht aufheben.
274	**Kilikien.** Kallikrates verheert mit seinem Geschwader Teile der Südküste Kleinasiens. Im folgenden Friedensschluß sichert sich Ägypten Stützpunkte in Kleinasien und auf Inseln der Ägäis, die seine Seeherrschaft im östlichen Mittelmeer absichern.
274	**Ägypten.** Ptolemaios II. Philadelphos läßt den Kanal vom östlichen Mündungsarm des Nils zu den Bitterseen wieder herstellen. Wie schon früher versandet er jedoch bald wieder.
266	**Makedonien.** König Antigonos II. Gonatas (276–239) ist bei seinen Operationen in Griechenland durch die ägyptische Flotte unter Admiral Patroklus sehr behindert, da er selbst über keine nennenswerten Seestreitkräfte verfügt. **Athen** mißlingt aber der Versuch sich zu befreien, es behält nur seine Bedeutung mit seinen Philosophenschulen als geistiger Mittelpunkt der Griechen.
263	**Pergamon.** Dieses Reich wird von Eumenes I. im Westen von Kleinasien gegründet. Von seinem Neffen Attalos I. werden die in Kleinasien eingefallenen Kelten/Galater besiegt und nach Galatien (Name) zurückgedrängt. Attalos nimmt daraufhin den Königstitel an.

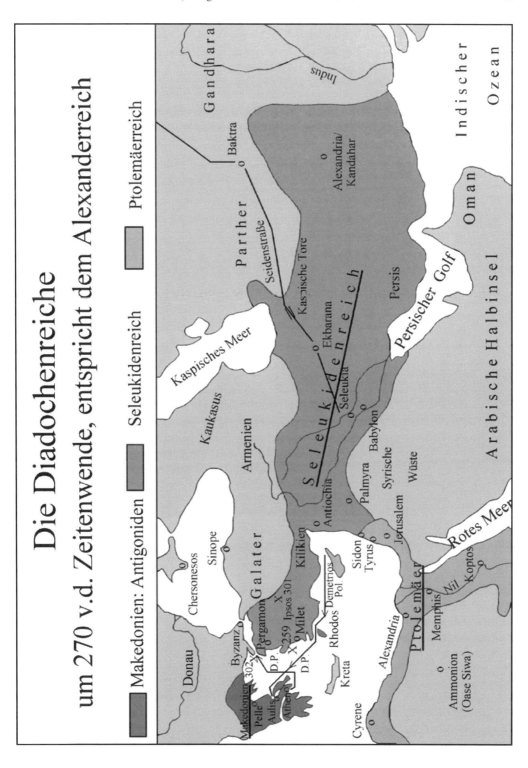

259	**Seeschlacht bei Ephesos.** Rhodos unterstützt Makedonien im Kampf gegen Ägypten. Vor Ephesos besiegt der rhodische Admiral Agathostratus ein ägyptisches Geschwader und ermöglicht Makedonien die Einnahme der Stadt. Anschließend beginnt Antigonos II. mit einer bedeutenden Flottenrüstung.
258	**Seeschlacht bei Kos.** Die neue Flotte von Makedonien unter Antigonos II. besiegt in einer großen Seeschlacht die überlegene ägyptische Flotte.
246 oder 245	**Seeschlacht bei Andros.** Ein zweites Mal besiegt Antigonos II. die Ägypter und beendet dadurch deren Seeherrschaft in der Ägäis. Die ägyptische Flotte ist aber noch bedeutend genug, um im Krieg gegen Seleukos II. (245–242) die Küsten des östlichen Mittelmeers zu verheeren und erfolgreiche Landungsoperationen an der syrischen und kilikischen Küste zu unternehmen.
229	**Pergamon.** König Attalos besiegt in drei Landschlachten das Heer der Seleukiden und kann seine Herrschaft vorübergehend bis zum Taurusgebirge ausweiten.
227	**Makedonien.** König Antigonos III. Doson (229–221) unternimmt einen Seezug nach Kleinasien und errichtet dort einen Stützpunkt, den er aber nach wenigen Jahren wieder räumen muß.
219	**Meerengen.** Byzanz beginnt Zoll von Schiffen zu verlangen, die den Bosporus passieren. Rhodos erklärt daraufhin den Krieg und zwingt mit einigen Verbündeten Byzanz, die Zollforderungen wieder einzustellen.

Die Seekriege von Rom (und seiner Vorläufer) 1100 vor bis 630 nach Chr.

Die von den Apenninen gebildete Halbinsel, das heutige Italien, beherrscht zwar durch seine zentrale Lage fast das ganze Mittelmeer, war aber zur Zeit der Frühgeschichte trotzdem nie ein marinepolitisches Machtzentrum. Erst die – wahrscheinlich über See aus Kleinasien – zu Beginn des 1. Jahrtausends eingewanderten **Etrusker** hatten sich mit der See auseinandergesetzt. Sie wurden aber in ihrem Bewegungsraum von den um die gleiche Zeit im westlichen Mittelmeer auftretenden Phönikern eingeengt. Mit dem Beginn der Kolonisation der Griechen im westlichen Mittelmeer, die sich in Kyrene/Cyrenaika, im östlichen Sizilien und in Süditalien festsetzten, baute sich dort ein Spannungsfeld auf. Vor allem das Ringen um den Besitz von Sizilien, einer der Kornkammern des Mittelmeeres im Altertum und in strategisch günstiger Lage, führte zu den Auseinandersetzungen der Großmächte im zentralen Mittelmeer.

Mit dem Niedergang der phönikischen Mutterstädte machte sich die Pflanzstadt Karthago, an strategisch günstig gelegener Stelle an der Enge Afrika-Sizilien gelegen, zum Vorkämpfer der **Phöniker/Punier** im westlichen Mittelmeer. Mitte des 6. Jahrhunderts wurden die griechischen Phokäer nach der Eroberung Kleinasiens durch die Perser zur Auswanderung genötigt und suchten sich ihren Tochterstädten auf Korsika anzuschließen. Gegen diese neue Bedrohung verbanden sich die Punier mit den Etruskern und wiesen die Phokäer in der Seeschlacht bei Alalia ab.

Die Etrusker beschränkten sich danach auf den Küstenhandel. Mit Ausnahme der griechischen Städte Massilia in Gallien und Emporion/Ampurias auf der Iberischen Halbinsel wurde das westliche Mittelmeer eine Domäne der Punier. Sie kontrollierten die Straße von Gibraltar und beherrschten dadurch den wichtigen Metallhandel von Cornwall in das Mittelmeer. Außerdem begannen sie mit der Erkundung der afrikanischen Westküste und legten im heutigen Marokko Kolonien an. So manches punische Schiff mag dabei von der Meeresströmung unfreiwillig nach Süd- und Mittelamerika getrieben worden sein.

Zu Anfang des 5. Jahrhunderts begannen die Punier die Griechen an der Ostküste von Sizilien anzugreifen. Möglicherweise wurden sie von den Persern, die gleichzeitig mit ihren Zügen gegen Griechenland begannen, angestiftet. Bei Himera, angeblich am Tag der Seeschlacht bei Salamis im Jahre 480, erlitten die Punier von den Griechen eine schwere Niederlage. Die Existenz der Griechen auf der Insel war damit gesichert. Der Kampf um Sizilien zwischen Griechen und Karthago dauerte aber noch fast 150 Jahre.

Nur sechs Jahre später wurden die sich nach Süden ausbreitenden Etrusker von den sizilianischen Griechen bei Cumae schwer geschlagen. Dadurch war auch diese Gefahr von den Griechen abgewendet. **Syrakus** entwickelte sich zur ersten Macht auf Sizilien und im Ionischen Meer und war mit Sparta verbündet. Athen versuchte daher diesen Verbündeten seines Feindes auszuschalten. Der Sieg von Syrakus über die damals stärkste Seemacht im östlichen Mittelmeer hatte seine Stellung weiter gestärkt.

Der Tyrann Dionysios I. (405–367) machte Syrakus zur stärksten Militärmacht im zentralen Mittelmeer, um dessen Unterstützung sich Sparta und Athen bemühten. Dionysios beherrschte neben dem Ionischen Meer die Adria und das Tyrrhenische Meer, konnte die Punier aber nicht aus Sizilien vertreiben. Nach seinem Tod ging die Bedeutung von Syrakus durch Nachfolgekämpfe rasch wieder zurück. Zu Ende des 4. Jahrhunderts v. Chr. nützte der Tyrann Agathokles von Syrakus die strategisch günstige Lage, um der vom Land her belagerten Stadt durch einen riskanten Seezug vor die Tore von Karthago Entlastung zu verschaffen, was ihm auch gelang. Im folgenden Jahrhundert griff eine neue Macht in das Kräftespiel rund um Sizilien ein – Rom.

Nach der sagenhaften Gründung von **Rom** (753), Zeitrechnung „ab urbe condita", wurden die Siedlungen am Rande der etruskischen Stadtstaaten von sieben – noch sagenumwobenen – etruskischen Königen regiert. In dieser Zeit wuchsen diese Siedlungen auf den Hügeln nahe einer Furt durch den Tiber zu einem Gemeinwesen zusammen.

Nach der Ausschaltung der Könige durch die Patrizier gab es eine Heeres- und Verfassungsreform mit einer Einteilung in fünf Tribus und fünf Vermögensklassen. An der Spitze der Verwaltung standen die Jahresbeamten, später Konsuln, der Senat, der Magistrat und die Volksversammlung. Der Gegensatz zwischen Patriziern und Plebejern konnte mit dem Zwölftafelgesetz (~450) überbrückt werden, schwelte aber weiter. Trotz der Gallierkatastrophe (387) wurde in nur zwei Jahrhunderten die gesamte italienische Halbinsel erobert oder untertänig gemacht. In den nächsten beiden Jahrhunderten wurde durch die Kriege gegen die Punier, gegen Epiros, Makedonien, Syrien und Pontus und die Gallier das **Imperium Romanum** geschaffen.

Mit der Reformbewegung der Gracchen (133–121) brachen die sozialen Gegensätze erneut auf und mündeten in die Bürgerkriege des 1. Jahrhunderts v. Chr. Die schnelle Ausbreitung des Reiches führte zu einer großen Landflucht und zur Bildung eines städtischen Proletariates, das reiche Bürger mit „Brot und Spielen" an sich binden konnte. Ergebnis waren neben den Bürgerkriegen die Sklavenaufstände (Spartakus). Das Ende der Bürgerkriege und der Republik kam mit dem Sieg von Oktavian (Dank der Siege von Agrippa) über Antonius und dem Beginn des Prinzipates.

Das Prinzipat ging in kurzer Zeit in das **Kaisertum** über, die späteren Kaiser nahmen dann nach orientalischem Vorbild die göttliche Verehrung für sich in Anspruch. Nach dem Tod von Kaiser Theodosios I. wurde das Reich geteilt. Das Westreich ging im Sturm der Völkerwanderung unter, das Ostreich erlebte noch mehrere Blütezeiten bis 1453, der Eroberung durch die Osmanen.

Von den Römern gingen bedeutende Kulturleistungen auf die Nachwelt weiter. Eine der wichtigsten Erbschaften ist das **Rechtswesen**. Öffentliches Recht und Privatrecht wirken noch bis in die Gegenwart weiter. Erstmals wurden in Rom Rechtsgelehrte als Rechtsvertreter mit eigener Praxis (Juristen) eingeführt. Die Rechtsnormen wurden im corpus iuris festgelegt.

Die römische Götterwelt wurde in der späten Kaiserzeit allmählich durch das **Christentum** verdrängt.

In der **Baukunst** schufen die Römer den Mörtelbau, den Steinbogen, das Tonnengewölbe, den Kuppelbau (Pantheon, Hagia Sophia), Aquädukte (Pont du Gard) und Palastanlagen mit Gartenarchitektur. In der **Plastik** wurden erstmals Porträts mit natürlicher Wiedergabe der Gesichtszüge geschaffen. Die römische **Literatur** ist von Griechenland beeinflußt. Bedeutend ist die Geschichtsschreibung (Cato, Polybios, Varro, Carsar, Livius, Tacitus), Cicero verfaßte Staatsreden und philosophische Schriften, Seneca ist wie Kaiser Mark Aurel Anhänger der Stoa und schrieb Tragödien.

Die Römer waren kein Volk von Seefahrern. Seit jeher war ihre Stärke die politische und militärische Organisation als Landmacht. Rom hatte am Anfang seiner Geschichte auch keine Eroberungspolitik betrieben. Erst auf Ersuchen seiner Verbündeten um Waffenhilfe hatte es in die Kriege eingegriffen, die seine Macht begründeten. Aber nach den ersten großen Kriegen begann es mit einer imperialistischen Politik. Es fehlte Rom aber auch das Streben, über See offensiv vorzugehen. Seefahrt in bescheidenem Umfang wurde trotzdem betrieben. Mit Karthago wurden Verträge (509, 348, 279) geschlossen, in denen Rom die Vorherrschaft der Seemacht im westlichen Mittelmeer anerkannte. Auch ein römischer Seesieg im Latinerkrieg 338 ist überliefert.

Als sich Messina, die Stadt an der gleichnamigen Meerenge, um Hilfe an Rom wandte, da es sowohl von Syrakus als auch von Karthago bedrängt wurde, war es den Römern bewußt, daß ein Eingehen auf dieses Gesuch einen Vertragsbruch mit Karthago, der damals stärksten Macht im Mittelmeer, bedeutete. Nach dem Tod von Alexander dem Großen drohte den Puniern aus dem östlichen Mittelmeer keine Gefahr mehr, im westlichen Mittelmeer war es nach dem Niedergang von Syrakus die beherrschende Macht.

Die Punier versäumten es, die Meerenge von Messina mit ihrer Flotte zu sperren, die römischen Legionen konnten daher, von Syrakus unterstützt, im **Ersten Punischen Krieg** bald den Großteil von Sizilien überrennen. Die von der punischen Flotte versorgten starken Stützpunkte im Westen der Insel vermochten die Römer jedoch ohne Flotte nicht blockieren. Da die Versorgung der römischen Truppen auf Sizilien durch die Angriffe der punischen Flotte ständig bedroht war, begann Rom sein berühmtes Flottenbauprogramm. Es konnte sich dazu die Erfahrung der seit kurzem in seinem Machtbereich liegenden griechischen Seestädte in Unteritalien zunutze machen. Außerdem soll ein gestrandetes punisches Schlachtschiff als Baumuster gedient haben. Mit dieser Flotte errangen die Römer bei Mylae an der Nordküste von Sizilien ihren ersten Seesieg über die siegessicheren Punier. Sie operierten dann mit Erfolg im Tyrrhenischen Meer, eine Entscheidung auf Sizilien konnte dadurch jedoch noch nicht herbeigeführt werden.

Die Landung eines starken Expeditionsheeres in Afrika, wofür in der Seeschlacht bei Eknomos der Weg freigekämpft worden war, brachte ebenfalls noch keine Entscheidung, da die Landungstruppen Karthago nicht erobern konnten. Die Punier lehnten die harten römischen Friedensbedingungen ab und konnten das Expeditionsheer mit Unterstützung aus Sparta schlagen. Bei der Rückfahrt gingen die Reste des Expeditionsheeres in einem Sturm an der Südküste Siziliens unter.

Rom versuchte nach weiteren Schiffbrüchen seiner Geschwader den Krieg auf Sizilien erneut im Landkrieg zu entscheiden. Es war damit jedoch nicht erfolgreich. Schließlich brachte der Bau einer mit privaten Mitteln finanzierten Flotte die Möglichkeit einer engen Blockade der punischen Festungen im Westen der Insel. Beim Versuch, diese Blockade zu durchbrechen, erlitt die punische Flotte bei den Ägadischen Inseln eine schwere Niederlage. Durch diesen Seesieg konnte Rom den Krieg mit einem Schlag entscheiden. Die Landmacht Rom hatte dank ihrer Seerüstung die Seemacht Karthago bezwungen. Durch die Erwerbung von Sizilien im folgenden Friedensvertrag und bald darauf von Sardinien und Korsika durch Erpressung der durch Aufstände geschwächten Punier wurde das Tyrrhenische Meer zu einem römischen Binnenmeer. Der folgende Sieg über die Illyrer brachte auch die Adria und das Ionische Meer in den römischen Machtbereich.

Karthago schuf sich als Ausgleich für die verlorenen Gebiete ein Wirtschafts- und Machtzentrum auf der Iberischen Halbinsel. Der **Zweite Punische Krieg** begann in einem Streit um die Zugehörigkeit der Stadt Sagunt. Der punische Feldherr Hannibal unternahm seinen berühmten Heereszug mit Elefanten von der Iberischen Halbinsel durch Gallien und über die Alpen nach Italien. Rom konnte den bequemeren Seeweg nicht wählen, da die römische Flotte das westliche Mittelmeer beherrschte. Nach dem erfolgreichen Einmarsch in Italien sollte die punische Flotte das Heer von einem Hafen in Süditalien aus, gedacht war an Neapel, versorgen. Hannibal erfocht gegen die Römer einige glänzende Siege zu Lande am Ticinius (218), an der Trebia (217), am Trasimenischen See (217) und schließlich bei Cannae (216), die aber nicht den er-

hofften Abfall der römischen Bundesgenossen brachten. Damit war bereits der erste Teil des Kriegsplanes gescheitert. Auch das Bündnis mit König Philipp V. (221–179) von Makedonien, der mit seiner Flotte die Adria beherrschen sollte, führte nicht zum Ziel, da die Makedonen nicht einmal die römischen Stützpunkte in Illyrien erobern konnten. Die römische Flotte beherrschte weiter die Adria, statt Rom war nun Hannibal in Italien isoliert.
Die Aufgabe von Sizilien durch die römischen Legionen brachte Karthago keinen Vorteil. Die mit Hilfe der römischen Flotte, die das Tyrrhenische Meer nach wie vor beherrschte, angesetzte Offensive auf der Iberischen Halbinsel unter den Scipionen brachte dagegen den Ausfall der wichtigsten Nachschubbasis der Punier. Ohne gesicherte Versorgung über See und ohne die Möglichkeit, aus dem heutigen Spanien über Gallien zu Lande Verstärkungen zu erhalten, war der Feldzug von Hannibal in Italien trotz seiner glänzenden Siege zu Lande zum Scheitern verurteilt. Schließlich war die römische Position auch in Italien so gefestigt, daß Rom den Krieg nach Afrika tragen konnte. Dies war von der schwächeren punischen Flotte trotz einiger Erfolge nicht zu verhindern. Hannibal mußte schließlich Italien verlassen und den Entscheidungskampf vor Karthago annehmen, der nach sorgfältiger Vorbereitung von den Römern bei Zama (202) für sie entschieden wurde.
Im Ersten Punischen Krieg hatte Rom seine Legionäre zu Seesoldaten gemacht und genau genommen einen Landkrieg auf Schiffen geführt (siehe Geschichte der Taktik). Im Zweiten Punischen Krieg hatten die Römer gelernt, die strategischen Möglichkeiten zur See voll auszunützen. Rom konnte den Gegner mit Truppenverschiebungen und Angriffen an seinen schwachen Punkten ausmanövrieren. Allein ein kleines Geschwader in der Ägäis konnte genügend griechische Städte im Kampf gegen König Philipp V. von Makedonien unterstützen und so diesen an sich starken Bündnispartner von Hannibal vollkommen neutralisieren. Im übrigen hatte Rom den Krieg mit seinem starken Willen als Kampf um seine Existenz geführt, während Karthago die Auseinandersetzung nicht als Schicksalskampf betrachtet hatte. Es hatte daher geglaubt, sich die kostspielige Flottenrüstung ersparen zu können und den Krieg wie Miltner schreibt (Rom und Karthago, S. 218) als „Spesenaufwand zur Sicherung der bisher gewohnten Lebensform" geführt. Karthago mußte sich Friedensbedingungen gefallen lassen, die es zur Bedeutungslosigkeit reduzierten. Rom war nach dem Zweiten Punischen Krieg die erste See- und Landmacht im Mittelmeer.
Im **östlichen Mittelmeer** bestanden zu dieser Zeit als Nachfolgestaaten des Alexanderreiches das Makedonische Reich am Balkan, das Seleukidenreich in Vorderasien und das Ptolemäische Reich in Ägypten. Daneben gab es eine Reihe kleinerer Herrschaften wie den Ätolischen und Achaiischen Bund, sowie Athen und Sparta in Griechenland, Pergamon in Kleinasien und die lokale Seemacht Rhodos. Um einem neuen Angriff wie jenem der Punier auf Italien vorzubeugen, suchte Rom die Großmächte im östlichen Mittelmeer durch Unterstützung der Kleinstaaten zu neutralisieren (Schlagwort „Sicherung der Freiheit"). Durch ihre geschickte Politik gelang es dabei den Römern, ohne großen Aufwand diese Gefahren zu beseitigen.
Im Zweiten Makedonischen Krieg konnte Rom dann mit Unterstützung von Rhodos, Pergamon und Byzanz das Reich von Philipp V. niederwerfen und dadurch gleichzeitig für dessen Unterstützung für Hannibal Vergeltung üben. Als sich König Antiochos III. von Syrien (223–187) aus der Konkursmasse der Makedonier zu bereichern versuchte und nach Europa übergriff, wurde auch dieser mit Unterstützung von Pergamon und Rhodos in die Schranken gewiesen. Rhodos stellte in diesen Kriegen den Großteil der Seestreitkräfte. Der Versuch von Philipp V., mit Makedonien wieder eine Großmachtstellung zu erringen, wurde im Dritten Makedonischen

Krieg zunichte gemacht. Ägypten war durch dynastische Kämpfe innerlich zerrissen und bedeutete daher für Rom keine Gefahr.
Rom hatte im 2. Jahrhundert v. Chr. keinen gleichwertigen mehr Gegner zur See. Es ließ daher die teure Flotte verfallen und stützte sich bei den Kämpfen im östlichen Mittelmeer meist auf die Seestreitkräfte der Verbündeten. Durch den Niedergang von Ägypten und Rhodos, letzteres durch die Förderung von Delos als Freihafen durch Rom, begann sich im Mittelmeer die Piraterie immer mehr auszubreiten. Rom gab deshalb Gnaeus Pompeius außerordentliche Vollmachten zur Niederwerfung dieser Seeräuber. Damit war der erste Schritt in Richtung Diktatur getan. In der Auseinandersetzung mit Gaius Julius Caesar nahm sich Pompeius ein Vorbild an Themistokles, räumte Italien wie jener Attika und wollte den Krieg mit der Flotte von der Peripherie des Reiches führen. Caesar nützte den Vorteil der inneren Linie, überquerte mit einer improvisierten Flotte überraschend die Adria und siegte zu Lande, bevor sich die Seeherrschaft von Pompeius strategisch auswirken konnte. Caesar hatte sich schon vorher ein Geschwader zunutze gemacht, mit dem er an der Westküste von Gallien in der Bucht von Quiberon die Flotte der Veneter vernichtete. Der Seehandel vor allem mit Zinn aus dem britischen Cornwall war dadurch unterbrochen, das Zinn nahm in der Folge den Weg über die engste Stelle des Ärmelkanals und über das Flußsystem von Gallien zum Mittelmeer.
Der beim Tod von G. Pompeius in Ägypten von dort entkommene Sohn Sextus Pompeius baute sich eine eigene Herrschaft um die Inseln Sizilien, Sardinien und Korsika auf. Er konnte die Reste der Flotte seines Vaters an sich ziehen, sie mit Piraten verstärken und vor allem viele Opfer der Konskriptionen in Italien für sich gewinnen. Durch den gesellschaftlichen Umbruch war dort außerdem eine große Anzahl von Bauern und kleinen Gewerbetreibenden arbeitslos geworden und entweder als Proletariat nach Rom geströmt oder hatte die Reihen der Piraten und Wegelagerer verstärkt. Dadurch war der Niedergang der Getreideproduktion in Italien und der höhere Getreidebedarf in der Stadt Rom entstanden. Dieses Getreide mußte nun entweder aus der Provinz Africa/Tunesien oder aus Ägypten importiert werden. Und genau diese Transporte konnte Pompeius mit seiner Flotte und von seinen Besitzungen aus kontrollieren. Erst als Oktavian seinen Freund Vipsanius Agrippa mit der Organisation einer neuen römischen Flotte beauftragte, konnte die Macht des Pompeius in mehreren Seeschlachten gebrochen werden.
Nach der Trennung des Antonius von seiner Gattin Oktavia, der Schwester von Gaius Oktavian, und seiner Vermählung mit Kleopatra VII. von Ägypten entstand ein gespanntes Verhältnis zwischen den beiden Führern des Römischen Reiches. Antonius baute im Osten ein orientalisches Reich auf. Er ernannte Caesarion, den Sohn von Kleopatra mit Caesar, zum Mitregenten und schenkte Kleopatra römisches Reichsgebiet. Die Veröffentlichung des bei den Vestalinnen hinterlegten Testaments des Antonius vor dessen Tod im Jahr 33 v. Chr. durch Oktavian führte zum Krieg zwischen Ost und West.
Agrippa führte diesen Seekrieg nicht mit den riesigen „Schlachtschiffen" der Zeit, sondern verwendete die leichten und wendigen Liburnen der Adriabewohner. Er begann mit strategischem Geschick den bis zum Golf von Actium vorgerückten Antonius einzukreisen. Durch die Eroberung von Kerkyra und Patras wurde dieser von seinen wichtigen Seeverbindungen abgeschnitten. Die Blockade brachte die Truppen von Antonius in Unruhe und er mußte schließlich die entscheidende Seeschlacht in ungünstiger Position annehmen – und sie auch prompt verloren.
Das im Osten in der Entstehung befindliche neue hellenistische Großreich unter Antonius und Kleopatra brach dadurch zusammen. Der Osten und der Westen der Mittelmeerwelt unter römischer Führung waren daher wieder vereint. Unter dem neuen Princeps Oktavian, seit 27

v. Chr. Augustus/Kaiser war das Mittelmeer nun ein römisches Binnenmeer. Es war der größte Transportweg für Güter und Heere in und von allen Provinzen. Oktavian Augustus sorgte auch durch einen ständigen Polizeidienst zur See für die Sicherheit des Seeverkehrs im Mittelmeer. Er setzte aber seine Flotte auch im Norden mit Erfolg ein. Beim Versuch, die Reichsgrenze vom Rhein zur Elbe vorzuverlegen, spielte sie eine wichtige Rolle. Um die für die Legionen fast undurchdringlichen norddeutschen Wälder zum Teil zu vermeiden, wurde vom Unterrhein zur Zuidersee ein Kanal gegraben. Die Zuidersee, die damals noch ein Binnensee war, wurde durch einen Durchstich mit der Nordsee verbunden. Die römische Rheinflotte konnte dadurch auf kürzerem Wege zu den norddeutschen Flußmündungen gelangen. Die germanischen Stämme an der Nordseeküste wurden im Rücken angegriffen. Die dort operierenden Legionen konnten durch die Mündungen von Ems, Weser und Elbe mit Nachschub versorgt werden. Die Stürme in der Nordsee machten aber den römischen Schiffen außerordentlich zu schaffen. Als ein Geschwader des Germanicus auf dem Rückweg von der Ems in einem Unwetter zerschlagen wurde und die Friesen sich erhoben, wurde die Nordseeküste von Deutschland wieder aufgegeben.

Bei den Operationen des römischen Heeres auf den Britischen Inseln kam die Flotte mehrfach zum Einsatz. Sie mußte dessen Flanken an der Küste schützen und die wichtige Transportfunktion übernehmen.

Als Folge des wirtschaftlichen Aufschwungs im Mittelmeergebiet nahm auch der Überseehandel durch den Indischen Ozean stark zu. Zunächst fuhr man entlang der Küsten, ab dem 2. Jahrhundert n. Chr. fuhren die Schiffe unter Ausnutzung der Monsunwinde direkt nach Indien zur Malabarküste. Diese war schon damals, wie auch später bei Ankunft der Portugiesen, der Umschlagplatz für die Gewürze aus Insulinde und der Luxusgüter aus China. Geldverknappung im Römischen Reich sowie Vorstöße der Sassaniden und Äthiopier, die nun wieder das „Erythräische Meer" beherrschten, ließen den Indienhandel ab dem 3. Jahrhundert wieder zurückgehen.

Die römische Reichsverteidigung zur See war im 3. Jahrhundert bereits sehr geschwächt. So konnten die Goten und Heruler fast ungehindert vom Schwarzen Meer durch die Meerengen in die Ägäis vorstoßen. Sie gelangten mit ihren Plünderungszügen bis Ephesos, Athen, Sparta und sogar bis Zypern. In den Nachfolgekämpfen nach dem Rücktritt von Kaiser Diokletian (305) standen sich wieder römische Kriegsflotten zum Kampf gegeneinander gegenüber. In der Seeschlacht vor dem Hellespont/Dardanellen wurde dieser Bürgerkrieg durch den Sieg der Flotte des Kaisers Konstantin für diesen entschieden.

Byzanz wurde als Konstantinopel neue Reichshauptstadt und das Christentum zur Staatsreligion erhoben. Aber diese Kämpfe machten das Reich nur noch anfälliger für Invasionen der benachbarten Völker. Schließlich waren es die Vandalen, die durch ihre Eroberung von Africa, dem heutigen Tunesien, und dem Aufbau einer Flotte die Seeherrschaft im westlichen Mittelmeer an sich rissen. Die Rolle von Westrom als politischer Faktor war zur Mitte des 5. Jahrhunderts ausgespielt.

Erst Kaiser Justinian d. Gr. von Ostrom konnte die Kraft des Ostreiches noch einmal dazu einsetzen, den Versuch zu unternehmen, das ganze Römische Reich zu einen. Mit Heer und Flotte gelang seinen Feldherren zunächst die Vernichtung des Vandalenreiches. Das Gotenreich in Italien wurde ebenfalls, jedoch in langwierigen Kämpfen, erobert. Auf der Iberischen Halbinsel konnte nur der südlichste Teil zurückgewonnen werden. Für kurze Zeit beherrschte die oströmische Flotte wieder das ganze Mittelmeer. Nach dem Tod von Kaiser Justinian fielen die westlichen Reichsteile wieder ab. Äußere Feinde wie Slawen und Langobarden überrannten das griechische Festland und den Großteil von Italien. Die Ostrom noch verbliebenen Provinzen in Süditalien, auf Sizilien und in Africa/Tunesien konnten dem Reich nur durch die Flotte noch erhalten werden, da jegliche Landverbindung abgeschnitten war. Das Mittelmeer war weitgehend zum politischen Niemandsland geworden.

In Byzanz führte jedoch Kaiser Herakleios (610–641) Reformen durch, die schließlich den Niedergang für mehrere Jahrhunderte aufhielten. Es war dies die Verschmelzung von ziviler und militärischer Verwaltung in den einzelnen „Themen". Der Militärbefehlshaber jedes Themengebietes verfügte auch über die zivilen Gewalten. Die Söldner wurden in den Grenzgebieten als Wehrbauern angesiedelt, wodurch sich der Staat Sold ersparte. Kleinasien wurde in vier Themen eingeteilt, das Thema der Kybyrrhaioten war für die Ägäis und die Kriegsmarine zuständig.

Die Ereignisse im westlichen Mittelmeer bis zum Eingreifen der römischen Republik   1100–260

Phöniker. Als Seefahrer und Händler greifen sie entlang der Südküste des Mittelmeeres immer weiter nach Westen aus.   *ab 1100*

Etrusker. Sie werden die führende Seehandelsmacht im Tyrrhenischen Meer und im Golf von Genua. Sie haben Seeverkehr mit Sardinien und der Rhonemündung. Ihre Schiffe sind ein Mittelding zwischen den Kriegs- und Handelsschiffen im östlichen Mittelmeer.   *ab 10. Jh.*

Karthago. Tyrus in Phönikien gründet diese Tochterstadt nahe dem heutigen Tunis. Nach der Eroberung von Phönikien durch die Assyrer im 6. Jh. wird Karthago die Schutzmacht aller phönikischen Kolonien.   *um 814*

Karthago. Die Punier (Bewohner von Karthago) erobern das westliche Sizilien, Malta, Sardinien, Mallorca und Menorca. Auf Ibiza besteht schon seit 654 ein Handelsstützpunkt.   *6. Jh.*

Äolische Inseln. Die Bewohner der Hauptinsel Lipari vor der Nordküste von Sizilien besiegen mit fünf Triremen nach und nach vier Geschwader von je fünf Schiffen der Etrusker und weihen dem Orakel von Delphi für jedes eroberte Schiff je eine (20) Apollostatuen.   *6. Jh.*

Seeschlacht bei Alalia (auf Korsika). Gemeinsam mit den verbündeten Etruskern besiegen die Karthager die auf Korsika siedelnden griechischen Phokäer. Das Vordringen der Griechen im westlichen Mittelmeer wird dadurch gestoppt. Es ist die erste Seeschlacht, in der auf beiden Seiten der Rammsporn als taktische Waffe eingesetzt wird.   *~540*

Karthago. Die Punier zerstören (?) die Handelsstadt Tartessos im Süden der Iberischen Halbinsel. Der punische Seehandel geht ab nun über Gades/Cádiz nach dem Westen. Er reicht bis nach Cornwall und nach Westafrika.   *um 540*

Gefecht bei Massilia. Vor der Küste Galliens besiegen die Griechen ein Geschwader aus Karthago. Sie sichern dadurch den weiteren Bestand der Kolonie nahe der Rhonemündung.   *um 530*

Forschung. Der Punier Hanno umschifft Westafrika und gelangt wahrscheinlich bis nach Kamerun.   *um 520*

509	**Staatsvertrag.** Rom und Karthago schließen einen Vertrag, nachdem Rom die Vorherrschaft der Punier im Seehandel im westlichen Mittelmeer anerkennt, dafür die Verbündeten Roms durch die Punier nicht geschädigt werden dürfen.
September 480	**Schlacht bei Himera.** Die Schwäche der Griechen, verursacht durch den Einfall der Perser, benützt Karthago zu einem Angriff auf die Griechen in Sizilien. An der Nordküste der Insel kann Gelon von Syrakus die am Strand liegende Flotte der Punier verbrennen und deren Heer eine schwere Niederlage beibringen.
474	**Seeschlacht bei Cumae.** Die Flotte von Syrakus unter Hiero schlägt die Flotte der Etrusker und stoppt deren Ausbreitung nach Süden. Nach dem Tode von Hiero von Syrakus (466) wird der Kampf um die Nachfolge in einem Seegefecht vor der Stadt entschieden.
463	**Syrakus.** Ein Versuch der unterlegenen Partei, die Herrschaft zurückzugewinnen, wird in einem Seegefecht vor der Stadt vereitelt.
453	**Sizilien.** Die Etrusker betreiben Seeräuberei vor der Nord- und Ostküste der Insel und bereiten dem Seehandel der Griechen schweren Schaden. Ein Geschwader aus Syrakus unter Apelles brandschatzt darauf die Küste des etrurischen Korsika, erobert die Insel Elba und kehrt mit reicher Beute und zahlreichen Gefangenen heim.
415–413	**Syrakus** weist den Angriff von Athen ab (siehe vorne).
406	**Belagerung von Akragas.** Die Punier benützen eine Schwächeperiode von Syrakus und greifen seit drei Jahren griechische Besitzungen in Sizilien an. Ein punisches Geschwader lockt die Flotte von Syrakus nach Westen, wird aber beim Berg Eryx geschlagen. Gleichzeitig landet ein punisches Heer unbehindert westlich von Akragas und beginnt mit der Belagerung der Stadt. Als das punische Geschwader einen Geleitzug aus Syrakus mit Getreide für die Belagerten erobert, können sich die Verteidiger nicht länger halten und geben auf.
398–396	**Krieg Syrakus gegen Karthago.** Dionysios I. (405–367), Tyrann von Syrakus, greift nach starker Aufrüstung, darunter 300 Kriegsschiffe, die Besitzungen von Karthago im Westen von Sizilien an. 398 wird die Stadt Motya mit Hilfe von schwerem Belagerungsgerät erobert, ein Entlastungsangriff der Flotte von Karthago abgewehrt.
387	**Seeschlacht bei Katane/Catania.** Die Flotte von Karthago, 200 Schiffe gegen 180 größere der Gegner, siegt über die Flotte von Syrakus, das die Hälfte seiner Schiffe verliert. Syrakus wird daraufhin belagert. Dionysios unternimmt in der Nacht einen überraschenden Ausfall zur See und zu Lande. Die durch Seuchen bereits geschwächten Punier schließen daraufhin Frieden.
389	**Sizilien.** Dionysios I. bringt fast das ganze griechische Sizilien unter seine Herrschaft. Zur Kontrolle der Straße von Messina unterwirft er auch die Stadt Rhegium/Reggio am italienischen Festland. Die Stadt muß ihre Flotte an Syrakus ausliefern.
367	**Gefecht bei Drepanum.** Dionysios I. führt noch mehrere Feldzüge gegen das punische Sizilien. Bei seinem letzten Vorstoß in den Westteil der Insel verbrennen die Punier im Hafen von Drepanum seine am Strand liegenden 130 Kriegsschiffe.

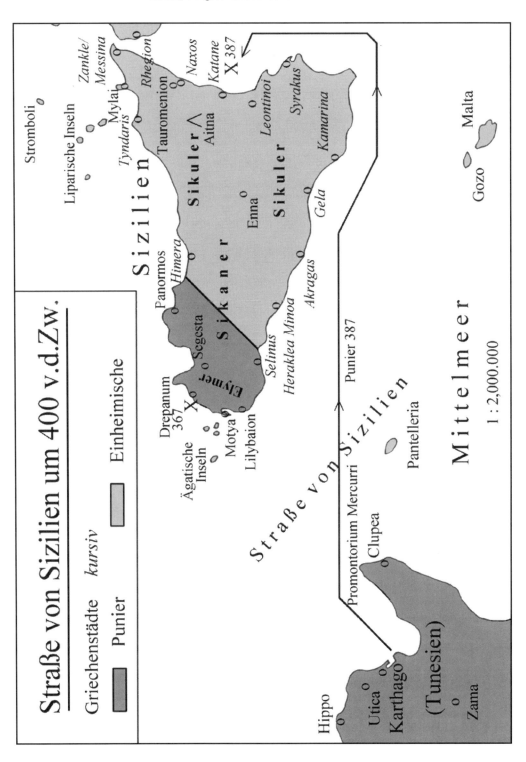

387	**Rom.** Die Stadt wird von den in Italien eingefallenen Galliern erobert, geplündert und verbrannt. Nur die Verteidiger auf dem Kapitol können sich halten. Es ist ein ständiges Trauma der Römer (vae victis).
356	**Bürgerkrieg in Syrakus.** Die Demokraten erringen in einer Seeschlacht vor dem Hafen die Seeherrschaft und entscheiden dadurch die Auseinandersetzung für sich.
348	**Staatsvertrag.** Rom erneuert den Vertrag mit den Puniern und erhält zusätzlich den Freihandel mit Sizilien und Karthago. Es hat also schon eine nennenswerte eigene Handelsflotte.
338	**Seegefecht.** Im Latinerkrieg (340–338) von Rom werden einige Schiffe der Latiner erobert. Deren Schiffsbug (Rostra) wird zur Zierde an der Rednertribüne am Forum Romanum aufgestellt. Rostra wird dadurch später die Bezeichnung der öffentlichen Rednertribüne.

312–306 Krieg von Karthago gegen Syrakus

Der Tyrann Agathokles (316–289) von Syrakus, später König, erobert Messina und stößt anschließend in den Westen von Sizilien vor. Karthago tritt darauf an die Seite seiner Gegner.

312	Ein punisches Geschwader von 60 Schiffen hindert Agathokles an der Eroberung von Akragas.
311	**Belagerung von Syrakus.** Die Flotte von Karthago bringt ein starkes Expeditionsheer nach Sizilien. Bei der Überfahrt verliert sie in einem Sturm 60 Schiffe. Trotzdem werfen die Punier Agathokles auf Syrakus zurück und beginnen mit der Belagerung der Stadt. Ohne Hilfe von außen entschließt sich Agathokles zu einem gewagten Unternehmen.
August 310	**Zug von Agathokles nach Afrika.** Mit 60 Schiffen und 14.000 Mann durchbricht er die punische Belagerungsflotte, die durch ein gerade einlaufendes Versorgungsgeschwader mit Getreide abgelenkt wird. Er landet dann beim Hermäischen Vorgebirge (Kap Bon) und verbrennt angesichts der nahenden punischen Flotte seine Schiffe. Das Heer stößt in das Landesinnere vor, unternimmt zahlreiche Überfälle, kann aber Karthago selbst nicht gefährden. Ende des Jahres errichtet Agathokles in Clupea einen Stützpunkt zur Verbindung mit Sizilien und schließlich gelingt ihm mit einem improvisierten Geschwader die Eroberung von Hippo/Bizerta. Dadurch wird die Versorgung von Karthago mit Getreide aus Sardinien gefährdet. Im Frühjahr 307 kehrt Agathokles nach Syrakus zurück, um dort die Verteidigung zu übernehmen. In Afrika übernimmt sein Sohn das Kommando. Noch im Sommer dieses Jahres wird Agathokles von der Verschlechterung der Lage gezwungen, nach Afrika zurückzukehren.
Sommer 307	**Gefecht vor Syrakus.** Mit seinem Geschwader, unterstützt von Schiffen aus Etrurien, schlägt er das Blockadegeschwader vor Syrakus und landet wieder in Afrika. Dort erleidet er zu Lande eine Niederlage und flüchtet ohne Heer nach Syrakus. In Afrika erschlagen darauf die Truppen ihre Führer und ergeben sich den Puniern. Trotzdem kann Agathokles im Frieden von 306 seinen Besitzstand halten.

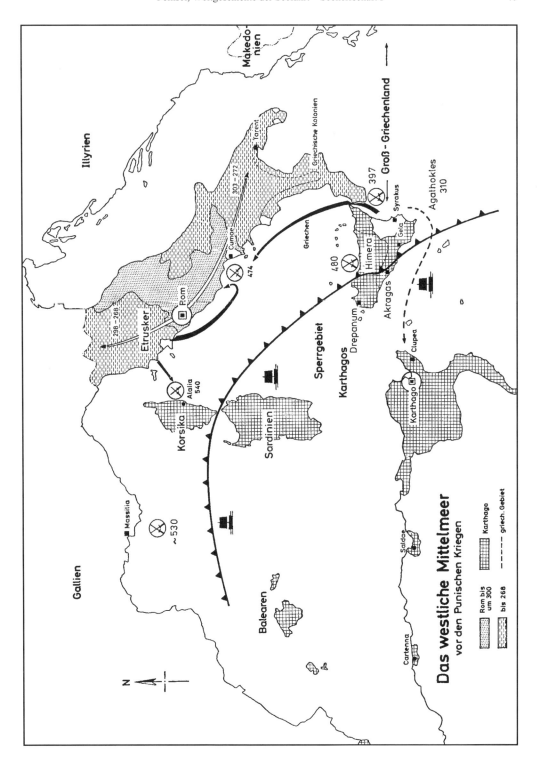

Agathokles erkennt, daß Karthago nur zur See zu bezwingen ist und rüstet seine Flotte erneut auf. Sie kommt aber nicht mehr zum Einsatz.

311 **Römisches Reich.** Es wird eine erste Marinebehörde eingerichtet. Die „duoviri navales" sind für die Aufstellung der ersten kleinen Küstenschutzflottillen verantwortlich.

um 300 **Seeschlacht bei Kerkyra.** Agathokles von Syrakus siegt über die Flotte des Kassander und erobert die Insel Kerkyra, die er kurz danach als Mitgift für seine Tochter Pyrrhus von Epirus schenkt.

282–272 Krieg Rom gegen Tarent

Gegen den Vertrag mit Tarent verstoßend, läuft ein römisches Geschwader im Hafen von Tarent ein, um die Stadt Thurii gegen die Lukaner zu unterstützen.

282 **Gefecht im Golf von Tarent.** Die Flotte von Tarent greift daraufhin die Römer an und versenkt vier Schiffe durch Rammstoß, eines wird erobert.

281 Im folgenden Krieg unterstützt Pyrrhus von Epirus die griechische Hafenstadt. Er siegt bei Heraklea (280) und Ausculum (279) gegen die Römer, letzteres war der „Pyrrhussieg" mit großen Verlusten. Rom schließt als Reaktion ein Kriegsbündnis mit den Puniern, die ein Hilfsgeschwader nach Ostia schicken.

278 **Sizilien.** Pyrrhus setzt, von den dortigen Griechenstädten zu Hilfe gerufen, nach Sizilien über und erobert fast die ganze Insel.

275 **Sizilien.** Als Pyrrhus sich wieder zurückzieht und von Sizilien nach Süditalien übersetzt, verliert seine Flotte 70 Schiffe durch Angriffe der Punier und durch Stürme.

272 **Tarent.** Ein punisches Geschwader unterstützt nun Rom in seinem Kampf gegen das griechische Tarent. Die Blockade dieses Hafens verhilft den Römern zur Einnahme der Stadt und dadurch zur Herrschaft über ganz Süditalien.

267 **Römisches Reich.** Es wird die Stelle der vier Flottenquästoren eingerichtet, welche die Organisation der Seestreitkräfte der italienischen Bundesgenossen überwachen. Kurz danach werden die zum römischen Machtbereich zählenden griechischen Küstenstädte als „Socii Navales" dazu verpflichtet, eine bestimmte Anzahl an ausgerüsteten Kriegsschiffen bereit zu halten.

264–241 Der Erste Punische Krieg

264 Ein römisches Heer wird von der Flotte der Bundesgenossen bei Messina auf Sizilien gelandet. Rom bricht damit den Vertrag aus dem Jahr 306 mit Karthago.

Die Flotte von Karthago unternimmt in den nächsten Jahren Vorstöße an die Küste Italiens. Sie kann aber den Nachschub für die Legionen auf Sizilien über die Straße von Messina nicht unterbinden.

Die Römer sind ihrem Gegner an Seemannschaft unterlegen. Durch die Erfindung der Enterbrücke (corvus = Rabe) machen sie die Schiffe selbst zum Kampfplatz. Sie übertragen dadurch die Taktik das Landkampfes auf den Seekrieg. Ihre Legionäre können dadurch wirkungsvoll eingesetzt werden.

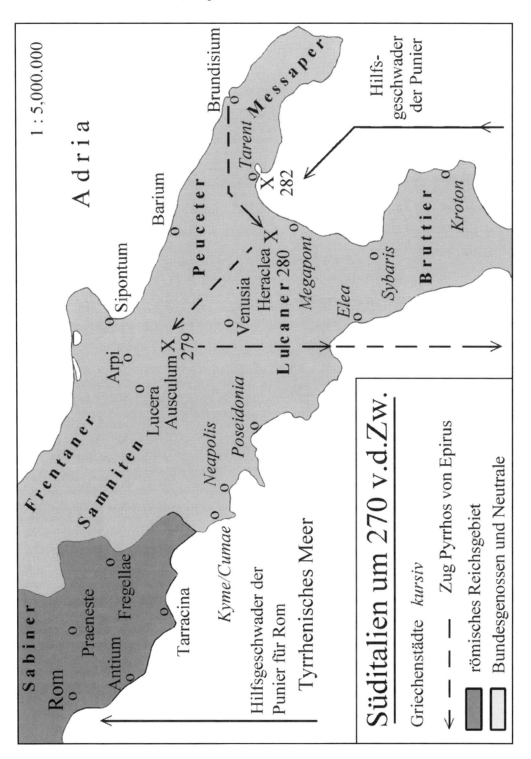

260 **Gefecht bei den Liparischen Inseln.** Ein kleines römisches Geschwader unter Cnaeus Cornelius Scipio wird von einem überlegenen punischen Geschwader überrascht, die Schiffe werden zum großen Teil erobert.
Kurz danach trifft ein punisches Aufklärungsgeschwader von 50 Schiffen vor der Straße von Messina auf die anmarschierende römische Hauptflotte, kann aber nach Verlust einiger Schiffe entkommen.

260 **Seeschlacht bei Mylae.** Zwei ungefähr gleich starke Geschwader von je rund 130 Schiffen stehen sich gegenüber. Die Römer sind unter dem Befehl von Konsul Gaius Duilius, die Karthager unter Admiral Hannibal. Dieser unterschätzt die Neulinge zur See und greift regellos an. Die Enterbrücken entscheiden den Kampf zugunsten der Römer. Hannibal verliert 50 Schiffe, 3000 Tote, 7000 Gefangene und die Seeherrschaft im Tyrrhenischen Meer.

258 **Seeschlacht bei San Antioco.** Vor der Südwestspitze von Sardinien schlägt die römische Flotte von 125 Schiffen unter Konsul C. S. Paterculus ein punisches Geschwader von 90 Schiffen, das fast die Hälfte seiner Schiffe verliert.

257 **Seeschlacht bei Tyndaris.** Die römische Schlachtflotte von 155 Schiffen unter Konsul C. A. Regulus überrascht die punische Flotte auf dem Weg von Palermo zu den Liparischen Inseln. Die Punier können die römische Vorhut von zehn Schiffen vernichten, dann werden sie aber von der Hauptmacht in die Flucht geschlagen. Sie verlieren zehn Schiffe durch Entern, acht weitere werden versenkt.

Landungsoperationen. Die Römer besetzen Korsika (259) und Malta (257). Diese Nebenoperationen bringen aber keinen Fortschritt. Rom beschließt darauf eine Invasion in Afrika. An der Südküste von Sizilien wird ein Expeditionsheer bereitgestellt. Die verstärkte Kriegsflotte soll die Truppentransporter bei der Überfahrt decken. Die punische Flotte erwartet den Gegner unter dem tüchtigen Admiral Hamilkar Barkas.

256 **Seeschlacht bei Eknomos.** Die römische Flotte unter den beiden Konsuln Atilius Regulus und L. Manlius Vulso zählt rund 330 Kriegsschiffe. Die Flotte von Karthago unter Hamilkar Barkas ist etwa gleich stark. Jede Flotte ist in vier Geschwader geteilt. Die Römer marschieren mit zwei Geschwadern in Keilform voraus, das dritte Geschwader schleppt (Windstille) die Transporter, das vierte fährt zur Deckung am Schluß. Die Punier kommen in breiter Formation – die vier Geschwader nebeneinander – entgegen. Als die beiden Flotten aufeinandertreffen, täuschen die beiden mittleren Geschwader der Punier Flucht vor und ziehen die beiden Spitzengeschwader der Römer hinter sich her. Die beiden Flügelgeschwader werfen sich auf die Transportflotte und ihre Deckung und drängen sie an die Küste. Atilius Regulus, der eines der Spitzengeschwader führt, bricht sofort die Verfolgung ab und eilt der Transportflotte zu Hilfe. Das zweite Spitzengeschwader folgt ihm auf dem Fuß. Ein punisches Flügelgeschwader kann noch entkommen, das andere aber wird umstellt und fast vollständig aufgerieben. Die Punier verlieren rund 90 Schiffe (60 erobert und 30 versenkt). Die Römer verlieren 24 Schiffe durch Rammstoß. Trotz taktisch guter Führung zur See verlieren die Punier die Schlacht, da sie im Nahkampf gegen die Enterbrücke der Römer kein Mittel haben.

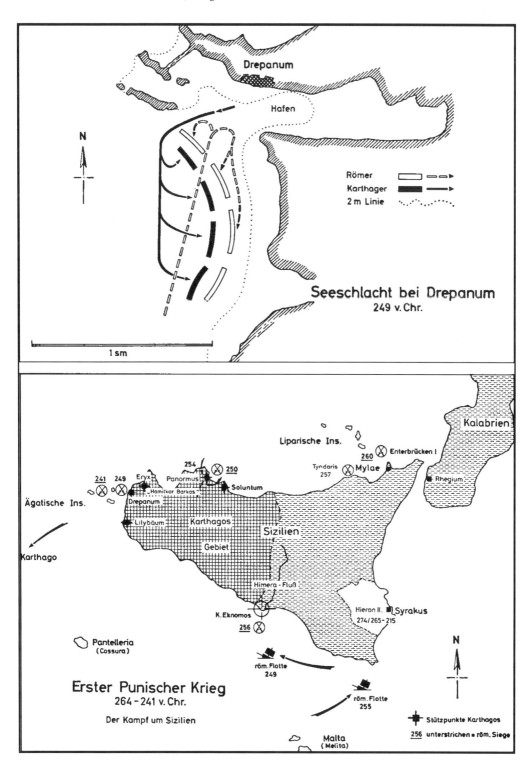

	Das römische Heer wird anschließend bei Aspis/Clupea gelandet. Die Römer gelangen bis vor Karthago, das um Frieden ersucht. Die harten **Friedensbedingungen** von Rom – Übergabe von Sizilien, Sardinien, Korsika und der Kriegsflotte – lehnt Karthago aber ab und setzt den Krieg fort.
255	Die Stadt **Sparta** schickt griechische Söldner unter dem Feldherrn Xantippos nach Karthago. Mit deren Hilfe erringen die Punier in der **Schlacht beim heutigen Tunis** einen Sieg zu Lande über das römische Expeditionsheer.
255	**Seeschlacht bei Kap Bon.** Die römische Schlachtflotte läuft nach Afrika, um die Reste des Heeres abzuholen. Die punische Flotte tritt ihr in Stärke von 200 Schiffen entgegen und erleidet nach kurzem Kampf eine schwere Niederlage. Die Römer erobern 114 Triremen, weitere 16 werden vernichtet. Ihre eigenen Verluste sind im Vergleich dazu unbedeutend. Bei Clupea werden die Reste des Heeres wieder eingeschifft.
255	**Schiffbruch.** Auf der Rückfahrt gerät die riesige Armada an der Südküste von Sizilien in einen schweren Sturm und verliert fast 300 der 370 Triremen (inklusive der erbeuteten punischen). Rund 100 000 Menschen ertrinken. Es ist dies einer **der größten Schiffbrüche** in der Geschichte der Seefahrt.
254	**Sizilien.** Eine neue römische Flotte unterstützt das Landheer bei der Einnahme der wichtigen Hafenstadt Panormus/Palermo.
253	**Schiffbruch.** Auch diese römische Flotte geht beim Versuch, den Seekrieg nach Afrika auszudehnen, im Sturm verloren. Diese Schiffbrüche sind eine Folge der mangelnden seemännischen Erfahrung der Römer. Rom verzichtet nun auf den Kampf um die Seeherrschaft.
250	**Sizilien.** Die Insel ist bis auf die Festungen Lilybäum, Drepanum und Eryx im Westen von Sizilien in der Hand der Römer. Zur Belagerung von der Seeseite werden von Rom kleinere Geschwader unterhalten. Eines davon erringt einen Seesieg bei Panormus.
249	**Seeschlacht bei Drepanum.** Das römische Blockadegeschwader unter Konsul P. Claudius Pulcher greift den Hafen von Drepanum an. Das dort liegende punische Geschwader unter Adherbal, wie die Römer rund 100 Schiffe stark, kann aber rechtzeitig die freie See gewinnen. Adherbal gelingt es, die Römer, die in langer Linie entlang der Küste herankommen, zwischen seine Schiffe und das Ufer zu manövrieren. In dieser ungünstigen Lage wird fast das ganze römische Geschwader aufgerieben. Mit nur 30 Schiffen kann Pulcher entkommen.
249	**Seeschlacht bei Kap Passaro.** Die Römer schicken eine große Transportflotte von 800 Schiffen mit einer Deckung von 120 Triremen um das Kap Passaro an der Südostspitze der Insel, um die Truppen im Westen der Insel zu versorgen. Der erste Teil des Versorgungsgeleites wird von der punischen Schlachtflotte bald nach dem Auslaufen aus Syrakus abgefangen, auf den Strand getrieben und gänzlich vernichtet. Die zweite Hälfte gerät bald nach dem Auslaufen in einen Sturm und erleidet Schiffbruch. Rom stellt darauf die Operationen zur See ganz ein. Punische Kreuzer beunruhigen von da an die ganze Küste von Süd- und Mittelitalien.
	Die punische Flotte kann ungestört Verstärkungen nach Sizilien bringen, wo Hamilkar Barkas den Römern harte Kämpfe, besonders um Panormus und Lilybäum, liefert.

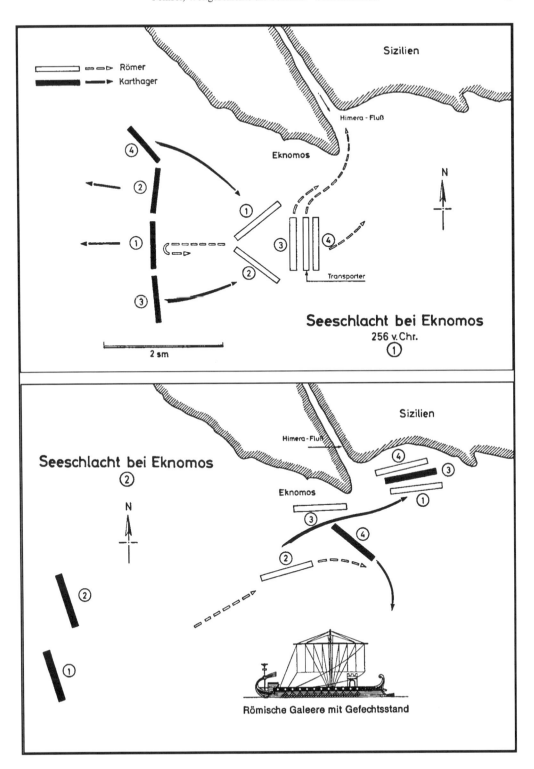

Schließlich lassen römische Reeder, Großkaufleute und wohlhabende Bürger auf eigene Kosten eine neue Flotte von 200 Kriegsschiffen bauen und bemannen. Als man in Karthago erfährt, daß die Römer mit einer neuen Flotte nach Sizilien in See gegangen sind, wird die punische Flotte zur Unterstützung von Hamilkar Barkas abgesandt.

März 241 **Seeschlacht bei den Ägadischen Inseln.** Der römische Konsul C. Lutatius Catulus stellt die Karthager vor der Westspitze Siziliens. Diese erleiden eine schwere Niederlage. 50 punische Schiffe werden versenkt, etwa 70 von den Römern erobert, rund 100 können nach Afrika entkommen. L. Catulus erringt mit einem Schlag die Seeherrschaft. Ohne Nachschub kann Barkas seine Stellung in Sizilien nicht halten. Von Karthago ermächtigt, schließt er mit L. Catulus Frieden.

Karthago muß auf Sizilien verzichten, das die erste römische Provinz wird, und 3200 Talente Kriegsentschädigung zahlen.

238 **Sardinien.** Sardische Söldner unternehmen einen Aufstand gegen Karthago und richten ein Hilfsgesuch an Rom. Dieses erklärt an Karthago den Krieg. Karthago tritt daraufhin Sardinien und Korsika an Rom ab.

240–229 **Illyrien.** Unter ihrem König Agron und dessen Witwe Teuta beherrschen die Illyrer die Adria und das Ionische Meer. Wegen des Niedergangs der ehemaligen Seestadt Kerkyra und der Schwäche der Westgriechen zur See dehnen sie ihre Piratenfahrten bis zur südlichen Peloponnes aus.

229 **Gefecht bei Paxos.** Die Illyrer greifen Kerkyra an. Ein Hilfsgeschwader von acht Schiffen der Achäer wird von der Flotte der Illyrer geschlagen und verliert vier Schiffe. Kerkyra muß sich ergeben.

229–228 **Adria.** Rom führt einen Seekrieg gegen die Illyrer und bringt die ganze Küste der Adria unter seine Kontrolle. Die Illyrer dürfen nicht mehr in das Ionische Meer vorstoßen.

237–227 **Iberische Halbinsel.** Hasdrubal aus der Familie der Barkiden erobert den Südteil des heutigen Spanien mit seinen reichen Erzvorräten. Die Grenze zum römischen Machtgebiet soll der Ebro sein. Im „Ebrovertrag" mit Rom (226) verzichtet Karthago auf weitere Eroberungen.

218 **Seeschlacht bei Sidon.** Im vierten Krieg um Syrien (221–217) zwischen den Seleukiden und Ptolemäern kommt es zu einem Zusammentreffen der beiden Flotten. Die Syrer unter Diogenes und die Ägypter unter Perigenes trennen sich zwar ohne Entscheidung, in der gleichzeitig stattfindenden Schlacht der Landheere sind die Syrer zunächst erfolgreich. In der Landschlacht bei Raphia im folgenden Jahr werden die Syrer jedoch zurückgeschlagen.

218–201 Der Zweite Punische Krieg

Als Karthago das mit Rom verbündete Sagunt, südlich des Ebro, angreift und erobert, erklärt Rom den Krieg. Ehe Rom gegen Karthago vorgehen kann, muß es sich der aufständischen Kelten in Oberitalien und der Seeräuber in der Adria im zweiten Illyrischen Krieg erwehren. Die Punier kommen daher den Römern zuvor und beginnen ihrerseits den unvermeidlichen Kampf.

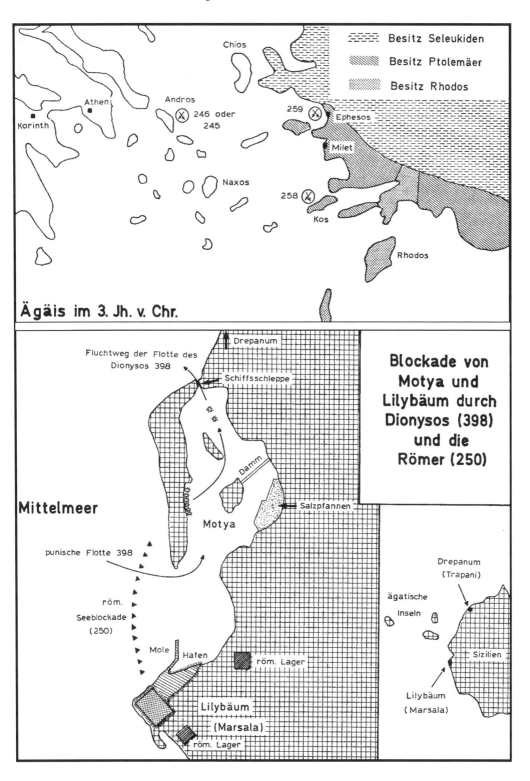

Nachfolger in Spanien nach dem Tod von Hasdrubal (221) ist Hamilkars ältester Sohn Hannibal. Vom Ebro zieht Hannibal mit einem starken Heer mit zahlreichen Elefanten durch Gallien und über die Alpen und trägt den Krieg nach Italien. Er siegt über die Römer an Ticino (218), an der Trebia (218), beide in der Poebene, dann am Trasimenischen See (217) und schließlich in der **Schlacht bei Cannae** (216), in der die Römer die schwerste Niederlage erleiden. Das römische Heer weicht anschließend weiteren Kämpfen mit Hannibal aus. Die römische Flotte beherrscht jedoch die See.

217 **Seeschlacht an der Ebromündung.** Ein römisches Geschwader unter Cnaeus Cornelius Scipio siegt entscheidend über das punische Geschwader an der Iberischen Halbinsel. Es können nur wenige Schiffe entkommen.

Es folgen **wechselvolle Kämpfe** zu Lande in Sizilien, Griechenland und auf der Iberischen Halbinsel. Hannibal kann die Griechen in Süditalien nicht zum Abfall von Rom bewegen.

215 **Hannibal** schließt ein Bündnis mit König Philipp V. von Makedonien. Da die römische Flotte die Adria beherrscht, kann dieser in Italien nicht eingreifen. Dieser erste Krieg gegen Makedonien dauert bis 205.

212 **Karthago** schickt für das gegen Rom kämpfende Syrakus ein Versorgungsgeleit von 700 Transportern, gedeckt durch 130 Kriegsschiffe. Als es auf ein römisches Geschwader von 100 Schiffen trifft, schickt der punische Admiral die Transporter zurück, lehnt die ihm angebotene Schlacht ab und überläßt die Stadt ihrem Schicksal.

212 **Syrakus.** Der römische Konsul Marcellus erobert mit Heer und Flotte die mit Karthago verbündete Stadt (Tod des Archimedes). Hannibal gelingt noch die Eroberung von Tarent und der Sieg bei Capua (211).

210 **Gefecht bei Tarent.** Ein Geschwader der mit Hannibal verbündeten Griechen aus Tarent in der Stärke von 20 Schiffen vernichtet ein römisches Versorgungsgeleit für die römische Besatzung in der Zitadelle der Stadt.

210 **Griechenland.** Ein römisches Geschwader erobert die Insel Ägina im Saronischen Golf und stärkt die römischen Verbündeten in Griechenland im Kampf gegen Makedonien.

209 **Iberische Halbinsel.** Römische Land- und Seestreitkräfte unter Publius Cornelius Scipio Africanus dem Älteren erobern Nova Karthago/Cartagena, wobei 18 Kriegsschiffe und 63 Transporter erobert werden.

208 **Erste Seeschlacht vor Karthago.** Ein römisches Geschwader greift die afrikanische Küste bei Clupea an und trifft dabei auf die Flotte von Karthago. Die Römer erobern 18 der 83 Schiffe der Punier.

207 **Zweite Seeschlacht vor Karthago.** Ein römisches Geschwader von 100 Schiffen trifft erneut auf die punische Flotte und erobert diesmal 17 Schiffe, vier weitere werden versenkt, die restlichen 53 können entkommen.

207 **Gefecht bei Gibraltar.** Das gegen Karthago aufständische Gades/Cádiz ruft die Römer zu Hilfe.
Sie senden ein Geschwader, das das punische Geschwader vor Gades vertreibt und dabei drei punische Schiffe versenkt.

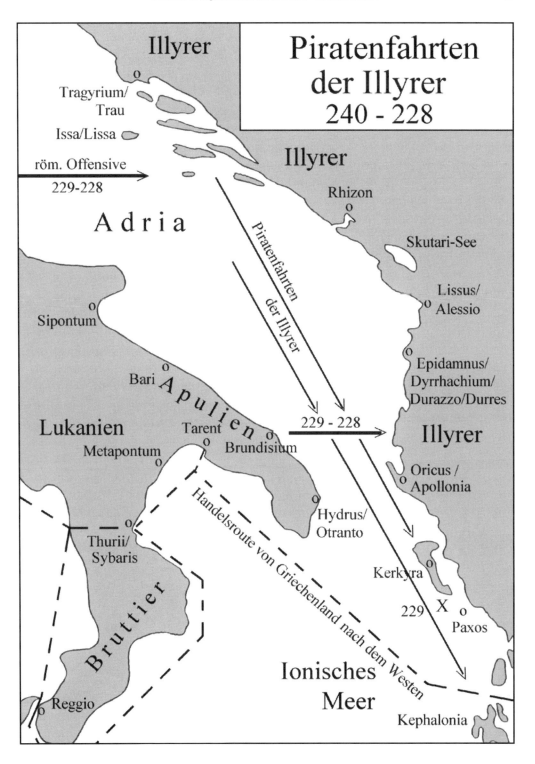

207	**Italien.** Der Bruder von Hannibal, Hasdrubal, bringt von der Iberischen Halbinsel Verstärkungen nach Italien. Da die östlichen Pyrenäen von Scipio gesperrt sind, nimmt er wahrscheinlich den Weg über das Baskenland, Südgallien und die Alpen. Er fällt in der **Schlacht am Metaurus** bei Sena Gallica.
206	**Iberische Halbinsel.** Scipio siegt in der Schlacht bei **Ilipa** (206) im Tal des Guadalquivir über das Punische Heer und erobert die ganze Iberische Halbinsel.
205	**Italien.** Hannibals jüngster Bruder Mago kann mit dem Rest des Heeres von der Iberischen Halbinsel bei Genua landen. Er versucht dort vergeblich, die Ligurer und Gallier gegen die Römer zu führen. Dies war die einzige Offensive der Karthager zur See während dieses Krieges.
205	**Seegefecht bei Sardinien.** Ein punisches Geschwader von 100 Schiffen mit Versorgungsgütern für Hannibal, ohne Geleitschutz, wird von den Römern aufgerieben. Erobert werden 60 Transporter, 20 weitere werden versenkt, der Rest kann nach Karthago entkommen.
204	**Africa.** Konsul P. Cornelius Scipio landet ein Heer von rund 30.000 Mann mit einer Transportflotte von 400 Schiffen, gedeckt von 40 Triremen, in der Nähe von Karthago.
Frühjahr 203	**Seegefecht bei Karthago.** Ein punisches Geschwader greift die am Strand liegende römische Transportflotte an und kann 60 Schiffe erobern. Beim Nahen eines römischen Geschwaders zieht sie sich wieder zurück. Den Nachschub für das Expeditionsheer in Africa aus Sizilien und Spanien können die Punier nicht unterbinden. Hannibal muß Süditalien auf einer improvisierten Transportflotte verlassen und kann unentdeckt in Africa landen.
202	**Africa.** Scipio siegt in der **Schlacht bei Zama** über das letzte punische Aufgebot unter Hannibal. Karthago muß um jeden Preis Frieden schließen. Es verliert die Iberische Halbinsel an Rom, Numidien wird unabhängig. Es muß hohe Kriegskosten bezahlen und die ganze Kriegsflotte bis auf zehn Schiffe ausliefern. Ohne Bewilligung von Rom darf es keine Kriege führen. Die einstige Seemacht Karthago hat in diesem Krieg keinen Versuch gemacht, die Seeherrschaft zu erringen. Die römische Flotte hat kampflos das westliche Mittelmeer beherrscht.
um 210	**Technik.** Philipp V. von Makedonien hat in der Ägäis ein Nachrichtensystem von optischen Signalstationen und Leuchtfeuern einrichten lassen, um die Bewegungen der römischen Geschwader besser kontrollieren zu können. Das gleiche richtet Karthago im westlichen Mittelmeer ein.

204–197 Der Zweite Makedonische Krieg

Philipp V. von Makedonien und Antiochos III. von Syrien wollen sich die Besitzungen der Ptolemäer in der Ägäis und in Palästina teilen. Durch die Erfolge von Philipp V. bei seinen Operationen in Kleinasien fühlen sich die Kleinstaaten in diesem Raum in ihrer Unabhängigkeit bedroht. Rhodos, Pergamon und Byzanz erklären daher Philipp den Krieg.

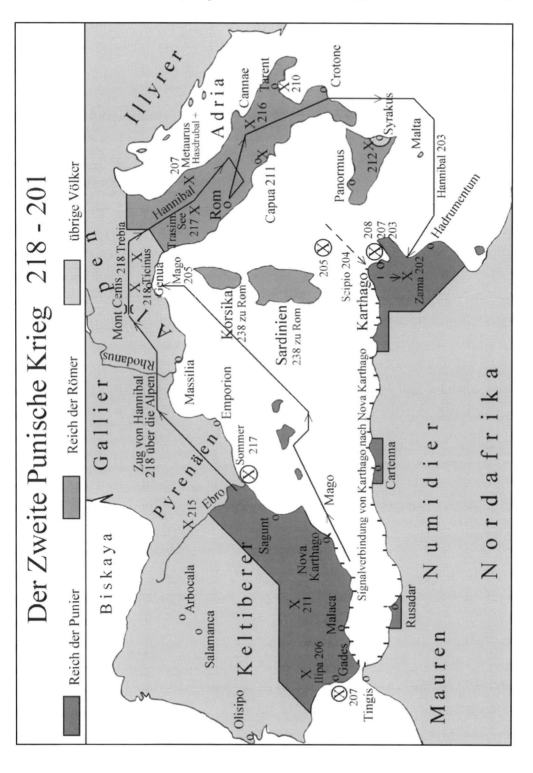

201	**Samos.** Die Flotte von Makedonien erobert das zu Ägypten gehörende Samos und zerstört die dort liegenden ägyptischen Schiffe. Dadurch endet die Seemacht der Ptolemäer in der Ägäis.
201	**Seeschlacht bei Chios.** Die Flotten von Rhodos und Pergamon besiegen die makedonische Flotte. Philipp verliert 27 große (Cataphracts) und 65 kleine (Lembi) Kriegsschiffe, die Verbündeten im ganzen nur sieben.
201	**Gefecht bei Lade.** Ein Geschwader aus Rhodos trifft auf ein makedonisches Geschwader. Das Treffen endet ohne Entscheidung.
201	**Römisches Reich.** Auf Ersuchen der Verbündeten greift Rom, das soeben den Zweiten Punischen Krieg beendet hat, in den Kampf gegen Makedonien ein, mit dem es noch eine Rechnung zu begleichen hat.
199	**Ägäis.** Ein Geschwader der Verbündeten, bestehend aus Schiffen von Rom, Pergamon und Rhodos, operiert in der Ägäis und erobert die Insel Andros und Küstenplätze auf Euböa und der Chalkidike.
198	**Kriegsende.** Die Flotte der Verbündeten in Stärke von 100 Kriegsschiffen erobert die Insel Euböa mit Ausnahme der Festung Chalkis. Nach der Niederlage bei **Kynoskephalä**, den Hundsköpfen (197), in Thessalien muß Philipp Frieden schließen und seine Flotte bis auf sechs Schiffe den Römern ausliefern.
196–194	**Krieg gegen Sparta.** Unter anderem wegen seiner Unterstützung der Seeräuber auf Kreta wird Sparta von den Verbündeten Rom, Rhodos und Pergamon angegriffen, deren Flotte den spartanischen Flottenstützpunkt Gythion am Lakonischen Golf erobert. Sparta muß nach seiner Niederlage alle Schiffe bis auf zwei kleine Wachschiffe ausliefern.
196	**Griechenland.** Rom erklärt bei den Isthmischen Spielen in Korinth die Freiheit der einzelnen griechischen Staaten.

192–188 Krieg Rom gegen Syrien

Nach der Niederlage von König Philipp V. gegen die Römer eignet sich König Antiochos III. von Syrien dessen Eroberungen in Kleinasien an und beginnt seine Herrschaft auch auf Thessalien und Griechenland auszudehnen. Er wird zu Lande von den Römern bei den Thermopylen (191) geschlagen. Nur seine Flotte kann die Römer an einem Übersetzen nach Kleinasien hindern.

September 191	**Seeschlacht bei Korykos.** Polyxenidas, der Admiral von Antiochos, versucht vergeblich die Vereinigung der Flotten von Rom und Pergamon zu verhindern. Seinen 70 großen Schiffen stehen 80 römische unter C. Livius Salinator und 25 aus Pergamon unter König Eumenes gegenüber. Im folgenden Kampf verlieren die Syrer 23 Schiffe gegen nur eines der Verbündeten. Polyxenidas zieht sich auf seine Flottenbasis Ephesos zurück.
April190	**Seeschlacht bei Panonion.** Die syrische Flotte unter Polyxenidas siegt südlich von Ephesos über ein Geschwader aus Rhodos, das 20 seiner 27 Schiffe verliert.
Juli 190	**Gefecht bei Side.** Ein neues Geschwader aus Rhodos unter Eudamus besiegt bei Side, an der Südküste von Kleinasien nahe Eurymedon, ein aus Syrien kommendes Hilfsgeschwader für die Flotte in der Ägäis.

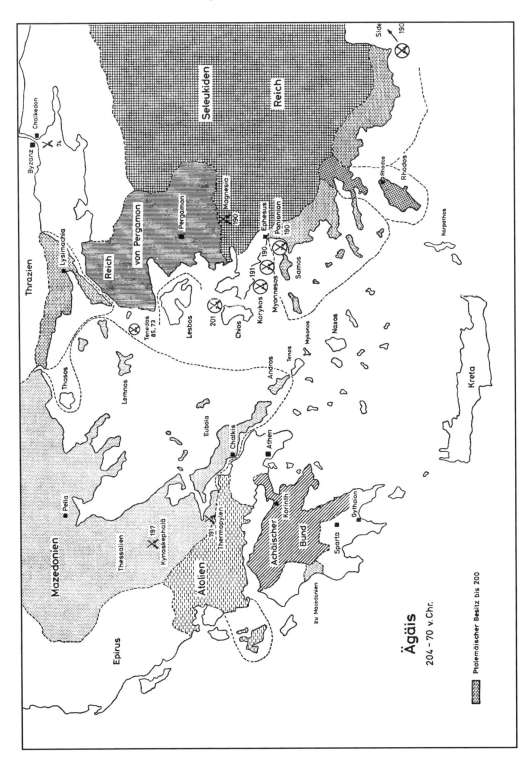

August 190 **Seeschlacht bei Myonnesos.** Da mit der Verstärkung aus Syrien nicht mehr gerechnet werden kann, versucht Polyxenidas allein mit der in Ephesos liegenden Hauptflotte die Seeherrschaft in der Ägäis zurückzuerobern. Er verfügt über 89 Schiffe mit 24.000 Mann. Diesen stehen 58 römische Triremen unter Aemilius und 22 kleinere Schiffe auf Rhodos unter Eudamus mit zusammen 20 000 Mann gegenüber. Die schnelleren Schiffe aus Rhodos decken beweglich die Flügel, die römischen „Schlachtschiffe" brechen im Zentrum durch. Die Syrer verlieren die Schlacht sowie 13 versenkte und 29 eroberte Schiffe. Den Verbündeten kostet die Schlacht zwei römische Triremen und ein Schiff aus Rhodos.

Ende 190 **Kriegsende.** Nach Erringen der Seeherrschaft tragen die Römer den Krieg nach Kleinasien und siegen unter L. Cornelius Scipio entscheidend bei **Magnesia** (190). Antiochos muß im Friedensschluß von Apamea (188) ganz Kleinasien abtreten und seine Flotte bis auf zehn Schiffe an Rom ausliefern.

181 **Italien.** Römische Land- und Seestreitkräfte unterwerfen die Stämme an der Ligurischen Küste und sichern dadurch die Landverbindung zur Iberischen Halbinsel.

178 **Adria.** Römische Land- und Seestreitkräfte erobern Istrien und sichern dadurch die Seewege in der Adria und den Landweg zum Balkan.

2.Jh. **Seleukidenreich (Syrien bis Persien).** Die Seleukiden unterhalten im Persischen Golf ein Geschwader von Triremen, das unter König Antiochos III. d. Gr. (223–187) eine Expedition gegen die arabische Handelsstadt Gerrha gegenüber der Insel Bahrein unternimmt und eine Kontribution eintreibt.

um 170 Die Flotte der Seleukiden am Persischen Golf unter Seleukos IV. (187–175) siegt bei Karamania, heute Insel Karwan, zur See und zu Lande über die Perser.

In der Stadt Charax/Basra am Persischen Golf werden Kupfermünzen mit einem Schiffsbug und Rammsporn noch hundert Jahre später geprägt.

171–168 **Der Dritte Makedonische Krieg**

Perseus, der Sohn von Philipp V., sucht die Vorherrschaft von Makedonien in Griechenland wiederherzustellen. Auf Betreiben Pergamons greift Rom in den Konflikt ein. Die Flotte Roms und seiner Verbündeten ist jener von Makedonien weit überlegen.

171 **Gefecht bei Kap Artemision.** Die Makedonier können ein kleines römisches Geleit überraschen. Die vier Begleitschiffe werden versenkt, die Transporter erobert oder vernichtet.

168 **Gefecht bei Chios.** Die Makedonier vernichten ein römisches Truppengeleit mit 1000 keltischen Reitern an Bord sowie die dazugehörigen 35 Pferdetransporter.

168 **Kriegsende.** Die Landschlacht bei **Pydna** im Juni entscheidet den Krieg für die Römer. Die Flotte hat dabei das Heer tatkräftig unterstützt. Die schwachen makedonischen Seestreitkräfte sind nicht rechtzeitig ausgeschaltet worden und haben daher einige Erfolge erzielt.

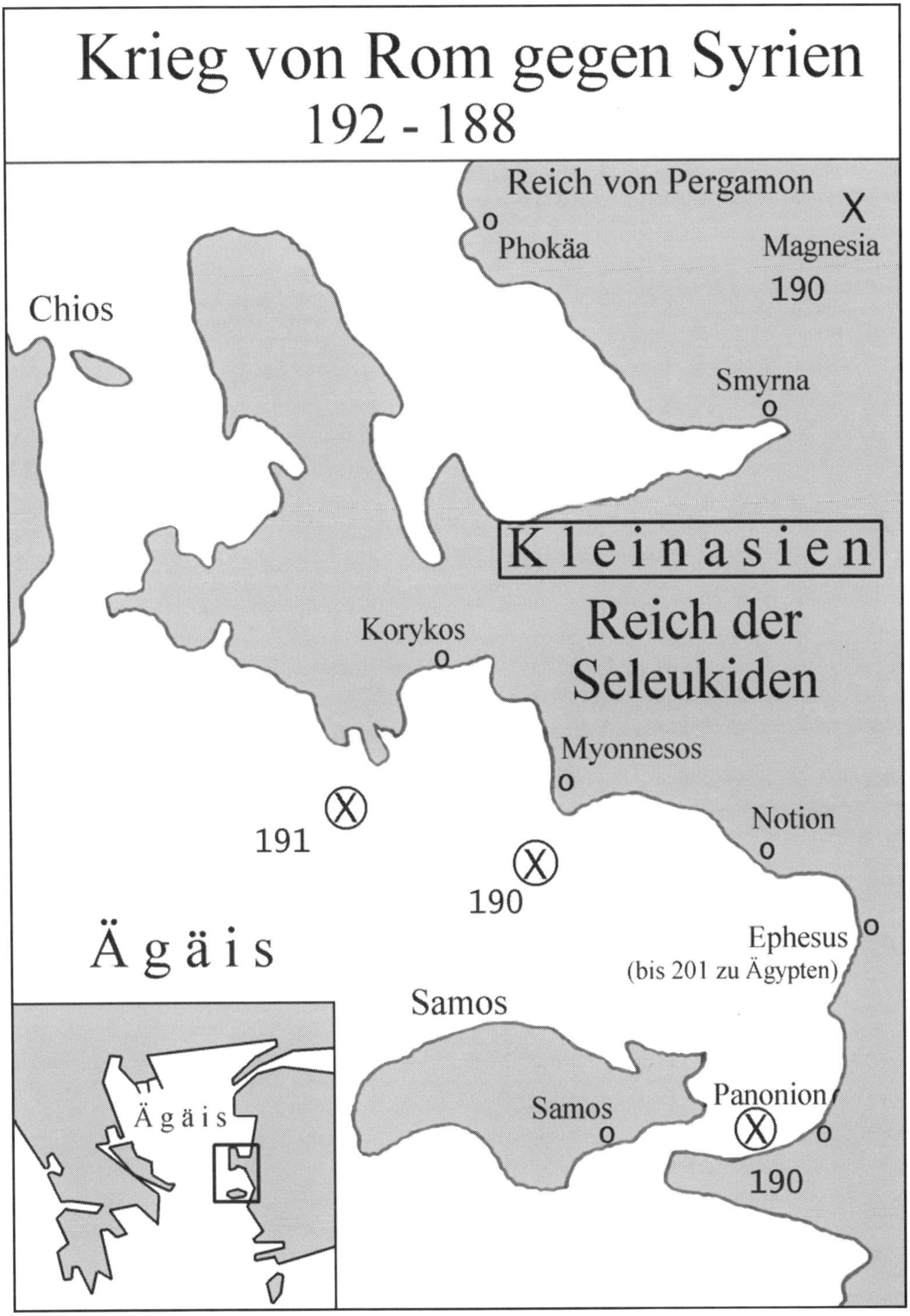

Krieg von Rom gegen Syrien 192 - 188

Reich von Pergamon

Phokäa ○

✗ Magnesia 190

Chios

Smyrna ○

Kleinasien

Korykos ○

Reich der Seleukiden

Myonnesos ○

⊗ 191

Notion ○

⊗ 190

Ephesus ○
(bis 201 zu Ägypten)

Ägäis

Samos

Samos ○

Panonion ○

⊗ 190

Ägäis

Die Insel **Delos** wird von den Römern wieder zu Athen geschlagen und zum Freihafen erklärt. Sie wird dadurch ein starker Konkurrent von Rhodos.

155 **Rhodos.** Die Insel ist in diesem und den folgenden Jahren in einen fruchtlosen Seekrieg gegen die Seeräuber auf Kreta verwickelt. Ohne Unterstützung von Rom und vom griechischen Festland verliert Rhodos seine Bedeutung als Schirmherr der Handelsschiffahrt im östlichen Mittelmeer. In der Folge werden auch die Küstenbewohner von Kilikien zu Seeräubern.

149–146 **Der Dritte Punische Krieg**

Die Römer beginnen den Kampf gegen die fast wehrlose Stadt mit der Landung eines Heeres von 35.000 Mann in Africa.

147 Die römischen Belagerungsstreitkräfte unter P. Cornelius Scipio Aemilianus sperren den Hafen von Karthago durch einen Damm. Im folgenden Jahr graben die Punier eine neue Ausfahrt. Beim Ausbruch der punischen Flotte wird diese von den Römern verlustreich zurückgeworfen. Karthago wird anschließend erobert, die Stadt zerstört und entvölkert.

146 **Griechenland.** Im Jahr der Zerstörung Karthagos wird von den Römern nach einem Aufstand des Achäischen Bundes die Stadt Korinth gänzlich dem Erdboden gleichgemacht. Julius Caesar veranlaßt später den Wiederaufbau der beiden Städte.

138–136 **Portugal.** Das römische Geschwader von Gades/Cádiz unterwirft die Küste von Lusitanien, dem heutigen Portugal. Beim heutigen Lissabon wird der Flottenstützpunkt Olisipo eingerichtet.

133 **Kleinasien.** Rom erbt von König Attalos III. die Herrschaft Pergamon im westlichen Kleinasien und damit auch dessen Flotte.

123 **Mittelmeer.** Ein römisches Geschwader unter Quintus Metellus unterwirft die Balearen.

um 120 **Forschung.** Ägypten schickt unter dem Griechen Eudoxus von Kyzikos eine Expedition zur Erkundung der Reiserouten in den Indischen Ozean. Dabei sollen die Monsunwinde als Voraussetzung für einen Handelsverkehr erkundet werden.

111–105 **Jugurthinischer Krieg.** In wechselvollen Kämpfen erobern die Römer unter dem Feldherrn Marius Numidien in Nordafrika und gliedern es ihrem Herrschaftsgebiet als Provinz an. Rom kontrolliert nun das ganze westliche Mittelmeer.

88 **Ägypten.** Bei den zahlreichen dynastischen Kämpfen der Ptolemäer verliert Ptolemäus IX. Alexander I. in einer Seeschlacht Thron und Leben gegen die Anhänger von Ptolemäus VIII. Soter II.

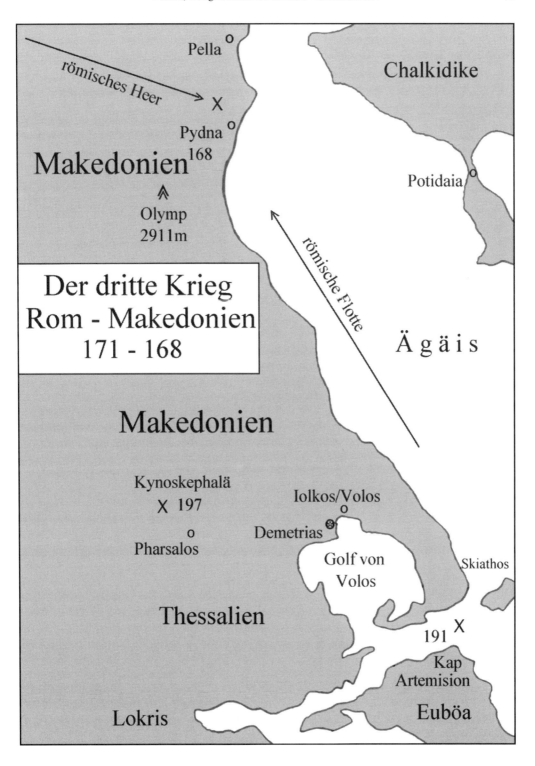

88–84 Erster Krieg Roms gegen Mithridates von Pontus und Beginn der Römischen Bürgerkriege

Durch den Bundesgenossenkrieg in Italien (90–88) und den Kampf zwischen Marius und Sulla (88–84) scheint vielen das Römische Reich mehr geschwächt zu sein, als es tatsächlich der Fall ist.
König Mithridates VI. von Pontus bringt die von römischen Steuereintreibern bedrückten Griechen in Kleinasien zum Aufstand. Seine durch die Piraten aus Kilikien verstärkte Flotte zerstreut das kleine römische Wachgeschwader vor den Meerengen. Er erobert Euböa und Delos. Athen mit Piräus schließt sich dem Aufstand an. In Kleinasien und der Ägäis werden in der „Vesper von Ephesus" rund 80.000 Römer ermordet.

Herbst 88 **Rhodos.** Mithridates versucht vergeblich mit Heer und Flotte die Stadt Rhodos zu erobern.

86 **Ägäis.** Dem römischen Konsul Sulla gelingt es, Athen und Piräus zurückzuerobern und den Gegner in zwei Landschlachten bei Chaeronea (86) und Orchomenus (85) zu schlagen.

85 **Ägäis.** Ein neu aufgestelltes römisches Geschwader unter L. L. Lucullus kann zusammen mit dem Geschwader von Rhodos die meisten Inseln der Ägäis zurückerobern. Das pontische Geschwader wird in zwei Seegefechten vor Tenedos geschlagen.
Das römische Heer setzt darauf nach Kleinasien über und diktiert den Frieden von Dardanus. Mithridates muß seine Flotte ausliefern.

83–81 **Zweiter Krieg gegen Mithridates.** Dieser erfüllt die Friedensbedingungen nicht und wird noch einmal von Rom besiegt. Es finden keine nennenswerten Seeoperationen statt.

82–79 **Rom.** Sulla siegt in der Schlacht am Collinischen Tor (82) über die Anhänger von Marius. Er festigt als Diktator die Macht des Senates und legt dann freiwillig die Diktatur nieder.

74–64 Dritter Krieg Roms gegen Mithridates von Pontus

Im ersten Kriegsjahr kann die pontische Flotte aus dem Schwarzen Meer in die Ägäis vorstoßen.

74 **Seeschlacht bei Chalkedon.** Die pontische Flotte überrascht das römische Ägäisgeschwader, vernichtet vier Schiffe und erobert die restlichen 60.

73 **Seeschlachten vor Lemnos und Tenedos.** Ein römisches Geschwader unter L. L. Lucullus schlägt die pontische Flotte vernichtend und trägt den Seekrieg in das Schwarze Meer. Die restlichen Schiffe des Königs Mithridates werden von einem Sturm im Schwarzen Meer vernichtet.

66/65 **Tod von Mithridates.** Er erobert mit einer neuen Flotte die Seeherrschaft im Schwarzen Meer zurück. Dann kann er seine Besitzungen in Südrußland von seinem Sohn Machares, der sich den Römern unterworfen hat, zurückgewinnen. Durch eine Revolte im Jahr 63 v. Chr. in die Enge getrieben, scheidet er freiwillig aus dem Leben, um sich nicht unterwerfen zu müssen.

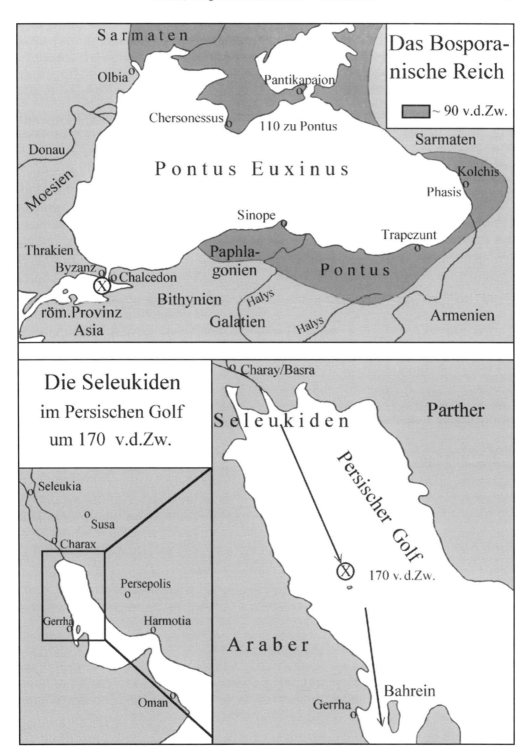

88–67 Seekrieg von Rom gegen die Seeräuber

88 Die Ausübung der Seepolizei wird von Rom vernachlässigt. Seit Beginn der Bürgerkriege nimmt daher die Seeräuberei große Ausmaße an. Die Piraten haben ihre Schlupfwinkel vor allem in Kilikien an der Südküste Kleinasiens sowie auf Kreta. Sie stören die Zufuhren nach Rom, sogar die Getreidelieferungen aus Afrika werden zeitweise unterbunden. Rom wird zu einem richtigen Seekrieg gezwungen.

Prokonsul Servilius und Marcus Antonius der Ältere kämpfen jahrelang mit wechselndem Erfolg.

67 **Italien.** Die Seeräuber überfallen in Ostia, dem Hafen Roms, ein gegen sie in Ausrüstung befindliches Geschwader. Nun ist das Faß voll.

Gnaeus Pompeius Magnus wird mit außerordentlicher Befehlsgewalt ausgestattet. 500 Schiffe und ein Heer von 120.000 Mann werden ihm zur Verfügung gestellt. In einer glänzend geleiteten Operation sichert Pompeius in drei Monaten zuerst das westliche Mittelmeer und schlägt dann die Seeräuber in ihren Schlupfwinkeln entscheidend. Es sollen 10.000 Piraten getötet und 20.000 gefangengenommen worden sein.

Die Erteilung der außerordentlichen Vollmachten an Pompeius ist der erste Schritt zur Diktatur.

60 **Italien.** Es wird das **erste Triumvirat** zwischen Pompeius, Caesar und Crassus geschlossen. Sie teilen sich die Macht auf. Crassus fällt 53 im Kampf gegen die Parther bei Carrhae.

58–51 **C. Julius Caesar** unternimmt nach seinem Konsulat (59) die Eroberung von Gallien in seiner Eigenschaft als Prokonsul.

56 **Seeschlacht in der Bucht von Quiberon.** Die Galeerenflotte von Caesar siegt über die großen Segelschiffe der gallischen Veneter. Bei der herrschenden Windstille sind die römischen Galeeren den Segelschiffen an Manövrierfähigkeit überlegen.

55 **Britannien.** Caesar unternimmt die erste Invasion auf den Inseln. Zwei Legionen werden nördlich von Dover gelandet. Im folgenden Jahr folgt eine weitere Invasion mit fünf Legionen. Die Flotte hat dabei nur Transportfunktion, da die Briten über keine Kriegsschiffe verfügen.

49–46 v. Chr. Bürgerkrieg von Caesar gegen Pompeius

Zu Beginn der Auseinandersetzung verfügt Gnaeus Pompeius mit der Flotte auch über die Seeherrschaft, wodurch Caesars Operationen sehr behindert sind.

49 v. Chr. **Seegefechte vor Massilia.** Bei der Blockade der Hafenstadt kommt es im Juni und Juli zu zwei Gefechten, in den das Geschwader von Caesar siegreich bleibt. Massilia muß sich schließlich ergeben.

49 v. Chr. **Seegefecht bei der Insel Krk.** Die Truppen von Caesar auf der Insel in der nördlichen Adria werden durch ein Geschwader von 40 Schiffen unter G. C. Dolabella gedeckt. Zwei Geschwader des Pompeius unter Octavius und Libo besiegen Dolabella. Die Truppen auf der Insel gehen darauf zum Großteil zu Pompeius über.

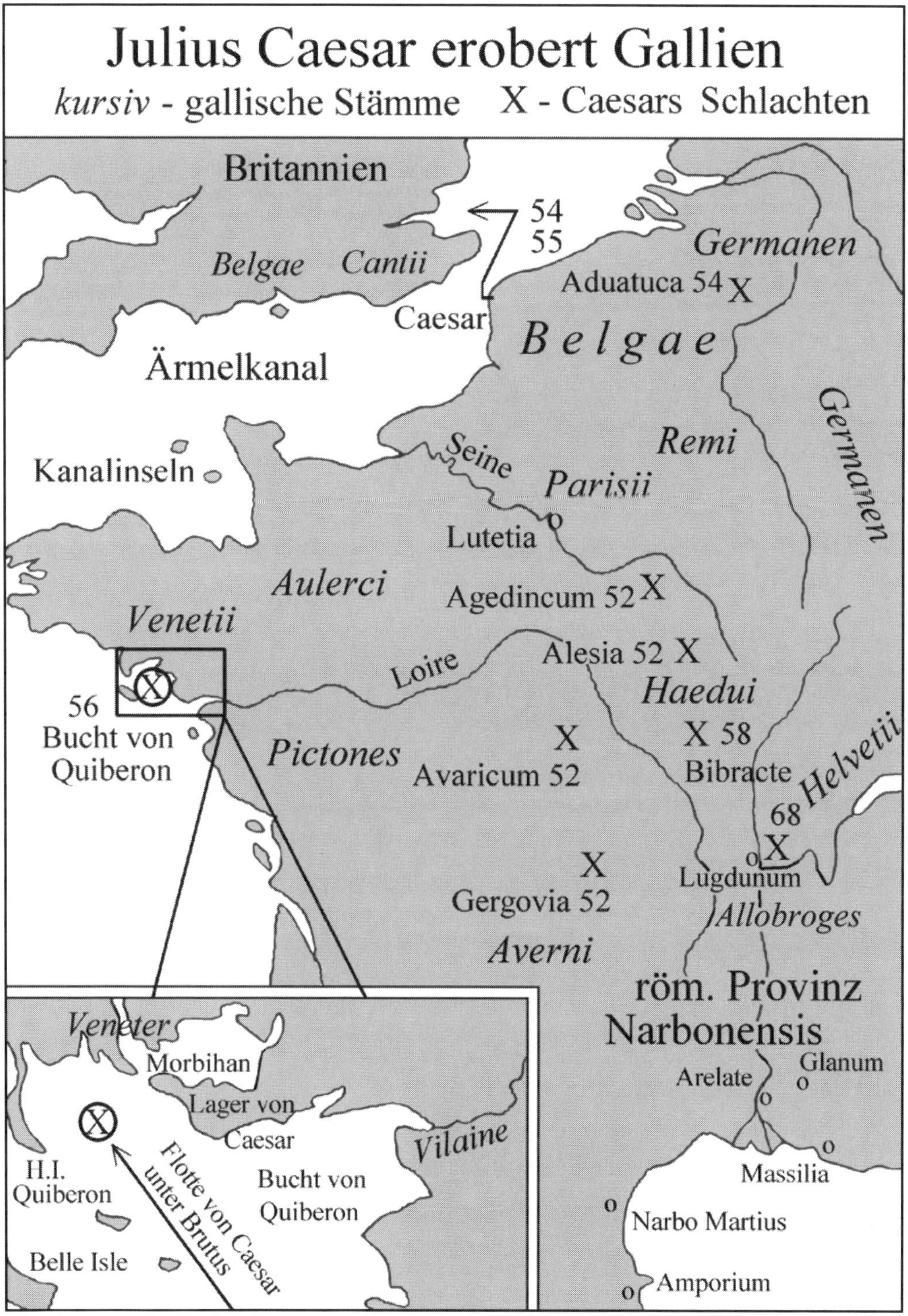

Julius Caesar erobert Gallien

kursiv - gallische Stämme   X - Caesars Schlachten

Britannien

Belgae *Cantii* 54 55

Germanen

Aduatuca 54 X

Caesar

Ärmelkanal

B e l g a e

Kanalinseln

Seine

Remi

Parisii

Germanen

Lutetia

Aulerci Agedincum 52 X

Venetii

Loire Alesia 52 X

Haedui

56
Bucht von
Quiberon

⊗

Pictones Avaricum 52

X

X 58
Bibracte

Helvetii

68
X

Lugdunum

X
Gergovia 52

Allobroges

Averni

röm. Provinz
Narbonensis

Arelate Glanum

Veneter

Morbihan

Lager von
Caesar

Vilaine

H.I.
Quiberon

⊗

Flotte von Caesar unter Bruttus

Bucht von
Quiberon

Massilia

Narbo Martius

Belle Isle

Amporium

Jänner 48 v. Chr.	**Offensive.** Nur durch die Untätigkeit der Geschwader der Republikaner gelingt es Caesar, seine Legionen auf einer improvisierten Transportflotte von Brundisium nach Griechenland überzusetzen.
48 v. Chr.	**Gefecht im Hafen von Oricum.** Am südlichen Ende der Bucht von Valona vernichtet Gnaeus Pompeius d. J. ein Geschwader von Caesar. Er läßt ein in der Hafeneinfahrt versenktes Blockschiff entfernen, zusätzlich vier Biremen auf Rollen über die schmale Landzunge schleppen und vernichtet die aufgelegten Schiffe. Sein Vater verfügt darauf über die Seeherrschaft in der Adria, kann sie aber nicht ausnützen.
48 v. Chr.	**Gefecht vor Messina.** Das syrisch-kilikische Geschwader unter C. C. Longinus überrascht ein Geschwader von Caesar von 35 Schiffen und vernichtet es durch Branderangriffe gänzlich.
August 48 v. Chr.	**Ende von Pompeius Magnus.** Nach der Niederlage bei Pharsalus (August 49) flieht Pompeius nach Ägypten und wird dort bei der Landung ermordet. Seine beiden Söhne Gnaeus und Sextus entkommen nach der Iberischen Halbinsel.
48 v. Chr.	**Gefechte im Hafen von Alexandria.** Caesar besiegt zunächst das ägyptische Geschwader, sein folgender Landeversuch wird aber zunächst mit beträchtlichen Verlusten abgewiesen.
47 v. Chr.	**Gefecht vor der Nilmündung.** Vor dem westlichen Nilarm kann das Geschwader von Caesar unter Euphranor, der dabei fällt, die ägyptische Flotte endgültig vernichten.
47 v. Chr.	**Gefecht bei der Insel Pharos/Hvar.** Ein Geschwader von Caesar kann in der Adria einen Sieg über das letzte Geschwader der Republikaner erringen. Caesar verfügt nun auch über die Seeherrschaft.
47 v. Chr.	**Caesar** siegt bei Zela über König Pharnaces von Pontus, (veni, vidi, vici – ist der kürzeste Kriegsbericht), geht nach Italien und nimmt in Afrika den Krieg gegen die Pompeianer wieder auf.
46 v. Chr.	**Kriegsende.** Vor dem Hafen Carteia bei Gibraltar besiegt ein Geschwader von Caesar das entkommene Geschwader der Pompeianer, das daraufhin im Hafen blockiert wird. Cn. Pompeius d. J. versucht nach der Niederlage bei Munda (45) mit dem Geschwader zu entkommen, verliert aber in einem Gefecht 20 Schiffe durch Brander, entkommt zu Land und wird kurz darauf gestellt und getötet. Nach dem Sieg von Caesar in der Landschlacht bei **Thapsus** ist der Krieg zu Ende. Caesar wird in Rom auf zehn Jahre zum Diktator ernannt.
49 v. Chr.	**Zypern.** Ein römisches Geschwader zwingt die Insel zum Anschluß an das Römische Reich. Es wird damit der Senatsbeschluß vom Jahr 58 v. Chr. durchgesetzt, dessen Zweck das bessere Vorgehen gegen die Piraten im östlichen Mittelmeer war.
43 v. Chr.	**Italien.** Nach der Ermordung von Julius Caesar (15. März 44 v. Chr.) folgt das **Zweite Triumvirat** mit Antonius, Lepidus und Octavian.

43–42 v. Chr. Krieg des Triumvirates gegen die Republikaner

Die Caesarmörder Brutus und Cassius bauen sich in den östlichen Provinzen eine Machtposition auf. Gleichzeitig unterbricht der von den Triumvirn auf die Konskriptionsliste gesetzte Sextus Pompeius die Getreideversorgung von Rom.

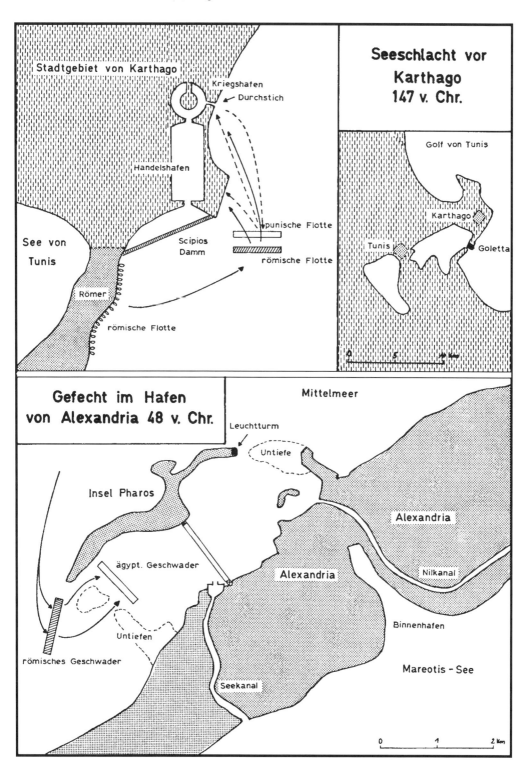

	Dieser hat sich auf der Iberischen Halbinsel, seinem Zufluchtsort, eine Flotte geschaffen und ist nach dem Tod von Caesar vom Senat zum Flottenbefehlshaber ernannt worden. Nach seiner Ächtung setzt er sich zuerst in Sizilien fest.
42 v. Chr.	**Seegefecht vor Messina.** Oktavian versucht eine Landung auf Sizilien, seine Flotte wird aber von Sextus Pompeius zurückgeschlagen. Oktavian wird dann von Antonius in die Adria gerufen, wo sich die gefährlicheren Feinde befinden.
42 v. Chr.	**Zwei Seeschlachten vor Laodicea/Latakia.** Das Geschwader der Triumvirn unter Cn. C. Dolabella schlägt an der Küste von Syrien das Geschwader des Cassius, wobei Dolabella fünf Schiffe erobert und mehrere erbeutet. Cassius kann sich mit Schiffen aus Zypern und Phönikien verstärken und schlägt wenig später Dolabella vernichtend.
42 v. Chr.	**Seeschlacht bei Myndus.** Rhodos lehnt die Forderung des Cassius, gegen die Triumvirn zu kämpfen, ab. Cassius schlägt darauf mit seinen 80 Schiffen die Flotte von Rhodos mit 33 Schiffen, landet ein Heer auf der Insel und erobert die Hauptstadt nach kurzer Land- und Seeblockade.
	Die überlegene Flotte der Republikaner sperrt daraufhin die Adria. Der Großteil des Heeres mit Antonius und Octavian ist jedoch bereits am Balkan.
42 v. Chr.	**Seeschlacht vor Brundisium.** Die Blockadeflotte unter Murcus und Ahenobarbus vernichtet ein Nachschubgeleit mit über zwei Legionen für Antonius und Oktavian an Bord. Die 17 Triremen der Geleitsicherung und die Transporter werden erobert. Ohne Aussicht auf Verstärkung forcieren die beiden Triumvirn die Offensive und siegen entscheidend in den beiden Schlachten bei Philippi.
Ende 42 v. Chr.	**Gefecht im Hafen von Brundisium.** Noch nach der Schlacht bei Philippi greift ein Geschwader der Republikaner von 70 Schiffen unter Ahenobarbus den Hafen von Brundisium an und vernichtet die dort liegenden Schiffe. Ahenobarbus geht dann mit seinem Geschwader zu Antonius über, das Geschwader von Murcus und andere Kontingente kann Sextus Pompeius an sich ziehen.
40 v. Chr.	**Reichsteilung.** Antonius erhält den Osten, Oktavian den Westen und Lepidus Nordafrika. Sextus Pompeius, der jüngere Sohn von Pompeius Magnus, hat mittlerweile auch Sardinien und Korsika unter seine Kontrolle gebracht. Er sichert sich nun im Vertrag von Misenum (39 v. Chr.) neben Sizilien noch Achaia in Griechenland und verspricht Getreidelieferungen an Rom. Wie schon sein Vater ist er einer der ersten Römer, der den Wert der Seeherrschaft erkennt. Mit seinen Besitzungen und der Flotte liegt das Schicksal von Italien in seiner Hand.
39 v. Chr.	**Italien.** Einen ersten Rückschlag erleidet Pompeius, als sein Geschwaderführer Menodorus mit 60 Schiffen, drei Legionen und den von ihm gehaltenen Inseln Sardinien und Korsika zu Oktavian übergeht.
38–36 v. Chr.	**Seekrieg gegen Sextus Pompeius**
	Oktavian läßt seine Flotte verstärken, um Pompeius die Seeherrschaft zu entreißen. Die „Schlachtschiffe" dieser Zeit sind größer als jene zur Zeit der Punischen Kriege. Es werden größere Wurfmaschinen aufgestellt. Die Schiffe erhalten Türme, um den Gegner von einer höheren Plattform aus zu bekämpfen.

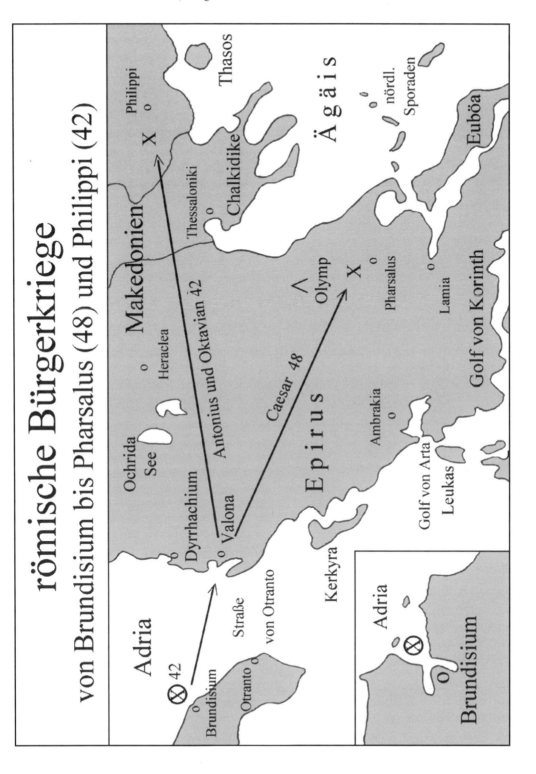

38 v. Chr.	**Italien.** Oktavian betraut seinen Jugendfreund Marcus V. Agrippa mit dem Aufbau einer neuen Flotte. Im Vertrag von Tarent (37 v. Chr.) überläßt Antonius Oktavian seine Flotte zum Kampf gegen Pompeius. Agrippa läßt die Schiffe in der Wasserlinie mit Balken zum Schutz gegen einen Rammstoß verstärken (erster Gürtelpanzer). In der Nähe zum Kriegsschauplatz wird bei Cumae der Kriegshafen Portus Julius angelegt. Die Mannschaften werden besonders für die kommenden Kämpfe geschult. Agrippa besetzt eine der südlichen Liparischen Inseln (Vulkano?), um die Flotte des Pompeius zu beobachten, die in geringer Entfernung bei Mylae an der Nordküste Siziliens unter dem Kommando von Demochares, eines Freigelassenen, liegt.
38 v. Chr.	**Seeschlacht bei Cumae.** Pompeius schickt seinen Flottenbefehlshaber Menekrates nach Norden. Dieser greift mit 100 Schiffen das ungefähr gleich starke feindliche Geschwader an und bringt es an den Rand einer Niederlage. Als er jedoch fällt, nützt sein Vizeadmiral Demochares den schon errungenen Vorteil nicht aus und läuft nach Messina zurück.
38 v. Chr.	**Seeschlacht bei Scylletium** (Reggio). Oktavian plant mit einem von Tarent kommenden Geschwader einen Angriff auf Messina. Pompeius greift ihn mit seinen eigenen 40 Schiffen und dem von Cumae gekommenen Geschwader an. Nur das rechtzeitige Eintreffen des Geschwaders von Oktavian aus Cumae unter dem Kommando von Cornificius verhindert eine Niederlage Oktavians. Pompeius läuft in Messina ein, die Flotte von Oktavian wird aber auf offener Reede von einem Sturm überrascht und verliert die Hälfte der Schiffe.
36 v. Chr.	**Gefecht bei Lilybaeum.** Im Südwesten Siziliens fängt ein Geschwader des Pompeius einen Truppentransport des Lepidus ab. Die Hälfte der Schiffe mit den für Sizilien bestimmten Truppen wird vernichtet, der Rest kann nach Africa entkommen. Der Westen Siziliens ist vorerst für Pompeius gesichert.
Anfang August 36 v. Chr.	**Seeschlacht bei Mylae.** Demochares nimmt die von Agrippa angebotene Auseinandersetzung an. Es entwickelt sich sofort ein Kampf Schiff gegen Schiff. Die Schiffe Agrippas sind größer und stärker, jene des Pompeius schneller und wendiger. Der Kampf verläuft einige Zeit unentschieden. Die Rammstöße der Schiffe von Pompeius versagen meistens an der Panzerung von Agrippas Schiffen, der langsam die Oberhand gewinnt. Schließlich wird das Flaggschiff von Demochares versenkt, der sich zwar auf ein anderes Schiff retten kann, aber den Kampf abbricht. Agrippa verliert nur fünf Schiffe gegen 30 des Demochares. Agrippa hat seinen ersten Seesieg erfochten.
Mitte August	**Seeschlacht bei Tauromenium** (Taoermina). Oktavian landet mit der Flotte des Antonius drei Legionen bei Tauoermenuim. Pompeius hat inzwischen seine Flotte von 130 Schiffen von Mylae herangezogen und läßt sie unter Demochares und Apollophanes angreifen. In einem erbitterten Kampf vom Morgen bis in die Nacht verliert Oktavian 60 seiner 130 Schiffe. Er selbst kann nur mit Mühe entkommen.
Mitte August	**Sizilien.** Agrippa landet nach seinem Sieg auf Sizilien, erobert das wichtige Tyndaris und das Heer stößt gegen Messina vor. Pompeius setzt daraufhin seine ganze Flotte ein, um die Seeherrschaft auch im Norden von Sizilien zurückzugewinnen.

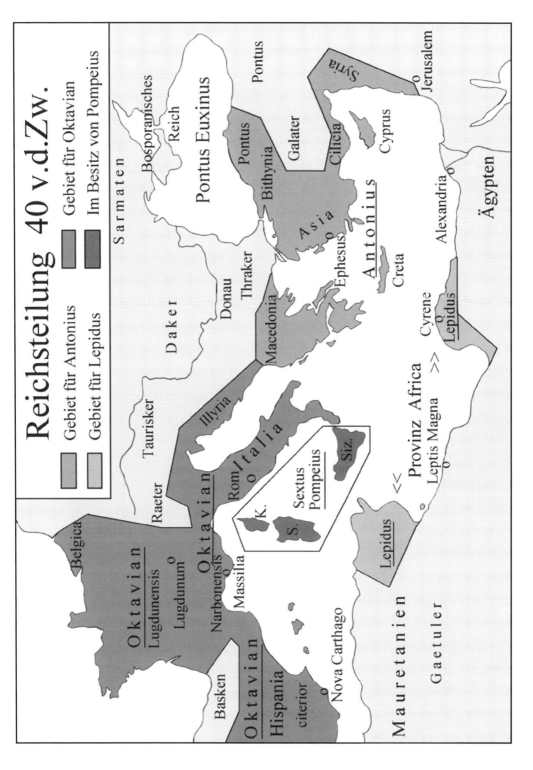

Ende August **Seeschlacht bei Naulochos.** An die 300 Schiffe unter Demochares und Apollophanes, ebenfalls einem Freigelassenen, kommen durch die Straße von Messina. (Es wird bezweifelt, daß Pompeius noch so viele Schiffe besessen hat.) Agrippa geht ihnen vom Westen entlang der Küste entgegen. Auch er verfügt über 300 Schiffe, die aber größer als jene der Gegner sind. Agrippa verwendet in dieser Schlacht erstmals Brandpfeile und ein Entergeschoß: einen Balken mit Enterhaken, der an einem Tau auf das feindliche Schiff geschleudert wird, um es heranzuziehen (siehe Geschichte der Taktik im Anhang des letzten Bandes).

Fast an der gleichen Stelle wie wenige Wochen zuvor treffen die Flotten erneut aufeinander. Sie nähern sich in Dwarslinie (ein Schiffe neben dem anderen), die südlichen Flügel an die Küste gelehnt. Die Flotte des Pompeius fährt enger geschlossen, sie wird daher auf der Seeseite vom Gegner überflügelt. Die Enge Formation läßt die größere Beweglichkeit der schnelleren Schiffe des Pompeius nicht zur Geltung kommen. Sie werden deshalb vom linken Flügel des Agrippa umfaßt und auf die Küste gedrängt. Dadurch endet die Seeschlacht mit einer vollständigen Niederlage der Flotte des Pompeius. Nur 17 Schiffe entkommen nach Messina, 28 werden versenkt oder verbrannt, der Rest auf den Strand getrieben und erobert. Demochares nimmt sich das Leben, Apollophanes ergibt sich. Agrippa verliert nur drei Schiffe durch Rammstoß.

Sextus Pompeius flieht schließlich nach Asien, wo er als Gefangener des Antonius im Gefängnis von Milet stirbt. Das Heer des Lepidus, das in Sizilien gelandet ist, geht zu Oktavian über, der nun unumschränkter Herr des Westens ist.

32–30 v. Chr. **Krieg Oktavian gegen Antonius**

Antonius geht mit seinen Streitkräften in Begleitung von Kleopatra nach Griechenland, um von dort den Krieg zu führen. Sein Heer zählt 120.000 Mann Fußvolk und 12.000 Reiter. Die Flotte ist 450 Schlachtschiffe und 50 weitere Kriegsschiffe (Kreuzer) stark. Die Triremen sind die mächtigsten Schiffe ihrer Zeit, ähnlich jenen des Agrippa bei Naulochos. Oktavian ist für den Krieg, den er bewußt herbeiführt, nicht gerüstet. Zu seinem Glück vergeudet Antonius ein ganzes Jahr nutzlos in Griechenland. Er hält mit Kleopatra Hof in orientalischem Gepränge, das viele Römer seiner Gefolgschaft abstößt. Desertionen sind die Folge.

Frühjahr 31 v. Chr. **Die Vorbereitung.** Oktavian hat seine Rüstungen abgeschlossen und beginnt die Offensive. In Brundisium und Tarent versammelt er ein Heer von 80.000 Mann zu Fuß und 12.000 Reitern. Die bei Naulochos siegreiche Flotte ist allerdings nur mehr zum Teil (ca. 200 Schiffe) vorhanden. So große Schiffe sind nicht schnell zu bauen und auszurüsten und außerdem sehr teuer. Agrippa verstärkt daher seine Flotte mit über 100 Liburnen, leichten, wendigen Ein- und Zweiruderern, wie sie die illyrischen Liburner (daher der Name) verwenden.

Antonius mit Heer und Flotte am Golf von Ambrakia/Actium ist vom Nachschub über See abhängig. Agrippa beginnt daher den Feldzug mit einem **Kreu-**

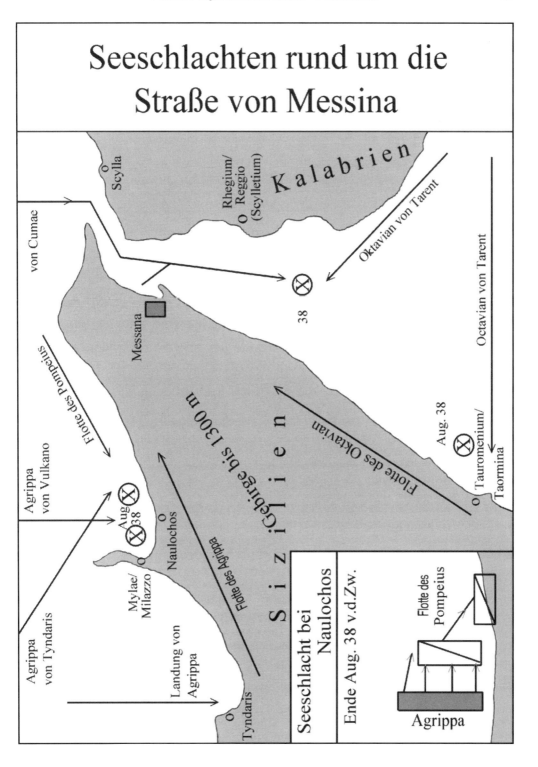

zerkrieg. Seine schnellen Schiffe fangen die meisten Transporter des Antonius ab, dessen Heer unter Mangel zu leiden beginnt. Überdies erobert Agrippa Kerkyra.

Frühjahr Oktavian setzt mit dem Heer über die Adria und landet bei Portus Joannes. Er zieht nach Süden und errichtet ein befestigtes Lager auf der Halbinsel, die im Norden den Golf von Ambrakia bildet. Beide Heere stehen sich dann Lanze bei Fuß gegenüber. Agrippa erobert mittlerweile Korinth, Methoni, Patras und die Insel Leukas. Antonius ist somit zu Land und zur See umzingelt. Seine Streitkräfte leiden bereits unter Versorgungsmängeln, Krankheiten und Fahnenflucht. Antonius wagt daher keinen Kampf zu Land und versucht auf Rat von Kleopatra mit der Flotte allein auszubrechen. Agrippa hat zur Überwachung der Einfahrt in den Ambrakischen Meerbusen, an dem Actium liegt, ein Geschwader unter Aruntius zurückgelassen. Dieser weist einen Versuch, die Blockade zu sprengen, zurück. Antonius nimmt nun 20.000 Legionäre auf die Flotte und verbrennt die überzähligen Schiffe, für die es an Besatzungen mangelt. Er will den Kampf von Ägypten aus weiterführen. Auch Kleopatra macht ihre 60 Segelschiffe bereit. Agrippa schifft 30.000 Mann des Heeres von Oktavian ein. Somit sind die Vorbereitungen für eine der entscheidendsten Seeschlachten der Geschichte abgeschlossen.

2. September **Seeschlacht bei Actium.** Die Flotte Agrippas ist in drei Geschwader geteilt. Der rechte Flügel unter Gellius ist im Norden an die Küste gelehnt. Die Mitte kommandiert Justijus. Der linke Flügel unter Coelius lehnt sich an die Küste im Süden. Auf der Gegenseite kommandiert Agrippa selbst die Mitte, Lucius den rechten Flügel, Aruntius den linken, nördlichen Flügel. Agrippa hält mit dem Angriff zurück, da die großen feindlichen Schiffe mit kleinstem Abstand aufgestellt sind. Da sie an der Küste Anlehnung haben, können sie auch nicht umfaßt werden.

um 12 Uhr Um die Mittagszeit kommt Nordostwind auf. Antonius muß diesen Rückenwind zum Durchbruch ausnützen. Seine Geschwader beginnen vorzugehen, die Flügel schneller als die Mitte. Agrippa kämpft hinhaltend und geht langsam zurück. Je mehr sich der Kampf aus der Meerenge herauszieht, desto besser kann er seine größere Zahl an Schiffen zur Geltung bringen. Sie umschwärmen die „Schlachtschiffe" des Antonius. Mit Brandpfeilen werden mehrere in Brand geschossen. Trotzdem ist der Kampf noch unentschieden.

um 13 Uhr Da benützt Kleopatra eine Lücke zwischen den Geschwadern zum Durchbruch mit ihren Seglern. Antonius gelingt es, mit einigen schnellen Schiffen zu folgen. Trotzdem dauert es noch Stunden, bis die zurückgebliebenen Schiffe des Antonius überwältigt sind. Nur wenige können zum Heer nach Actium fliehen, das Gros ist verbrannt oder erobert. Nach einer Woche ergibt sich auch das umzingelte Heer.

Der Westen hat über den Osten gesiegt. Rom bleibt der Mittelpunkt des Römischen Reiches. Antonius und Kleopatra nehmen sich nach der Landung des Oktavian in Ägypten im folgenden Jahr das Leben.

Agrippa gewinnt den Krieg durch seine gute Führung zur See. Kreuzer- und Blockadekrieg werden geschickt geführt. Die geeigneten Waffen (Brandge-

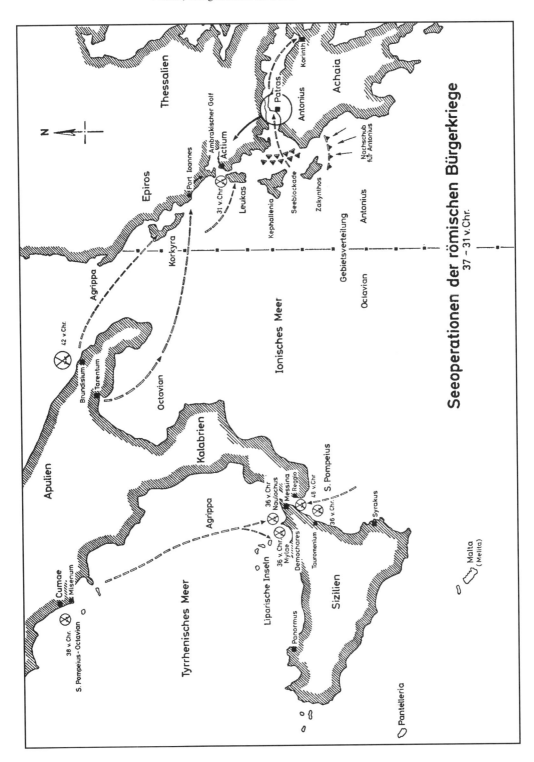

schosse) werden angewendet. Wie im Seekrieg gegen Sextus Pompeius bewährt sich die gute Ausbildung der Mannschaft.
Die Zeit der Bürgerkriege und der Republik geht damit zu Ende.

Die römische Kaiserzeit

16. Jänner 27 v. Chr. **Verfassung.** Oktavian legt gesetzeskonform sein Imperium zurück und wird vom Senat auf Lebenszeit zum Princeps und Imperator mit dem Ehrennamen Augustus ernannt. Er behält den Befehl über den Großteil des römischen Heeres und den Besitz der reichen Provinz Ägypten. Diese auf den republikanischen Gesetzen aber doch nicht verfassungskonforme Regelung geht in den folgenden Jahren und Jahrzehnten in das absolute Kaisertum über.
Die nächsten fünf Jahrhunderte beherrscht das Römische Reich das ganze Mittelmeer. Die Flotte hat daher in erster Linie Polizeiaufgaben zu erfüllen und die zahlreichen Heere durch das Mittelmeer zu transportieren.

seit 22 v. Chr. Augustus bildet zwei Hauptflotten: jene für das westliche Mittelmeer liegt in **Misenum** bei Neapel und greift mehrmals in die Innenpolitik ein, wodurch sie eine ähnliche Bedeutung wie die Prätorianergarde erlangt.

15 v. Chr. Vorstoß der Römer an die obere Donau und Errichtung der Provinzen Norikum und Raetien.

12–9 v. Chr. **Germanien.** Drusus d. Ä. (38 v.–9 n. Chr.) läßt am Niederrhein eine Flotte bauen, mit der er die Friesen und Chauken im Nordseegebiet angreift. Dazu läßt er einen Kanal (Fossa Drusiana) graben, der eine kurze und sichere Verbindung zur Nordsee herstellt. Die Germanen verfügen nur über kleine Fahrzeuge, ähnlich dem in Nordschleswig ausgegrabenen Hjortspringboot.

vor 4 v. Chr.? **Geburt Jesu Christi.** In die Zeit zwischen 8 und 1 v. Chr. wird die Geburt von Jesus von Nazareth angesetzt. Um diese Unlogik zu vermeiden, sollte man besser v. und n. d. Zw. statt v. und n. Chr. schreiben.

0 **Zeitenwende**

5 n. Chr. **Germanien.** Die Rheinflottille unterstützt das Heer bei den Operationen bis zur Elbe, die Flotte bringt dabei Nachschub zur Elbe, ein Erkundungsgeschwader stößt bis Kap Skagen vor.

6 n. Chr. **Norikum.** Die römische Donauflottille mit ihrem Hauptstützpunkt Carnuntum unterstützt Tiberius bei seinen Operationen gegen die Markomannen.

9 n. Chr. **Schlacht im Teutoburger Wald.** Die Germanen unter Arminius dem Cherusker vernichten drei römische Legionen unter Varus. Die Römer räumen darauf das Gebiet östlich des Rheins.

14–37 n. Chr. **Römischer Kaiser.** Nach dem Tod von Oktavian wird sein Adoptivsohn **Tiberius** römischer Princeps.

15 n Chr. **Germanien.** Die Rheinflottille bringt vier Legionen an die Emsmündung zur Unterstützung der Offensive von Germanicus. Als die römischen Legionen in Schwierigkeiten geraten, evakuiert die Flotte sechs Legionen wieder über den Seeweg.

16 n. Chr. **Germanien.** Die Rheinflottille transportiert erneut ein römisches Heer von acht Legionen mit Hilfstruppen an die Emsmündung. Die Operationen verlaufen in diesem Jahr zwar erfolgreicher, beim Rücktransport geht aber ein großer Teil

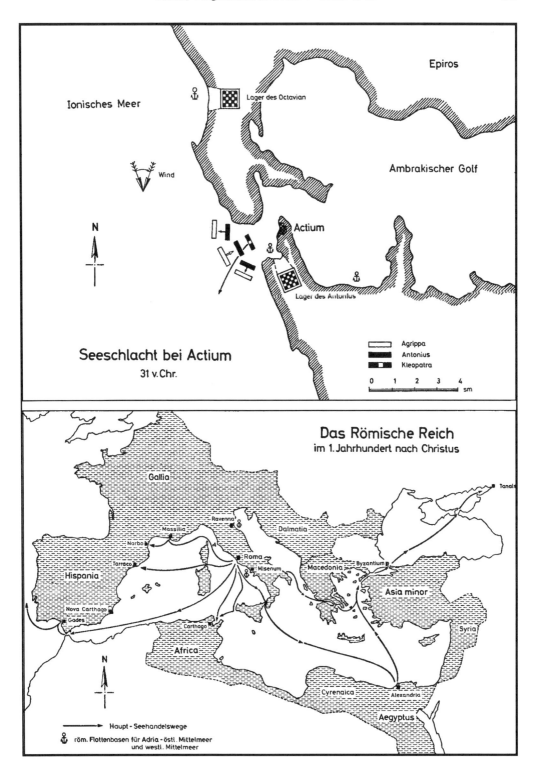

	der Schiffe mit den eingeschifften Truppen in den Herbststürmen verloren. Die Galeerengeschwader sind für die rauhe Nordsee nicht geeignet. Rom verzichtet daher auf weitere Vorstöße.
25–26 n. Chr.	**Arabien.** Tiberius schickt den Präfekten von Ägypten, Aelius Gallus, zu einer Erkundungs- und Eroberungsexpedition. Mit einigen tausend Mann startet er zu Schiff durch das Rote Meer und unternimmt Vorstöße in das Landesinnere. Da weder Reichtümer noch fruchtbare Gegenden angetroffen werden, kehrt die Expedition nach mehreren Gefechten mit den Nomaden unverrichteter Dinge wieder zurück. Der Bericht gibt uns Kenntnis vom damaligen Arabien.
seit 29 n. Chr.	Die Flotte von **Ravenna** ist für die Adria und das östliche Mittelmeer zuständig. Zum Schutz der Provinzen werden in diesen kleinere Flotteneinheiten unterhalten.
37–41 n. Chr.	**Caligula** ist römischer Kaiser. Das Prinzipat wird zu einem orientalischen Gottkönigtum umgewandelt.
43 n. Chr.	**Britannien.** Unter Kaiser Claudius (41–54) wird ein großer Teil des heutigen England erobert. Die Kanalflotte unterstützt das Heer mit überholenden Landungen.
45–58 n. Chr.	**Christentum.** Der Apostel Paulus unternimmt drei Missionsreisen durch die Länder im östlichen Mittelmeer.
67	**Palästina.** Am See Genezareth läßt Vespasian eine Flotte von Flößen bauen, mit denen er den Juden mit ihren Fischerbooten ein Gefecht liefert. Es gibt zahlreiche Tote, Boote ohne Besatzung treiben noch nach Tagen am Ufer an.
69–71	**Germanien.** Bei einem Aufstand der Rheingermanen fallen diesen alle römischen Hafenstädte nördlich von Mogontiacum/Mainz in die Hände. Sie erobern dabei auch eine Anzahl römischer Kriegsschiffe, die sie mit wechselndem Erfolg gegen die Römer einsetzen. Im Jahr 71 muß ihr Führer Julius Civilis vor den römischen Legionen kapitulieren. Solche römischen Schiffe werden im 20. Jahrhundert im Hafenschlamm von Mainz geborgen.
70	**Palästina.** Unter Kaiser Vespasian (69–79) wird Jerusalem erobert und die Küste der Levante gesichert.
84	**Britannien.** Bei der Eroberung des Südens von Schottland umfährt ein römisches Geschwader erstmals das Nordende von Britannien, entdeckt und besetzt die Orkney-Inseln.
Anfang 2. Jh.	**Ägypten.** Die Römer unter Kaiser Trajan (98–117) machen den längst verfallenen Kanal vom östlichen Nilarm zum Roten Meer wieder schiffbar. Der Handelsverkehr zum Indischen Ozean nimmt zu.
114–117	**Mesopotamien.** Im Krieg gegen die Parther läßt Kaiser Trajan am oberen Euphrat eine Flotte bauen, die durch den von den Sumerern erbauten und von den Assyrern wieder schiffbar gemachten Verbindungskanal zum Tigris gebracht wird. Die Schiffe sind maßgeblich an der Eroberung von Ktesiphon beteiligt.
117	**Römisches Reich.** Unter Kaiser Trajan erhält das Reich seine größte Ausdehnung. Von Britannien bis Mesopotamien und von Mauretanien bis zum Schwarzen Meer reicht das Herrschaftsgebiet.
196	**Byzanz.** Kaiser Septimius Severus (193–211) belagert im Kampf gegen den Gegenkaiser drei Jahre lang Byzanz, bis die Stadt schließlich erobert und zer-

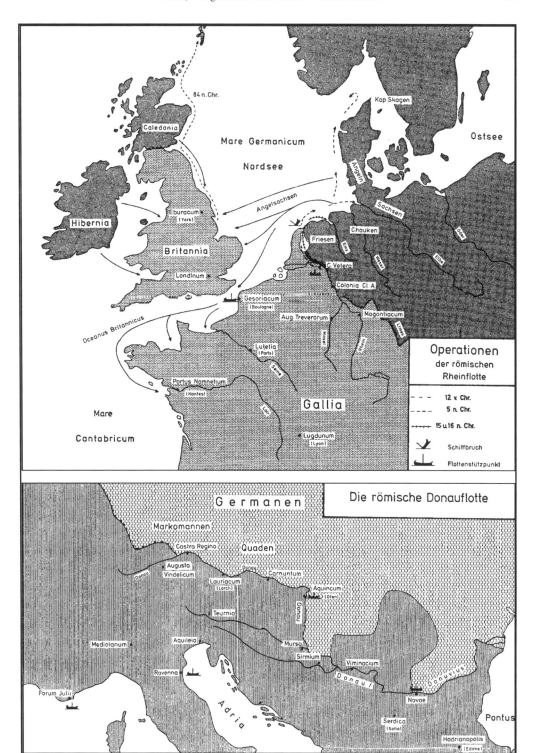

	stört wird. Da auch dessen Flotte vernichtet wird, verliert der Bosporus seine Abwehrfunktion gegen Angreifer aus dem Schwarzen Meer.
212	**Constitutio Antoniniana.** Das römische Vollbürgerrecht wird auch an alle Provinzbewohner verliehen.
3. Jh.	**Fernverkehr.** Das aufstrebende Sassanidenreich sperrt den Persischen Golf, das neue Äthiopische Reich das Rote Meer für die römischen Handelsschiffe auf der Fahrt nach Indien.
249–251	**Christentum.** Unter Kaiser Decius (249–251) findet die erste große allgemeine Christenverfolgung statt. Es gibt wenige Tote aber viele Abgefallene.

253–269 Die Gotenkriege

Während das Römische Reich durch Inflation und Pest geschwächt ist, wird es durch Angriffe seiner Nachbarn in Westeuropa, Nordafrika und Vorderasien erschüttert. Den Vorstößen der Ostgermanen in die Ägäis steht daher in den ersten Jahren keine ausreichende Abwehr gegenüber.

253	Die Goten unternehmen ihren ersten Seezug vom Schwarzen Meer durch die Meerengen in die Ägäis und plündern Ephesus.
256	Der zweite Seezug führt sie durch den Bosporus in die Propontis/Marmarameer, wo sie Chalkedon und Nicäa plündern.
267–268	Scharen verschiedener Stämme der Ostgermanen stoßen auf zum Teil erbeuteten Schiffen vom Schwarzen Meer in die Ägäis vor. Sie plündern zuerst Byzanz, dann Athen, Korinth und Sparta. Dabei erleiden sie fürchterliche Verluste durch römische Land- und Seestreitkräfte sowie durch Krankheiten. Ihre Reste kehren über Thessalien und Makedonien wieder an die Donau zurück.
269	Ein Seezug der Heruler führt bis nach Zypern. Durch das Erstarken der Reichsverteidigung nehmen diese Invasionen zur See ein Ende.
260	**Syrien.** Im Kampf gegen die Sassaniden wird Kaiser Valerian (253–260) bei Edessa von den Persern gefangen genommen und stirbt bald darauf.
286–296	**Aufstand des Carausius.** Der Befehlshaber der britannischen Flotte sagt sich von Rom los und läßt sich zum Herrscher von Britannien ausrufen. Da Rom in diesen Gewässern zunächst über keine weiteren Seestreitkräfte verfügt, ist er vorläufig unangreifbar. Eine neue Flotte, die Rom gegen Carausius aufstellt, geht im Ärmelkanal im Sturm verloren. Die Flotte des Carausius kämpft erfolgreich gegen Raubgeschwader der Friesen, Franken und Sachsen.
296	Eine römische Transportflotte kann bei nebeligem Wetter ein Expeditionsheer an der Themsemündung landen. Das britische Wachgeschwader entdeckt bei dem herrschenden Wetter die ankommenden Schiffe nicht. Britannien wird in kurzer Zeit zurückerobert. Carausius ist schon 294 ermordet worden.
297	**Römisches Reich.** Kaiser Diokletian teilt das Reich in vier von Kaisern/Caesaren kontrollierte Gebiete, zwölf Diözesen (Verwaltungseinheiten) und 101 Provinzen. Machtkämpfe sind darauf vorprogrammiert.
313	**Christentum.** Kaiser Konstantin d. Gr. erläßt das Mailänder Toleranzedikt, in dem die Christen volle Religionsfreiheit erhalten.

324	**Auseinandersetzung um die Alleinherrschaft.** Im Kampf um die Alleinherrschaft zwischen den Kaisern Konstantin und Licinus kommt es zur **Seeschlacht im Hellespont**. Die Flotte des Licinus unter Amandus sperrt die Einfahrt in den Hellespont. Crispus mit der Flotte des Konstantin soll die Passage nach Byzanz freikämpfen. Amandus stellt seine 300 Schiffe in enger Formation auf. Crispus teilt seine Flotte in zwei Treffen. Das erste rennt die Aufstellung des Gegners mit aller Wucht an und reißt die feindliche Stellung auf. Dann greift das zweite Treffen des Crispus an. Die Schiffe des Gegners behindern sich gegenseitig durch die enge Aufstellung. Nach mehreren Stunden zieht sich Amandus in einem Hafen am asiatischen Ufer zurück. Am nächsten Tag will er den Kampf wieder aufnehmen, ein Sturm vernichtet aber die Hälfte seiner Schiffe.
324	**Konstantin** (324–337) siegt bei Adrianopel und Chrysopolis über Licinus und wird Alleinherrscher. Byzanz wird zweite Hauptstadt und in Konstantinopel umbenannt. Konstantin läßt dort 326 ein großes Marinearsenal einrichten, das noch vor Misenum und Ravenna sein wichtigster Flottenstützpunkt wird. Die Senate von Rom und Konstantinopel bilden zusammen den Stadtrat, der dem Kronrat untersteht.
350–353	**Bürgerkrieg im Römischen Reich.** Im Westreich usurpiert Magnentius den Thron und läßt den Kaiser des Westreiches Constans, Sohn von Konstantin d. Gr. und Bruder von Constantius II., ermorden. Er kann Gallien, Germanien, Italien und Africa für sich gewinnen. Constantius geht zum Gegenangriff über. Nach dem Sieg bei Mursa (351) an der Drau unternimmt seine Flotte Landungsoperationen an der Apenninenhalbinsel, wodurch Magnentius nach Gallien abgedrängt wird. Im selben Jahr bringen Truppenlandungen auch Gallien zum Abfall vom Usurpator. Eine weitere Landung in Gallien 353 veranlaßt Magnentius sich in Lugdunum/Lyon das Leben zu nehmen. Nach der Landschlacht haben Landungsoperationen am richtigen Ort den Krieg entschieden.
368	**Britannien.** Die römische Provinzflotte bleibt in mehreren Seegefechten gegen die seit Jahren angreifenden Sachsen siegreich. In diesen Jahren wird ein System aus Flottenstützpunkten und Kastellen mit Signalstationen entlang der Küste von Norfolk bis zur Insel Wight fertiggestellt, die einem eigenen Befehlshaber unterstellt werden.
357	**Germanien.** In der Schlacht bei Argentoratum/Straßburg wird die Rheingrenze gegen die vordringenden Germanen wieder hergestellt.
375	**Völkerwanderung.** Schon seit vielen Jahren kämpfen die Römer gegen Einfälle von Völkern aus dem Norden und Osten. Im 4. Jahrhundert beginnt die Abwehrkraft zu erlahmen. Mit dem Einfall der Hunnen und deren Sieg über die Ostgermanen setzt man die eigentliche Völkerwanderung an. Alle Reichsgrenzen im Norden werden von Hunnen und Germanen überrannt. Die Goten dringen von Südrußland über den Balkan nach Westen vor. Sie gründen Reiche zuerst in Südgallien, dann auf der Iberischen Halbinsel und in Italien. Die Vandalen wandern zunächst durch Mitteleuropa und Südfrankreich bis nach Spanien.
378	**Ostrom.** In der Schlacht bei Adrianopel fällt Kaiser Valens (375–378) im Kampf gegen die Westgoten.

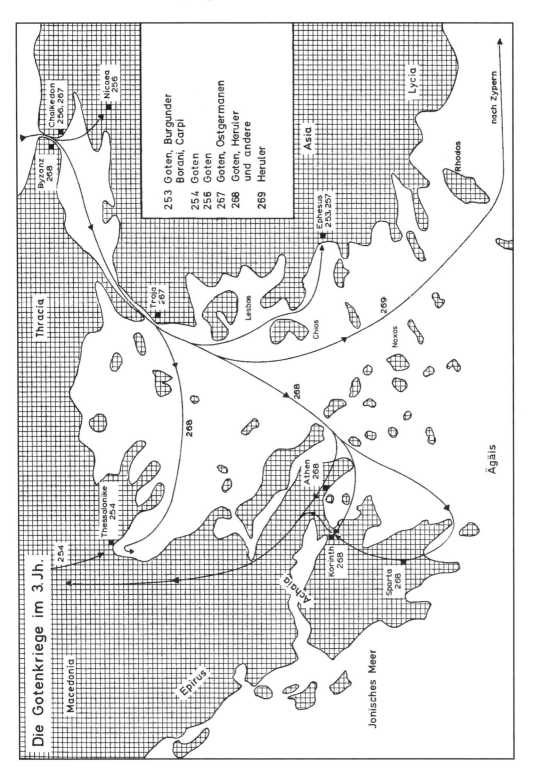

391	**Römisches Reich.** Kaiser Theodosius I. (379/394–395) erhebt das **Christentum** zur Staatsreligion. Alle heidnischen Kulte werden verboten. Nach seinem Tod wird das Römische Reich von seinen Söhnen in eine **Westreich** mit Rom und in ein **Ostreich** mit Konstantinopel als Hauptstädte geteilt.
401–410	**Italien.** Die Westgoten unter Alarich ziehen durch die ganze Halbinsel und erobern und plündern Rom.

439–477 Die Seeherrschaft der Vandalen

	Die verbündeten Vandalen und Alanen wandern zu Anfang des 5. Jahrhunderts von Pannonien durch das Donautal und Gallien auf die Iberische Halbinsel, wo sie von den Römern Land zugewiesen erhalten. Unter ihrem König Gunderich siegen sie 422 über ein römisches Heer und erobern die Ostküste der Halbinsel. Dort erobern sie römische Schiffe und rüsten mit Hilfe der Keltiberer eine erste eigene Flotte aus.
425	Schiffe der Vandalen plündern erstmals die Balearen und möglicherweise auch die Küste von Mauretanien.
428	Die Stadt Hispalis/Sevilla wird erobert. Im selben Jahr folgt Geiserich seinem Halbbruder Gunderich als König der Vandalen. Dieser verstärkt noch die Flottenrüstung.
Mai 429	Geiserich schifft sich mit seinem Volk (ca. 80.000 Menschen) in Julia Traducta/Tarifa bei Algeçiras ein, landet bei Tanger (oder Melilla) und bringt in wenigen Jahren die römische Provinz Africa in seine Gewalt.
437	Die Vandalen beginnen mit Piratenzügen im westlichen Mittelmeer in größerem Umfang.
Oktober 439	Das bisher unter römischer Kontrolle verbliebene Karthago wird im Handstreich erobert und zur Hauptstadt des ab 442 endgültig unabhängigen Vandalenreiches erhoben.
440	Die Vandalen verstärken ihre Angriffe auf Sizilien, Sardinien und das südliche Italien. Eine von Ostrom im folgenden Jahr gegen sie entsandte Flotte wird wieder zurückgerufen, da die eingeschifften Truppen zur Abwehr der Perser und Hunnen gebraucht werden.
445	Ein Geschwader der Vandalen unternimmt eine Kreuzfahrt in den Atlantik bis zum Kap Finisterre im Nordwesten der Iberischen Halbinsel.
455	**Plünderung von Rom.** Nach der Ermordung des mit den Vandalen verbündeten weströmischen Kaisers Valentinian III. erscheint Geiserich mit seiner Flotte vor Rom und plündert die Stadt. Dann erobert er das westliche Sizilien, Sardinen, Korsika und die Balearen.
456	**Seegefecht bei Korsika.** Der römische Heermeister Flavius Ricimer siegt über ein Geschwader der Vandalen. An der Eroberung der Insel kann er sie aber nicht hindern.
458	Der weströmische Kaiser Maioranus (457–461) weist ein Geschwader der Vandalen vor der Tibermündung ab. Er läßt dann in Cartagena eine große Flotte gegen die Vandalen ausrüsten. Geiserich erscheint vor dem Hafen. Es gelingt ihm einen Teil der Besatzungen zur Desertion zu veranlassen und Teile der Flotte noch vor der Fertigstellung zu zerstören.

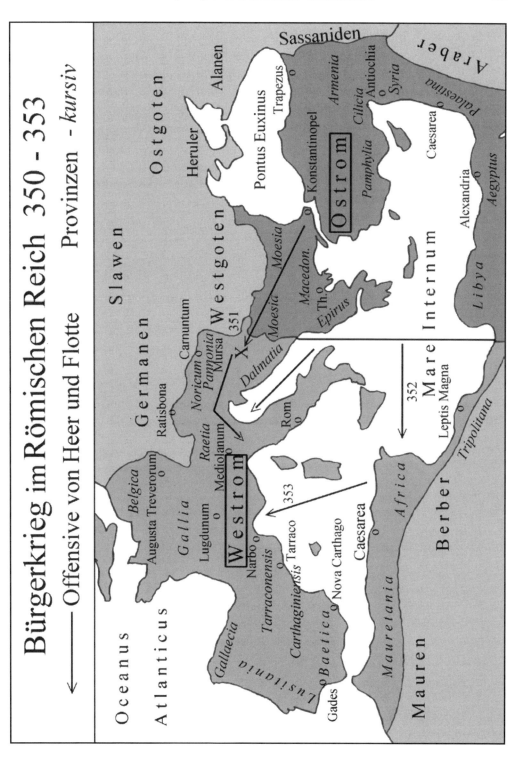

468	**Seeschlacht beim Promontorium Mercurii** (Kap Bon). West- und Ostrom verbünden sich zur Vernichtung des Vandalenreiches. Ein oströmisches Heer dringt erfolgreich zu Lande durch Tripolitanien bis Africa/Tunesien vor. Eine Flotte von über 1000 (?) Kriegsschiffen greift in drei Geschwadern an. Eines gewinnt ein Seegefecht bei Sardinien und kommt vom Norden. Ein zweites siegt über die Vandalen südlich von Sizilien und vereinigt sich mit dem dritten, das neben dem Landheer von Ägypten herankommt, beim Kap Bon. Geiserich greift überraschend mit den Resten seiner Flotte und rasch ausgerüsteten Brandern an und bringt den Römern eine vernichtende Niederlage bei.
474	Die Vandalen unternehmen Raubzüge in das östliche Mittelmeer, plündern die Küsten von Illyrien, der Peloponnes und bedrohen Alexandria. Erst 476 kann Kaiser Zeno wieder Frieden schließen.
477	**Tod von König Geiserich.** Von da an tritt die Flotte der Vandalen als Machtfaktor nicht mehr in Erscheinung. 535/36 bricht das Reich der Vandalen zusammen.
451	**Völkerwanderung.** Die Hunnen unter Attila unterliegen in der Schlacht auf den Katalaunischen Feldern (südlich von Reims) dem römischen Feldherrn Flavius Aetius, der von den Ostgoten unterstützt wird. Die Hunnen ziehen sich über die Poebene nach Pannonien zurück.
476	**Römisches Reich.** Mit der Absetzung des nominellen Kaisers Romulus Augustulus geht das Weströmische Reich zu Ende.
493	**Italien.** Die Ostgoten unter **Theoderich d. Gr.** (493–526) besiegen den römischen Heerführer Odoaker (488) und gründen nach der Eroberung von Ravenna („Rabenschlacht") ein eigenes Reich in Italien.
507	**Iberische Halbinsel.** Nach einem Zwischenspiel in Südgallien (Tolosanisches Reich) gründen die Westgoten ein neues Reich mit der Hauptstadt Toledo, das bis 711 besteht.
508	**Ostgoten.** In den Auseinandersetzungen um die Anerkennung von Theoderich als Mitkaiser im Westreich durch den oströmischen Kaiser Anastasius I. (491–518) unternimmt die Flotte von Byzanz einen Kriegszug in die Adria und plündert die Küsten von Kalabrien und Apulien.
515	**Gefecht vor Konstantinopel.** Die thrakische Armee unter Vitalianus erscheint nach einem Aufstand (513) mit Unterstützung eines Geschwaders der Kriegsflotte vor der Hauptstadt. In einem Land- und Seetreffen wird der Angriff abgewiesen. Kaiser Anastasius kann sich bis zu seinem Tod 518 halten.
September 533	**Ende des Vandalenreiches.** Der oströmische Feldherr Belisar landet mit einem Heer von 21.000 Mann auf 600 Schiffen, darunter 100 „Schlachtschiffe", beim heutigen Sousse. Nach wenigen Monaten hat er das Vandalenreich erobert. Ostrom verfügt nun über die alleinige Seeherrschaft im Mittelmeer.

535–552 Der Gotenkrieg von Ostrom

Italien ist zum Großteil in der Hand der Ostgoten. Kaiser Justinian d. Gr. (527–565) von Ostrom möchte das ganze Römische Reich wieder in seiner Hand vereinen.

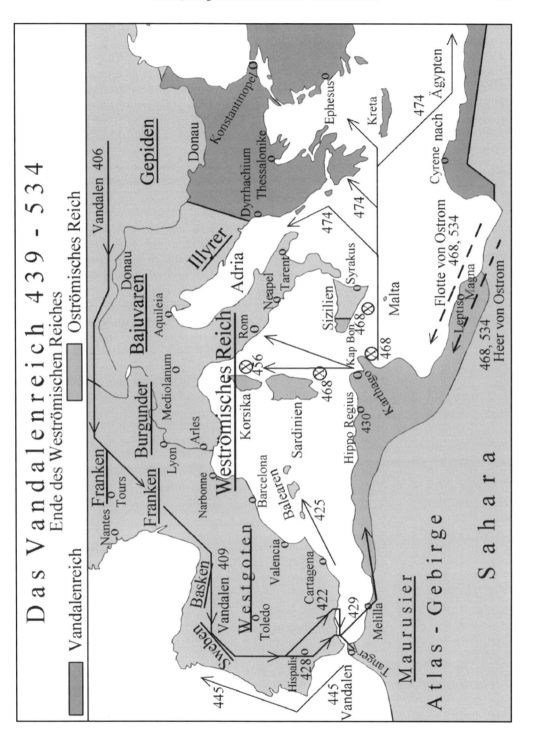

535	Der Feldherr Belisar landet auf Sizilien. Als die Goten zu Lande zu unterliegen drohen, bauen sie unter König Totila eine Flotte und versuchen – zu spät – den Kampf um die Seeherrschaft.
549	Totila stößt nach Sizilien vor. Seine Flotte plündert Korfu und mehrere griechische Küstenstädte.
551	**Seeschlacht bei Sena Gallica.** Die Flotte von Ostrom unter Arrabanes besiegt die Goten entscheidend, sie ist den Neulingen zur See klar überlegen. Ein Jahr später unterliegen die Goten zu Lande den oströmischen Truppen unter dem Feldherrn Narses.
552	**Iberische Halbinsel.** Die Flotte Ostroms ermöglicht die Eroberung des Südens der Halbinsel. Die Vorherrschaft von Ostrom im ganzen Mittelmeer dauert aber nicht lange. Im Osten kämpft es ständig gegen die Perser, vom Nordosten stoßen die Slawen vor.
568	**Italien.** Die Langobarden erobern fast die ganze Halbinsel, ausgenommen den Süden und einige Küstenstädte. Wenige Jahre später geht auch der oströmische Besitz auf der **Iberischen Halbinsel** verloren. In dem von den Germanen geräumten Balkan dringen die Slawen vor.
584	**Venedig.** Vor den Langobarden fliehen die Veneter auf die Inseln nördlich der Pomündung. Sie werden von Ostrom erstmals als ein eigenes Gemeinwesen unter der Oberhoheit des Exarchen von Ravenna anerkannt. Es handelt sich um die Orte Grado, Heraclea, Torcello, Rialto, Malamocco, Chioggia und sechs weitere.
603	**Pisa.** Die Stadt kann die Langobarden fernhalten und erklärt schließlich ihre Unabhängigkeit vom (Ost)Römischen Reich. Es schafft sich eine schlagkräftige Flotte, mit der sie diese Unabhängigkeit über fünf Jahrhunderte hindurch erfolgreich verteidigt.
603–628	**Krieg Ostroms gegen Persien** Die Ermordung des Kaisers Maurikios und die Usurpation des Thrones von Byzanz durch Phokas (602–610) sind Anlaß für die Kriegserklärung durch den Perserkönig Chosrau II. (590–628). Gegen Phokas empören sich die meisten Provinzen, der Sohn des Exarchen von Karthago erscheint mit der Flotte seines Vaters vor Konstantinopel und erobert die Stadt 610 fast ohne Kampf. Er wird als Herakleios I. (610–641) zum Kaiser gekrönt.
619	Die Perser erobern mit Unterstützung einer improvisierten Flotte das Nildelta und Alexandria.
620 (?)	**Seeschlacht vor Konstantinopel.** Mit einer verstärkten Flotte erscheinen die Perser vor der Stadt, werden aber von der Flotte Ostroms geschlagen und verlieren rund 4000 Mann und die meisten Schiffe.
623	Die Perser erobern Rhodos, das geplündert wird. Im selben Jahr stoßen die Slawen bis Kreta vor. **Belagerung von Konstantinopel.** Elf Tage lang berennen die mit den Persern verbündeten Slawen die Mauern der Stadt. Die Flotte von Byzanz hindert die bereits in Chalkedon stehenden Perser, diese zu unterstützen. Die kleinen

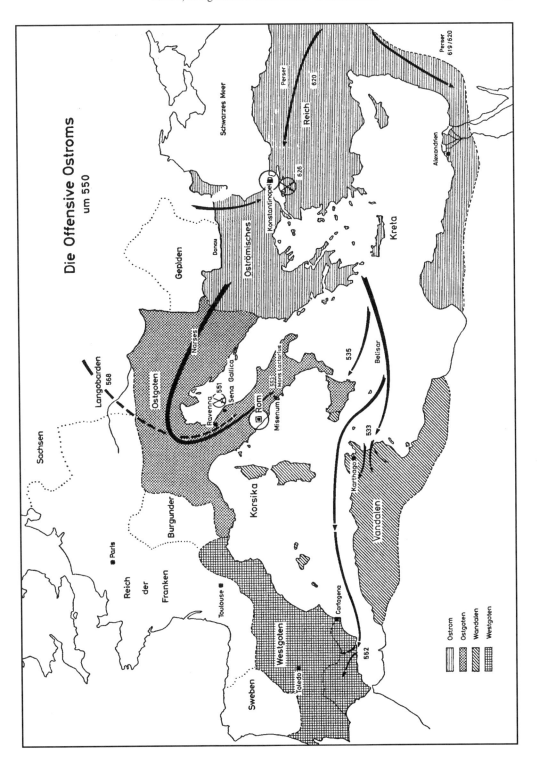

Schiffe der Slawen werden von der Flotte vernichtet, die daraufhin die Belagerung abbrechen.

Die Feldherrnkunst des Kaisers (Sieg bei Ninive, Dezember 627) und die Seeherrschaft ermöglichen Ostrom, seine Herrschaft zu behaupten.

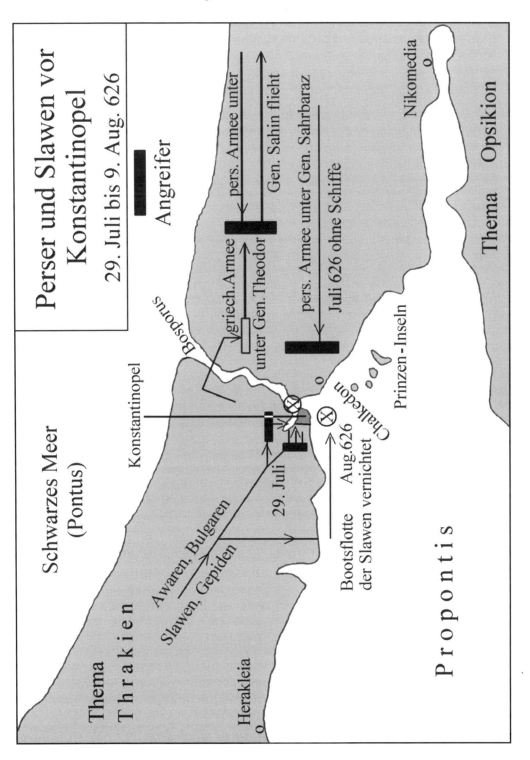

128   Die Zeit der Riemenschiffe: Die Seekriege von Rom (und seiner Vorläufer)

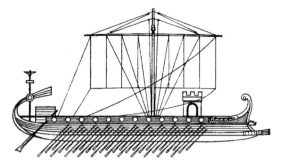

Die Araber im Mittelmeer (7.–10. Jh.)

Mitte des 7. Jahrhunderts erfolgte durch den Einbruch der Araber eine gänzliche Neuorientierung des Kräfteaufbaues im Mittelmeer. Die Araber, in der europäischen Literatur meist Moslems oder Mohammedaner nach ihrer Religion oder Sarazenen nach einem Stamm in Arabien oder Mauren nach den Bewohnern von Nordwestafrika genannt, überfluteten in einem außergewöhnlichen Eroberungszug die Länder an den Küsten im Osten, Süden und Westen des Mittelmeeres. Sie errichteten in wenigen Jahrzehnten ein Weltreich, das wesentliche Teile von drei Kontinenten umfaßte.

Es war dies die letzte der großen Eroberungswellen aus den Wüstengebieten der arabischen Halbinsel. Sie wurde durch die religiöse und politische Ausrichtung der bis dahin in unzähligen Stammeskriegen neutralisierten Kräfte auf ein gemeinsames, nach außen gerichtetes und allen Glaubensgenossen erstrebenswertes Ziel ermöglicht. „Diese religiöse, geistige, politische und soziale Einigung und völkische Selbstbestimmung" (E. Zechlin, Maritime Weltgeschichte, S. 217) war aber nur eine Ursache für den Erfolg der Araber. Die zweite war die Schwäche ihrer Nachbarn.

Zu Beginn ihrer Eroberungszüge hatten ihre bedeutendsten Nachbarn, das Byzantinische Reich und das Perserreich, einen kräftezehrenden Krieg gegeneinander gerade hinter sich gebracht. In Italien hatten die Langobarden ihre Herrschaft kaum gefestigt, auf der Iberischen Halbinsel war das Westgotenreich kein internationaler Machtfaktor, und das Frankenreich war noch in seiner ersten Entwicklungsphase.

Unter den Arabern gab es einige an den Küsten der südlichen arabischen Halbinsel lebende Stämme, die im Indischen Ozean schon über eine alte Seefahrertradition verfügten. Im allgemeinen war aber ihre Lebensweise und somit auch Kampfesart von der großen Wüste bestimmt. Es waren daher die Kamelreiter, welche die nordafrikanischen Länder schnell eroberten, und berittene Heeren, welche die vorderasiatischen Wüsten und Hochebenen erstürmten und die Iberische Halbinsel überrannten. Hartnäckiger Widerstand wurde ihnen dagegen in den Gebirgen von Kleinasien entgegengebracht. Auch die Pyrenäen waren eine im Winter schwer zu überwindende Barriere.

Doch schnell machten sie sich die Erfahrungen der seefahrenden Völker auch im Mittelmeer zu nutze. Sofort nach der Eroberung der Gebiete um den Persischen Golf setzte der Handelsverkehr nach Indien wieder ein. Später fuhren die Araber selber bis zu den Gewürzinseln und China, oft mit chinesischen Dschunken. Sie unterhielten Handelskontore an der Malabarküste, in Hinterindien und in Kanton, das zu einem Seehandelszentrum von China nach dem Westen wurde.

Bald wurde erkannt, daß das Byzantinische Reich nur zur See bezwungen werden konnte. Die Stadt Konstantinopel war von einem Landheer mit den damaligen Mitteln nicht einzunehmen. Seine Landfront war mit den stärksten doppelten Stadtmauern und Befestigungen versehen. Die Seeseite hatte nicht nur eine Stadtmauer, sondern war von der stärksten Flotte im ganzen Mittelmeer geschützt. Sie deckte auch den Seehandel von Byzanz, der eine der Haupteinnahmequellen war und die Mittel zum Unterhalt der Flotte lieferte. Die Flotte schützte auch die Besitzungen in Süditalien, auf Sizilien, in der Adria und in Nordafrika, die sonst keine Landverbindung mit Ostrom mehr hatten.

In Ägypten und an der Küste von Syrien und Palästina begannen die Araber mit einem Flottenbauprogramm. Noch vor der Mitte des 7. Jahrhunderts starteten sie ihre erste Offensive zur

See. Die Eroberungen von Zypern, Rhodos, Chios und Kyzikos markierten ihren Vorstoß in die Propontis, dem heutigen Marmarameer. Die massiven Vorstöße scheiterten jedoch 678 und 718 an der intakten Land- und Seeverteidigung von Konstantinopel und an einer neuen Geheimwaffe der Byzantiner, dem „Griechischen Feuer".
Die arabische Flotte von Ägypten und Syrien verheerte in der Folge die Küsten des östlichen Mittelmeeres und der Ägäis. Nach der Eroberung des heutigen Tunesien, der arabischen Provinz Ifriqiya, identisch mit dem römischen Africa, wurde auch dort eine Flotte ausgerüstet. Sie richtete ihre Angriffe in die Adria und das ganze westliche Mittelmeer. Ab dem 8. Jahrhundert wurden zunächst die Küsten Siziliens, dann jene von Sardinien, Süditalien, Korsika und schließlich von Südfrankreich das Ziel ihrer Kaperfahrten. Durch die Eroberung fast der ganzen Iberischen Halbinsel und von Südfrankreich wurde beinahe das gesamte westliche Mittelmeer ein arabisches Binnenmeer. Die Niederlage bei Tour und Poitiers durch Karl Martell sowie der Sturz der Omaijaden in Damaskus führte zum Wechsel zur Dynastie der Abbasiden mit Sitz in Damaskus. Die Omaijaden hielten sich nur auf der Iberischen Halbinsel und mußten Südfrankreich aufgeben. Als Mauren (Moros) führten sie ihre Herrschaft im heutigen Spanien und Marokko zu einer kulturellen Hochblüte. Die Franken unter Pippin und Karl d. Gr. vermochten zwar bis zum Ebro vordringen, die Seeherrschaft der Mauren war aber noch nicht zu Ende.
Nach der Eroberung von Sizilien griffen die Sarazenen immer energischer auf das italienische Festland über. Dies wurde ihnen zunächst von den süditalienischen Seestädten wie Neapel, Salerno, Amalfi, Gaeta und anderen erleichtert, die in ihrem Bestreben, sich von der langobardischen Oberherrschaft zu lösen, oft die Sarazenen um Unterstützung gebeten und ihnen dadurch Einfluß in Süditalien verschafft hatten. Später waren es dann oft Handelsinteressen, die zu Bündnissen der Seestädte mit den Sarazenen führten, denn die Seestädte waren zu schwach, um ihre Handelsschiffe auf dem Weg in den Orient zu schützen, wodurch sie auf den guten Willen der Araber angewiesen waren.
Mitte des 10. Jahrhunderts hatte auch im zentralen Mittelmeer der Vorstoß der Araber seinen Höhepunkt erreicht. Es begann die Gegenoffensive von **Byzanz**, das zwar den Verlust von Sizilien nicht verhindern, mit der Rückeroberung von Bari (871) und Kreta (961) aber seinen Besitzstand stabilisieren konnte. Dazu war aber in immer größerem Umfang die Flottenhilfe von **Venedig** nötig. Die Stadt an der Adria, zunächst noch ein Teil des Oströmischen Reiches, konnte durch das Gegeneinanderausspielen des karolingischen Kaiserreiches gegen Byzanz immer mehr politische Unabhängigkeit erreichen. Durch den Niedergang von Amalfi, des wichtigsten Handelsstützpunkts von Byzanz im Westen, wozu Venedig nicht wenig beigetragen hatte, übernahm die Lagunenstadt immer mehr dessen Funktion.
Jede Flottenhilfe ließ sich Venedig von Ostrom mit neuen Privilegien abkaufen, und die Handelsbegünstigungen brachten der Lagunenstadt wieder vermehrten Reichtum, der zu verstärkten Flottenrüstungen verwendet wurde. Die wirtschaftspolitische Macht der zukünftigen Herrin des östlichen Mittelmeeres begann sich schon zur Jahrtausendwende abzuzeichnen.
Zu Ende des ersten Jahrtausends hatten die christlichen **Seestädte** an den Küsten des Tyrrhenischen Meeres und um den Golf von Lyon weiter unter den Angriffen der Sarazenen zu leiden. Sie hatten keine starke territoriale Macht hinter sich. Das westliche Kaiserreich konnte ihnen keinen ausreichenden Schutz gewähren, sein Zentrum lag im Norden, und der Kirchenstaat war noch weitgehend machtlos. Die Seestädte waren daher gezwungen, zur Selbsthilfe zu greifen. Genua, Pisa, Marseille und Barcelona wurden zum Teil mehrmals zerstört, konnten sich aber immer wieder erholen. Sie bauten zum Schutz ihres Handels eigene Flotten auf, um ihre Han-

delsschiffe gegen Piraten zu schützen. Aber mit diesen Flotten waren sie wertvolle Bündnispartner für die Territorialfürsten geworden und konnten sich weitgehend frei spielen. Barcelona und Marseille wurden bald Vororte von größeren Territorialherrschaften, Genua und Pisa wurden selbständige Seerepubliken.

Die riesige Ausdehnung des arabischen Reiches unter den Omaijaden und Abbasiden führte bald zu einem Zerfall in mehr oder minder unabhängige Teilreiche. Wie schon erwähnt, wurde das spanische Herrschaftsgebiet der **Omaijaden** schließlich zu einem selbständigen Emirat mit Sitz in Cordoba (seit 929 Anspruch auf das Kalifat). Im heutigen Marokko, Algerien und Tunesien bildeten sich drei selbständige Dynastien, von denen die **Aghlabiden** in Ifriqiya aktiv in die Kämpfe im westlichen Mittelmeer eingriffen und durch den Besitz von Sizilien größere Bedeutung erlangten. Alle unterlagen aber schließlich den **Fatimiden**, die mit der Eroberung von Ägypten (969) ganz Nordafrika unter sich vereinigten. Noch vor der Wende zum 2. Jahrtausend machten sich deren Statthalter in Ifriqiya, die **Ziriden**, erneut selbständig.

Diese Dynastien waren oft in Kämpfe untereinander verwickelt und hatten sich mehrmals mit christlichen Staaten gegen ihre Glaubensbrüder verbündet. Dadurch trat eine bedeutende Verminderung ihrer Stoßkraft ein. Die Fahrten der sarazenischen Geschwader wurden immer weniger Eroberungszüge als Piratenfahrten aus wirtschaftlicher Not. Der Rückgang der Anbaufläche in Nordafrika machte die Ernährung immer schwieriger. Daher waren die nordafrikanischen Sarazenen trotz oft fürchterlicher Verluste durch die byzantinische Flotte gezwungen, immer wieder ihre Kaperfahrten aufzunehmen.

Eine Erschwernis der Angriffe der Sarazenen auf das Byzantinische Reich ergab sich zu dieser Zeit. Die Verteidigung von Byzanz war durch die **Themenverfassung** gut organisiert. Dem Führer eines jeden Themas unterstand sowohl das dort rekrutierte Heer als auch die zivile Verwaltung. Die Themen an den Küsten stellten jeweils eine Provinzflotte, in Konstantinopel im Goldenen Horn war die starke Zentralflotte stationiert.

Die Geschwader der Sarazenen durchfuhren das ganze Mittelmeer in alle Richtungen. Den stürmischen **Atlantik** befuhren sie jedoch nur in seltenen Ausnahmen. Ihre Scheu vor dem „finsteren Meer" wirkte auf der Iberischen Halbinsel noch lange nach und verzögerte die Entdeckungsfahrten der Portugiesen. Im Indischen Ozean nützten sie jedoch die stetigen Monsunwinde und dehnten ihre Handelsfahrten auch an die afrikanische Ostküste aus. In diesem politischen Machtvakuum errichteten sie auch eigene Stützpunkte. Lamu (689), Kilwa (739), Mogadischu (908), Sansibar (10. Jh.), Mombasa (11. Jh.), Gedi/Malindi (12. Jh.?), und Sofala (12. Jh.?) waren bald in ihrem Besitz.

Zur Jahrtausendwende beherrschten die Flotten der Araber die südlichen Küsten des Mittelmeeres, den ganzen Indischen Ozean und die Seewege nach Hinterindien. Der Großteil des **Welthandels zur See** ging damit durch ihre Hände, ein Zustand, der während des ganzen Mittelalters anhalten sollte. Ihr Handelsimperium reichte von der Straße von Gibraltar im Westen bis zum Yang-tse-kiang im Osten und von der Wolga im Norden bis nach Mosambique im Süden. Die Handelswege Ostasiens gingen über den Persischen Golf, das Rote Meer oder die „Seidenstraße" zum Mittelmeer. Dieses Welthandelssystem der Araber wurde durch die einheitliche Münze im arabischen Raum (seit ca. 700 n. Chr.) sehr erleichtert.

Die Araber waren aber nicht nur die Handelsreisenden mit dem größten Horizont, sondern dadurch auch die **Kulturmittler** zwischen Asien, Europa und Afrika. Neben den Handelsgütern wurden von ihnen auch technische und wissenschaftliche Erkenntnisse weitergegeben (Papiererzeugung, Kompaß, indisches Zahlensystem, Baumwolle u.v.a.). Durch Übersetzungen wurden die wissenschaftlichen Erkenntnisse der Antike auf den Gebieten der Medizin, Mathematik, Astrologie, Alchemie und Geographie vor allem über die Iberische Halbinsel, aber auch durch die Kreuzzüge in den fränkischen Westen vermittelt. Die einheitliche Sprache und Religion ließ verschiedene Stämme und Völker zu einer einzigen arabischen Nation zusammenwachsen.

Das Schiffsmaterial zur Zeit der Sarazenenkriege unterschied sich nur unwesentlich von dem der Antike. Das „Schlachtschiff" dieser Zeit war die **„Dromone"**. Dies war eine starke gedeckte Galeere mit zwei Ruderreihen und 200 bis 300 Mann Besatzung. Hilfsantrieb war ein Mast mit Lateinersegel. Die wichtigste neue Waffe der Dromonen war das **„griechische Feuer"**. Es war eine auch am Wasser brennende Flüssigkeit, deren genaue Zusammensetzung heute nicht mehr rekapituliert werden kann. Sie wurde mit einer Art Flammenwerfer versprüht und setzte die feindlichen Schiffe in Brand. Das griechische Feuer könnte eine Weiterentwicklung der Brandpfeile und Feuertöpfe sein, die schon in der Antike verwendet wurden.

Die **Araber** setzten die Tradition von Rom als Hafenbauer fort. Alle eroberten Häfen wurden in gutem Zustand gehalten und neue **Kriegshäfen** angelegt. Hier sind zu nennen: Almeria/Pechina, Algeçiras, Tortosa und Denia in Al-Andalus, Palermo auf Sizilien, Tunis, Mahdia und Hadrumentum/Sousse in Ifriqiya, Antalia und Tarsus in Kleinasien, die Häfen an der Küste des Libanon sowie Clysma (beim heutigen Suez) und Babylon/Fustat/Kairo am Nil in Ägypten. Diese Häfen wurden mit gemauerten Molen und starken Wachtürmen an den Einfahrten versehen und verfügten über eigene Seearsenale.

Nach der Eroberung Ägyptens durch die **Fatimiden** entwickelte sich zwischen Ifriqiya/Tunesien und Ägypten ein lebhafter Küstenverkehr zu Schiff. Zu dessen Schutz wurden Wachtürme errichtet und ein optisches Signalsystem von Tunis bis Alexandria eingerichtet.

7. Jh.   Der Prophet Mohammed verkündet die Lehre des **Islam**. Bei seinem Tode (632) ist die ganze arabische Halbinsel bekehrt. Unter seinen Nachfolgern beginnt der „Heilige Krieg" zur Errichtung eines islamischen Weltreiches. Damaskus (635) und Jerusalem (638) werden erobert. Das 628 von Byzanz zurückgeworfene persische Sassanidenreich wird eine schnelle Beute der Araber (636–642). Ägypten wird erobert (640), Alexandria 642 von den Byzantinern geräumt. Der Ansturm nach Norden scheitert an der Widerstandskraft des Oströmischen Reiches.

622   **Arabien.** Mohammed wandert (flieht) von Mekka nach Yahtrib/Medina aus. Mit dieser **Hedschra** beginnt die Zeitrechnung des Islam.

Mitte 7. Jh.   **Araber.** Der Kalif Omar (634-644) macht aus dem nationalen, arabischen Staat ein theokratisches Weltreich mit Militärverwaltung, der auch die zivile Verwaltung untersteht. Der Kalif ist geistliches Oberhaupt und weltlicher Richter zugleich.

648   **Aufrüstung.** Der Statthalter von Damaskus Muawija (der spätere Kalif) läßt in Ägypten und Syrien eine Flotte bauen, um Byzanz die Seeherrschaft zu entreißen. Die Flotte der Sarazenen greift an den Lebensnerv des Reiches von Ostrom.

649   **Offensive.** Die Flotte der Sarazenen erobert ein erstes Mal die Inseln Rhodos und Zypern und führt zahlreiche Gefangene fort.

652   **Sizilien.** Die Sarazenen weiten ihre Flottenvorstöße immer mehr aus. Sizilien wird ein erstes Mal geplündert. Im selben Jahr wird von Muawija in Tripolis im Libanon eine starke Flotte zu einem Vorstoß in die Ägäis versammelt. Die-

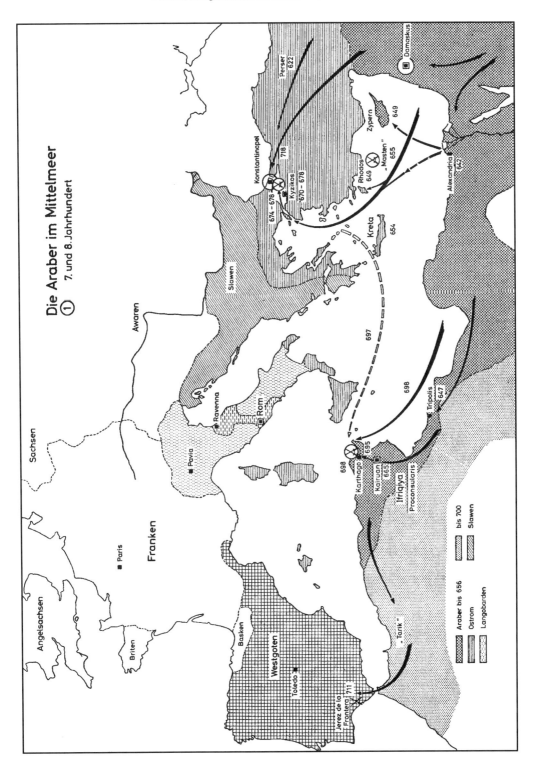

se wird von christlichen Galeerensklaven in Brand gesteckt. Muawija läßt daraufhin eine neue Flotte ausrüsten.

655 **Seeschlacht der Masten.** Im Frühjahr läuft die Flotte der Araber mit 200 Schiffen unter Abdallah b. Sad Richtung Konstantinopel aus. Vor der Küste von Kleinasien, beim „Berge Phönikos", stellt sich ihr die Flotte von Ostrom entgegen. Kaiser Konstans II. (641–668) führt persönlich die über 500 Schiffe starke Flotte mit vielen „Schlachtschiffen". Die Araber greifen nach einigem Zögern den überlegenen Gegner an. Durch die bessere Taktik und Wendigkeit der Griechen geraten die Araber in eine schwierige Lage. Eine griechische Dromone kann nur im letzten Moment gehindert werden, das Flaggschiff der Araber mit Enterhaken abzuschleppen. Die Araber verbinden daraufhin ihre Schiffe mit einer Kette (?) zu einer schwimmenden Festung und beginnen die Gegner Schiff für Schiff mit ihren Sturmtruppen zu erobern. Kaiser Konstans kann nur mit knapper Not entkommen. Die Araber erringen ihren ersten großen Seesieg. Der Weg nach Konstantinopel ist nun frei. (Das Faktum mit den zusammengebundenen Schiffen wird immer wieder überliefert, kann aber unmöglich den Tatsachen entsprechen. Siehe Geschichte der Taktik im letzten Band.)

659 **Araber.** Der Tod des Kalifen Othman und der Streit um die Nachfolge zwischen Ali und Muawija zwingen letzteren zum Frieden mit Ostrom. Zwei Jahre später erringt Muawija das Kalifat und begründet die Dynastie der Omaijaden in Damaskus.

663 **Omaijaden.** Muawija nimmt die Offensive gegen Byzanz wieder auf, sein Heer stößt ein erstes Mal durch Kleinasien bis zum Marmarameer durch.

670 **Marmarameer.** Die Flotte der Omaijaden dringt durch die Dardanellen in das Marmarameer vor und richtet auf der Halbinsel Kyzikos einen Stützpunkt zum Angriff auf Konstantinopel ein. Zur Sicherung der Verbindung nach Syrien werden ferner die Inseln Rhodos, Chios und Kos in der Ägäis erobert. Zur Ablenkung werden von den Arabern gleichzeitig Vorstöße in der Prokonsularis (Tunesien) und gegen Sizilien unternommen.

665 **Prokonsularis.** Die Araber unter Muawija b. Hodeidj erobern von Ostrom das südliche Tunesien und gründen ein erstes Mal ihre Hauptstadt Kairuan. In mehrjährigen Kämpfen werden sie von den Berbern wieder vertrieben.

673 **Iberische Halbinsel.** Die Mauren versuchen auf der Halbinsel bei Algeciras zu landen. Ihre Landungsflotte wird von einem Geschwader der Westgoten vernichtet.

7. und 8. Jh. **Balkan.** Die in kleinen Gruppen eingewanderten Slawen machen mit ihren kleinen Schiffen die Küsten der Adria, des Ionischen Meeres und der Ägäis unsicher. Sie werden schließlich auf der Peloponnes, in Süditalien und sogar auf Sizilien seßhaft.

674–678 **Der erste Angriff auf Konstantinopel**

Im Sommer 674 beginnen die Araber unter Jazid, dem Sohn des Kalifen, einen großangelegten Angriff auf die Hauptstadt des Oströmischen Reiches. Den ganzen Sommer über berennen die Araber von Land und See vergeblich die

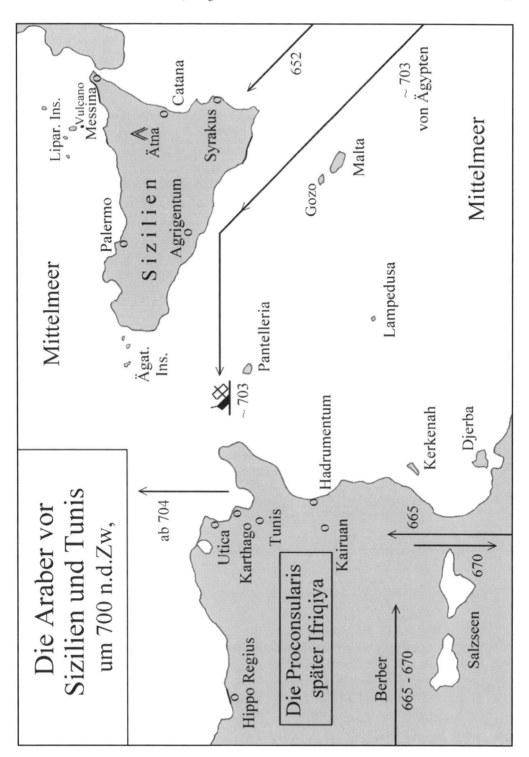

Stadt. Im Winter gehen sie auf Kyzikos in das Winterquartier. Dies wiederholt sich fünf Jahre lang bis 678. Das arabische Heer kann die starken Mauern der Stadt nicht bezwingen.

Die griechische Flotte rettet schließlich die Hauptstadt mit einer neuen Waffe. Nach der Überlieferung hat ein Syrer im Dienste von Ostrom, Kallinikos, einen frühen Flammenwerfer erfunden. Ein Gemisch aus Salpeter, Pech, Schwefel und Erdöl, durch Wasser nicht zu löschen, wird durch „Siphone" auf die feindlichen Schiffe geschleudert, wodurch diese unrettbar in Brand gesteckt werden. Mit dieser Waffe, später **„griechisches Feuer"** genannt, wird die Flotte der Araber derart dezimiert, daß Jazid im Sommer 678 das Unternehmen abbricht. Beim Rückmarsch geht der Rest der arabischen Flotte im Sturm verloren. Der erste Großangriff des Islam auf Konstantinopel ist abgewiesen.

693–698 Der Kampf um die Prokonsularis (Tunesien)

697 Ein arabisches Heer beginnt mit der Eroberung der letzten oströmischen Provinz in Afrika. Nach dem Fall von Karthago (695) ist die ganze Provinz unter der Kontrolle der Araber. Kaiser Leontios von Ostrom (695–698) schickt eine starke Flotte unter dem Patrikios Ioannes nach Afrika zum Gegenangriff. Ioannes bricht die schwache Gegenwehr zur See, forciert die Hafeneinfahrt von Karthago und erobert die Stadt. Anschließend bringt er die übrigen Hafenstädte von Tunesien in seinen Besitz.

Im Landesinneren werden die Araber von den Berbern unter ihrer Prophetin, der „Kahena", vernichtend geschlagen.

Der Kalif Abd el-Malik schickt im folgenden Jahr ein neues Heer, diesmal von einem starken Geschwader zur See unterstützt, nach dem Westen.

698 **Seeschlacht von Karthago.** Vor der Hafeneinfahrt stellt sich Ioannes mit dem griechischen Geschwader den Arabern zum Kampf. Diese durchbrechen die feindlichen Reihen und dringen in den Hafen ein, von wo aus die Stadt zu Fall gebracht wird. Ioannes kann mit einem Teil der Schiffe entkommen. Die Provinz Ifriqiya/Africa/Prokonsularis mit der arabischen Hauptstadt Kairuan ist fest in der Hand der Mohammedaner.

Auf dem Heimweg meutern die Reste des Geschwaders von Ioannes bei Kreta und rufen den Seeoffizier Apsimar als Tiberius III. (698–705) zum Kaiser aus. Dieser erobert mit dem Geschwader im Handstreich die Hauptstadt und schickt den bisherigen Kaiser Leontios in ein Kloster. Als ehemaliger Seesoldat macht sich Tiberius um die Seeverteidigung der Hauptstadt verdient.

8. Jh. **Persischer Golf.** Basra und Bahrein werden die Ausgangspunkte für die Handelsreisen der Araber nach Indien, China und Insulinde, die sich am Anfang den Seeweg gegen persische Piraten freikämpfen müssen.

700 **Tunesien.** Die Araber gründen als ihre neue Hauptstadt Tunis. Das alte Karthago ist nun endgültig dem Verfall preisgegeben. Durch den Binnensee vor der Stadt Tunis wird ein Kanal gegraben, an der Einfahrt werden Wachtürme errichtet. Noch im selben Jahr wird die Insel Pantelleria überfallen.

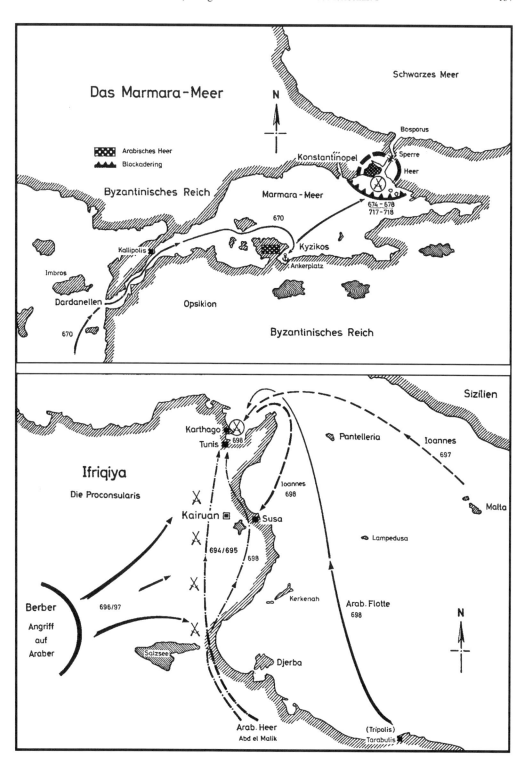

ca. 703	**Sizilien.** Ein arabisches Geschwader aus Ägypten plündert die Küstenstädte der Insel. Mit reicher Beute beladen scheitert es im Sturm vor der Küste von Ifriqiya.
704	**Ifriqiya.** Die Herrscher bauen sich eine eigene Flotte und beginnen mit ihren Raubzügen im westlichen Mittelmeer.
709	**Ravenna.** Aus unbekannter Ursache schickt Kaiser Justinian II. ein Geschwader nach der Stadt, dessen Führer bei einem Bankett alle Honoratioren gefangennehmen und in Fesseln zu Schiff nach Konstantinopel befördern läßt. Dort werden sie vom Kaiser zum Tod verurteilt.
710	**Ostrom.** Das Steppenvolk der Chasaren fällt auf der Halbinsel Krim ein, die sich zu dieser Zeit noch unter der Kontrolle von Ostrom befindet. Kaiser Justinian II. (685–695, 705–711) schickt seine Flotte nach der Krim, die Chasaren werden in das Innere der Halbinsel abgedrängt. Auf dem Rückweg geht ein Teil der Flotte im Sturm verloren.
711	**Ostrom.** Der Statthalter von Byzanz auf der Krim, Bardanes, erhebt mit Hilfe der Chasaren den Anspruch auf den Thron von Ostrom. Justinian II. schickt als Reaktion eine neue Flotte zur Krim, die jedoch zu Bardanes übergeht. Sie bringt Bardanes als Kaiser Philippikos (711–713) nach Konstantinopel.
711	**Iberische Halbinsel.** Der arabische Feldherr Tarik setzt aus Afrika über, landet in der Bucht von Algeçiras und vernichtet das Westgotenheer unter König Roderich. Beinahe die ganze Halbinsel wird in kurzer Zeit erobert (Djebel al-Tarik - Gibraltar).

717–718 Der Zweite Angriff auf Konstantinopel

	Im Frühjahr beginnt Maslama, der Bruder des Kalifen, mit Heer und Flotte die Offensive gegen Konstantinopel.
15. August 717	Das arabische Heer setzt über die Dardanellen und schließt die Stadt von der Landseite ein.
1. September	Eine große Flotte der Mohammedaner unter Admiral Sulaiman erscheint vor der Hauptstadt. Die griechische Flotte liegt im Goldenen Horn, das von einer eisernen Kette gesperrt ist. Die Flotte ist daher von der Seeseite unangreifbar.
3. September	**Seeschlacht vor Konstantinopel.** Die griechische Flotte unternimmt unter der persönlichen Leitung von Kaiser Leon III. (717–741), dem Isaurier, einen Ausfall. Rund 15 große Schiffe der Araber werden mit „griechischem Feuer" vernichtet.
	Den ganzen Winter über halten die Araber, unter großen Verlusten durch die Witterung, die Belagerung von Konstantinopel aufrecht.
Anfang 718	**Seeschlacht vor Konstantinopel.** Eine Hilfsflotte der Araber trifft mit Nachschub aus Ägypten vor Konstantinopel ein. Mit den Beibooten dieser Flotte flüchtet eine Anzahl christlicher Seeleute zu den Griechen, auf deren Anraten Leon III. einen weiteren Ausfall mit der Flotte unternimmt. In einem erbitterten Kampf erleiden die Araber eine schwere Niederlage. Ein großer Teil ihrer Flotte wird verbrannt. Die Seefront von Konstantinopel und die Zufuhrwege aus dem Schwarzen Meer sind wieder frei.

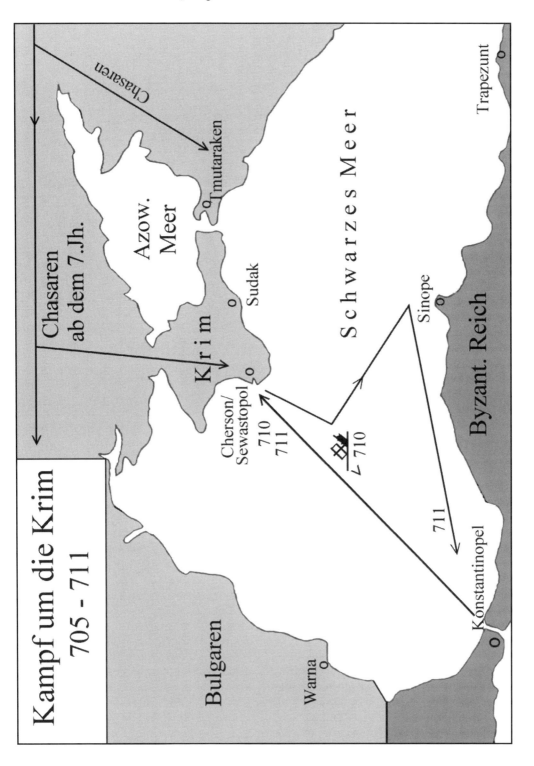

15. August	**Rückzug.** Maslama hebt die Belagerung der Stadt auf. Das arabische Heer geht durch Kleinasien wieder zurück. Der Rest der Flotte wird auf der Heimfahrt durch Stürme im Marmarameer und in der Ägäis weiter dezimiert. Wie im ersten Punischen Krieg die Enterbrücke, so ist auch diesmal eine neue Waffe, das „griechische Feuer", im Seekrieg ausschlaggebend. Die Flotte von Ostrom erringt mit diesem Erfolg wieder die Seeherrschaft in der Ägäis.
719	**Ostrom.** Kaiser Leon III. verstärkt nun die Reichsverteidigung durch die Bildung von zwei neuen Flotten. Das Thema (Militärbezirk) der Kibyrrhaioten an der Südküste von Kleinasien und die Inseln der Ägäis müssen je eine dieser Flotten stellen. Weitere Themen die Flotten zu stellen haben sind Samos, Hellas und Sizilien. Sie spielen in der Folge auch in der Innenpolitik eine Rolle.
ab Anfang 8. Jh.	**Ifriqiya.** Die Araber unternehmen wiederholte Raubzüge im zentralen Mittelmeer. Ganze Geschwader erleiden dabei in den Herbststürmen Schiffbruch. Ihre mangelnde Erfahrung an Seemannschaft müssen die Araber, wie die Römer in den Punischen Kriegen, teuer bezahlen.
18. April 727	**Ostrom.** Die griechische Provinzflotte der Ägäis revoltiert gegen Byzanz, nachdem Kaiser Leon III. die Bilderverehrung verboten hat. Die Aufständischen werden von der Zentralflotte in einer Seeschlacht geschlagen. Ihr Kronprätendent Kosmas wird hingerichtet.
732	**Frankenreich.** Die Araber stoßen über die Iberische Halbinsel hinaus in das Reich der Franken vor. Am Unterlauf der Loire zwischen Tours und Poitiers werden sie von Karl Martell zurückgeschlagen.
732	**Italien.** Die Langobarden erobern Ravenna, den Sitz des byzantinischen Exarchen für Norditalien. Das byzantinische Lagunengeschwader kann die Stadt in einem überraschenden Gegenangriff zurückerobern, da die Langobarden über keine Seestreitkräfte zur Abwehr verfügen.
733 und 734	**Sizilien.** Zweimal kann das byzantinische Geschwader des Themas Sizilien Raubgeschwader der Sarazenen aus Afrika bei Plünderungszügen stellen und nach Kampf mit Verlusten zurückschlagen.
739	**Ägypten.** Ein Geschwader aus Byzanz unternimmt, wie schon drei Jahre vorher, einen Überfall auf das Nildelta und plündert diesmal die Stadt Damietta.
740	**Sizilien.** Die Flotte der Sarazenen von Ifriqiya landet ein Expeditionsheer bei Syrakus und versucht die Einnahme der Stadt. Nach anfänglichen Erfolgen müssen die Sarazenen wegen eines Aufstandes der Berber in Afrika den Feldzug abbrechen.
743	**Zypern.** Die arabische Flotte aus Ägypten überfällt die Insel und plündert sie gründlich. Viele Bewohner wandern daraufhin aus.
747	**Seeschlacht bei Ceramea (Zypern).** Die Flotte von Ostrom vernichtet eine arabische Flotte von 100 Schiffen vollständig. Byzanz erobert mit diesem Sieg die Seeherrschaft im östlichen Mittelmeer für über 50 Jahre wieder zurück.
749	**Kalifat.** Nach der Schlacht am großen Zab, einem Nebenfluß des Tigris, beendet Abul Abbas (749–754) die Macht der Omaijaden und gründet die Dynastie der Abbasiden. Die Herrscher tragen von nun an den Titel Kalif und sind als Regenten von Persien mehr am Osten der arabischen Welt als an Byzanz interessiert. Sie vernachlässigen die Flotte, der Seekrieg wird deshalb von den Herrschern in Tunesien und Al-Andalus getragen.

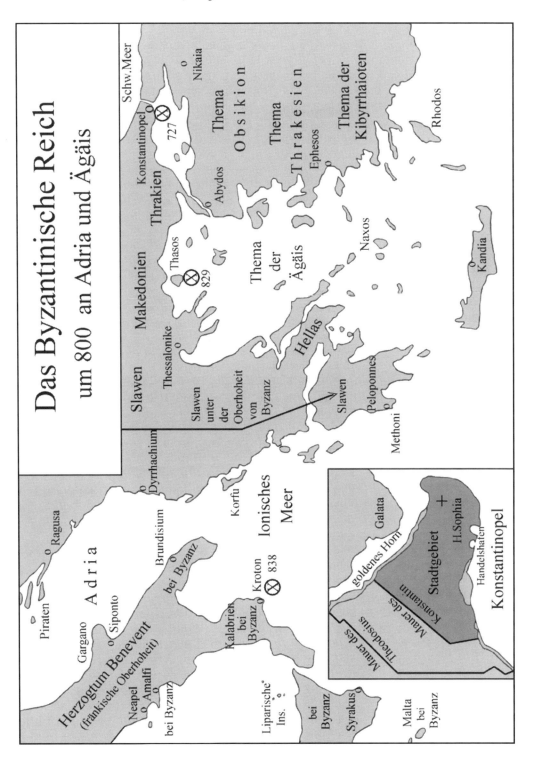

751	**Italien.** Die Langobarden unter König Aistulf (749–756) erobern die Stadt Ravenna, den Sitz des byzantinischen Exarchen. Die Herrschaft Ostroms im oberen Italien endet damit, nicht aber die Seeherrschaft in der Adria.
754	**Mesopotamien.** Der Kalif Al-Mansur (= der Siegreiche, 754–775) verlegt den Sitz des Kalifats von Damaskus nach Bagdad und verstärkt den persischen Einfluß am Hof der Abbasiden.
756	**Al-Andalus.** Der Mohammedaner Abd ar-Rahman gründet in Cordoba das neue Emirat der Omaijaden. Vor allem von dort kommt die arabische/antike Wissenschaft in das Abendland.
30. Juni 763	**Balkan.** Von 755 bis 763 unternimmt der oströmische Kaiser Konstantin V. (741–775) mehrere Kriegszüge gegen die Bulgaren am östlichen Balkan. Nach mehreren Landschlachten mit unterschiedlichem Ausgang erringt er an diesem Tag mit Heer und Flotte bei Anchilaos, dem heutigen Burgas, seinen größten Sieg.
773–774	**Italien.** Die Franken unter König Karl, später Karl d. Gr. (768/800–814) erobern mit der Hauptstadt Pavia fast das ganze Langobardenreich. Die nicht eroberten Küstenstädte Gaeta, Neapel, Amalfi und Sorrent und das Herzogtum Benevent werden unter der nominellen Oberhoheit von Byzanz selbständig. Der Kirchenstaat unterstellt sich dem Schutz der Franken.
um 800	**Frankenreich.** Allmählich gerät die Küste des westlichen Mittelmeeres von den Pyrenäen bis Tortosa und von Arles über Genua bis nach Luni unter fränkische Herrschaft. Dort werden Arsenale errichtet und Geschwader von Galeeren gegen die Raubzüge der Mauren aufgestellt.
800	**Kaiserkrönung.** Der Frankenkönig Karl wird in Rom von Papst Leo III. (795–816) zum Kaiser gekrönt. Er ist damit Nachfolger der Kaiser des Weströmischen Reiches und im Rang den byzantinischen Kaisern gleichgestellt.
806	**Seegefecht bei Korsika.** Eines der ersten Geschwader der Franken im Mittelmeer wird von einem Geschwader der Mauren aus Spanien geschlagen. Aber im folgenden Jahr gelingt den Franken die Revanche, indem sie bei Korsika 13 Schiffe der Mauren vernichten oder erobern.
Anfang 9. Jh.	**Dalmatien.** Gegen die von ihren Schlupfwinkeln an der Küste operierenden slawischen Piraten schicken die Byzantiner mehrmals Flottillen, aber ohne Erfolg. **Venedig** beginnt deshalb eigene Flotteneinheiten gegen diese Handelsstörer aufzustellen.
806	**Zypern.** Ein Geschwader der Araber plündert erneut die Insel und führt 16.000 Einwohner in die Gefangenschaft, die aber bald wieder entlassen werden. Im folgenden Jahr wird die Insel Rhodos heimgesucht, die starke Festung kann aber nicht eingenommen werden.
807–809	**Venedig.** Die Flotte von Ostrom verhindert die Eroberung Venedigs durch Kaiser Karl d. Gr., der schließlich die Adria als in der Machtsphäre von Byzanz liegend anerkennt (Vertrag von Aachen 812). Karls Sohn Pippin kann 809 zwar Venedig und einige Stützpunkte in Dalmatien erobern, nach seinem Tod im folgenden Jahr ist diesem Erfolg jedoch keine Dauer beschieden. Noch beherrschen die byzantinischen Dromonen die Adria. Der Dukas/Doge von Venedig verlegt nach dem Intermezzo der fränkischen Okkupation seinen Sitz auf die Insel Rialto, wo er vor den Franken sicher ist.

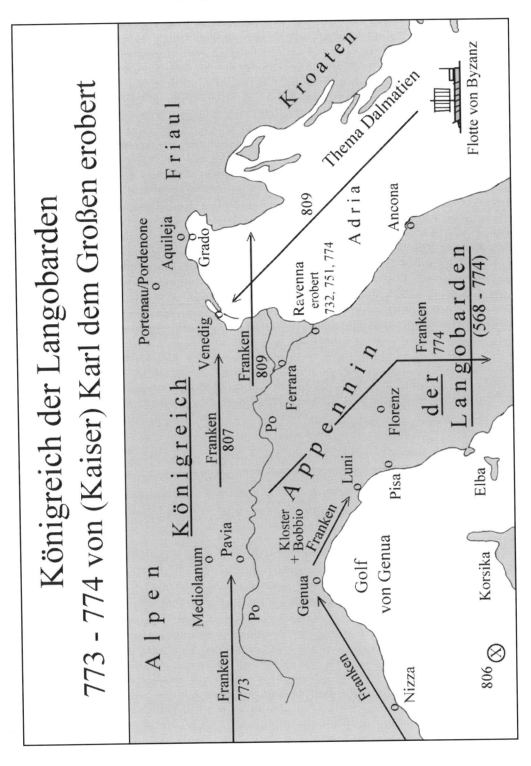

812	**Gefecht bei Lampedusa.** Bei dieser Insel in der Straße von Sizilien erobern 13 Schiffe der Sarazenen sieben Aufklärungsschiffe des Themas Sizilien. Sie fallen aber dann ihrerseits der Hauptflotte des Themas in die Hände.
813	**Seeschlacht bei Mallorca.** Bei den Balearen besiegt die Flotte des Frankenreiches unter Ermengar, dem Grafen von Ampurias/Emporion, ein Geschwader der Mauren und beendet dadurch für einige Zeit deren Raubzüge im westlichen Mittelmeer.
821	**Ostrom.** In Byzanz herrscht Bürgerkrieg. Der erfolgreiche General Thomas der Slawe hat sich gegen Kaiser Michael II. (820–829) mit Hilfe der Flotte der Kibyrrhaioten erhoben. Die Provinzflotte unterliegt in mehreren Gefechten vor Konstantinopel der Zentralflotte, der Aufstand bricht nach dem Eingreifen der Bulgaren zusammen. Die Seeverteidigung von Ostrom wird aber dadurch geschwächt.
825–828	**Kreta.** Aufständische Araber von der Iberischen Halbinsel landen zunächst in Ägypten und erobern von dort aus Kreta. Sie siedeln dort und unternehmen Kriegszüge durch die ganze Ägäis. Mehrere Versuche von Byzanz, die Insel in den folgenden Jahren zurückzuerobern, scheitern.
827	**Sizilien.** Die Araber aus Ifriqiya beginnen ernsthaft den Kampf um die Insel. Die Landung in diesem Jahr ist erfolgreich. Der wechselvolle Kampf zieht sich aber bis zum Jahr 964 hin.
828	**Ifriqiya.** Ein Geschwader der Karolinger aus der Toskana unter Bonifaz II., Graf von Lucca, unternimmt einen Vergeltungszug gegen die Araber von Tunesien. Er landet Truppen zwischen Karthago und Utica und tritt nach verlustreichen Kämpfen wieder die Heimfahrt an.
829	**Ägäis.** Vor der Insel Thasos vernichtet ein arabisches Geschwader von der Insel Kreta ein Geschwader von Ostrom und beherrscht die nächste Zeit die südliche Ägäis.
831	**Sizilien.** Die Sarazenen erobern Palermo und machen es zur Hauptstadt des arabischen Sizilien. Bei der Überfahrt von Ifriqiya gerät ein Geschwader der Araber in einen Sturm und verliert die Hälfte seiner Schiffe, der Rest wird vom Geschwader von Ostrom vor Sizilien erobert. Die Araber bringen daraufhin weitere Verstärkungen nach Palermo und setzen ihre Offensive entlang der Nordküste der Insel nach Osten fort.
835	**Italien.** Herzog Sikhart von Benevent versucht mehrere Male die von Byzanz fast unabhängigen Hafenstädte zwischen Rom und Sorrent unter seine Herrschaft zu bringen. Neapel wendet sich schließlich an die Araber von Sizilien um Hilfe. Sikhart schließt daraufhin mit Neapel Frieden. Die Campaniastädte unterstützen sich in der Folge gegenseitig im Kampf gegen Angreifer von Land und See her.
838	**Seegefecht vor Kroton.** An der Südküste Kalabriens vernichten die Araber ein Geschwader aus Venedig, das den Byzantinern zu Hilfe gekommen ist.
um 839	**Apulien.** Die Sarazenen aus Ifriqiya erobern Brindisi und plündern die Hafenstadt, bevor sie wieder abziehen.
840	**Eroberung von Bari.** Die Sarazenen greifen in die Kämpfe der langobardischen Grafen untereinander in Süditalien ein. Die starke Seefestung Bari fällt dabei in ihre Hände.

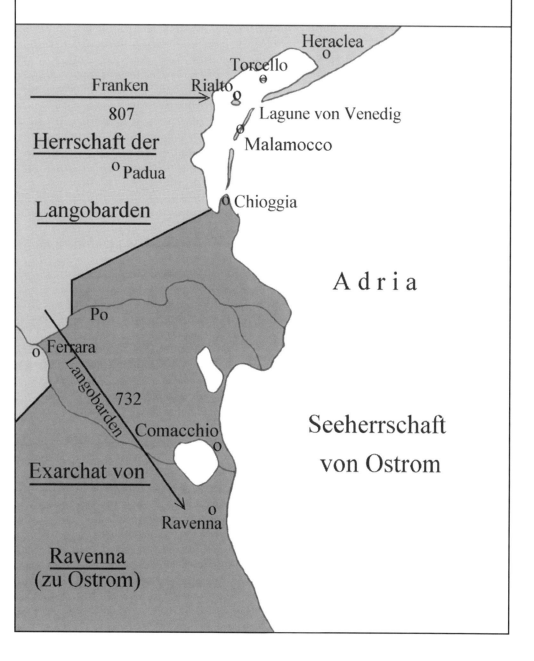

Frühjahr 841	**Seeschlacht vor Tarent.** Im Besitz von Tarent bedrohen die Sarazenen die Zufahrt zur Adria. Ein Geschwader von 60 Schiffen aus Venedig greift vor dem Hafen die Flotte der Araber an und erleidet eine Niederlage. Der Großteil der Besatzungen fällt oder wird gefangen. Anschließend unternehmen die Sarazenen einen Raubzug durch die ganze Adria, wobei sie Beute machen und weitere Schiffe erobern. Venedig beginnt nun eine verstärkte Flottenrüstung zum Schutz seiner Seeverbindungen.
842–850	**Provence.** Die Sarazenen setzen sich in Marseille fest und unternehmen auf der Rhone Beutezüge bis über Lyon hinaus. Sogar das starke Arles wird erobert.
842	**Schiffbruch.** Eine starke Flotte der Araber, die angeblich Konstantinopel zum Ziel hat, verliert vor der kleinasiatischen Südküste den Großteil ihrer Schiffe in einem Sturm. Die Reste werden von den Byzantinern vernichtet.
843	**Kreta.** Durch den Erfolg ermuntert, versucht Ostrom die Insel Kreta zurückzuerobern. Die Landung ist zwar erfolgreich, die Truppen auf der Insel werden aber aufgerieben.
843	**Sizilien.** Die Stadt Messina wird von den Sarazenen erobert, die gleichzeitig von der Landseite und vom Hafen aus angegriffen hatten und beim zweiten Sturm erfolgreich waren.
844	**Al-Andalus.** Die Wikinger erscheinen ein erstes Mal vor der Iberischen Halbinsel. Mit 80 Schiffen tauchen sie zunächst vor dem Tajo auf, erobern dann Cádiz und plündern Sevilla. Sie werden zu Lande geschlagen und entkommen mit einem Verlust von 30 Schiffen.
845	**Neapel.** Herzog Sergius kann ein Raubgeschwader der Sarazenen abfangen und ihnen zehn Schiffe mit Beute aus Kampanien abnehmen.
845	**Balearen.** Eine Flotte von 300 Schiffen der spanischen Omaijaden erobert die bisher in Besitz von Ostrom befindliche Inselgruppe. Diese wechselt im Mittelalter noch mehrmals den Besitzer.
846	**Italien.** Ein Geschwader der Sarazenen aus Palermo erscheint vor Rom. Ein Sturm auf die Stadt wird nicht versucht, aber die Umgebung von St. Peter geplündert.
849	**Seeschlacht bei Ostia.** Beim Versuch, Rom anzugreifen, wird die sarazenische Flotte von Schiffen aus Neapel, Amalfi und Gaeta gestellt. Ein aufkommender Sturm trennt die Kämpfenden. Die Christen können den rettenden Hafen erreichen, die meisten Schiffe der Araber gehen aber zugrunde. Großer Widerhall in der Christenheit.
ab 850	**Italien.** Der karolingische Kaiser Ludwig II. (844/850–875) kämpft im Bunde mit Byzanz gegen die Sarazenen im Gebiet der Langobarden und von Ostrom. Im Jahr 853 scheitert eine geplante Verlobung von Ludwig mit einer Prinzessin aus Byzanz. Als 869 Admiral Niketas Oryphas von Byzanz Ludwig die Anrede als Kaiser verweigert, kommt es zum Bruch der Allianz.
Mai 853	**Ägypten.** Ein Geschwader aus Ostrom von 100 Schiffen erobert die Stadt Damietta im Nildelta, vernichtet die dort liegenden Schiffe und Vorräte und kehrt mit reicher Beute und fast ohne Verluste heim. Dieses Unternehmen wird in den Jahren 854 und 859 erfolgreich wiederholt.

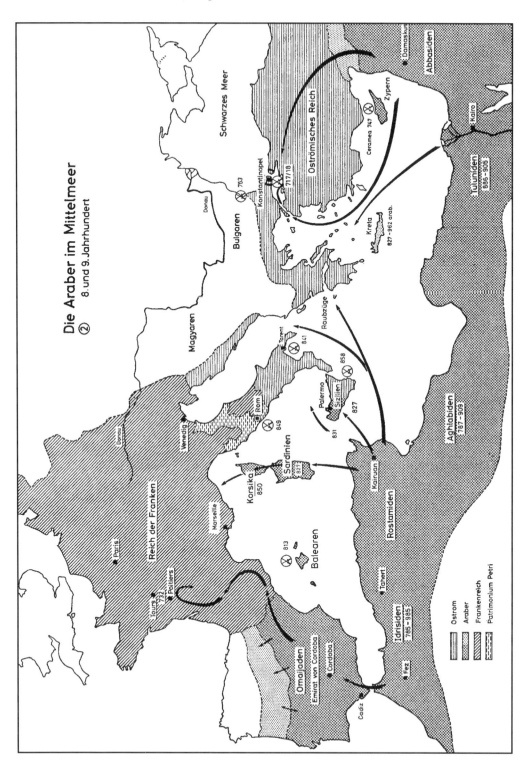

Die Zeit der Riemenschiffe: Die Araber im Mittelmeer

Frühjahr 858 **Seegefecht im Ionischen Meer.** Ein Geschwader der Sarazenen aus Palermo trifft auf ein byzantinisches Geschwader. Beide verlieren im folgenden Kampf je zehn Schiffe. Beim Versuch, sich auf Kreta zu verproviantieren, erleiden die Sizilianer von der Arabern auf Kreta eine Niederlage.

858 **See-Landschlacht bei Syrakus.** Zum Schutz der bedrohten Stadt landet Ostrom Verstärkungen auf 300 Schiffen. Die Araber greifen diese mit Land- und Seestreitkräften an. Bei der überstürzten Einschiffung verlieren die Byzantiner rund 100 Schiffe.

860 **Wikinger.** Diese werden am Guadalquivir abgewiesen, dringen mit 80 Schiffen in das Mittelmeer ein und dehnen ihre Angriffe bis in das Tyrrhenische Meer aus. Sie plündern in der Provence und in Ligurien. La Spezia und Pisa werden ausgeraubt, die ehemals reiche Handelsstadt Luni halten sie für Rom und zerstören sie gänzlich. Auf dem Rückweg wird die Küste der Biskaya angegriffen und Graf Garcia Iñiguez von Navarra (Vorgänger der Könige) gefangen genommen.

Juni 860 **Ostrom.** Eine Flotte der Waräger aus Kiew unter den Fürsten Askold und Dir versucht Konstantinopel im Handstreich zu erobern. Sie werden glatt abgewiesen und begnügen sich mit der Plünderung der Orte am Bosporus und der Prinzeninseln im Marmarameer.

863 **Bulgarien.** Heer und Flotte von Byzanz stoßen in die heutige Dobrudscha vor und nötigen die Bulgaren zur Annahme des Christentums. Ihr König wird 865 in Konstantinopel in der Hagia Sophia auf den Namen Michael getauft.

867 **Balkan.** Die Sarazenen weiten ihre Plünderungszüge in die Adria aus. In diesem Jahr werden die Küsten von Illyrien und Griechenland heimgesucht.

868 **Seezug gegen die Raubflotten.** Der oströmische Admiral Niketas Oryphas geht mit 100 Kriegsschiffen gegen die Sarazenen vor. Vor der Küste von Thrakien werden 20 ihrer Schiffe vernichtet. Dann läßt Oryphas seine Schiffe über den Isthmus von Korinth schleppen und greift die im Golf von Korinth plündernden Araber überraschend an. Diese werden vollständig aufgerieben. Es ist eine der letzten bekannten Verwendungen des Diolkos (Schiffsschleppe) über den Isthmus von Korinth.

868 **Adria.** Die Hafenstadt Ragusa wird 15 Monate lang von den Sarazenen zur See blockiert. Schließlich vertreibt ein Geschwader aus Ostrom die Belagerer. Die Handelsstädte in der Adria stellen sich erneut unter den Schutz von Ostrom.

ab 870 **Italien.** Dank der wieder voll einsatzfähigen Flotte ergreift Byzanz die Initiative in Unteritalien. Im Verlauf von wenigen Jahren sind die Sarazenen vertrieben, und das Herzogtum von Benevent erkennt die Oberhoheit von Byzanz an. Nach der Teilung des Frankenreiches (843 Vertrag zu Verdun) ist das Ostfrankenreich mit seiner Konsolidierung beschäftigt und überläßt Italien schwachen, lokalen Königen.

Februar 871 **Einnahme von Bari.** Ein Geschwader aus Ostrom von 400 Schiffen, die meisten von dalmatinischen Küstenstädten und den Slawen gestellt, blockiert ein Jahr lang die starke sarazenische Festung von der Seeseite und erleichtert dadurch den Landtruppen von Kaiser Ludwig II. die Eroberung. Dieser tritt die Stadt später ungern an den Besitzer Byzanz ab.

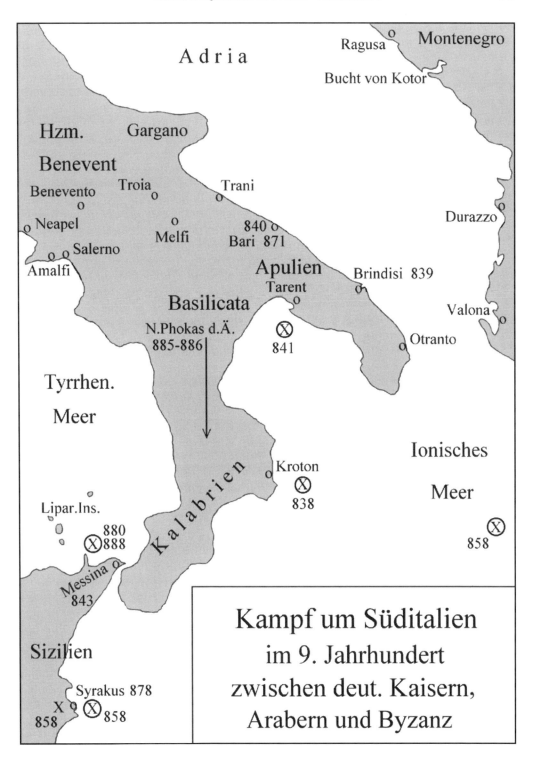

872	**Gefecht vor der Peloponnes.** Ein Geschwader aus Byzanz vernichtet ein arabisches Geschwader und erobert zwei Jahre später Zypern zurück.
873	**Italien.** Nach dem Bruch zwischen Ostrom und Kaiser Ludwig II. wendet sich der langobardische Herzog von Benevent gegen Ludwig. Ostrom stationiert zur Unterstützung des Herzogs ein Geschwader unter Patrikios Gregorios in Otranto. Dieses soll auch die Sarazenen in Tarent in Schach halten.
877	**Burgund.** Boso von Vienne wird König von Niederburgund, dem späteren Königreich Arles. Dieses wird 947 mit Hochburgund vereinigt. Das Königreich beherrscht damit das Rhonetal vom Genfersee bis zum Mittelmeer. Im Jahre 1032 fällt das Land durch Erbvertrag an das Deutsche Reich.
878	**Sizilien.** Nach langen hin- und herwogenden Kämpfen können die Araber aus Ifriqiya endlich die starke Hafenstadt Syrakus erobern.
879	**Gefecht vor Neapel.** Im Golf von Neapel besiegt ein Geschwader aus Byzanz unter dem Patrikios Gregorios ein Raubgeschwader der Sarazenen aus Sizilien. Einige Dromonen werden anschließend zum Schutz von Rom in Ostia stationiert.
880	**Gefecht vor Euböa.** Vor den Mauern der Stadt Chalkis wird ein sarazenisches Geschwader von 30 Schiffen aus Syrien durch griechisches Feuer zum großen Teil vernichtet.
880	**Nachtgefecht bei Kephalonia.** Im Westen der Peloponnes wird eine Flotte der Sarazenen von den Griechen unter Nasaris vernichtet. Anschließend geht Nasaris mit seinem Geschwader durch die Straße von Messina an die Nordküste von Sizilien.
Oktober 880	**Erste Seeschlacht bei Milazzo.** Nasaris vernichtet ein Geschwader der Araber aus Palermo. Die Position von Byzanz ist in Süditalien für einige Zeit wieder gestärkt.
885–886	**Kalabrien.** General und Admiral Nikephoros Phokas der Ältere, Großvater des gleichnamigen Kaisers, kann den Arabern mit seinen Land- und Seestreitkräften die Provinz Kalabrien wieder wegnehmen.
Oktober 888	**Zweite Seeschlacht bei Milazzo.** Diesmal gelingt den Arabern aus Palermo ein Sieg über das Geschwader aus Byzanz. Es sollen 5000 Griechen (Oströmer) ertrunken sein.
902	**Ägäis.** Ein arabisches Geschwader plündert Inseln in der Ägäis und zerstört die Stadt Demetrias an der Küste von Thessalien. Im folgenden Jahr wird die Insel Lemnos verheert.
Juli 904	**Thessaloniki.** Ein Geschwader der Sarazenen stößt in das Marmarameer vor, wird dort aber von der Flotte von Byzanz unter Admiral Himerios abgewiesen und wendet sich gegen Thessaloniki. Die Hafenstadt in Makedonien wird dann von dem Geschwader unter dem Renegaten Leo von Tripolis von See her erobert. An langen Rahen werden Kampfgondeln von den Schiffen über die Mauern der Seefront geschwenkt und so die Stadt bezwungen. Nach ausgiebiger Plünderung ziehen die Eroberer wieder ab. Byzanz verstärkt daraufhin seine Flotte.
905	**Kleinasien.** Die verstärkte byzantinische Flotte unter Himerios fährt die West- und Südküste von Kleinasien entlang über Attaleya/Antalia nach Tarsos und zerstört als Rache für Thessaloniki diese reiche Handelsstadt der Araber.

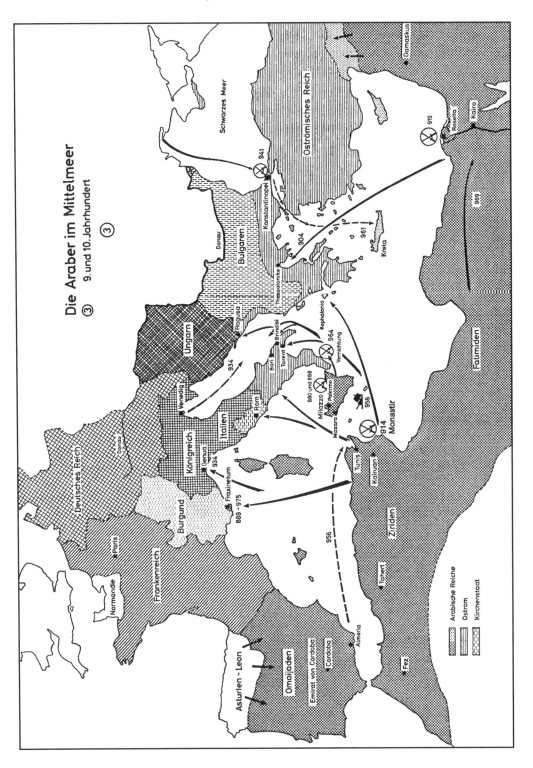

Anfang 10. Jh.	**Venedig.** Die Lagunenstadt muß einen ständigen Kleinkrieg gegen die dalmatinischen Seeräuber führen.
907	**Fürstentum Kiew.** Fürst Oleg erscheint mit einer Flotte vor Konstantinopel und erwirkt günstige Handelsverträge für die Fernhändler. Drei Jahre später stößt er mit seiner Flotte über das Flußsystem in das Kaspische Meer vor und plündert die reichen persischen Städte an der Südküste. Auch 912 unternehmen die Waräger einen Zug in das Kaspische Meer, werden diesmal aber verlustreich abgewiesen.
Oktober 908	**Seeschlacht in der Ägäis.** Die byzantinische Hauptflotte unter Admiral Himerios siegt über die Sarazenen. Anschließend besetzt Himerios vorübergehend Zypern und unternimmt von dort Seezüge gegen die Küste Syriens.
909	**Tunesien.** Kaum sind in Ifriqiya die Fatimiden an der Macht, errichten sie an der Ostküste die neue Haupt- und Hafenstadt Mahdia. Sie erhält neben ihren Palästen eine starke Stadtmauer, einen Kriegshafen für 200 Dromonen, ein Arsenal, einen getrennten Handelshafen und in die Felsen gesprengte Lagerräume.
912	**Seeschlacht bei Chios.** Die syrisch-kilikische Flotte der Sarazenen unter Leo von Tripolis und Damian von Tarsos vernichtet das byzantinische Geschwader unter Himerios. Zypern ist schon im Jahr davor von Damian zurückerobert worden.
10. Jh.	**Al-Andalus.** Die Flotte der Omaijaden ist die stärkste im westlichen Mittelmeer. Ihr Hauptstützpunkt ist Almeria. die Mauren setzen sich auch in Fraxinetum/Frejus fest. Von dort unternehmen sie Raubzüge entlang der Küsten und weit in das Innere der Alpenländer.
914	**Seeschlacht bei Monastir.** Das sarazenische Sizilien befindet sich im Kampf gegen die neue Dynastie der Fatimiden in Ifriqiya. Nördlich der Festung Mahdia treffen die beiden Flotten aufeinander. Die Flotte der Fatimiden wird aufgerieben, ihr Führer Al-Hassan gefangengenommen und erdrosselt. Anschließend verheeren die Sizilianer Sfax und vernichten ein weiteres kleines Geschwader.
915	**Seeschlacht vor Ifriqiya.** Die Sizilianer unternehmen einen weiteren Zug nach Afrika. Ihre Flotte wird aber von einer neuen Flotte der Fatimiden gestellt und vernichtet. In Sizilien ist man des Bürgerkrieges müde, ein Teil der Sarazenen stürzt den bisherigen Herrscher von Palermo und liefert ihn den Fatimiden aus.
915	**Campania.** In den Golf von Gaeta mündet der Fluß Garigliano. Weiter im Landesinneren setzen sich Sarazenen am Monte Garigliano fest und verheeren von dort aus ganz Mittelitalien. Papst Johannes X. (914–928) kann ein Bündnis fast aller Fürsten Italiens und eine Hilfstruppe von Byzanz zusammenbringen. Heer und Flotte fahren den Garigliano aufwärts bis zur Festung der Sarazenen, die sie durch Aushungern erobern können. Byzanz hat noch einmal den nominellen Oberbefehl an der Küste des Tyrrhenischen Meeres.
919	**Seeschlacht bei Rosetta.** Beim zweiten Versuch der Fatimiden, Ägypten zu erobern, wird das Heer von einem Geschwader von fast 80 Schiffen begleitet. Vor dem Nildelta wird es von dem Geschwader aus Tarsos in Stärke von 50 Schiffen angegriffen und mit großen Verlusten zurückgeschlagen. Die Eroberung Ägyptens scheitert zunächst erneut.

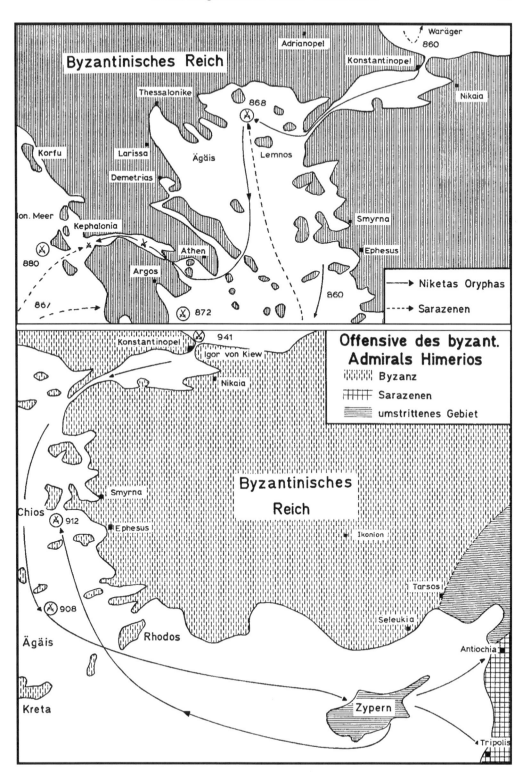

920	**Ostrom.** Unter Kaiser Konstantin VII. kann sich das Reich immer weniger der Angriffe der Sarazenen erwehren. Der Drungarios (Flottenbefehlshaber) Romanos Lekapenos putscht daher und wird zum Mitkaiser (920–944) und tatsächlichen Machthaber erhoben. Unter ihm beginnt eine neue Offensive von Byzanz gegen die Araber in Kleinasien.
923	**Ägäis.** Der Renegat Leo von Tripolis setzt trotz einer Niederlage gegen ein Geschwader aus Byzanz seine Raubzüge fort, unterliegt aber im folgenden Jahr der byzantinischen Flotte unter General/Admiral Johannes Kurkuas.
924	**Seeschlacht bei Lemnos.** Der byzantinische Flottenführer Johannes Radinos besiegt Leo von Tripolis und macht dadurch den Rücken für die Landoffensive des Generals Johannes Kurkuas nach Osten frei. Diese führt zur Rückeroberung von weiten Gebieten im östlichen Kleinasien.
9. September 926	**Bulgarien.** In einem Gespräch auf einer Plattform im Goldenen Horn schließen König Symeon von Bulgarien und Kaiser Romanos I. Lekapenos von Byzanz (920–944) Frieden. Ein jahrzehntelang andauernder Krieg wird damit beendet und Byzanz kann sich anderen Bedrohungen zuwenden.
929	**Iberische Halbinsel.** Emir Abd ar-Rahman III. (912–961) erhebt das Omaijadenreich in den Rang eines Kalifats, da auch die Fatimiden diesen Anspruch erheben. Unter ihm erreicht die Herrschaft der Mauren auf der Iberischen Halbinsel ihre höchste Blüte. Kunst und Wissenschaft werden gefördert und eine Seemacht wird aufgebaut.
933	**Al-Andalus.** Kalif Abd ar-Rahman verlegt das 914 in Algeçiras gegründete Marinearsenal nach Pechina, einem kleinen Ort bei Almeria, acht Kilometer landeinwärts am gleichnamigen Fluß. Gleichzeitig wird eine eigene Admiralität zur Abwehr der Wikingereinfälle gegründet. Von da an nehmen die Kriegszüge gegen die Küsten der Länder der Christen stark zu.
934	**Ligurien.** Genua wird von den Sarazenen aus Nordafrika ausgiebig geplündert.
941	**Seeschlacht vor dem Bosporus.** Die russische Flotte des Fürsten Igor von Kiew, über 1000 Schiffe, wird von der griechischen Flotte vernichtet. Mit nur 15 Dromonen kann Patrikios Theophanes am Eingang des Bosporus mit Hilfe des griechischen Feuers einige der russischen Schiffe verbrennen, die übrigen ergreifen daraufhin die Flucht, woran sie aber durch das Eintreffen der byzantinischen Schwarzmeerflotte aus dem Osten gehindert werden. Die ganze russische Flotte geht in Flammen auf. Die bereits gelandeten russischen Truppen werden aufgerieben.
943	**Kiew.** Die Flotte des Fürstentums greift erneut Aserbaidschan an. Sie läuft in den Fluß Kura, südlich von Baku, ein und plündert die Küstengebiete. Gegenangriffe der Perser zwingen sie unter Verlusten zum Rückzug.
943	**Gefecht vor Fraxinetum.** Mauren aus Al-Andalus plündern von ihrem festen Stützpunkt Fraxinetum aus die Küste der Provence und stoßen in die Alpenländer bis in die Schweiz und nach Schwaben vor. Ein Geschwader aus Ostrom vernichtet im Hafen von Fraxinetum zahlreiche Schiffe der Mauren mit griechischem Feuer. Da die Langobarden die gleichzeitige Belagerung zu Lande vorzeitig aufgeben, nehmen die Mauren die Raubzüge bald wieder auf.
944	**Kiew.** Durch die Drohung, mit einem starken, sich bereits im Anmarsch befindlichen und von einer Flotte begleiteten Landheer erneut Byzanz anzugrei-

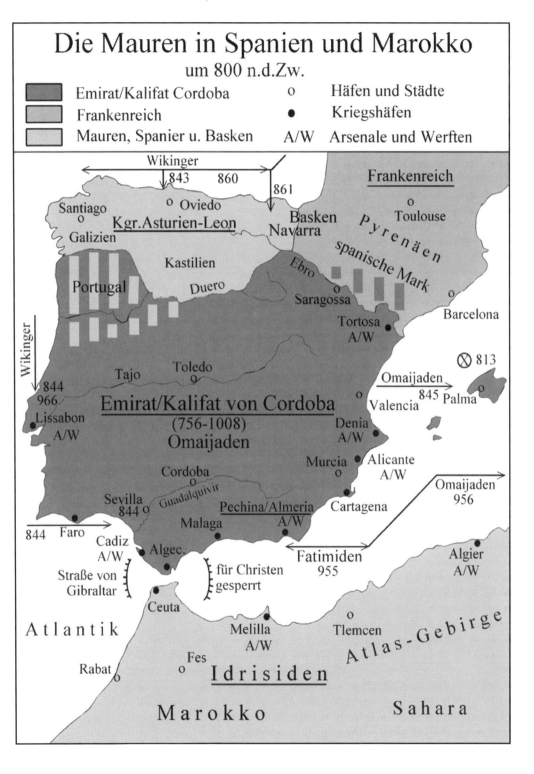

fen, kommt es zu einem Friedens- und Handelsvertrag zwischen Kiew und Byzanz. Darin erhalten die russischen Händler Vorrechte aber auch Beschränkungen.

951 **Italien.** Kaiser Otto I. d. Gr. (936/962–973) macht bei seinem ersten Italienzug den verschiedenen machtlosen italienischen Nationalkönigen (888–962) ein Ende. Die deutschen Könige betrachten sich daraufhin auch als Könige der Lombarden.

955 **Al-Andalus.** Ein Geschwader der Fatimiden aus Nordafrika greift den Flottenstützpunkt Almeria an und zerstört ein dort liegendes Geschwader der Omaijaden.

956–964 **Der Dreimächte-Seekrieg**

Das Oströmische Reich und die spanischen Omaijaden sind gegen die Fatimiden in Nordafrika und auf Sizilien verbündet.

956 **Schiffbruch.** Eine Flotte der Fatimiden aus Tunis wird auf der Fahrt nach Sizilien von einem Sturm dezimiert.

956 **Seeschlacht vor Mazara.** Eine neue Flotte aus Tunis wird an der Westspitze Siziliens von den Verbündeten geschlagen. Noch im selben Jahr sucht eine Flotte der Omaijaden die Küste von Tunesien heim.

958 **Seegefecht in der Straße von Messina.** Ein Geschwader der Fatimiden aus Tunis liefert der Flotte der Verbündeten einen unentschiedenen Kampf. Vor Palermo geht auch dieses Geschwader in einem Sturm verloren.

Juli 960– **Eroberung von Kreta.** Die Flotte von Ostrom unter dem späteren Kaiser Ni-
März 961 kephoros II. Phokas (963–969) landet mit starken Heeresverbänden auf der Insel. Die Flotte besteht aus 2000 Kriegsschiffen, 1300 Transportern mit 50.000 Mann Landungstruppen an Bord. Die Schiffe werden dazu mit Landebrücken ausgerüstet, damit auch die Reiterei direkt vom Schiff an Land und in den Kampf reiten kann. Landungsschiffe dieser Art finden erst im Zweiten Weltkrieg wieder Verwendung. Im Frühjahr 961 wird der letzte Stützpunkt der Sarazenen, das zu Land und zu Wasser belagerte Kandia, erobert. Ostrom verfügt mit Kreta wieder über den Schlüssel zur Seeherrschaft im östlichen Mittelmeer.

964 **Sizilien.** Auf der Insel erobern die Araber mit der Stadt Taormina (962) und der Festung Rametta (964) die letzten Stützpunkte von Ostrom. Ganz Sizilien ist in der Hand der Araber.

964 **Seeschlacht der Vernichtung.** Ein großes Geschwader unter dem Patrikios Niketas evakuiert die letzten Byzantiner aus Sizilien. Eine Flotte der Araber verlegt dem Geschwader vor der kalabrischen Küste den Weg und vernichtet es vollständig. Arabische Kampfschwimmer stecken dabei mehrere griechische Dromonen in Brand.

965 **Kilikien.** Kaiser Nikephoros Phokas erobert die Küstenstädte von Kilikien und die Stadt Tarsos sowie die Insel Zypern. Dabei wird ein Versorgungsgeleit aus Ägypten mit 36 Schiffen für Tarsos erobert. Von dieser Basis aus werden in den nächsten Jahren erfolgreiche Vorstöße bis nach Palästina unternommen. Die Städte Akkon und Cäsaräa werden unter anderen erobert.

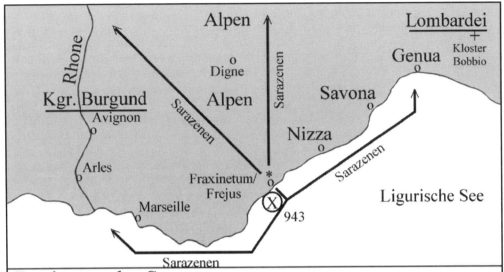

Raubzüge der Sarazenen von Fraxinetum bis in die Alpen 888 - 975

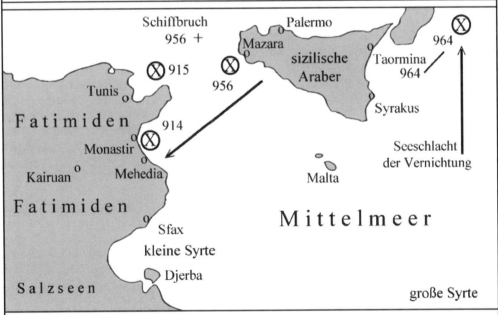

Der Seekrieg Tunis gegen Sizilien 914 - 915
und
Der Dreimächte-Seekrieg 956 - 964

966	**Portugal.** Normannen erscheinen wieder in der Gegend des heutigen Lissabon und verheeren die Küste. Ein Geschwader von 28 Schiffen der Mauren aus Sevilla bringt ihnen vor der Mündung des Tejo eine Niederlage bei.
969	**Ägypten.** Dem fatimidischen Feldherrn Dwafar/Dyouhar gelingt endlich die Eroberung von Ägypten. Die Fatimiden erheben das neu gegründete Kairo zu ihrer Hauptstadt. Schon 958 hat Dwafar die Herrschaft der Fatimiden bis nach Marokko ausgedehnt.
Juli 971	**See- und Landschlacht an der Donaumündung.** Heer und Flotte von Byzanz siegen bei Silistra über ein russisches Heer. Der alte Friedens- und Handelsvertrag wird daraufhin erneuert.
972	**Provence.** Die sarazenischen Seeräuber und Plünderer mit Stützpunkt Fraxinetum kommen bis in die Schweiz und nehmen den Heiligen Majolus, Bischof von Cluny, gefangen. Als Reaktion werden sie 973 von Wilhelm von Arles, dem Markgrafen der Provence, und von Bischof Arduin von Turin aus ihrem Schlupfwinkel vertrieben.
972	**Heirat.** Die Nichte (?) des byzantinischen Kaisers Theophano wird vom Erzbischof von Köln in Konstantinopel abgeholt und in Rom mit Otto II., dem Sohn Kaiser Ottos I. d. Gr., verheiratet. Durch Theophano kommt griechische Kunst und Wissenschaft an den Hof der Ottonen und sie wird ein äußerst fähiger Vormund für ihren Sohn Otto III.
972–975	**Levante.** Kaiser Johannes I. Tsimiskes (969–976) von Byzanz nimmt einen Angriff der Fatimiden aus Ägypten zum Anlaß für einen Angriff bis Palästina. Zunächst wird an den oberen Euphrat vorgestoßen, im folgenden Jahr (975) werden die Städte Baalbek, Damaskus, Tiberias, Akkon und Cäsaräa erobert. Palästina wird bald wieder geräumt, aber die wichtigen Hafenstädte Banyas, Beirut und Sidon im Libanon werden ebenfalls erobert.
982	**Kalabrien.** Bei seinem Italienzug trifft der deutsche Kaiser Otto II. nahe der Küste bei Catanzaro auf ein Heer der Sarazenen aus Sizilien. Nach blutigem Kampf unterliegen die deutschen Ritter, der Kaiser kann sich nur mit Mühe auf ein ihn begleitendes Schiff der Byzantiner retten.
989	**Byzanz.** Ein Heer von Aufständischen aus Kleinasien belagert Konstantinopel und will Kaiser Basileios II. (976–1025) stürzen. Die Zentralflotte schützt ein Jahr lang die Stadt, dann trifft ein Hilfsgeschwader von Warägern aus Kiew ein. Mit ihnen zusammen werden die Angreifer vernichtet. Zum Dank erhält Großfürst Wladimir (978–1015) von Kiew die Hand der Schwester des Kaisers. Rußland wird dann von Byzanz aus christianisiert.
992	**Venedig.** Die Lagunenstadt unterstützt mit ihrer Flotte Byzanz bei dessen Kämpfen in Süditalien. Der Doge Peter II. Orseolo (961-1009) erhält dafür in einer Chrysobull (Goldene Bulle) besondere Privilegien im Handel und der Gerichtsbarkeit für Venezianer im Byzantinischen Reich. Es beginnt der rasche wirtschaftliche Aufstieg Venedigs.
1000	**Adria.** In einem groß angelegten Seezug unterwirft der Doge Peter II. die dalmatinischen Narentiner und sichert den Seehandel vor den Angriffen der Seeräuber.

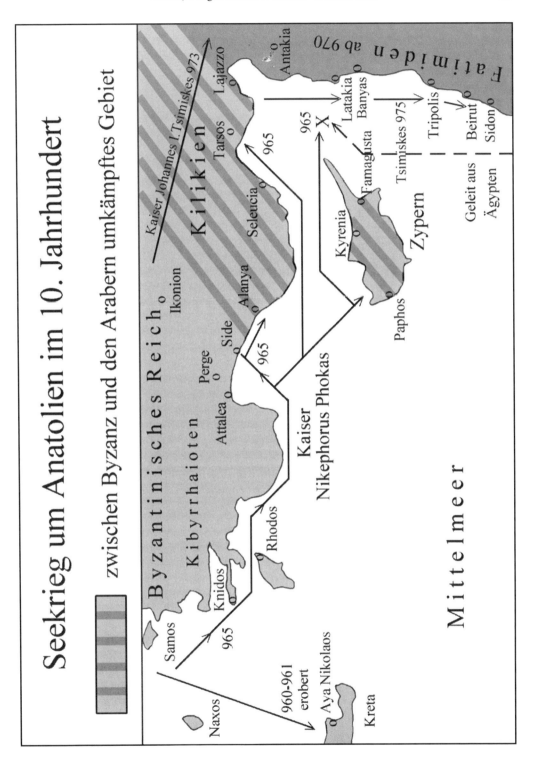

1013 **Al-Andalus.** Emir Mudjahid von Denia (1010?–1045), nahe von Kap de la Nao, gegenüber von Ibiza, erklärt sich für unabhängig und baut eine schlagkräftige Kriegsflotte auf. Mit ihr erobert er die Balearen und zwei Jahre später sogar Sardinien, wovon er aber bald wieder vertrieben wird.

1014 **Byzanz.** Kaiser Basileios II. (976–1025) vernichtet das Reich der Bulgaren und läßt 14.000 Gefangene blenden. Unter ihm erreicht das Byzantinische Reich seinen Höhepunkt. Durch die Heirat mit einer Schwester von Großfürst Wladimir von Kiew erlangt Basileus auch Einfluß in Rußland.

Anfang 11. Jh. **Araber.** Ihre Seezüge gegen Griechenland scheitern unter großen Verlusten. Seit der Eroberung Siziliens ist die Angriffskraft der Sarazenen erschöpft. Es beginnt der Gegenangriff christlicher Geschwader. In der Flotte des Byzantinischen Reiches kämpfen bereits Waräger gegen die Araber.

Die Seezüge der Germanen und Wikinger

An den Küsten von **Nord- und Westeuropa** hat die Schiffahrt mit wesentlich schwierigeren Bedingungen zu kämpfen als im Mittelmeer. Im Süden sind alle Punkte durch Fahrten entlang der Küsten zu erreichen, kurze Fahrten über Meerengen können Landwege wesentlich abkürzen. Vor allem im Sommer sind die Winde stetig, das Meer ist dann fast immer ruhig und kommt der Fahrt mit Riemenschiffen wie der mit Segelschiffen gleichermaßen entgegen. Im Norden ist dagegen das ganze Jahr über mit Stürmen und Nebel, im Winter auch mit Eis und Kälte zu rechnen. Eine Hochseeschiffahrt hat sich daher erst relativ spät entwickelt. Die Fahrten der Vorgeschichte wurden nur entlang der Küstenlinie, innerhalb der Schären und auf den Flüssen unternommen. Nur die Ostsee war etwas ruhiger, im Winter manchmal vereist und daher für den Verkehr günstiger. Bis zum Ende der letzten Eiszeit lag die Küstenlinie noch viel weiter im heutigen Meer. Die Ostsee war ein Binnenmeer, England hatte eine Landverbindung mit dem Kontinent und die Doggerbank war eine Insel. Noch früher gab es wahrscheinlich eine Landbrücke von Dänemark nach England.

Trotzdem wurde schon früh in diesen Gewässern Seefahrt betrieben. Dies beweisen die Funde von einem Paddel aus dem 7./8. Jahrtausend vor der Zeitenwende und die Felsritzungen von Booten in Skandinavien.

Die im heutigen Dänemark und Südschweden siedelnden Stämme der **Germanen** waren zu Ende des 1. Jahrtausends v. Chr., wahrscheinlich wegen Bevölkerungsüberschuß, aus ihrer Heimat aufgebrochen und begannen die langen Wanderungen nach dem Süden, die sich über viele Generationen hinzogen. Nur einige Stämme erhielten sich aber ihre Seefahrertradition. Die Goten und Heruler beherrschten einige Zeit das Schwarze Meer und die Ägäis, die Vandalen wurden im Zuge der klassischen Völkerwanderung die Herren des westlichen Mittelmeeres. Zur selben Zeit beunruhigten die Sachsen und Angeln die Küsten Westeuropas.

Der Großteil der Stämme/Völker der Germanen gründete auf dem ehemaligen Territorium des Römischen Reiches eigene Herzogtümer/Königreiche. Sie hatten aber außerhalb des germanischen Sprachraumes keinen Bestand und gingen in der Vorbevölkerung auf [in der Klammer die ungefähren Jahre des Bestandes], wie die der Angelsachsen (600), Franken (400), Burgunder (100), Westgoten (300), Ostgoten (60) und Vandalen (100). Aus dem Westfrankenreich entstand schließlich Frankreich, aus dem Ostfrankenreich das Deutsche Reich.

Als zu Beginn des frühen Mittelalters Handel und Wandel wieder aufblühten, waren es im Norden die Friesen, welche die ersten Seehandelswege in Nordeuropa befuhren. Diese gingen die Küsten der Nordsee entlang nach dem Osten und über die Landenge von Schleswig, wo eine Schleppstrecke zur Ostsee den Umweg um das stürmische Kap Skagen vermied. In der Ostsee wurde Südschweden und das Baltikum erreicht. Die Stadt Haithabu verdankte diesem Weg ihre Blüte. Von ihrem Stapelplatz Dorestad im Rheindelta fuhren die Schiffe der Friesen den Rhein aufwärts bis in den süddeutschen Raum. Dort erreichten sie den Anschluß an den Handelsweg, der von Venedig über die Alpen kam. Nach der Eroberung von Ostfriesland durch Kaiser Karl d. Gr. verlegten sich die Friesen noch mehr auf den Handel und wurden im 9. und 10. Jahrhundert die Waren- und Kulturmittler in Nordeuropa.

Gegen Ende des 8. Jahrhunderts begannen die Raubzüge der **Nordgermanen**, die nach der ersten germanischen Wanderung in Skandinavien verblieben waren. Sie wurden in Westeuropa Wikinger, später Normannen, in Osteuropa Waräger genannt. Es war dies die letzte Völkerwanderungsbewegung aus dem Norden, die auf Europa einen wesentlichen Einfluß ausübte.

Und es war eine Wanderbewegung, die hauptsächlich zur See ausgeführt wurde, während jene der Germanen rund 500 Jahre früher fast ausschließlich zu Land erfolgt war.

Das wesentlichste Moment, das diese Wanderung auslöste, war die beginnende Machtkonzentration bei einigen wenigen Fürsten, die versuchten, sich zu Königen über ganze Landstriche aufzuschwingen. Die übrigen Stammesführer und Gegenkönige zogen oft den Weg in fremde Länder der Unterwerfung und Tributzahlung vor. Durch den Seehandel kannten sie den Reichtum der Länder jenseits des Meeres, in den elastischen Wikingerschiffen hatten sie ein wohl kleines, aber schnelles und leichtes Transportmittel, mit dem sie große Strecken rasch zurücklegen und überraschend auftreten konnten. Diese Schiffe konnten auch auf Flüssen weit aufwärts gefahren oder getreidelt werden. Sie konnten am flachen Strand aufgelegt und über kurze Strecken zu Land auf Rollen transportiert werden. So fuhren sie von einem Flußsystem zum anderen.

Zu Beginn waren die Fahrten reine Raubzüge um schnelle Beute entlang der Küsten und kurze Strecken die großen Flüsse aufwärts. Aber immer waren die Schiffe der feste Stützpunkt und sichere Rückhalt. Diese Fahrten waren zunächst rein private Unternehmungen, hinter denen am Anfang keinerlei staatliche Autorität stand. Ähnliches gilt auch für die Fahrten der Franken, Angeln, Sachsen und Jüten rund 300 Jahre früher.

Im Gegensatz zur islamischen Eroberungswelle, bei der eine politische und religiöse Einigung die Kräfte frei setzte, war es hier das Gegenteil, nämlich das Auflehnen gegen die politische und religiöse Einigung (Auftreten des Christentums im Norden mit seiner Unterstützung der staatlichen Autorität). Es war daher auch anders als bei den Griechen, wo wirtschaftliche Gründe (der karge Boden) zur Kolonisation trieben.

Die Kolonisation erfolgte bei den Wikingern auch erst in einer späteren Zeit. Nachdem die ersten Raubscharen mit reicher Beute belohnt wurden, hatten sich immer mehr Krieger den Raubzügen angeschlossen. Die Ziele wurden immer weiter gesteckt und schließlich mußten vorgeschobene Stützpunkte angelegt werden (Irland, Normandie, Noirmoutier). Dies führte zum Überwintern im fremden Land und schließlich zum Nachholen der Familien, die dann die Raubzüge mitmachten. Erst um die Mitte des 9. Jahrhunderts begannen die Wikinger mit dauernder Landnahme, vorwiegend auf den Britischen Inseln, in der Normandie und in Rußland. Die norwegischen Wikinger ließen sich meist in Irland, Schottland und auf den vorgelagerten Inseln nieder. Die dänischen Wikinger bevorzugten England und das Frankenreich. Die schwedischen Waräger siedelten zunächst im Baltikum, dann um Moskau, später um Kiew, immer an großen Flüssen. Sie beherrschten die Wasserscheiden von der Ostsee über die Wolga in das Kaspische Meer und über den Dnjepr zum Schwarzen Meer. Über das Kaspische Meer und Persien fanden die Waräger in Mesopotamien Zugang zu den Handelsgütern aus Ostasien, die von dort zur See in Bagdad eintrafen. Über das Schwarze Meer hatten sie schließlich Verbindung mit Ostrom. Mehrmals versuchten sie Konstantinopel zu erobern, scheiterten aber jedes Mal.

Wie den um die gleiche Zeit vorstoßenden Arabern im Mittelmeer wurde auch den Wikingern der Einbruch in die Reiche von Mittel- und Westeuropa (Osteuropa war noch nicht organisiert) durch deren militärische Schwäche erleichtert. Nur das **Frankenreich** unter Karl d. Gr. konnte einigermaßen Widerstand leisten. Dieses Reich wurde zunächst unter dem Geschlecht der Merowinger um 500 gegründet. Ständige Reichsteilungen bei der Nachfolge führten zu einer Schwächung, die durch die mächtigen Hausmeier (Majordomus) noch verstärkt wurde. Erst das Geschlecht der Karolinger unter dem Hausmeier Karl Martell und seinem Sohn Karl, später der Große, führte das Frankenreich zu seiner Blüte. Es umfaßte das ganze ehemalige Gallien und die heutigen Beneluxstaaten, Deutschland und Österreich. Nach der Empörung (830) der Söhne von Kaiser Ludwig dem Frommen lag den Wikingern aber das ganze Frankenreich offen. Wie in Süditalien die Sarazenen wurden diese kriegerischen Scharen oft von lokalen Grafen gegen ihre Rivalen als Hilfstruppen ins Land gerufen (Plünderung von Nantes).

Trotzdem kam es im Frankenreich zur ersten **kulturellen Renaissance** seit den Römern. Karl d.Gr. holte viele Gelehrte aus West- und Südeuropa an seinen Hof. Der Abt von St. Denis Alkuin, Paulus Diakonus, Petrus von Pisa, Paulinus von Aquileia und der Geschichtsschreiber Einhard sind nur einige von vielen. Die neben dem kaiserlichen Hof entstehenden Dom- und Klosterschulen lehrten die Artes liberales und alle Wissenschaften. Daneben wurde die Kunst in allen Formen gefördert, die stark von Byzanz beeinflußt war wie z.B. die Baukunst (Pfalzkapelle zu Aachen) und die Buchmalerei.

Auf den Britischen Inseln errichteten nach dem Abzug der Römer im 4. Jahrhundert die **Angeln, Sachsen** und später auch die **Dänen** eigene Herzogtümer und drängten die einheimischen Briten nach Wales, Cornwall und in die Bretagne ab. Erst nach der Eroberung Englands durch die Normannen aus der ehemals fränkischen Normandie unter Herzog Wilhelm dem Eroberer wurde das Land wieder unter einer Herrschaft geeint.

In Skandinavien bildeten sich erst nach der in diesem Kapitel geschilderten Zeit eigene christliche Königreiche heraus. Analoges gilt auch für Osteuropa.

Die großen **Heerhaufen der Wikinger** waren mit ihren Familien und dem Hausrat immer schwerfälliger geworden und begannen schließlich, sich seßhaft zu machen. Sie gingen allmählich in der übrigen Bevölkerung auf, da sie aus der Heimat keinen Zuzug an Neusiedlern erhielten. Denn in ihren Heimatländern bekamen die Anwärter auf den Königsthron mit der Auswanderung der Rivalen das Übergewicht. Das schon seit einiger Zeit bestehende dänische Königreich konnte sich festigen und auch territorial ausgreifen (Südschweden, Norwegen und sogar England). In Norwegen und Schweden bildeten sich die ersten organisierten Königreiche. Mit dieser Festigung der nordischen Herrschaften ging die heroische Zeit der Wikinger zu Ende (11. Jh.), die mit der Plünderung des Klosters Lindisfarne (793) begonnen hatte. Die späteren Kriegszüge waren keine privaten Raubfahrten mehr, sondern entweder Bürgerkriege oder zentral organisierte staatliche Unternehmungen. Die Fahrten des ersten norwegischen Königs Harald Schönhaar (863–933) nach den Orkneys und Hebriden etwa erfolgten nicht zur Unterstützung der siedelnden norwegischen Wikinger, sondern um sie für Angriffe auf die Küste von Norwegen zu bestrafen und zu unterwerfen.

Der Übergang zur Zeit der Jahrtausendwende zeigt sich deutlich an den beiden Wikingern Olaf Tryggvason aus Norwegen und Sven Gabelbart aus Dänemark. Beide kamen an der Spitze ihrer Wikinger, der eine aus dem Baltikum, der andere aus Dänemark. Sie zogen von 980 an plündernd durch den Süden von England. Beide errangen nach der Rückkehr in die Heimat dort den Königsthron und erschienen dann an der Spitze des staatlichen Heerbannes wieder im Ausland. Olaf unternahm einen Zug gegen die Wenden in der Ostsee (wo er in einer Seeschlacht fiel), Sven erschien nach der „Dänischen Vesper" 1002 zweimal in England als offizieller Vertreter seines Königreiches.

Die Einigung von **Norwegen** wurde erst durch den Einsatz von organisierten Flotten ermöglicht. Das Land selbst ist zerklüftet wie Griechenland, und nur mit Schiffen war es möglich, rasch Truppenverschiebungen vorzunehmen. Die Einigungskämpfe haben daher im wesentlichen zur See stattgefunden.

Am Anfang des 11. Jahrhunderts versuchte der Graf (Jarl) auf den Hebriden und den Orkney-Inseln Irland, wo die Kelten den Wikingern wieder die Herrschaft entrissen hatten, zu erobern.

Er erlitt aber eine schwere Niederlage. In England dagegen konnten die Dänen unter König Knut II. d. Gr. (1016/1018–1035), dem Sohn von Sven Gabelbart, die Herrschaft 1016 an sich reißen. Knut wurde 1018 auch König in Dänemark und 1028 König von Norwegen. Er besaß dadurch als einziger ein Großreich rund um die Nordsee.

Die Wikinger unternahmen auch Fahrten in den Norden. Diese wurden aber vom Anfang an mit dem Ziel der Landnahme begonnen, denn in jenen unbewohnten Ländern war keine Beute zu machen. Eine Fahrt an die Küsten des Eismeeres (878), wo sie bis zur Mündung der nördlichen Dwina/Düna gelangten, hatte keine Folgewirkung. Ab 874 begann die Besiedlung von **Island**, wo sich schon seit 50 Jahren einzelne irische Mönche aufhielten. Ab 984 wurde **Grönland** besiedelt. Siedlungsversuche in **Nordamerika** zu Beginn des 11. Jahrhunderts scheiterten jedoch. Auch die Kolonie auf Grönland konnte sich nicht halten. Eine Klimaverschlechterung und Druck der von Nordwesten kommenden wetterfesteren Inuit/Eskimos führten zum Untergang der norwegischen Bevölkerung. Mit dazu beigetragen dürfte aber auch das mangelnde Interesse des norwegischen Mutterlandes haben. Denn für die Exportartikel von Grönland, Felle und Walroßzähne, konnten preiswertere Bezugsquellen gefunden werden. Die Felle kamen nun aus Rußland, der Walroßzahn wurde durch afrikanisches Elfenbein verdrängt. Im 15. Jahrhundert waren die letzten norwegischen Bewohner auf Grönland verstorben.

Die **Langschiffe** (Längen-Breiten-Verhältnis 6:1) der Wikinger, die großen davon wegen ihrer Bugzier oft Drachenschiffe genannt, waren für die Fahrten über die Hohe See und die Flüsse aufwärts durch ihre leichte und flexible Bauweise bestens geeignet. Die Schiffe konnten über kurze Tragstrecken von einem Flußsystem zum anderen getragen oder auf Rollen befördert werden. Die Langschiffe hatten je nach Größe bis zu 60 Mann Besatzung, manche Schiffe der Anführer noch wesentlich mehr. Sie ermöglichten den Wikingern/Warägern Reisen von der Ost- und Nordsee in das Mittelmeer, das Schwarze Meer und bis zum Kaspischen Meer. Mit ihren **navigatorischen Leistungen** waren die Wikinger echte Vorläufer der Entdeckungsreisenden des 15. und 16. Jahrhunderts. Ihre Leistungen auf langen Fahrten mit solch kleinen Schiffen sind nur von den Fahrten der Polynesier im Pazifik übertroffen worden.

Die römischen Kriegs- und Handelsschiffe, die bis zu den Britischen Inseln fuhren, verschwanden ab dem 4. Jahrhundert aus den Quellen und lassen sich nicht mehr durch archäologische Funde nachweisen. Aber die Wikingerschiffe waren für den immer größeren Mannschafts- und Gütertransport bald zu klein. So entwickelte sich ab der Mitte des hier geschilderten Zeitraumes in Nordeuropa eine Reihe von neuen Schiffstypen, die sowohl für den Kriegseinsatz als auch als Frachtschiffe geeignet waren. Das „Kiel" und der „Holk" waren die größten ihrer Art, wurden aber auch mit anderen Namen bezeichnet. Gegen Ende des Jahrtausends kam auch eine frühe „Kogge" in Gebrauch, die sich aber von den späteren und größeren Koggen dadurch unterschied, daß sie einen flachen Boden hatte, um im Wattenmeer trockenfallen zu können. An den Westküsten Europas waren noch weitgehend Fellboote vom irischen Typus im Einsatz. Auf den Binnengewässern waren im Unterlauf der großen Flüsse die genannten Typen, meist etwas kleiner, in Verwendung. In den schmäleren Flußläufen waren Flöße für Talfahrt und Einbäume mit aufgesetzten Planken für Berg- und Talfahrt unterwegs.

Für die größeren der genannten Schiffe waren zum Laden und Löschen Kaianlagen oder Landebrücken notwendig. Jene aus römischer Zeit waren zur Mitte des Jahrtausends bereits verfallen. Gegen Ende des Jahrtausends wurden in ganz Nord- und Westeuropa wieder neue Anlagen gebaut. In den westeuropäischen Flußmündungen mit großem Gezeitenunterschied wurde begonnen, erste „nasse" Docks anzulegen.

Germanen. Sie sind seit dem 2. Jahrhundert v. Chr. aus dem südlichen Skandinavien nach Ost- und Mitteleuropa eingewandert. Ihr weiteres Vordringen nach Süden und Westen wird zunächst von den Römern gestoppt, die mit dem Besitz der Küsten der Iberischen Halbinsel, Galliens und Englands die Seeherrschaft in den Gewässern um Westeuropa halten (1.–4. Jh.). *um die Zeitenwende*

Germanien. Das Volk der Chauken siedelt beiderseits der Mündung der Weser. In diesen Jahren unternehmen sie mit ihren Booten Fahrten an die Mündung des Rhein, um zu plündern. Sie werden jedoch bald von einem Geschwader der römischen Rheinflotte geschlagen und vertrieben. *41 und 47 n Chr.*

Germanien. Im Norden erheben sich mehrere germanische Stämme, darunter die Friesen, Chauken und Usipi, gegen die Römer. Sie erobern einige römische Schiffe. Mit diesen und ihren eigenen Booten bereiten sie einem römischen Geschwader vor der Rheinmündung eine Niederlage, wobei sie auch eine Triere erobern. Diese Revolte mündet in den Aufstand des Julius Civilis (siehe vorne). *69*

Nordsee. Im Südosten von England und an der Rheinmündung finden sich aus dieser Zeit zahlreiche Münzfunde aus Verstecken. Zur gleichen Zeit werden die Küstenorte befestigt. Dies weist auf verstärkte Piratenfahrten von germanischen Stämmen (Chauken?) aus dem Wesergebiet hin. *~170–200*

Irland. Mehrere Schiffe unternehmen eine Piratenfahrt an die Küsten von England, Schottland sowie bis zu den Orkney-Inseln und plündern eine Reihe von Plätzen. Dies veranlaßt die Römer, in der Irischen See ein Wachgeschwader aufzustellen. *222*

Nordsee. Die germanischen Stammesverbände der Franken und Sachsen siedeln am rechten Ufer des Niederrheins und zwischen Ems und dem heutigen Holstein. Durch die Schwäche des Römischen Reiches um diese Zeit (Bürgerkriege) und die Umformung der Küstengebiete durch Springfluten beginnen diese Germanen wieder mit ihren Piratenfahrten entlang der europäischen Westküste. *2. Hälfte 3. Jh.*

Britannien. Die Sachsen beginnen ihre Raubzüge zur See die Küste der Nordsee entlang bis in den Ärmelkanal. Auch die keltischen Iren vom Westen und die Pikten vom Norden beunruhigen die englischen Küsten. Aus dieser Zeit stammen zahlreiche Funde von versteckten Münzen im Südosten von England und an der Westküste von Gallien. *2. Hälfte 3. Jh.*

Franken. Eine Flottille unternimmt eine Piratenfahrt entlang der Küste und über die Flüsse durch Gallien, kommt bis an die Iberische Halbinsel, plündert Tarragona und soll mit erbeuteten Schiffen über Nordafrika zurückgekehrt sein. Rund 18 Jahre später wird so eine Piratengruppe von Kaiser Probus (276–282) gefangengenommen und am Schwarzen Meer gegen die Angriffe der Goten angesiedelt. Sie besorgen sich aber selbst Schiffe, fahren plündernd durch das Mittelmeer und kehren durch die Straße von Gibraltar wieder heim. *~ 260*

Ärmelkanal. Gegen die Raubgeschwader der Germanen läßt der römische Statthalter in Britannien beiderseits von Dover und Calais Küstenbefestigungen errichten und dort Flottillen von Kriegsschiffen stationieren, um die Piraten abzufangen. Er ist damit erfolgreich und erklärt sich zum Kaiser für Britannien *~ 280* und die gegenüberliegenden Küsten, da im Römischen Reich gerade wieder Bürgerkrieg herrscht (siehe vorne).

287 **Heruler.** Eine Gruppe von Germanen aus dem südlichen Dänemark greift die römischen Besitzungen an der Rheinmündung an. Ein Geschwader von Kaiser Maximian (286–310) kann sie stellen und besiegen.

~358 **Rheingrenze.** Die Franken und Alemannen dringen über den unteren Rhein in die römische Provinz Belgica ein. Um die Schiffahrt von Britannien an den mittleren Rhein freizuhalten, unternimmt Kaiser Julian (355/360–363) eine erfolgreiche Flottendemonstration mit rund 600 Schiffen und Fahrzeugen der Rheinflotte.

367 **Britannien.** Geschwader der Schotten aus Nordirland, der Pikten an der Ostküste, der Sachsen und Franken vom Osten greifen in einer konzertierten Aktion das römische Britannien und die Küsten von Gallien in der sogenannten „**barbarica conspiratio**" an. Im folgenden Jahr vernichtet der römische Heermeister Theodosius ein Geschwader der Sachsen und erhält dafür den Beinamen „Sachsenschreck". Gegen die Pikten wird eine Strafexpedition bis zu den Orkneys unternommen.

seit 375 **Völkerwanderung.** Mit dem Einfall der Hunnen rechnet man die eigentliche „Völkerwanderung". Die West- und Ostgermanen bilden auf dem Gebiet des zerfallenden Römischen Reiches Nachfolgestaaten.

seit ca. 400 **Britannien.** Aufgabe der Britischen Inseln durch die Römer und Beginn der Einwanderung der Angeln, Sachsen und Jüten. Die Briten werden zum Teil nach Wales, Schottland und Cornwall sowie in die Bretagne abgedrängt.

5. Jh. **Nordeuropa.** Nach dem Zusammenbruch der römischen Herrschaft in Nordeuropa sind die keltischen Iren und die Angelsachsen die vorherrschenden Seemächte an den Küsten von Nordwesteuropa. Sächsische Piraten stoßen von der Nordsee bis in die Biskaya vor. Nach dem Abwandern der germanischen Stämme im Ostseegebiet nach Westen und Süden übernehmen dort die Suionen/Schweden und Dänen die Seeherrschaft.

um 450 **Britannien.** Nach der „angelsächsischen Chronik" bringen Hengist und Horsa mit drei Schiffen die ersten Siedler aus Skandinavien nach England und landen bei Ebbsfleth, einer alten Zollstation. Auch andere Gruppen mit jeweils drei bis fünf Schiffen kommen um die gleiche Zeit.

451 **Schlacht auf den Katalaunischen Feldern.** Flavius Aetius, der römische Feldherr und Statthalter in Gallien, schlägt mit Hilfe der Westgoten die Hunnen unter Attila.

463 **Sachsen.** Eines ihrer Geschwader fährt durch den Ärmelkanal und rund um die Bretagne bis zur Mündung der Loire. Im Jahr 475 erreicht ein Geschwader der Sachsen die Mündung der Gironde.

um 470 **Gallien.** Im Süden gründen die Westgoten das Tolosanische Reich (419–507) bevor sie nach der Iberischen Halbinsel weiterziehen. Um diese Zeit wird unter König Eurich (466–484) das älteste germanische Gesetzgebungswerk (Codex Euricianus) in lateinischer Sprache verfaßt.

486 **Franken.** König Chlodwig der Merowinger siegt über den römischen Dux Syagrius und gründet das Frankenreich, das zunächst vom Niederrhein bis an

Römisches Reich und die Germanen
Zeitenwende bis ~ 400

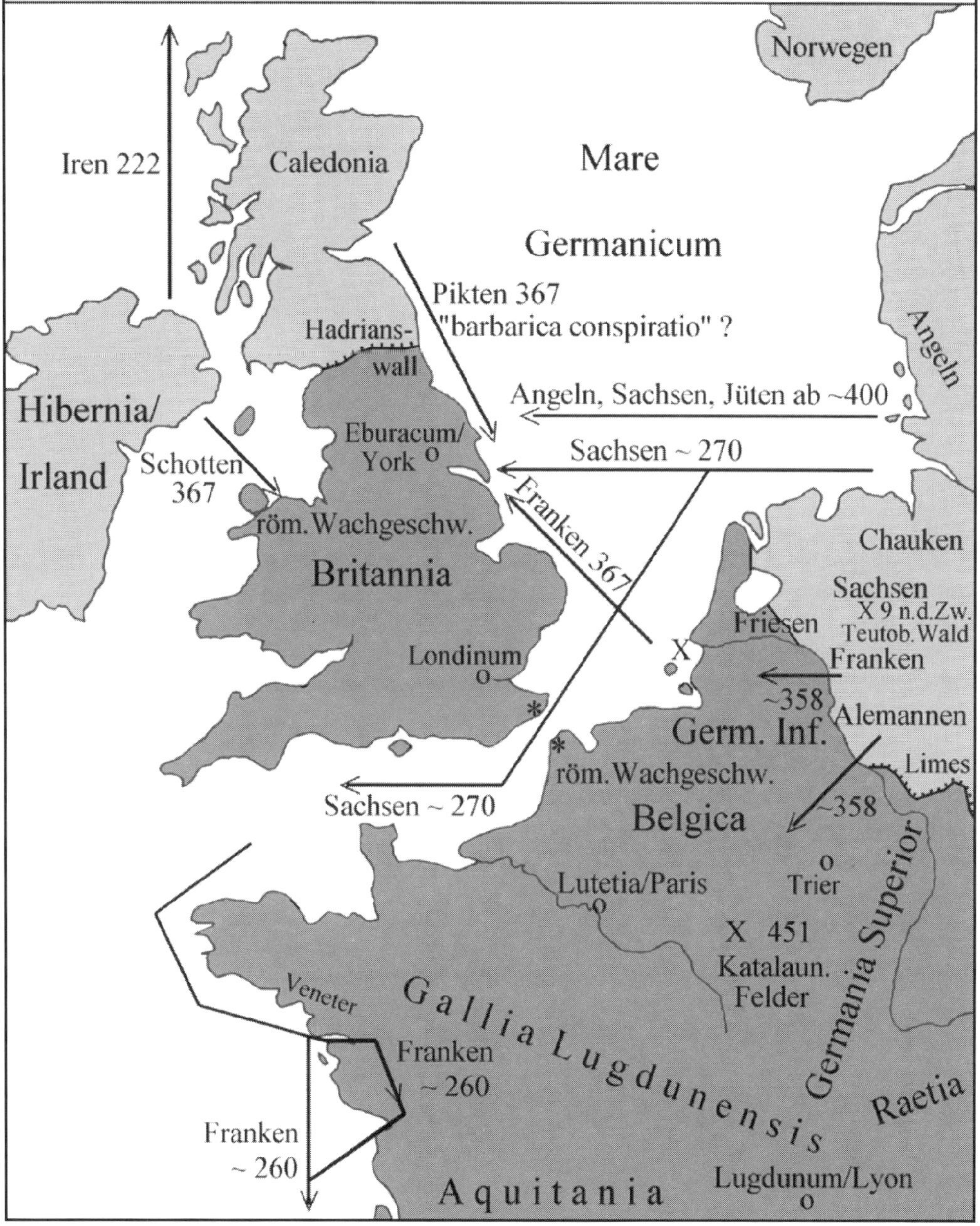

- Norwegen
- Iren 222
- Caledonia
- Mare Germanicum
- Pikten 367 "barbarica conspiratio" ?
- Hadrianswall
- Angeln
- Angeln, Sachsen, Jüten ab ~400
- Hibernia/ Irland
- Schotten 367
- Eburacum/York
- Sachsen ~ 270
- röm. Wachgeschw.
- Franken 367
- Britannia
- Chauken
- Friesen
- Sachsen X 9 n.d.Zw. Teutob. Wald
- Londinum
- Franken
- ~358
- Germ. Inf.
- Alemannen
- Limes
- röm. Wachgeschw.
- Sachsen ~ 270
- Belgica
- ~358
- Lutetia/Paris
- Trier
- X 451 Katalaun. Felder
- Veneter
- Gallia Lugdunensis
- Germania Superior
- Franken ~ 260
- Raetia
- Franken ~ 260
- Aquitania
- Lugdunum/Lyon

507	die Loire reicht. Chlodwig tritt auf Drängen seiner getauften Frau zum Christentum über und fördert die Verschmelzung von Galliern und Germanen. **Frankenreich.** In der Schlacht bei Vouglé, nahe Poitiers, siegen die Franken über die Westgoten und erobern Gallien bis zu den Pyrenäen. Durch Teilungen auf die Nachkommen wird das Reich der Merowinger wieder geschwächt.
um 525 (zwischen 516 und 534)	**Seeschlacht in der Rheinmündung.** Eine Flotte der Germanen aus Jütland unter Earl Hygelac greift das Merowingerreich an. Die Dänen plündern Dorestad und laufen mit der mit Beute beladenen Flotte zur Nordsee. Hygelac fällt schon im Kampf zu Land. An der Rheinmündung wird die dänische Flotte von einem Geschwader der Merowinger gestellt und erobert. Nach Gregor von Tours können alle Gefangenen befreit und die Beute gerettet werden.
585	**Franken.** Ein Geschwader aus Gallien unterstützt einen Aufstand der Sueben gegen die Westgoten in Nordwestspanien. In einem Gefecht in der Biskaya vernichten die Schiffe des Gotenkönigs Leowigild (567–590) dieses Geschwader.
um 654	**Spanien.** Der westgotische König Rekiswinth (649–672) erläßt ein für Goten und Römer einheitliches Gesetzbuch (Lex Visigothorum).
684	**England.** Die Bewohner von Northumbrien unternehmen unter dem Earl Beorht einen Seezug nach Irland. Sie kehren mit Beute und Gefangenen zurück, werden aber vom Geschichtsschreiber Beda Venerabilis kritisiert, weil sie Kirchen zerstört haben.
687	**Frankenreich.** Der karolingische Majordomus (Hausmeier und Reichsverwalter) Pippin II. (679–714) vereinigt die einzelnen Reichsteile wieder in einer Hand.
6. und 7. Jh.	**Nordwesteuropa.** In diesen beiden relativ friedlichen Jahrhunderten nimmt der Seehandel in den nordischen Gewässern einen langsamen aber stetigen Aufschwung.
732	**Schlacht bei Tours und Poitiers.** Der Hausmeier Karl Martell besiegt in dieser Schlacht die Mauren und beendet ihre Vorstöße in das Frankenreich.
733–734	**Frankenreich.** Unter Karl Martell wird Westfriesland erobert. Neben dem Heer kommt dabei auch eine Flotte zum Einsatz. Nur damit kann man in dem Inselgewirr an Rhein- und Maasmündung operieren. Die Flotte stößt dann bis zur Emsmündung vor.
743	**Frankenreich.** Pippin III. (751–768) setzt den letzten der merowingischen Schattenkönige ab und wird 751 von Papst Zacharias (741–752) zum König der Franken gekrönt. Pippin kommt den Päpsten gegen die Langobarden zu Hilfe und schenkt Rom die eroberten Gebiete (Anfang des Kirchenstaates).
787	**England.** Völlig überraschend greifen norwegische Wikinger die Stadt Dorchester an. Es ist deren erster Überfall auf die Küste der britischen Inseln.
772	**Frankenreich.** Kaiser Karl d. Gr. (768/800–814) beginnt die Kriege gegen die Sachsen, die mit Unterbrechungen bis 804 anhalten. Schon zwei Jahre später hat Karl das Langobardenreich erobert und nennt sich dann König der Franken und Langobarden. Weitere vier Jahre später wird der Bayernherzog Tassilo abgesetzt und in ein Kloster verbannt. Alle germanischen Stammesherzogtümer sind nun im Karolingerreich vereinigt.

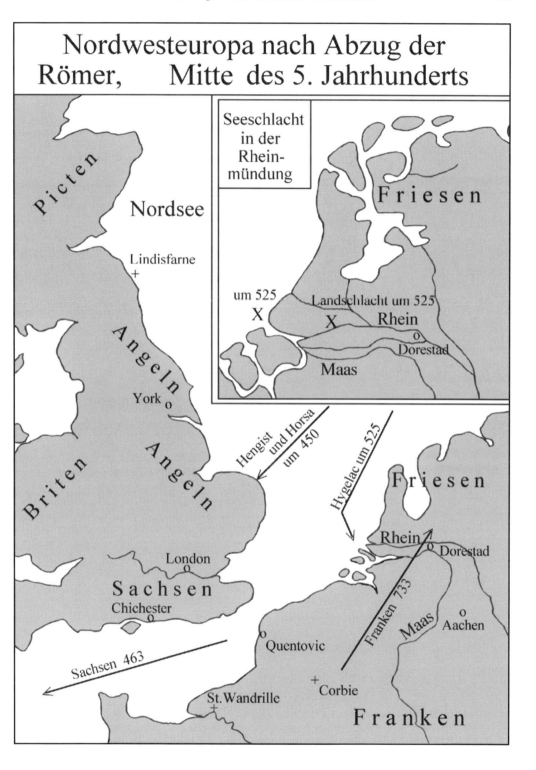

789	**Frankenreich.** Karl unternimmt einen Feldzug gegen die Slawen im heutigen Brandenburg. Mit dem Heer überschreitet er die Elbe, wahrscheinlich nahe dem heutigen Magdeburg. Ein Flottille mit verbündeten Friesen und den Franken kommt die Elbe aufwärts in die Havel und arbeitet mit dem Heer zusammen.
791	**Frankenreich.** Karl unternimmt seinen umfangreichen Kriegszug gegen die Awaren im heutigen Ungarn. Das Heer wird bei Regensburg versammelt und marschiert von dort die Donau entlang nach Osten. Auf der Donau bringt die Flußflotte Nachschub und unterstützt das Heer bei Flußquerungen mit Hilfe einer zerlegbaren und wiederverwendbaren Pontonbrücke. In den Jahren bis 796 werden noch zwei weitere derartige Züge unternommen. Die Awaren sind dann als Bedrohung ausgeschaltet. Als Folge dieses Kriegszuges gibt Karl den Auftrag zum Bau eines Main-Donaukanals, dessen Bau aber bald wieder gestoppt wird.
8. Juni 793	**Plünderung des Klosters Lindisfarne.** Der Überfall auf diese Klosterinsel im Norden Englands gilt als der Beginn der geplanten Raubzüge der Wikinger, die sich schließlich über die ganze Nordseeküste von England, den Ärmelkanal und Irland erstrecken.
25. Dezember 800	**Karolinger.** Karl d. Gr. wird in Rom von Papst Leo III. (795–816) zum Kaiser gekrönt. Im Vertrag zu Aachen (812) erkennt Byzanz die Kaiserkrönung an. Karl verzichtet dafür auf seinen Anspruch auf Venetien, Istrien und Dalmatien.
ab 800	**Frankenreich.** Kaiser Karl errichtet einen Küstenwarndienst und läßt im Ärmelkanal ein Geschwader zum Küstenschutz aufstellen. Beide Maßnahmen können manche Streifscharen abwehren. In den Kämpfen, die zu Ende der Regierungszeit von seinem Sohn Ludwig dem Frommen beginnen, bricht diese Küstenverteidigung zusammen.
804	**Frankenreich.** Karl d.Gr. stößt in Richtung Jütland und Ostsee vor. Der dänische König Göttrik/Gottfried († 810) reagiert darauf mit der Zerstörung von Rerik/Lübeck, dem Bau des Danewerkes (eines Schutzwalls quer über die jütische Halbinsel) und Angriffen seiner Flotte auf die friesischen Inseln.
810	**Dänen.** Ihre Flotte in Stärke von rund 200 Schiffen plündert die friesischen Inseln. Flotte und Heer von Karl d. Gr. kommt zur Abwehr zu spät. Die schnellen Schiffe der Wikinger sind längst wieder abgelaufen.
814–819	**Frankenreich.** Wikinger überfallen jedes Jahr im Sommer das Kloster Noirmoutier auf einer Insel nahe der Mündung der Loire.
819	**Irland.** Der Norweger Torgisl/Turgeis landet mit einer großen Flotte im Norden der Insel und erklärt sich zum König der Norweger in Irland. Er läßt im Norden und Westen der Insel Befestigungen und Häfen anlegen.
834	**Rheinmündung.** Wikinger aus Dänemark dringen in die Zuidersee ein, erreichen über die Vecht Utrecht und plündern die Handelsstadt Dorestad. Anschließend dringen sie bis an die Scheldemündung vor und stecken das frühe Antwerpen in Brand.
ab 840	**Britische Inseln und Frankenreich.** Größere Scharen der Wikinger beginnen sich für längere Zeit auf Inseln an den Küsten und an Flußmündungen festzusetzen.

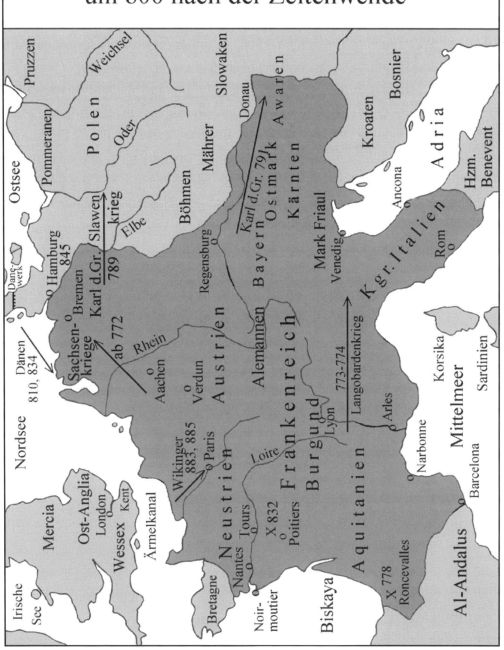

841	**Irland.** Norwegische Wikinger gründen am „Schwarzen Weiher"/Dubh-Linn die Kolonie Dyflinn/Dublin und legen dort einen Hafen für ihre Langschiffe an.
Juni 842	**Loiremündung.** Graf Lambert von der Bretagne liegt in Fehde mit Karl II. dem Kahlen. Da er die Stadt Nantes mit ihren Befestigungsmauern nicht erobern kann, ruft er ein Wikinger-Geschwader von 67 Schiffen zu Hilfe. Das Geschwader überfällt die Stadt am 24. Juni und plündert sie ebenso wie die Küsten der Biskaya. Auf der Insel Noirmoutier bei der Loiremündung legen die Wikinger ein Beutelager an.
843	**Frankenreich.** Die Söhne von Kaiser Ludwig dem Frommen (814–840) empören sich gegen ihren Vater und führen nach dessen Tod (840) einen Bruderkrieg. Im Vertrag zu Verdun wird das Reich geteilt. Ludwig der Deutsche erhält das Ostreich, Karl II. der Kahle (843/875–877) erhält das Westfrankenreich, das sich unter ihm aufzulösen beginnt. Kaiser Lothar I. (840–855), der das von der Nordsee über Burgund bis zum Golf von Gaeta reichende Mittelreich erhält, macht das Gebiet der Rheinmündung zu einer Grafschaft mit der Hauptstadt Dorestad und übergibt diese den dänischen Wikingern.
844 ff	**Mittelmeer.** Streifscharen der Wikinger kommen nach Portugal, Spanien und bis in das Mittelmeer (siehe vorhergehendes Kapitel).
28. März 845	**Frankenreich.** Dänische Wikinger unter der Führung von Ragnar Lodbrok erscheinen ein erstes Mal auf der Seine vor Paris und plündern die Stadt. Im selben Jahr erscheint eine große Flotte der Wikinger (600 Schiffe?) vor Hamburg. Die noch junge Stadt wird geplündert und verbrannt. Der Sitz des Erzbistums (seit 834) wird daraufhin nach dem weniger gefährdeten Bremen verlegt.
845–848	**Irland.** Nach einem Angriff von Torgisl auf Limerick erheben sich die Iren gegen die Norweger und treiben die meisten aus dem Land. Torgisl gerät in einen Hinterhalt und wird ertränkt.
851	**Seegefecht bei Sandwich.** König Aethelwulf von Wessex (836–858) vernichtet ein Heer der Wikinger und schlägt deren Flotte, wobei er neun Schiffe erobert, nachdem die Wikinger London und Canterbury geplündert haben.
851	**Seegefecht in Lough Carlingford.** Dänische Wikinger treffen auf einem Streifzug nach Irland auf bereits dort sitzende Norweger und werden abgewiesen.
ab 852	**Irland.** Norwegische Wikinger erobern erneut einen großen Teil der Insel und siedeln dort für rund 300 Jahre.
ab 866	**England.** Stärkere Gruppen der Wikinger gehen zu dauernder Landnahme über. Die Dänen siedeln dabei in England und zwar in Ost-Anglia und Northumberland, dem „Danelag". Noch im Jahr 866 wird die Stadt York/Jorwik erobert.
871–891	**England.** Der angelsächsische König Alfred d. Gr. (871–899) von Wessex läßt eine erste englische Kriegsflotte bauen und kann sich mit ihrer Hilfe der Dänen erwehren. Seine neuen Schiffe sind den „Drachen" der Dänen an Größe überlegen. Er erobert London (885) und betätigt sich als Gesetzgeber.
872/(892?)	**Seeschlacht bei Hafrsfjord.** Im fjordreichen Südwestnorwegen, dem sogenannten Westland, gibt es noch eine Anzahl von kriegerischen Kleinkönigen,

die sich einer Unterwerfung durch Harald I. Schönhaar (863–933) widersetzen. Mit einem starken Geschwader geht Harald gegen diese vor und bringt ihnen beim heutigen Stavanger in einer der bedeutendsten Seeschlachten des nordischen Mittelalters eine vernichtende Niederlage bei. Das heutige Norwegen ist dadurch ein erstes Mal unter einem König vereint. Zahlreiche der unterlegenen Kleinkönige und Grafen wandern anschließend mit ihren Langschiffen nach Westeuropa aus.

874 **Irland.** Eine weitere Schar Wikinger kommt auf die Insel und siedelt dort. Sie kämpft dabei oft gegen die früher gekommenen Norweger.

877 **England.** Ein Geschwader von König Alfred blockiert die Dänen im Hafen von Exeter. Ein dänisches Entsatzgeschwader von 120 (!?) Schiffen wird von einem Sturm an die Küste getrieben und dort aufgerieben.

885 **England.** An der Mündung des Flusses Stour, beim heutigen Harwich, trifft ein Geschwader der Flotte von König Alfred auf 16 Schiffe der dänischen Wikinger und kann alle erobern. Auf dem Rückweg wird das Geschwader aber von der dänischen Hauptmacht gestellt und erleidet eine Niederlage.

885–886 **Frankenreich.** Eine Flotte von 300 (!) Schiffen der Wikinger mit 40.000 Mann unter ihren Führern Sigfred und Orm versammelt sich in Rouen und fährt die Seine aufwärts. Ab 24. November wird die Inselstadt Paris belagert. Die Verteidigung unter Graf Odo besteht nur aus 200 Rittern mit ihren Gefolgsleuten. Die Stadt kann sich trotzdem lange halten und kauft sich schließlich mit einer großen Summe Lösegeldes frei.

896 **Gefecht bei der Insel Wight.** Neun Schiffe von König Alfred treffen auf sechs dänische Schiffe. Während des Kampfes fallen die englischen Schiffe bei Ebbe trocken, von den flacheren dänischen Schiffen können zunächst vier entkommen. Zwei stranden etwas später, diese und die beiden ersten werden erobert.

896 **Frankenreich.** Dänen siedeln an der Mündung der Seine und gründen die **Normandie**. Mittlerweile durchstreifen andere Gruppen ungehindert plündernd das Königreich bis Burgund. Die Macht der Könige geht daher an die lokalen Herzöge über, die für die Verteidigung sorgen müssen.

um 900 **Norwegen.** Auf den Britischen Inseln lebende Norweger unternehmen auch Raubzüge in ihre alte Heimat. Dagegen unternimmt König Harald I. Schönhaar mit seiner Flotte eine Strafexpedition. Er fährt nach den Orkneys, den Shetland-Inseln und den Hebriden. Auch Schottland und die Insel Man in der Irischen See soll er heimgesucht haben.

901 **Irland.** Die Iren unternehmen wieder einen Aufstand gegen die Wikinger, der erfolgreich ist. Die Wikinger verheeren daraufhin Wales und die Insel Man und ziehen sich auf die Inseln nördlich von Schottland zurück.

911 **Normandie.** Im Übereinkommen von Saint-Clair-sur-Epte wird der Normanne Rollo Vasall des fränkischen Königs und daraufhin erster Herzog der Normandie.

916 **Irland.** Eine große Flotte norwegischer Wikinger erobert das 901 verlorene Dublin erneut und errichtet auf einem Teil der Insel wieder eine Wikingerherrschaft. Zu Ende des Jahrhunderts unterliegen sie wieder den Iren, die die Wikinger 968 bei Limerick besiegen und die Stadt erobern, das gleiche gelingt ihnen 980 mit Dublin.

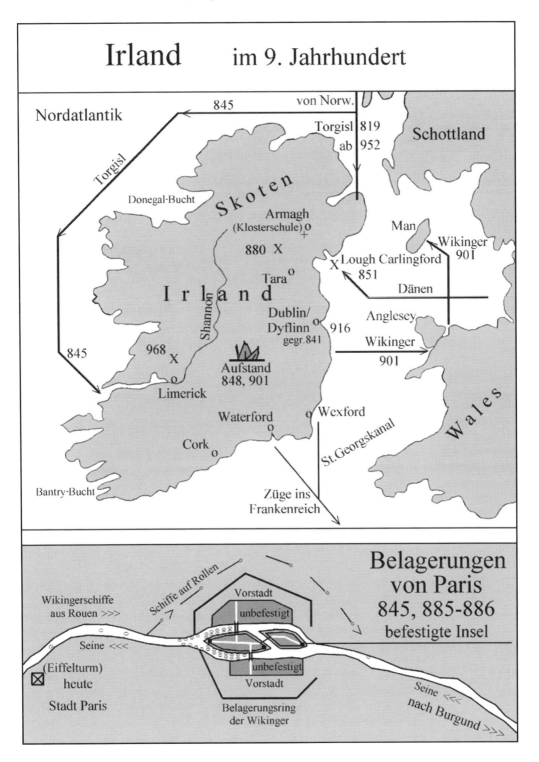

10. August 955	**Deutschland.** Kaiser Otto I. d. Gr. (936/962–973) siegt am Lechfeld bei Augsburg entscheidend über die Ungarn und schon im Oktober schlägt er an der Recknitz zwischen Rostock und Stralsund die Slawen. Die deutschen Könige und Kaiser wenden ihre Aufmerksamkeit in der Folge nach Italien und überlassen die Bewohner der Küsten von Nord- und Ostsee weitgehend sich selbst, was zur Grundlage für die Entstehung der deutschen Hanse wird. Die Slawenmission erfolgt durch die Gründung neuer Bistümer im Osten.
2. Februar 962	**Rom.** Der Sachse Otto I. der Große wird vom Papst zum Kaiser gekrönt. Otto betrachtet sich als Nachfolger von Karl d. Gr. und führt die Tradition der weströmischen Kaiser weiter. Seine beiden Söhne verstärken noch diese Politik, scheitern dabei jedoch durch ihren frühen Tod. Oberitalien, der wertvollste Teil des Reiches, nimmt die Aufmerksamkeit der Kaiser in Anspruch, die deutschen Stammlande werden vernachlässigt (siehe deutsche Hanse).
974 (987?)	**Seeschlacht bei Hjørungavåg.** Die Flotte von Harald Blauzahn († um 986) von Dänemark, meist Jomsburg-Wikinger in Stärke von 60 Schiffen, unterliegt südlich von Nidaros, dem heutigen Drontheim, den Norwegern unter Hakon Jarl, die dadurch wieder einige Zeit unabhängig wird.
um 980	**Pommern.** Die Jomsburg-Wikinger werden von ihrem Stützpunkt an der Odermündung zu einem Machtfaktor in der Ostsee für die nächsten hundert Jahre.
984	**Grönland.** Die Norweger entdecken die Insel und siedeln dort für rund 500 Jahre.
991 und 994	**England.** Eine große Flotte der Norweger unter Olaf I. Tryggvason (995–1000) plündert die Ostküste, ein Versuch von König Sven Gabelbart (985–1014) London zu erobern scheitert.
1000	**Seeschlacht bei Svolder.** In einer Meerenge (bei Rügen?) unterliegt König Olaf Tryggvason von Norwegen auf der Rückfahrt aus dem Wendenland den verbündeten Dänen und Schweden und stürzt sich mit seiner Rüstung ins Meer.
um 1000	**Amerika.** Von Grönland aus entdeckt Leif Erikson das amerikanische Festland. Der Versuch einer dauernden Besiedlung scheitert.
ab 1000	**England.** Die Nachfolger von Alfred d. Gr. haben die englische Kriegsflotte verkommen lassen. Die Dänen dringen daher erneut vor.
1006	**England.** König Aethelred versammelt in Sandwich eine starkes Geschwader zur Abwehr weiterer Angriffe der Dänen. Durch Eifersucht, Ungehorsam und Rivalitäten der Unterführer geht die ganze Flotte verloren. Rund 80 Schiffe verbrennen und 20 kehren nach Hause zurück.
1007	**Schweden.** In den Schären vor dem heutigen Stockholm besiegt der Norweger Olaf II. Haraldson (1015–1028), der spätere Olaf der Heilige, den schwedischen Wikingerhäuptling Sote in einem erbitterten Seegefecht.
1010	**England.** Norweger kommen mit Unterstützung der Jomsburg-Wikinger an die Themse, fahren den Fluß bis Oxford aufwärts und plündern die Landschaft Ost-Anglia, wobei sie auch das frühe Cambridge verbrennen.
1013–1014	**England.** König Sven Gabelbart von Dänemark landet mit seiner Flotte ein starkes Heer in England und erobert in kurzer Zeit den Großteil des Landes. Der englische König Aethelred (978–1016) flieht in die Normandie. Sven stirbt 1014, sein Sohn Knut muß weitere zwei Jahre um den Besitz des Landes kämpfen. Dabei kommt ihm seine absolute Seeherrschaft in der Nordsee zugute.

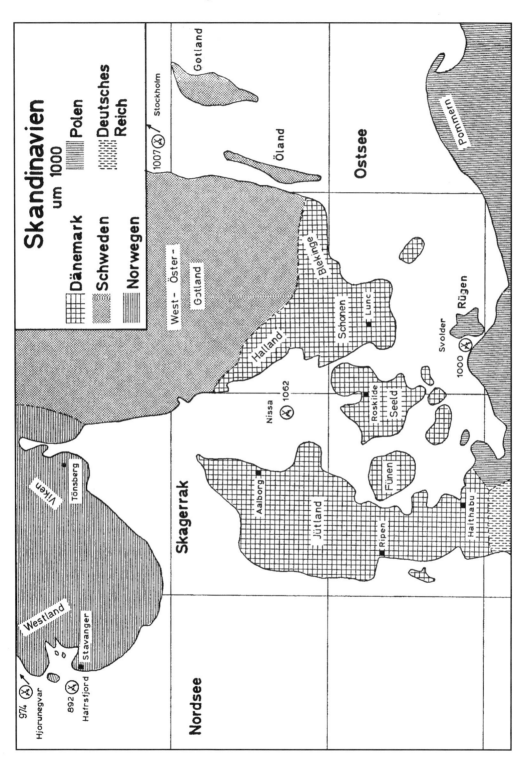

1016	**England.** Der spätere König Knut II. d. Gr. (1016–1035) von Dänemark wird nach wechselvollen Kämpfen König von England und vereinigt 1018 beide Länder unter seiner Krone.
1026 und 1027	**Dänemark.** König Knut d. Gr. von England und Dänemark siegt bei Stangeberg und Helgeaa über die verbündeten Schweden und Norweger. Er sichert sich dadurch auch die Herrschaft in Norwegen. 1027 haben die Schweden durch Aufstauen des Helgeflusses und Öffnen des Dammes nach Eintreffen der Dänen diese in große Gefahr gebracht, bevor sie der Übermacht haben weichen müssen.
1028	**Norddeutschland.** König Miseko II. von Polen, der Sohn von Boleslaw I. Chrobry, fällt in das Gebiet der Elbslawen ein und versucht seine Herrschaft nach Westen zu erweitern. Die Elbslawen suchen Unterstützung bei den deutschen Königen.
1029	**Norwegen.** König Olaf II. (995–1022) versucht sein Land zurückzugewinnen. Mit einer Flotte segelt er die Küste entlang nach Norden und kann bei Stavanger ein Geschwader der Gegner vernichten. Ohne Unterstützung durch die Bevölkerung muß er sich trotzdem erneut nach Schweden zurückziehen. Im folgenden Jahr unternimmt er einen neuen Versuch zu Lande und fällt in der Schlacht bei Stickelstad.
1040	**Kirche.** Unter Papst Benedikt IX. (1032–1045) verkündet die kirchliche Reformpartei den **Gottesfrieden**. Danach sollen Geistliche, Ackerbauern, Reisende und Frauen geschützt sein, an Festtagen und bestimmten Wochentagen dürfen keine Fehden ausgetragen werden. Der gute Wille kann sich nicht durchsetzen.
1042	**Pommern.** Die Jomsburg-Wikinger lösen sich immer mehr von der dänischen Oberherrschaft, verweigern schließlich den Tribut und werden immer mehr zu einer Seeräuberplage. König Magnus der Gute (1042–1047) von Dänemark rüstet daher eine starke Flotte aus und vernichtet die Jomsburg und umliegende Stützpunkte im Wendenland.
1062	**Seeschlacht bei Nissa.** König Harald III. Hardrade (1047–1066) von Norwegen siegt mit 150 Schiffen im Kattegat über eine stärkere dänische Flotte unter König Sven Estridsen (1047–1076), der 70 Schiffe verliert. Es war eine der größten Seeschlachten der Zeit der späten Wikinger.
25. September 1066	**England.** König Harald II. Godwinson (Jänner–Oktober 1066) von England siegt bei Stamfordbridge über ein norwegisches Heer unter König Harald III., der mit einer Flotte von 300 Schiffen aus Norwegen gekommen ist. Der Norweger kann mit nur mehr 23 Schiffen entkommen. Zur gleichen Zeit (28. September) landet Herzog Wilhelm von der Normandie mit einem starken Heer an der Südküste Englands.
14. Oktober 1066	**England.** Wilhelm I. der Eroberer (1066–1087) landet auf seinem Flaggschiff >Mora< mit einem Heer von rund 10.000 Mann auf 700 Transportern an der Südküste von England und siegt in der **Schlacht bei Hastings** über König Harald, der im Kampf fällt. Wilhelm wird der erste normannische König in England. Die Landung im September ist die letzte erfolgreiche Invasion auf den Britischen Inseln.

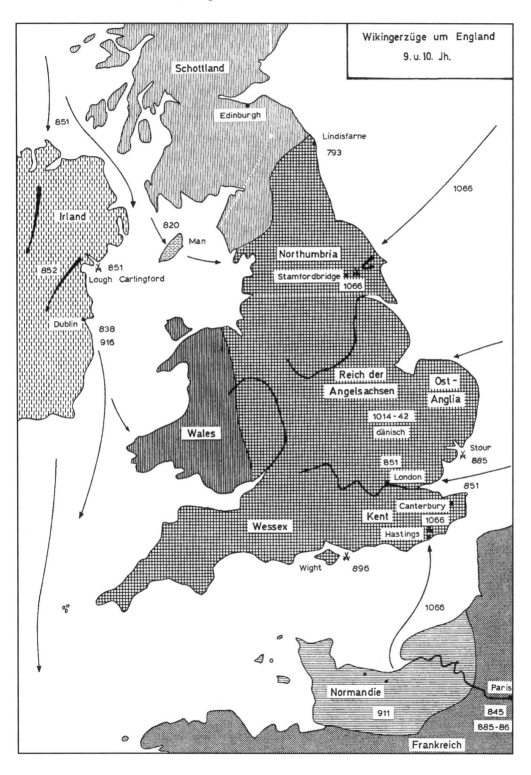

1067/68   **England.** Die Flotte des bei Hastings gefallenen Königs Harald unternimmt unter dessen Sohn von Irland aus mehrere Vorstöße gegen England. Sie wird aber vor der Küste von Wales bis auf zwei Schiffe aufgerieben.

1069   **England.** Der dänische König Sven Estridsen macht Wilhelm dem Eroberer die englische Krone streitig. Seine Flotte von 240 Schiffen bringt Truppen nach England. Trotz Unterstützung durch viele Angelsachsen kann er über den Winter nur einen kleinen Brückenkopf halten und segelt im folgenden Frühjahr wieder ab. Bei der Rückfahrt verliert er im Sturm eine große Zahl von Schiffen. Die Herrschaft von Wilhelm ist gesichert.

1086   **England.** König Wilhelm läßt das **Domesday Book** anlegen. Dieses ist ein Grundkataster aller Herrschaften im Land und dadurch eine unschätzbare historische Quelle.

11./12. Jh.   **Skandinavien.** Mit der Herausbildung und Stärkung nordischer Dynastien geht die Zeit der unorganisierten Raubzüge zur See zu Ende. Die Regel werden nun zentral geleitete Flottenorganisationen hochseefähiger Schiffe, die zur Zeit der Kreuzzüge erstmals nordische Seemacht in das östliche Mittelmeer tragen.

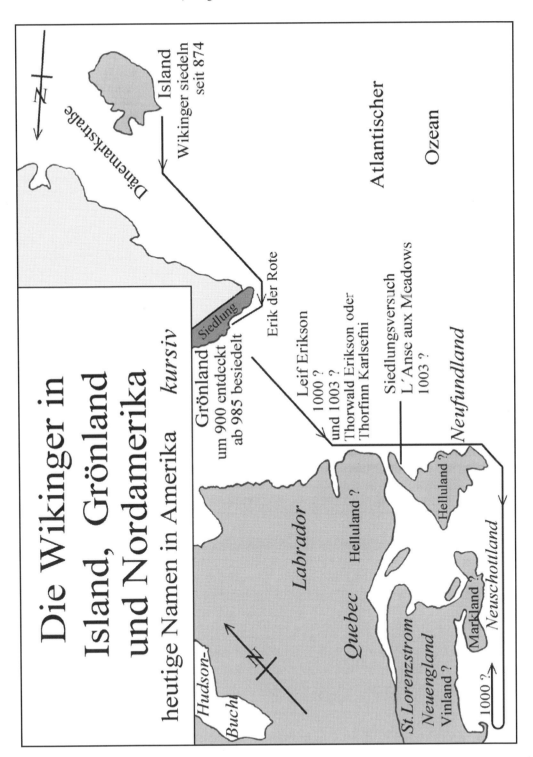

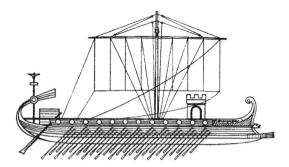

Die Seekriege im Mittelmeer (11.–14. Jh.)

Mit dem Beginn des neuen Jahrtausends hatte die **Expansion der Mohammedaner im Mittelmeer** ihren Höhepunkt überschritten. Dynastische Streitigkeiten der einzelnen Herrschaften schwächten deren politische Macht, das Eindringen von Nomaden in die Kornanbaugebiete von Ifriqiya (Tunesien) und Ägypten verursachte den wirtschaftlichen Niedergang dieser bisher blühenden Provinzen.

Im Westen konnten die **Almoraviden** im 11. Jahrhundert die Besitzungen von der Iberischen Halbinsel bis nach Tripolitanien unter ihrer Herrschaft vereinigen. In Denia an der Mittelmeerküste entstand ein Emirat, das zeitweise von Valencia bis Almeria reichte. Die Emire bauten eine lokale Seeherrschaft auf, mit der sie die Balearen und Sardinien eroberten. Mitte des 12. Jahrhunderts mußten die Almoraviden den **Almohaden** weichen, deren Reich jedoch bereits zu Beginn des 13. Jahrhunderts zu zerfallen begann. Auf der Iberischen Halbinsel verblieb den Mauren nur mehr das relativ kleine Emirat von Granada im Süden (Al-Andalus).

In Nordafrika zerfiel das Almohadenreich in kleine Herrschaften, vor allem um die Städte Fez, Oran, Algier, Tunis, Mahdia (Mehadia) und Tripolis. Deren Bewohner lebten neben dem Handel vor allem vom Seeraub. Die Küstenherrschaften erhielten in den folgenden Jahrhunderten in Europa die Sammelbezeichnung Barbareskenstaaten. Ihre Bewohner entwickelten sich zu ausgezeichneten Seefahrern, die schließlich ab dem 16. Jahrhundert die besten Flottenführer und Schiffsbesatzungen für die Kriegsmarine des Osmanischen Reiches stellten.

In Ägypten und Palästina herrschten zunächst noch die **Fatimiden**, die 1171 von Sultan Saladin (Salah ad Din), dem Begründer der Dynastie der **Aijubiden**, gestürzt wurden. Dann rissen die **Mameluken**, ehemalige Gardesoldaten, die Herrschaft an sich. Sie wehrten den Ansturm der Mongolen im 13. Jahrhundert ab und bereiteten den Resten der Kreuzfahrerstaaten ein Ende.

Durch die Konsolidierung der Staaten in Europa und die Bildung größerer politischer Einheiten nahm der Welthandel einen großen Aufschwung. Die Haupthandelswege führten von den Hafenstädten im nördlichen Mittelmeer nach Byzanz und in den Vorderen Orient. Dieser Handel brachte den Staaten aber wieder die Mittel für größere organisierte Unternehmungen und stärkten sie im Kampf gegen die Mohammedaner.

Zu Beginn des 11. Jahrhunderts begann auf der **Iberischen Halbinsel** die Rückeroberung (Reconquista) von den Mohammedanern. Während letztere nach dem Zerfall des Kalifates von Cordoba geschwächt waren, wurden die christlichen Reiche durch die Kirchenreform und die Bildung regionaler Ritterorden zum Kampf motiviert. Portugal (seit 1140/43 Königreich) wurde bei der Eroberung von Lissabon durch Kreuzfahrer aus dem Norden unterstützt. Es hatte Mitte des 13. Jahrhunderts sein heutiges Staatsgebiet erreicht. Das Königreich Kastilien erreichte zur selben Zeit mit der Eroberung von Sevilla und Cartagena die Südküste. Geschwader seiner seefahrenden Bevölkerung von der Biskaya operierten dabei auf dem Guadalquivir. Das mit Katalonien vereinigte Königreich Aragon nahm zur selben Zeit die Stadt Valencia ein und eroberte die Balearen. Es legte damit den Grundstein zu seiner Seeherrschaft im Mittelmeer.

Auf **kulturellem Gebiet** waren im arabischen Bereich die Städte Bagdad, Damaskus, Kairo, Mekka, Samarkand und Cordoba bedeutende Zentren. Es wurden die Schriften der Antike abgeschrieben und übersetzt und mit der eigenen Kultur zu einer neuen Symbiose gebracht. Diese wurde schließlich durch die Kreuzzüge und über Byzanz und Al-Andalus an das christliche Abendland weitergegeben.

Im **zentralen Mittelmeer** trat den Sarazenen mit Beginn des 11. Jahrhunderts ein neues Element entgegen. Von einer Pilgerfahrt aus dem Heiligen Land zurückkehrend, nahmen Ritter aus der Normandie zunächst vorübergehend Dienst bei den langobardischen Herzögen in Süditalien zum Kampf sowohl gegen die Byzantiner als auch gegen die Sarazenen. Diese **Normannen** erhielten aus ihrer Heimat rasch Zuzug und eroberten unter ihrem Führer Robert Guiscard für sich den Großteil von Apulien, das sie schließlich vom Papst auf der Synode zu Melfi (1059) als Herzogtum zu Lehen erhielten. Mit Hilfe einer neu aufgestellten Flotte entrissen sie den Byzantinern die Hafenfestung Bari. Zusammen mit seinem Bruder Roger und mit Hilfe der Flotte eroberte Guiscard in den drei Jahrzehnten von 1061 bis 1091 von den Sarazenen die Insel Sizilien. Seine Flotte ermöglichte Guiscard den Krieg gegen die Byzantiner nach Albanien hinüber zu tragen. Dort trat ihm aber die Flotte Venedigs entgegen, mit der er sich mit wechselndem Erfolg schlug. Sein Tod 1085 beendete vorerst diese Offensive. Schließlich vereinigte Roger II. Sizilien mit Kalabrien und Apulien und wurde 1130 vom Papst zum König gekrönt. Er schuf das modernste Königreich seiner Zeit, indem er Normannen, Griechen und Sarazenen voll in ein gut organisiertes Staatsgebilde integrierte. Eine der höchsten Verwaltungsbehörden war das Amt des Großadmirals, eine Rangbezeichnung, welche von hier ihren Weg in die Flotten der europäischen Staaten fand.

In Italien nahmen den größten Aufschwung zu Beginn des neuen Jahrtausends die Hafenstädte Venedig, Genua und Pisa. An den Endpunkten der Seehandelsrouten aus dem Orient gelegen, wurden sie die großen Umschlagplätze für die Handelsgüter nach Mittel- und Westeuropa. Vor allem der Seeweg von der Levante und von Byzanz durch die Adria und über die Alpen nach Bayern, in die Rheinlande, nach Flandern und zu den Handelsmessen in der Champagne brachte der Lagunenstadt **Venedig** den großen wirtschaftlichen Aufschwung. Es schuf sich die erste stehende Flotte, mit deren Hilfe es die Seeräuber an der dalmatinischen Küste in Schach hielt. Es eroberte Istrien und betrieb ab dem 11. Jahrhundert aktive Seemachtspolitik. Es stoppte die Vorstöße der Sarazenen in die Adria, unterstützte in den achtziger Jahren des 11. Jahrhunderts Byzanz gegen die Normannen und konnte sich dafür bedeutende Handelsprivilegien im Byzantinischen Reich sichern. Durch seine Schaukelpolitik zwischen den römisch-deutschen Kaisern und den Kaisern von Byzanz erlangte es Ende des 11. Jahrhunderts praktisch die volle Souveränität. Nicht auf Eroberungen, sondern auf Handelsvorteile erpicht, schützte Venedig seine Handelsschiffahrt mit der Flotte und betrieb seine Außenpolitik mit einer hervorragenden Diplomatie, die erstmals ständige Gesandtschaften an allen wichtigen Herrscherhöfen unterhielt.

Die aus Asien kommenden **Turkvölker** unter Alp Arslan besiegten 1071 bei Manzikert die Byzantiner, deren Kaiser selbst in Gefangenschaft geriet. Die Seldschuken überschwemmten in der Folge weite Teile von Kleinasien und Syrien, wo sie mehrere Sultanate gründeten. Das Byzantinische Reich, außerdem bedrängt von den Petschenegen im Norden und von den Normannen im Westen, wandte sich an Westeuropa um Hilfe. Papst Urban II. (1088–1099) rief daher 1095 auf der Synode zu Clermont zu einem Kreuzzug gegen die Mohammedaner, mit dem Ziel der Eroberung der heiligen Stätten in Palästina, auf.

Die Heerhaufen des **Ersten Kreuzzuges** nahmen den Landweg über den Balkan und Konstantinopel. Sie krönten ihren Vormarsch durch Kleinasien mit der Eroberung von Jerusalem am 15. Juli 1099, die nicht ohne Kriegsgreuel abging. Jerusalem wurde zu einem Königreich erhoben. Daneben richteten sich die Führer des Kreuzfahrerheeres weitere unabhängige Herrschaften entlang der Küsten von Palästina und Syrien ein. Bei deren Eroberung wurden sie von Hilfsflotten der italienischen Seestädte unterstützt. Diese erhielten dafür exterritoriale Handelsquartiere in den Hafenstädten. Zur Versorgung der Kreuzfahrerstaaten unterhielten schließlich die Seestädte im Mittelmeer, Marseille und Barcelona kamen dazu, zahlreiche Transportschiffe und Kriegsflotten. Trotz Verbot des Kaisers von Byzanz nahm der Handel zwischen Europa und den Arabern einen großen Aufschwung.

Auch der **Zweite Kreuzzug** (1147–1149) unter der Führung des deutschen Königs Konrad III. (1138–1152) und des französischen Königs Ludwig VII. (1137–1180) nahm den Landweg. Ludwig VII. unterstützte gleichzeitig die Normannen, die wieder über die Adria das Byzantinische Reich angriffen, Kaiser Manuel I. Komnenos (1143–1180) von Byzanz war dagegen mit Konrad III. verbündet.

Die **Normannen** hatten nach der Eroberung von Sizilien bald auch ihre Offensive nach Nordafrika ausgedehnt. Bis 1148 wurden große Teile des Ziridenreiches im heutigen Tunesien und Tripolitanien erobert. Nach dem Angriff auf das Byzantinische Reich 1147 wurde aber Nordafrika vernachlässigt, bis 1160 gingen diese Eroberungen wieder verloren. Dank der Unterstützung durch die Flotte von Venedig konnte Byzanz den Angriff der Normannen abwehren und sogar zur Gegenoffensive in Süditalien übergehen. Dort wurden sie aber von der Flotte der Normannen abgewiesen.

Nach der Eroberung von Jerusalem durch Sultan Saladin kam es zum **Dritten Kreuzzug** (1189–1192). Das deutsche Reichsheer unter Kaiser Friedrich I. Barbarossa (1152/1155–1190) nahm den Landweg über den Balkan, die Dardanellen und durch Kleinasien. Die Engländer unter Richard I. Löwenherz (1189–1199) kamen mit ihrer eigenen Flotte rund um die Iberische Halbinsel, machten Station in Marseille und Messina, wo sie mit den Normannen in Händel gerieten, und eroberten die Insel Zypern vom oströmischen Statthalter, bevor sie in Palästina eingriffen. Es war dies die erste Flotte aus einem nordeuropäischen Staat, ausgenommen die Raubgeschwader der Wikinger, die im Mittelmeer machtvoll auftrat. Auch das französische Heer unter König Philipp II. August (1180–1223) nahm den Seeweg. Es wurde von Schiffen aus Genua transportiert.

Venedig verfügte im 11. und 12. Jahrhundert neben seinem Handel mit Byzanz auch über einen zunehmenden Handelsaustausch mit Gütern aus Ostasien über Ägypten und war daher an guten Beziehungen mit den Fatimiden des Nillandes sehr interessiert. Das Ziel des **Vierten Kreuzzuges** (1202–1204), Ägypten, war daher gegen seine Interessen gerichtet. Venedig, das allein über den nötigen Schiffsraum verfügte, um die in Norditalien versammelten Kreuzfahrer zu transportieren, verlangte nun von den zahlungsunfähigen Rittern als Fuhrlohn die Eroberung der zu den Ungarn abgefallenen Seefestung Zara. Nach deren Eroberung gelang es der geschickten Politik des greisen Dogen Enrico Dandolo, unter Ausnutzung der seit der Mitte des 11. Jahrhunderts bestehenden Kirchenspaltung (der Papst in Rom und der Patriarch von Konstantinopel hatten sich gegenseitig in den Bann getan) und der Thronwirren im Byzantinischen Reich, den Kreuzzug gegen Konstantinopel zu lenken. Angeblich im Interesse der Einheit der Christenheit wurde die Stadt mit Hilfe der venezianischen Flotte erobert und ausgiebig geplündert. Es wurde dann ein lateinisches Kaiserreich errichtet, wobei sich aber Venedig mit Kreta, Euböa/Negroponte und vielen Stützpunkten rund um die Ägäis wichtige Machtpositionen sicherte. Vor allem der Besitz von Gallipoli in den Dardanellen und der Stadtteil Pera von Konstantinopel sicherte die Beherrschung der Meerengen und dadurch den Zugang zum Schwarzen Meer und zu den Handelswegen nach Asien.

Der griechisch-römische Kaiser wich nach **Nikäa** aus und begann von Kleinasien aus mit der schrittweisen Rückeroberung seines Reiches. Darin wurde er von Genua, das auf die Handelsvorteile von Venedig in Konstantinopel eifersüchtig war, unterstützt. Es setzte damit der bis zum Ende des 14. Jahrhunderts dauernde Zweikampf der beiden Seestädte um die Vormachtstellung im Seehandel des Mittelmeeres ein. Da es aber nur um Handelsvorteile ging, die Kriege aber nicht um die Seeherrschaft geführt wurden, gab es keinen endgültigen Sieger. Zunächst war **Genua** erfolgreich, denn es gelang dem griechisch-römischen Kaiser Konstantinopel zurückzuerobern, Genua erhielt für seine Hilfe Handelsprivilegien und konnte im Schwarzen Meer eine Kette von Handelsstützpunkten aufbauen. Schon drei Jahre später gelang es jedoch der Diplomatie von Venedig, mit dem Kaiser in Konstantinopel ebenfalls ein Handelsabkommen zu schließen, da letzterer nicht auf Genua allein angewiesen sein wollte. Die erste Auseinandersetzung der beiden großen Rivalinnen endete daher ohne Vorteil für eine von beiden. Als Ergebnis dieses Kampfes verloren aber die **Kreuzfahrerstaaten** die wichtige Unterstützung der beiden Seestädte. Ohne genügend Nachschub konnten diese sich nicht halten und wurden von den Mohammedanern bis zum Ende des 13. Jahrhunderts nach und nach zurückerobert. Daran konnten auch die letzten Kreuzzüge nichts ändern. Der diplomatische Erfolg des mit dem Kirchenbann belegten römisch-deutschen Kaisers Friedrich II. (1212/1220–1250) im 5. Kreuzzug blieb nur Episode. König Ludwig IX. der Heilige (1226–1270) von Frankreich unternahm den 6. Kreuzzug nach Ägypten, wo er nach einer schweren Niederlage in Gefangenschaft geriet. Mit hohem Lösegeld freigekauft, unternahm er den 7. Kreuzzug nach Tunis (1270), wo er mit dem Großteil seines Heeres umkam. Beide Züge unternahm er von dem extra für diese Unternehmungen angelegten ersten Hafen im Besitz der französischen Krone am Mittelmeer, von Aigues Mortes, der bis heute in seiner ursprünglichen Anlage erhalten ist.

Im westlichen Mittelmeer hatten im 11. Jahrhundert die Städte Genua und Pisa mit Unterstützung des Papstes die Seeoffensive gegen die Sarazenen begonnen. Sizilien und Korsika wurden erobert, Vorstöße nach Sizilien und bis Tunis unternommen. Beide erlangten wie Venedig schließlich fast unbeschränkte Souveränität und ließen dies sogar ihre nominellen Herren, die **römisch-deutschen Kaiser**, mehr als einmal spüren. Diese waren bei ihren Zügen nach Italien fast immer auf die Hilfe von Flotten angewiesen, die ihnen nur die Seestädte bereitstellen konnten. Dies traf sowohl auf die Unternehmungen von Kaiser Lothar III. (1125/1133–1137) gegen die Normannen als auch noch mehr bei der Erbfolge nach Kaiser Heinrich VI. (1169/1191–1197) im Normannenreich und dessen Besitznahme gegen rivalisierende Prätendenten zu.

Vor allem aber in der Auseinandersetzung zwischen Papst und deutschem Kaiser war letzterer auf die Hilfe der Seestädte angewiesen und mußte ihnen dafür immer neue Privilegien einräumen. Nach der Mitte des 13. Jahrhunderts war das römisch-deutsche Kaiserreich durch das Ende der Staufer im Niedergang, Frankreich im Kampf mit England gebunden, auf der Iberischen Halbinsel die christlichen Staaten erst im Aufbau, die Ungarn durch Thronwirren geschwächt und Byzanz nur mehr ein Spielball seiner Nachbarn. **Italien** hatte in diesen Jahren die Chance zur nationalen Vereinigung unter der Führung der Seestädte vergeben, denn „wenn sie sich zu gemeinsamem Handeln zusammengeschlossen hätten, wäre wohl der Weg zur Erringung der nationalen Einheit und nationalen Souveränität gebahnt" (Zechlin). So aber schwächten sie sich in immer neuen Kriegen um Handelsvorteile und Einflußgebiete. In mehreren Auseinandersetzungen rang Genua seine Rivalin Pisa nieder, deren Bedeutung auch durch die zunehmende Versandung des Hafens, der schließlich von den größer werdenden Schiffen nicht mehr angelaufen werden konnte, zurückging. Pisa war daraufhin in den Kriegen zwischen Venedig und Genua meist ein verläßlicher Verbündeter der Lagunenstadt.

Im 13. Jahrhundert waren auch die **Mauren** auf der Iberischen Halbinsel (Al-Andalus) so geschwächt und der Seeweg durch das westliche Mittelmeer für die Christen so weit gesichert, nicht zuletzt durch die Eroberung der Balearen mit Hilfe von Schiffen aus Genua, daß Genua

seinen Seehandel rund um die Iberische Halbinsel bis nach Flandern ausdehnen konnte. Dadurch konnte es die durch hohe Zölle belasteten Wege über Mailand oder durch Frankreich vermeiden.
Durch die Vereinigung von **Aragon und Katalonien** bildete sich im 13. Jahrhundert im westlichen Mittelmeer ein neues maritimes Machtzentrum. Die Könige von Aragon hatten wegen ihrer Verwandtschaft mit den Staufern nie auf das Königreich Sizilien verzichtet, nachdem Karl von Anjou vom Papst mit diesem belehnt worden war. Nach der „Sizilianischen Vesper" und der Austreibung der Franzosen aus Sizilien benützte Aragon die Gelegenheit, sich in den Besitz von Sizilien zu setzen. Dies hatte die ständigen Kriege in Unteritalien zwischen Aragon und später Spanien und Frankreich zur Folge. Vorerst sicherte sich Aragon im Frieden von Caltabellotta den Besitz der Insel. Die in dem Krieg um Sizilien eingesetzten Söldner, die dann unbeschäftigt waren, nahmen Dienst im Byzantinischen Reich gegen die Türken (die Katalanische Kompanie), wandten sich aber bald gegen ihre Auftraggeber und schufen sich in der Ägäis ihre eigene Herrschaft.
Aragon entriß mit Förderung des Papstes zu Anfang des 14. Jahrhunderts den Pisanern die Insel Sardinien und wurde zur bedeutendsten Seemacht im westlichen Mittelmeer. Der Handel von Aragon griff dann auch auf Nordafrika über. In Tunis und Ägypten konnte es sich Handelsstützpunkte einrichten und auch in Konstantinopel setzte es sich fest. Im dritten Seekrieg zwischen Genua und Venedig unterstützte Aragon die Lagunenstadt tatkräftig und drängte seine Rivalin im westlichen Mittelmeer weiter zurück.
Die Hoffnung der orthodoxen, byzantinischen Dynastie der Paläologen in Konstantinopel – nach dessen Rückeroberung von den Lateinern 1261 – **Byzanz** wieder zu alter Blüte zu führen, erfüllte sich nur auf kulturellem Gebiet. In Griechenland hielten sich lateinische Fürstentümer bis zur Eroberung durch die Osmanen. Venedig und Genua hatten den Handel in der Levante fest in der Hand. Byzanz konnte als letzten außenpolitischen Erfolg mit Hilfe von Aragon die Anjous (von Frankreich unterstützt) daran hindern, erneut ein lateinisches Kaiserreich in Konstantinopel zu errichten.
Inzwischen hatten slawische Völker die ganze Balkanhalbinsel mit Ausnahme von Hafenstädten wie Zara, Ragusa und Thessaloniki überflutet und die nördlichen Teile der Halbinsel an sich gerissen.
Mitte des 14. Jahrhunderts eroberten dann die **Osmanen** ganz Kleinasien, setzten sich 1354 durch die Eroberung der Halbinsel Gallipoli erstmals am Balkan fest und schufen sich nach der Eroberung von Adrianopel ihre erste Hauptstadt auf europäischem Boden. Der Erfolg einer Flotte bestehend aus Schiffen von Venedig und Savoyen über ein türkisches Geschwader bei Gallipoli brachte zwar für kurze Zeit Teile der Schwarzmeerküste wieder unter byzantinische Hoheit, konnte aber das Schicksal nicht mehr wenden. Nur der Mongolensturm von 1402 und deren Sieg über die Osmanen bei Ankara gab Byzanz noch einmal eine Gnadenfrist von 50 Jahren.
Der beginnende Wohlstand rund um das Mittelmeer in der hier geschilderten Zeit spiegelt sich in den **Wissenschaften** und den monumentalen Großbauten wider. St. Markus in Venedig wurde fertiggestellt, Neubauten waren die Dome zu Mailand, Florenz, Siena, Pisa, Trani, Bari, Palermo, Monreale und Cefalú, Rathäuser und Adelspaläste sowie die Paläste und Moscheen in Sevilla, Cordoba und Granada entstanden. Besonders unter Kaiser Friedrich II. blühten Wissenschaft und Kunst in Italien. Über das Kalifat von Cordoba kam vor allem durch den Araber Ibn Roschd/Averroes die Philosophie des Aristoteles in das Abendland. Erste Universitäten wurden in Parma, Bologna, Padua, Perugia, Siena, Neapel und Salamanca gegründet.

Im Mittelmeer waren noch immer die Ruderschiffe die wichtigsten Kriegsschiffe. Die byzantinischen Dromonen wurden von den schlankeren **Galeeren** mit nur einer Ruderreihe aber mit bis zu fünf Ruderern an einem Riemen abgelöst. Diese hatten nach der Einführung der Kanonen meist fünf Stück am Bug und konnten daher nur in Fahrtrichtung feuern. Einzige Steigerung dieses Schiffstyps waren die **Galeassen**, die neben den Ruderern auch die Geschütze in der Breitseite führten. Im übrigen wurden auch die Frachtschiffe, die Buzonavis = Rundschiffe, zum Kriegsdienst herangezogen. Gegen Ende der hier geschilderten Periode kamen aus Nordeuropa auch Koggen und von der Iberischen Halbinsel Karavellen in das Mittelmeer, führten dort aber meist andere Namen. Von den Arabern kam eine neue Art im Schiffsantrieb. Das dreieckige Segel (Lateinsegel) begann sich im Mittelmeer durchzusetzen und wurde bei größeren Schiffen auf dem Kreuzmast verwendet. Außerdem wurde um diese Zeit das Steuerruder an „Steuerbord" von der Ruderpinne am Heck in der Schiffsmitte ersetzt. Auch der Kompaß kam in Verwendung.

Um 1000   **Italien.** Genua, Pisa und Venedig erlangen fast vollständige Selbständigkeit. Sie beginnen zum Schutz ihres Seehandels eigene Flotten aufzustellen.

September 1004 **Seeschlacht vor Bari.** Die venezianische Flotte unter dem Dogen Peter II. Orseolo siegt in einem dreitägigen Kampf über die Sarazenen.

August 1005   **Pisa.** Seine Flotte siegt bei Messina über die Araber. Sie kämpft die Handelsrouten frei und ermöglicht dadurch den Aufstieg der Stadt.

1015–1016 Kampf um Sardinien

1015   Eine Flotte von 120 Schiffen der Mauren aus Spanien unterwirft die bisher unabhängige Insel. Noch im selben Jahr erscheint eine kombinierte Flotte aus Genua und Pisa und vertreibt die Mauren aus Sardinien. Es beginnt der Aufstieg von Genua.

1016   Die Mauren erscheinen wieder im Tyrrhenischen Meer, erobern Sardinien erneut und zerstören die Stadt Luni endgültig. Diese Handelsrivalin von Pisa ist dadurch beseitigt.
                 Papst Benedikt VIII. (1012–1024) bringt daraufhin erneut eine Koalition mit Pisa und Genua zustande. Eine starke Flotte wird von den dreien ausgerüstet, die das Geschwader der Mauren vor Sardinien völlig aufreibt. Die Insel wird wieder unabhängig, bleibt aber unter der Handelshoheit von Pisa.

ab 1016   **Süditalien.** Ritter aus der Normandie treten in die Dienste bei den langobardischen Herzögen und Grafen von Neapel und Umgebung.

1021–1022   **Italien.** Kaiser Heinrich II. (1002–1024) unternimmt seinen dritten Zug nach Italien. Er erobert die in byzantinischem Besitz befindlichen befestigten Städte Troia, Capua und Salerno und stellt die Oberhoheit über die langobardischen Besitzungen wieder her. Heinrich unterstützt auch die Seebestrebungen von Genua und Pisa, da er in Italien über keine eigene Flotte verfügt.

1025   **Schiffbruch.** Eine arabische Hilfsflotte aus Tunis für Sizilien scheitert in einem Sturm bei der Insel Pantelleria.

1032   **Seeschlacht im Ionischen Meer.** Eine arabische Flotte aus Nordafrika verheert die Küsten von Illyrien und die Ionischen Inseln. Sie wird vom byzantinischen Geschwader der Peloponnes aus Nauplia, verstärkt von Schiffen aus Ragusa,

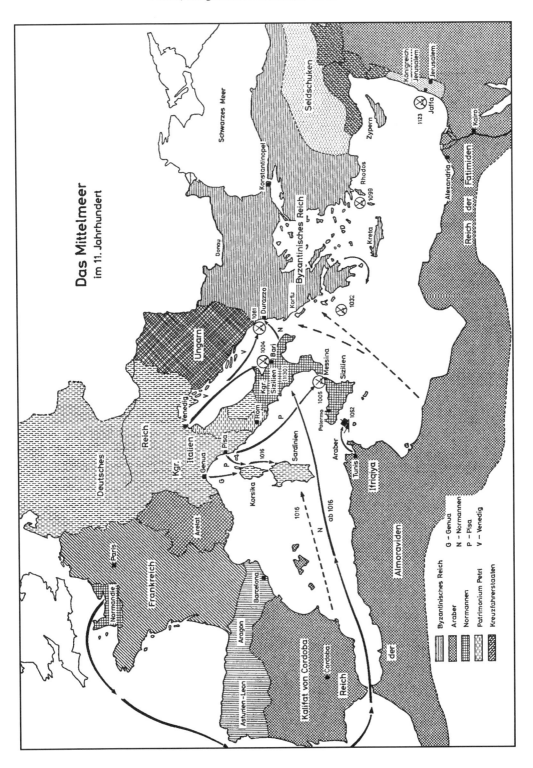

gestellt und erleidet eine schwere Niederlage. Die entkommenen Schiffe werden auf der Heimfahrt in einem Sturm aufgerieben.

1035 **Ägäis.** Schiffe der Araber plündern im Mai und im Sommer die Küsten der Ägäis. Sie werden von einem byzantinischen Geschwader überrascht und vollständig aufgerieben.

1038–1040 **Sizilien.** Ein Heer unter dem tüchtigen General Georgios Maniakes, bestehend aus Kontingenten von Griechen, Bulgaren, Normannen (unter ihnen Harald Hardråda und Wilhelm von Hauteville), Italienern und Langobarden landet auf Sizilien und erobert den Ostteil der Insel mit Messina und Syrakus. Als Maniakes in Ungnade fällt und die Normannen abziehen, geht die Eroberung bald wieder verloren. Ein Geschwader sichert in dieser Zeit die Verbindung mit Süditalien gegen arabische Angriffe.

1043 **Gefecht vor Konstantinopel.** Unter dem Vorwand, den Tod eines russischen Kaufmanns in Konstantinopel zu rächen, greift Großfürst Jaroslaw von Kiew (1019–1054) mit einem Geschwader die Stadt an. Er läuft in den Bosporus ein, kann 24 griechische Schiffe erobern oder vernichten, erleidet dann aber vor allem durch griechisches Feuer eine schwere Niederlage.

1054 **Kirche.** Der schon lange schwelende Streit zwischen Rom und Konstantinopel findet seinen Höhepunkt. Papst Leo IX. (1049–1054) läßt von seinem Legaten am Altar der Hagia Sophia die Bannbulle niederlegen. Der Patriarch antwortet auf die gleiche Art und das Kirchenschisma ist perfekt, das den größten Einfluß auf die folgende Weltpolitik ausstrahlt.

1055 **Mesopotamien.** Das türkische Volk der **Seldschuken** verbreitet sich von Transoxanien südlich des Aral-Sees über Persien bis an den Tigris und tritt zum Islam über. Die bereits machtlosen abbasidischen Kalifen in Bagdad geraten unter ihr Protektorat.

1057–1085 **Süditalien.** Die Normannen unter Robert Guiscard erobern in wechselvollen Kämpfen den Großteil der langobardischen und byzantinischen Besitzungen.

1061–1091 **Sizilien.** Die Normannen unter Graf Roger I. († 1101) erobern die Insel von den Arabern zurück. Für diese Kämpfe bauen die Normannen ihre erste eigene Flotte.

Herbst 1061 **Schiffbruch.** Ein Hilfsgeschwader der Sarazenen aus Nordafrika für Sizilien geht im Sturm bei der Insel Pantelleria zugrunde. Die Seeverteidigung von Sizilien ist dadurch entblößt.

August 1063 **Gefecht im Hafen von Palermo.** Ein Geschwader aus Pisa sprengt die Sperrkette an der Hafeneinfahrt und vernichtet einige Schiffe der Araber. Zu einem vereinten Vorgehen mit den Normannen kommt es aber nicht.

April 1071 **Eroberung von Bari.** Die erste Flotte der Normannen schlägt im Februar ein Versorgungsgeschwader der Byzantiner, wobei acht Schiffe erobert werden. Vom Nachschub abgeschnitten, muß sich die Stadt nach dreijähriger Belagerung ergeben.

August 1071 **Landschlacht bei Manzikert.** Im Kampf gegen die Seldschuken verliert Kaiser Romanos IV. Diogenes (1068–1071) die Schlacht und gerät in Gefangenschaft. Er handelt einen günstigen Vertrag mit dem Sultan Alp Arslan aus, wird auf dem Rückweg nach Konstantinopel von Aufständischen gefangengenommen, geblendet und stirbt bald darauf. Seine Nachfolger halten sich nicht

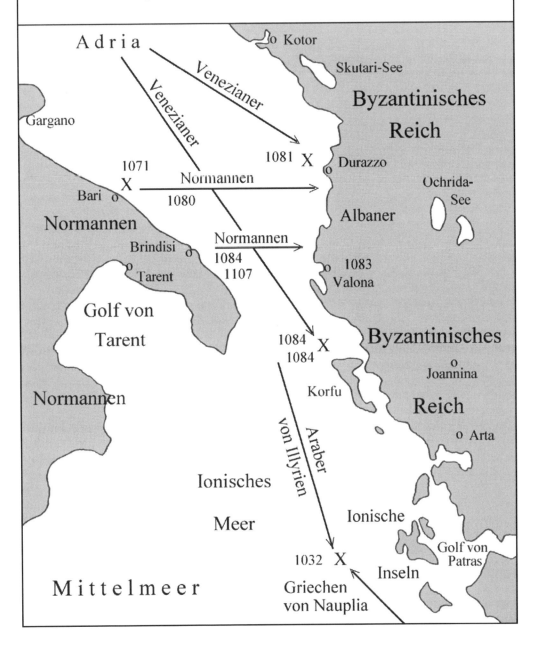

Sommer 1071	**Sizilien.** Die Flotte der Normannen erobert Catania und beginnt noch im Herbst mit der Blockade von Palermo. Im Winter wird ein Hilfsgeschwader aus Afrika geschlagen, die Stadt muß sich im Jänner 1072 den Normannen unter Roger und Robert Guiscard ergeben.
Dezember 1076	**Kampanien.** Robert Guiscard belagert zu Lande die Stadt Salerno. Schiffe aus dem nahen Amalfi blockieren die Seeseite und ermöglichen dadurch die Eroberung durch Aushungern.
1077	**Deutschland.** Der vom Papst gebannte Kaiser Heinrich IV. (1056/1081–1106) erscheint im Büßergewand vor der Burg Canossa am Apennin, auf der sich der Papst aufhält. Papst Gregor VII. (Hildebrand, 1073–1085) muß ihn vom Bann befreien. Heinrich hat daher die Möglichkeit seine Herrschaft in Deutschland zu festigen. 1085 verkündet Heinrich in Mainz den Gottesfrieden für ganz das gesamte Deutsche Reich.
1080	**Byzanz.** Die Seldschuken stoßen bis an die Westküste Kleinasiens vor und erobern Kyzikos am Marmarameer. Der Feldherr Alexios Komnenos (1081–1118) wird mit einem Gegenangriff betraut, beseitigt aber vorerst mit Hilfe seiner Truppen und der Zentralflotte den unfähigen Kaiser und übernimmt selbst die Herrschaft.

1080–1085 Angriff der Normannen auf Byzanz

	Robert Guiscard nützt die Thronwirren in Konstantinopel aus, landet mit einem Heer von 17.000 Mann und 2000 Pferden in Albanien und erobert Korfu.
16. Juni 1081	**Seeschlacht bei Durazzo.** Ein Geschwader von 60 Schiffen aus Venedig unter dem Dogen Domenico Selvo besiegt die Flotte der Normannen und versorgt die belagerte albanische Stadt.
1082	**Venedig** erhält für seine Flottenhilfe vor Albanien von Byzanz Handels- und Justizprivilegien im Byzantinischen Reich. So erhält Venedig Handelsfreiheit im ganzen Byzantinischen Reich und in Konstantinopel ein exterritoriales Stadtviertel für seine Handelshäuser. Die Seeherrschaft von Byzanz geht auch im östlichen Mittelmeer zu Ende.
1083	**Albanien.** Die venezianische Flotte kann Durazzo, das die Normannen im Herbst nach Zurückweisen eines Entsatzheeres aus Konstantinopel erobert haben, und Korfu zurückerobern. Kaiser Alexios vermag die bis nach Makedonien vorgedrungenen Normannen wieder aus Griechenland und Albanien vertreiben.
Herbst 1084	**Seeschlacht bei Korfu.** Nach den Rückschlägen des letzten Jahres ergreift Robert Guiscard erneut die Offensive. Seine Flotte wird zunächst in zwei Treffen von der venezianischen Flotte zurückgeschlagen, beim dritten Zusammentreffen erringen die Normannen vor Korfu einen klaren Seesieg. Korfu wird erneut erobert.
1085	Mit dem Tod von Robert Guiscard endet dieser Krieg gegen Byzanz.

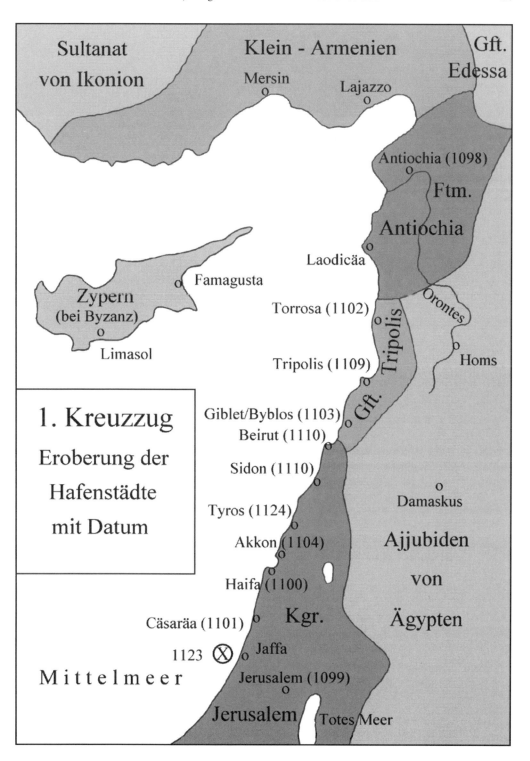

1084	**Sizilien.** Die Flotte des Emirs von Syrakus, Benavert, verheert die Küste von Kalabrien, Nicotera wird zerstört, die Vorstädte von Reggio geplündert.
25. Mai 1085	**Gefecht in der Bucht von Syrakus.** Roger I. greift mit der Flotte von Messina aus an und schlägt das Geschwader der Araber, wobei sich die normannischen Armbrustschützen auszeichnen. Benavert fällt auf seinem Flaggschiff, die Stadt muß sich im Oktober den Belagerern ergeben.
Juli 1091	**Malta.** Die Flotte der Normannen besetzt kampflos die Insel.
1087–1088	**Tunesien.** Die Herrscher des Landes stoppen den Export von Teppichen nach Europa. Ein kombiniertes Geschwader der Städte Genua und Pisa plündert die Hafenstadt Mahdia. Anschließend wird ein neuer Handelsvertrag abgeschlossen.
1080–1090	**Kleinasien.** In Westanatolien baut sich Tschaka, der türkische Emir von Smyrna, eine Flotte auf und erobert die Inseln Lesbos, Chios, Samos und Rhodos.
1090	**Seeschlacht vor den Dardanellen.** Am Eingang in das Marmarameer schlägt ein Geschwader von Kaiser Alexios I. Komnenos die Flotte des Emirs von Smyrna und sichert sich wieder die Seeherrschaft in der Ägäis. Es sollen weitere drei Jahrhunderte vergehen, bis die türkischen Geschwader erneut zu einer Gefahr in der Ägäis werden.
April 1091	**Byzanz.** In einer blutigen Landschlacht in Thrakien kann Kaiser Alexios die Petschenegen vernichten. Diese ständige Bedrohung ist damit ausgeschaltet und die Stellung von Alexios und des Byzantinischen Reiches wieder gestärkt.

1096–1099 Erster Kreuzzug nach Palästina

Am 27. November 1095 ruft Papst Urban II. (1088–1099) auf der Synode zu Clermont zu einem Kreuzzug für die Befreiung von Jerusalem von den Moslems auf.

Die Kreuzritter nehmen den Weg über Konstantinopel und kämpfen sich durch Kleinasien nach Syrien vor. Für den Nachschub an Menschen und Verpflegung sind sie vom Seeweg aus dem Westen abhängig, der aber zunächst von der Flotte der Fatimiden in Ägypten beherrscht wird.

Oktober 1097	**Kleinasien.** In der Bucht von Mersin in Kilikien trifft ein Geschwader ehemaliger Freibeuter aus Friesland, Dänemark und Flandern unter der Führung von Guynemer von Boulogne ein, bringt den Kreuzfahrern erste Flottenhilfe und erobert noch im selben Jahr die Hafenstadt Latakia. Bald darauf treffen auch Geschwader aus Genua, Pisa und Venedig ein und beginnen mit der Unterstützung der Kreuzfahrer. Insgesamt stellen für den Ersten Kreuzzug Genua und Venedig je 200 Schiffe, Pisa 120 Schiffe sowie Barcelona und Marseille nicht viel weniger.
15. Juli 1099	**Palästina.** Die Stadt Jerusalem wird von den Kreuzfahrern erobert. Dabei wird die ganze islamische Bevölkerung umgebracht, die Juden werden in ihrer Synagoge verbrannt. Es wird das Königreich Jerusalem eingerichtet, dessen Titel noch lange nach dem Fall der Kreuzfahrerstaaten weiter besteht.
Ende 1099	**Gefecht bei Rhodos.** Die italienischen Seestädte geraten um den Einfluß in der Levante in Streit. Ein Geschwader aus Venedig schlägt eines aus Pisa im Kampf um die Vorherrschaft in den Häfen der Kreuzfahrer.

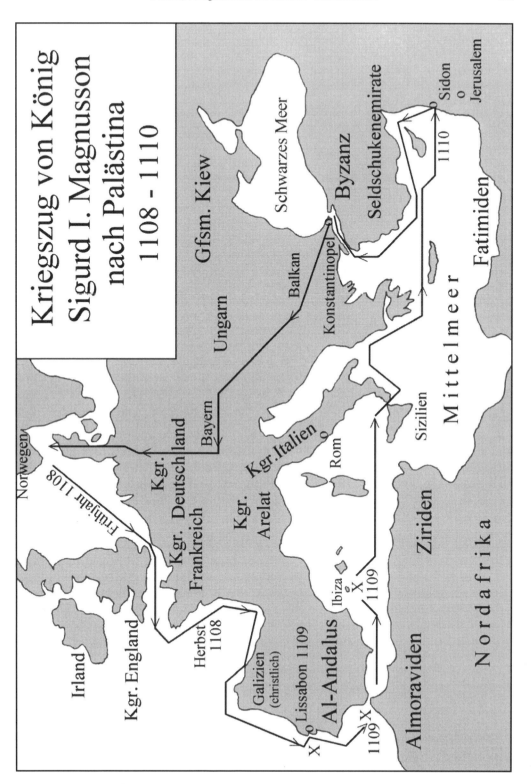

ab 1100	**Levante.** Die zunächst zögernden Venezianer unterstützen die Kreuzfahrer bei der Eroberung von Haifa (Juli 1100), Sidon (Dezember 1110) und Tyrus (Juli 1124) und sichern sich dadurch Handelsvorrechte im Königreich Jerusalem. Das Levantegeschwader von Genua sichert sich gleiche Vorrechte für die Unterstützung bei der Eroberung von Cäsaräa (Mai 1101), Giblet/Byblos (1103), Akkon (Mai 1104) und Beirut (Mai 1110).
1101	**Gefecht bei Ithaka.** Auf dem Heimweg von Palästina, wo es mit Erfolg die Kreuzfahrer unterstützt hat, trifft ein Geschwader aus Genua auf ein byzantinisches Geschwader von 60 Chelandinen und besiegt es.
1104	**Levante.** Ein Geschwader aus Byzanz greift von Zypern aus mit Erfolg Hafenplätze an der syrischen Küste von Laodicäa bis Tripolis an.
1105–1106	**Al-Andalus.** Es laufen 72 Schiffe der Mauren aus Sevilla aus, um möglicherweise in Palästina an den Kämpfen gegen die Kreuzfahrer teilzunehmen. Schon bald nach dem Verlassen des Guadalquivir geht ein Teil der Schiffe in einem Sturm verloren und das Unternehmen wird abgebrochen.
Oktober 1107	**Albanien.** Der Normanne Bohemund landet bei Dyrrhachium/Durazzo zum Angriff auf das byzantinische Griechenland. Er wird aber kurz nach der Landung von Kaiser Alexios I. Komnenos geschlagen und gerät in Gefangenschaft.

1108–1110 Kriegszug von König Sigurd I. Magnusson

(1103–1130), genannt Jorsalfarar (= Jerusalemfahrer) von Norwegen in das Mittelmeer.

Frühjahr 1108	Sigurd segelt mit seinem Geschwader nach Frankreich und im Herbst nach Galizien auf der Iberischen Halbinsel, wo er überwintert.
1109	Er erobert das maurische Lissabon, wo er große Beute macht, kämpft sich gegen Geschwader der Mauren den Weg durch die Straße von Gibraltar frei, plündert die Inseln Formentera und Ibiza und schlägt auch dort ein Geschwader der Mauren.
1110	Über Sizilien erreicht er Palästina, wo er den Franken bei der Eroberung von Sidon hilft. Nach dem Besuch Jerusalems segelt Sigurd über Zypern nach Konstantinopel. Dort schenkt er seine Schiffe Kaiser Alexios I. Ein Teil seiner Leute tritt in die kaiserliche Garde ein. Sigurd kehrt zu Lande durch den Balkan und über Bayern und Dänemark heim.
1113–1115	**Balearen.** Der Graf von Barcelona, Raymond Berengar III., erobert mit Unterstützung von Pisa ein erstes Mal die Inseln und macht sie tributpflichtig unter arabischen Herrschern. Er ist der Begründer der späteren Seemacht von Aragon-Katalonien.

1118 - 1127 Krieg Mailand gegen Como

Während dieser Auseinandersetzung kommt es zu zahlreichen, aber nur unzureichend überlieferten Seegefechten und Landungsoperationen auf den oberitalienischen Seen. Die Mailänder stützen sich dabei auf Lecco und einige mit ihnen verbündete Ortschaften am Comer See.

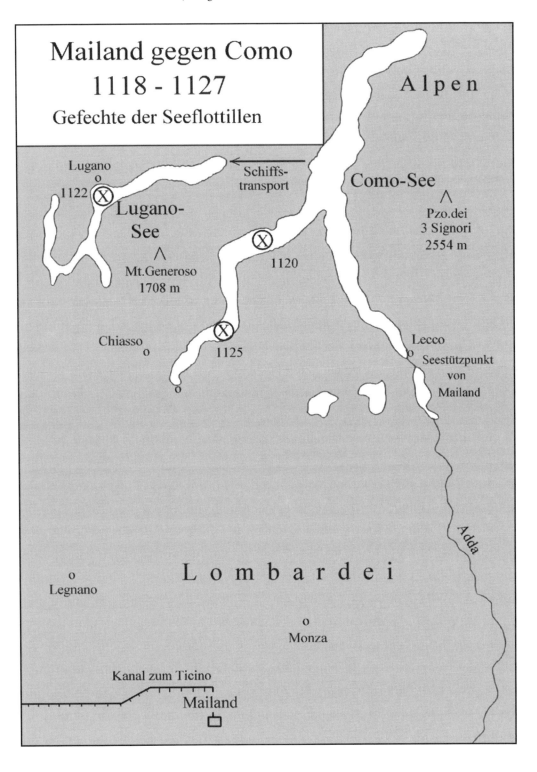

1120	Die Flottille von Como von zwölf Schiffen besiegt die feindliche Flottille, wobei ein Schiff durch Rammstoß versenkt und eines erobert wird. Kurze Zeit später werden die restlichen vor Anker liegenden Schiffe erbeutet.
1122	Am Luganosee besiegt die Flottille von Como die Flottille der Mailänder und vertreibt den Gegner aus seinen Stützpunkten. Anschließend transportieren die Comer einige weitere Kriegsschiffe auf dem Landweg vom Comer See zum Luganosee.
1124	Die Mailänder belagern Como zu Lande, das sich nur durch seine Überlegenheit am See versorgen und dadurch behaupten kann.
1125	In einem Seegefecht siegen die Comer erneut über ihre Gegner, wobei sie bei dem Verlust von einem Schiff drei der Gegner erbeuten und eines versenken.
1127	Mailand belagert Como erneut zu Lande und diesmal auch mit einer neuen Flottille vom See aus. Como muß nun kapitulieren (Parallele zum Peloponnesischen Krieg 404 v. Chr.).
1119–1133	**Krieg Genua gegen Pisa.** In einer ersten Auseinandersetzung um die Vorherrschaft im westlichen Mittelmeer ist Genua erfolgreich. Unterbrochen von Verhandlungen werden Handelsschiffe weggenommen und Küstenorte überfallen.
1122	**Kalabrien.** Arabische Seeräuber aus dem westlichen Mittelmeer überfallen die Stadt Nicotera und plündern die umliegenden Küstenorte. Sie liefern dadurch den Normannen einen Vorwand, um Tunesien anzugreifen.
1123	**Seezug gegen Mahdia.** Die normannische Flotte unter Admiral Christodulos, mit angeblich 300 Schiffen, 30.000 Mann und 1000 Pferden läuft aus Marsala aus, wird in einem Sturm zerstreut und sammelt sich vor Pantelleria. Die Landung in Afrika erfolgt nördlich von Mahdia. Das Fort Al-Dimas kann besetzt werden, aber ein Gegenangriff der Araber treibt die Normannen wieder auf die Schiffe. Die Flotte muß die Besatzung der Festung ihrem Schicksal überlassen und verliert bei der Heimfahrt fast ein Drittel ihrer Stärke in einem Sturm (Zahlen nach arabischen Quellen).
Ende Mai 1123	**Seeschlacht bei Jaffa.** Vor der Küste Palästinas trifft ein Geschwader von 18 Galeeren und einer Anzahl Transportern unter dem Dogen Domenico Michiel (1118–1129) aus Venedig auf ein weit stärkeres Geschwader der Sarazenen aus Ägypten. In einer blutigen Seeschlacht werden mehrere Schiffe der Ägypter versenkt, vier Galeeren und fünf Segelschiffe erobert. Der Gegner wird bis vor die ägyptische Küste verfolgt, wo weitere zehn Handelsschiffe erobert werden. Die Christen verfügen nun über die Seeherrschaft vor den Gewässern der Kreuzfahrerstaaten, die Existenz des Königreichs Jerusalem ist vorerst gesichert.
1124–1125	**Ägäis.** Ein Geschwader aus Venedig verwüstet die Küsten und zwingt dadurch Byzanz, ihm seine Handelsvorrechte erneut zu bestätigen.
1127	**Sizilien.** Ein Geschwader der Araber aus Tunis plündert die Städte Syrakus und Catania.
1128	**Donau.** Die Ungarn unternehmen einen Einfall auf byzantinisches Gebiet. Kaiser Johannes I. Komnenos (1118–1143) geht zum Gegenangriff über. Dabei unterstützt die Flotte das Heer mit Erfolg an der unteren und mittleren Donau.
August 1129	**Apulien.** Die Flotte der Normannen unterstützt mit 60 Schiffen das Heer bei der Einnahme des aufständischen Bari.

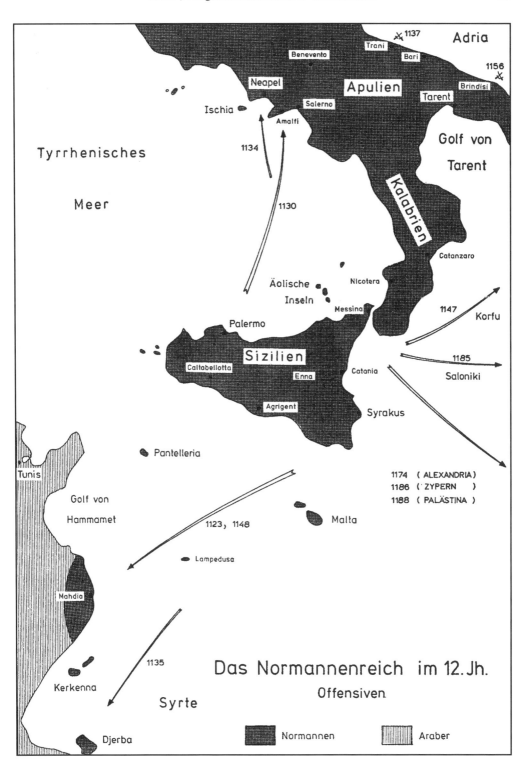

1130	**Königreich Sizilien.** König Roger II. (1130–1154) vereinigt seine Besitzungen in Süditalien und Sizilien zu einem Reich. Im selben Jahr vernichtet die Flotte der Normannen unter Admiral Georg von Antiochia die Flotte von Amalfi, das ab nun unter der Oberhoheit der Normannen steht.
1139	**Neapel.** Die Flotte der Normannen unter Georg von Antiochia unterstützt das Heer bei der Eroberung der Stadt. Schon zwei Jahre früher ist auch Amalfi erobert worden.
113–1160	**Die Normannen in Nordafrika**
1134	Der Ziriden-Emir Hassan von Mahdia ruft König Roger II. gegen Aufständische zu Hilfe. Roger schickt ein Geschwader von 20 Schiffen nach Afrika.
1135	Die Flotte der Normannen erobert die Insel Djerba in der Syrte, die zu einem ersten Stützpunkt ausgebaut wird.
1141/42	Nach dem Ende der Kämpfe in Süditalien bringt die Flotte der Normannen unter Georg von Antiochia den Emir Hassan in die Abhängigkeit der Normannen.
1143	Ein erster Angriff auf Tripolis scheitert. Die Stadt Djidjelli westlich von Tunis wird geplündert.
1145	Die Kerenna-Inselgruppe wird von den Normannen erobert.
Juni 1146	Die Flotte der Normannen unter Georg von Antiochia erobert nach dreitägigem Angriff Tripolis.
Juni 1148	Die Flotte der Normannen unter Georg von Antiochia erobert Mahdia, die Hauptstadt des Ziridenreiches. Die Offensive in Afrika ist damit zu Ende.
1156	Die Araber in Nordafrika erheben sich gegen die Normannen. In drei Jahren gehen fast alle Besitzungen wieder verloren. Der Versuch eines normannischen Geschwaders, die in Mahdia Belagerten zu unterstützen, scheitert, nachdem es in einem Sturm schwere Verluste erlitten hat. Mahdia muß im April 1160 kapitulieren, womit der letzte Stützpunkt der Normannen in Nordafrika verloren ist.
August 1135	**Amalfi.** Im Kampf um die Vorherrschaft im westlichen Mittelmeer verheert die Flotte von Pisa die süditalienische Handelsstadt Amalfi, ein Schlag, von dem sie sich nicht mehr erholt.
1137	**Zug Kaiser Lothars nach Süditalien.** Von der Kurie in Rom und von normannischen Aufständischen angeregt, geht der römisch-deutsche Kaiser gegen Süditalien vor. An der Adria unterstützt ihn die Flotte Venedigs, im Tyrrhenischen Meer die Flotte von Pisa.
Mai 1137	**Gefecht vor Trani.** Ein Geschwader der Normannen von 33 Schiffen versucht in die Kämpfe um die Stadt einzugreifen, wird aber mit einem Verlust von acht Schiffen abgewiesen.
Juli–August 1137	**Pisa.** Die Flotte in der Stärke von rund 100 Schiffen erobert Ischia, Amalfi und andere Orte und unterstützt die Kaiserlichen bei der Belagerung und Einnahme von Salerno. Nach dem Abzug von Kaiser Lothar kann König Roger II. seine Besitzungen wieder zurückerobern.
1143	**Byzantinisches Reich.** Nach Übernahme der Regierungsgewalt durch Kaiser Manuel I. Komnenos (1143–1180) erläßt dieser ein neues Gesetz für die Orga-

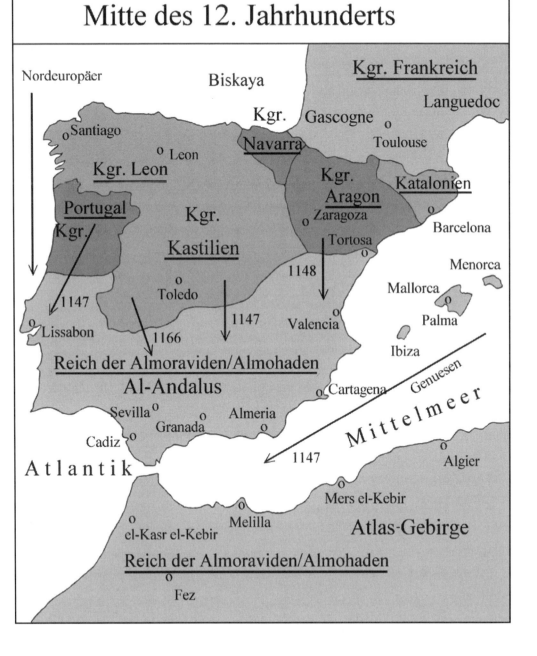

nisation der Flotte. Die Kriegsschiffe werden fortan nicht mehr von den Insel- und Küstenbewohnern gestellt, sondern direkt von der Staatskasse finanziert. Dazu wird eine neue Steuer eingeführt. Ferner bevorteilt er die Kaufleute aus Italien steuerlich, so daß sich neben Venedig auch Amalfi, Pisa und Genua eigene Stadtviertel einrichten können.

1144 **Levante.** Kaiser Manuel schickt seine Flotte gegen das Fürstentum Antiochia, dessen Herrscher einen Vertrag mit dem Vater von Manuel nicht eingehalten hat. Admiral Demetrios Banas erobert und vernichtet alle Schiffe in den Häfen des Landes, ein Landheer zwingt den Fürsten zur Unterwerfung.

1143 **Portugal** erlangt die Anerkennung als selbständiges Königreich. Nach Abschluß der Reconquista im folgenden Jahrhundert wird das Land zu einer der führenden Seemächte im Atlantik (Prinz Heinrich der Seefahrer).

1147 **Portugal.** König Alphons I. (1128/1138–1185) erobert mit Hilfe einer Kreuzfahrerflotte von 200 Schiffen die Stadt Lissabon von den Arabern. Beteiligt sind Ritter aus England, dem Deutschen Reich und den Niederlanden.

1146 **Al-Andalus.** Genua unternimmt eine Offensive gegen die Mauren. Ein Geschwader von 22 Galeeren und sechs kleinen Schiffen erringt Erfolge auf der Insel Menorca, wird aber vor dem Hafen Almeria abgewiesen.
Genua entsendet darauf im folgenden Jahr den Großteil seiner Flottenmacht, 63 Galeeren und 163 Transporter, unter Ansaldo Doria nach der Iberischen Halbinsel. Im Zusammenwirken mit Kastilien und Barcelona wird die Seefestung Almeria nach dreimonatiger Belagerung (August–Oktober) von den Verbündeten erobert, was eine entscheidende Schwächung der Mauren zur Folge hat.

1148 **Al-Andalus.** Ein Geschwader aus Genua unterstützt den Grafen von Barcelona bei der Einnahme von Tortosa.

1147 **Zweiter Kreuzzug.** Unter den Königen Konrad von Hohenstaufen und Ludwig VII. (1137–1189) von Frankreich kommt das zweite Kreuzfahrerheer über Konstantinopel nach Kleinasien. Das voraus marschierende deutsche Kontingent wird von den Türken aufgerieben, König Konrad kann nur knapp entkommen.

1147–1158 Krieg Sizilien gegen Byzanz

Der Normannenkönig Roger II. nützt die Schwäche des Byzantinischen Reiches während des Zweiten Kreuzzuges zum Angriff auf Griechenland.

1147 Korfu und die Ionischen Inseln werden besetzt, die Küsten der Peloponnes von der normannischen Flotte unter Georg von Antiochia verwüstet.

1148 Kaiser Manuel liegt mit den Türken momentan nicht im Kriegszustand und schließt mit Venedig einen Vertrag, in dem sich Venedig zur Unterstützung des Byzantinischen Reiches im Kampf gegen die Normannen verpflichtet, wofür die Handelsprivilegien von 1082 wesentlich erweitert werden und Byzanz die Kriegskosten weitgehend decken soll.

Herbst 1148 Die Flotten von Byzanz (unter Stepan Kontostephanos) und Venedig vereinigen sich vor Korfu und beginnen mit der Belagerung der Festung.

Frühjahr 1149 **Gefecht in der Ägäis.** König Ludwig VII. von Frankreich kehrt auf dem Seeweg – verfeindet mit Byzanz – aus Palästina zurück. Sein Geschwader wird

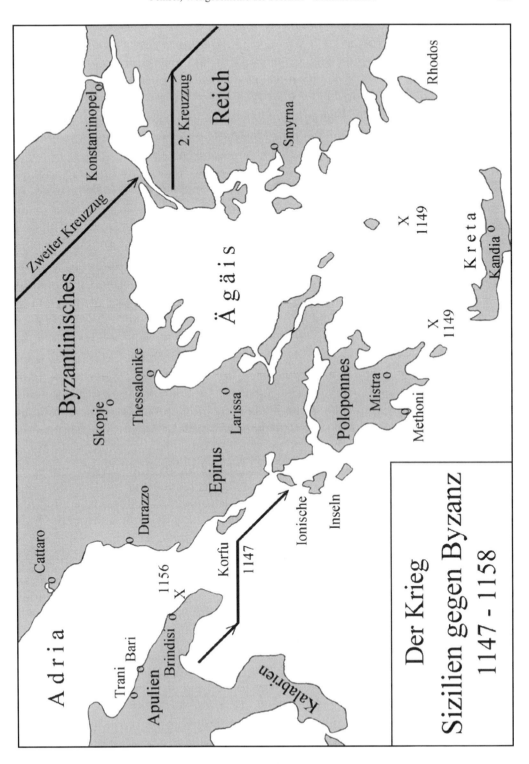

	von griechischen Schiffen angegriffen. Die Flotte der Normannen erscheint auf dem Kampfplatz, nimmt die Besatzungen der Schiffe des Königs an Bord und bringt sie nach Süditalien in Sicherheit. Das Gros der normannischen Flotte setzt seinen Vorstoß gegen Byzanz fort. Sie läuft unter Georg von Antiochia durch die Dardanellen und erscheint vor Konstantinopel. Die Stadt wird, ohne Erfolg, beschossen, ein Aufstand kann nicht provoziert werden.
1149	**Seeschlacht bei Kap Malea.** Auf dem Rückweg trifft die Flotte der Normannen auf die von Korfu herbeigeeilte Flotte der Verbündeten. Diese bringt den Normannen eine Niederlage bei. Noch im gleichen Jahr wird auch Korfu zurückerobert.
1155	Byzanz geht zur Offensive über und greift auf italienischem Boden in Apulien an. Bari, Trani und Ancona werden erobert. Venedig, um seine Herrschaft in der Adria besorgt, schließt daher mit den Normannen Frieden.
Mai 1156	**Gefecht vor Brindisi.** Die normannische Flotte erobert vor dem Hafen das byzantinische Blockadegeschwader von 30 Galeeren. Die Byzantiner müssen die Belagerung aufheben. Sie werden anschließend von den Normanne aus ganz Apulien vertrieben.
1157	Die normannische Flotte unter Stefan von Bari unternimmt mit 140 Galeeren eine Kreuzfahrt in die Ägäis und verwüstet die Küsten von Euböa.
1158	**Ende des Krieges.** Ohne Unterstützung durch die Flotte Venedigs muß Byzanz Frieden schließen.
1156	**Zypern.** Der christliche Fürst von Antiochia, sein Name sei bewußt verschwiegen, überfällt mit Heer und Flotte und großer Brutalität die in byzantinischem Besitz befindliche Insel und raubt sie vollständig aus. Wertgegenstände die die Flotte nicht transportieren kann, müssen die überlebenden Besitzer gegen Schuldschein zurückkaufen, da kein Geld mehr auf der Insel ist.
1158	**Reichstag auf den Ronkalischen Feldern.** Kaiser Friedrich I. Barbarossa (1152/1154–1190) von Hohenstaufen festigt die Macht des Kaiserreiches in Italien. Die Kontrolle der Kommunen geht auf kaiserliche Beamte über, dem Reich werden dadurch wesentliche Einkünfte erschlossen.

1162–1175 Krieg Genua gegen Pisa

	Der Kampf der beiden Seestädte dreht sich um den Besitz von Sardinien.
Juli 1166	Vor der Insel Elba schlägt die Flotte von Pisa ein Geschwader aus Genua. Im folgenden Jahr werden die Truppen der mit Pisa verbündeten Kaiserlichen von der Pest hinweggerafft.
1168	Im Golf von Lyon siegt ein genuesisches Geschwader über die Flotte von Pisa.
1169	Pisa willigt zunächst in einen ungünstigen Friedensschluß ein, nimmt aber bald die Kampfhandlungen wieder auf.
August 1169	Bei den Hyerischen Inseln siegt Genua erneut über die Flotte von Pisa. Als der Kaiser 1172 schließlich Pisa seine Unterstützung entzieht, muß dieses die Friedensbedingungen von 1169 anerkennen.

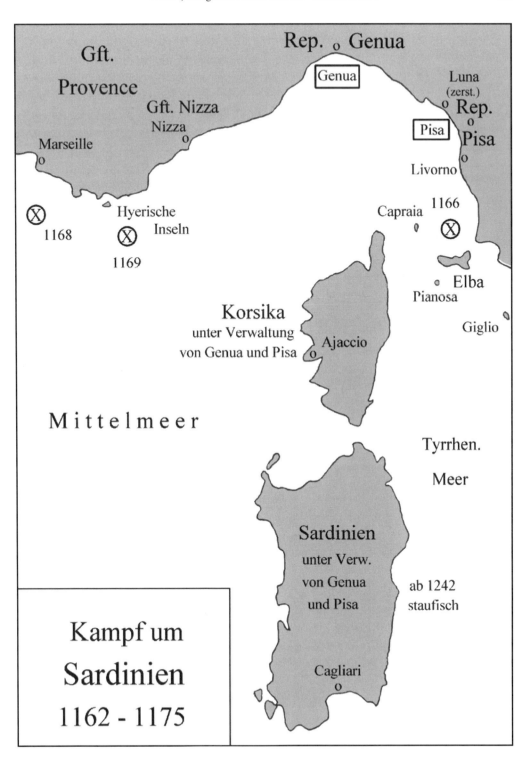

Oktober–Dezember 1169	**Ägypten.** König Amalrich von Jerusalem (1162–1173) versucht mit Unterstützung durch ein byzantinisches Geschwader unter Großherzog Kontostephanos vergeblich die Stadt Damietta im Nildelta zu erobern.
In Ägypten kommt daraufhin **Sultan Saladin** an die Macht und begründet die Dynastie der Ajjubiden. Saladin erobert Tripolis (1172), Damaskus (1174), Aleppo (1183), Mossul (1186) und Jerusalem (1187).
1171	**Gefecht vor den Dardanellen.** Übergriffe der Venezianer in Konstantinopel veranlassen Kaiser Manuel I., die Kaufleute der Lagunenstadt zu verhaften und ihre Waren zu beschlagnahmen. Die Flotte von Venedig erscheint deshalb vor den Meerengen, wird aber bei Kap Helles von den Griechen unter Andronikos Kontostephanos abgewiesen. Als auf der venezianischen Flotte auch die Pest ausbricht, muß sie unverrichteter Dinge wieder heimkehren. Im Vierten Kreuzzug nehmen die Venezianer grimmige Rache.
Juli 1174	**Ägypten.** Die Flotte der Normannen unter Tankred von Lecce, angeblich 200 Kriegsschiffe mit 36 Pferdetransportern und 40 Versorgungsschiffen, landet bei Alexandria zu einem Angriff auf das Nilland. Da die Landtruppen der Kreuzfahrer nicht wie versprochen eintreffen, müssen sich die Normannen unter Verlusten wieder einschiffen.
1177	**Venedig.** Es findet das große Treffen zwischen Kaiser Friedrich I. Barbarossa (1152–1190) und Papst Alexander III. (1159–1181) statt. Friedrich schließt mit Sizilien und der Lombardei Frieden.
1179	**Portugal.** Ein Geschwader der Mauren aus Sevilla greift Lissabon an. Es wird von einem Geschwader der Portugiesen unter dem Admiral Dom Fuas Routinho abgewiesen. Das gleiche wiederholt sich zwei Jahre später. Im darauffolgenden Jahr greift Routinho den Hafen von Ceuta an und versenkt dort einige Schiffe. In einem weiteren Seegefecht bei Ceuta 1182 fällt Admiral Routinho.
1182–1183	**Rotes Meer.** Die Franken von Palästina bringen Kriegsschiffe in den Golf von Akaba und unternehmen von dort eine Kreuzfahrt in das Rote Meer. Küstenstädte werden geplündert, Handels- und Pilgerschiffe aufgebracht. Schließlich werden sie von einem Geschwader aus Ägypten gestellt und aufgerieben. Sultan Saladin läßt die Gefangenen in Kairo hinrichten, damit sie die Handelsroute durch das Rote Meer nicht verraten können.
1185	**Griechenland.** Die sizilianischen Normannen unternehmen einen groß angelegten Kriegszug gegen Byzanz. Die einzigen Erfolge sind die Eroberung der Inseln Korfu, Kephalonia und Zakynthos sowie die Plünderung der Stadt Thessaloniki, was durch eine Revolution in Konstantinopel erleichtert wird. Der neue Kaiser Isaak II. Angelos (1185–1195) fügt den Normannen eine schwere Niederlage zu und vertreibt sie aus Griechenland, obwohl die normannische Flotte schon im Marmarameer auf das Heer wartet.
1186	**Sizilien.** Vermählung von Konstanze, der Erbin des Reiches von Sizilien nach ihrem Neffen König Wilhelm II., mit dem Thronfolger und zukünftigen Kaiser Heinrich VI. Nach dem Tod von Wilhelm (1189) wird Sizilien in Personalunion mit dem Deutschen Reich verbunden, sehr zum Mißfallen der Päpste.
1186	**Zypern.** König Wilhelm II. von Sizilien schickt ein Geschwader unter Margaritus von Brindisi zur Unterstützung des dortigen byzantinischen Gegenkaisers Isaak. Ein Geschwader von 70 Schiffen aus Konstantinopel landet Truppen auf

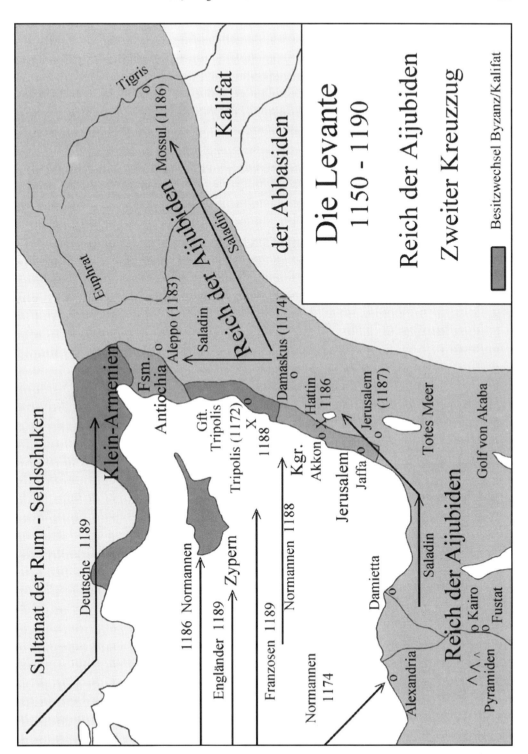

	der Insel, die Normannen können die meisten Schiffe am Strand erobern und bringen sie nach Italien.
1186	**Palästina.** Sultan Saladin (Salah ad Din) siegt bei Hattin über die Kreuzfahrer und erobert 1187 Jerusalem zurück.
1188	**Palästina.** Wilhelm II. schickt daraufhin seine Flotte unter Margaritus den bedrängten Franken zu Hilfe. Dieser bricht die Blockade von Tyrus, erobert im Hafen von Tripolis ein Geschwader der Sarazenen und rettet die Stadt vor dem sicheren Fall. Lange vor Eintreffen des neuen Kreuzzugsheeres sichert dadurch die Flotte der Normannen die wichtigsten Küstenplätze in Palästina.
1189	**Iberische Halbinsel.** Die Flotte von Portugal unternimmt einen ersten Vorstoß bis an die Südküste der Halbinsel.

1189–1192 Dritter Kreuzzug

	Die deutschen Ritter unter Kaiser Friedrich I. Barbarossa (1152–1190) kommen zu Lande. König Richard I. Löwenherz (1189–1199) von England und König Philipp II. August (1180–1223) von Frankreich kommen zu Schiff nach Palästina. Erstmals erscheinen große Flotten von Reichen aus Westeuropa im Mittelmeer. Richard Löwenherz erobert von Byzanz die Insel Zypern, das bis 1489 ein eigenes Königreich bleibt.
1189–1191	**Rückeroberung von Akkon.** König Guido von Jerusalem versucht zunächst mit den noch in Palästina vorhandenen Truppen die Stadt zurückzuerobern und schlägt vor ihren Mauern sein Lager auf. Er wird jedoch seinerseits vom Heer Sultan Saladins eingeschlossen.
September 1189	Als erste Verstärkung aus dem Westen trifft ein Geschwader von Dänen und Friesen ein, das nach Abzug der Flotte der Normannen weiter die Seeherrschaft sichert.
Oktober und Dezember 1189	Die Flotte der Ägypter durchbricht die Blockade und versorgt die belagerte Stadt. Schließlich erringen die Sarazenen die lokale Seeherrschaft vor Akkon, und die zu Lande eingeschlossenen Franken geraten in Gefahr, ausgehungert zu werden.
10. Juni 1190	**Kleinasien.** Nach der Durchquerung der Halbinsel unter erfolgreichen Kämpfen ertrinkt Kaiser Friedrich I. im Fluß Kalykadnus/Saleph nahe Seleukia/Silifke an der Südküste.
Mai 1191	**Zypern.** Auf dem Weg nach Palästina nimmt Richard Löwenherz den Byzantinern die Insel weg, gibt sie zunächst den Tempelrittern und im folgenden Jahr an Guido von Lusignan. Dieser begründet die Dynastie der Lusignans auf Zypern.
Juni 1191	Die englische Flotte unter Richard Löwenherz trifft vor Palästina ein. Das Geschwader der Sarazenen vor Akkon wird vernichtet, die Seeherrschaft wieder erobert und die Sarazenen in der Stadt müssen am 12. Juli kapitulieren.
1191–1194	**Königreich Sizilien.** Als Kaiser Heinrich VI. seine Erbschaft im Königreich antreten will, stellt sich ihm ein Großteil des Landes unter Tankred von Lecce entgegen. Die von Heinrich belagerte Stadt Neapel kann sich halten, da die Flotte aus Sizilien das Blockadegeschwader aus Pisa, im Bund mit Heinrich, vertreibt. Im Jahre 1194 kann Heinrich mit Hilfe der Flotten Genuas und Pisas die Herrschaft in Sizilien antreten.

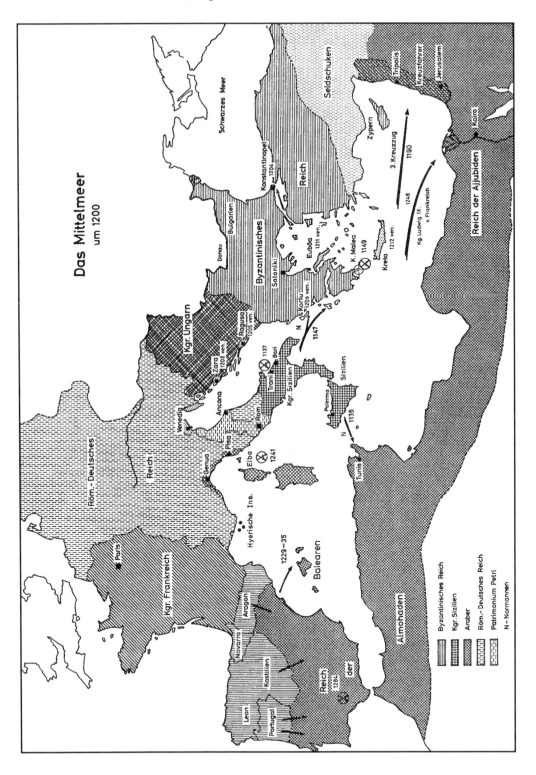

1193 **Adria.** In Konstantinopel geraten Venedig und Pisa in Streit um ihre Handelsquartiere. Venedig vertreibt darauf Pisa aus seinem Stützpunkt in Pola auf Istrien (1195) und anschließend aus der ganzen Adria, die nach der Niederlage der Normannen gegen Heinrich VI. ein venezianisches „mare nostrum" ist.

1202–1203 **Balearen.** Eine Flotte von 300 Schiffen aus Nordafrika entreißt den Mauren der Banû Ghânya die Inselgruppe, die bereits einen lebhaften Handelsverkehr mit den christlichen Hafenstädten Genua und Pisa und dem Königreich Aragon pflegt.

1202–1204 **Vierter Kreuzzug**

Venedig übernimmt den Transport des Kreuzfahrerheeres und stellt eine Flotte von rund 1200 Schiffen. Als Gegenleistung fordert es die Eroberung von Zara, die am 15. November 1202 erfolgt.

Juli 1203 **Erste Eroberung von Konstantinopel.** In Byzanz ist 1195 Kaiser Isaak II. Angelos von seinem Bruder entthront und geblendet worden. Der Sohn Alexius des gestürzten Kaisers wendet sich daraufhin an seinen Schwager Philipp von Schwaben um Hilfe, der dem Dogen Enrico Dandolo (1192–1205) vorschlägt, die Kreuzfahrer zu veranlassen, zunächst Konstantinopel einzunehmen und Alexios (als IV.) mit seinem Vater zu inthronisieren. Dandolo stimmt begeistert zu. Nach kurzem Widerstand wird die Stadt von den Kreuzfahrern erobert. Das Heer lagert vor der Stadt und wartet auf die von Alexios versprochene Entlohnung. Im Februar 1204 werden in Konstantinopel in einem erneuten Aufstand die beiden Kaiser, Vater und Sohn, gestürzt und das Übereinkommen mit den Franken aufgekündigt. Diese beschließen deshalb die Einnahme der Stadt auf eigene Rechnung, um sich schadlos zu halten.

12. April 1204 **Zweite Eroberung von Konstantinopel.** Die Stadt wird vom Heer der Kreuzfahrer gestürmt und ausgiebig geplündert. Die Flotte Venedigs ist an der Einnahme maßgeblich beteiligt. In Konstantinopel wird ein lateinisches Kaiserreich errichtet (bis 1261). Venedig sichert sich wichtige Stützpunkte in der Ägäis wie Koron, Modon/Methoni und Negroponte/Euböa. Die übrigen Führer der Kreuzfahrer erhalten Teile des Byzantinischen Reiches als selbständige Fürstentümer. Die griechischen Kaiser ziehen sich zunächst nach Nikäa zurück.

1204 **Diplomatie.** Venedig beginnt an den Herrschersitzen der Länder, mit denen es Handel treibt, ständige Gesandte zu unterhalten. Bisher sind solche nur für bestimmte Missionen auf kurze Zeit ausgesandt worden. Die anderen Nationen folgen bald diesem nützlichen Beispiel.

1205 **Ragusa/Dubrovnik** erkennt eine lose Oberhoheit von Venedig in der Adria an. Es entwickelt sich selbst immer mehr zu einer Seefahrerrepublik, deren Schiffe das ganze Mittelmeer befahren und bis in die Nordsee gelangen.

1207 **Schiffbruch.** Ein großer Teil der Flotte Genuas scheitert in einem Sturm an der ligurischen Küste.

1212 **Kreta.** Ein Freibeuter aus Genua, Enrico Pescatore, setzt sich auf der Insel fest und verteidigt sich mit Genuas Hilfe gegen Venedig, das schließlich dessen Schiffe vernichtet und sich in zwei Verträgen mit Genua die Insel sichert.

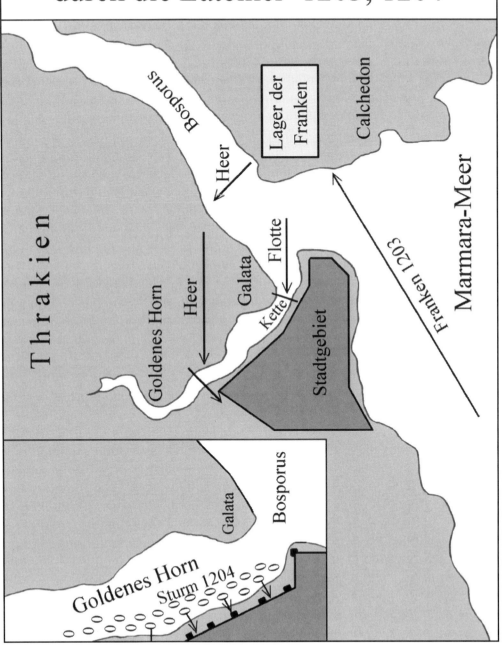

1212	**Kastilien.** Nach dem Sieg der Kastilier bei Navas de la Tolosa am Oberlauf des Guadalquivir löst sich das Reich der Almohaden auf, und die Straße von Gibraltar gerät in die Hände der Christen.
November 1219	**Ägypten.** Mit Hilfe eines Geschwaders aus Friesland erobert ein fränkisches Heer die Stadt Damietta im Nildelta, muß sie aber zwei Jahre später nach einer schweren Niederlage zu Lande wieder räumen.
Sommer 1220	**Gefecht vor Limassol.** Ein Geschwader aus Ägypten erscheint vor Zypern und vernichtet dort zahlreiche Schiffe der Kreuzfahrer.
Juni 1228	**Fünfter Kreuzzug.** Kaiser Friedrich II. startet von Apulien mit einer starken Flotte zur Fahrt nach Palästina. Er kann in einem Vertrag mit dem Sultan von Ägypten die Überlassung der heiligen Stätten aushandeln und erlangt so die Krone des Königreichs Jerusalem für seinen Sohn. Friedrich kehrt im Juni 1229 nach Brindisi zurück.
1229–1235	**Balearen.** König Jakob I. der Eroberer (1213–1276) von Aragon erobert mit einer Flotte von 155 Segelschiffen und Galeeren, darunter auch Schiffe aus Genua, Marseille und Narbonne, die Balearen. Bei der Flotte befinden sich Pferdetransporter mit offenem Heck zur leichteren Be- und Entladung. Mallorca und Ibiza werden sofort in das Reich eingegliedert, Menorca ist zunächst unter einem maurischen Emir tributpflichtig, wird aber 60 Jahre später ebenfalls annektiert. Die Handelsflotte von Barcelona kann sich nun ungestört entfalten.
1233	**Ägäis.** Die neu aufgestellte Kriegsflotte des griechischen Kaisers von Nikäa kann nach Samos, Chios und Lesbos nun auch die Insel Rhodos von den Lateinern zurückerobern.
1234	**Gefecht bei Abydos.** Der Kaiser von Nikäa versucht mit einem Geschwader unter L. Gabala die Stadt Konstantinopel anzugreifen. Ein Geschwader aus Venedig von 25 Galeeren unter L. Quirino und M. Gussoni kommt den Lateinern zu Hilfe und erobert fast das ganze Geschwader von Nikäa.
1236	**Konstantinopel.** Die Flotte von Gottfried II. von Achäa vertreibt das Geschwader des griechischen Kaisers, das erneut Konstantinopel angreift. Auch zwei Jahr später unternimmt diese Flotte mehrere erfolgreiche Operationen gegen den Kaiser in Nikäa.
1240	Bei einem erneuten Angriff auf die Hauptstadt des lateinischen Kaiserreiches durch die griechische Flotte von Nikäa greift wieder ein Geschwader von Venedig ein und erobert zehn feindliche Schiffe.
Herbst 1240	**Italien.** Im Machtkampf zwischen Kaiser und Papst kommt es mehrfach zu Seegefechten. Ein venezianisches Geschwader von 25 Schiffen siegt bei Ancona über zwölf Schiffe aus Sizilien und verheert dann die Adriaküste.
3. Mai 1241	**Seeschlacht bei der Insel Giglio.** Im Kampf Kaiser Friedrichs II. gegen den Papst siegt bei Elba die mit dem Kaiser verbündete Flotte von Pisa unter Admiral Ansald de Mari über ein Geschwader Genuas. Eine Anzahl auf dem Weg zum Konzil nach Rom befindliche Kardinäle und Bischöfe wird gefangengenommen.
1242	**Eroberung von Zara.** Die Stadt sagt sich erneut von Venedig los und erhält Unterstützung vom ungarischen König. Nach hartem Kampf um die starken Stadtmauern und mit der ungarischen Reiterei erobert Venedig die Stadt mit tatkräftiger Unterstützung durch die Flotte zurück.

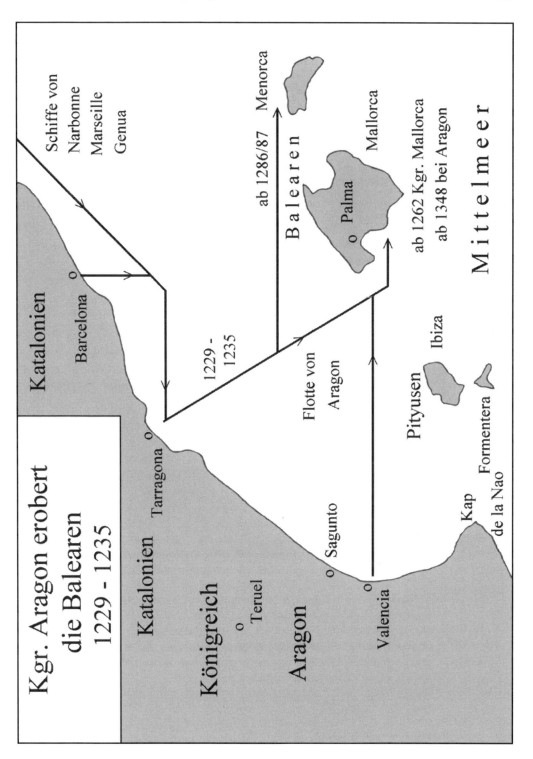

1245	**Malta.** Ein Geschwader aus Sizilien vertreibt die noch auf der Insel lebenden Araber. Malta ist daraufhin deren ständiges Angriffsziel. Die Verwaltung der Insel untersteht daher auch meist dem Großadmiral und Flottenbefehlshaber von Sizilien.
1248	**Al-Andalus/Andalusien.** Ein kastilisches Geschwader von 18 Schiffen unter Admiral Ramón Bonifacios aus Burgos vernichtet die Flotte der Mauren auf dem Guadalquivir und erleichtert dadurch die Eroberung von Sevilla. Erste Verwendung des Titels „Admiral" in Kastilien (in Aragon 1263).
1248	**Ägypten.** König Ludwig IX. von Frankreich unternimmt einen Kreuzzug nach Ägypten. Genua hilft bei der Ausrüstung der französischen Flotte. Die Stadt Damietta im Nildelta kann erobert werden. Nach einer schweren Niederlage zu Lande gerät Ludwig in Gefangenschaft und muß sich nach Zahlung eines hohen Lösegeldes nach Palästina zurückziehen.
1249	**Rhodos.** Ein Geschwader aus Genua versucht mit Unterstützung des lateinischen Fürsten von Morea/Peloponnes Rhodos zu erobern. Ein Gegenangriff der Flotte des Kaisers von Nikäa vertreibt sie wieder von der Insel.
1250-1277	**Oberitalienische Seen.** Nach dem Tod von Kaiser Friedrich II. (1250) kommt es in den Kämpfen zwischen Welfen und Staufern auch auf den Seen zu Operationen der jeweiligen Anhänger. Vor allem am Lago Maggiore und Comer See werden Seestreitkräfte eingesetzt, doch kommt es zu keinen nennenswerten Gefechten. Landungsoperationen werden jedoch unternommen und Locarno wird verbrannt.
1253	**Konstantinopel.** Ein starkes Geschwader aus Venedig unter G. Quirino verhindert die Eroberung der Stadt durch den griechischen Kaiser von Nikäa. Das lateinische Kaiserreich überlebt aber nur wenig länger.

1257–1270 Erster Krieg Venedig gegen Genua

	In der Levante geraten die Venezianer und Genuesen in ihren Quartieren in der Stadt Akkon in Streit, aus dem sich ein nicht erklärter Krieg entwickelt. Venedig wird im wesentlichen von Pisa und der Provence, Genua vom Herrn von Tyrus unterstützt.
1257	Die Genuesen kapern vor Akkon mehrere venezianische Schiffe.
Oktober 1257	**Gefecht vor Tyrus.** Das venezianische Geschwader in der Levante von 18 Schiffen unter Lorenzo Tiepolo trifft auf das Geschwader von Genua von 17 Schiffen und erobert vier davon. Beide Seiten verstärken nun ihre Geschwader in der Levante.
24. Juni 1258	**Seeschlacht vor Akkon.** Die Venezianer unter Tiepolo und Andrea Zeno verfügen über 40 Galeeren, vier große und zehn kleine Segelschiffe. Die Genuesen unter Rosso della Turca über 50 Galeeren und vier Segelschiffe. Die Genuesen erleiden eine schwere Niederlage, verlieren die Hälfte ihrer Galeeren und 1700 Mann an Toten und Gefangenen. Die Venezianer vertreiben daraufhin die Genuesen aus ihrem Quartier in Akkon.
	Die nächsten drei Jahre herrscht Waffenstillstand. Genua schließt sich den griechisch-römischen Kaiser von Nikäa an.

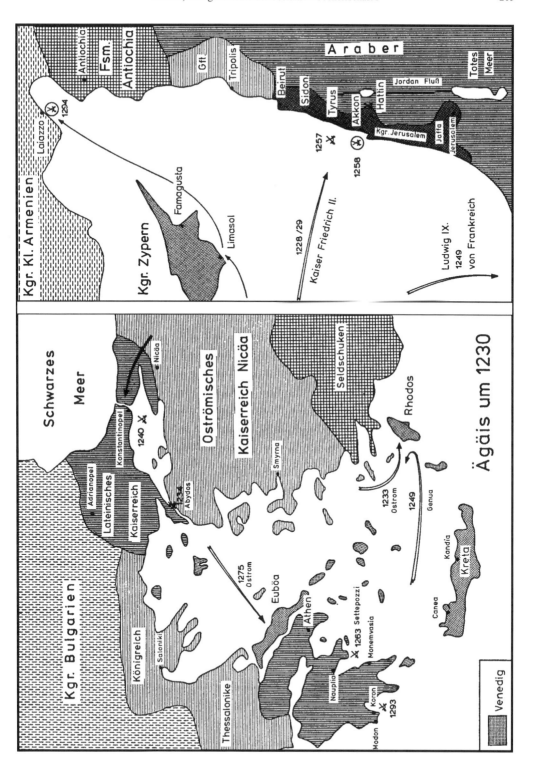

13. März 1261	**Vertrag von Nymphaion.** Im Verwaltungssitz des griechischen Kaiserreiches kommt es zu einem Vertrag mit Genua, das diesem für die Unterstützung durch seine Flotte bei der Eroberung von Konstantinopel große Handelsvorteile und die Vertreibung der Venezianer aus der Stadt verspricht.
25. Juli 1261	**Rückeroberung von Konstantinopel.** Auch ohne die Hilfe der Genuesen erobert der Kaiser von Nikäa die Stadt wieder zurück. Genua verdrängt daraufhin die Venezianer aus Konstantinopel. Der lateinische Kaiser von Konstantinopel muß mit den Venezianern die Stadt verlassen.
1262	Venedig und Genua senden starke Geschwader in die Ägäis, doch kommt es vorerst zu keinen Kämpfen.
1263	**Ägäis.** Die neue, noch kleine, Flotte von Byzanz unternimmt eine Machtdemonstration und erobert dabei die Inseln Kos, Naxos und Paros und unternimmt eine Landeoperation auf der Insel Morea/Peloponnes.
Juni 1263	**Seeschlacht bei Settepozzi/Spezai.** Vor der Bucht von Nauplia siegt ein venezianisches Geschwader mit 32 Galeeren unter Gilberto Dandolo über die genuesisch-byzantinische Flotte. Schwerer Rückschlag für das neue Byzanz.
1264	Bei Saseno vor Valona (Albanien) erobert ein Geschwader Genuas das venezianische Levantegeleit unter Simone Grillo mit Ausnahme der großen Galeere >Roccaforte<. Venedig schließt ein Bündnis mit Byzanz und erlangt auch im griechischen Kaiserreich wieder seinen Einfluß. Es ist ein glänzender Erfolg seiner Diplomatie.
Juni 1266	**Gefecht bei Trapani.** Vor der Westküste Siziliens siegt ein Geschwader aus Venedig über die Genuesen, die 28 Galeeren verlieren.
September 1266	Ein Geschwader aus Genua unter Oberto Doria erobert und plündert die Stadt Kanea auf Kreta.
1267	**Palästina.** Vor der Küste kämpfen Geschwader aus Genua unter L. Grimaldi und aus Venedig unter M. Morosini mehrere Gefechte. Der endgültige Verlust des Heiligen Landes (1291) wird dadurch beschleunigt.
1265	**Sizilien.** Papst Klemens IV. (1265–1268) erklärt den Kreuzzug gegen die Hohenstaufen in Sizilien und belehnt Karl von Anjou mit der Herrschaft. In der Schlacht bei Benevent (26. Februar 1266) schlägt dieser den Staufer König Manfred und sichert sich das Königreich Sizilien.
1269	**Marokko.** Der maurische Bergstamm der Meriniden vertreibt die Dynastie der Almohaden. Sie errichten ihre Residenz in Fez und kommen in Kontakt mit den Portugiesen und den Hafsiden von Tunesien.
1. Juli 1270	**Tunesien.** König Ludwig IX. von Frankreich startet von Aigues Mortes mit über 100 Schiffen zu seinem Kreuzzug gegen Tunis. Aigues Mortes ist der erste Hafen der französischen Krone am Mittelmeer und wird extra für diese Unternehmung angelegt. Kurz nach der Landung in Tunesien stirbt Ludwig IX., der Kreuzzug wird abgebrochen.
November 1270	**Sizilien.** Karl von Anjou plant einen Kriegszug gegen Byzanz. Seine im Hafen von Trapani versammelte Flotte mit dem Heer an Bord wird von einem fürchterlichen Sturm vernichtet, ein Großteil der Besatzungen ertrinkt, die Ausrüstung geht verloren. Die seit Jahren geplante Eroberung von Konstantinopel muß aufgegeben werden.

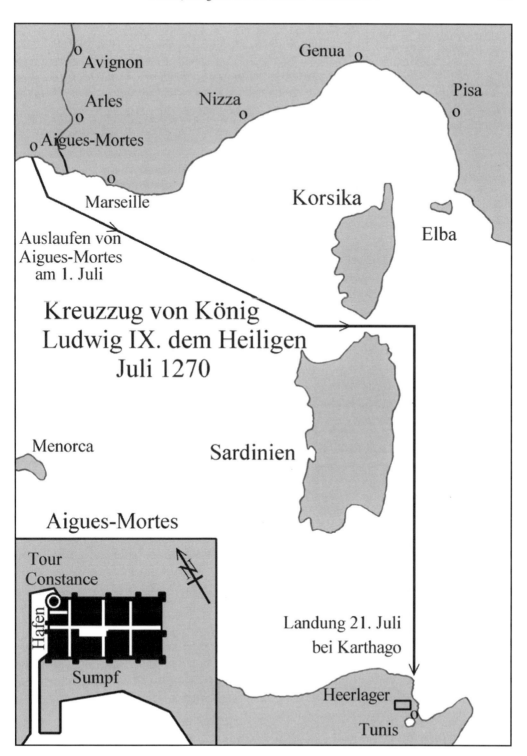

1275	**Seeschlacht im Golf von Volos.** Eine gemischte Flotte aus Schiffen von Venedig und den lateinischen Fürstentümern Griechenlands greift die Flotte von Byzanz in der Ägäis an. Die Byzantiner können fast alle Schiffe erobern. Byzanz erobert dann Euböa/Negroponte und einige Inseln zurück und sichert sich dadurch wieder die Seeverbindung zu seinem Besitz in der östlichen Peloponnes.
Juli 1279	**Gefecht bei Algeçiras.** Nahe dem Felsen von Gibraltar besiegen die Mauren aus Marokko ein von englischen Schiffen unterstütztes Geschwader Kastiliens.
um 1280	**Seerecht.** Unter König Peter d. Gr. (1276–1285) wird in Barcelona der Marinekodex „Llibre de Consolat" zusammengestellt. Er ist in den vorhergehenden Jahrzehnten von bedeutenden Seefahrern und Kaufleuten erarbeitet worden. Er ist so allgemein gültig und international anwendbar, daß er in kurzer Zeit von vielen seefahrenden Nationen verwendet wird.

1282–1288 Seekrieg Genua gegen Pisa

	Der Kriegsgrund ist erneut der Streit um die gemeinsamen Besitztümer auf Korsika und Sardinien.
Mai 1283	Ein Geschwader aus Genua erobert die Insel Pianosa bei Elba und fängt Handelsschiffe aus Pisa ab.
Mai 1284	Vor der Ostküste Sardiniens verliert ein Geschwader aus Pisa in einem Gefecht 13 Galeeren.
Juli	Nach großen Rüstungsanstrengungen stellt Pisa eine Flotte von 70 Galeeren neben kleineren Fahrzeugen auf. Sie unternimmt unter Alberto Morosini eine Demonstration vor dem Hafen von Genua. Die in zwei Geschwader geteilte Flotte Genuas unter Oberto Doria und Benedetto Zaccaria verweigert zunächst den Kampf, verfolgt aber die abziehenden Pisaner.
6. August	**Seeschlacht bei Molara.** Bei dieser Insel vor der Arnomündung nimmt Morosini den Kampf mit Oberto Doria an. Er entdeckt zu spät das zweite Geschwader unter Zaccaria. Pisa erleidet eine schwere Niederlage, es verliert 36 Galeeren und 9000 Mann durch Gefangennahme. Genua hat mit einem Schlag die Seeherrschaft zurückgewonnen.
	In den folgenden Jahren unterbindet die genuesische Flotte die Seehandelsrouten von Pisa. Ab dem Frühjahr 1287 kreuzen zwei Geschwader Genuas unter Thomas Spinola und Orlando Aschieri vor der Küste von Palästina und kapern jedes Handelsschiff aus Pisa.
31. Mai 1287	**Gefecht vor Akkon.** Das Geschwader von Aschieri besiegt das pisanische Levantegeschwader. Nur das Eingreifen von Venedig verhindert den Verlust des Flottenstützpunktes von Pisa in Akkon. Im folgenden Friedensschluß (1288) muß Pisa auf seinen Anteil an Korsika verzichten.
	Durch diese Niederlage und die Versandung des Hafens an der Arnomündung geht die Bedeutung Pisas als Seemacht rasch zu Ende. Nach der Eroberung durch Florenz (1406) tritt Livorno die Nachfolge als Hafen der Toskana an.

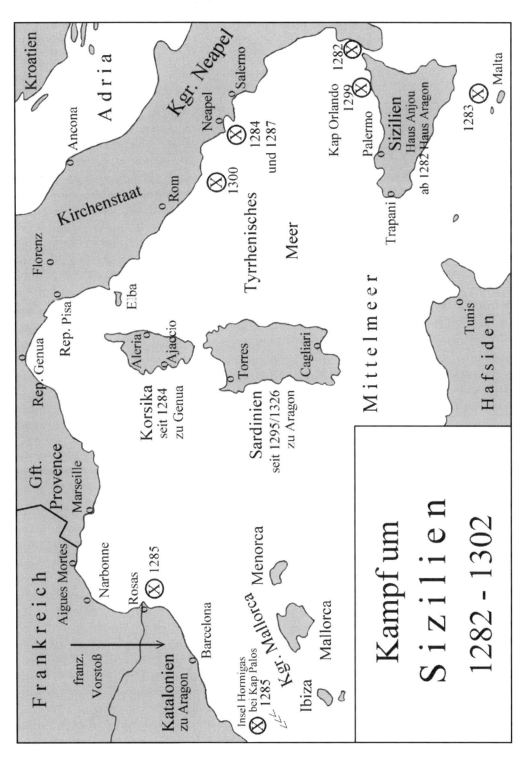

1282–1287 Krieg um Sizilien. Teil 1

Karl von Anjou wird nach dem Tod von Kaiser Friedrich II. vom Papst mit dem Königreich Sizilien belehnt, das er im Jahre 1266 erobert. Nach der „Sizilianischen Vesper" (1282) besetzt der mit den Staufern verwandte König Peter III. von Aragon mit Hilfe seiner Flotte die Insel. Karl versucht im Bund mit Frankreich von Neapel aus Sizilien zurückzuerobern.

September 1282 **Seeschlacht bei Messina.** Die Flotte von Aragon unter Jakob Perez siegt über die Flotte von Karl von Anjou unter dessen Admiral Henry de Murs. Perez erobert 22 Galeeren und vernichtet 80 Transporter. Die beabsichtigte Gegenlandung ist vereitelt.

Juli 1283 Vor Malta fängt Roger di Lauria, der neue Flottenbefehlshaber von Aragon, mit 18 Galeeren ein Versorgungsgeschwader von 20 Galeeren der Anjous ab und kann mehrere Galeeren erobern.

Juni 1284 **Seeschlacht vor Neapel.** Roger di Lauria besiegt ein Geschwader von Neapel unter dem gleichnamigen Sohn von Karl, der zehn Galeeren verliert und selbst in Gefangenschaft gerät. Lauria kann daraufhin einen Teil Kalabriens und die Basilicata erobern. König Philipp III. der Kühne (1270–1285) von Frankreich fällt als Reaktion mit Heer und Flotte im Mai 1285 in Katalonien ein.

Sommer 1285 **Gefecht bei Rosas.** In dem nahe der französischen Grenze gelegenen Hafen erobern elf Galeeren aus Katalonien/Aragon sieben von 25 französischen Schiffen, bevor sie sich vor der Hauptmacht des Gegners zurückziehen müssen.

9./10. September **Seeschlacht bei Las Hormigas.** In der Nacht überfällt der von Sizilien herbeigeeilte Roger di Lauria mit 48 Galeeren die 40 Schiffe des französischen Hauptgeschwaders und reibt es fast zur Gänze auf. Fast 5000 Franzosen fallen oder geraten in Gefangenschaft. Ohne Unterstützung durch die Flotte müssen die Franzosen Katalonien wieder räumen. Beim Rückzug stirbt Philipp III. am 5. Oktober.

Juni 1287 **Seeschlacht bei Castellamare di Stabia.** In der Bucht von Neapel siegt der zurückgekehrte Roger di Lauria ein zweites Mal über die Flotte der Anjous und erobert 42 Schiffe. Durch die Seesiege von Lauria ist Sizilien fest in der Hand von Peters III. († 1285) Sohn Jakob.

Die Überlegenheit der Flotte von Aragon beruht hauptsächlich auf ihren ausgezeichneten Armbrustschützen, die taktisch bestens eingesetzt werden.

1288 **Vorstoß von Aragon.** Roger di Lauria stößt bis in die Ägäis vor und erobert Malvasia an der Ostküste der Peloponnes und die Insel Chios.

1290 **Byzantinisches Reich.** Kaiser Andronikos II. Palaiologos (1282–1321) löst die Kriegsflotte aus Geldmangel auf und verläßt sich für die Seeverteidigung des Reiches auf die Hilfe von Genua.

um 1290 **Kastilien.** In die Thronkämpfe des Landes unter König Sancho IV. (1284–1295) greifen auch die Mauren aus Nordafrika ein. Sancho vernichtet die Flotte der Mauren vor Tanger und hindert dadurch deren Hauptmacht nach der Iberischen Halbinsel überzusetzen. In den folgenden Jahren verlieren die Mauren aus Marokko ihre letzten Stützpunkte in Spanien.

1299 **Kleinasien.** Nach dem Zerfall des Seldschukenreiches schwingt sich der Emir Osman I. (1288–1326) zum Sultan auf und begründet das **Osmanische Reich**.

Durch die Eroberung von Nikäa 1331 unter seinem Nachfolger Orchan kommen die Osmanen in engen Kontakt mit Byzanz.

1293–1299 Zweiter Seekrieg Venedig gegen Genua

Der Krieg dreht sich vornehmlich um Stützpunkte in der Ägäis und dem Schwarzen Meer zur Sicherung des wichtigen Handelsweges nach Zentralasien und China. Im westlichen Mittelmeer wird Venedig durch Pisa unterstützt.

Juli 1293 — Noch vor Kriegsausbruch greifen bei Koron vier Galeeren aus Venedig sieben aus Genua an und werden geschlagen.

Anfang Mai 1294 — Das Levantegeschwader von Venedig überfällt die genuesische Handelskolonie in Limassol auf Zypern und wendet sich dann an die syrische Küste.

Mai 1294 — **Seeschlacht bei Laiazzo.** In der Levante siegt ein Geschwader aus Genua über eines aus Venedig, das 25 von 68 Schiffen verliert.

Juli 1296 — Ein Geschwader von 75 Schiffen aus Venedig überfällt den genuesischen Handelsstützpunkt Galata in Konstantinopel. Byzanz wird dadurch in den Krieg hineingezogen.

8. September 1298 — **Seeschlacht bei Curzola.** An der Küste von Dalmatien trifft ein venezianisches Geschwader mit 95 Schiffen unter Andrea Dandolo auf ein um 30 Schiffe schwächeres Geschwader aus Genua unter Lamba Doria. Die Venezianer erleiden eine schwere Niederlage. Unter den Gefangenen befindet sich auch der Weltreisende Marco Polo.

1299–1302 Krieg um Sizilien. Teil 2

Jakob folgt seinem ältesten Bruder Alfons (1291) nach dessen Tod auf den Thron von Aragon. König von Sizilien wird sein jüngerer Bruder Friedrich. Um sich vom Kirchenbann zu befreien, schließt Jakob mit Frankreich und den Anjous Frieden (1295) und unterstützt sie beim Versuch, Sizilien zurückzuerobern.

Juli 1299 — **Seeschlacht bei Kap Orlando.** Vor der Nordküste Siziliens bringt die vereinigte Flotte von Aragon und Neapel unter Roger di Lauria der Flotte von Sizilien eine schwere Niederlage bei. Friedrich selbst kann mit nur 17 Galeeren entkommen.

Juni 1300 — **Seeschlacht bei der Insel Ponza.** Lauria vernichtet die Reste der Flotte von Sizilien unter dem Befehl des Genuesen Conrado Doria. Beim Versuch, auf Sizilien zu landen, wird die Invasionsflotte der Anjou in einem Sturm vernichtet. Friedrich kann sich daher zu Lande mit Erfolg zur Wehr setzen und sogar einige Stützpunkte in Kalabrien halten.

September 1302 — Im Frieden von Caltabellotta kann sich Friedrich den Besitz von Sizilien sichern.

1302 — **Venedig.** Nach dem Friedensschluß mit Genua (1299) erscheint ein Geschwader aus Venedig vor Konstantinopel, legt Feuer an viele Gebäude der Stadt und erzwingt eine hohe Kriegsentschädigung, was eine weitere Schwächung des Byzantinischen Reiches bedeutet.

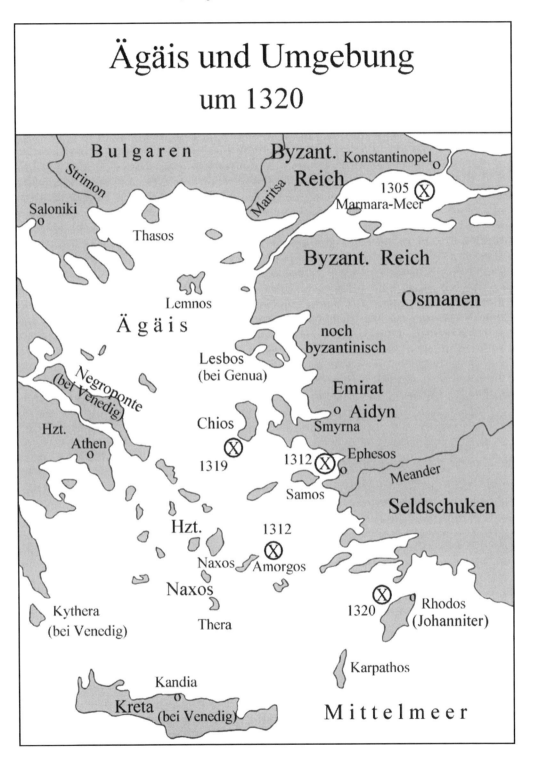

1304	**Chios.** Die Familie der Zaccaria aus Genua, die schon Besitzungen in Smyrna hat, kann die Insel Chios in ihre Hand bringen und sich dort bis 1329 halten, da ihnen keine byzantinische Flotte den Besitz streitig macht.
31. Mai 1305	**Gefecht im Marmarameer.** Nach Beendigung der Kämpfe in Italien (Friede von Caltabellotta) ruft der byzantinische Kaiser 1302 die Söldnertruppe der „Katalanischen Kompanie" unter dem Abenteurer Roger de Flor gegen die Osmanen in Kleinasien zu Hilfe. Diese verheeren nicht nur türkisches, sondern auch byzantinisches Territorium. Ihre Flotte wird schließlich von den Genuesen vernichtet. Sie ziehen dann nach dem Tod ihres Führers in Adrianopel zu Lande über Thrakien nach Griechenland und erobern dort das fränkische Fürstentum Athen.
1306–1309	**Rhodos.** Die Ritter des Johanniterordens erobern Rhodos und einige nahe Inseln. Der Orden ist 1099 im Heiligen Land gegründet worden. Seine Hauptaufgabe liegt in der Betreuung von Pilgern und Kranken und im Kampf gegen die Muslime. Nach dem Verlust des Heiligen Landes (1291) bauen sie eine straff organisierte Kriegsmarine auf.
1309	**Gibraltar.** Mit der Unterstützung der Flotte von Aragon kann Kastilien ein erstes Mal den Felsen erobern, verliert ihn aber 24 Jahre später noch einmal an das maurische Königreich von Granada.
1309	**Aragon.** Die Mauren von Marokko verlieren die Hafenstadt Ceuta an ihre Glaubensgenossen im Königreich Granada. Ein Geschwader aus Aragon unterstützt die Afrikaner bei der Rückeroberung der Stadt. König Jakob II. (1291–1327) von Aragon erhält daraufhin Handelsprivilegien in Marokko und seine Flotte darf Ceuta für Vorstöße in den Atlantik benützen.
1309–1310	**Venedig.** Der erste Versuch, sich durch die Eroberung von Ferrara einen Festlandsbesitz zu schaffen, endet in einem Fiasko. Bei der vergeblichen Belagerung der Stadt und bei den Kämpfen der Seestreitkräfte auf dem Po verliert Venedig 6000 Mann und 200 Schiffe.
1309–1377	**Kirchenstaat.** Die Päpste übersiedeln für diese Zeit nach Avignon an der unteren Rhone in die „babylonische Gefangenschaft" durch die Franzosen. Die Provence löst für diese Zeit Mittelitalien als ein Machtzentrum ab.
1312	**Gefecht vor Amorgos.** Die neuen Galeeren des Johanniterordens von Rhodos vernichten bei den Kykladen ein Geschwader der Türken von 23 Schiffen.
1312	**Gefecht vor Ephesos.** Ein Geschwader von Galeeren aus Rhodos und Zypern vernichtet ein weiteres Geschwader der Türken.
1314–1341	**Sizilien.** König Robert I. von Neapel (1338–1341) versucht wie schon früher (1314, 1316, 1325 und 1338–1341) die Insel für sein Königreich zurückzugewinnen, wird aber immer abgewiesen.
1317	**Portugal.** König Dionysius/Dinis (1279–1325) beruft den Genuesen Manuel Pessagno zum Aufbau einer Flotte in das Land. Pessagno wird als „Admiral von Portugal" ein Vorläufer von Prinz Heinrich dem Seefahrer.
März 1318–Oktober 1320	**Belagerung von Genua.** Im Bürgerkrieg zwischen den großen Familien der Hafenstadt können die Vertriebenen mit auswärtiger Hilfe Genua von der Landseite einschließen. Unterstützt werden sie schließlich von Sizilien, dessen Flotte die Stadt auch von der Seeseite blockiert. König Robert von Anjou, als Herr von Neapel und Marseille, ist um seine Seeverbindung besorgt und

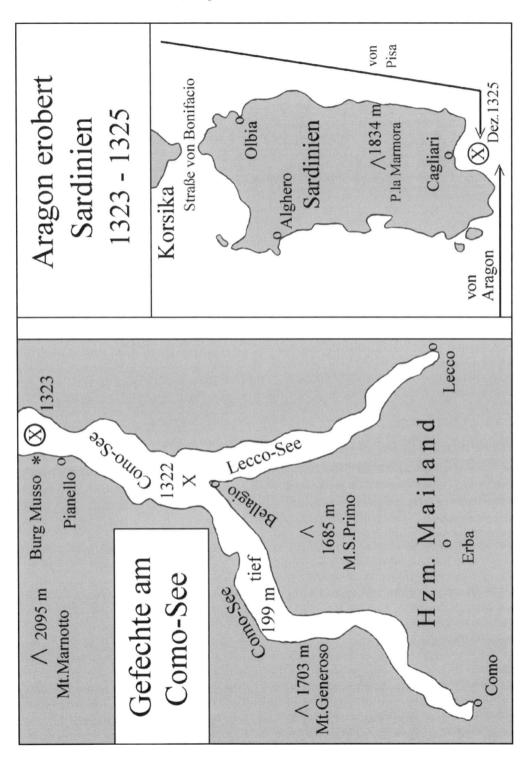

	schickt schließlich 1320 seine Flotte zum Entsatz nach Genua. Die Flotte von Sizilien weicht dem überlegenen Gegner aus, es kommt nur zu einigen unbedeutenden Gefechten entlang der ligurischen Küste. Obwohl der Bürgerkrieg noch drei Jahre dauert, hat das Eingreifen der Flotte diesen entschieden.
1319	**Gefecht bei Chios.** Ein Geschwader der Johanniter aus Rhodos von vier Galeeren und 20 kleinen Fahrzeugen, unterstützt von sechs Galeeren aus Genua, schlägt ein türkisches Geschwader.
1320	**Rhodos.** Eine Landungsflotte der Türken von 80 Schiffen wird auf der Insel von den Johannitern fast zur Gänze erobert.

1320–1323 Comer See

	In den Auseinandersetzungen zwischen Welfen und Staufern kommt es in diesen Jahren zu einigen größeren Seeoperationen.
1322	Die Flottille von Como auf der Seite der Staufer erobert den festen Turm und den Ort Cavagnola und versucht das kurz vorher verlorene Bellagio zurückzuerobern.
1322	**Gefecht vor Bellagio.** Die Flottille von Como kann dem Gegner zunächst acht Schiffe abnehmen oder versenken. Als dieser jedoch Verstärkungen erhält, verliert Como sechs Schiffe und muß sich geschlagen zurückziehen.
1323	**Gefecht bei Pianello.** Verstärkt durch von Mailand gestellte Schiffe ergreift Como erneut die Offensive. Seine Flottille trifft dabei wieder auf den Gegner und wird erneut geschlagen. Die entkommenen Schiffe werden auf der Flucht gestellt und gänzlich aufgerieben.
	Como wird dann zu Lande und vom See blockiert und muß Frieden schließen.

1323–1325 Kampf um Sardinien

	Ermuntert von Papst Bonifaz VIII. entschließt sich König Jakob von Aragon, die Insel den Pisanern zu entreißen.
Juni 1323	Eine Transportflotte, gedeckt von 60 Galeeren, unter dem Infanten Don Alfonso und Admiral Francesco Carros, landet starke Truppeneinheiten auf der Insel. Noch im selben Jahr kann Pisa mit 35 Galeeren Verstärkungen nach Sardinien bringen.
1324	Pisa schickt weitere Verstärkungen mit 52 Galeeren auf die Insel. Vor Cagliari werden diese in Kämpfen zu Lande und zur See aufgerieben.
Dezember 1325	**Gefecht vor Cagliari.** Ein Geschwader von 33 Galeeren aus Pisa wird von der Flotte von Aragon geschlagen. Pisa muß sich mit dem Verlust der Insel abfinden und sinkt zur politischen Bedeutungslosigkeit ab.
1329	**Byzanz** versucht sich von der Hegemonie Genuas frei zu machen. Mit letzten Mitteln wird ein Galeerengeschwader ausgerüstet und damit die Insel Chios und einige weitere genuesische Stützpunkte in der Ägäis erobert.
März 1331	**Osmanen.** Durch die Eroberung von Nikäa und sechs Jahre später von Nikomedia unter Sultan Orchan (1326–1359) kontrollieren sie die ganze Westküste Kleinasiens und beginnen mit dem Aufbau einer eigenen Kriegsflotte.

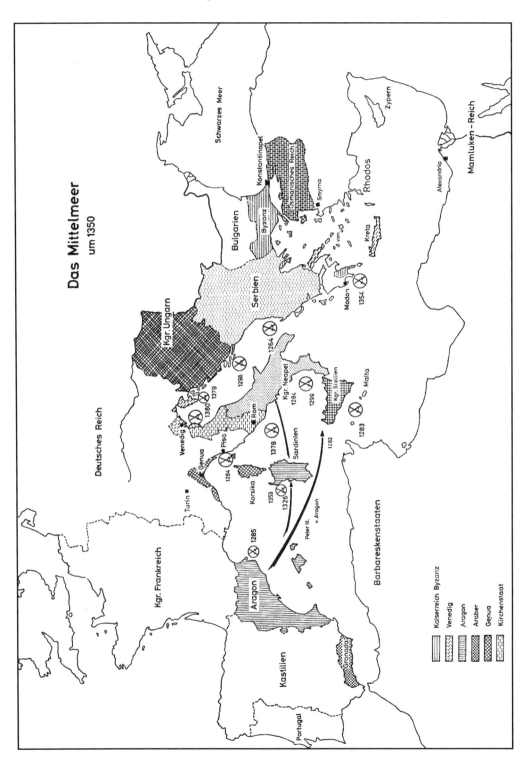

September 1334	**Gefecht vor Smyrna.** Ein fränkisches Geschwader mit Schiffen aus Frankreich (8), Venedig (14) und Rhodos (10) besiegt ein türkisches Geschwader.
1337	**Gefecht bei Konstantinopel.** Ein osmanisches Geschwader von 24 Schiffen plündert die Orte westlich der Hauptstadt. Kaiser Andronikos III. und der Großdomestikos Johannes Kantakuzenos vernichten mit ihren Land- und Seestreitkräften den Großteil des Gegners. Die Osmanen verlieren fast alle Schiffe sowie 1000 Mann an Toten und Gefangenen.
1340	**Kastilien.** Die Miriniten aus Marokko unternehmen zur Unterstützung ihrer Glaubensbrüder in Granada eine Invasion auf der Iberischen Halbinsel. Die Flotte der Mauren schlägt das Geschwader von Kastilien, dessen Admiral fällt. Ein Galeerengeschwader aus Genua blockiert daraufhin die gelandeten Mauren. König Alfons XI. (1312–1350) schlägt diese vernichtend am Rio Salado (30. Oktober) und nimmt ihnen die wenige Jahre vorher verlorenen Stützpunkte Algeciras und Gibraltar endgültig ab.
um 1340	**Ägäis.** Der türkische Emir Omar von Aydin baut sich eine Flotte auf und macht von seinem Stützpunkt Smyrna aus die Ägäis unsicher. Unter der Führung der Johanniter von Rhodos ziehen die Christen eine Flotte zu seiner Bekämpfung zusammen. Rund 30 Schiffe aus Venedig (10), der Johanniter (6), von Genua (5), des Papstes (4) und von Zypern (4) werden aufgeboten.
Mai 1344	**Gefecht vor Smyrna.** In der Hafeneinfahrt besiegt das Geschwader der Christen unter der Führung des lateinischen Patriarchen von Konstantinopel (!, nur mehr bloßer Titel), Heinrich von Asti, das türkische Geschwader unter Emir Oman und erobert anschließend Smyrna, das bis 1402 unter der Verwaltung der Johanniter bleibt.
Dezember 1346	**Eroberung von Zara.** Land- und Seestreitkräfte aus Venedig erobern nach achtzehnmonatiger Belagerung die von den Ungarn unterstützte aufständische Stadt zurück.
1346	**Gefecht in den Dardanellen.** Genua erobert die Insel Chios zurück. Byzanz rüstet als Reaktion ein Geschwader zum Gegenangriff aus, das aber von den Genuesen bereits in den Dardanellen vernichtet wird.
1347	Die Johanniter aus Rhodos besiegen bei der Insel Imbros ein türkisches Geschwader.
1347–1348	**Sardinien.** Schon seit 20 Jahren unterstützt Genua Aufstände in Sardinien gegen die Herrschaft Aragons. Genua schlägt nun in mehreren Gefechten die aragonesische Flotte. König Peter IV. von Aragon (1336–1387) schließt daraufhin 1351 ein Bündnis mit Venedig und greift in dessen Krieg gegen Genua an der Seite der Markusrepublik ein.
6. März 1349	**Konstantinopel.** Zum Vorgehen gegen die Genuesen in Galata rüstet Byzanz eine neue Flotte von zehn großen und vielen kleinen Schiffen in den Werften des Marmarameeres aus. Als die Flotte um die Spitze der Landzunge in das Goldene Horn einbiegt, ergreift die Besatzungen eine unerklärliche Panik und sie springen ins Meer, wo die meisten ertrinken. Die Genuesen brauchen die neuen Schiffe nur mehr zu bergen.

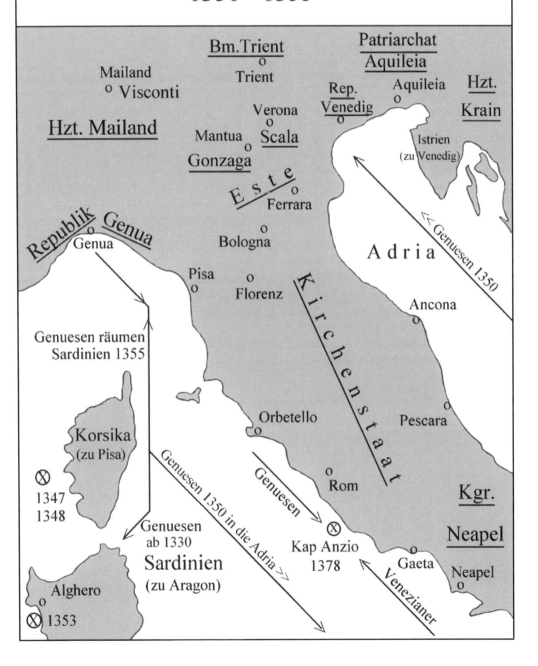

1350–1355　Der dritte Seekrieg Venedig gegen Genua

1350　Genua eröffnet die Feindseligkeiten, indem es ein Geschwader unter Philippo Doria in die Adria schickt, das die Küste von Venetien verheert.

Februar 1352　**Seeschlacht im Bosporus.** Ein Geschwader von Genua unter Paganino Doria liefert einem Geschwader der Verbündeten Venedig und Aragon sowie einigen Schiffen aus Byzanz unter Niccolò Pisani eine unentschiedene Schlacht, die sich im Licht brennender Schiffe bis tief in die Nacht hinzieht.

August 1353　**Seeschlacht bei Alghero.** Vor der Westküste Sardiniens trifft die vereinigte Flotte von Venedig und Aragon unter Niccoló Pisani auf die etwas stärkere Flotte Genuas. Bei der Flotte der Verbündeten befinden sich drei große Karavellen. Als zu Beginn der Schlacht eine steife Brise aufkommt, rennen die drei Segelschiffe eine Anzahl genuesischer Galeeren nieder und entscheiden damit die Schlacht für die Verbündeten.

1354　**Sardinien.** König Peter IV. von Aragon blockiert mit einem starken Geschwader die Festung Alghero. Nach über einem Jahr Belagerung übergeben die Genuesen den Stützpunkt und räumen die Insel Sardinien. Aragon muß aber noch mit den Einwohnern von Sardinen bis 1421 um die Herrschaft über die Insel kämpfen.

4. November 1354　**Seeschlacht von Porto Longo.** Im Hafen von Modon am Ionischen Meer siegt ein Geschwader Genuas unter Paganino Doria über die Venezianer unter Nicoló Pisani. Alle 35 Schiffe von Venedig werden erobert, Pisani gerät in Gefangenschaft. Venedig bequemt sich danach zum Friedensschluß.

März 1353　**Dardanellen.** Die Gegend wird von einem verheerenden Erdbeben erschüttert. Die Bevölkerung von Gallipoli verläßt die Stadt, in der sich dann Türken festsetzen. Von dort beginnt die Eroberung und Besiedelung der Balkanhalbinsel durch die Osmanen.

1354　**Aragon.** Auf Veranlassung von König Peter IV. verfaßt sein Flottenbefehlshaber Admiral Bernardo de Cabrera die „**Ordenanzes Navales**", in denen die Marineorganisation, die Taktik, Segelanweisungen und Besoldung der Seeleute festgelegt werden.

1361–1374　Zypern

Die seit 1192 unter der Herrschaft der Lusignans selbständige Insel erreicht unter König Peter I. (1359–1369) ihren politischen Höhepunkt. Peter unternimmt eine Reise an die europäischen Fürstenhöfe und versucht einen neuen Kreuzzug gegen den Islam zu organisieren.

1361　**Seeschlacht bei Adalia/Satalia.** Ein Geschwader aus Zypern besiegt ein türkisches Geschwader. Am Kampf sind auch vier Galeeren der Johanniter beteiligt. König Peter kann anschließend die am Festland liegenden Hafenstädte Satalia und Korykos besetzen.

Oktober 1365　**Alexandria.** Unter der Führung von König Peter erobert eine Flotte bestehend aus 115 Schiffen von Zypern, Rhodos und Venedig mit 10.000 Mann die Stadt Alexandria. Nach ausgiebiger Plünderung fährt Peter mit der Beute auf 70 Frachtern und mit 5000 Gefangenen wieder nach Zypern.

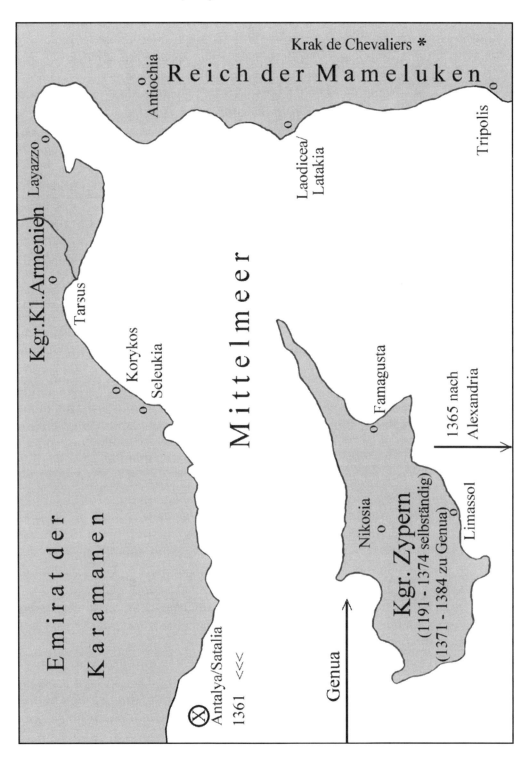

1372–1374	Aus einem Streit um Privilegien in **Zypern** zwischen den Handelskontoren von Venedig und Genua entsteht ein regelrechter Krieg Genuas gegen Zypern. Ein Geschwader mit Landungstruppen aus Genua unter Pietro di Campo Fregoso erobert in einjährigen Kämpfen die Insel. Dieser wird ein jährlicher Tribut und eine riesige Kriegsentschädigung auferlegt. Blüte und Unabhängigkeit der Insel gehen zu Ende.
1366–1367	**Byzanz.** Eine fränkische Flotte mit Schiffen aus Frankreich (unter Amadeus VI. von Savoyen) und Venedig (Doge Corner) kommt den von den Osmanen bedrängten Byzantinern zu Hilfe. Die Osmanen werden bei Gallipoli geschlagen. Das Kreuzfahrerheer wendet sich dann gegen die Bulgaren. Gallipoli und die bulgarische Schwarzmeerküste der Balkanhalbinsel kommen wieder unter die Kontrolle des Byzantinischen Reiches.
1369	**Portugal.** In einer Auseinandersetzung mit Kastilien greift Admiral Lanzarote Passanha mit 32 Galeeren und 30 Segelschiffen, zum Teil von Genua gestellt, die Stadt Sevilla an. Damals können die Hochseeflotten noch große Flüsse befahren.

1378–1381 Vierter Seekrieg Venedig gegen Genua (Chioggiakrieg)

30. Mai 1378	**Seeschlacht bei Kap Anzio.** Ein in das Tyrrhenische Meer entsandtes Geschwader aus Venedig unter Vettore Pisani schlägt südlich der Tibermündung ein Geschwader aus Genua unter Luigi Fiesco, der dabei in Gefangenschaft gerät. Auf dem Rückweg in die Adria erobert Pisani von den Ungarn Cattaro/Kotor.
August 1378	**Kampf um Trau.** Die Flotte Genuas unter Luciano Doria erscheint in der Adria, weicht aber zunächst einer Schlacht mit der überlegenen venezianischen Flotte aus und wird von ihr im Hafen von Trau/Trogir blockiert. Zwei Versuche der Venezianer, Trau im Sturm zu erobern, scheitern.
Anfang 1379	Pisani geleitet Getreideflotten von Apulien nach Venedig. Bei einer dieser Fahrten kommt es zu einem kurzen Treffen mit der Flotte Genuas, die Trau verlassen hat.
29. Mai 1379	**Seeschlacht bei Pola.** Luciano Doria überrascht mit 22 Galeeren Pisani mit 21 Galeeren und bringt ihm eine schwere Niederlage bei. Venedig verliert 15 Galeeren, Pisani wird seines Postens enthoben und eingekerkert. L. Doria fällt in dieser Schlacht.
Juli 1379	**Konstantinopel.** In der Stadt herrscht Bürgerkrieg. Die legitime Seite in Konstantinopel wird von Venedig mit einem kleinen Geschwader unterstützt, die Gegner in Galata auf der anderen Seite des Goldenen Horns sind mit Genua verbündet. Erst zu Kriegsende kommt es zu einem Friedensschluß zwischen den beiden Fraktionen.
16. August 1379	**Kampf um Chioggia.** Die genuesische Flotte, 53 Galeeren stark und jetzt unter Pietro Doria, forciert die Einfahrt nach Chioggia und erobert nach kurzem Kampf die Stadt, welche die Mündung des Po und die Lagune von Venedig kontrolliert. Auch Grado können die Genuesen mit Hilfe der Ungarn erobern. Venedig ist dadurch von seinen Seeverbindungen abgeschnitten.

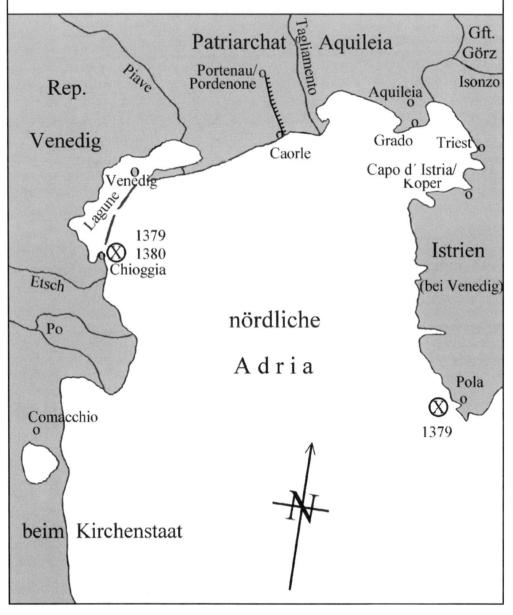

24. Dezember 1379	Der Doge Andrea Contarini erscheint mit 34 Galeeren und dem wieder zum Flottenbefehlshaber ernannten Vettore Pisani vor Chioggia. Sie versenken in der Hafeneinfahrt Blockschiffe und legen so das Geschwader von Genua im Hafen lahm.
Jänner 1380	Ein in das Tyrrhenische Meer zum Handelskrieg entsandtes venezianisches Geschwader kehrt wieder zurück. Dadurch wird die Stärke der Blockadeflotte vor Chioggia auf über 50 Schiffe gebracht. In ständigem Kleinkrieg wird die Stellung der Genuesen rund um Chioggia immer mehr eingeengt.
Mai 1380	Ein Hilfsgeschwader aus Genua kann keine Erleichterung bringen.
Juni 1380	**Seeschlacht bei Chioggia.** Die Besatzung der Stadt versucht auf kleinen Schiffen aus der Umklammerung auszubrechen. Sie wird in erbitterten See- und Landgefechten aufgerieben. Chioggia muß kapitulieren. Venedig erobert 21 Galeeren und nimmt 4000 Gefangene.
	Das in der Adria befindliche Geschwader aus Genua unter Matteo Maruffo hat in diese Kämpfe nicht eingegriffen. Es erobert aber anschließend Triest (26. Juni) und Capo d'Istria/Koper (1. Juli). Pisani erobert Capo d'Istria wieder zurück, blockiert das im Vorjahr von den Genuesen eroberte Zara und sichert die Seeverbindungen nach Apulien. Dort liefert er den Genuesen ein kurzes unentschiedenes Treffen.
1381	**Ende des Krieges.** Im folgenden Jahr erscheint erneut ein Geschwader aus Genua in der Adria. Als die Flotte Venedigs in großer Stärke unter Carlo Zeno im Ligurischen Meer aufkreuzt, räumen die Genuesen die Adria. Im Frieden von Turin (8. August) sichert sich Venedig trotz einiger Konzessionen die Vormachtstellung im östlichen Mittelmeer.
	Bei den Kämpfen um Chioggia werden in Italien erstmals **Feuerwaffen** mit Erfolg eingesetzt. Admiral Pietro Doria verliert am 22. Jänner 1380 durch eine Kanonenkugel sein Leben.
1382	**Triest.** Die von Venedig zurückeroberte Stadt empört sich gegen die Lagunenstadt und unterstellt sich der Oberhoheit des Hauses Habsburg. Österreich erhält seinen ersten Adriahafen.
1382	**Lissabon.** In einer Auseinandersetzung mit Kastilien blockiert dessen Flotte den ganzen Sommer über die portugiesische Hauptstadt. Diese nimmt in den folgenden Jahren durch Förderung der Regierung einen großen Aufschwung.
15. Juni 1389	**Serbien.** In der **Schlacht auf dem Amselfeld** vernichten die Osmanen unter Sultan Murad I. (1359–1389), der dabei fällt, das Heer der Serben. Der ganze Balkan steht nun den Türken offen.
1399	**Kampf um Konstantinopel.** Die Stadt ist seit 1394 von Sultan Bajezid I. (1389–1402) zu Lande und zur See eingeschlossen. Ein von Papst Bonifaz IX. (1389–1404) veranlaßter Kreuzzug eines ungarisch-fränkischen Heeres unter König Sigismund (1387–1437) endet mit der Niederlage von Nikopolis (1396). Konstantinopel kann nun nur mehr zur See erreicht werden. Aus Aigues Mortes in Frankreich kommt daher ein kleines Hilfsgeschwader unter Gouverneur Boucicault, kämpft sich den Weg durch die Dardanellen gegen ein osmanisches Geschwader frei und landet im September 1200 Soldaten. Boucicault kehrt mit Kaiser Manuel II. nach Paris zurück, um weitere Hilfe zu holen. Die

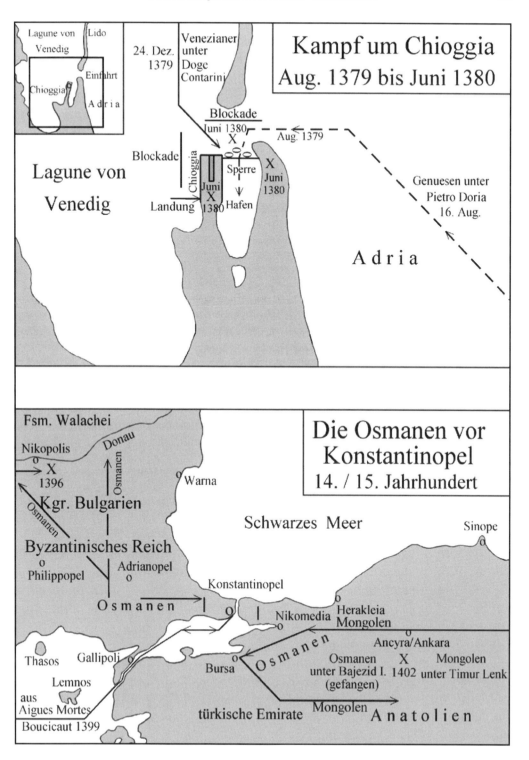

	Niederlage der Osmanen gegen die Mongolen unter Timur Lenk (1402) verschafft den Kaisern von Byzanz noch eine Gnadenfrist.
1400	**Marokko.** Wegen wiederholter Raubzüge der Mauren aus Afrika wird die Hafenstadt Tetuan von einem Geschwader aus Kastilien erobert und zerstört.
28. Juli 1402	**Kleinasien.** Die Mongolen unter Timur Lenk/Tamerlan besiegen in der Schlacht bei Ancyra/Ankara die Osmanen vernichtend und stoppen deren Vormarsch. Sultan Bajezid (1389–1402) gerät in demütigende Gefangenschaft. Drei Jahre später stirbt Timur Lenk.
1402	**Kanarische Inseln.** Die französischen Abenteurer Jean de Béthencourt und Gadifer de la Salle nehmen die Inselgruppe für die Krone von Kastilien in Besitz. Sie landen auf der Insel Lanzarote, die nach dem Genuesen Lanzaroto Maloisel benannt wird.

Die Seekriege im Ärmelkanal und der Biskaya (12.–15. Jh.)

Zu Beginn des zweiten Jahrtausends nahm auch in **Westeuropa** der Handel einen großen Aufschwung. Vor allem der Seeverkehr durch die Biskaya und den Ärmelkanal erlangte ab dem 12. Jahrhundert wieder eine große Bedeutung, wodurch neue Spannungszonen entstanden. Von der Iberischen Halbinsel und Südfrankreich wurden Metalle, Wolle und Wein nach Flandern und England verschifft. Das Meersalz aus den Verdunstungsbecken im Süden der Bretagne fand den Weg nach Brügge. Im Gegenverkehr wurden vor allem Tuche aus Flandern, aber auch die Handelsgüter aus dem Ostseeraum transportiert. Dazu kamen ab dem 13. Jahrhundert die Seefahrer aus dem Mittelmeer (Genua, Barcelona, Mallorca, später auch Venedig), die den nun offenen Seeweg durch die Straße von Gibraltar nach den Handels- und Gewerbezentren von Nordwesteuropa benützten.

Dieser Seeverkehr hatte sich nur kurze Zeit friedlich entwickelt. In der zweiten Hälfte des 12. Jahrhunderts hatten die Könige von England vorwiegend durch Erbschaften den Großteil von Westfrankreich erworben. Diese Gebiete unterstanden aber der Lehensoberhoheit der Könige von Frankreich. Es war daher ein ständiger Konfliktstoff für die nächsten drei Jahrhunderte vorhanden. Die Kämpfe spielten sich wohl hauptsächlich auf dem Boden von Frankreich ab, doch kam der Beherrschung des Ärmelkanals große Bedeutung zu. England war auf den sicheren Transport seiner Heere zum Festland angewiesen, Frankreich hatte die Möglichkeit, mit einer Seeherrschaft im Ärmelkanal die Verbindung zwischen den beiden Landesteilen der englischen Könige, dem Angevinischen Reich, empfindlich zu stören. Es gab jedoch noch keine den Kronen direkt unterstehende Kriegsflotten.

Die Engländer stützten sich vor allem auf die Handelsschiffe, welche die Häfen der „cinque ports" zu stellen hatten. Darüber hinaus wurden fallweise in Portsmouth und London königliche Galeeren ausgerüstet. Frankreich charterte zunächst private Schiffe, meist Normannenschiffe, aus denen sich schließlich die Segelkriegsschiffe der Neuzeit entwickelten. Darüber hinaus nahm es auch Galeeren aus Genua in Sold, die sich aber in den rauhen Gewässern des Nordens nur in flachen Küstengewässern bewährten und sonst unbrauchbar waren. Genua befand sich ab dem 14. Jahrhundert zeitweise in politischer Abhängigkeit von Frankreich.

Zu Beginn des 13. Jahrhunderts gelang es König Philipp II. August von Frankreich, vor allem durch den Sieg in der Landschlacht von Bouvines (1214), den Engländern alle Gebiete nördlich der Loire zu entreißen. Während sich die Macht der französischen Könige ständig stärkte, wurde England durch innere Kämpfe und den Gegensatz mit Schottland ständig geschwächt. Die Franzosen versuchten sogar, in England direkt einzugreifen, mit einigen Seesiegen konnten die Engländer dies jedoch verhindern.

Während ein französisches Geschwader 1242–1243 die Schiffe der „cinque ports" in Schach halten konnte, blockierten englische Schiffe von Stützpunkten auf den Inseln vor der französischen Biskayaküste aus den wichtigen Hafen La Rochelle. Stürme verhinderten jedoch eine Seeschlacht mit dem französischen Biskaya-Geschwader. Gegen Ende des 13. Jahrhunderts versuchte Frankreich, eine Wirtschaftsblockade gegen England aufrechtzuerhalten, indem es mit mehreren Geschwadern den Handel nach den englischen Hafenstädten behinderte. Mit einem Sieg der englischen Flotte im Ärmelkanal 1293 wurde dies verhindert.

Flandern, das eng mit dem englischen Handel verbunden war, hatte sich gegen diese Blockade gewandt und wurde darauf von den Franzosen überfallen. In der Seeschlacht bei Zierickzee siegten die Franzosen, der gefangene Graf von Flandern mußte die Lehenshoheit des französischen Königs anerkennen.

Nach dem Tod des letzten Kapetingers folgte mit Philipp VI. der erste Vertreter des Hauses Valois auf dem französischen Thron. König Edward III. von England erhob daraufhin wegen seiner engen verwandtschaftlichen Beziehungen zum letzten französischen König Ansprüche auf die französische Krone. Er versuchte dieses Ziel mit der Hilfe von unzufriedenen französischen Untertanen wie dem Grafen von Flandern zu erreichen. Seine Besitzungen in Frankreich waren von rund 50 Prozent des Landes (Westfrankreich) auf fünf Prozent rund um Bordeaux (Guyenne) zurückgegangen. Er hoffte die alte Machtstellung wieder zu erringen. Die Kriegshandlungen zogen sich über das ganze französische Staatsgebiet hin und brachten abwechselnd beiden Seiten Vorteile. Zur See wurde im Ärmelkanal und in der Biskaya mit Flotten von beachtlicher Zahl an Schiffen gekämpft. Die Schiffe waren aber noch sehr klein (bis ca. 100 Tonnen).

Die Aufgaben der Flotten waren vornehmlich Truppentransporte, Blockaden, Angriffe auf Hafenstädte und Handelskrieg (der oft von Piraterie nicht zu unterscheiden war). Frankreich wurde zeitweise mit viel Erfolg von der Flotte des aufstrebenden Kastilien unterstützt. Frankreichs Großadmiral Jean de Vienne organisierte die erste königliche Flotte, die nach seinem Tod jedoch bald wieder verfiel. Nach dem Auftreten von **Jeanne d'Arc** konnten die Franzosen bis zur Mitte des 15. Jahrhunderts ihre Gegner aus dem ganzen Königreich, mit Ausnahme von Calais, vertreiben. Der Krieg endete wegen beiderseitiger Kriegsmüdigkeit ohne eigentlichen Friedensschluß.

Die wirtschaftliche Aufwärtsentwicklung in diesen Jahrhunderten brachte zumindest den oberen Schichten der Bevölkerung einen deutlichen Wohlstand. Der Güterverkehr entlang der Küsten und über die Flüsse weit in das Innere des Kontinents ließ immer neue Städte entstehen. Von Westeuropa nahm auch die gotische Baukunst ihren Ausgang. Die großen Kathedralen/Dome von Chartres, Reims, Westminster Abbey, Straßburg, Köln, Regensburg und Wien sind Beispiele dafür. Aber auch bedeutende Profanbauten entstanden wie die Marienburg des Deutschen Ritterordens oder die Rathäuser in den Hansestädten.

Die Schiffe der Flotten in diesen Kämpfen waren schon wesentlich kampfstärker als die Wikingerschiffe. Am Bug und am Heck wurden Kampfplattformen, von denen die Bogenschützen den Feind besser bekämpfen konnten, errichtet. Am Mast wurde ein Mastkorb aufgesetzt, von dem aus man einen weiten Ausblick hatte. Die Bug- und Heckkastelle wurden später mit dem Rumpf fest verbunden, dort wurden auch die ersten Kanonen aufgestellt. Zeitweise waren den Galeeren aber das rauhe Wetter in den westeuropäischen Gewässern nicht zuträglich.

1154	**England.** König Heinrich II. (1154–1189) ist der mächtigste Herrscher in Westeuropa. Neben seinem Stammland England gehört ihm als französisches Lehen der größere Teil von Frankreich von der Normandie bis zur Gascogne (zusammen das Angevinische Reich). Ab 1171 wird mit der Eroberung von Irland begonnen. Heinrich beschneidet auch die Rechte der Kirche. Dies wird von Thomas Becket, dem Erzbischof von Canterbury, nicht anerkannt. Becket wird deshalb von Rittern in seiner Kathedrale ermordet.
Oktober 1171	**Irland.** König Heinrich II. von England versammelt in Milford Haven eine Flotte von 400 Schiffen. Sie bringt ein Heer nach Irland, das in wenigen Monaten die Insel erobert. Die verschiedenen irischen Kleinkönige müssen sich Heinrich unterwerfen.

um 1200	**Seerecht.** Die „Rules d'Oleron" basieren zum Teil auf dem alten Seerecht von Rhodos aus der Antike. Es findet in Westeuropa allgemeine Anerkennung. Es verdankt seine Entstehung den Fahrten der Kreuzzüge und der Kenntnis der Seerechte des Mittelmeeres. Es wurde aber auch von altem nordischen Seerecht beeinflußt.
Mai 1213	**Seeschlacht bei Damme.** Frankreich sammelt seine Seestreitkräfte in diesem Vorhafen von Brügge, um gegen den Grafen von Flandern vorzugehen. England schickt diesem ein Geschwader zu Hilfe. Die französischen Schiffe sind nur schwach bemannt, da das Heer mit der Belagerung von Gent beschäftigt ist. Den Engländern gelingt es, einige französische Schiffe zu erobern, der Rest wird am Strand zerstört.
Juni 1215	**Staatsrecht.** Nach der Niederlage in der Landschlacht bei Bouvines (1214) muß der englische König Johann I. Ohneland (1199–1216) dem Adel und der Kirche die **Magna Charta libertatum** bestätigen. Diese Vereinbarung ist eine Art früher Verfassung.
24. August 1217	**Seegefecht bei Dover.** Der französische Dauphin kämpft in Südengland mit Hilfe englischer Barone um die englische Krone. Eine französische Hilfsflotte unter dem Seefahrer Eustach dem Mönch soll Verstärkungen zur Themse bringen. Das französische Geschwader ist rund 80 Schiffe stark. Der königstreue Gouverneur der englischen „cinque ports" (die Häfen Dover, Romney, Hythe, Hastings und Sandwich), Hubert de Burgh, greift die Franzosen in der Kanalenge mit rund 40 Schiffen an. Er passiert den Nordost segelnden Gegner auf Gegenkurs. Anschließend schwenkt er ins Kielwasser der Franzosen und greift die feindlichen Schiffe von achtern nacheinander an. Durch die englischen Bogenschützen werden die Franzosen niedergehalten, die Schiffe anschließend geentert. Nur 15 Schiffe der Franzosen können entkommen. Hier wird erstmals eine Segelschiffstaktik angewandt.
1229	**Frankreich.** Graf Raimund VII. von Toulouse tritt im Vertrag von Paris die Hälfte seiner Grafschaft an Frankreich ab. Die zweite Hälfte folgt 1271 auf dem Erbweg. Neben Aigues Mortes verfügt Frankreich nun über größere Küstenstriche am Mittelmeer.
1229	**England.** König Heinrich III. (1216–1272) befiehlt den cinque ports ständig 57 Schiffe mit 1140 Mann zu seiner Verfügung bereitzuhalten. Es ist dies ein erster Anfang zu einer „Royal Navy".
Mai 1293	**Gefecht im Ärmelkanal.** Ein englisches Geschwader von 60 Schiffen trifft auf eine Flotte von 200 normannischen, französischen und genuesischen Schiffen. Die Engländer erringen einen totalen Sieg und machen reiche Beute.
1294	**Frankreich.** Wegen eines drohenden Krieges mit England läßt König Philipp IV. der Schöne (1285–1314) in Rouen einen Kriegshafen mit einer Werft und einem „nassen" Dock errichten. Dort werden in zwei Jahren 50 Kriegsschiffe, darunter das Flaggschiff >Richesse<, gebaut. Die Kanalflotte untersteht Guillaume de Mar, dem Gouverneur von Aigues Mortes.
1294–1297	**England.** König Edward I. (1272–1307) versucht die Besitzungen seiner Vorfahren in Frankreich zurückzuerobern. Dazu stellt er drei Flotten auf: eine in Yarmouth für den Hoofden und die Nordsee, eine in Portsmouth für den Är-

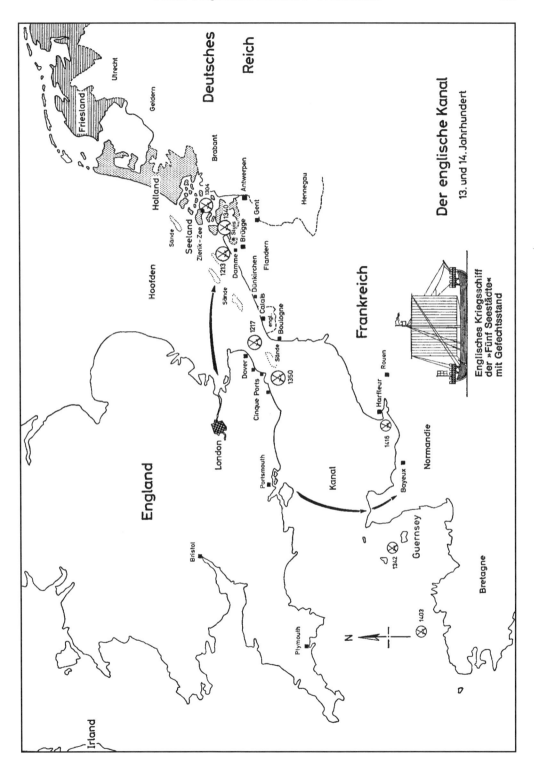

melkanal und eine in Milford Haven für die Irische See. Trotz seiner Seeherrschaft bleibt er zu Lande erfolglos.

1302 **Flandern.** Wegen der Blockade der Küste durch die Flotte von Philipp IV. ist der Tuchhandel des Landes schwer geschädigt. In Brügge bricht daher ein Aufstand aus und 17 Schiffe der Franzosen werden überfallen, die so genannte „Morgenfeier von Brügge".

10. und 12. August 1304 **Seeschlacht bei Zierikzee.** Der Graf von Flandern belagert zu Lande und mit einer starken Flotte die Stadt Zierikzee an der Scheldemündung. Frankreich schickt eine Entsatzflotte unter Admiral Raignier de Grimaldi aus Genua zu Hilfe (erste Nennung des Titels „Admiral" im Norden). Die Flotte besteht aus Schiffen aus der Normandie, aus Kastilien und Galeeren aus Genua. In einem zweitägigen Kampf wird die flämische Flotte geschlagen, eine Anzahl ihrer Schiffe erobert, darunter das Flaggschiff des Grafen von Flandern, der in Gefangenschaft gerät. In dem engen Fahrwasser sind die besser manövrierenden Galeeren den Segelschiffen noch überlegen. Es erfolgt die erste bekannte Verwendung von Brandern im Westen.

1332 **Schottland.** Im Hafen von Perth besiegt ein englisches Geschwader ein Geschwader von zwölf Schiffen der Schotten.

1336 **Flandern.** Bei einem Angriff auf Antwerpen verwendet Luis de Malé bereits **Kanonen** auf seinen Schiffen. Die in Tournai hergestellten Waffen dieser Art sind möglicherweise die ersten, die auf Schiffen zum Einsatz kommen.

November 1337 **Flandern.** Ein englisches Geschwader unter dem Herzog von Derby landet Truppen an der Scheldemündung und läßt den flämischen Korsarenstützpunkt Gadzand zerstören.

1338–1453 Der Hundertjährige Krieg England gegen Frankreich

1338 König Philipp VI. (1328–1350) von Frankreich eröffnet die Kampfhandlungen gegen England. Eine gemietete Flotte von Galeeren aus Genua jagt die englischen Schiffe im Kanal. Ein Geschwader greift die englischen Küstenorte an der Themsemündung an, ein zweites vernichtet die Stadt Portsmouth mit Ausnahme der Kirche und des Spitals.

3. Oktober 1338 **Gefecht bei Arnemuiden.** Vor der Insel Walcheren erobert ein französisches Geschwader von zwölf Schiffen unter Admiral Hugh Quiriet, dem Seneschal von Bauclaire bei Avignon, fünf vor Anker liegende englische Schiffe, darunter das Flaggschiff von König Edward III. (1327–1377), die >Great Christopher<.

1339 Schiffe der cinque ports unter Robert Morley verjagen ein französisches Geschwader von Dover, verfolgen den Gegner bis Boulogne und zerstören die dort liegenden Schiffe.

1339 **Schiffbruch.** Die Franzosen versammeln in der Schelde ein starkes Geschwader, das die englischen Seeverbindungen mit Flandern unterbinden soll. Beim Auslaufen gerät es in einen Sturm und verliert die Hälfte der Schiffe.

1339 Französische Schiffe brandschatzen Hastings, Plymouth und Bristol, da die englische Flotte in Flandern und gegen die Schotten gebunden ist.

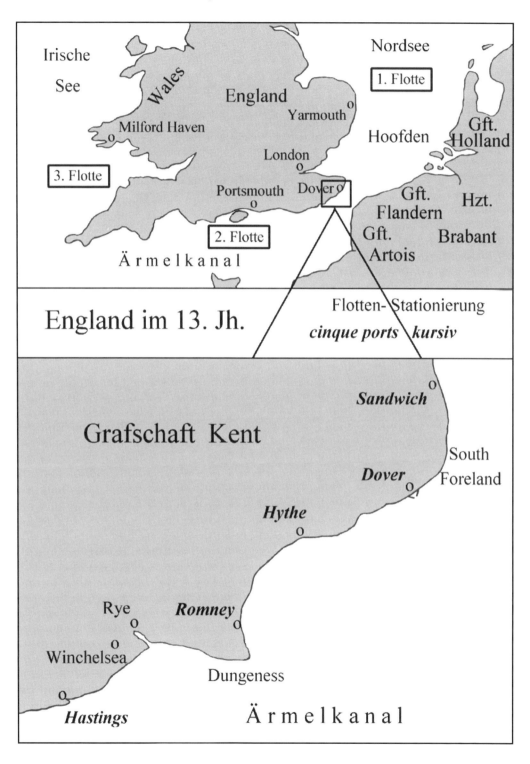

24. Juni 1340	**Seeschlacht bei Sluis.** Edward bereitet mit einer starken Flotte eine Landung in Frankreich vor. Die französische Flotte nimmt in der Westschelde nahe Sluis eine starke Stellung ein. Sie ist in drei Geschwader geteilt. Zwei Abteilungen Segelschiffe unter Admiral Quiriet und Schatzmeister Balmuchet sowie eine Abteilung Galeeren unter dem Genuesen Barbenoire. Die französischen Segelschiffe gehen im Scheldearm vor Anker, die Schiffe der einzelnen Treffen mit Ketten verbunden. Es ist dies eine defensive Stellung unter Verzicht der Beweglichkeit. Die Galeeren stehen dahinter als bewegliche Reserve. Die englische Flotte unter Edurad III. und Admiral Morley greift mit über 200 Schiffen an. Morley eröffnet mit seinen stärksten Schiffen die Schlacht. Dank der freien Manövrierbarkeit der englischen Schiffe wird das erste Treffen der Franzosen Schiff für Schiff überwunden. Die übrigen französischen Segelschiffe werden von ihren Besatzungen verlassen. Nur Barbenoire kann mit seinen Galeeren knapp entkommen. Die Engländer beklagen rund 9000, die Franzosen 15.000 Tote (!?). Als Folge dieser Seeschlacht werden die Kämpfe des Hundertjährigen Krieges auf dem Boden von Frankreich ausgetragen. Auch ohne stehende Flotte verfügt England im Notfall immer über die Seeherrschaft im Kanal.
1342	**Seeschlacht bei Guernsey.** Ein französisches Geschwader von 35 Schiffen, vorwiegend aus Genua, greift einen englischen Truppentransport mit Verstärkungen für die Bretagne überraschend an. Die Franzosen erobern vier oder fünf Schiffe, die übrigen englischen Schiffe können ihre Truppen an Land setzen.
1346	**Normandie.** Ein starkes englisches Heer unter König Edward III. landet im Juli in der Normandie und rückt gegen Osten vor. Die englische Flotte verheert dabei die Küste von Cherbourg bis Rouen und vernichtet über 100 Schiffe, darunter bereits Kriegsschiffe mit Bug- und Heckkastellen.
26. August 1346	**Frankreich.** Das Heer von Edward III. kann das weit überlegene Heer der Franzosen in der Schlacht bei Crecy, nördlich von Abbeville, vernichtend schlagen. Edward kann dadurch ungestört mit der Belagerung von Calais beginnen.
1347	**Einnahme von Calais.** Die wirksame Blockade des Hafens durch die englische Flotte führt nach fast einjähriger Belagerung zur Übergabe. Da keine stehenden Flotten Polizeiaufgaben erfüllen, herrscht auf den Handelsrouten das Recht des Stärkeren. Die Handelsschiffe sind daher fast alle bewaffnet und fahren nach Möglichkeit in größeren Geleitzügen.
August 1350	**Seegefecht bei Winchelsea.** Der auch „L'Espagnol sur Mer" genannte Kampf findet zwischen Dungeness und Hastings statt. Ein Geleit von 40 Handelsschiffen aus Kastilien unter Don Carlos de la Cerda wird von einem englischen Geschwader unter Edward III. angegriffen. In einem scharfen Gefecht erobern die Engländer rund 20 Schiffe. Sie selbst verlieren zwei Schiffe, darunter das Flaggschiff ›Thomas‹. Edward kann sich auf einer vorher eroberten spanischen Prise in Sicherheit bringen.
März 1360	**England.** Ein französisches Geschwader plündert und verheert die Hafenorte Rye, Hastings und Winchelsea. Auf dem Rückweg wird es von Schiffen der cinque ports gestellt und verliert 13 Schiffe.

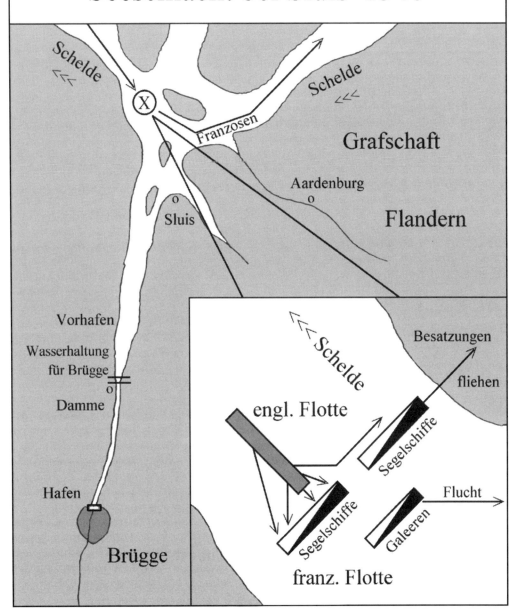

1368	**England.** König Edward III. (1327–1377) gibt einen Erlaß heraus, nachdem Wein aus seinen Besitzungen in Guyenne und der Gascogne nur auf Schiffen von dort nach England transportiert werden dürfen. Stehen keine zur Verfügung, müssen englische Schiffe vor jenen anderer Nationen herangezogen werden (Flaggendiskriminierung).
1371	**Frankreich** stellt ein Ansuchen um Flottenhilfe an Kastilien.
22. und 23. Juni 1372	**Seeschlacht vor La Rochelle.** Die Engländer schicken eine Flotte unter dem Grafen von Pembroke nach Südfrankreich, um das belagerte La Rochelle (ein Hauptstützpunkt der Engländer) zu unterstützen. Beim Versuch, die Hafeneinfahrt zu forcieren, werden sie von einem französisch-kastilischen Geschwader unter Admiral Ambrosio Bocanegra überraschend angegriffen. Am ersten Tag endet der Kampf unentschieden. Am zweiten Tag fällt Pembroke in Gefangenschaft und sein Geschwader wird aufgerieben.
1374	**Frankreich.** Jean de Vienne, als „Admiral von Frankreich", läßt in Rouen erstmals spezielle Kriegsschiffe unter königlicher Flagge ausrüsten, da Kastilien vorübergehend Frieden mit England schließt und um nicht immer auf bewaffnete Kauffahrer angewiesen zu sein.
1377–1379	**England.** Während der Regierung des minderjährigen Königs Richard II. (1377–1399) verwüstet die französische Flotte unter Jean de Vienne mehrfach die Südküste Englands.
Juli 1378	**Gefecht bei Cherbourg.** Das königlich französische Geschwader von zwölf Schiffen unter Jean de Vienne trifft auf ein zahlenmäßig stärkeres Geschwader der Engländer. Als auch ein Geschwader des mit Frankreich wieder verbündeten Kastilien eintrifft, schlagen die Verbündeten die Engländer mit schweren Verlusten in die Flucht.
Dezember 1379	**Schiffbruch.** Ein englisches Geschwader von 25 Schiffen unter John Arundel geht beim Versuch, Verstärkungen nach der Bretagne zu bringen, im Sturm an der irischen Küste zugrunde.
1380	**Themsemündung.** Ein Geschwader von 20 Galeeren aus Kastilien unter Admiral Fernán Sanchez de Tovar unternimmt einen Vorstoß in die Themsemündung, verbrennt Gravesend und erreicht fast London. Das kühne Unternehmen ist mit dem Vorstoß von Admiral de Ruyter von 1667 vergleichbar. In diesem Jahr beherrschen die Schiffe aus Frankreich und Kastilien den Ärmelkanal. Winchelsea, Hastings und Portsmouth werden zerstört, sogar Scarborough verwüstet und die Kanalinseln Jersey und Guernsey werden erobert.
Juli 1380	**Gefecht bei Kinsale.** An der irischen Küste siegen die Engländer über ein französisch-kastilisches Geschwader, erobern fünf Schiffe und weisen mit Hilfe der Iren den Angriff auf die Hafenstadt ab. Außerdem werden 24 englische Schiffe zurückerobert.
September 1385	In zwei Gefechten vor Calais am 17. und 20. des Monats erobern bzw. vernichten die Engländer 22 meist kleine Schiffe der Franzosen.
1386	**Kastilien.** Ein englisches Heer von 3000 Mann unter dem Herzog von Lancaster, der über seine Frau Ansprüche auf den Thron von Kastilien erhebt, landet in Galicien, im Nordwesten von Kastilien, das daraufhin im folgenden Jahr endgültig Frieden mit England schließt. Admiral Jean de Vienne versucht als Gesandter von Frankreich vergeblich diesen Friedensschluß zu verhindern.

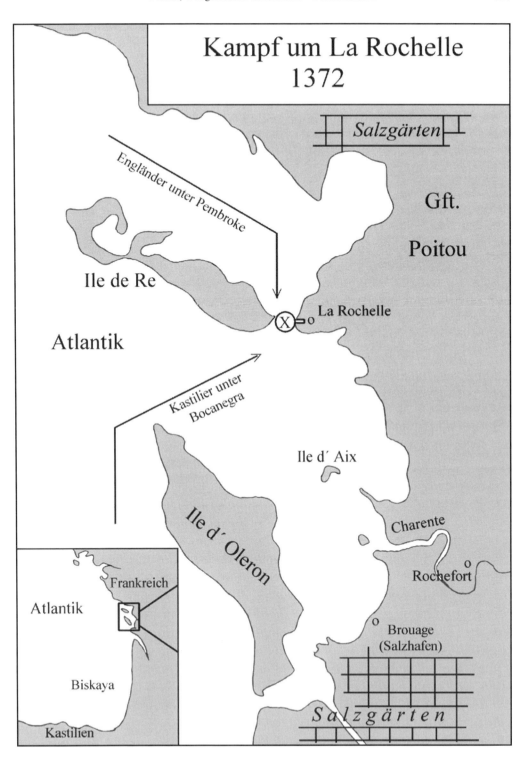

Juli 1403	**Gefecht vor der Bretagne.** Ein Geschwader von 30 Schiffen aus der Bretagne unter Admiral Jean de Penhoët besiegt ein stärkeres englisches Geschwader, das 40 kleinere Schiffe und 500 Mann verliert.
1403–1407	**Ärmelkanal.** Französische Schiffe verwüsten wieder die englische Südküste. Die cinque ports und Plymouth rüsten daher erneut eigene Schiffe aus. Sie vernichten ein französisches Hilfsgeschwader für die aufständischen Waliser in Milford Haven, erobern zwei Handelsgeleite und verwüsten Häfen an der Küste der Bretagne.
24. August 1416	**Seeschlacht vor Harfleur.** Der von den Engländern im August 1415 eroberte Hafen Harfleur an der Seine-Mündung wird von den Franzosen zu Lande und von See aus blockiert. Ein englisches Hilfsgeschwader unter Richard Beauchamp, Herzog von Warwick, schlägt die französische Blockadeflottille und hebt dadurch die Blockade auf.
Juli 1417	**Gefecht im Ärmelkanal.** Die englische Flotte besiegt vor der Seine-Mündung ein französisches Geschwader und sichert dadurch die anschließende Landung eines Heeres in Frankreich.
1419	In der **Biskaya** vor La Rochelle erobert ein Geschwader aus Kastilien ein Handelsgeleit mit Schiffen aus den Niederlanden und der deutschen Hanse. Damals hatte man keine Bedenken, auch Handelsschiffe von neutralen Ländern als gute Beute zu erobern.
Dezember 1419	**Frankreich.** Das Geschwader der Normandie zieht sich nach der Eroberung der Provinz durch die Engländer nach La Rochelle zurück und bleibt der Krone von Frankreich treu. Dort schlägt es im Verein mit Schiffen aus Kastilien ein englisches Geschwader.
1429	**Jeanne d'Arc.** Das Auftreten der „Jungfrau von Orleans" stärkt die Widerstandskraft der Franzosen und führt zur Aufhebung der Belagerung von Orleans. Zwei Jahre später gerät sie in Gefangenschaft und wird von den Engländern als Ketzerin verbrannt.
1453	**Kriegsende.** In den letzten Jahren des Hundertjährigen Krieges gibt es in Frankreich keine königliche Flotte mehr. Die wenigen Seeoperationen werden von Schiffen der Adeligen oder von Freibeutern durchgeführt. Unter der Regierung von König Karl VII. (1422–1461) von Frankreich werden die Engländer mit Ausnahme von Calais vom französischen Festland vertrieben (Jeanne d'Arc).
Mai 1458	**Ärmelkanal.** Ohne ersichtliche Ursache überfällt ein englisches Geschwader aus Dover ein Geleit von Handelsschiffen aus Lübeck und von der Iberischen Halbinsel. Fünf der Schiffe mit einer reichen Ladung werden erobert, 26 werden versenkt oder an den Strand getrieben. Im übrigen ist in der zweiten Hälfte des 15. Jahrhunderts England mit seinen internen Kämpfen, bekannt als Rosenkriege, beschäftigt.
1475	**Frankreich.** König Ludwig XI. (1461–1483) kann mit England einen dauerhaften Frieden schließen. Im Jänner 1477 fällt in der Schlacht vor Nancy auch sein Rivale Herzog Karl der Kühne von Burgund. Ludwig kann sich daher ungestört dem Aufbau der Königsmacht widmen. Das Herzogtum Burgund kommt als erledigtes Lehen an Frankreich, die Niederlande gehen an Öster-

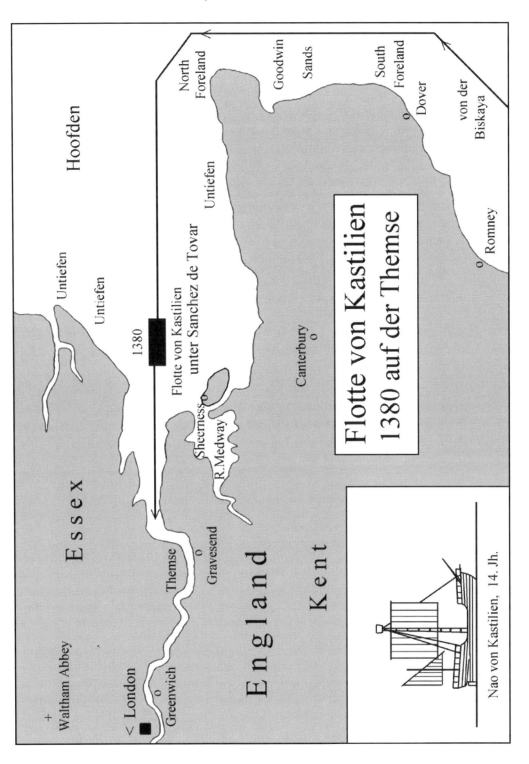

reich. Ferner erwirbt Ludwig die Herrschaften Anjou (1480), Maine (1481) und die Provence (1481) als Königsgut.

1477 **Habsburger.** Kaiser Maximilian I. (1486/1508–1519) heiratet als Erzherzog von Österreich Maria von Burgund, die Tochter von Herzog Karl dem Kühnen. Er erwirbt nach beider Tod deren Besitzungen, die heutigen Niederlande und Flandern, für Habsburg, kann aber Burgund nicht halten und verliert es an Frankreich.

1491 **Frankreich.** König Karl VIII. (1483–1498) heiratet Prinzessin Anna der Bretagne. Die bis dahin unabhängige Provinz mit ihrer großen Fischereiflotte kommt dadurch zu Frankreich.

Deutsches Reich, Skandinavien und die deutsche Hanse (12.–15. Jh.)

Als erste deutsche Hafenstadt an der Ostsee wurde 1143 vom Grafen von Holstein die Handelsstadt **Lübeck** gegründet. Nach einer Zerstörung durch die Wenden wurde sie von Heinrich dem Löwen 1158/59 noch großzügiger neu errichtet. Sie zog bald den Handel der westdeutschen Kaufleute über die Ostsee nach Rußland an sich und löste darin das dänische Schleswig ab. Lübeck, seit 1226 freie Reichsstadt, wurde der bedeutendste Platz für den deutschen Handel nach Skandinavien und in das Baltikum.
Unter Kaiser Lothar von Sachsen (1125/1133–1137) begann die nordostdeutsche Kolonisation. Durch sie wurden in rund drei Jahrhunderten die Länder Mecklenburg, Pommern, Preußen, Brandenburg und der Großteil von Schlesien von Kolonisten aus westdeutschen Gebieten besiedelt.
In **Norwegen** kam es gegen Ende des 12. Jahrhunderts zu einem Bürgerkrieg zwischen dem Klerus, der das Recht der Königswahl beanspruchte, und dem Führer der antiklerikalen Partei der „Birkenbeine", Sverre Sigurdson. Dieser Krieg wurde hauptsächlich zur See ausgetragen. Sverre siegte schließlich als der geschicktere Stratege und Taktiker.
Zu Beginn des 13. Jahrhunderts konnte **Dänemark** unter König Waldemar II. dem Sieger (1202–1241) sein Herrschaftsgebiet fast über die ganze Ostsee ausdehnen. Norwegen wurde vorübergehend erobert, der Großteil der Südküste der Ostsee sowie Kurland und Estland kamen unter dänische Herrschaft. Die dänische Flotte beherrschte mehrere Jahrzehnte die Ostsee, die Seeräuberei der Wenden wurde weitgehend eingeschränkt. Bald geriet Dänemark in Konflikt mit dem aufstrebenden Lübeck.
In wenigen Jahrzehnten hatte **Lübeck** den dänischen und wendischen Seehandel fast vollständig aus der Ostsee verdrängt, ein Ereignis, das mehrfache Ursachen hatte. Zunächst war es die Förderung durch Herzog Heinrich dem Löwen, welcher der Stadt zu einem Handelsstützpunkt auf der verkehrstechnisch und strategisch günstig gelegenen Insel Gotland verhalf. Weiters hatte er ein Interesse, daß sein Vorstoß zu Lande nach Osten Deckung an der linken Seeflanke fand. Ferner war die nach der Art der westdeutschen Städte aufgebaute Organisation (das lübische Stadtrecht war beispielgebend) und der Zusammenhalt der Fernhandelskaufleute aus Lübeck mit ihrer Handelsorganisation den Konkurrenten in Skandinavien weit überlegen. Dann hatte Lübeck den wirtschaftlich bedeutenden Nordwestdeutschen Kreis als Basis hinter sich. Und schließlich waren die Koggen der Lübecker an Fassungsvermögen den leichten Schiffen der Dänen und Wenden weit überlegen und konnten den immer größer werdenden Güteranfall besser transportieren. Dadurch waren sie für die Handelspartner in Nordwesteuropa und im Baltikum begehrte Zwischenhändler.
Es kam bereits im 12. Jahrhundert zu Zusammenschlüssen der „Kaufleute des Römischen Reiches, die Gotland besuchen" und der „Deutschen, die Gotland besuchen". Diese Fahrtgemeinschaften hatten sich meist in Lübeck gebildet und von dort über Visby auf Gotland die Handelsplätze im Baltikum und deren Hinterland, wie z.B. Nowgorod, besucht. Ein weiterer Impuls für die Ausbreitung des deutschen Ostseehandels war die Christianisierung des Baltikums. Mit der Gründung von Riga (1201) wurde ein neuer Handelsweg in das Innere von Rußland, nämlich über Witebsk und Smolensk erschlossen.
Mitten in diese Entwicklung stieß nun die oben genannte Eroberungspolitik des dänischen Königs Waldemar. Dagegen schlossen sich Hamburg, Lübeck, der Herzog von Sachsen, der Erzbischof von Bremen und mehrere Grafen zusammen und siegten in der Schlacht von Born-

höved 1227 entscheidend über die Dänen. Lübeck konnte nun die Nachfolge von Dänemark als erste Seemacht in der Ostsee antreten. Hier hatte eine Landschlacht den Lauf der Geschichte auf See bestimmt.

Entlang der Südküste der Ostsee wurde nun bis zur Mitte des 13. Jahrhunderts eine Reihe von Hafenstädten wie Wismar, Rostock, Stralsund, Stettin, Danzig, Elbing und Memel durch die Deutschen gegründet. Von diesen Häfen aus wurde das Hinterland für den Fernhandel erschlossen. In diesen, aber auch in Städten fremder Herrscher gründeten die deutschen Kaufleute Niederlassungen und bildeten wirtschaftliche Interessensgemeinschaften. Aus diesen einzelnen „Hansen" entstand der überregionale **Hansebund** norddeutscher Kaufleute mit dem Vorort (primus inter pares) Lübeck. Ab 1356 traten sie im Ausland als die „stede van der dudeschen Hanse" gemeinsam auf und erlangten neben der wirtschaftlichen auch eine große politische und kulturelle Bedeutung. Die Hanse war zunächst eine lose Vereinigung von Kaufleuten, später von Städten, zu der in der Blütezeit bis zu 200 Handelsstädte im nord- und nordwestdeutschen Raum gehörten. Heute gibt es auch in Polen eine Reihe von ehemaligen Hansestädten. Sie besaßen keine allgemeine Verfassung und auch keine eigene Exekutive.

Im Ausland unterhielt die Hanse eigene Handelskontore mit besonderen Privilegien in London (Stalhof), Nowgorod (Peterhof) und Bergen (deutsche Brücke). Weitere bedeutende Seehandelszentren in Nordeuropa wurden zu dieser Zeit Hamburg als Treffpunkt der Handelswege, die von der Ostsee über Lübeck, aus Mitteldeutschland die Elbe abwärts und von der Nordsee zusammenliefen, und dann Brügge als Zentrum des reichen Flanderns, wo Hochseerouten, Rhein-, Maas- und Scheldewege der Binnenschiffahrt zusammentrafen.

Der Sieg bei Bornhöved hatte auch den Öresund für die Hanse geöffnet. Norwegen, Dänemark und Schweden wurden voll in das Handelssystem der Hanse eingegliedert. Die Wirtschaft dieser Länder nahm einen großen Aufschwung. In Schweden gelangte der Bergbau zur Blüte, Stockholm wurde gegründet. Der Transport von Getreide nach Bergen verbesserte in Mittelnorwegen die Ernährungsbasis, Stockfisch war das wichtigste Austauschprodukt. Die jährlichen großen Heringsmärkte auf Schonen wurden erst durch den Antransport von großen Mengen an Salz (zum Einpökeln) und Holz (für Fässer) möglich. Und alle diese Güter wurden auf den Koggen der Hanse transportiert. Es war nur natürlich, daß die Hanse diese wirtschaftliche Macht auch in politische Macht umzusetzen versuchte. Aus dem Widerstand der nordischen Länder gegen diesen Machtanspruch entsprangen in den folgenden drei Jahrhunderten die meisten der Seekriege in Nordeuropa.

In Dänemark gewann die Hanse dank schwacher Könige und innerer Zwistigkeiten immer mehr Einfluß. Als schließlich der dänische König Waldemar IV. Atterdag (1340–1375) die dänische Position stärkte und eine aktive Außenpolitik zu treiben begann (er eroberte 1361 Gotland und schränkte in Schonen die Privilegien der Hanse ein), fühlte sich die Hanse stark genug, um den Kampf mit einer Territorialmacht aufzunehmen. Nachdem die Auseinandersetzung zunächst für Lübeck ungünstig verlief, schloß dieses bei der Tagung in Köln 1367 mit den westdeutschen Städten sowie mit Holstein und Mecklenburg ein Bündnis. Dieser vereinten Macht unterlag Dänemark schließlich und mußte im Frieden von Stralsund die alten Privilegien nun auch für die ganze Hanse bestätigen, ein Drittel des Sundzolls und die Sundschlösser für 15 Jahre an die Hanse verpfänden. Ferner behielt sich die Hanse das Recht vor, die dänischen Könige zu bestätigen. Die Hanse war damit am Höhepunkt ihrer Macht angelangt. In allen Staaten rund um die Ostsee konnte gegen ihren Willen nichts mehr geschehen. Lübeck als der „Vorort" der Hanse trat mit seinen Vertretern an den Fürstenhöfen fast wie eine territoriale Großmacht auf.

Die Hanse wurde dadurch in fast alle Auseinandersetzungen der nordischen Staaten hineingezogen. Da ihr aber der Rückhalt des mehr nach Süden orientierten deutschen Kaiserreiches, das darüber hinaus ständig an Macht verlor, fehlte, mußte sie die Lasten immer mehr auf die eigene Kaufmannschaft abwälzen. Die Hanse war schon immer (wie Venedig) mehr am Handel als an großer Politik interessiert, und es begannen immer mehr Städte Lübeck in seiner Großmachtpolitik die Gefolgschaft zu kündigen.

Während ihrer Seeherrschaft in der Ostsee wurde eine der wichtigsten Aufgaben der Hanse die Sicherung der friedlichen Handelsschiffahrt gegen Angriffe der Seeräuber und Freibeuter. Diese Aufgabe konnte sie weitgehend lösen. Beträchtlichen Schaden erlitt jedoch die Schiffahrt der Hanse in Richtung zu den Häfen der Biskaya und der Iberischen Halbinsel im Zuge des Hundertjährigen Kriegs zwischen England und Frankreich.

Eine noch größere Gefahr erwuchs der Hanse, als Dänemark, Schweden und Norwegen in der Kalmarer Union unter einem König vereinigt wurden. König Erich VII. (1412–1439) begünstigte den niederländischen und englischen Handel in der Ostsee, um sich von der Abhängigkeit der Hanse zu lösen. Diese antwortete mit einer Blockade, aus der sich ein reiner Seekrieg entwickelte. Im Frieden von Vordingborg (1435) konnte die Hanse nur eine Reduzierung des Sund-Zolls, aber nicht mehr Befreiung davon erlangen.

Die auf lange Sicht aber tödliche Gefahr für den Bestand der Hanse war das politische Erstarken der **Niederlande**. Durch die Bildung des burgundischen Staates in den ersten Jahrzehnten des 15. Jahrhunderts wurden die Handels- und Hafenstädte des niederländischen Kreises der Hanse in ein mächtiges Staatsgebiet, das weit in das Innere von Europa reichte, einbezogen. Die Territorialherren begünstigten natürlich ihre eigenen Häfen, die nun in harten Wettbewerb um den Handel im Ostseegebiet mit den Hansestädten von Norddeutschland traten.

Dies zeigte sich sofort in einem Wirtschaftskrieg, der in einen Kaperkrieg ausartete und in dem die Hanse wegen ihrer Uneinigkeit unterlag. Sie mußte 1441 den Niederländern volle Gleichberechtigung im Ostseehandel zugestehen. Darüber hinaus profitierten die Niederländer durch die Bevorzugung in den skandinavischen Staaten. Eine weitere Stärkung für die Niederländer war das Ausbleiben der Heringschwärme im Kattegat, wodurch der Handel mit dem Nordseehering, vor allem von der Doggerbank, für die Niederländer größte Bedeutung erlangte und zur wichtigsten Einnahmequelle wurde.

Noch konnte die Hanse in der Auseinandersetzung zwischen Dänemark und Schweden Gustav Wasa auf den Thron von Stockholm führen und Christian II. von Dänemark absetzen, doch war dies der letzte große außenpolitische Erfolg.

Im **Deutschen Reich** war das Königtum im Niedergang. Immer mehr königliche Vorrechte mußten von den Wahlkönigen an die Landesfürsten und an die kirchlichen Fürsten abgegeben werden. Gegen Ende dieser Periode war der deutsche König fast machtlos. Die Macht der Habsburger ab dem Ende das 15. Jahrhunderts gründete sich auf ihre Hausmacht und Heiratspolitik.

Die Kriegsschiffe dieser Zeit in Nordeuropa gingen aus den Frachtkoggen der Hanse hervor. Diese hatte, um den ständig größer werdenden Gütertransport zu bewältigen, Segelschiffe mit einem Längen-Breiten-Verhältnis von rund 3:1 gebaut. Diese Schiffe hatten ein großes Fassungsvermögen, gute Stabilität, zunächst aber nur einen Mast mit einem Rahsegel (Bremer Kogge), erhielten aber später auch Kreuzmast und Fockmast sowie als Kriegsschiffe Kampfplattformen an Bug und Heck. Auf diesen wurden ab dem 15. Jahrhundert die Geschütze aufgestellt, an der Reling im Mittelschiff wurden leichte Stücke montiert. Diese Koggen konnten mit einfachen Mitteln von Handels- zu Kriegsschiffen umgerüstet werden.

1099–1103	**Norwegen.** König Magnus III. Barfuß von Norwegen erobert die Orkneys, die Hebriden und die Insel Man. Sein Sohn Sigurd I. (1103–1130) unternimmt Raubzüge nach England und bis Portugal. Er besiegt bei Gibraltar ein Geschwader der Mauren und unternimmt seine Jerusalemfahrt (siehe vorne bei Mittelmeer).
23. September 1122	**Wormser Konkordat.** Kaiser Heinrich V. (1106-1125) verzichtet auf die geistlichen Rechte (Investitur) über die Bischöfe. Diese werden in der Folge immer mehr auch zu weltlichen Reichsfürsten, die Macht der Kaiser wird dadurch untergraben. Sie stützen sich daher auf ihre Hausmacht, die sie ständig zu vergrößern suchen.
1135	**Wenden.** Eine Flotte aus Pommern von 250 (?) Schiffen plündert die Küste von Norwegen. Neben den 44 Mann der Besatzung werden auf jedem Schiff auch zwei Pferde mitgeführt. Die Dänen und Norweger nehmen daraufhin ebenfalls je vier Pferde pro Schiff bei ihren Seezügen mit.
Jänner 1156	**Gefecht bei den Hebriden.** Vor der schottischen Westküste siegt die Flotte der Kelten von 58 Schiffen über ein Geschwader der Norweger.
1158	**Ostsee.** Ein Geschwader der Dänen unter Bischof Absalon von Roskilde erobert die Insel Rügen endgültig und beseitigt dadurch den wichtigen Piratenstützpunkt der Wenden. Sie haben mit ihren Piratenfahrten immer wieder die Küsten von Dänemark heimgesucht.
1160–1240	**Norwegen**
	In den bürgerkriegsähnlichen Kämpfen dieser Zeit kommt es zu einer Anzahl von Seegefechten in den Küstengewässern und auf den Seen. Vor allem Sverre Sigurdson (ca. 1150–1202), König seit 1177, zeichnet sich als tüchtiger Flottenführer aus.
1161	Bei diesen Kämpfen kommt das erste uns im Norden bekannte Feuerschiff zum Einsatz. Es ist mit Heu und Stroh gefüllt und hat neben seiner Feuerwirkung auch eine Rauchwand zur Tarnung gelegt.
Mai 1180	Im Gefecht bei Ilevollen siegt Sverre über König Magnus V. Erlingson und nimmt ihm einige Schiffe ab.
Sommer 1181	Im Gefecht bei Nordenes bei Bergen siegt Sverre mit 16 Schiffen über die doppelt so starke Flotte von Magnus.
Herbst	**Seeschlacht bei Nidaros/Drontheim.** König Magnus siegt über Sverre und erobert dessen 33 Schiffe. Sverre läßt daraufhin im folgenden Jahr eine neue Flotte bauen.
15. Juni 1184	**Seeschlacht bei Fimreite oder Norefjord.** Im Sognefjord nördlich von Bergen schlägt Sverre mit seinen 20 Schiffen die Flotte von Magnus, der fällt, und erobert 26 Schiffe. Er ist nun alleiniger König. Sein Flaggschiff >Mariasudden< ist eines der größten Wikingerschiffe mit 320 Mann Besatzung.
Juni 1199	König Sverre siegt im Strindsfjord bei Drontheim durch seine geschickte Taktik über von der Kirche unterstützte Aufständische.
21. Mai 1184	**Seeschlacht bei Stralsund.** Die dänische Flotte unter Bischof Absalon bringt den Wenden eine vernichtende Niederlage bei. Fast 450 (?) Schiffe werden

	erobert oder zerstört. Nur 35 Schiffe entkommen in die Peene. Die Seeherrschaft der Wenden in der mittleren Ostsee ist gebrochen.
1202	**Baltikum.** Eine Flottille von 16 Schiffen der Esten von der Insel Ösel unternimmt einen Raubzug in die dänischen Besitzungen in Südschweden. Um diese Züge zu verhindern und dem Deutschen Ritterorden die Erschließung der baltischen Länder nicht allein zu überlassen, erobern die Dänen unter Waldemar II. (1202–1241) zunächst Ösel und dann auch Estland (1219).
Anfang 13. Jh.	**Dänemark.** Das Land an den Meerengen beherrscht die Ostsee. Es verfügt über 1400 Kriegsschiffe, die größten mit 120 Mann Besatzung.
22. Juli 1227	**Dänemark.** König Waldemar II. unterliegt in der Schlacht bei Bornhöved einer Allianz der norddeutschen Fürsten und Städte. Lübeck folgt Dänemark als vorherrschende Macht in der Ostsee.
1230	**Preußen.** In der Goldenen Bulle von Rimini (1226) erhält der Hochmeister des Deutschen Ritterordens das Recht, das Land zu besiedeln und zu christianisieren. Der Ordensmeister beginnt damit und gründet die Städte Thorn (1231), Kulm (1232), Elbing (1237) und Königsberg (1255), meistens aus Westfalen besiedelt. Der Orden wird ein bedeutender politischer und wirtschaftlicher Faktor in der Ostsee.
1234	**Seegefecht vor Lübeck.** Die Stadt, seit 1226 freie Reichsstadt, wird von den Dänen blockiert. Die lübischen Koggen brechen die Sperrkette auf der Trave und vertreiben die Dänen in einem erfolgreichen Gefecht.
1241	**Polen.** Die Mongolen stoßen bis nach Schlesien vor. Nach einem Sieg über ein deutsch-polnisches Ritterheer in der Schlacht bei Liegnitz ziehen sie sich aber über Mähren und Ungarn wieder nach dem Osten zurück. Das Großfürstentum Kiew ist von den Mongolen ausgeschaltet, der Schwerpunkt des Fernhandels von Rußland verlagert sich über Nowgorod zur Ostsee.
1248	**Lübeck.** In den Kämpfen um Schleswig erobert die Flotte von Lübeck Kopenhagen und zerstört das Schloß.
1263	**Schottland.** König Alexander III. (1249–1286) besetzt die bisher norwegischen Hebriden. König Håkon IV. (1217–1263) von Norwegen versucht die Inseln zurückzuerobern. Ein Teil seiner Flotte geht jedoch im Sturm verloren, Håkon selbst stirbt kurz darauf auf den Orkneys.
1278	**Deutsches Reich.** In der Schlacht im Marchfeld (zwischen Dürnkrut und Jedenspeigen an der March) besiegt der deutsche König Rudolf von Habsburg (1271–1291) seinen Konkurrenten König Ottokar von Böhmen und begründet den Aufstieg dieses vorher kleinen Grafengeschlechts aus der Schweiz.
1295	**Dänemark.** In einem Gefecht im Grünen Sund, zwischen den Inseln Falster und Møn, siegt die Flotte von König Erich VI. (1241–1250) über die Schiffe des aufständischen Herzogs Waldemar von Südjütland.
1356	**Deutsches Reich.** In der „Goldenen Bulle" von Frankfurt wird bestimmt, daß die in Aachen gewählten deutschen Könige auch Kaiser sind. Eine Krönung durch den Papst ist nicht nötig.

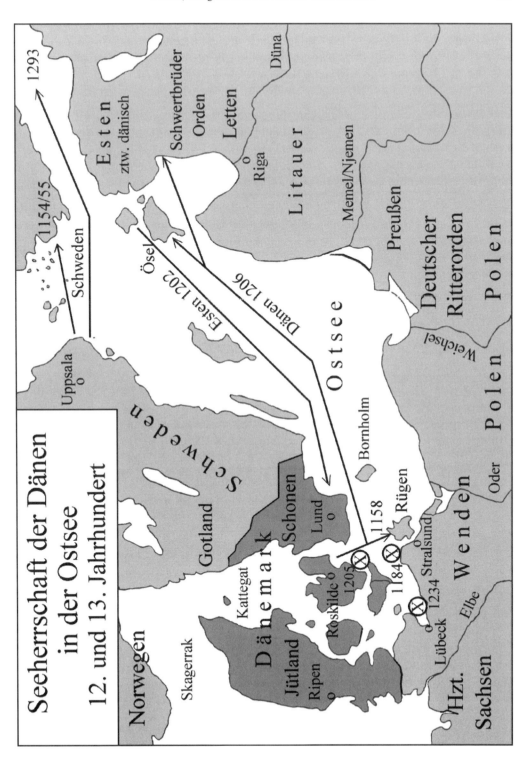

Zeit der Riemenschiffe: Deutsches Reich, Skandinavien und die deutsche Hanse

1361–1370 Krieg von Dänemark gegen die Hanse und Schweden

Die eigentlichen Kämpfe sind durch eine unstabile Friedensperiode für einige Jahre (1365–1368) unterbrochen.

Juli 1361 Die Dänen unter König Waldemar IV. Atterdag (1340–1374) erobern die Insel Gotland und zerstören die Handelsstadt Visby. Die Bedeutung dieses Handelszentrums der Hanse geht damit zu Ende.

Juli 1362 Die Flotte der Hanse unter Wittenborg wird von den Dänen vor Helsingborg geschlagen. Mehrere große Koggen gehen verloren.

1365–1368 Unstabiler Friede.

Mai 1368 Die Flotte der Hanse erobert Kopenhagen und Helsingör. Sie zwingt den dänischen König Waldemar, das Land zu verlassen.

1370 **Friede zu Stralsund.** Die Hanse erhält neben Handelsprivilegien das Recht, die dänischen Könige zu bestätigen. Sie steht am Höhepunkt ihrer Macht.

1386 **Polen.** Nach der Heirat der Königstochter Jadwiga/Hedwig von Polen mit dem Fürsten Jagiello von Litauen entsteht in Osteuropa das erste christliche Großreich.

1387 **Kalmarer Union.** Margarete von Dänemark und Norwegen (1387–1412) wird zwei Jahre später auch Königin von Schweden. Die Reichsräte der drei Länder beschließen 1397 die Vereinigung in der Kalmarer Union, die aber nur etwas über 100 Jahre hält.

1398 **Deutscher Orden.** Er hat bereits reiche Besitzungen in den baltischen Ländern. Seine Flotte von 80 Schiffen mit 4500 Mann unter seinem Hochmeister Konrad von Jungingen erobert die Insel Gotland, die aber zehn Jahre später wieder an Dänemark abgetreten wird.

um 1400 **Piraterie.** Die Hanse ist in langwierige Kämpfe gegen Seeräuber verwickelt. Die Vitalienbrüder (auch Likendeeler) schädigen den Handel in der Ostsee schwer. Nach mehreren Niederlagen weichen die Piraten nach Ostfriesland in der Nordsee aus und schädigen dort die Schiffahrt. Störtebeker, einer ihrer Führer, wird 1401 gefangen und in Hamburg hingerichtet.

1410 **Polen-Litauen.** Das Aufgebot des Deutschen Ritterordens wird in der **Schlacht bei Tannenberg** vernichtend geschlagen. Im ersten Frieden zu Thorn kann noch der größte Verlust vermieden werden, das Ordensland ist aber nun ein Lehen der polnischen Könige.

1415 **Brandenburg.** Burggraf Friedrich von Hohenzollern erhält dieses Kurfürstentum und errichtet damit die Keimzelle des späteren Königreiches Preußen.

1420–1435 Krieg der Hanse gegen Dänemark

Die Hanse greift mit Unterbrechungen in die Kämpfe von Dänemark um den Besitz in den Herzogtümern Schleswig und Holstein ein.

1425 König Erich VII. von Dänemark (1412–1439) beginnt mit der Einhebung eines **Sund-Zolles** für jedes Schiff, das zwischen Helsingör und Helingborg passiert. Er trifft damit in erster Linie die Hanse.

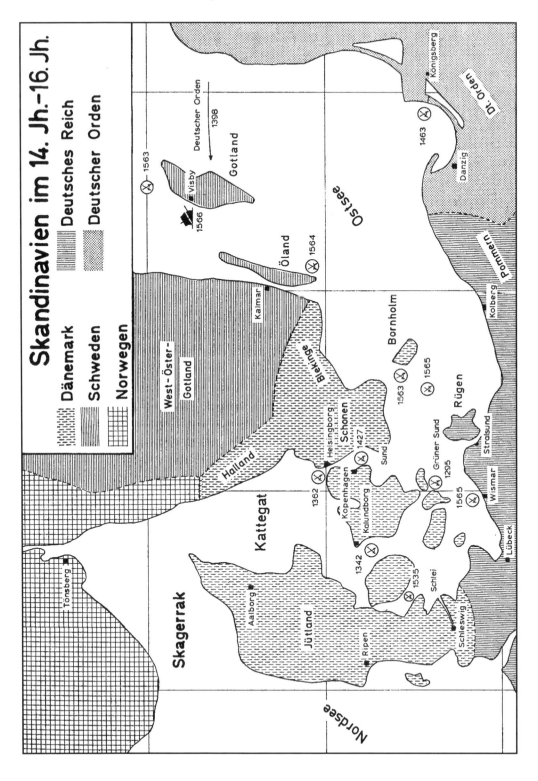

Juli 1426	**Gefecht in der Schlei.** König Erich VII. belagert die Stadt Schleswig. Seine Flotte läuft in die Schlei, die nach Schleswig führt, ein und wird dabei von den Schiffen von Herzog Heinrich von Holstein schwer geschlagen.
Juli 1427	**Seeschlacht im Öresund.** Bei Kopenhagen treffen 36 Schiffe der Hanse auf 33 dänische Schiffe. Einige Schiffe aus Hamburg geraten auf Grund und werden von den Dänen erobert. Die Lübecker erobern zwar zwei dänische Schiffe, müssen sich dann aber zurückziehen. Wenige Stunden später trifft aus der Nordsee ein Geleit mit Handelsschiffen der Hanse ein. Ohne eigenen Geleitschutz können die Dänen 40 der Handelsschiffe erobern.
April 1428	Die dänische Flotte wird in Kopenhagen von der Flotte der Hanse zerstört. Ein Versuch, die Hafeneinfahrt mit Blockschiffen zu sperren, scheitert.
1428	In diesem und dem folgenden Jahr plündern Schiffe der wendischen Städte der Hanse den Hafen von Bergen in Norwegen.
Sommer 1429	Schiffe aus Wismar und Rostock erobern ein dänisches Geschwader mit Steuern und Abgaben aus dem schwedischen Reichsteil von Dänemark.
September 1429	Ein dänisches Geschwader strandet in einem Sturm im Öresund.
1435	Beim **Friedensschluß** kann die Hanse eine Reduzierung des Sund-Zolles erreichen.
1448	**Staatspiraterie.** Englische Freibeuter kapern im Ärmelkanal eine Flotte von 110 Handelsschiffen auf dem Weg von der Biskaya nach der Ostsee. Die Schiffe der Hanse werden zurückbehalten, die übrigen wieder entlassen.
1463	**Gefecht am Frischen Haff.** Die Flotte der preußischen Städte vernichtet die Flotte des Deutschen Ordens, dessen Herrschaft im Baltikum rund 60 Jahre später zu Ende geht.
1469	**Schottland.** König Jakob III. heiratet die dänische Königstochter Margarete und erhält 1472 als Mitgift die Inselgruppen der Shetlands und Orkneys, die seitdem zu Schottland gehören.
April 1473	**Hanse.** Der Schiffshauptmann Paul Beneke aus Danzig erobert im Krieg gegen England im Ärmelkanal die Galeere ›Sankt Thomas‹ aus Florenz, auf der dann der in der Marienkirche von Danzig aufgestellte berühmte Flügelaltar des Jüngsten Gerichtes von Hans Memling erbeutet wird.
1474	**Hanse.** Die Flotte verheert die Ostküste von England und zwingt König Edward IV. (1461–1483) die aufgehobenen Privilegien der Hanse in England wieder zu bestätigen.
1491	**Deutsches Reich.** Der habsburgische Kaiser Friedrich III. (1440–1493), unter dem das Reich in Chaos versinkt, legt durch die Erbverträge mit Böhmen und Ungarn den Grundstein zur großen habsburgischen Hausmacht im Osten.
Anfang 16. Jh.	Die Handelsstädte am Niederrhein orientieren sich zunehmend nach dem Westen und scheiden aus der Deutschen Hanse aus. Es beginnt der Aufstieg der Niederlande.
1501–1512	**Dänemark.** Lübeck und mehrere weitere Hansestädte sind ständig in Kämpfe mit Dänemark verwickelt. Sie drehen sich vorwiegend um den Sund-Zoll, den jetzt auch die Schiffe der Hanse entrichten müssen.
1510	**Hamburg.** Dänemark verlangt von der Hansestadt mehrmals die Erbhuldigung. Um diese Belästigungen zu verhindern, erhebt sie Maximilian I. zu einer reichsunmittelbaren Stadt.

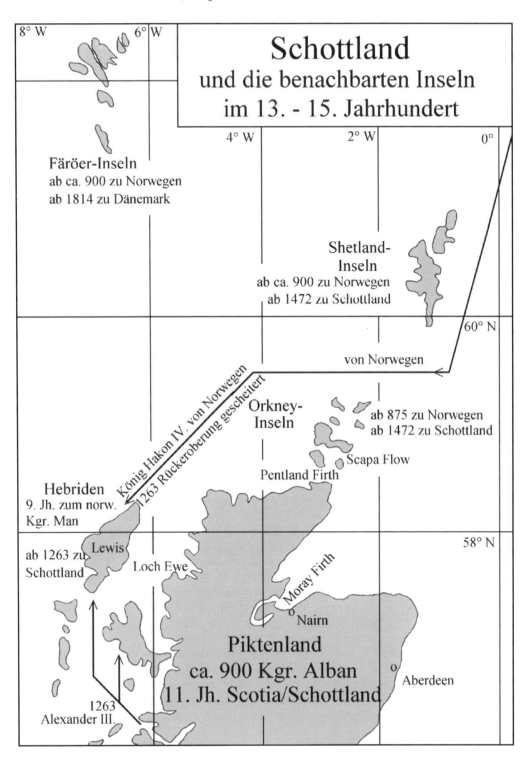

1523–1526 Schweden. Kampf um die Krone

1523   Gustav Wasa von Schweden flieht vor Christian II. von Dänemark nach Lübeck. Die Flotte der Hanse zwingt die in Stockholm befindlichen Dänen zur Kapitulation und setzt Gustav Wasa als König von Schweden ein.

1524   Die Flotte der Hanse erobert Seeland und Kopenhagen, setzt Christian II. ab und übergibt die Krone von Dänemark an Friedrich I. von Holstein.

1526   Das Geschwader von zehn Schiffen des dänischen Gouverneurs von Gotland, Admiral Norrby, wird von einem schwedisch-lübischen Geschwader vernichtet.

Die Seekriege im Mittelmeer (15.–16. Jh.)

Venedig blieb nach dem Frieden von Turin (1381) als letzte der unabhängigen Seehandelsstädte von größerer Bedeutung in Italien übrig. Genua war immer mehr unter den Einfluß des aufstrebenden Mailand geraten und suchte daraufhin verstärkt Anlehnung an Frankreich.
Florenz hatte mit der Unterwerfung von Pisa (1406) und der Erwerbung von Livorno (1421) begonnen, ein Seehandelsimperium aufzubauen, das durch ein mächtiges Territorialgebiet Rückendeckung hatte. Unter der Führung des Welthandelshauses der Medici unterhielt Florenz Handelskontore in Konstantinopel, Alexandria und Brügge, besaß Filialen in den wichtigsten europäischen Handelsstädten und hatte Wirtschaftsbeziehungen bis nach China. Es begann daher auch eine eigene Kriegsflotte aufzubauen.
Mit der Erstarkung der Territorialmächte Mailand, Florenz und Neapel, neben dem Kirchenstaat, war nun auch **Venedig** gefordert, sich eine territoriale Basis zu schaffen. Es zog damit zwar einen großen Teil seiner Finanzkraft von der Seerüstung und der Flottenpolitik ab, ohne gesichertes Hinterland war es aber immer mehr vom guten Willen seiner Nachbarn zu Lande abhängig. Sichere Handelswege über die Alpen, die Schiffahrt auf dem Po und die Frischwasserversorgung vom Festland waren für die ständig wachsende Stadt immer mehr eine Lebensnotwendigkeit. In der ersten Hälfte des 15. Jahrhunderts wurde mit der Erwerbung von Padua, Treviso, Vicenza, Verona und schließlich mit Friaul diesem Erfordernis Rechnung getragen. Zu Ende des 15. Jahrhunderts reichte das Territorium von Venedig von den Alpen im Nordosten bis Bergamo im Westen und zum Po im Süden. Während Venedig zu Lande den Höhepunkt seiner Macht erreichte, trat im Osten des Mittelmeeres jene Macht auf, die den Untergang seines Seeimperiums verursachen sollte, die Osmanen. Das Seehandelsimperium der Markusrepublik mußte schließlich wie jenes der Hanse zusammenbrechen, da es keine mächtige staatliche Macht hinter sich hatte und wie die Punier nur auf Handelsvorteile aus war und nicht die im Handel erworbenen Reichtümer in politische Ziel wie z.B. die Einigung von Italien einsetzte, sondern in der Stadt Prunk und Luxus aufhäufte. Es befleißigte sich im Interesse seines Handels auch gegen die aufstrebende Macht der Osmanen einer Beschwichtigungspolitik, um den Gegner nicht zu reizen, mußte dann aber doch gegen dessen Übergriffe eine Reihe von verlustreichen Seekriege führen.
Die **Osmanen** erholten sich sehr rasch von der Niederlage, die sie 1402 von den Scharen der Mongolen unter Timur Lenk erlitten hatten. Bereits 1430 entrissen sie den Venezianern die Stadt Thessaloniki und in den folgenden Jahren überschwemmten sie den Balkan. Am 29. Mai 1453 gelang ihnen mit der Eroberung von Konstantinopel der größte moralische Erfolg gegen die Christenheit, der aber keinerlei strategische Bedeutung hatte. In den folgenden Jahren wurden von den Osmanen die meisten Besitzungen von Venedig, Genua und der Franken in der Ägäis und im Schwarzen Meer erobert. Venedig suchte sich durch einseitige Handelsverträge die Gunst der Osmanen zu erkaufen, konnte damit aber ihr Vordringen nicht verhindern und ermunterte sie zu immer neuen Übergriffen.
Venedig mußte schließlich den unaufhaltsam vordringenden Osmanen 1463 den Krieg erklären. Nach anfänglichen Erfolgen, nicht zuletzt durch die Unterstützung der Skipetaren unter ihrem Führer Skanderbeg in Albanien, brachte es mit seiner Flotte bis 1569 den Gegner in der Ägäis in einige Bedrängnis. Der Tod von Skanderbeg und eigene Flottenrüstungen ermöglichten den Osmanen Vorstöße bis vor Zara und die Eroberung der Insel Negroponte/Euböa. Zum Entsatz der Verteidiger der Insel kam die venezianische Flotte zu spät. Der Krieg zog sich noch

neun weitere Jahre hin, schließlich mußte Venedig im Friedensvertrag von 1479 auf Skutari, Negroponte und Lemnos verzichten, die übrigen Besitzungen in der Ägäis konnte es noch behalten. Schon im folgenden Jahr unternahmen die Osmanen ihren ersten Vorstoß nach Italien und eroberten Otranto. Die übrigen italienischen Staaten hatten Venedig in seinem jüngsten Krieg gegen die Osmanen in Stich gelassen, nun beteiligte sich Venedig nicht an der Rückeroberung von Otranto. Als Ausgleich für die letzten Verluste konnte Venedig zunächst noch durch geschickte Diplomatie im Erbwege 1488 die Insel Zypern erwerben, einen wertvollen Stützpunkt für den Handel nach Ägypten.

Neben der Expansion auf dem Balkan richtete sich die Stoßrichtung der **Osmanen** zu Beginn des 16. Jahrhunderts zunächst nach dem Süden. Syrien wurde 1516, Ägypten im folgenden Jahr erobert. Nach mehrmonatiger Belagerung mußte der Stützpunkt der Ritter des Johanniterordens, die Inselfestung Rhodos, ein Bollwerk gegen die Expansion der Osmanen in das Mittelmeer, vor dem Belagerungsheer kapitulieren. Nach einigen Irrfahrten erhielten die Johanniter schließlich 1530 von Spanien die Insel Malta als neuen Sitz übertragen. Mesopotamien wurde von den Osmanen 1534 erobert, 1538 erfolgte ein Vorstoß durch das Rote Meer bis nach Aden. Entgegen dem Ratschlag seiner Geschwaderführer im Roten Meer und Persischen Golf brach Sultan Sulaiman I. die vielversprechende Offensive gegen die Portugiesen im Indischen Ozean ab und wandte sich seinen Gegnern im Mittelmeer zu. Zunächst holte sich Sulaiman aber mit einer Offensive am Balkan Rückenfreiheit. Er überschritt 1521 bei Belgrad die Donau und besiegte die Ungarn vernichtend in der Schlacht bei Mohacs (1522). Er eroberte Buda/Ofen (1541) und unterwarf ganz Siebenbürgen. Von da an entwickelten sich die Feldzüge zwischen den Habsburgern und den Osmanen zu einem Grenzkrieg mit gelegentlichen weiten Vorstößen in das Landesinnere.

Im Mittelmeer war mit dem Zug von König Karl VIII. von Frankreich nach **Neapel** 1494 der Kampf um Italien auf höherer Ebene, zwischen Frankreich und Spanien, neu entbrannt. Die Seemacht von Aragon hatte nach der Vereinigung von Kastilien und Aragon zum Königreich Spanien gegenüber der Schiffahrt im Atlantik an Bedeutung verloren.

Nach der Niederlage der aragonesischen Flotte 1435 gegen Genua war das Königreich von Neapel in der Hand einer Nebenlinie von Aragon nur von lokaler Bedeutung. König Karl VIII. von Frankreich begann die Auseinandersetzung mit dem alten Anspruch der Anjou auf den Thron von Neapel. Aus diesem Zweikampf in Italien entstand das Ringen um die Vorherrschaft in Europa zwischen den Habsburgern und den Königen von Frankreich. Der Zug Karls VIII. nach Neapel wurde für den französischen König zu einem Mißerfolg. In den folgenden Jahren verbündeten sich jedoch Spanien und Frankreich für kurze Zeit und eroberten gemeinsam das Königreich Neapel, das in einen nördlichen französischen und einen südlichen spanischen Besitz aufgeteilt wurde. Um die Grenzziehung kamen beide bald in Streit, und Spanien nahm seinen kurzzeitigen Verbündeten dessen Hälfte in einem raschen Feldzug ab, wobei die Beherrschung der See, über die ungehindert Verstärkungen aus Spanien herangebracht werden konnten, den Ausschlag gab.

Zur selben Zeit mußte **Venedig** einen weiteren Krieg gegen die Osmanen führen, in dem es seine starken Festungen auf der Peloponnes verlor. Es wurde in diesem Krieg von Papst Alexander VI. (1492–1503), König Ludwig XII. von Frankreich (1498–1515), Ferdinand V. von Aragon/Spanien (1479–1516) und den Malteserrittern unterstützt. Der Generalkapitän der Johanniter hatte den nominellen Oberbefehl, die tatsächliche Leitung lag aber in der Hand von Venedig. Weder die französische Flotte unter Graf Philipp von Ravenstein noch die spanische unter Gonçalvo de Cordoba griff ernsthaft in die Kämpfe ein. Venedig war daher auch 1503

gezwungen, einen Sonderfrieden mit den Osmanen zu schließen. Die vom Konflikt gegen die Türkei frei werdenden spanischen Truppen waren es schließlich, die den Kampf um das Königreich Neapel für Spanien und gegen Frankreich entschieden.
Spanien startete nach seinem Erfolg in Italien eine Offensive gegen die Moslems in Nordafrika, die dadurch veranlaßt wurden, sich enger an die Osmanen anzulehnen. Mit der Wahl des Habsburgers Karl I. (1516–1556) zum deutschen Kaiser Karl V. (1519–1556), der dadurch neben Spanien mit seinen Nebenlanden und Kolonien auch Burgund und große Teile des Deutschen Reiches beherrschte, kam der Gegensatz zu Frankreich, dessen König Franz I. in der Kaiserwahl unterlegen war, zu einem Höhepunkt. Trotz seiner Schwierigkeiten in Spanien (Aufstände) und im Kaiserreich (Religionskonflikt mit den Protestanten) nahm Kaiser Karl den Kampf um Italien auf. Trotzdem blieb sein Herzensanliegen der Kampf gegen den Islam, er benutzte jede Gelegenheit, um sich im Kampf gegen die Mohammedaner als Vorkämpfer der Christenheit hervorzutun.
In mehreren Feldzügen (1521–1544), unterbrochen von kurzen Friedensschlüssen, die eher Waffenstillstände waren, kämpfte **Kaiser Karl V.**, mit wechselndem Erfolg in Italien. Solange Genua auf der Seite der Franzosen war, wurde den Spaniern die Seeherrschaft erfolgreich streitig gemacht. Als aber Andrea Doria mit seiner privaten Flotte und mit der Flotte von Genua 1528 zu den Kaiserlichen wechselte, waren diese in Italien im Vorteil. Frankreich suchte zum Ausgleich die Osmanen als Verbündete, die den Habsburgern auf dem Balkan in den Rücken fallen sollten und deren Flotte die Franzosen im westlichen Mittelmeer unterstützen konnte. Die mit Hilfe des algerischen Piraten Chair ad Din Barbarossa reorganisierte Flotte der Osmanen errang 1538 in der Seeschlacht bei Prevesa die Seeherrschaft und operierte in den nächsten Jahrzehnten im westlichen Mittelmeer, zum Schrecken der nichtfranzösischen Länder.
Der Rückschlag der Osmanen vor Malta 1565 brachte den Siegeslauf der osmanischen Flotte erstmals zum Halten. Sultan Sulaiman I. (1520–1566) stoppte daraufhin die Offensive im westlichen Mittelmeer und erneuerte den Kampf auf dem Balkan mit einem neuen Vorstoß nach Ungarn, wo er im folgenden Jahr vor Szigetvar starb. Sein Nachfolger Selim II. (1566–1574) beendete den Kampf gegen das Deutsche Kaiserreich und Spanien, um sich Rückenfreiheit im neuen Krieg gegen Venedig zu schaffen. Diesem wollte er die Insel Zypern entreißen.
In Spanien wurde mit dieser Entwicklung gerechnet. Da es nach dem Tod von Andrea Doria nahezu unmöglich war, einen sowohl vom Kirchenstaat als auch von Venedig oder Florenz anerkannten spanischen Flottenführer zu finden (vor allem die Flottenführer des Papstes verlangten, obwohl ohne Erfahrung zur See, immer den Oberbefehl), wurde der Halbbruder des spanischen Königs, Don Juan d'Austria, wegen seiner hohen Geburt und Erfahrung im Kampf gegen die Mohammedaner, zum spanischen Flottenbefehlshaber ernannt, der dann von allen Mitgliedern der „Heiligen Liga" als Führer der Flotte der Verbündeten anerkannt wurde.
Nach ihrer Landung auf Zypern mußten die Türken schließlich 1571 die vernichtende Niederlage bei **Lepanto** durch die vereinigte Flotte unter Don Juan hinnehmen. Die materiellen Verluste in der Seeschlacht konnten die Osmanen rasch ausgleichen und im folgenden Jahr die Offensive wieder aufnehmen. Die große Bedeutung des Sieges der Christen in dieser Seeschlacht lag aber im Prestigegewinn und in der moralischen Aufrüstung zum Kampf gegen die nun nicht mehr unbesiegbare Flotte der Osmanen.
Mit der **Abdankung von Kaiser Karl V.** im Jahr 1556 und der Aufteilung seines Reiches war der Kampf um die Hegemonie, soweit er im Mittelmeer ausgetragen wurde, zunächst zu Ende. Das Mittelmeer war nach den Entdeckungsreisen aus dem Mittelpunkt des Welthandelsgeschehens entrückt worden und auch die großen weltpolitischen Entscheidungen fielen nun woan-

ders. „Spanien beschränkte sich ab 1574 im Mittelmeer auf die Defensive. Die Kämpfe in den Niederlanden und die Erbfolge in Portugal 1580 nahmen seine militärische Macht in Westeuropa und im Atlantik voll in Anspruch" (H. Pemsel: *Die Seeschlacht bei Prevesa*, in: Marine-Rundschau 1981, 439–443). Außerdem mußten die Osmanen den Schwerpunkt ihrer Kriegsanstrengungen wieder auf den Kampf im Osten gegen das Persische Reich richten. Nun begann die Zeit der Piratenschiffe der Barbaresken von Nordafrika und der Ritter des Johanniterordens von Malta im Mittelmeer.

Auf kulturellem Gebiet ist die Zeit gekennzeichnet von der **Renaissance**. Wissenschaft und Kunst von der Antike bis zum Ende des Mittelalters, die bisher vor allem in Byzanz gepflegt wurden, kamen durch viele Flüchtlinge aus Konstantinopel vermehrt nach Italien und weiter nach ganz Europa. Es entstanden wiederum gewaltige Bauwerke wie der Petersdom in Rom, an dem unter anderen die Künstler Bramante, Raffael und Michelangelo arbeiteten. Leonardo da Vinci war nicht nur ein hervorragender Graphiker und Maler, sondern auch als Techniker und Erfinder ein Genie. Er konstruierte bereits Hubschrauber und Tauchboote, womit er seiner Zeit weit voraus war.

Auch im **Osmanischen Bereich** bekam die Kunst einen neuen Auftrieb durch die in Konstantinopel bei der Eroberung 1453 vorgefundenen prunkvollen Bauten. In Anlehnung an die Hagia Sophia baute der Architekt Sinan in Istanbul die Prinzenmoschee (1544–1548) und die Sulaiman-Moschee (1550–1557) sowie in Edirne die Selimiye-Moschee (1567–1575). Im profanen Bereich wurden Medresen (Hochschulen) aus der Moschee entwickelt.

Mit Lepanto 1571 wurde auch die letzte Seeschlacht zwischen **Galeerenflotten** ausgefochten. Ab dem 17. Jahrhundert beherrschten auch im Mittelmeer die Segelflotten die Szene. Es traten immer häufiger gemischte Flotten von Galeeren und Segelschiffen auf. In zunehmendem Maße wurden die Galeeren als Bugsierschiffe oder Schlepper verwendet, um die Segelschiffe in eine günstige Position zu bringen oder sie bei Windstille oder wenn sie entmastet waren zu schleppen. Die Hauptkriegsschiffe im 15. Jahrhundert waren die **Karaken** mit drei Masten, Fock- und Großmast mit Rahsegeln, am Kreuzmast ein Lateinsegel. Im 16. Jahrhundert folgten die wesentlich größeren **Galeonen** mit vier Masten. Zum Unterschied von den Karaken führten sie die Artillerie bereits an der Breitseite. Die Länge über den Rumpf betrug 40 bis 60 Meter, das Verhältnis zur Breite war 4:1.

Neben den noch immer verwendeten Galeeren und Galeassen wurden die Handelsschiffe, alles Segelschiffe, von den verschiedensten Typen und Größen für den Kriegseinsatz verwendet. Karavelle, Fregatte, Nao und Buzonavis gehörten dazu, um nur einige zu nennen. Diese Schiffe verfügten schon alle über ein Heckruder und – an technischer Ausrüstung – eiserne Anker, Kompaß, Sextanten, Tiefenlot und die ersten Seekarten.

1403　　　　**Genua.** Ein Geschwader der Stadt von ca. 20 Schiffen unter den französischen Gouverneur de Boucicault unternimmt im Sommer einen Streifzug in die Levante, wo es mehrere türkische Hafenstädte plündert. Auch Eigentum von Venedig wird nicht geschont. Im Oktober wird es auf dem Rückweg bei Navarin von einem gleich starken Geschwader aus Venedig gestellt und verliert drei Galeeren.

16. Mai 1410　　**Gefecht bei Molara/Meloria.** Ludwig II. von Anjou versucht mit Hilfe des Papstes dem ungarischen König Ladislaus die Herrschaft in Neapel zu entreißen. Vor der Mündung des Arno siegt die Flotte Neapels mit Unterstützung von Genua über Ludwig.

Seeschlacht in den Dardanellen. Die erste Flotte der Türken im Mittelmeer wird von den Venezianern unter Pietro Loredan bei Gallipoli entscheidend geschlagen. *März 1416*

Belagerung von Bonifacio. König Alfons V. (1406–1458) von Aragon greift mit seiner Flotte die starke Seefestung an der Südküste Korsikas an. In harten Kämpfen im Hafen und um die Stadtmauern können die Korsen alle Angriffe abschlagen. Nach fünf Monaten sind sie fast ausgehungert, als ein verspätet eintreffendes Geschwader aus Genua die Verteidiger endlich entsetzt. Alfons muß sich mit den Resten seiner Flotte zurückziehen. *1420*

Neapel. Königin Johanna II. ruft Alfons V. von Aragon gegen Ludwig III. von Anjou zu Hilfe. Alfons' Flotte erscheint vor Neapel und bringt der Flotte von Ludwig eine schwere Niederlage bei. *1421*

Sardinien. Die aragonesische Flotte wirft einen Aufstand auf der Insel nieder, unterstützt dann Johanna II. gegen die Anjous und erobert auf dem Rückweg die Hafenstadt Marseille, die in Brand gesteckt wird. *1423*

Venedig. Nach dem ersten Krieg gegen die Osmanen tritt Venedig die Hafenstadt Thessaloniki an die Osmanen ab. Es erhält dafür gewisse Handelsrechte in der Ägäis und im Schwarzen Meer. *1423–1430*

Seeschlacht bei der Insel Ponza. Westlich von Neapel erobert die Flotte Genuas unter Visconti die ganze aragonesische Flotte. Trotzdem kann nach dem Tode von Johanna II. Alfons V. von Aragon durch Verhandlungen das Königreich **Neapel** an sich bringen. *August 1435*

Krieg Mailand und Genua gegen Venedig *1426–1442*

In dieser Auseinandersetzung um die Vorherrschaft in der Poebene, kommt es vor allem zu Kämpfen zwischen den Streitkräften auf den Binnengewässern. Die Venezianer erobern zunächst mit ihrer Lagunenflotte Cremona und Torcella, worauf die Mailänder mit Hilfe ihrer Seestreitkräfte auf den oberitalienischen Seen ebenfalls am Po eine starke Flußflottille aufstellen. *1426–1427*

In einem ersten Treffen bei Cremona verlieren die Mailänder mehrere Galeonen. *7. August 1427*

Flußschlacht bei Cremona. Die Poflottille Mailands von 28 Galeonen und zahlreichen Transportern unter dem Genuesen Giovanni Grimaldi bringt der venezianischen Poflottille eine vernichtende Niederlage bei. Die Venezianer unter Nicolo Trevisan verlieren bis auf drei Schiffe ihre ganze Flottille von 32 Galeonen und 48 kleinen Fahrzeugen. *20.–21. Juni 1431*

Seeschlacht bei Portofino. Venedig holt den gegen die Türken erfolgreichen Flottenführer Pietro Loredan mit seinem Geschwader in das Ligurische Meer. Dort bringt Loredan den Genuesen eine Niederlage bei, wodurch die Verluste von Cremona teilweise wieder ausgeglichen werden. *1431*

Es wird ein nicht lange haltender Waffenstillstand geschlossen. Bereits 1437 bricht der Krieg erneut aus. *1433*

Gefecht am Gardasee. Die Seeflottille von Mailand bringt den Venezianern eine vernichtende Niederlage bei. Venedig verliert 6000 Mann an Toten, Gefangenen und Invaliden. *26. September 1439*

1439–1440	**Ingenieurleistung.** Venedig bringt daraufhin auf einer **wandernden Rollbahn** sechs große Galeeren und 25 kleinere Kriegsschiffe von der Etsch bei Rovereto (155 m Seehöhe) nach Riva am Gardasee (65 m). Dazu müssen die Stromschnellen der Etsch oberhalb von Verona und ein Paß von 300 m Seehöhe überwunden werden. Für diese technische Leistung wird der Leiter des Unternehmens, Nicolo Sorbolo, zum Admiral befördert und der verantwortliche Transportingenieur Carcavilla erhält eine Pension auf Lebenszeit.
10. April 1440	**Gefecht am Gardasee.** Die neue venezianische Seeflottille besiegt die Flottille von Mailand, nimmt ihr drei Schiffe ab und erringt die Seeherrschaft am Gardasee.
10. April 1441	**Gefecht am Po.** Die Venezianer siegen über die Flußflottille Mailands, die je drei Galeeren und drei Boote sowie 1000 Mann verlieren. Im folgenden Jahr wird zwischen Venedig und Mailand endgültig Frieden geschlossen.
1427	**Kampf um die Peloponnes.** Die Flotte des griechischen Prinzipates von Morea/Peloponnes besiegt die Seestreitkräfte der lateinischen Grafschaft Andravida in der westlichen Peloponnes. Drei Jahre später haben die Griechen nach der Eroberung von Patras fast die ganze Peloponnes zurückerobert. Nur die venezianischen Festungen Modon, Koron, Nauplia und Argos überdauern auch die bald (1460) erfolgende Eroberung der Halbinsel durch die Osmanen.
1440	**Kirchenstaat.** Die sogenannte Konstantinische Schenkung wird endgültig als eine Fälschung der Kurie erkannt. Dies bringt eine wesentliche Schwächung der Stellung des Papstes.
September 1440	**Gefecht bei Rhodos.** Acht Galeeren und mehrere kleinere Fahrzeuge der Johanniter greifen ein plünderndes Geschwader aus Ägypten an und schlagen es in die Flucht.
1442	**Königreich Neapel.** König Alfons V. von Aragon und Sizilien (1416–1458) erobert die Stadt Neapel und sichert sich dadurch das Königreich im Kampf gegen die Anjous. Die Regentschaft in Aragon überträgt Alfons seinem Bruder Johann.
November 1444	**Balkan.** Die letzten Versuche, Byzanz zu Lande zu entsetzen, scheitern. In diesem Jahr wird bei Warna ein christliches Heer vernichtet. Vier Jahre später wird ein ungarisches Heer unter Reichsverweser Janos Hunyadi im Oktober 1448 in der zweiten Schlacht am Amselfeld aufgerieben.
29. Mai 1453	**Eroberung von Konstantinopel.** Mohammed II., Sultan der Osmanen, bereitet den Angriff auf die zwar gänzlich isolierte, aber stärkste Festung des Mittelalters sorgfältig vor. Er versammelt sein Heer im April vor den Mauern der Stadt, die nur durch zwei Galeeren aus Genua im letzten Augenblick eine geringe Verstärkung erhält. Die Türken greifen zunächst von der Landseite mit Artillerieunterstützung an und werden abgewiesen. Dann versuchen sie in das durch eine eiserne Kette gesperrte Goldene Horn einzudringen, werden aber am 20. April beim Versuch, die Kette zu sprengen, in einem Seegefecht zurückgeschlagen. Zwei Tage später können sie eine Anzahl Schiffe über Land vom Borporus zum Goldenen Horn schleppen und dort die Blockade auch von der Seeseite beginnen. Nach mehrwöchigen ununterbrochenen Angriffen von allen Seiten sind die Verteidiger erschöpft, und den Janitscharen gelingt es schließlich, die Mauern zu überwinden. Der letzte Kaiser von Byzanz, Kon-

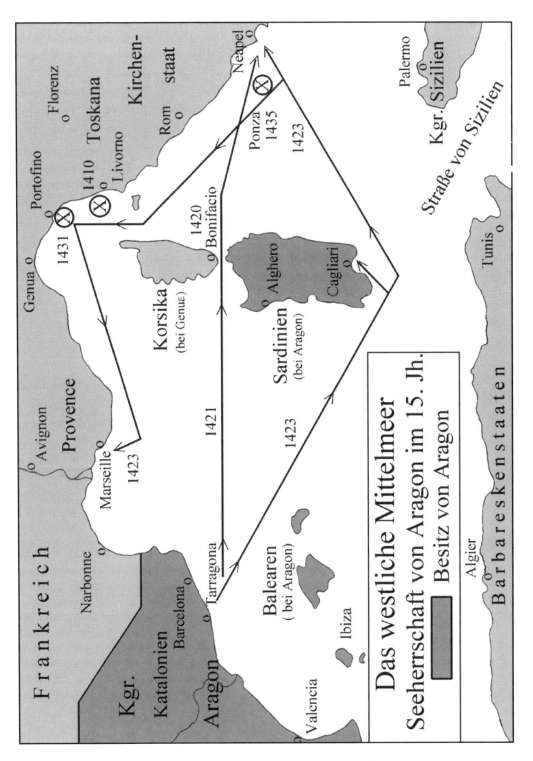

	stantin XI., fällt kämpfend in der Stadt. Konstantinopel wird die neue Hauptstadt des Osmanischen Reiches.
1453–1470	**Vorstoß der Osmanen.** In den Jahren nach dem Fall von Konstantinopel erobern die Türken die Reste des Byzantinischen Reiches in Griechenland, die lateinischen Fürstentümer auf der Peloponnes und in Attika, vertreiben die Genuesen aus dem Schwarzen Meer und von den meisten Inseln der Ägäis und entreißen in einem erbitterten Kampf den Venezianern die Insel Negroponte/Euböa.
14. Juli 1456	**Ungarn.** Die Osmanen stoßen mit Heer und Flotte Richtung Ungarn vor. Bei Belgrad erleiden ihre Flußschiffe und das Heer durch die ungarische Donauflottille und die Landtruppen unter Johann Hunyadi und dem Volksprediger Johannes Capistranos eine vernichtende Niederlage. Sie verlieren 200 Schiffe und 300 Kanonen. Ihre Offensive ist abgeschlagen. Die beiden Führer des christlichen Heeres sterben wenig später an der Pest.
Oktober 1458	**Portugal.** Eine Flotte unter König Alfons V. (1438–1481) mit 220 Schiffen und 25.000 Soldaten erobert die Stadt Alcácer-Seguer an der Atlantikküste Marokkos. Dieser Stützpunkt dient neben Ceuta der Sicherung der Entdeckungsfahrten die Küste von Westafrika entlang nach Süden.
1459–1475	**Schwarzes Meer.** Die Handelsstützpunkte Genuas werden einer nach dem anderen von den Osmanen erobert. Das Schwarze Meer wird zu einem mare clausum der Türken. Nur Venedig kann sich einige Handelsrechte bewahren.
1461	**Kleinasien.** Der letzte Rest der Herrschaft von Konstantinopel, das Kaiserreich Trapezunt, wird von osmanischen Land- und Seestreitkräften erobert.
1469	**Spanien.** Es erfolgt die Heirat von Isabella von Kastilien mit Ferdinand von Aragon. Beide besteigen später den Thron ihrer Länder. Es beginnt die allmähliche Verschmelzung zum neuen Spanien. Aragon, vor allem dessen Landesteil Katalonien, streben aber immer wieder nach Unabhängigkeit.
1472	**Venedig.** Ein Geschwader von 89 Schiffen unter Pietro Mocenigo, darunter auch einige Schiffe Neapels und des Kirchenstaates, dessen Kommandant Kardinal Caraffa den nominellen Oberbefehl hat, greift zunächst Satalia an der Südküste von Kleinasien an und erobert dann die Hafenstadt Smyrna, die geplündert wird.
1475–1479	**Krieg Portugal gegen Kastilien**
	Ursache der Auseinandersetzung ist der Streit um die Thronfolge in Kastilien und um den Besitz der Kanarischen Inseln. Dabei kommt es auch zu einer Reihe von Seeoperationen.
1476–1477	Ein Geschwader von 30 kastilischen Segelschiffen aus der Biskaya unter Carlos de Valera und Mosén Diego plündert die portugiesischen Stützpunkte in Guinea und auf den Kapverden.
1477	Kastilien schickt erneut einige Geschwader an die Küste Westafrikas, die auch einige kleinere portugiesische Geleite abfangen können.
1478	Ein kastilisches Geschwader mit 35 Schiffen unter Pedro de Covides kann in Westafrika eine beträchtliche Goldladung an Bord nehmen. Auf dem Rückweg wird es von den Portugiesen gestellt und zur Gänze erobert.

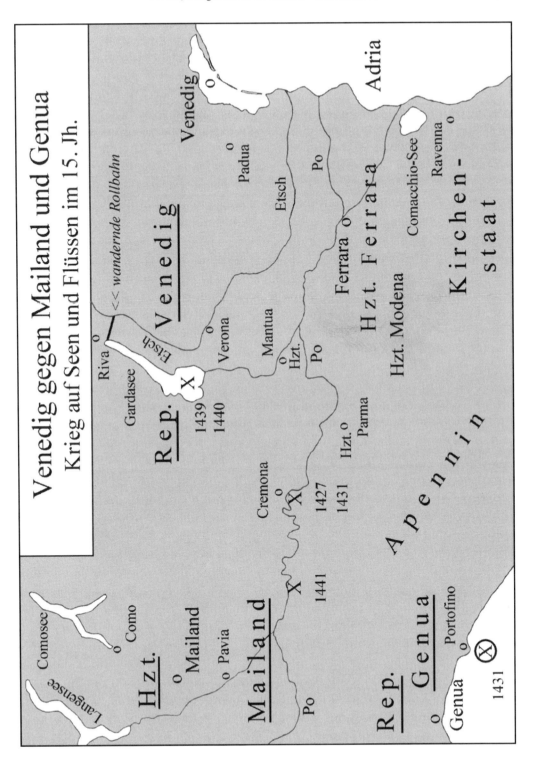

	Der Krieg ist jedoch bereits 1476 in der Landschlacht bei Toro zu Gunsten von Kastilien entschieden worden. Der **Friedensvertrag von Alcáçovas** (1479) regelt die gegenseitigen Besitzansprüche.
1478	**Venedig.** Die türkische Flotte übt immer stärkeren Druck auf die Außenbesitzungen von Venedig aus. Die Seerepublik schließt deshalb ein Übereinkommen, in dem sie Skutari abtritt und sich zu einer jährlichen Tributzahlung von 100.000 Dukaten verpflichtet. Die Offensive der Osmanen richtet sich in der Folge gegen Italien und Rhodos.
März 1480	**Kampf um Rhodos.** Sultan Mohammed II. greift Rhodos mit starken Streitkräften an, muß aber nach mehrmonatiger Belagerung der geschickt verteidigten Festung die Insel wieder räumen.
11. August 1480	**Eroberung von Otranto.** Eine osmanische Flotte von 90 Galeeren und 20 Transportern landet Truppen, die nach zwei Wochen Belagerung die starke, aber schwach besetzte Festung nach tapferer Gegenwehr erobern. Nach dem Tod von Sultan Mohammed II. im folgenden Jahr, kann die auch von den Osmanen nur schwach verteidigte Festung im September 1481 von den Christen wieder zurückerobert werden.
1482	**Donau.** König Matthias Corvinus von Ungarn erklärt Kaiser Friedrich III. den Krieg. Noch im selben Jahr hilft ihm die ungarische Donauflottille bei der Eroberung von Hainburg und zwei Jahre später bei der Einnahme von Klosterneuburg und Korneuburg.
1489	**Zypern.** Venedig gelangt durch einen günstig abgeschlossenen Erbvertrag in den Besitz der Insel.
1492	**Spanien.** Ende der Herrschaft der Mauren auf der Iberischen Halbinsel. Emir Boabdil von Granada übergibt die Stadt an die spanischen Könige Isabella von Kastilien und Ferdinand II. von Aragon.

1494–1497 Italienkrieg von Frankreich

	König Karl VIII. von Frankreich beruft sich auf die alten Besitzansprüche der Anjous auf das Königreich Neapel und marschiert in Italien ein.
September 1494	**Treffen bei Rapallo.** Die französische Flotte, bestehend aus 98 zum Teil gemieteten Schiffen unter dem Herzog von Orleans, vertreibt ein gleich starkes Geschwader aus Neapel.
Februar 1495	Die französische Flotte besetzt anschließend die Häfen der Toskana und sichert den Marsch des Landheeres.
Sommer 1495	Als sich die Franzosen Neapel nähern, räumt König Alfons die Stadt und dankt zugunsten seines Sohnes ab. Die Werft und die dort liegenden nicht fahrfähigen Schiffe werden verbrannt.
	Da sich Kaiser Maximilian I., Spanien, Mailand, Genua und Venedig zusammen mit dem Papst in der Liga von Venedig gegen die Franzosen stellen, räumt Karl VIII. Neapel und läßt nur Besatzungstruppen zurück.
	Von Sizilien aus erobert König Ferdinand II. mit Heer und Flotte sowie mit Unterstützung von Truppen aus Spanien Neapel zurück.
Juli 1495	Im Golf von Rapallo fällt der Flotte von Neapel ein französisches Geschwader von zwölf Schiffen in die Hände.

Oktober 1496 **Gefecht bei der Insel Ponza.** Ein venezianisch-neapolitanisches Geschwader siegt über ein französisches Geschwader, als dieses versucht, die noch in französischer Hand befindlichen Festungen an der Küste von Süditalien zu versorgen.

Oktober 1496 **Gefecht bei Livorno.** Ein Geschwader aus Frankreich kann das Geschwader Kaiser Maximilians zum Rückzug zwingen. Den Fall der Festungen um Neapel kann es aber nicht verhindern.

Im Februar 1497 wird Frieden geschlossen. Während des Krieges unterhält Spanien ein Geschwader in der Biskaya und im Ärmelkanal, damit der wichtige Woll- und Weinhandel nach Flandern aufrechterhalten werden kann.

August 1496 **Flandern.** Von Lareodo, westlich von Santander, bringt eine große Flotte die spanische Prinzessin Johanna (die Wahnsinnige) zur Heirat mit Erzherzog Philipp (den Schönen von Burgund) nach Flandern. Da sich die Hochzeitsfeierlichkeiten in die Länge ziehen, muß die schlecht ausgerüstete Flotte in Flandern überwintern und verliert durch einen strengen Winter 9000 Mann.

Im folgenden Jahr erfolgt die Heirat zwischen Kronprinz Johann von Spanien mit Margarete, der Tochter von Maximian I. Johann stirbt aber bald, die Krone von Spanien fällt daher nach dem Tod von Ferdinand I. an die Habsburger.

1499–1503 Krieg Venedig gegen die Türkei

Nach einjährigen Grenzzwischenfällen und wegen der Bindung Venedigs in den Kriegen in Italien ergreift Sultan Bajezid II. (1481–1512) im Sommer die Offensive.

12. August 1499 **Seeschlacht bei der Insel Sapienza.** Die türkische Flotte unter dem Kapudan Pascha Burrak Reis schlägt die schlecht geführte und mangelhaft ausgerüstete Flotte von Venedig unter Antonio Grimaldi. Wenige Tage später trifft die von Frankreich versprochene Unterstützung, je ein Geschwader der Johanniter aus Rhodos unter Guido von Blancheport und aus Frankreich unter Prégent de Bidoux, ein.

25. August 1499 **Seeschlacht im Golf von Lepanto.** Beim dritten Aufeinandertreffen erleiden die Venezianer, vor allem wegen der mangelhaften Unterstützung durch die Franzosen, eine schwere Niederlage. Die vom Sultan zu Lande belagerte Festung Lepanto muß sich deshalb wenige Tage später ergeben.

9. August 1500 Das vor der Südküste der Peloponnes operierende venezianische Geschwader kann den Fall der Festung Modon nicht verhindern. Wenig später müssen sich auch Koron und Navarin/Pylos ergeben.

Herbst 1500 Ein starkes spanisches Geschwader mit Landungstruppen unter dem Generalkapitän Gonzalo de Córdova trifft zur Unterstützung der Venezianer ein.

Dezember 1500 Die Verbündeten landen auf Kephalonia und erobern die Festung St. Georg und die ganze Insel zurück.

Oktober 1501 Ein venezianisch-französisches Geschwader unternimmt einen erfolglosen Angriff auf die Insel Lesbos.

30. August 1502 Venedig erobert mit Unterstützung einiger Schiffe aus der Provence unter Admiral Prégent de Bidoux die Insel Sta. Maura zurück.

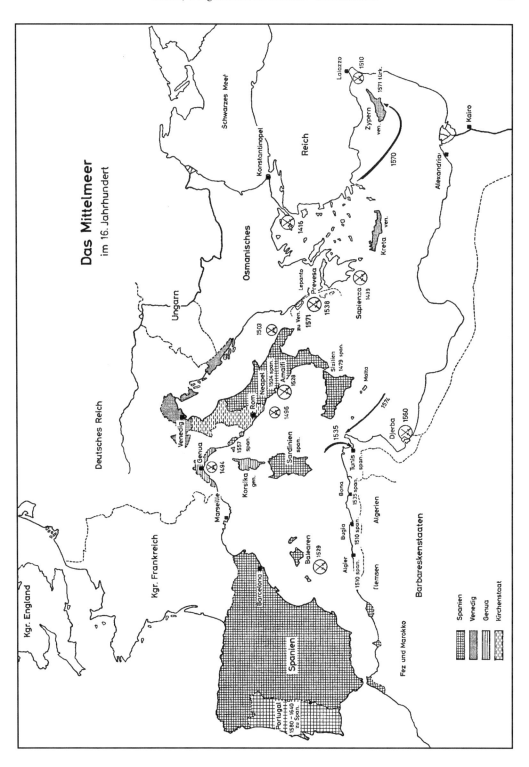

Dezember 1502 **Waffenstillstand.** Im folgenden Friedensvertrag vom August 1503 muß Venedig auf die in Griechenland verlorenen Seefestungen Lepanto, Pylos und Durazzo verzichten. Die Türkei hat sich als eine zu beachtende Seemacht im östlichen Mittelmeer etabliert.

1501–1504 Krieg um das Königreich Neapel

Im Vertrag von Granada (November 1500) vereinbaren Frankreich und Spanien die gemeinsame Eroberung des Königreiches Neapel. Kalabrien und Apulien sollen an Spanien, der Rest an Frankreich fallen. Das Land wird fast ohne Widerstand erobert.

1. März 1502 Bei der **Eroberung von Tarent** durch die von Kephalonia kommenden Truppen unter Gonzalo de Córdova läßt dieser 40 Schiffe über die Landzunge in den inneren Hafen schleppen und erobert dadurch die starke Festung.

Franzosen und Spanier geraten in Streit um die Aufteilung der Beute. Córdova muß sich zunächst in die Hafenfestungen Barletta, Bari und Tarent zurückziehen, wo er von der Flotte versorgt wird.

Februar 1503 **Gefecht im Hafen von Otranto.** Ein französisches Geschwader von sechs Schiffen droht die Verbindungen zu unterbrechen. Ein spanisches Geschwader von vier Schiffen unter Juan de Lezcano verfolgt diese in den neutralen venezianischen Hafen von Otranto und vernichtet sie dort.

Das **Heer von Córdova** kann verstärkt werden und erobert in kurzer Zeit fast ganz Neapel mit Ausnahme der Festung Gaeta, die von einem spanischen Geschwader unter Bernardo de Villamarin blockiert wird. Ein französisch-genuesisches Geschwader bricht die Blockade, bringt Verstärkungen und Córdova muß zunächst die Belagerung aufheben.

Ende Dezember 1503 siegt Córdova über das französische Heer entscheidend am Garigliano, das verstärkte spanische Geschwader blockiert Gaeta erneut eng, die Festung muß sich daher am 1. Jänner 1504 ergeben. Ganz Süditalien ist damit in der Hand von Spanien.

1503 **Genua.** Andrea Doria wird erstmals zum Befehlshaber der Flotte von Genua ernannt. Durch seine erfolgreichen Züge gegen die Barbaresken kann er sich daneben eine eigene Flotte aufbauen, die es ihm ermöglicht, seine eigenständige Politik zu betreiben.

August 1503 **Rhodos.** Die Galeeren der Johanniter besiegen ein türkisches Geschwader von 16 Galeeren. Diese haben vorher die Küstenorte von Rhodos angegriffen, verlieren aber in diesem Kampf acht Schiffe.

1505 **Gefecht vor Rhodos.** Die Türkei schickt ein Geschwader von 25 Schiffen mit Schiffbauholz für den Bau der Schiffe im Roten Meer nach Ägypten. Es wird von den Johannitern gestellt und verliert im Kampf elf Schiffe, später in einem Sturm weitere vier.

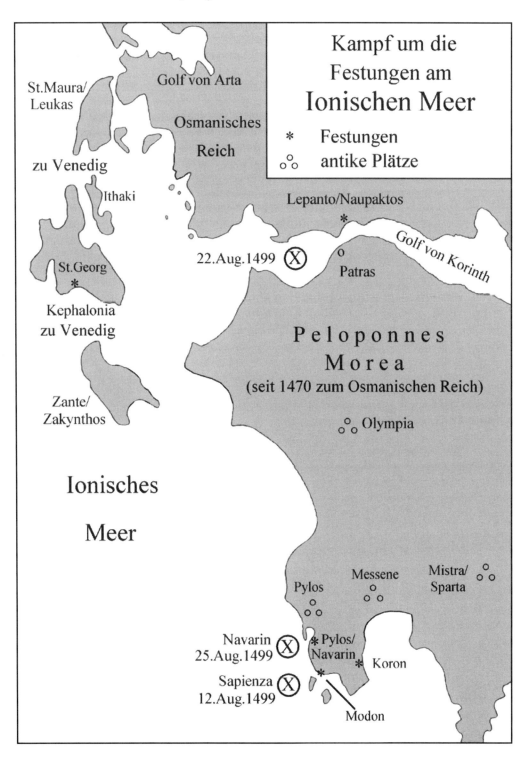

1505–1510 Offensive von Spanien in Nordafrika

Nach Beendigung des Krieges in Italien (1504), der es in den endgültigen Besitz des Königreichs Neapel bringt, startet Spanien eine Offensive in Nordafrika. Die treibende Kraft ist Kardinal Ximenes de Cisneros.

September 1505 Die spanische Flotte von 140 Schiffen unter Ramón de Cardona landet 10.000 Mann bei Mers-el-Kebir, das nach kurzer Belagerung kapituliert.

Juli 1508 Ein spanisches Geschwader unter Pedro Navarro erobert im ersten Anlauf die Inselfestung Velez de Gomera. Navarro verwendet dabei von ihm entworfene „schwimmende Batterien", mit mehreren Geschützen bestückte Flöße.

Mai 1509 Die spanische Flotte landet 14.000 (20.000?) Mann bei Mers-el-Kebir, die Oran von der Landseite erobern. Die Flotte unterstützt das Heer wirkungsvoll durch die Beschießung der Stadt von der Seeseite. Kardinal Ximenes nimmt persönlich an den Operationen teil.

Jänner 1510 Ein spanisches Geschwader unter Pedro Navarro erobert die Stadt Bougie gegen geringen Widerstand. Um dem gleichen Schicksal zu entgehen, unterwirft sich daraufhin Algier noch im selben Monat. Die Spanier besetzen anschließend die Inselfestung vor dem Hafen.

Juli 1510 Die Spanier unter Pedro Navarro erobern mit 150 Kriegs- und Transportschiffen und 15.000 Soldaten an Bord noch im selben Jahr Tripolis, ihr Angriff Ende August auf die Insel Djerba scheitert jedoch mit großen Verlusten. Bei der Heimfahrt geht im Sturm eine große Zahl an Schiffen verloren.
Dieser letzte Rückschlag veranlaßt Spanien, die Offensive in Nordafrika einzustellen. Vorrang haben nun endgültig die Kriege in Europa und die Eroberung der Neuen Welt.

Dezember 1508 **Liga von Cambrai.** Gegen Venedig bildet sich diese Vereinigung, der Maximilian I., Ludwig XII., Ferdinand von Spanien, Papst Julius II. und später auch England angehören. Zweck ist die Eroberung des venezianischen Festlandbesitzes, was aber nicht gelingt.

Mai 1509 **Venedig.** Das Heer der Liga von Cambrai bringt den venezianischen Truppen bei Agnadello eine schwere Niederlage bei. Venedig ist besser auf dem Meer zu Hause.

1510 **Gefecht bei Laiazzo/Ayas.** In der Nähe von Alexandrette greift ein starkes Geschwader der Johanniter aus Rhodos, bestehend aus Galeeren und Segelschiffen, ein Geschwader aus Ägypten an und erobert elf Segelschiffe und vier Galeeren. Landungstruppen zerstören die Schiffbauvorräte im Hafen, die zur Ausrüstung eines Geschwaders gegen die Portugiesen im Roten Meer bestimmt gewesen sind.

1513 **Genua.** Die Flotte erobert die Stadt Djidjelli in Nordafrika, zwischen Tunis und Algier, verliert sie aber schon im folgenden Jahr an die Brüder Barbarossa.

1514 **Persien.** Die Osmanen unter Sultan Selim I. d. Gr. (1512–1520) besiegen bei Caldiran (zwischen dem Berg Ararat und dem Van-See) die Dynastie der Safawiden von Persien unter ihrem Shah in Shah Esmail I. Trotzdem erobern die Safawiden unter Shah in Shah Abbas I. d. Gr. (1587–1629) ganz Persien und Mesopotamien. Sie stellen eine ständige Gefahr für die Osmanen dar.

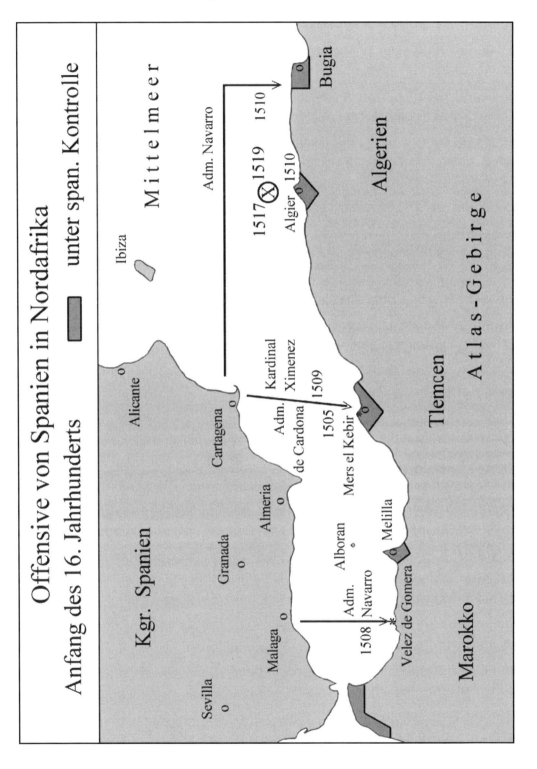

Juli 1515	**Gefecht bei Pantelleria.** Ein spanisches Geschwader von neun Galeeren unter Don Luis de Requesnes trifft auf 13 Fustas der Barbaresken und kann nach zweistündigem Kampf drei davon versenken und sechs erobern. Fast 1000 Gegner werden gefangen.
1516	**Syrien.** Die Osmanen unter Selim I. erobern das Land und im folgenden Jahr auch Ägypten. Die altertümlich bewaffneten Mameluken (sie lehnen Kanonen als unritterlich ab) können kaum Widerstand leisten. Die Osmanen übernehmen von Ägypten auch die Schutzherrschaft über alle Gläubigen und nennen sich Kalifen. Selim I. besucht anschließend auch Mekka und Medina.
1516	**Tunesien.** Ein französisch-genuesisches Geschwader unter Prégent de Bidoux greift mit Unterstützung von Galeeren des Kirchenstaates türkische Schiffe im Hafen von Bizerta an, da diese französische Handelsschiffe überfallen haben. Es folgen dann noch Angriffe auf Mahdia/Mehedia (1517) und Monastir (1518).
September 1517	**Algier.** Ein spanisches Geschwader von 35 Schiffen unter Generalkapitän Diego de Vera bringt 7000 Mann Verstärkung der Inselfestung nach Algier. Arudj Barbarossa bringt den Landtruppen eine schwere Niederlage bei. Die Spanier verlieren 3000 Mann, das Geschwader erleidet in einem Sturm schwere Verluste.
August 1519	**Algier.** Ein spanisches Geschwader aus Sizilien von 40 Schiffen mit 5000 Mann Landungstruppen greift die Stadt an, um die Niederlage vor zwei Jahren ungeschehen zu machen. Die Truppen werden aber zu Land von Barbarossa erneut geschlagen, beim Wiedereinschiffen kommt ein Sturm auf, in dem 26 Schiffe stranden, deren Besatzungen von den Barbaresken fast alle erschlagen werden.
28. April 1521	**Wormser Vertrag.** Kaiser Karl V. tritt die österreichischen Herzogtümer an seinen Bruder, den späteren Kaiser Ferdinand ab und konzentriert sich auf die Regierung in Spanien, den Niederlanden, zur Verwaltung des Reiches und zum Kampf gegen die Moslems.
Juni–Dezember 1522	**Rhodos.** Sultan Sulaiman I. der Prächtige greift die Inselfestung mit 400 Schiffen und nach und nach mit bis zu 300.000 Mann an und zwingt die Verteidiger nach sieben Monaten Belagerung zur Übergabe. Die Johanniter müssen Rhodos verlassen.

1521–1529 Erster Krieg Kaiser Karls V. gegen Franz I. von Frankreich

Im ersten Teil des Kampfes um die Hegemonie in Europa zum Beginn der Neuzeit spielt die Seeherrschaft im westlichen Mittelmeer eine große Rolle. Spanien ist auf den sicheren Truppentransport nach Genua angewiesen, um von dort Truppen nach Flandern verlegen zu können. Der Seeweg durch die Biskaya zum Ärmelkanal ist von Frankreich gesperrt.

1525	**Schlacht bei Pavia.** König Franz I. gerät in spanische Gefangenschaft. Nach seiner Freilassung widerruft er die im Frieden von Madrid (14. Jänner 1526) gemachten Zusagen und nimmt im folgenden Jahr den Kampf wieder auf.
28. April 1528	**Gefecht bei Amalfi.** Die Franzosen belagern die Stadt Neapel. Von der Seeseite wird Neapel durch ein Geschwader aus Genua unter Filippino Doria blok-

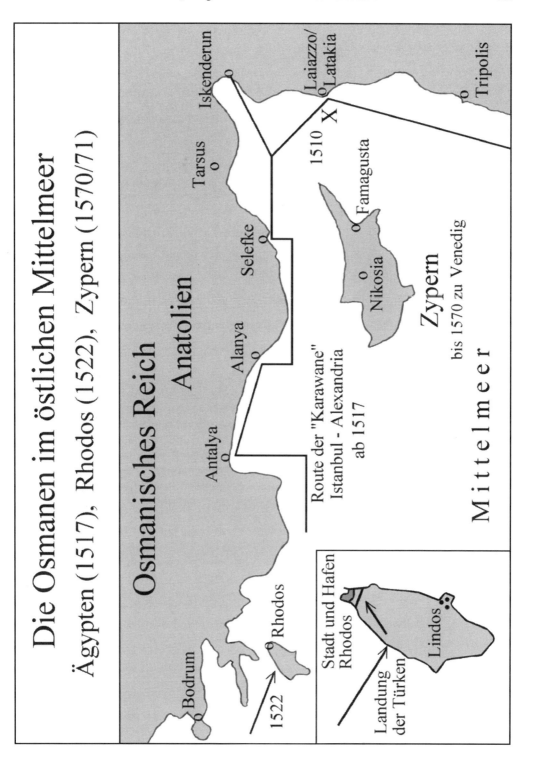

	kiert. Vor Amalfi bringt F. Doria einem Entsatzgeschwader aus Spanien eine Niederlage bei.
1528	**Genua.** Andrea Doria trifft mit Kaiser Karl ein Übereinkommen, nach dem Genua auf die Seite von Spanien übergeht. Kaiser Karl garantiert die Unabhängigkeit der Republik Genua und ernennt Doria zum spanischen Flottenführer im Mittelmeer. Für die spanischen Truppen ist der Weg nach Flandern durch Genua frei. Das Geschwader vor Neapel wird abgezogen und die Stadt ist gerettet.
1529	**Friede von Cambrai.** Frankreich sieht sich deshalb zu einem Friedensschluß genötigt, der aber eher nur ein Waffenstillstand ist.
1521–1532	**Kämpfe am Comer See**
	Während der Kriege Frankreichs und Spaniens um Mailand kommt es am Comer See erneut zu Seeoperationen zwischen den jeweiligen Parteigängern.
1521, 1522	Der Condottiere (Söldnerführer auf eigene Rechnung) Gian Giacomo Medici setzt sich in den Besitz der Seefestung Musso im Nordteil des Sees, von wo aus er den Seekrieg auch nach dem Frieden von Cambrai 1529 fortführt.
ab 1526	G. Medici übt für die Spanier praktisch die Seeherrschaft auf dem Comer See aus. In diesem Jahr und 1528 schlägt er in Seegefechten seine Gegner.
1532	Schließlich kann der Herzog von Mailand die Festung Musso mit Hilfe der Eidgenossen zur Kapitulation zwingen, womit die sogenannten „Müsserkriege" beendet sind.
1526	**Ungarn.** In der Schlacht bei Mohacs fällt König Ludwig II. gegen die Osmanen. Nach dem Erbvertrag mit den Habsburgern von 1515 fällt nun Ungarn an diese, ein großer Teil des Landes ist aber in der Hand der Osmanen. Die Donau ist nun ständiger Kriegsschauplatz.
Mai 1527	**Italien.** Das Heer der Kaiserlichen erobert die Stadt Rom, die von der Soldateska ausgiebig geplündert wird (Sacco di Roma).
Juli 1529	**Prunkflotte.** Praktisch die ganze spanische Mittelmeerflotte geleitet Karl V. zur Kaiserkrönung nach Italien. Das westliche Mittelmeer ist daher für einige Zeit vor den Raubzügen der Barbaresken nicht geschützt.
24. September– 15. Oktober 1529	**Ungarn.** Die Osmanen erobern fast das ganze Land. In diesem Jahr kommen die Osmanen bis nach Wien und belagern die Stadt, die jedoch erfolgreich verteidigt wird. Den ererbten Königstitel von Ungarn behalten aber die Habsburger.
25. Oktober 1529	**Gefecht bei Formentera.** Ein Geschwader aus Algier unter Chair ad-Din Barbarossas Kapitän Caccia Diabolo (sicher ein „Künstlername") plündert die spanische Küste bei Valencia. Ein spanisches Geschwader von acht Galeeren stellt es auf dem Rückweg, verliert aber nach hartem Kampf sechs Schiffe. Diabolo kehrt mit reicher Beute heim.
Juli 1530	**Algerien.** Ein spanisches Geschwader unter Andrea Doria greift den Barbareskenstützpunkt Cherchell, westlich von Algier, an. Doria befreit eine Anzahl Christen und zerstört die im Hafen liegenden Schiffe.
Oktober 1530	**Johanniter.** Kaiser Karl V. übergibt dem Ritterorden die Inseln Malta, Gozo und Camina sowie die Stadt Tripolis in Libyen als Ordenssitz.

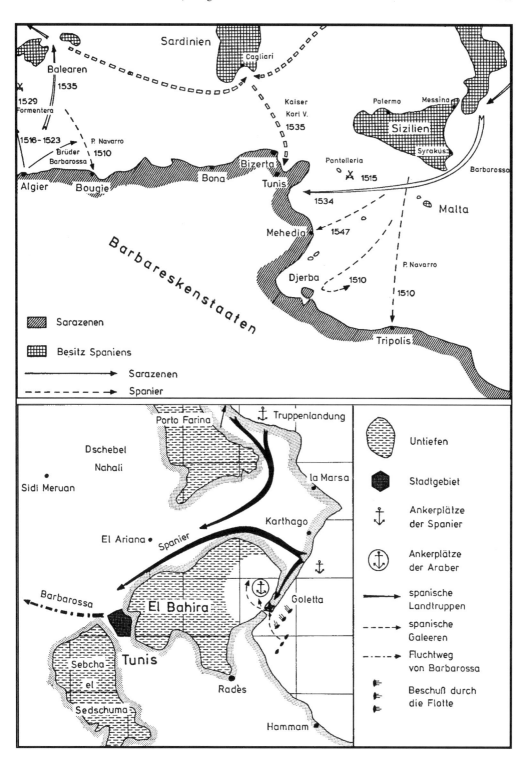

1531	Die große Karake >Sant Ana< (50) der Johanniter schlägt allein ein türkisches Geschwader von 25 Schiffen in die Flucht.
1531	**Algerien.** Ein spanisches Geschwader unter Alvaro de Bázan dem Älteren landet Truppen bei Honeine, westlich von Oran, und erobert die Stadt. Die Barbaresken verlieren dabei 7000 (?) Mann.
1532	Bei einem Angriff auf Sardinien gerät das Barbareskengeschwader unter Caccia Diabolo in einen Sturm und verliert 1200 Mann.
September 1532	**Peloponnes.** Ein spanisches Geschwader von 44 Galeeren und 50 Transportern mit über 10.000 Mann Landungstruppen unter Andrea Doria erobert die Festung Koron. Anschließend erobert Doria noch Patras und die Festungen an der Einfahrt in den Golf von Korinth. Die Johanniter sind an diesem Unternehmen mit ihrer Karake >Sant Ana< und sechs Galeeren beteiligt.
2. August 1533	**Gefecht bei Koron.** Andrea Doria greift mit 30 Galeeren das türkische Blockadegeschwader vor der Festung an und schlägt es in die Flucht. Er versäumt es jedoch, den schwächeren Gegner zu vernichten.
April 1534	**Peloponnes.** Die Spanier räumen die zu exponierten Stützpunkte auf der Halbinsel, da die Verteidigung einen zu großen Aufwand bedeutet.
1534	**Persien.** Sultan Sulaiman I. unternimmt mehrere Feldzüge gegen die Safawiden, die das Osmanische Reich ständig von Osten bedrohen. Er kann aber während seiner Regierungszeit keinen befriedigenden Erfolg erzielen. In dem genannten Jahr erobern die Osmanen aber die wichtige Hafenstadt Basra am Persischen Golf.
1534	**Offensive der Osmanen.** Als türkischer Flottenbefehlshaber plündert Barbarossa mit der ganzen Flotte die Küste von Kalabrien und vertreibt im August den unter spanischer Oberherrschaft stehenden Sultan von Tunis. Ein Stützpunkt der türkischen Schlachtflotte so weit im Westen ist eine schwere Bedrohung für die spanischen Besitzungen in Italien, für Sizilien und für die Johanniter.
Juni–Juli 1535	**Zug Kaiser Karls V. nach Tunis.** Mit rund 100 Kriegsschiffen und 300 Transportern werden 30.000 Mann Landungstruppen herangebracht. Karl V. führt persönlich den Oberbefehl, die Flotte kommandiert Andrea Doria. Nach drei Wochen Beschießung von Heer und Flotte fällt die Festung La Goletta, welche die Einfahrt nach Tunis beherrscht. Die Karake >Sant Ana< der Johanniter ist mit ihrer Feuerkraft maßgeblich daran beteiligt. Bis auf 15 werden alle Schiffe der Türken im Hafen erobert. Wenige Tage später ist auch die Stadt Tunis in der Hand der Christen. Karl V. übergibt die Stadt wieder seinem früheren Vasallen und läßt eine Besatzung in der Festung La Goletta.
August–September 1535	**Barbaresken.** Der bei Tunis entkommene Chair ad-Din Barbarossa benützt die Abwesenheit des Großteils der spanischen Flotte und unternimmt mit einem Geschwader aus Algier einen Raubzug nach den Balearen und an die spanische Ostküste.
1536–1537	**Ionisches Meer.** Die türkische Flotte greift die Südküste Italiens und das venezianische Korfu an. Als Gegenmaßnahme ziehen Spanien und Venedig starke Seestreitkräfte zusammen.
22. Juli 1537	**Gefecht bei Paxos.** Andrea Doria trifft in der Ägäis mit einem Geschwader von 34 Galeeren auf zwölf türkische Galeeren und kann sie alle erobern.

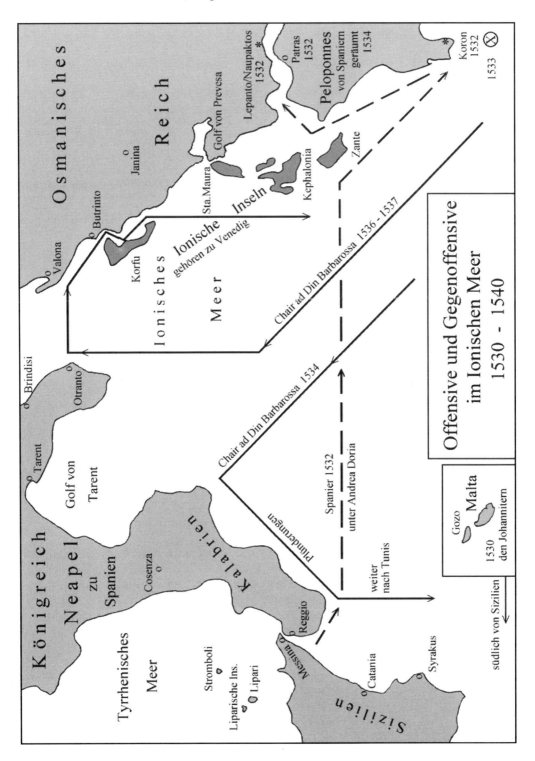

1538	**Türkische Offensive.** Die türkische Flotte unter Barbarossa läuft zu einem großen Unternehmen aus Istanbul aus. Eine Reihe von Stützpunkten von Venedig in der Ägäis wird erobert, Kreta wird verheert, dann in das Ionische Meer vorgestoßen.
26. September 1538	**Seeschlacht bei Prevesa.** An der Westküste Griechenlands trifft die türkische Flotte unter Barbarossa auf die vereinigte Flotte von Spanien und Venedig unter Andrea Doria. Die türkische Flotte zählt 90 Galeeren, 60 kleinere Kriegsschiffe mit 550 Kanonen und 22.000 Mann. Die Flotte der Christen besteht aus 49 Galeeren aus Spanien, 55 Galeeren aus Venedig unter Vincenzo Capello, 27 päpstlichen Galeeren unter Marco Grimani, 40 großen Segelschiffen und über 200 kleine Schiffe mit Landungstruppen, insgesamt 400 Schiffe mit 1000 Kanonen und 50.000 Mann. Nach einem gescheiterten Landungsversuch bei Prevesa zieht sich die Flotte der Christen zurück. Barbarossa stößt nach und kann der Nachhut sieben Galeeren abnehmen. Die „Große Galeone" von Venedig kann den Angriff zahlreicher türkischer Galeeren abwehren.
1538	**Venedig.** Nach der Seeschlacht von Prevesa ist Venedig gezwungen, mit den Osmanen einen Sonderfrieden zu schließen.
August 1539	**Adria.** Die türkische Flotte in Stärke von 200 Schiffen unter Barbarossa blokkiert die von der Landseite angegriffene starke Festung Castelnuovo im Golf von Cattaro/Kotor. Nach einer Belagerung von sechs Wochen muß die Festung kapitulieren. Ein Entsatzversuch von Andrea Doria bleibt erfolglos.
Juni 1540	**Korsika.** An der Küste der Insel überraschen die Spanier ein Geschwader aus Algier und erobern elf Galeeren. Dabei sind auch zwei, die bei Prevesa verlorengegangen sind. Der türkische Geschwaderkommandant Turgut Reis gerät in Gefangenschaft.
September 1540	**Straße von Gibraltar.** Ein Geschwader von 16 Schiffen aus Algier plündert die Stadt Gibraltar und vernichtet die im Hafen liegenden Schiffe. Die Festung kann sich behaupten, die Barbaresken ziehen sich nach Velez de Gomera zurück.
1. Oktober 1540	**Gefecht bei Alborán.** Die Barbaresken treffen auf ein spanisches Geschwader von 13 Schiffen unter Bernardino de Mendoza. In einem besonders erbitterten Kampf erobern die Spanier zehn Schiffe, eines wird versenkt. Die Barbaresken verlieren 1100 Mann an Toten, Verwundeten und Gefangenen, 700 christliche Sklaven werden befreit. Die blutigen Verluste der Christen sind kaum geringer.
Oktober 1541	**Angriff auf Algier.** Zur Eroberung der Stadt unter dem Statthalter Barbarossa zieht Kaiser Karl V. auf Sizilien starke Streitkräfte zusammen. Unter seinem persönlichen Oberbefehl führen Andrea Doria und der Vizekönig von Neapel, Admiral Hugo de Moncada, die Flotte. Heerestruppen werden vom Kirchenstaat, Spanien, Sizilien, Sardinien, Monaco, den Johannitern und weiteren Herrschaften gestellt. Die ganze Streitmacht umfaßt rund 500 Schiffe mit über 12.000 Mann Besatzung und rund 20.000 Mann Heerestruppen. Andrea Doria warnt, daß die Jahreszeit schon zu weit fortgeschritten sei. Trotzdem beginnt das Unternehmen erst am Sonntag, dem 25. Oktober. Unmittelbar nach der Landung hereinbrechende schwere Stürme machen es unmöglich, alle Truppen zu landen. Rund 50 Schiffe stranden und ca. 8000 Mann der Landungstruppen werden von den Barbaresken niedergemacht. Kaiser Karl V. kann selbst nur

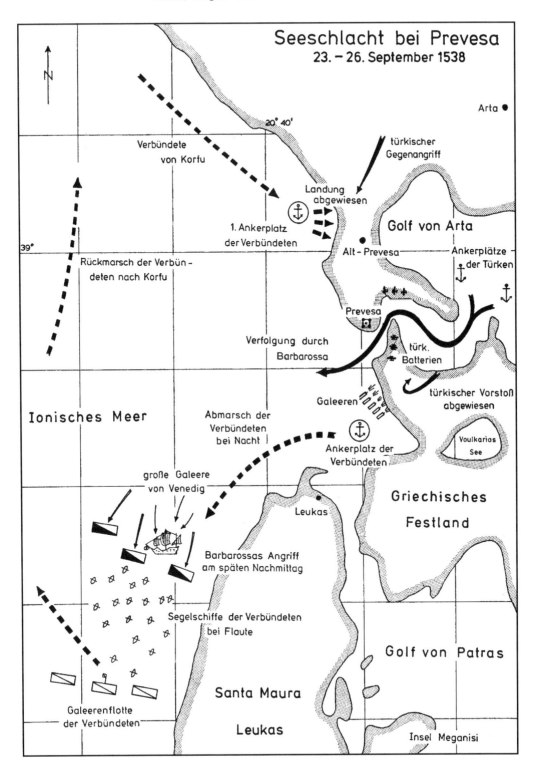

	mit Mühe entkommen. Weitere Schiffe gehen noch beim Ablaufen von der Küste verloren. Es ist der schwerste Rückschlag der spanischen Dominanz in Nordafrika.
1541	**Ungarn.** Die Osmanen erobern die Hauptstadt Buda/Ofen. Auch Siebenbürgen wird endgültig unterworfen. Die Osmanen können den Erfolg aber nicht richtig ausnützen, da sie im Rücken immer wieder von den persischen Safawiden beunruhigt werden.
Ende 1542	**Frankreich.** Bedrängt von den Habsburgern, schließt das „allerchristlichste Königreich" ein Bündnis mit den Osmanen und stellt deren Flotte seine Häfen zur Verfügung.
Mai 1543	**Flottenbewegungen.** Die spanisch-italienische Flotte geleitet Kaiser Karl V. von Barcelona nach Genua. Ungefähr zur gleichen Zeit läuft die türkische Flotte unter Barbarossa in Stärke von 110 Galeeren und 40 Segelschiffen aus dem Hafen Modon auf der Peloponnes zum Vorstoß in das westliche Mittelmeer aus. Unterwegs plündern die Türken Reggio in Kalabrien, Terracina, Civitá-Vecchia und Piombino und vereinigen sich in Marseille mit den Galeeren von Frankreich.
1543	**Nizza.** Die vereinigten Flotten von Frankreich unter dem Herzog von Anghien und der Türkei unter Chair ad-Din erobern die Hafenstadt. Die Türken überwintern anschließend in Toulon.
1544	Im folgenden Jahr kehrt die türkische Flotte heim. Auf dem Rückweg plündert sie die in spanischem Besitz befindlichen Hafenstädte an der Westküste Italiens und die Insel Lipari und erreicht mit 7000 Gefangenen Istanbul.
1548	**Tunesien.** Der türkische Geschwaderführer Turgut Reis greift mit seinen Korsaren die spanischen Besitzungen im heutigen Tunesien an. Sousse, Sfax und Monastir werden im ersten Anlauf erobert. Mahdia/Mehedia kann erst durch Verrat eingenommen werden.
1547–1559	**Frankreich.** Während der Regierungszeit von König Heinrich II. operiert die türkische Flotte erneut, nunmehr unter den Paschas Sinan und Piali, auf Veranlassung und mit Unterstützung Frankreichs im westlichen Mittelmeer und verheert die in spanischem Besitz befindlichen Küsten.
10. September 1550	**Eroberung von Mahdia.** Seit Juli belagern die Spanier unter Andrea Doria (Flotte) und dem Vizekönig von Sizilien, Garcia de Toledo (Heer), vergeblich die starke Seefestung. Ein Entsatzversuch von Turgut Ali (Dragut), der seinen Seezug durch den Golf von Genua abbricht, wird abgeschlagen. Schließlich wird nach Anweisung von Garcia de Toledo eine schwimmende Batterie, eine befestigte Plattform über zwei Galeeren, gebaut. Deren schwere Artillerie schießt die Mauern der Festung schließlich von der Seeseite sturmreif.
Juli 1551	**Erste Belagerung von Malta.** Nach der Eroberung der Stadt Augusta auf Sizilien greift Sinan Pascha die Johanniter auf Malta mit 106 Kriegsschiffen, 20 Transportern und 14.000 Mann an. Er wird von den Verteidigern abgewiesen, erobert die Nachbarinsel Gozo und verschleppt 6000 Einwohner nach Nordafrika. Anschließend entreißt er den Johannitern die Stadt Tripolis.
August 1552	**Tyrrhenisches Meer.** Andrea Doria kann den 140 türkischen Galeeren nur 40 gegenüberstellen. Er kann zwar eine Schlacht vermeiden, den Türken fallen aber trotzdem sieben Galeeren in die Hände.

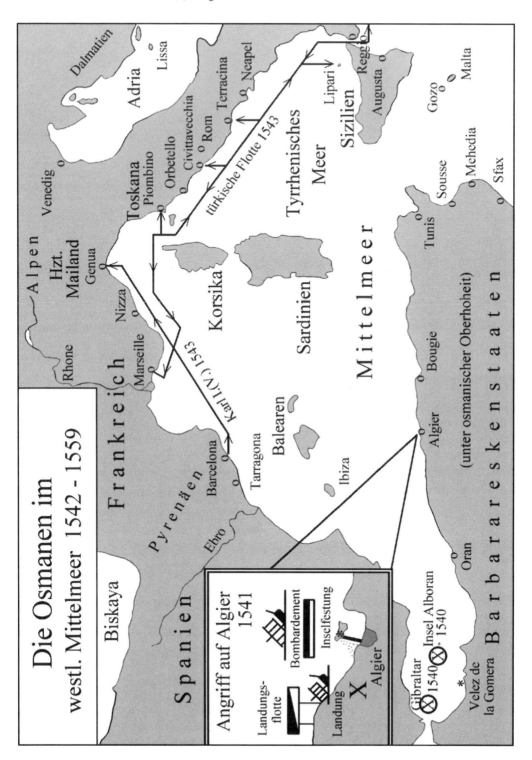

1553	**Korsika.** Mit Unterstützung eines türkischen Geschwaders unter Dragut landen die Franzosen auf der Insel und erobern sie in kurzer Zeit. Nach Abfahrt der türkischen Flotte beginnt Genua mit der Rückeroberung. Ein französisches Geschwader unter Baron de la Garde kann noch die Besatzungen von Ajaccio und Bonifacio versorgen, obwohl die Flotte Genuas unter Andrea Doria in der Nähe steht.
1555	**Algerien.** Ein türkisches Geschwader erobert das spanische Bougie an der Küste, ein Angriff im folgenden Jahr auf Oran scheitert.
1556	**Kaiser Karl V.** dankt ab und zieht sich in das Privatleben zurück. Die Krone von Spanien mit den Niederlanden und den Kolonien übernimmt sein Sohn Philipp II. (1556–1598), sein Bruder Ferdinand behält die österreichische Reichshälfte und folgt Karl als römisch-deutscher Kaiser.
1558	**Tyrrhenisches Meer.** Die türkische Flotte in Stärke von 100 Galeeren und 20 Galeoten unter Piali Pascha verwüstet die italienische Westküste und die Balearen.
2. April 1559	Der **Friede von Cateau-Cambrésis** beendet den Krieg zwischen Frankreich, Spanien, England und dem Deutschen Reich. Fast alle Eroberungen werden zurückgegeben. Der Kampf Spaniens gegen die Osmanen wird jedoch fortgesetzt.
11. Mai 1560	**Seeschlacht bei der Insel Djerba.** Im Herbst 1559 zieht Spanien auf Sizilien zur Eroberung von Tripolis starke Streitkräfte unter dem Herzog von Medinaceli zusammen. Die Landungstruppen stehen unter dem Kommando von Alvaro de Sande, die Seestreitkräfte unter Gianandrea Doria, dem 20jährigen Großneffen von Andrea Doria. Die einzelnen Geschwader werden befehligt von G. Doria (Genua), Sancho de Leyva (Neapel), Berenguer de Requesnes (Sizilien), Flaminio de Languillera (Papst) und Carlo Tessiéres (Malta). 50 Galeeren und 60 Segelschiffe stehen zur Verfügung. Nach einem Aufenthalt in Malta startet die Armada im Februar nach Afrika und errichtet im März auf der Insel Djerba in der kleinen Syrte einen befestigten Stützpunkt. Die Türken haben mittlerweile ihre Flotte unter dem Kapudan Pascha Piali zusammengezogen und erscheinen am Morgen des 11. Mai mit über 100 Galeeren vor der Insel. Obwohl die Segelschiffe der Christen die Stärke etwas ausgleichen, ist deren Gefühl der Unterlegenheit so groß, daß sie in panischer Angst die Flucht ergreifen. In den folgenden Einzelgefechten erobern die Türken 27 Galeeren und 20 Segelschiffe. Die Festung auf der Insel hält sich noch knapp zwei Monate und muß dann kapitulieren. Insgesamt verlieren die Christen 18.000 Mann an Toten und Gefangenen. Unter letzteren befinden sich Alvaro de Sande, Berenguer de Requesnes und Sancho de Leyva. Die beiden Oberbefehlshaber entkommen auf kleinen Segelschiffen. Die türkische Flotte hat den Höhepunkt ihrer Macht im Mittelmeer erreicht.
1561	Im Tyrrhenischen Meer erobern acht türkische Galeeren sieben Galeeren aus Sizilien.
18. Oktober 1562	**Schiffbruch.** An der Mittelmeerküste von Spanien, östlich von Malaga, gerät ein spanisches Geschwader von 28 Galeeren in einen Sturm. Nur drei der Schiffe können gehalten werden, mit den übrigen ertrinken rund 4000 Mann, darunter der Geschwaderkommandant Don Juan de Mendoza.

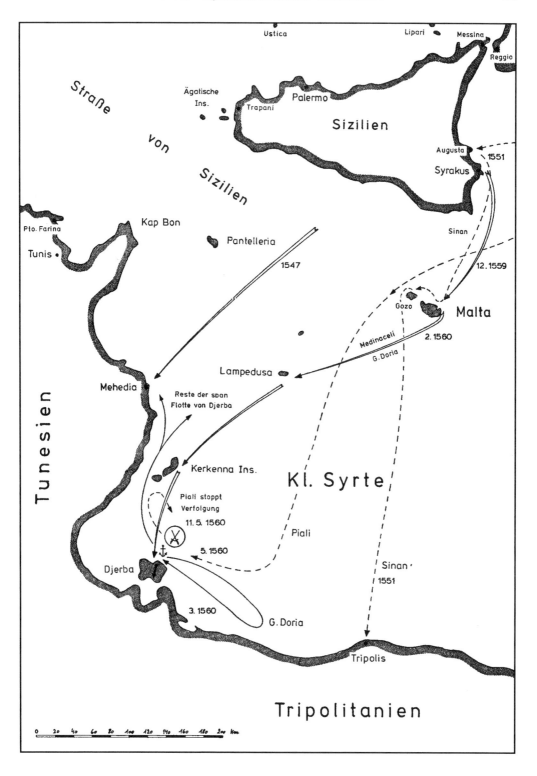

Mai–Juni 1563	**Kampf um Oran.** Der türkische Vizekönig Hassan von Algier greift das spanische Oran von der Landseite her an. Die Flotte unter Turgut Reis blockiert die Stadt von der Seeseite. Gerade rechtzeitig erscheint ein spanisches Geschwader von 34 Galeeren unter Francisco de Mendoza und entsetzt die Belagerten. Das türkische Blockadegeschwader war gerade nicht auf seinem Posten.
Juni 1563	**Gefecht bei Mers-el-Kebir.** Die spanische Festung wird seit zwei Monaten von türkischen Land- und Seestreitkräften unter Chair ad-Dins Sohn Hassan angegriffen. Das Geschwader unter F. de Mendoza mit seinen 34 Galeeren schlägt das Blockadegeschwader, erobert dabei neun türkische Galeeren und schlägt den Rest in die Flucht.
September 1564	**Eroberung von Velez de Gomera.** Die spanische Mittelmeerflotte, jetzt unter Garcia de Toledo, dem Nachfolger von Andrea Doria, erobert die Inselfestung an der Küste von Nordafrika gegenüber von Malaga. Über 100 Schiffe von Lissabon bis Malta und 16.000 Mann Landungstruppen sind an der Operation beteiligt.
1564	**Gefecht bei Zante.** Mitte Juni verlassen sieben Galeeren der Johanniter die Insel Malta zu einer Kreuzfahrt. Vor der Peloponnes erobern sie nach hartem Kampf ein großes türkisches Handelsschiff aus dem Besitz des Harems des Sultans, das sich auf dem Weg nach Venedig befunden hat. Turgut Ali versucht die Johanniter auf dem Rückweg abzufangen, verfehlt sie jedoch. Dieses Ereignis ist einer der Hauptgründe für den Großangriff der Türken auf Malta.
Mai–September 1565	**Kampf um Malta.** Die Türken ergreifen große Vorbereitungen, im dem Johanniterorden die strategisch wichtige Insel zu entreißen. Die Flotte besteht aus 140 Galeeren, 20 Mahonen/Galeassen und zahlreichen Segelschiffen. Sie wird von Piali Pascha kommandiert. Das Invasionsheer unter Mustafa Pascha hat eine Stärke von 30.000 Mann. Dem können die Johanniter 30 Galeeren, die „Große Galeone" und 6000 Mann entgegenstellen. Am 18. Mai beginnen die Landungen der Türken. Ende Mai treffen noch Verstärkungen für die Osmanen aus Nordafrika ein. Mitte Juni erobern sie nach erbittertem Kampf das vorgeschobene Fort St. Elmo. Die Spanier können immer wieder kleine Truppenkontingente aus Sizilien innerhalb der großen Festung landen. Am 11. August entscheidet Garcia de Toledo, auf den schnellsten 60 Galeeren 10.000 einzuschiffen und diese auf der Insel außerhalb der Festung zu landen. Die Osmanen verlieren daher die Hoffnung, die Johanniter noch besiegen zu können und ziehen Mitte September wieder ab.
1566	**Adria, Ägäis.** Die türkische Flotte unter Piali Pascha entreißt in der Ägäis den Genuesen die Insel Chios. Anschließend unternimmt sie einen Vorstoß in die Adria, der einer Machtdemonstration gegenüber Venedig gleichkommt, und plündert Küstenplätze in Apulien.
1567	**Ägäis.** Die türkische Flotte besetzt die Insel Naxos, die sich bisher im Privatbesitz einer venezianischen Familie befunden hat.
1567	**Spanien.** Flottbefehlshaber Garcia de Toledo übergibt den Befehl über die Flotte im Mittelmeer an den Halbbruder von König Philipp II., Don Juan d'Austria, der zunächst mit der Niederwerfung eines Aufstandes der Mauren in und um Granada beschäftigt ist. Ein spanisches Geschwader von 25 Galeeren

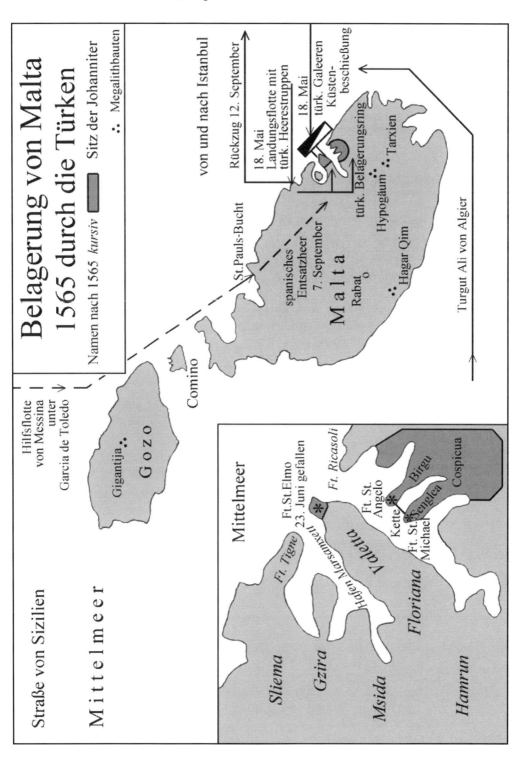

unter Luiz de Requesnes holt von Genua Verstärkung für Don Juan. Es gerät aber bald nach dem Auslaufen aus Genua in einen Sturm und verliert zwölf Galeeren mit fast den ganzen Besatzungen.

1570–1573 Kampf um Zypern

Im Februar 1570 verlangt der Gesandte der Hohen Pforte in Venedig von der Republik ultimativ die Abtretung der Insel Zypern. Die Forderung wird glatt abgelehnt. Letzter Anlaß für dieses Ansinnen ist möglicherweise ein Brand im Arsenal von Venedig gewesen, bei dem vier Galeeren verloren gegangen sind. Gerüchte haben das Ausmaß des Schadens weit übertrieben, in Istanbul ist von einer Vernichtung der venezianischen Flotte gesprochen worden.

1. Juli 1570 Die türkische Flotte unter Piali Pascha, 160 Galeeren und fast 200 Segelschiffe, vorwiegend Truppentransporter, landet das Expeditionsheer an der Südküste der Insel.

Venedig mobilisiert seine Flotte, die zunächst bis Kreta vorstößt, aber allein gegen die Osmanen keine Chance hat.

Das Ersuchen an die christlichen Nationen um Hilfe wird vom Papst kräftig unterstützt. Materielle Hilfe kommt aber in diesem Jahr nicht zum Tragen. Kontingente vieler Staaten vereinigen sich im September bei Kreta, der ganze Monat vergeht aber mit nutzlosen Verhandlungen und Rangstreitigkeiten. Im Oktober gehen durch einen Sturm 13 Galeeren von Venedig und drei des Papstes verloren. Ein Geschwader von 30 Galeeren überwintert auf Kreta, der Rest der Flotte der Christen fährt für den Winter heim.

15. Juli 1570 Südlich von Sizilien überraschen die Türken die vier Galeeren der Johanniter beim Ausmarsch zum Versammlungspunkt nach Kreta und können drei erobern.

Ende Jänner 1571 **Gefecht vor Famagusta.** Ein venezianisches Geschwader von vier Segelschiffen und zwölf Galeeren überrascht das schwächere türkische Blockadegeschwader (die Hauptflotten sind um diese Jahreszeit im Hafen), erobert zwei Versorgungsschiffe und versenkt drei Galeeren. Der türkische Flottenführer Piali wird deswegen von seinem Stellvertreter Ali Pascha abgelöst.

Mai 1571 **Heilige Liga.** Philipp II. von Spanien, Papst Pius V. und Venedig schließen ein Bündnis zum Kampf gegen die Osmanen.

Juni 1571 **Flottenaufmarsch.** Die türkische Flotte erscheint in der Suda-Bucht auf Kreta. Zur selben Zeit beginnen sich die Seestreitkräfte der Heiligen Liga im Hafen von Messina zu versammeln. Erst Anfang September sind alle Kontingente eingetroffen.

Die türkische Flotte unternimmt einen Vorstoß in die Adria, verheert die Insel Korfu, ohne die starke Festung einnehmen zu können, und kehrt im September in den Golf von Patras zurück. Nach langen Verhandlungen und Debatten trifft auch die Flotte der Heiligen Liga über Korfu Anfang Oktober vor dem Golf von Patras ein.

4. August 1571 **Zypern.** Der letzte Stützpunkt der Venezianer auf der Insel, die Festung Famagusta, muß sich den türkischen Belagerern ergeben.

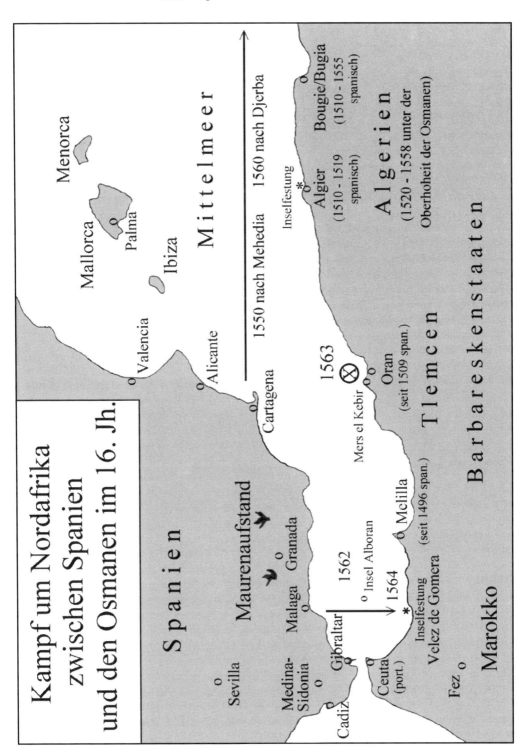

7. Oktober 1571 **Seeschlacht bei Lepanto.** Die Flotte der Heiligen Liga unter dem Oberkommando von Don Juan d'Austria, dem Halbbruder des spanischen Königs, zählt 206 Galeeren und Galeassen. Die Galeeren sind zum Großteil Schiffe mit 200 bis 400 Mann Besatzung, darunter 100 Seesoldaten. Sie haben am Bug eine Plattform mit fünf bis sieben Geschützen. Venedig stellt auch sechs Galeassen, das sind große Galeeren mit vier Masten mit Lateinsegel und einer Bewaffnung von 50 Geschützen. Die Schiffe der einzelnen Kontingente stammen von: Venedig (108), Neapel (29), Spanien (13), Kirchenstaat (12), G. A. Doria (11), Sizilien (7), Lomellini (4), Negroni (4), Genua (3), Savoyen (3), Malta (3), N.Doria (2), Imperiale (2), Grimaldi (2), De Mari (2) und Sauli (1).

Die türkische Flotte unter dem Kapudan Pascha (Flottenbefehlshaber) Ali (gefallen) ist rund 220 Schiffe stark, lauter Galeeren, aber mit weniger Artillerie bestückt.

Don Juan stellt die Flotte der Christen in drei Treffen auf: das Zentrum, gebildet aus Schiffen von Spanien und Venedig unter Don Juans persönlicher Führung, den linken Flügel mit Schiffen von Venedig unter Barbarigo (gefallen); den rechten Flügel mit Schiffen aus Venedig und Spanien unter dem Genuesen Gianandrea Doria und einem gemischten Geschwader unter dem Spanier Alvalo de Bázan, Marquis von Santa Cruz, hinter dem Zentrum. Der Befehlshaber der venezianischen Flotte, Venier, hat sein Flaggschiff im Zentrum neben dem von Don Juan. Je zwei Galeassen werden vor jedem Geschwader aufgestellt.

7. Oktober 1571 Auch die Türken bilden drei Geschwader: das Zentrum, 90 Schiffe unter der persönlichen Leitung von Ali Pascha; der linke Flügel, rund 90 Schiffe unter dem Renegaten Uluch Ali, vorwiegend Schiffe aus Algerien; der rechte Flügel, 60 Schiffe unter Mohammed Scirocco (gefallen).

Die Besatzungen der Schiffe der Verbündeten besteht aus 80.000 Mann, davon rund die Hälfte Ruderknechte. Die türkische Flotte hat ungefähr die gleiche Besatzungsstärke, die Ruderer bestehen zum größten Teil aus christlichen Sklaven.

6.30 Uhr Im Morgengrauen sichten sich die Gegner am Eingang des Golfes von Patras. In kaum gekrümmter Sichelformation, die Flügelgeschwader leicht vorgezogen, nähern sich die Flotten. Die nördlichen Flügel haben Anlehnung an die Küste. Die Schlacht wird von den venezianischen Galeassen mit ihrer Artillerie eröffnet. Eine Anzahl von türkischen Galeeren werden von ihnen wirkungsvoll getroffen, einige sogar versenkt.

12.00 Uhr Um die Mittagszeit sind die Flotten auf Nahkampfentfernung aneinander. Im Zentrum und bei den nördlichen Flügelgeschwadern beginnt der Enterkampf. Doria weicht zunächst nach Süden aus und läßt eine Lücke zum Zentrum entstehen. In diese Lücke stößt Uluch Ali hinein und bringt zunächst das Zentrum der Christen in arge Bedrängnis. Nur der Einsatz der Reserve kann dessen Vernichtung verhindern. Am Nordflügel gelingt es den Türken, das venezianische Geschwader von außen zu umfassen. Auch hier wird die Lage der Christen kritisch. Die Geschwaderführer beider Nordgruppen, Barbarigo und Scirocco fallen. Im Zentrum jedoch gelingt es Don Juan das Übergewicht zu erlangen. Seine Galeeren können an das türkische Flaggschiff herankommen, das mit Erfolg geentert wird. Als Ali Pascha fällt, verlieren die Türken den Mut.

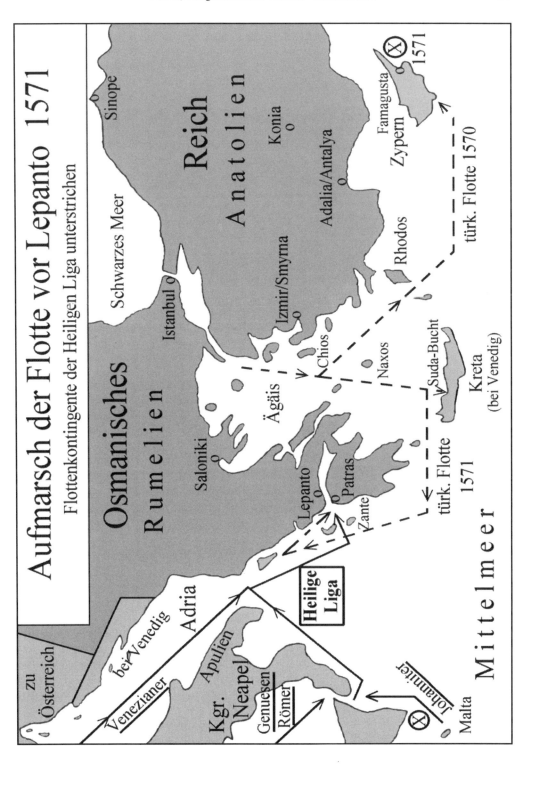

16.00 Uhr	Das Zentrum und der rechte Flügel der Türken werden von den Christen überwältigt. Nur Uluch Ali mit seinen Algeriern führt ein erfolgreiches Rückzugsgefecht und kann mit dem Großteil seiner Schiffe entkommen. Die Osmanen verlieren über 150 Schiffe, davon sind rund 30 gestrandet und 110 von den Christen erobert. Ferner kostet die Schlacht die Türken rund 25.000 Tote, 5000 Gefangene und 12.000 christliche Ruderslaven werden befreit. Auf der Flotte der Christen zählt man rund 8000 Tote und über 20.000 Verwundete. Zwölf bis 15 Schiffe der Christen gehen verloren, meist am rechten Flügel durch Uluch Ali. **Lepanto** ist eine der größten Seeschlachten der Geschichte, die letzte große Galeerenschlacht und für lange Zeit die letzte entscheidende Seeschlacht im Mittelmeer. Sie zeitigt keine strategische Dauerwirkung, da die Koalition der Christen bald wieder auseinanderfällt, hat aber eine enorme moralische Wirkung in der Christenheit, da die bisher für unbesiegbar gehaltene türkische Flotte ihren Nimbus verloren hat.
1572	**Spanien.** Die Führer der Heiligen Liga können sich noch weniger als im Jahr vorher zu einem einheitlichen Vorgehen durchringen. Don Juan erhält erst im Juli aus Spanien die Erlaubnis, nach dem Osten auszulaufen. Man fürchtet ein Eingreifen Frankreichs auf der Seite der aufständischen Niederlande und will daher die Flotte im Westen zur Verfügung haben. Die Flotten Venedigs und des Kirchenstaates sind mittlerweile unter dem Kommando von Marc Antonio Colonna bis zur südlichen Peloponnes vorgestoßen.
10. August 1572	**Treffen bei Kap Matapan.** An der Südspitze der Peloponnes trifft Colonna mit den ihm zur Verfügung stehenden 127 Galeeren, sechs Galeassen und 24 Segelschiffen auf die im Winter wieder neu aufgebaute türkische Flotte unter Kilich (Uluch) Ali in der Stärke von rund 225 Galeeren. Keine Seite greift ernsthaft an und nach einem längeren Artillerieduell brechen die Türken den Kampf ab. Es gibt zwar einige Schäden aber keine Schiffsverluste.
31. August 1572	**Manövrieren.** Colonna vereinigt sich vor Korfu mit der Flotte von Spanien und dessen Außenbesitzungen. Don Juan übernimmt wieder den Oberbefehl. Mehrfach kommt anschließend die vereinigte Flotte der Christen in Kontakt mit der Flotte der Türken, ohne daß es neuerlich zu einer Seeschlacht kommt. Einige unbedeutende Geplänkel sind die letzten gemeinsamen Aktionen der Heiligen Liga.
7. März 1573	**Venedig** schließt mit den Osmanen einen Separatfrieden, um den Seehandel mit der Levante wieder aufnehmen zu können. Die Insel Zypern muß Venedig endgültig an das Osmanische Reich abtreten. Die Heilige Liga ist damit automatisch zerfallen.
1571	**Kaspisches Meer.** Die Russen stoßen entlang der Wolga bis zu deren Mündung vor. Beim heutigen Astrachan errichten sie einen Stützpunkt für ihre erste Flottille auf dem Kaspischen Meer.
Oktober 1573	**Tunesien.** Die spanische Flotte unter Don Juan d'Austria erobert das kurz vorher abgefallene Tunis erneut.
Juli 1574	**Tunesien.** Die türkische Flotte unter Kapudan Pascha Kilich Ali erobert mit starken See- und Landstreitkräften Tunis zurück. Beteiligt sind daran 230 Ga-

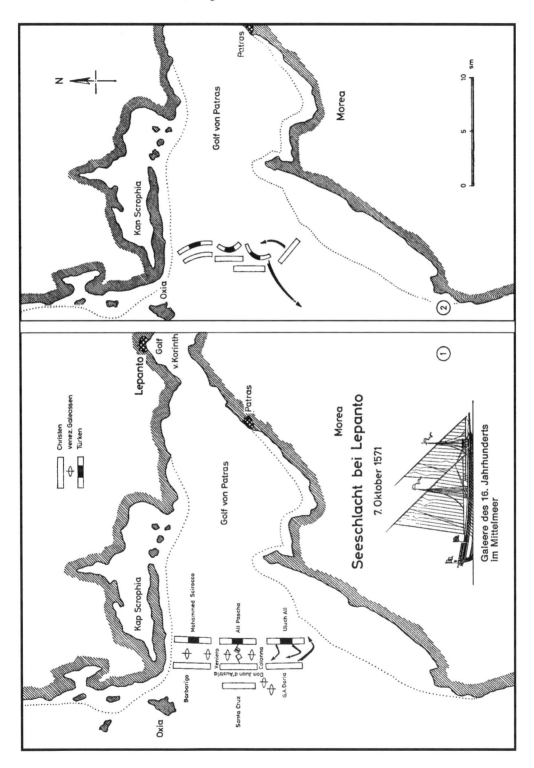

	Die Zeit der Riemenschiffe: Die Seekriege im Mittelmeer

leeren und eine große Transportflotte mit 70.000 Mann Landungstruppen unter Sinan Pascha. Tunesien bleibt jetzt im Besitz der Osmanen.

ab 1575 **Mittelmeer.** Die fast ein Jahrhundert dauernden Versuche Spaniens, sich starke Stützpunkte in Nordafrika anzulegen, gehen damit endgültig zu Ende. Spanien wendet sein Augenmerk in Zukunft mehr dem Westen zu. Die Thronfolge in Portugal (1580) und die Schwierigkeiten in den Niederlanden nehmen seine Kräfte voll in Anspruch.

Die Osmanen können diesen Vorteil nicht ausnützen, da sie der Krieg gegen die Perser (1578–1590) voll in Anspruch nimmt. Das Mittelmeer bleibt dem Kleinkrieg überlassen.

1580 **Portugal.** Nach dem Tod von König Heinrich (1578–1580), der ohne direkte Nachkommen stirbt, tritt Philipp II. von Spanien seine Erbfolge an, was nicht ohne Waffengewalt abgeht. Spanien und Portugal bleiben getrennte Länder, die nur durch die Krone vereinigt sind.

Juli 1586 **Kanarische Inseln.** Sieben Galeeren der Barbaresken aus Algier erscheinen vor der Insel Lanzarote, plündern sie ausgiebig und fahren mit 200 Gefangenen wieder ab.

1593 **Straße von Messina.** Ein türkisches Geschwader von rund 100 Galeeren und Segelschiffen unter Sinan Pascha plündert Reggio di Calabria und benachbarte Orte, zieht sich dann aber rasch wieder nach Valona zurück.

1595 **Peloponnes.** Als Vergeltung für den Überfall von 1593 versammelt Spanien ein Geschwader von Schiffen aus Sizilien, Neapel und der Toskana und plündert die Stadt Patras und ihre Umgebung.

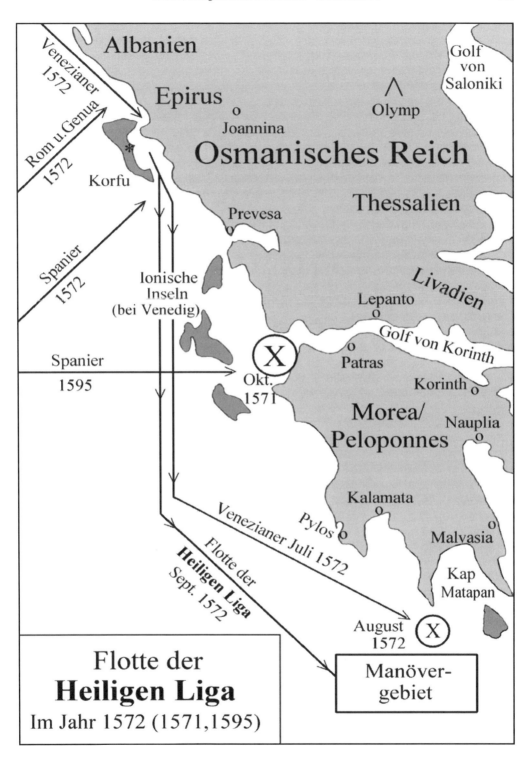

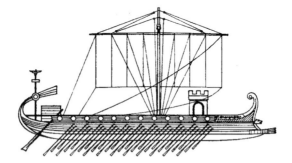

Die Seekriege in Süd- und Ostasien (bis zum 16. Jh.)

In **Indien** hatten sich sicherlich, ebenso wie am Nil, Euphrat und Tigris bereits in der Steinzeit die Bewohner mit der Flußschiffahrt befaßt, doch ist darüber bisher nichts bekannt geworden. Zur Mitte des 3. Jahrtausends vor der Zeitenwende entstand jedoch an den Ufern des Indus eine bedeutende Kultur, die auch weitreichende Seefahrt betrieb. Ob die Bewohner mit den Stadtzentren Harappa, Mohenjo Daro und Lothal ein großes Reich bildeten oder nur die gleiche Kultur besaßen, ist noch nicht geklärt. Tatsache ist jedoch, daß Schiffe dieser Zeit nicht nur den Indus, sondern auch die Küstengebiete bis in den Persischen Golf befuhren. Zahlreiche Hinweise auf diesen Handelsverkehr fanden sich vor allem in der Hafenstadt Lothal am Golf von Cambay, der sogar über ein gemauertes großes Hafenbecken mit Schleusentoren verfügte. Diese Kultur endete fast abrupt um die Mitte des 2. Jahrtausends, wahrscheinlich durch den Einbruch der Arier aus dem Norden nach Indien.

Für das nächste Jahrtausend ist im Bereich von Vorderasien nichts über einen Schiffsverkehr entlang der Küsten und auf den großen Flüssen überliefert, schon gar nicht über Reiche mit Seemachtbestrebungen. Im 6. Jahrhundert vor der Zeitenwende bildete sich aber im Flußgebiet des Ganges das Reich von Magadha, das die Binnenschiffahrt und den Küstenverkehr im Golf von Bengalen beherrschte. Schon im folgenden Jahrhundert landete ein Geschwader ein Heer aus Nordindien auf der Insel Ceylon. Diese beiden Fälle sind die bisher einzigen Beispiele aus dieser Frühzeit, wo Völker des indischen Subkontinents Seeherrschaft ausgeübt hatten.

Diese Zurückhaltung vor Unternehmungen zur See war lange Zeit geographisch bedingt und bildet ein bedeutendes Charakteristikum der Geschichte Indiens. Der Handel, der zeitweise in großem Umfang die Seerouten entlang der Küsten von Vorderindien benutzte, wurde meist von anderen Völkern besorgt. Schon lange vor der Zeitenwende hatten die Stämme von Südarabien die Regeln der Monsunwinde erkannt. Sie wurden die Träger des Küstenverkehrs in der Arabischen See (= westlicher Indischer Ozean). Sie fanden aber nie zu einem Seeimperium zusammen, auch der Vorstoß der Assyrer zu Beginn des 7. Jahrhunderts vor der Zeitenwende an den Persischen Golf blieb nur Episode.

Alexander der Große mußte bei seinem Zug bis Indien wohl zu Land heftigen Widerstand überwinden, seine am Indus gebaute Flotte fand aber bei der Heimfahrt zur See keinen Gegner. Die mehrfache Unterbrechung der Handelswege, die von China durch Innerasien nach der Levante führten (Seidenstraße), gab immer neue Impulse, die Güter aus Ostasien auf dem Seeweg nach dem Mittelmeer zu transportieren. Bis Vorderindien reichten die Fahrten der Araber, über den Golf von Bengalen fehlte aber zunächst die Verbindung nach Insulinde. In der zweiten Hälfte des ersten Jahrtausends nach der Zeitenwende nahmen aber die an der Koromandelküste von Vorderindien lebenden Tamilen den Seehandel nach dem Osten auf, und auch die Araber kamen bis nach Kanton.

In der Folge bildeten sich in Südasien und Insulinde Seemächte lokaler Natur, wie z.B. die Reiche von Chola und Ceylon, die Stützpunkte an der Straße von Malakka errichteten und sich mit den Reichen in Hinterindien öfters zur See bekriegten. Diese Seezüge waren aber keine geplanten Kämpfe um die Seeherrschaft, sondern ergaben sich aus den Reibereien, die durch den Handelskontakt entstanden. Als die Portugiesen zu Beginn des 16. Jahrhunderts im Indischen Ozean auftauchten, mußten sie mit den Arabern um die Seeherrschaft kämpfen. Die Inder verfügten zwar über zahlreiche Schiffe für den Küstenverkehr, mit den Portugiesen konnten sie sich aber im Kampf nicht messen. Die wenigen großen Schiffe des Samorins von Kalikut, die „Ghurabs", hatten bis zu 400 Tonnen und führten 14 bis 18 Geschütze. Sie waren wie die größeren portugiesischen Ostindienfahrer für den Handelsverkehr über die Hohe See gebaut und führten die Artillerie zur Selbstverteidigung. Aber auch sie waren den europäischen Schiffen an Feuerkraft und Taktik klar unterlegen.

Die bedeutendsten Flottenführer an der Malabarküste stellte die Familie der Kunjalis. Sie lieferten den Portugiesen und später den Engländern oft schwere Kämpfe.

Die Mogul-Kaiser von Akhbar bis Aurangzeb (1556–1707) unterwarfen den Ganges entlang ganz Nordindien und Bengalen. Für das weitverzweigte Mündungsgebiet von Ganges und Brahmaputra errichteten sie eine eigene Organisation der Flußflottillen, um die dortigen Fürsten, die alle ihre Seestreitkräfte besaßen, zu unterwerfen. Bei diesen Feldzügen wurden Heer und Flotte in gut organisierten amphibischen Unternehmungen eingesetzt und die Piraten im Golf von Bengalen niedergehalten. Am Ganges und Brahmaputra haben sicher viel mehr Schlachten als hier verzeichnet stattgefunden, sind aber nicht überliefert worden.

Es gab bei den Flotten auf diesen Flüssen ein weit organisiertes Pionierwesen. Bei allen Schiffen stand am Bug ein Mann, der die Wassertiefe auslotete. Wenn sie zu gering waren, wurden Umgehungskanäle gegraben. Bei Bedarf wurden Schiffsbrücken und Küstenforts angelegt.

Nach der Eroberung von Ägypten durch die **Osmanen** zu Beginn des 16. Jahrhunderts begannen diese vom Roten Meer und vom Persischen Golf in den Indischen Ozean vorzustoßen. Dort lieferten sie sich einige Seeschlachten mit den Portugiesen. Dann aber verlegte Sultan Sulaiman d. Gr. seine Seeoffensive in das Mittelmeer und behielt mit Aden nur mehr die Kontrolle über das Rote Meer. Die **Portugiesen** spielten in Indien die einzelnen Samorins (= Seefürsten) gegeneinander aus und dehnten ihre Offensive weiter nach dem Osten aus. Die Seeherrschaft im Indischen Ozean lag für die nächsten vier Jahrhunderte in den Händen der Europäer, zunächst der Portugiesen, ab dem 17. Jahrhundert auch der Niederländer, Engländer und Franzosen. Einen kleinen Anteil konnte sich auch das Sultanat Oman in der nördlichen Arabischen See sichern.

Die Inselwelt von **Insulinde** (das heutige Indonesien, der Ostteil von Malaya, Brunei, Sarawak und die Philippinen, meist wird auch die Halbinsel Malakka dazugerechnet) begünstigte die Schiffahrt ganz besonders. Schon in vorgeschichtlicher Zeit fuhren die Bewohner dieser Inseln mit ihren Auslegerbooten bis nach Australien und besiedelten schrittweise die Inseln der Südsee. Aber erst im ersten Jahrtausend nach der Zeitenwende, mit dem Eindringen des Hinduismus und indischer Kultur, begannen sich Fürstentümer herauszubilden, die über das lokale Stammeswesen hinausreichten. Das Königreich von Srivijaya bildete im 7. Jahrhundert auf Sumatra eine Herrschaft, die ihren Einfluß nach Westjava und auf die Halbinsel von Malakka ausdehnte. Es kontrollierte schließlich den Gewürzhandel von den Molukken nach Indien und war die erste Seemacht in Insulinde. Java machte sich dann wieder unabhängig, es entstanden dort mehrere lokale Fürstentümer, von denen Kediri und Mataram ihren Reichtum und ihre Macht ebenfalls aus dem Gewürzhandel schöpften.

Im 13. Jahrhundert wiesen die Könige von **Java** die Versuche von Kublai Khan, die Insel seinem Reich in China zu unterwerfen, ab. Im folgenden Jahrhundert nützte das Königreich Majapahit die Schwäche von Srivijaya und einte ganz Java unter seiner Herrschaft. Es konnte mit Hilfe seiner Flotte auch Teile von Sumatra und der Halbinsel Malakka erobern. Im 14. Jahrhundert erreichte die Islamisierung von Insulinde ihren Höhepunkt. Als Folge davon errichtete eine Anzahl islamischer Herrscher lokaler Herkunft Herrschaften, die dem Reich von Majapahit ein Ende bereiteten. Die Ankunft der Portugiesen beschleunigte noch den Niedergang von Majapahit. Die Europäer nützten in Insulinde geschickt die Rivalitäten der Sultanate, um sie gegeneinander auszuspielen und ihre eigene Position zu stärken. Auf Java bildeten sich, neben einigen anderen, die Reiche von Banten und Mataram, die sich zum Teil bis in das 19. Jahrhundert halten konnten. Vor allem im Gebiet der Straße von Malakka, dann auf Java und auf den Molukken hatten die Europäer heftige Kämpfe mit den Eingeborenen zu bestehen, doch hatten diese mit ihren kleinen Fahrzeugen im Kampf keine Erfolgsaussicht gegen die Schiffe der Europäer.

Das Gebiet des heutigen **Hinterindien** war bis zum ersten Jahrtausend vor der Zeitenwende von Völkern primitiver Steinzeitkulturen bewohnt. Durch die Expansion der Chinesen wanderten aus dem Gebiet südlich des Yang-tse-kiang allmählich Thaivölker ein und bildeten Staaten fortschrittlicher Prägung und hoher Kultur. Das um die Mündung des Mekong gegründete Reich von Funan wurde die erste Seemacht von Hinterindien. Sein Einfluß reichte von der Halbinsel Malakka bis nach Südchina. Es wurde in dieser Rolle von dem benachbarten Reich von Tschampa abgelöst, das mehrfach in Seekriege mit Java verwickelt wurde und mit dem Reich der Khmer um die Vorherrschaft am Mekong und am Tonle-Sap-See kämpfte.

Um die Wende vom ersten zum zweiten Jahrtausend wurde das „Kaiserreich" von Annam im Norden von Vietnam zur See aktiv. Es wies Angriffe von Tschampa ab und unternahm selbst Vorstöße nach dem südlichen Hinterindien. Annam konnte sich mit Hilfe seiner Flotte auch erfolgreich dem Angriff von Kublai Khan entgegenstellen. Als zu Beginn des 15. Jahrhunderts China eine offensivere Außenpolitik betrieb, die durch eine mächtige Flotte ermöglicht wurde, mußten die Staaten von Hinterindien zeitweise die Oberhoheit Chinas anerkennen. Die zu dieser Zeit gegründete Hafenstadt Malakka wurde von China als Tor zum Westen gefördert. Das Sultanat von Malakka beherrschte die wichtige Seehandelsroute durch die gleichnamige Wasserstraße bis zu seiner Eroberung durch die Portugiesen.

Das erste größere Reichsgebiet im heutigen **China** entstand im Flußgebiet des Hoang Ho (Huang-he). Es reichte bis zum Yang-tse-kiang (Changjiang) und zerfiel im ersten Jahrtausend vor der Zeitenwende in mehrere Teilreiche, die mehrere Jahrhunderte um die Vorherrschaft kämpften. Dabei wurden vielfach Flußstreitkräfte eingesetzt. Die Hohe See wurde von den Chinesen jedoch bis zum 15. Jahrhundert nur sporadisch befahren. Der umfangreiche Güterverkehr wurde auf den Binnenwasserwegen abgewickelt.

Um die Mitte des ersten Jahrtausends besaß das Reich von Wu bereits Kriegsschiffe in mehreren Klassen. „Große Flügel" (Segel, Ruder?) von 23 Metern Länge und mit 100 Mann Besatzung, „Mittlere Flügel" mit 22 Metern und „Kleine Flügel" mit 21 Metern. Diese Schiffe waren mit Rammsporn ausgerüstet. „Turmschiffe" gab es zum Angriff auf Festungen an Flußufern und „Brückenschiffe" waren schnelle Ruderboote (?) oder dienten zum Bau von Schiffsbrücken (?).

Bis ins 1. Jahrtausend vor der Zeitenwende siedelten südlich des Yang-tse-kiang Thaivölker und Malaien, die von der Mündung des Yang-tse-kiang bis in den Golf von Tonkin Küstenschiffahrt betrieben und sich zu guten Seefahrern, Schiffsbauern und Fischern entwickelten. Mit der Gründung des ersten Kaiserreiches in China im 3. Jahrhundert vor der Zeitenwende entwickelte dieses eine starke Expansionskraft und eroberte in Kämpfen von mehreren Jahrhunderten den ganzen Süden und Osten des heutigen China.

Ab dem 4. Jahrhundert nach der Zeitenwende wurde in China die aus Bambus stabil gebaute **Dschunke** entwickelt. Sie verfügte über Unterteilungen in mehrere wasserdichte Abteilungen, hatte mehrere Segelmasten, Heckruder und war mit Hilfe eines primitiven Kompasses ein Fahrzeug, das in vieler Hinsicht den zeitgenössischen Schiffen in Europa weit überlegen war.

Es wurden auch früher als in Europa nautische Tabellen verwendet und erste Metallpanzerungen eingeführt.

Mit der Zunahme des Seetransports wurde die Seeräuberei zu einer Plage an allen Küsten um China und in ganz Ostasien. Dies führte dazu, daß zeitweise die Küstenschiffahrt von China ganz verboten wurde. Zur besseren Erschließung des riesigen Reiches ließ daher Kaiser Yang Ti (605–617) den großen Kaiserkanal vom Hoang Ho zum Yang-tse-kiang anlegen. Der Bau bis zur endgültigen Fertigstellung zog sich allerdings Jahrhunderte lang hin und es mußten immer wieder Reparaturen vorgenommen werden. Obwohl China immer wieder in Teilreiche zerfiel, betrieb es ab dem 1. Jahrtausend eine aggressive Außenpolitik. Mehrmals wurden Korea und Teile von Hinterindien unterworfen, die aber immer wieder ihre Unabhängigkeit erringen konnten.

Nach der Eroberung Chinas durch die Mongolen unter Kublai Khan (als Kaiser von China Shih Tsu, 1260/1280–1295) setzte dieser die von den Chinesen zu stellende Flotte zu mehreren Eroberungszügen ein. Hinterindien konnte teilweise wieder tributpflichtig gemacht werden. Der Seezug nach Java brachte keinen dauerhaften Erfolg, und die zweimaligen Versuche, Japan zu erobern, endeten in einem Fiasko. Nach dem Tode von Kublai Khan verzichteten die Mongolen auf Eroberungen zur See und wandten sich ausschließlich ihren kontinentalen Problemen zu.

Zu Beginn des 15. Jahrhunderts schuf die Ming-Dynastie innerhalb weniger Jahre eine gewaltige Flotte, welche die Seegebiete von Japan bis in die Arabische See beherrschte. Anlaß waren wieder die Unterbrechung der Seidenstraße durch Innerasien und der Wunsch, den Handel auf dem Seeweg wieder in Gang zu bringen. Hinterindien wurde fester an das Reich gebunden, auf Sumatra ergebene Fürsten eingesetzt, das neu gegründete Malakka als befreundeter Handelsstützpunkt gefördert und wissenschaftliche und handelspolitische Expeditionen bis nach Afrika unternommen. Schließlich konnten einige Reeder aus der Gegend um Nanking, meist ehemalige Piraten, durch ihre großen Gewinne im Seetransport eine bedeutende private Hausmacht aufbauen, die dem Kaiserhof so gefährlich erschien wie die Macht der chinesischen „Warlords" der Bürgerkriegszeit zwischen den beiden Weltkriegen.

Der Hochseetransport wurde darauf verboten, die Reeder enteignet, zum Teil zum Tod verurteilt und der Transport wieder auf die Binnenwasserwege verlegt. Da die Seidenstraße mittlerweile wieder frei war, bedeutete dies keinen Nachteil für das Reich. Japanische Reeder, die das Handelsverbot nicht hinnehmen wollten, besetzten daraufhin Stützpunkte am chinesischen Festland, und japanische Seeräuber machten die Küsten bis in das Südchinesische Meer unsicher. Nach dem Auftreten der Seehändler aus Europa in Ostasien lösten chinesische Seeräuber in der Südchinesischen See jene aus Japan ab.

Die Insellage von **Japan** führte schon zeitig dazu, daß große Teile der Bevölkerung mit der Seefahrt vertraut waren. Nach der ersten Errichtung eines einheitlichen Reiches um die Mitte des 1. Jahrtausends nach der Zeitenwende griff dieses gleich nach dem Festland (koreanische Halbinsel) über und setzte sich dort fest. Schon bald danach wurden die Japaner von den Chinesen aus Korea vertrieben und beschränkten sich in der Folge auf die innere Entwicklung. In den Bürgerkriegen wurden manchmal auch Seestreitkräfte eingesetzt, doch erreichten diese Kämpfe, außer in der Seeschlacht bei Dan-no-ura, keinen Einfluß auf deren Ausgang.

Der zweimalige Invasionsversuch von Kublai Khan mit der mongolisch-chinesischen Flotte konnte mit Festigkeit und Wetterglück abgewehrt werden. Trotz des Niedergangs der Zentralgewalt und der Kämpfe rivalisierender Fürsten nahmen Handel und Gewerbe im 15. Jahrhundert einen großen Aufschwung. Mit China wurde ein geregelter Handelsaustausch zur See vereinbart, der bis zur Mitte des 16. Jahrhunderts florierte. Nach dem Verbot des Seehandels in China besetzten Japaner zeitweilig einige Plätze auf dem Festland und japanische Freibeuter unterhielten für einige Zeit eine fast lückenlose Blockade des chinesischen Festlandes. In der zweiten Hälfte des 16. Jahrhunderts kamen die ersten Europäer nach Japan, von denen die Japaner vor allem die Feuerwaffen und weitere technische Errungenschaften übernahmen. Nachdem der Versuch des Reichskanzlers (Shogun) Hideyoshi, Korea zu erobern, gescheitert war, zog sich Japan wieder in seine alte Isolation zurück und beschränkte den Verkehr, vor allem mit dem Westen, auf ein Minimum.

Australien war wegen seiner abweisenden Küsten im Westen, Norden und Osten von allen seefahrenden Stämmen gemieden worden. Seine Bewohner blieben daher isoliert auf der Stufe der Steinzeitmenschen. Die weite Inselwelt der **Südsee** wurde dagegen von Stämmen aus Südostasien trotz der großen Entfernungen über die Hohe See vom Westen aus besiedelt. Es ist dabei erstaunlich, welche großen Strecken offenen Meeres die Menschen mit ihren kleinen Auslegerbooten gezielt bewältigen konnten.

Süd- und Ostasien waren den Ländern im Westen in den Bereichen **Wissenschaft**, Wirtschaft, Technik, Kultur und Kunst zeitweise weit überlegen. Dies ersieht man aus den vielen Importen bei der Wissenschaft (z.B. Zahlensystem), Wirtschaft (Seide, Gewürze), Technik (Kompaß) und Medizin (Akupunktur). Viele Erfindungen wurden als zu primitiv nicht verwirklicht wie erste Flugmaschinen, Tauchboote, Torpedo und das Fernrohr.

Die **Großbauten** konnten sich ebenfalls mit jenen in Europa messen wie zum Beispiel das Tadsch Mahal, Grabmal bei Agra (1630–1648), Zitadelle und Perkenmoschee in Agra, das Grabmal des Humanjun in Delhi (1564–1572), das Tschar Minar (1591) in Hyderabad, die riesigen Buddhastatuen von Bamyan in Afghanistan (2.–7. Jh.), die Freitagsmoschee (11. Jh.) in Isfahan, das Minarett (848–852) in Samarkand, in Kambodscha Angkor Wat (= Hauptstadt-Kloster) um 1140, in Ayuttha, der alten Hauptstadt von Siam, die Pagode Wat Sri Sanpet (um 1370), in Peking der Kaiserpalast (15. Jh.) und in Nanking der Trommelturm (um 1500).

China. In ständigen Kämpfen der vielen Kleinstaaten untereinander werden immer mehr von ihnen aufgerieben und es entstehen immer größere Verwaltungseinheiten – „Königreiche". Es beginnt die Zeit der „kämpfenden Staaten" (403–221).	*Mitte 6. Jh. v. Chr.*
China. Zwischen den Flußstreitkräften der Reiche Wu und Chu kommt es mehrfach zu Kämpfen, bei denen es um die Kontrolle der Flüsse und der ersten Kanäle, über die sich der meiste Verkehr abwickelt, geht.	*Mitte 6. Jh.*
China. Das an der Yang-tse-Mündung liegende Reich Wu unternimmt einen Seezug gegen das Reich Chi auf der Halbinsel Shantung. Der Invasionsversuch wird auf Hoher See in der größten Seeschlacht der Frühgeschichte abgewiesen. In den folgenden Jahren unterliegt das Reich Wu in mehreren Seeschlachten dem Reich Yuë.	*485*
Indien. Das Reich von Magadha unterwirft die benachbarten Provinzen und wird zur stärksten Macht im Tal des Indus mit der Hauptstadt Pataliputra.	*um 450*
Indien. Alexander der Große erobert den Westen des Landes. Durch seine Statthalter kommt die griechische Kultur nach dem Nordwesten Indiens.	*327–325*
Indien. König Tschandragupta von Magadha, der Begründer der Maurja-Dynastie, erobert die nordwestlichen Provinzen von den Persern und läßt sich diesen Besitz von den Seleukiden bestätigen. Sein Enkel Aschoka Piyadasi	*304?*

	gründet das erste Großreich in Indien. Nach einem Feldzug mit fürchterlichen Grausamkeiten zieht er sich erschüttert in ein buddhistisches Kloster zurück.
Ende 3. Jh.	**Chinesisches Kaiserreich.** Durch die Vereinigung der großen Teilreiche entsteht das erste Kaiserreich im heutigen Nordchina und erhebt sofort einen universalen Machtanspruch.
um 210	**Technik.** Kanton entwickelt sich zum wichtigsten Hafen Chinas für den Seehandel nach dem Westen. Dort gibt es bereits eine Werft mit drei Trockendocks, die aber noch von einem Erdwall abgeschlossen sind.
um 120	**Japan.** Auf den Inseln entsteht in der Provinz Yamato das erste Reich unter einem historisch greifbaren Kaiser (Tenno). Es ist kulturell von China abhängig, greift aber politisch nach der koreanischen Halbinsel aus.
111	**China.** Kaiser Wu Ti (Wu Di, 141–87) der Han-Dynastie läßt sein Heer nach Westen bis in das Tarimbecken vorstoßen und schickt eine erste Flottenexpedition über die Hohe See nach dem Süden bis zur Insel Hainan. Dabei werden erstmals „befestigte" (gepanzerte?) Schiffe eingesetzt.
109	**China.** Die Flotte von Kaiser Wu Ti transportiert ein Expeditionsheer durch das Gelbe Meer nach Korea und unterwirft ein erstes Mal die Halbinsel.
Zeitenwende	
25 n. Chr.	**China.** Die östliche Han-Dynastie (23–220) bringt das Reich zu einer neuen Blüte. Der Handel von Kanton aus mit Übersee und der Export von Seide bis in das Römische Reich sowie die Erfindung des Papiers sind kennzeichnend.
33 n. Chr.	**China.** Die Flußflotte der Han-Dynastie unternimmt am Yang-tse-kiang einen Vorstoß flußaufwärts und zerstört dabei eine starke Balkensperre und eine Schiffsbrücke.
43 n. Chr.	**China.** Die Hochseeflotte der Han-Dynastie stößt nach Hinterindien vor und liefert der Flotte von Tschampa/Vietnam mehrere Seeschlachten.
57	**Japan.** Ein Abgesandter des Fürstentums auf der Insel Kyushu besucht zu Schiff den chinesischen Kaiserhof der Han-Dynastie.
208	**Seeschlacht bei den Roten Klippen.** Nach dem Untergang der Han-Dynastie in China kämpfen die drei Königreiche Wei, Sichuan und Wu um die Vorherrschaft. Alle verfügen über beträchtliche Flußstreitkräfte. Beim ersten Versuch, das Reich zu einigen, kommt das Heer von Wu mit 100.000 (?) Mann auf einer großen Flotte über die Hohe See zum Yang-tse-kiang. Unter den Klippen werden die Schiffe mit Ketten zu einer Sperre verbunden. Die vereinigte Flotte von Sichuan und Wu greift mit Feuerschiffen an und erringt einen großen Sieg.
222	**China.** In einer weiteren Flußschlacht siegt die Flotte des Reiches Wu erneut über die Streitkräfte von Wei. Es werden unter anderem auch Feuertöpfe und Flammenwerfer eingesetzt.
um 230	**China.** Das Reich Wu unternimmt mit seiner Hochseeflotte und einem Expeditionsheer von rund 10.000 Mann einen Vorstoß nach der Insel Taiwan. Es erfolgt aber noch keine Landnahme.
um 230	**Persien.** Der Begründer der Dynastie der Sassaniden Ardaschir I. (224–241) gründet die Stadt Hormus an einem ebenen Küstenstrich an der Einfahrt in den Persischen Golf. Sie entwickelt sich zur bedeutendsten Handelsstadt in der Arabischen See.

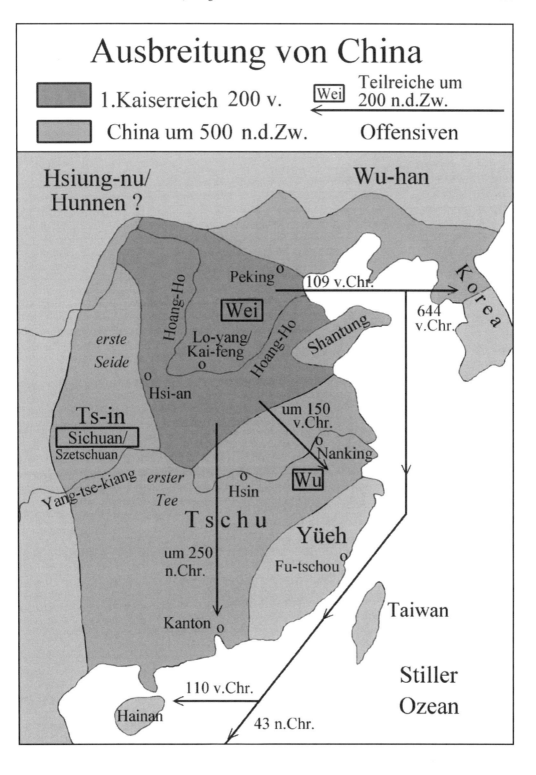

1. Jahrtausend	**Vorderindien.** Die Bewohner der Malabarküste im Westen und der Koromandelküste im Osten dehnen ihren Seehandel allmählich bis zur arabischen Halbinsel und zur Straße von Malakka aus. Unter Ausnützung der Monsunwinde entwickelt sich ein zwar im Umfang geringer, aber weitreichender Handelsverkehr zur See vorwiegend mit Luxusgütern. In der Straße von Malakka errichten die Tamilen Stützpunkte in Penang, Atjeh und Kedah, die Chinesen an deren Südausgang in Palembang und Klang. Dort treffen sie auch auf den von den Molukken über Java kommenden Handelsweg mit Gewürzen.
3. Jh.	**Hinterindien.** Das Reich Funan ist die erste Seemacht in diesem Gebiet. Seine Kriegsschiffe beherrschen den Golf von Siam, das Südchinesische Meer und die Straße von Malakka. Der Haupthafen ist Oc Eo im heutigen Kambodscha. Funan unterhält diplomatische Beziehungen mit China und Indien.
317	**China.** Das Land zerfällt in einen nördlichen und einen südlichen Teil. Im Norden herrschen Mongolen und Türken, im Süden mehrere chinesische Dynastien. General Yang Chien einigt das Reich wieder und gründet als Kaiser Weng die Sui-Dynastie.
um 320	**Indien.** Im Norden des Subkontinents entsteht das Gupta-Reich (bis 535) mit der Hauptstadt Pataliputra. Es erreicht eine zeitweilige Vormachtstellung über umliegende Reiche und hat eine kulturelle Blütezeit.
5. Jh.	**Vorderindien.** König Simhala unternimmt einen Seezug nach Ceylon. Für den Transport seiner Kavallerie läßt er Schiffe als Pferde- und Elefantentransporter einrichten (Fresken der Klosterhöhlen von Ajanta).
6. Jh.	**Japan.** Auf der Hauptinsel Honschu erringt die Provinz Yamato eine beschränkte Hegemonie über ihre Nachbarn und bringt dadurch erstmals eine gewisse Machtkonzentration zustande. Yamato errichtet eine Kolonie in der Provinz Minama in Korea und greift dort in die Kämpfe der rivalisierenden Königreiche ein. Nach der Vereinigung der Reiche in Korea werden die Japaner von der Halbinsel vertrieben und müssen 562 ihren Stützpunkt Nihonfu/Pusan aufgeben.
581	**China.** General Yang Chien zwingt den Kaiser zum Rücktritt und erobert bis 589 das ganze Reich. Auch Teile der Türken und Mongolen im Westen erkennen die Oberhoheit von China an.
585	**China.** Während der Bürgerkriege im 6. Jahrhundert erringt Admiral Yang Su am Yang-tse-kiang einen großen Seesieg über die Flußstreitkräfte der Feinde. Er hat dazu große Schlachtschiffe mit fünf Decks, mit Enterhaken und rund 800 Mann Marineinfanterie an Bord ausrüsten lassen.
590	**Persien.** Der Sassanidenkönig Chosrau II. (590–628) erobert erneut das von den Arabern um die Jahrhundertwende zurückgewonnene Oman sowie Bahrein und Hadramaut. Es ist die letzte Blüte des Sassanidenreiches, das für kurze Zeit den Seehandel im Persischen Golf und in der Arabischen See beherrscht, bevor es von den Mohammedanern vernichtet wird.
604–610	**China.** Kaiser Yang Ti der Sui-Dynastie läßt mit dem Bau des großen Kaiserkanals zur besseren Verbindung zwischen Nord und Süd beginnen. Der Kanal verbindet zunächst den Hoang Ho mit dem Yang-tse-kiang.

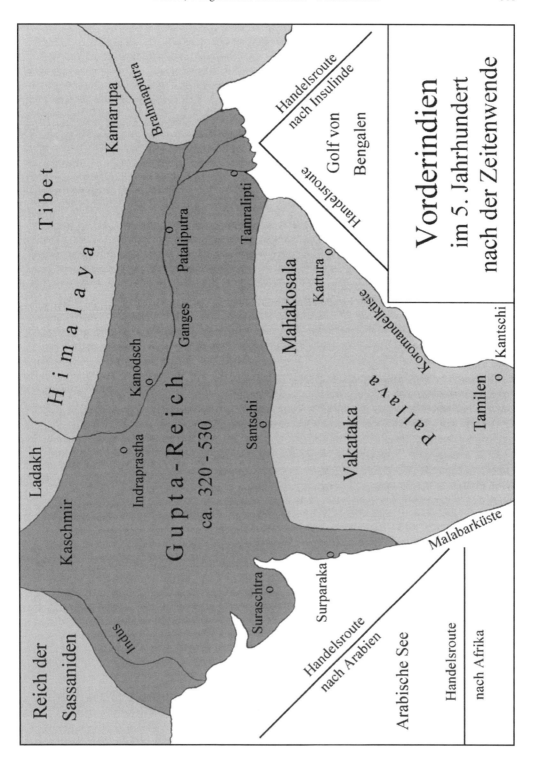

618	**China.** Unter der Tang-Dynastie (618–907) erreicht das Land eine neue wirtschaftliche und kulturelle Blüte mit Seehandel bis nach Arabien. 88 Völker aus Asien erkennen die Oberhoheit Chinas an.
644–645	**China.** Kaiser Tai Tsung/Tai Zong (627–649) interveniert mit Heer und Flotte in Korea. Auf 500 Kriegsschiffen und 400 Transportern sollen 100.000 Mann über das Gelbe Meer gebracht worden sein. Die Halbinsel Liaotung/Liaudong wird besetzt und gehört seitdem zu China.
um 650	**Japan.** Die Japaner werfen mit Hilfe ihrer Flotte einen Aufstand der Ureinwohner auf der Hauptinsel Honshu nieder.
663	**Korea.** In einer Seeschlacht bei Hakuson-Ko in der Japanischen See vereiteln die Seestreitkräfte von China und Korea einen japanischen Invasionsversuch. Korea gerät unter chinesische Oberhoheit, Japan zieht sich endgültig vom Festland zurück.
679	**China.** Es wird ein Feldzug nach dem Süden unternommen und dabei die Reiche Annam und Tschampa erobert. Die Chinesen können sich aber in Indochina nie auf Dauer behaupten.
682	**Sumatra.** See- und Landstreitkräfte des Reiches Srivijaya vernichten die Stadt Jambi, die das Batang-Hari-Flußsystem auf der Halbinsel Malakka beherrscht, und schaltet dadurch einen Hauptrivalen aus. Das bisher kleine Fürstentum um die Stadt Palembang entwickelt sich zu einer Seemacht und löst darin Funan ab. Es unterdrückt die Seeräuber und unterhält Handelsbeziehungen mit China, Indien und Arabien.
um 700	**Arabien.** Mit Land- und Seestreitkräften (300 Schiffe) erobern die Kalifen von Bagdad nach mehreren Rückschlägen das Sultanat Oman, dessen Herrscher sich vorübergehend nach Ostafrika zurückzieht, wo er bereits Besitzungen hat. Bei diesen Kämpfen werden um 705 im Hafen von Maskat 50 Schiffe der Kalifen von ihren Gegnern verbrannt.
744	**Indochina.** Im Süden hat das Reich von Tschampa eine Seeherrschaft im Südchinesischen Meer errichtet. Als ein Geschwader aus Java einen Plünderungszug gegen Tschampa unternimmt, wird es von dessen Flotte gestellt und fast vollständig aufgerieben.
787	**Indonesien.** Ein Geschwader aus Java unternimmt erneut einen, diesmal teilweise erfolgreichen, Seezug nach Tschampa.
809	**Oman.** Die wieder zurückgekehrten Herrscher des Landes am Eingang des Persischen Golfes wehren Angriffe der Araber vom Norden und indischer Piraten vom Osten ab. Sie bauen dann eine Kriegsflotte zum Schutz ihrer Handelsschiffe.
907	**China.** Das Reich der Tang-Dynastie löst sich vollständig auf, die nachfolgenden Kleinherrscher müssen teilweise Tribute an die benachbarten Barbaren zahlen.
908	**Ostafrika.** Die Herrscher von Oman gründen Mogadischu im heutigen Somalia und dehnen ihren Handelsverkehr bis auf die geographische Breite von Madagaskar aus.
10. Jh.	**Sumatra.** Das Königreich von Srivijaya steht am Höhepunkt seiner Macht. Es schickt mehrere Gesandtschaften zur Tang-Dynstie nach China und beherrscht

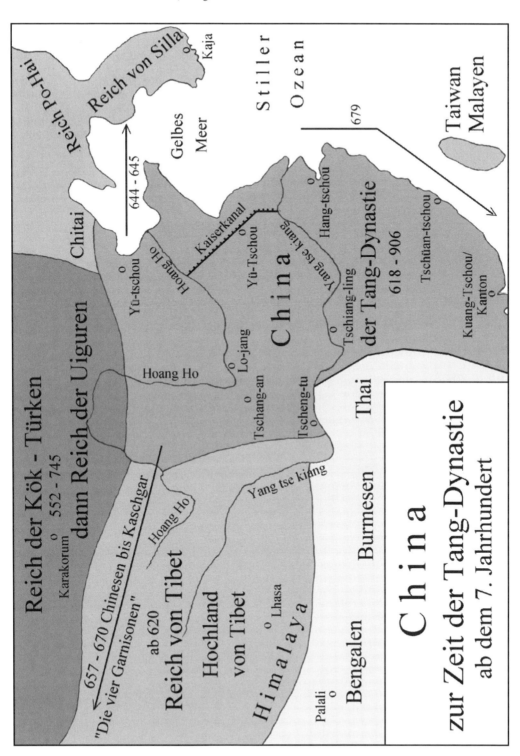

	mit Teilen von Java den wichtigen Gewürzhandel. In der Folge beginnt jedoch der Niedergang seiner Seeherrschaft.
10. Jh.	**Vorderindien.** Das Reich von Chola an der Koromandelküste verfügt über eine starke Flotte und dehnt seine Seeherrschaft über den Golf von Bengalen bis nach Sumatra aus.
960	**China.** Im Norden herrscht die Song-Dynastie (bis 1127), sie muß aber Tributzahlungen an die Herrscher der Hsi Hsia leisten. Im Jahr 1125 wird das Song-Reich vom Volk der Yuchen erobert, die sich dann Chin-Dynastie nennen.
965	**Oman.** Die reiche Handelsstadt Sohar wird durch eine Invasion aus Persien zerstört und erholt sich von dem Schlag nicht mehr. Im Hafen werden bei dem Angriff 80 Handelsschiffe vernichtet, was die Bedeutung des Handelsplatzes zeigt. Die Perser verfügen für Jahrzehnte über die Seeherrschaft an der Straße von Hormus.
974	**China.** Das Königreich der Song unternimmt einen Feldzug gegen das Reich der südlichen Tang. Die Flotte der Song baut eine Pontonbrücke über den Yang-tse-kiang und verteidigt sie so lange erfolgreich gegen die starke Flußflotte der Tang, bis das Heer den Krieg für die Song entschieden hat.
992–995	**Java.** Das Reich von Mataram auf der Insel unternimmt eine Seeoffensive gegen Palembang auf Sumatra. Zehn Jahre später (1005) führt das Reich Srivijaya einen Gegenangriff durch, was den vorübergehenden Niedergang von Mataram bewirkt.
1017–1070	**Vorderindien.** In mehreren Seezügen erobert die Flotte des Reiches Chola einen großen Teil von Ceylon. Chola steht auf dem Höhepunkt seiner Macht.
1025	**Indien.** Ein moslemisches Heer aus Persien dringt in einem „heiligen Krieg" weit über den Indus nach Osten vor und erreicht die Halbinsel Gujarat, das besetzt wird. Es steigert sich der Einfluß des Islam in Südasien.
1025	**Vorderindien.** König Rajendra I. der Chola-Dynastie unternimmt einen sehr erfolgreichen Seezug auch gegen das Reich von Srivijaya. Die Stadt Palembang wird geplündert, eine Reihe von Vasallenstaaten wie Kedah, Trang, Atjeh, Tambralinga und die Nikobaren werden erobert.
1044	**Indochina.** Der Kaiser von Annam läßt eine Kriegsflotte bauen, da die Küstengebiete geplündert werden. Nun unternimmt er mit dieser Flotte eine Strafexpedition nach Tschampa.
1068	**Indochina.** Der Kaiser von Annam unternimmt erneut einen Seezug gegen Tschampa. Starke Land- und Seestreitkräfte landen nahe der Hauptstadt und bringen dem Gegner eine schwere Niederlage bei.
1122	**China.** In der Schlacht bei Chinchiang weist die Flußflottille der südlichen Sung/Song-Dynastie am Yang-tse-kiang den Angriff des Steppenvolkes der Kin/Jin ab.
1127	**China.** Die südliche Song-Dynastie hält sich bis zum Einfall der Mongolen. Unter ihr erreicht das Land eine neue wirtschaftliche und kulturelle Blütezeit. Neue Erfindungen sind feines Porzellan, der Buchdruck, Salpeter, Pulver, Raketen und Feuerwerke.
1161	**China.** Die Kin greifen erneut an und werden wieder von der Flußflottille am Yang-tse-kiang geschlagen. Die Chinesen verwenden bei diesen Kämpfen Schiffe mit von Menschenhand angetriebenen Schaufelrädern. Im folgenden

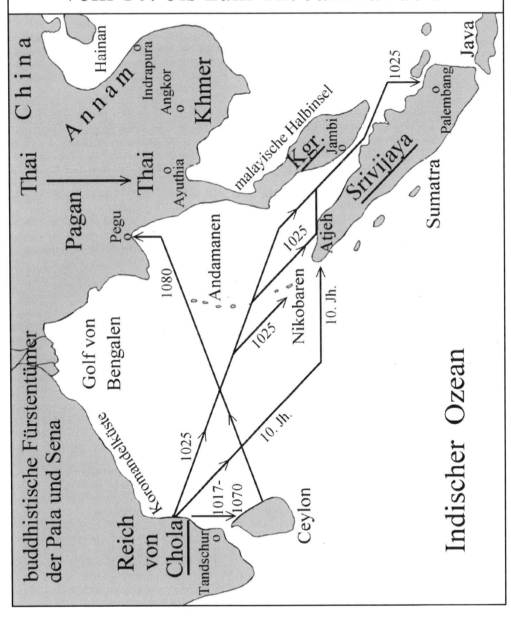

	Jahr erleiden die Kin bei Tsaoshih/Zaoshi eine weitere Niederlage und ziehen sich endgültig zurück.
12. Jh.	**Java.** Das Königreich Kediri im Osten der Insel errichtet eine Seeherrschaft, die sich schließlich über Südborneo, Südcelebes/Sulawesi und die kleinen Sundainseln erstreckt.
12. Jh.	**Sumatra.** Das Königreich Srivijaya verliert weitere Besitzungen und kontrolliert nur noch den Süden von Sumatra und die südliche Halbinsel von Malakka. Mit der Kontrolle über diese Seehandelsroute ist es aber noch immer einer der bedeutenden Seehandelsstaaten.
1180	**Ceylon.** Die Flotte des Herrschers der Insel unternimmt einen Seezug gegen das Königreich Pagan in Burma/Myanmar, da dieses eine Prinzessin auf dem Weg zum Hof nach Angkor abgefangen hat. Ein Sturm zerstreut die Schiffe, die sich daher mit der Plünderung einiger Küstenplätze zufrieden geben müssen.
um 1180	**Indochina.** Das Königreich Tschampa schickt eine große Flottille von Ruderbooten mit kupferverstärktem Rammsporn den Mekong aufwärts gegen das Königreich der Khmer. In dem großen See Tonle-Sap mitten in Kambodscha kommt es zu einem bedeutenden Seegefecht. Die Khmer unter König Jayavarman VII. bleiben siegreich und erobern ihrerseits einen großen Teil von Tschampa.
1185	**Seeschlacht von Dan-no-ura.** In Japan treffen die Seestreitkräfte der großen Klane Minamoto und Taira zum Kampf um die Vorherrschaft zusammen. Nach heftigem Kampf von mehreren hundert Kriegsschunken siegen die Minamotos unter der seemännischen Führung von Yoshitsuné. Die Minamotos erringen dadurch den erblichen Rang eines Shogun (Oberbefehlshaber), die Kaiser sinken zu reinen hochgeehrten Repräsentationsfiguren herab.
12. Jh.	**Ostafrika.** Seefahrende Stämme aus der Gegend von Oman, die für ihren guten Schiffbau bekannt sind, gründen kleine Herrschaften an der Küste von Ostafrika. Vor allem Mombasa, Kilwa, Malindi, Mogadischu, Pemba und Sansibar geraten unter ihre Herrschaft. Sie sind zunächst nur locker mit Oman verbunden.
12.–13. Jh.	**China.** Die im Süden herrschende Song-Dynastie erbaut eine bedeutende Flotte und dehnt ihre Herrschaft bis nach Indochina aus.
1206	**Indien.** Der ehemalige islamische Sklave Aibak gründet das Sultanat von Delhi (bis 1526). Der Vorstoß von Dschingis Khan nach Indien (1221) bleibt ohne Folgen.
um 1248	**Hormus.** Die Seehandelsstadt erlangt praktisch völlige Unabhängigkeit von den jeweiligen Herrschern am Festland in Persien und errichtet eine lokale Seeherrschaft im Persischen Golf und in der Arabischen See mit Stützpunkten von Basra über Bahrein bis Oman. Es läßt sich in der Bedeutung für die Seefahrt mit dem zeitgenössischen Venedig vergleichen.
um 1260	**Oman.** Ein Geschwader der Herrschaft erobert und plündert die Hafenstadt Dhofar an der Südküste der arabischen Halbinsel. Auf der Rückfahrt geraten die Schiffe in eine Flaute und sollen 5000 Personen durch Hunger und Durst verloren haben.

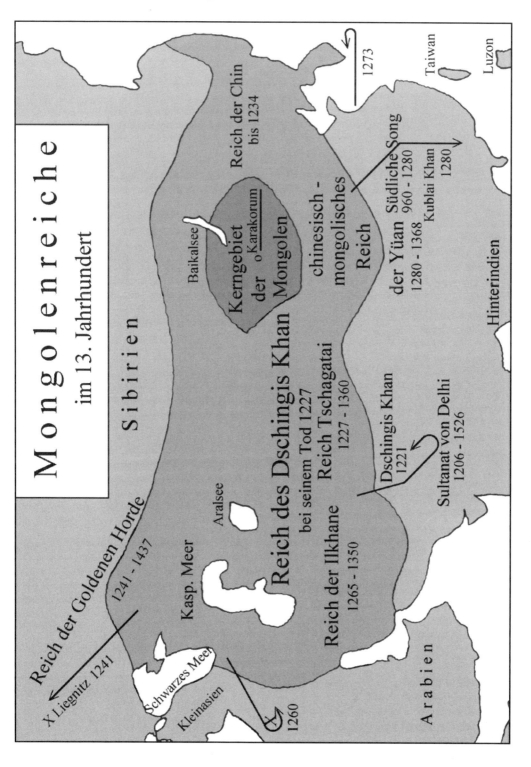

13. Jh.	**Mongolen.** Der Ansturm dieses Reitervolkes aus Innerasien unter Kublai Khan (1260–1295) vernichtet das Reich der Chin in Nordchina.
1273	**Mongolen.** Ihr erster Versuch, Japan mit 900 Schiffen zu erobern, scheitert vor allem am stürmischen Wetter. Die Schiffe der Invasionsflotte müssen die Chinesen und Koreaner stellen.
1275	**Java.** König Kertanagara (1268–1292) von Majapahit sichert sich Stützpunkte auf Ostsumatra und auf der malaiischen Halbinsel. Der Niedergang von Srivijaya setzt sich fort.
1275	**China.** Der Weltreisende Marco Polo aus Venedig trifft am Hof in Peking ein. Er bereist mehrere Jahre lang das Reich. Seine Schilderungen sind die ersten genaueren Nachrichten über ein in Europa bis dahin fast unbekanntes riesiges Reich.
1276	**Mongolen.** Bei ihrem Vorstoß nach Süden schlagen sie auf dem Yang-tse-kiang die starke Flußflottille der Chinesen und erobern anschließend die Städte Nanking/Nanjing und Hang-tschau/Hangzhou. Bei ihrem weiteren Vordringen nach Süden bereiten sie unter anderem durch einen Seesieg bei Kanton über die Flotte der Song-Dynastie dieser ein Ende. Die letzten geflüchteten Prinzen stürzen sich mit dem Flottenführer in die See.
1280	**Indien.** Der Herrscher von Bengalen erhebt sich gegen seinen Herrn, den Sultan Balban der „Sklavendynastie" von Delhi. Balban läßt auf den Flüssen Ganges und Jumna starke Flußflotten aufstellen und unternimmt einen Kriegszug mit Heer und Flotte nach Bengalen, das wieder loyal wird.
1280	**China.** Kublai Khan wird als Shih Tsu/Shi Zu Kaiser von ganz China (Yüan-Dynastie). Mit einer Flotte von 3500 Schiffen versucht er erneut eine zweite Invasion auf Japan. Nach anfänglich wechselvollen Kämpfen vernichtet ein großer Taifun (Kamikaze = Götterwind) fast die ganze Invasionsflotte. Die schon gelandeten Truppen werden von den Japanern aufgerieben, die Reste geraten in die Sklaverei.
1284	**China.** Shih Tsu läßt mit der Flotte das Kaiserreich Annam angreifen, die Flotte von Annam bringt ihr aber einige Niederlagen bei.
1287	**Seeschlacht im Golf von Tonkin.** Diesmal kann die chinesische Flotte eine Flotte des Kaiserreiches Annam in Stärke von 400 Schiffen vernichten. 300 Schiffe werden versenkt, 100 erobert und 4000 Gegner werden getötet oder geraten in Gefangenschaft.
1293	**Java.** Die Insel weigert sich die Oberhoheit von China anzuerkennen, das daher einen Seezug nach Java unternimmt. Die javanische Flotte wird vernichtet, die Landungstruppen ziehen aber mit 100 prominenten Gefangenen ab und müssen auf eine Unterwerfung der Insel aus Mangel an Streitkräften verzichten.
Anfang 14. Jh.	**China.** Die Mongolen (Yüan-Dynastie) verzichten auf Seegeltung. Mit dem weiteren Ausbau des großen Kaiserkanals vom Yang-tse-kiang bis Peking leisten sie einen bedeutenden Beitrag zur Integration des riesigen Reiches.
14. Jh.	**Java.** Das Reich von Majapahit beherrscht den südlichen Teil von Sumatra und die malaiische Halbinsel und hat damit die Nachfolge von Srivijaya angetreten.
um 1330	**Indien.** Das Sultanat von Delhi erreicht seine größte Ausdehnung. Der als „neuer Alexander" bezeichnete Sultan Muhammed Ibn Tughluq (1325–1351)

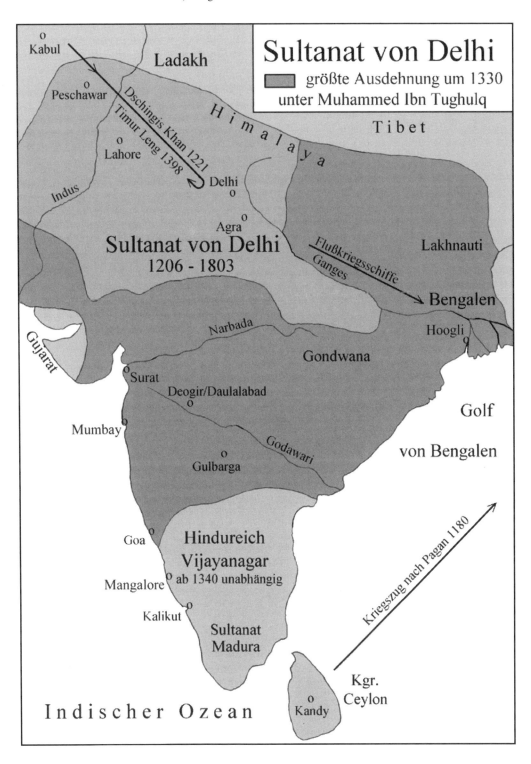

	erobert einen großen Teil von Vorderindien. Bald darauf beginnt jedoch die Auflösung des Sultanats und im Kampf gegen neue Eindringlinge entsteht in Vorderindien um 1340 das Reich von Vijayanagar (Siegesstadt).
Mitte 14. Jh.	**Hormus.** Der Seehandel der Stadt nimmt einen großen Aufschwung. Nach Angriffen der Mongolen wird sie auf eine vorgelagerte Insel verlegt und befestigt. Die gegenüberliegende Küste von Oman wird erobert und eine Seeherrschaft über den ganzen Persischen Golf und weit in die Arabische See errichtet. Hormus ist eine der reichsten Seehandelsstädte der damaligen Welt bis zur Eroberung durch die Portugiesen im Jahr 1507, nur mit Venedig zu vergleichen.
August–Oktober 1363	**Seeschlacht am Po-yang-See.** Die Han-Dynastie in China verteidigt sich gegen die Angriffe des Fürsten Zhu Yuanhang. Sie baut dazu am Po-Yang-See eine große Flotte mit 300.000 Mann Besatzung und mit für die Pfeilschützen gepanzerten Turmschiffen zum Angriff auf die Festung Nanchang. Zu deren Entsatz kommt Zhu mit einer Flotte mit 100.000 Mann Besatzung aus dem Yang-tse-kiang. In einer sechstägigen Seeschlacht, fast bis zur Erschöpfung, kann Zhu die Flotte der Han in den Yang-tse-kiang drängen, da deren riesige Schiffe im flachen Wasser zeitweise wertlos sind. Am 3. Oktober werden deren Reste im Yang-tse-kiang vernichtet. Zhu begründet dann 1368 die Ming-Dynastie mit der Hauptstadt in Nanking.
1398–1399	**Indien.** Einfall der Mongolen unter Timur Lenk. Der Pandschab wird erobert, die Hauptstadt des Sultanats Delhi wird nach der Einnahme geplündert.
1401	**Malakka.** Die Hafenstadt wird von dem späteren König Paramesvara gegründet. Schon zwei Jahre später wird sie von einem Geschwader aus China unter Admiral Yin-ching/Yin Jing besucht. Die Herrschaft wird 1405 vom Kaiser von China zum Königreich erhoben. Ab 1407 wird sie vom chinesischen Flottenbefehlshaber Admiral Cheng Ho/Zeng He mehrmals angelaufen und in seiner Stellung bestärkt.
Anfang 15. Jh.	**China.** Die Ming-Dynastie macht das Land zu einer bedeutenden Seemacht. Seine beachtliche Flotte kontrolliert die Gewässer um China und unternimmt unter dem Flottenkommandanten Cheng Ho (heute Zheng He) zahlreiche Fahrten in den Indischen Ozean und nach Insulinde. Admiral Cheng Ho erreicht dabei Vorderindien (1407), den Persischen Golf und das Rote Meer (1414), die Ostküste Afrikas bis südlich des Äquators (1417 und 1432) und möglicherweise sogar Australien (1421). Wegen der hohen Erhaltungskosten der Hochseeflotte und den zunehmenden Angriffen der Seeräuber aus Japan wird der große Kaiserkanal ausgebaut und der Binnenhandel wieder auf die Flüsse und Kanäle umgeleitet. Bei der Ankunft der Portugiesen zu Beginn des 16. Jahrhunderts in Südostasien ist diese Flotte bereits wieder verfallen.
1407	**Gefechte vor Palembang.** Auf dem Rückweg von seiner ersten Expedition besiegt Cheng Ho vor der Küste Sumatras in mehreren Seegefechten und in Kämpfen zu Lande einen chinesischen Piratenführer und bringt ihn gefangen nach China. Die Piratenstreitkräfte (oder Reste von Srivijaya?) verlieren 5000 Mann, in Palembang wird ein neuer Herrscher von Chinas Gnaden eingesetzt, die Schiffahrt durch die Straße von Malakka ist vorerst wieder sichergestellt.

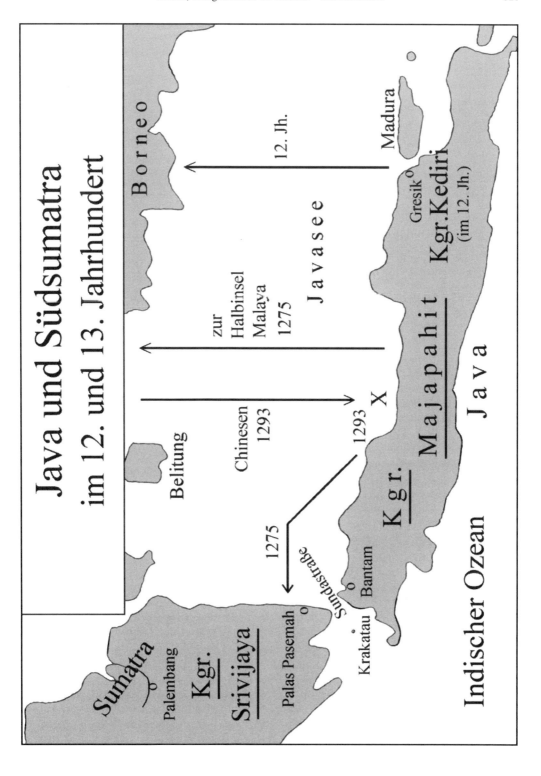

1420	**Gefecht am Roten Fluß.** Aufständische in Hinterindien vernichten ein chinesisches Geschwader der Ming-Dynastie. Die steigenden Kosten dieses Guerillakrieges führen sieben Jahre später zum Rückzug der Chinesen aus Hinterindien und Indochina und zur Wiedererrichtung des Kaiserreiches von Annam.
1421	**China.** Peking wird die neue Hauptstadt des Reiches. Nanking bleibt zweite Hauptstadt. Zur Verbesserung der Verbindung wird der Kaiserkanal von Peking zum Yang-tse-kiang neu ausgebaut und verbreitert.
Mitte 15. Jh.	**Malakka.** König Masur Shah (1459–1477) dehnt die Herrschaft von Malakka über die ganze malaiische Halbinsel aus und erwirbt einen Stützpunkt am gegenüberliegenden Ufer der Straße von Malakka auf Sumatra. Er beherrscht dadurch den bedeutenden Seetransport und Handel durch diese Wasserstraße.
15. Jh.	**Japan.** Der Handel im Inselreich nimmt einen großen Aufschwung. Seehändler und Freibeuter fahren nach China und Korea und behindern die lokale Küstenschiffahrt. Im Jahr 1401/1402 vereinbart eine Handelsdelegation aus Japan mit China einen regelmäßigen, kontrollierten Handelsverkehr mit staatlichen Geleitzügen. Nach 1530 bricht dieser geregelte Seehandel wieder zusammen und die Küstengewässer um China werden wieder von den Seeräubern beherrscht.
1511	**Malakka.** Nach der Eroberung dieses wichtigen und großen Seehandelszentrums durch die Portugiesen geht die Seeherrschaft in den Gewässern um Asien allmählich auf die Europäer über (siehe übernächstes Kapitel).
1523	**China.** Nach Reibereien zwischen Einheimischen und Japanern wird diesen das Anlaufen von Häfen in China verboten. Die Japaner gehen daher immer mehr zum Seeraub über.
1526	**Indien.** In der Schlacht bei Panipat siegt Babur von Kabul (1494–1530) über das Heer des Sultans von Delhi und begründet das Reich der Mogulherrscher. Delhi geht zunächst noch einmal verloren.
1533	**Indien.** Der Sultan von Bengalen läßt eine starke Flußflotte erbauen und stößt mit Heer und Flotte den Brahmaputra aufwärts bis in die Gegend der heutigen Provinz Dahang vor. Dort greift er das Volk der Ahom an und erleidet nach anfänglichem Erfolg in einer Schlacht am Fluß eine Niederlage. Nach Eintreffen von Verstärkungen greift er nochmals an und wird beim Versuch einer Landungsoperation wieder zurückgeschlagen.
um 1540	**China.** Die Japaner besetzen mehrere Hafenplätze in der Provinz Fukien/Fujian, aus denen sie von den Chinesen erst rund 50 Jahre später vertrieben werden können.
1552	**Piraterie.** Die Piraten segeln sogar den Yang-tse-kiang hinauf und plündern eine Reihe von Städten. Drei Jahre später belagern sie sogar Nanking.
1556–1605	**Indien.** Der Mogul-Kaiser Akbar bringt das Reich zu seiner höchsten Blütezeit. Schon sein Vorgänger Babur (1494–1530) hat von Afghanistan aus den Großteil des Sultanats von Delhi erobert. Literatur, Geschichtsschreibung, Hochschulen, Bibliotheken, Baukunst (Tadsch Mahal) und Miniaturmalerei werden gefördert und erreichen eine beispiellose Blüte. Babur schreibt selbst „Memoiren", die jenen von Caesar um nichts nachstehen. Für die Kämpfe in Bengalen errichtet er eine schlagkräftige Flußflotte von mehreren hundert Schiffen. Kaiser Akbar bringt das Reich zu seiner höchsten politischen und wirtschaftlichen Blüte.

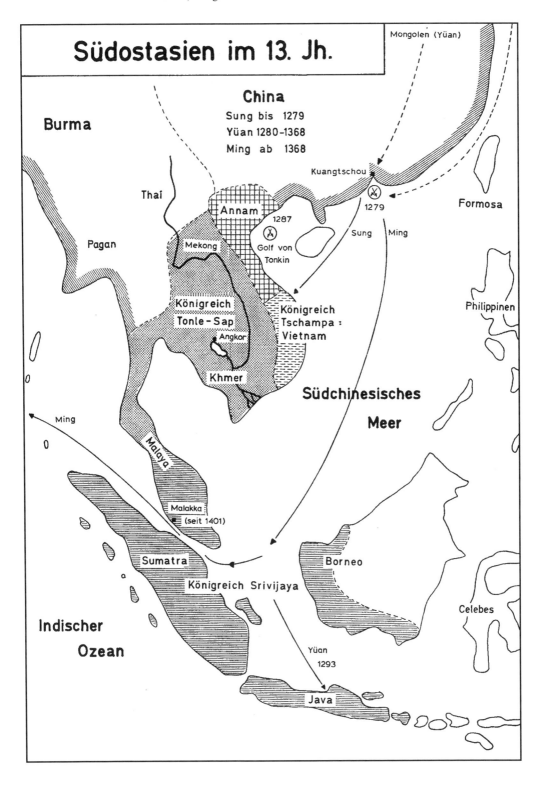

Ozeanien

14. Jh. **Neuseeland.** Die Maoris wandern von Polynesien auf der Doppelinsel ein. Sie besiegen die einheimischen Stämme und errichten mit ihren reich geschmückten Kriegskanus einen Wachdienst auf den Binnengewässern und in Küstennähe.

um 1480 **Südamerika.** Der Inkaherrscher Tupac Yupanqui (1471–1493) läßt nach der Eroberung der Küsten der heutigen Länder Peru und Ekuador mit einer großen Flottille von Balsaflößen einen Seezug nach Polynesien unternehmen. Die Teilnehmer kehren nach ca. einem Jahr wieder zurück.

1592–1598 Seekrieg Japan gegen Korea

Das unter dem Shogun Hideyoshi geeinte Japan versucht Korea zu unterwerfen. Rund 140.000 Mann Invasionstruppen werden bereitgestellt. 800 Schiffe stehen zur Verfügung. Die Flotte von Korea zählt zwar nur 80 Ruderkriegsschiffe, darunter befinden sich aber die ersten Kriegsschiffe mit Eisenpanzerung, die wie ein Schildkrötenpanzer das ganze Schiff überwölbt und sie daher gegen die damals übliche Entertaktik uneinnehmbar macht. Die meisten Schiffe führen auch bereits leichte Kanonen und Schleudern für glühende Eisenpfeile an Bord. In den schärenartigen Gewässern an der koreanischen Südküste sind die Ruderkriegsschiffe den japanischen Segelschiffen gegenüber durchaus im Vorteil.

Anfang 1592 Die Japaner landen fast ohne Gegenwehr bei Pusan und stoßen in das Landesinnere vor.

Mai **Seeschlacht bei Okpo.** Die Flotte von Korea unter Admiral Yi Sun Sin stellt ein japanisches Nachschubgeschwader und vernichtet 26 Schiffe. Am folgenden Tag werden bei Jokjimpo weitere 13 japanische Schiffe zerstört.

Juni In zwei weiteren Gefechten bei Sachon und Tangpo vernichtet Admiral Yi Sun Sin zwölf bzw. 21 japanische Schiffe ohne eigene Verluste.

Juni **Seeschlacht bei Tanhangpo.** Admiral Yi Sun Sin trifft auf ein weiteres Geschwader der Japaner und kann 30 Schiffe vernichten.

Juli **Seeschlacht bei Kyonnerang.** Admiral Yi Sun Sin vernichtet ein großes Nachschubgeleit aus Japan. Es werden 59 Schiffe versenkt. Bei **Angolpo** werden aus einem weiteren Geleit 42 Schiffe versenkt. Eine Versorgung über See der bereits bei Pjöngjang stehenden japanischen Truppen ist unmöglich.

August **Seeschlacht bei Pusan.** Admiral Yi Sun Sin greift die im japanischen Nachschubhafen liegenden 500 Schiffe aller Größen an und vernichtet 130 davon. Die japanische Armee ist aus Mangel an Nachschub gezwungen, Nord- und Mittelkorea zu räumen.

Juli 1597 Die koreanische Flotte, nunmehr unter Admiral Won Kyun, wird bei **Kodok** von den Japanern geschlagen.

September 1597 **Gefecht bei Chin Do.** Admiral Yi Sun Sin übernimmt wieder die Führung der Flotte von Korea. Er siegt mit nur zwölf Schiffen über ein japanisches Geschwader von 133 Schiffen.

November 1598 **Seeschlacht bei Noryang.** Admiral Yi Sun Sin greift nacheinander zwei Geschwader der Japaner an. Das erste verliert 50 Schiffe. Das zweite wird mit

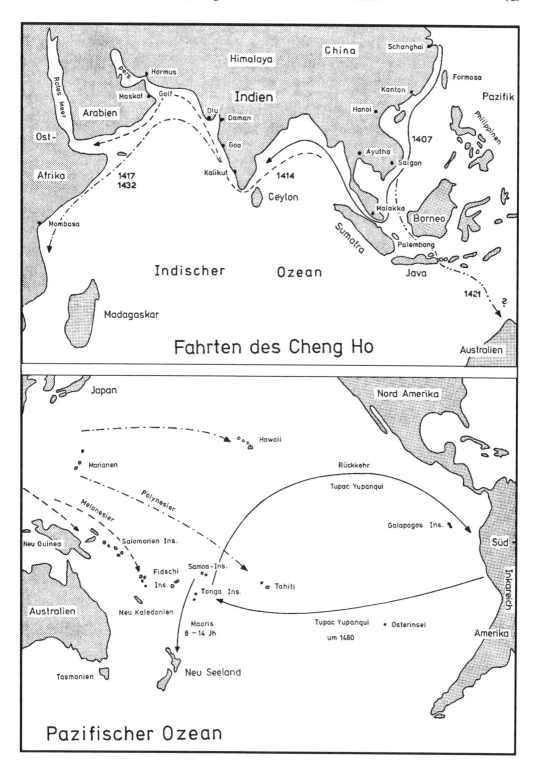

einer neuen Art von Flammenwerfern (oder Feuerpfeilen?) fast vollständig vernichtet. Yi Sun Sin fällt wie Admiral Nelson kurz vor Ende der Seeschlacht und im Angesicht des Sieges.

Ende 1598 Die Japaner ziehen sich von der Halbinsel Korea zurück.

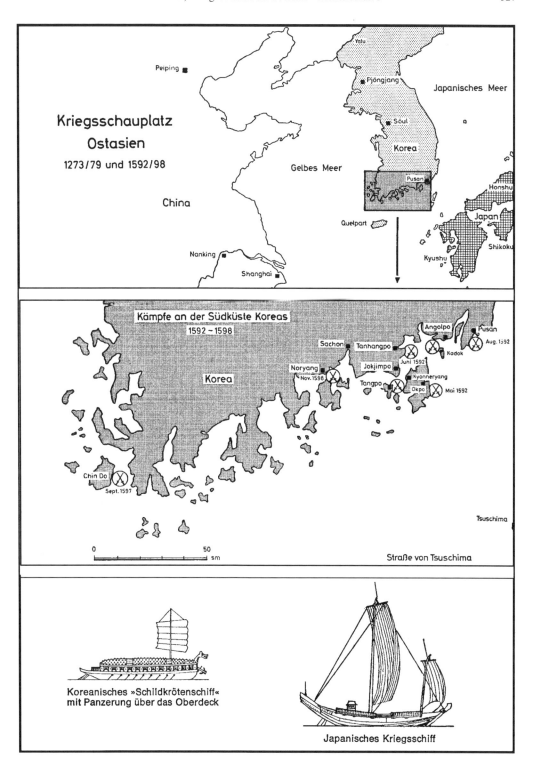

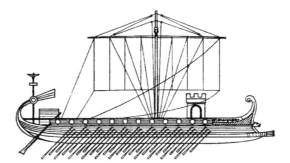

Zeit der Segelschiffe

Die Entwicklung der Segelschiffe

Im Spätmittelalter entstanden bei den Kriegsschiffen aus den frühen einmastigen Segelschiffen der Normannen und des Mittelmeeres die getakelten Breitseitschiffe der Neuzeit. Mehrere Umstände führten diese Entwicklung herbei.

Durch die Zunahme des Handels wurden ab dem 13. Jahrhundert die Schiffe größer und völliger. Die Kastelle der Normannenschiffe auf dem Vor- und Achterschiff verschmolzen mit dem Schiffskörper. Daraus entstanden die Koggen des Nordens und die Karaken, Karavellen und Naos des Mittelmeeres. Die Schiffsgröße wuchs von durchschnittlich 100 auf 300 Tonnen. Die großen Segelschiffe erhielten bis zu vier Masten, zum Großteil mit Rahsegeln getakelt. Die Segeleigenschaften wurden durch Lateinsegel am achteren Mast verbessert. Statt des bisherigen Steuerruders an „Steuerbord" wurde ab dem 14. Jahrhundert das feste Ruder am Heck, mit einer Pinne bewegt, eingeführt.

Die wichtigste Neuerung war die Einführung des Schiffskompasses. Die Nordweisung einer magnetischen Eisennadel wurde schon seit dem 12. Jahrhundert zur Richtungsbestimmung ausgenützt. Rund 200 Jahre später war der Schiffskompaß durchkonstruiert und weitgehend eingeführt. Durch ihn wurden die Fahrten über die Ozeane erst ermöglicht. Mit seiner Hilfe wurden auch die ersten Seekarten erstellt. Zur Messung der Sonnenhöhe wurde das Astrolabium verwendet. Immer genauere Zeitmesser wurden ein wichtiges Hilfsmittel zur Längenbestimmung.

Mit der Einführung der **Geschütze** ab dem 15. Jahrhundert kam eine Waffe an Bord, die weiter reichte und mehr Wirkung erzielte als die bisherigen Katapulte und Schleudern. Zunächst wurden nur die Kastelle mit ihnen bestückt, später wurden die schwersten Stücke mittschiffs an Deck aufgestellt. Dem Franzosen Decharges wird die Erfindung der Stückpforten (1501?) zugeschrieben. Dadurch konnten die schweren Geschütze tiefer aufgestellt werden, die Stabilität der Schiffe wurde wesentlich verbessert. Eines der größten Schiffe im frühen 16. Jahrhundert war die englische >Henry Grâce à Dieu< (kurz >Great Harry< genannt), die bereits rund 1500 Tonnen groß war.

Die Gliederung der Abschnitte dieser Weltgeschichte über die Seekriege in prähistorische Seefahrt, Riemen (Ruder)schiffe, Segelschiffe, Dampfschiffe und das elektronische Zeitalter beruht auf der taktischen Einsatzfähigkeit der Schiffe (siehe Kapitel Taktik am Ende des letzten Bandes). Die Trennung der Hauptabschnitte drei und vier war durch die Einführung der Dampfkraft im 2. Viertel des 19. Jahrhunderts einfach gegeben. Eine Trennung zwischen den Teilen zwei und drei ist dagegen viel schwerer, da Segelschiffe schon im Altertum verwendet wurden, Ruderkriegsschiffe andererseits bis in das 19. Jahrhundert in Küstengewässern im Einsatz waren. Es hat sich nun eingebürgert (Stenzel, Meurer, u.a.), die Trennungen zwischen den Seeschlachten bei Lepanto 1571 und im Ärmelkanal 1588 zu ziehen. Erstere war die letzte große Seeschlacht, die zwischen Galeerenflotten gefochten wurde, letztere die erste größere Seeschlacht zwischen Flotten, die nur mit Segelschiffen manövriert hatten. Ich wollte nun die Trennung nicht so streng ziehen, habe mich aber im allgemeinen an diese Einteilung gehalten. Als wichtigstes Charakteristikum erscheint mir, ob die Schiffe während des Kampfes mit Segeln oder noch mit Riemen manövrierten.

In den nordischen Gewässern hat dieser Übergang aber schon im 14. Jahrhundert begonnen und war im 15. Jahrhundert vollzogen. Die Hauptflotten waren von da an die Segelflotten für die Hohe See, alle Ostseeanlieger unterhielten jedoch noch bis zum 19. Jahrhundert ihre Schärenflottillen für die mit zahlreichen Inseln zergliederten Küstengewässer (Schären), wo das geruderte kleine Kriegsfahrzeug bis zur Einführung der Dampfmaschine noch Einsatzmöglichkeiten befand. Die Trennung für die Ostsee habe ich daher etwas abweichend in der ersten Hälfte des 16. Jahrhunderts gezogen, als die Seegeltung der deutschen Hanse im Niedergang war und die Rivalität zwischen Dänemark und Schweden begann. Die Trennung für die Gewässer um die Britischen Inseln erfolgte um die Wende vom 15. zum 16. Jahrhundert. Ab diesem Zeitpunkt dominierte das Segelschiff diese Gewässer. Im Mittelmeer bin ich bei der Trennung zu Ende des 16. Jahrhunderts geblieben. Erstens trat dort nach dem Krieg um Zypern für fast ein halbes Jahrhundert relative Kampfesruhe ein. Zweitens verdrängten ab dem 17. Jahrhundert auch dort die Segelflotten die Galeerengeschwader, ein Prozeß, der zu Ende des Jahrhunderts abgeschlossen war. Galeeren wurden dann nur noch in Nebenfunktionen, zuletzt in Venedig als Gefängnisse, verwendet.

In Ostasien, wo Riemenschiffe – außer auf Flüssen und Seen – nie eine große Rolle gespielt hatten, habe ich rein aus historischen Gründen die Grenze zwischen den Hauptkapiteln am Ende des 16. Jahrhunderts gezogen. Der größte Seekrieg zwischen den Völkern des Fernen Ostens war da zu Ende. Ab dem 17. Jahrhundert beherrschen auch dort die Segelflotten der Europäer die Meere.

Die Fahrten der Entdecker (15. und 16. Jh.)

Vorbemerkung: Die Entdeckungsfahrten der Europäer sind im zweiten Band dieser Weltgeschichte eingehend behandelt worden. Sie haben aber für die marinepolitische Entwicklung eine so große Bedeutung, daß ich sie in dieser Seekriegsgeschichte noch einmal, in stark verkürzter Form, behandle. Darüber hinaus werden in diesem Kapitel noch weitere Fahrten, die das strategische Weltbild erweiterten, jedoch in die zivile Schiffahrt nicht aufgenommen wurden, berücksichtigt.

Für die großen Entdeckungsfahrten zur See, durch die Amerika mit den wissenschaftlichen, politischen und ökonomischen Grundlagen der Alten Welt verbunden wurde und gleichzeitig der rationellere und daher billigere Transportweg nach Süd- und Ostasien und schließlich über den Pazifik erschlossen wurde, waren zwei Voraussetzungen nötig. Äußerer politischer und wirtschaftlicher Druck mußte die alte Scheu, sich in unbekannte Meere zu wagen, überwinden, und es mußten die Schiffe in ihrer technischen Entwicklung so weit gediehen und die nautischen Fähigkeiten so weit entwickelt sein, daß mit einiger Aussicht auf Erfolg große und lange Reisen über die Hohe See unternommen werden konnten.

Der **wirtschaftliche Druck** entstand durch den Abbruch der relativ guten Handelsbeziehungen mit Ostasien an der Wende vom 14. zum 15. Jahrhundert. Dies war im Fernen Osten aufgrund der Ablöse der liberalen mongolischen Dynastie in China durch die fremdenfeindliche einheimische Ming-Dynastie und im Nahen Osten durch den neuerlichen Vorstoß der Osmanen nach dem Rückschlag im Mongolensturm und der Eroberung von Konstantinopel der Fall. Die Seidenstraße und der Seeweg durch das Schwarze Meer waren dadurch zunächst unterbrochen. Die Verbindung vom Roten Meer nach dem Indischen Ozean war von der Gnade der Mamelukenherrscher in Ägypten abhängig.

Die wirtschaftliche Entwicklung in Europa war aber schon so weit fortgeschritten, daß eine große Nachfrage nach den Handelsgütern aus Asien bestand. Diese konnte jedoch wegen der politischen Verhältnisse, der hohen Zollbelastungen, des außerordentlichen Handelsrisikos und nicht zuletzt durch das „Bakschisch" das auf jeder Etappe zu entrichten war, nur für wenige Begüterte befriedigt werden. Es wuchs daher das Bestreben, diese Handelsbarrieren im Nahen Osten zu umgehen und einen direkten Handelsweg nach dem Fernen Osten zu suchen.

Die **politischen Voraussetzungen** dafür entstanden im Südwesten Europas. Während in den übrigen Territorien dynastische Kämpfe und Seuchen wie die Pest die Staaten schwächten, waren in Portugal, Kastilien und Aragon die Kräfte durch die Kämpfe gegen die Mauren und deren Vertreibung von der Iberischen Halbinsel nicht geschwächt, sondern sogar immer erneut angefacht worden. Portugal, das als erster Staat dieses Ziel erreicht hatte, war auch der erste, der gezielt über sein Territorium hinausgriff.

Bisher waren die Vorstöße der Iberer und der Italiener an die afrikanische Mittelmeerküste nur Antworten auf die Angriffe der Sarazenen auf Europa gewesen. Nun war die Eroberung von Ceuta durch Portugal ein gezielter Schritt, die eigene Wirtschaftskraft zu stärken und jene der Mauren zu schwächen. Dabei wurde auch der Wunsch geboren, den Weg zu den Quellen der Schätze, über die die Mauren verfügten (Gold, Elfenbein, Sklaven etc.) zu finden. Das Ziel der Portugiesen war es daher, zunächst einen Seeweg nach Ostafrika, von wo man annahm, daß diese Schätze kamen, zu suchen und dort mit dem Reich des sagenhaften Priesters Johannes Kontakt aufzunehmen.

Daß der Kreuzzugsgedanke ebenfalls eine Rolle spielte, ersieht man daraus, daß für alle Eroberungen vom Papst der Segen eingeholt wurde. Daß er die Nationen mit den zu erobernden Ländern belehnte, zeigt, daß auch handfeste machtpolitische Überlegungen im Spiel waren. Träger des Gedankens der Aufnahme von Forschungsfahrten zur See war der vierte Sohn des portugiesischen Königs, **Prinz Heinrich**, später „der Seefahrer" genannt, obwohl er selbst nie an Expeditionen teilgenommen hatte. Er sammelte alle erreichbaren Nachrichten und Unterlagen über ferne Länder und Meere, berief die besten Geographen, Astronomen, Seefahrer und Kartographen in seine Umgebung und ließ die Fahrten mit wissenschaftlicher Genauigkeit planen. Dazu ließ er von den portugiesischen Schiffsbauern ein Segelschiff konstruieren, das besonders für das Befahren der küstennahen Gewässer an der afrikanischen Westküste geeignet war und doch über eine große Tragfähigkeit und Seeausdauer verfügte. Weiters gelang es ihm, den Seefahrern die Scheu vor den unbekannten Seegebieten zu nehmen. Es herrschte der Glaube, daß die Gewässer nach dem Kap Bojador nicht befahrbar wären. Die Sandbänke, Nebel und Sandstürme aus der Wüste schienen den Menschen des Mittelalters das Ende der Welt anzuzeigen. Nur der ausdrückliche Befehl des Prinzen und schließlich das Ausholen nach dem Westen führten zur Überwindung dieser Barriere, wonach eine wesentliche psychologische Sperre überwunden war.

Der verunglückte Feldzug gegen Tanger 1437 unterbrach zunächst die Fahrten. Die ersten Kontakte mit von Schwarzen bewohnten Ländern in Westafrika und das erste Gold, das von dort heimkam, brachten die Fahrten bald wieder in Fluß. Schließlich wurde 1444 mit der Lagos-Kompanie die erste der europäischen, überseeischen Handelskompanien gegründet. Die Forschungsfahrten kosteten jetzt nicht mehr nur Geld, sondern begannen sich zum Teil bereits selbst zu finanzieren. So wurden die Fahrten auch nach dem Tode des Prinzen Heinrich fortgesetzt.

Diese Erfolge waren für **Kastilien**, das im Begriff war sich durch die Heirat von Isabella mit Ferdinand von Aragon zum spanischen Reich zu vereinigen, ein Alarmsignal. Nach der Eroberung Konstantinopels durch die Osmanen waren die Handelsrouten von Aragon/Spanien durch das östliche Mittelmeer bereits stark beeinträchtigt. Kastilien/Spanien suchte daher ebenfalls um neue Wege nach Ostasien. Der Seeweg entlang der Westküste von Afrika war ihm nun von Portugal gesperrt oder zumindest erschwert. Im kastilischen Erbfolgekrieg (1474–1479), in dem sich der König von Portugal als Thronprätendent sofort einmischte, ging es daher außer um die Thronfolge auch um die Expansionsmöglichkeiten über die See. Der Krieg war daher auch ein Seekrieg mit Blockade der Küste von Kastilien durch die portugiesische Flotte und mit Angriffen der kastilischen Schiffe auf die portugiesische Schiffahrt von und nach Afrika und durch die Straße von Gibraltar. Erst der Friede von Alcaçovas (1479) brachte den Verzicht Portugals auf den Thron von Kastilien und die Anerkennung des ausschließlichen Rechts der Portugiesen, die afrikanische Küste zu erkunden. Die Kanarischen Inseln blieben jedoch bei Kastilien/Spanien.

Von **Portugal** wurden deshalb die Erkundungsfahrten mit neuer Energie wieder aufgenommen. Vor allem König Johann II. (1481–1495) nützte das im Stützpunkt von São Jorge da Mina/Elmina in Westafrika eingetauschte Gold zur Ausrüstung der Expeditionen. Er ließ wie Prinz Heinrich Kartographen, Kapitäne und Piloten ausbilden und für die Hochseenavigation Kompaß, Quadrant und Astrolabium verbessern. In den neuentdeckten Territorien wurden nun an markanten Punkten der Küsten steinerne Wappensäulen (Padraos) aufgestellt, die zum Teil bis heute erhalten sind. Die Erkenntnisse der Entdeckungsfahrten wurden überdies einer strengen Geheimhaltung unterworfen. Die Erfolge der Fahrten sollten nicht den Neid der anderen

Nationen erwecken. Die Nachrichten sprachen sich unter den Seefahrern und Kartographen aber trotzdem bald herum.

Die Portugiesen vermuteten im Atlantik neben den Azoren noch weitere Inseln und es wurden auch Fahrten nach dem Westen unternommen, um diese aufzufinden. Von den Azoren aus verhinderten allerdings die vorherrschenden Westwinde und der Golfstrom ein weiteres Vordringen. Das Ersuchen von Christoph Kolumbus um eine Lizenz zur Fahrt nach Westen, um auf diesem Weg Ostasien zu erreichen, wurde daher von Portugal abgelehnt. Weitere Gründe waren wahrscheinlich seine zu hohen Forderungen und die richtige Vermutung, daß er sich bei der Berechnung des Umfangs der Erde geirrt hatte und Ostasien direkt nach dem Westen daher nicht zu erreichen war.

Eine der wichtigsten **vorbereitenden Reisen** zur Erkundung der Seewege nach Indien war die des Portugiesen Pedro de Covilha. Er brach 1487 von Lissabon auf, erreichte über Rhodos und Aden mit einem heimkehrenden Pilgerschiff von Mekka die Malabarküste mit Kalikut und Goa, überquerte den Indischen Ozean in westlicher Richtung und folgte der afrikanischen Ostküste bis nach Sofala, besuchte auf dem Rückweg Mosambique, Mombasa und Malinidi, schickte von Kairo einen genauen Bericht nach Portugal und reiste dann über Mekka nach Äthiopien an den Hof des Negus, wo er bis zu seinem Tode zwar in Ehren, aber eher unfreiwillig blieb. Seine genauen Berichte gaben Portugal gute Kenntnis von den Handelswegen im Indischen Ozean. Mittlerweile hatte die Erkundungsfahrt von Bartolomeu Dias um die Südspitze von Afrika das Tor für die Schiffahrt von Europa in den Indischen Ozean aufgestoßen.

Nicht lange danach war es Kolumbus schließlich gelungen, Isabella und Ferdinand dazu zu bewegen, daß sie ihn mit einer Forschungsfahrt nach dem Westen im Namen von Kastilien beauftragten und dabei weitgehend seinen Forderungen entsprachen. Seine Entdeckungen im Westen führten zum Vertrag von Tordesillas, in dem die Interessenssphären von Spanien und Portugal ein erstes Mal abgegrenzt wurden.

Die Erforschung (und Eroberung) der damit zugeteilten Weltgegenden erfolgte daher zunächst ohne Reibereien zwischen den beiden Ländern. Eine Ausnahme waren die Philippinen, da über die Abgrenzung auf der Osthälfte der Erdhalbkugel kein befriedigender Kompromiß gefunden werden konnte. In der Neuen Welt, bald nach dem Seefahrer Amerigo Vespucci Amerika genannt, erkundeten die Spanier zunächst die Inselwelt und die Festlandsküsten von „Westindien" (der Name ist geblieben nach der ersten Vermutung, Indien im Westen gefunden zu haben, wie auch die Bezeichnung „Indianer" diese Erklärung hat).

Nach der Entdeckung der „Südsee" durch Balboa, wonach bestätigt wurde, daß sich im Westen der Neuen Welt ein weiteres großes Meer ausdehnt, begann die intensive Suche nach einer Durchfahrt und dadurch die Erkundung der Ostküste der Neuen Welt. Die erste Weltumsegelung zeigte schließlich die riesige Ausdehnung des nun „Stillen Ozean" (= Pazifik) genannten Weltmeeres und bestätigte, daß die portugiesischen Kosmographen richtig gelegen waren, als sie die Berechnung des Erdumfangs von Kolumbus für falsch erklärten.

Nach der Eroberung von Mexiko begann Spanien mit der Erkundung der Westküsten von Amerika, die schließlich zur Eroberung des Inkareiches führte. Bei den Erkundungsfahrten über den Stillen Ozean fanden die Spanier einen Teil der Inselwelt und entdeckten die vorherrschenden Wind- und Meeresströmungen, die eine halbwegs sichere Überquerung des Stillen Ozeans in beiden Richtungen ermöglichten. Die Fahrten führten schließlich auch zum Erwerb der Philippinen. Mit dem Ende des 16. Jahrhunderts waren die Länder von Amerika den Spaniern bereits so weit bekannt und in ihren wertvollen Teilen in Besitz genommen, daß die Erkundungsfahrten der Spanier zur See zu Ende gingen.

Im Unterschied zu den **Spaniern**, welche die ertragreichen Gebiete für die Krone in Besitz nahmen, erkannten die Portugiesen schnell, daß dies in den von ihnen erschlossenen Erdteilen nicht möglich war. Diese Länder lagen zu weit auseinander und waren von kulturell und wirtschaftlich hochstehenden Völkern bewohnt. Es wäre für das kleine Land Portugal mit nur rund einer Million Einwohnern unmöglich gewesen, diese alle zu unterwerfen. Es war daher vor allem das Verdienst von Vizekönig Afonso de Albuquerque, daß er die portugiesische Herrschaft nicht auf Landbesitz, sondern auf die **Seeherrschaft** gründete. Er sicherte Portugal die wichtigsten Stützpunkte an den Küsten des Indischen Ozeans von Sofala über Hormus und Goa bis Malakka. Nur Aden blieb in der Hand der Araber/Osmanen. Mit dem Indiengeschwader konnten schnell Verstärkungen an gefährdete Punkte verlegt und dadurch mit weniger Aufwand ein größeres Gebiet und vor allem der Seehandel kontrolliert werden. Von Vorderindien wurden dann die erfolgreicheren Erkundungsfahrten nach den Molukken und die weniger erfolgreichen nach China und Japan unternommen.

Sobald aber der wichtige Handel aus Ostasien nach Europa weitgehend von den Portugiesen kontrolliert wurde, nahmen auch ihre Forschungsfahrten ein Ende. Der Stützpunkt São Jorge da Mina/Elmina an der westafrikanischen Küste war nur kurze Zeit Versorgungsstützpunkt für die Indienfahrten und wurde bald ein Handelszentrum für die Güter des Hinterlandes, vor allem für Gold, Sklaven und Afrikapfeffer. **Brasilien** übernahm schon zu Beginn des 16. Jahrhunderts die Funktion als Versorgungsstützpunkt und behielt sie für rund 50 Jahre, bis auch die Franzosen sich dort festzusetzen anfingen. Dann begann Portugal auch mit der Erschließung des in seine Interessensphäre fallenden Teiles von Südamerika (= Brasilien).

Das Hauptziel der Herrscherhäuser beider Nationen war die schnelle Erlangung von Reichtümern und damit die Aufwertung von Macht und Ansehen ihrer Dynastien. Spanien betrieb dies durch den direkten Zugriff auf die Bodenschätze der Neuen Welt, Portugal durch sein Handelsmonopol und damit indirekten Zugang zu den Reichtümern, die durch den Gewinn aus dem Handel zu ziehen waren. Daneben war es aber auch ein Anliegen, die heidnischen Völker, aber auch die Anhänger anderer Religionen zum katholischen Glauben zu bekehren. Dies ist den Spaniern nur zum Teil gelungen, die Portugiesen hatten dabei fast gar keinen Erfolg.

Zu Ende des 16. Jahrhunderts endet die erste große Welle der Entdeckungsfahrten. Erst um die Wende des 16. zum 17. Jahrhunderts waren es vor allem die Niederländer, die die Gebiete von Insulinde und um das heutige Australien erforschten und die Existenz eines – wenn auch viel kleiner als vermutet – Südkontinents erkannten. Eine neue Welle von Forschungsfahrten setzte erst im 18. Jahrhundert wieder ein, die nun bereits auf wissenschaftlicher Basis die noch unbekannten Teile der Weltmeere zum Ziel hatten.

20. August 1415 **Eroberung von Ceuta.** Der Großteil der portugiesischen Heeresmacht, 12.000 Mann, wird von Lissabon auf fast 400 Kriegs- und Transportschiffen nach Algeçiras gebracht und erobert von dort aus im ersten Anlauf die reiche Hafenstadt. Die Schiffe sind für dieses Unternehmen von anderen Staaten gemietet oder angekauft worden. Diese Aktion gilt als der Beginn der Erkundungsfahrten der Portugiesen entlang der Westküste Afrikas. Treibende Kraft für die folgenden Fahrten ist der an der Eroberung von Ceuta beteiligte vierte Sohn des Königs von Portugal, Prinz Heinrich, „der Seefahrer".

1419/1420 **Madeira.** Die Kapitäne Zarca und Texeira nehmen die Insel und ihre kleinen Nebeninseln für Portugal in Besitz. Prinz Heinrich läßt sie besiedeln, um sie für die Forschungsfahrten nützen zu können.

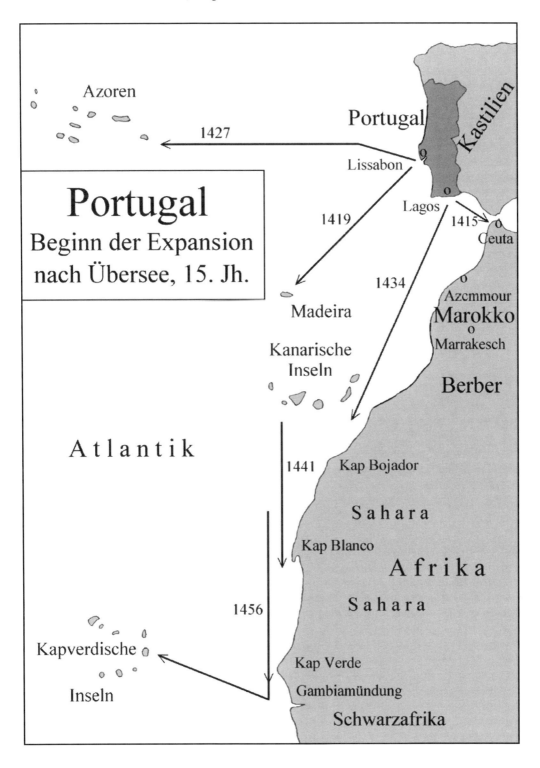

1432	**Azoren.** Die bereits im Altertum bekannten, aber weitgehend wieder vergessenen und unbesiedelten Inseln werden 1427 von den Portugiesen wieder entdeckt. Prinz Heinrich läßt nun mit der Besiedelung beginnen und erwirbt damit für Portugal einen der wichtigsten Stützpunkte für die Reisen über den Atlantik.
1434	**Kap Bojador.** Kapitän Gil Eanes umschifft erstmals dieses gefürchtete Kap. Er durchbricht dadurch eine psychologische Barriere, da im Mittelalter die Gegend südlich davon als nicht befahrbar gegolten hat. Erstmalig erreichen dadurch Europäer, die auch wieder zurückkehren, das Seegebiet südlich der Kanarischen Inseln.
1441	**Westafrika.** Die portugiesischen Kapitäne Tristão und Gonçalves erreichen mit ihren Karavellen das Kap Blanco, von wo an die afrikanische Westküste bereits einen südlichen Verlauf nimmt. Sie bringen die ersten gefangenen Schwarzen mit nach Portugal und geben dadurch den Anstoß zu einem gewinnbringenden Sklavenhandel von Westafrika aus.
1456	**Kapverdische Inseln.** Der Venezianer Cadamosto fährt im Auftrag von Prinz Heinrich die Westküste Afrikas entlang bis zum Gambia-Fluß und entdeckt dabei zufällig die Inseln vor der afrikanischen Westspitze. Portugal beginnt fünf Jahre später mit deren Besiedelung.
1460	**Portugal.** Tod von Prinz Heinrich dem Seefahrer. Die Entdeckungsfahrten entlang der afrikanischen Westküste werden in der Folge von den portugiesischen Königen angeordnet und finanziert. Die Unternehmen selbst werden dabei an Privatpersonen verpachtet.
1462	**Portugal.** König Alfons V. (1438–1481), „der Afrikaner", vermacht dem Entdeckungsreisenden Vogado zwei Inseln, die auf den zeitgenössischen Karten westlich der Azoren eingezeichnet sind. Dieser unternimmt eine Erkundungsfahrt nach dem Westen, kann aber keine Inseln finden.
1470–1475	**Westafrika.** In vier Fahrten erkunden portugiesische Kapitäne die Westküste von Afrika bis zum Golf von Guinea. Sie entdecken die dort befindlichen Inseln und überschreiten, wenn auch knapp, den Äquator.
1473	**Atlantik.** Eine weitere Expedition startet von Portugal, diesmal von den Kanarischen Inseln, zur Suche von Inseln im Nordatlantik, bleibt aber erfolglos. Und dies, obwohl portugiesische Fischer schon bis in die Gegend der fischreichen Neufundlandbänke kommen und ebenfalls von Land in dieser Gegend berichten.
1476	**Atlantik.** Graf Erich von Pommern, ein Schwager von Prinz Heinrich von Portugal, organisiert eine dänisch/portugiesische Expedition in den Nordatlantik. Dänische Schiffe unter den Kapitänen Pining und Pothurst erreichen möglicherweise schon die Küste von Labrador.
1477	**Erbfolge in Kastilien.** Diese und der Streit um die Kanarischen Inseln führen zum offenen Krieg mit Portugal. Kastilien versucht mehrmals die portugiesischen Geleite, die von der Goldküste auf dem Heimweg sind, abzufangen. Es kommt mehrmals zu Gefechten zwischen den beiden Flotten. Im folgenden Jahr können die Portugiesen ein Geleit von Andalusien nach Nordafrika abfangen. Zu Lande gewinnt jedoch Kastilien die Oberhand.

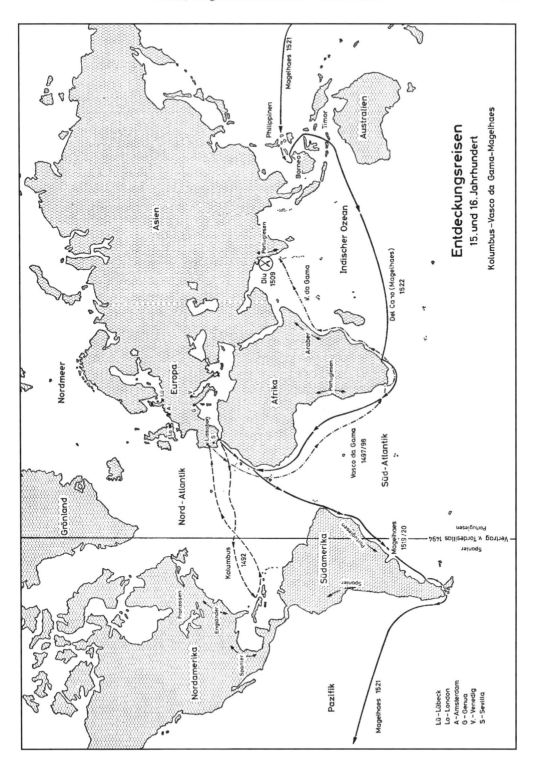

1479	**Vertrag von Alcaçovas.** Der Erbfolgekrieg zwischen den beiden Kontrahenten wird beendet. Kastilien erkennt die bisherigen und die zukünftigen Entdeckungen Portugals an der afrikanischen Westküste an. Portugal verzichtet auf seinen Thronanspruch und auf die Kanarischen Inseln, die ein wichtiger Stützpunkt von Spanien für die Fahrten über den Atlantik werden.
1482	**Westafrika.** Die Portugiesen errichten an der heutigen Goldküste das Fort und den Handelsstützpunkt São Jorge da Mina/Elmina, von wo sie die weiteren Erkundungen betreiben und der kurze Zeit ein wichtiger Stützpunkt auf dem Weg nach Asien ist.
1482–1483 1485	**Südafrika.** In zwei Reisen erkundet der Portugiese Diogo Cão die afrikanische Westküste vom Golf von Guinea bis zum heutigen Südwestafrika. Dabei entdeckt er auch die Mündung des Kongo und den im Atlantik nach Norden ziehenden Benguelastrom.
Juli 1487– Dezember 1488	**Erste Umsegelung der Südspitze von Afrika.** Aus Lissabon bricht Bartolomeu Dias mit drei Schiffen und einem Versorgungsschiff auf. Er erreicht im Jänner 1488 die Küste des Kaplandes, wird von einem Sturm nach Süden getrieben, wendet auf Nordkurs und trifft die Küste östlich von Kap Agulhas. Er vergewissert sich, daß die Küste weiter nach Nordosten zieht und damit der Indische Ozean erreicht ist, und kehrt um das Kap der Stürme, später Kap der Guten Hoffnung genannt, wieder nach Lissabon zurück.
3. August 1492– 15. März 1493	**Erste Fahrt des Christoph Kolumbus.** Im Auftrag von Kastilien verläßt er den Hafen Palos mit den Karavellen >Sta. Maria<, >Nina< und >Pinta<, trifft am 12. Oktober in der Gruppe der Bahamas die Neue Welt, erreicht am 27. Oktober Kuba, gründet auf Hispaniola/Haiti die erste Siedlung und erreicht über die Azoren und Lissabon wieder Spanien. Kolumbus glaubt Inseln vor Ostasien gefunden zu haben.
September 1493– Juni 1496	**Neue Welt.** Mit 17 Schiffen und 1500 Mann unternimmt Kolumbus seine zweite Reise, bei der er die Kleinen Antillen, Puerto Rico und Jamaika entdeckt. Seine dritte Reise (1498–1500) bringt ihn an die Küste von Südamerika, die vierte Reise (1502–1504) nach Mittelamerika. Kolumbus glaubt bis zuletzt, den Seeweg nach Indien in Richtung Westen gefunden zu haben.
7. Juni 1494	**Vertrag von Tordesillas.** Auf Vermittlung des Papstes einigen sich Spanien und Portugal in eine Teilung der entdeckten und noch zu entdeckenden Länder. Die Trennungslinie soll der Längengrad ca. 100 Meilen westlich der Azoren sein. Alle übrigen europäischen Länder werden von diesen Gebieten ausgeschlossen.
Mai–August 1497	**Neue Welt.** Der in englischen Diensten stehende Italiener John Cabot/Caboto erreicht mit seinem Schiff >Matthew< (50 t) an der Küste von Neufundland das Gebiet der Neuen Welt.
8. Juli 1497– 10. Juni 1499	**Erschließung des Seeweges nach Indien durch Vasco da Gama.** Dieser vollendet die fast 100 Jahre dauernde Suche der Portugiesen nach einem Seeweg um Afrika in den Indischen Ozean. Er läuft mit den Schiffen >San Gabriel< (120) F, >San Raphael< (100), >San Michael< und einem Transportschiff aus Lissabon aus, passiert am 22. November das Kap der Guten Hoffnung, folgt der ostafrikanischen Küste nach Norden bis Melinde/Malindi, überquert die Arabische See und erreicht Mitte Mai 1498 bei Kalikut Vorder-

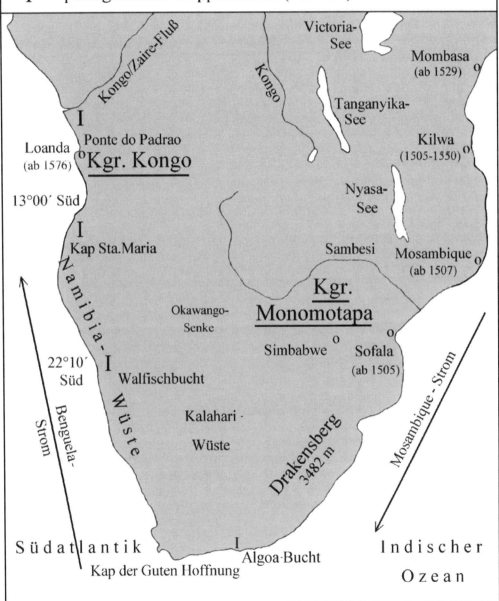

indien. Nach dreimonatigem Aufenthalt tritt er die Rückreise an, passiert am 20. März 1499 erneut das Kap der Guten Hoffnung und erreicht im September 1499 über die Azoren wieder Lissabon. Eines seiner Schiffe war schon auf kurzem Wege am 10. Juni dort eingetroffen.

1499–1500 **Südamerika.** Der Spanier Vicente Pinzon und mehrere andere erkunden die Küste Südamerikas von der Ostspitze bis nach Mittelamerika und entdecken den Amazonasstrom.

1500 **Neufundland.** Der Portugiese Gaspar Corte Real erreicht über Grönland (fraglich) mit drei Schiffen die Küste von Neufundland und fährt auch am amerikanischen Festland entlang. Er stellt den Fischreichtum in diesen Gewässern fest, schickt die zwei anderen Schiffe mit den Nachrichten heim und ist seither verschollen.

1500 **Südamerika.** Der Portugiese Cabral entdeckt bei seiner Fahrt nach Indien die Küste des heutigen Brasilien, bemerkt, daß dies in der Sphäre von Portugal liegt, und sendet sofort ein Schiff mit dieser Nachricht nach Portugal.

Mai 1501 **Südatlantik.** Der Portugiese Joao da Nova Castella läuft mit vier Schiffen aus Lissabon nach Ostindien aus. Auf der Ausreise entdeckt er im Südatlantik die Insel Ascension, bringt vor Kalikut der Flotte des Samorin eine Niederlage bei und entdeckt auf der Heimreise die Insel St. Helena. Beide Inseln werden in der Folge wichtige Zwischenstationen auf dem Weg nach Indien. Die Portugiesen müssen sie schließlich abtreten, die Briten nehmen St. Helena (1661) und Ascension (1815) in Besitz. Auch der Italiener Giovanni da Nova sichtet die Inseln noch im gleichen Jahr.

1503 **Spanien.** In Sevilla wird die Casa de la Contratacion eingerichtet. Sie hat den Schiffs- und Handelsverkehr mit den Kolonien in der Neuen Welt zu regeln. In Spanien dürfen die Schiffe für Amerika nur von Sevilla, später von Cádiz aus- oder einlaufen. Cádiz wird daher später in fast jedem Krieg vom Feind blockiert.

1511 **Molukken.** Ein kleines portugiesisches Geschwader unter Antonio Abreu erreicht über Sumatra und Java erstmals die Gewürzinseln.

September 1513 **Stiller Ozean.** Der Spanier Vasco Nuñez de Balboa überquert die Landenge von Panama und sichtet als erster Europäer den großen Ozean, den er Südsee nennt. Er läßt dort die ersten Kriegsschiffe zu dessen Erforschung bauen.

Oktober 1515– **Südamerika.** Der spanische Chefpilot Juan Diaz de Solis erkundet die Küste
Februar 1516 Südamerikas von Rio de Janeiro bis zur Mündung des Rio de la Plata, wo er von Indianern erschlagen wird.

1517 **China.** Der Portugiese Tomé Pires segelt mit einem Geschwader von vier Schiffen unter de Andrade nach Kanton, um als Gesandter Kontakt mit dem Kaiser von China aufzunehmen. Die Reise wird ein Mißerfolg, Pires stirbt in China im Gefängnis.

August 1519– **Erste Weltumsegelung.** Der Portugiese in spanischen Diensten Fernão de
September 1522 Magalhães/Magellan läuft von Sevilla mit den Schiffen >Trinidad< (110) F, >San Antonio< (120), >Conception< (90), >Victoria< (85) und >Santiago< (75) aus. Im Oktober entdeckt er die Meeresstraße, die heute noch seinen Namen trägt, dort drehen aber mehrere Schiffe unter unfähigen Kapitänen um. Magellan erreicht im März 1521 die Philippinen und fällt dort am 27. April

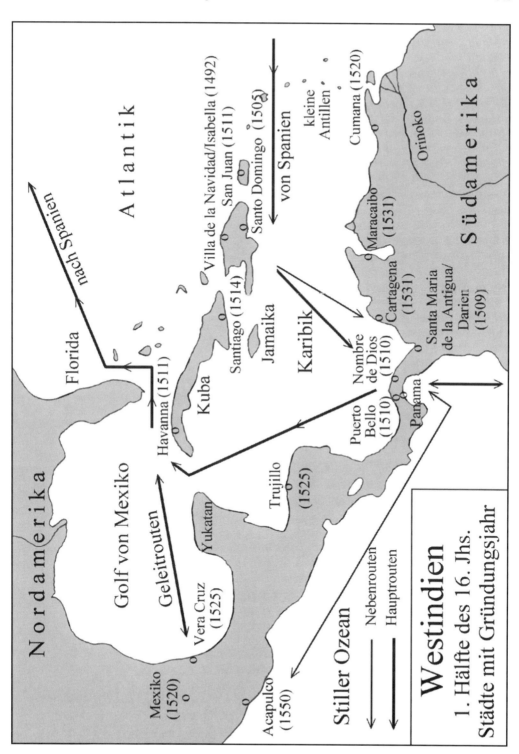

1521 im Kampf mit Eingeborenen. Sein Nachfolger Juan Sebastian Elcano bringt das letzte übrige Schiff, die >Victoria<, mit nur noch 18 Überlebenden, aber einer reichen Gewürzladung nach Sevilla. Die Fahrt ist von dem Chronisten der Reise, dem Italiener Antonio Pigafetta, für die Nachwelt überliefert worden.

1524 **Nordwestpassage.** Der in französischen Diensten stehende Florentiner Giovanni da Verrazano läuft von Dieppe aus, um einen Seeweg im Norden um Amerika nach Ostasien zu suchen. Er segelt den Großteil der Ostküste der späteren USA entlang nach Norden und stellt fest, daß dies ein eigener Kontinent ist.

22. April 1529 **Vertrag von Zaragoza.** Portugal und Spanien ziehen auch auf der Osthälfte des Globus eine Trennungslinie für den Kolonialbesitz in Ostasien. Kaiser Karl V., immer in Geldnöten, verkauft seinen Anspruch an den Gewürzinseln um 350.000 Dukaten an Portugal. Der Besitz der Philippinen, zu denen die Spanier erst später kommen, ist noch offen.

1541–1542 **Südamerika.** Der Spanier Francisco de Orellana befährt von den Anden kommend den Amazonas in seiner ganzen Länge. Er erkennt als erster die Größe dieses Flusses, der auch für Hochseeschiffe mehrere tausend Kilometer flußaufwärts befahrbar ist.

Mai 1553 **Nordostpassage.** Der Engländer Hugh Willoughby läuft mit drei Schiffen aus der Themse aus, um einen nördlichen Seeweg nach Ostasien um den Eurasischen Kontinent zu suchen. Mit zwei Schiffen versucht er an der Ostküste der Halbinsel Kola zu überwintern, überlebt aber mit allen Mitfahrenden den strengen Winter nicht. Das dritte Schiff unter Richard Chancellor erreicht die Mündung der nördlichen Drina. Von dort reist Chancellor zu Land nach Moskau, wodurch diese Handelsroute zwischen England und Rußland erschlossen wird.

1537–1558 **Japan.** Der Spanier Fernan Mendez Pinto bereist den Fernen Osten und erreicht bereits 1542 das Inselreich.

1577–1580 **Zweite Weltumsegelung** durch den Engländer Francis Drake. Seine Fahrt wird später geschildert.

1598–1601 Erste Weltumsegelung der Niederländer unter van Noort.

16. Jh. **Weitere Forschungsfahrten.** Mit der Entdeckung der reichen Fischgründe auf der Neufundlandbank mehren sich ebenfalls die Reisen nach Amerika, und es beginnt die Suche nach einer Nordwestpassage nach Ostasien. Hervorragend daran beteiligt sind Sebastian Cabot (1509), Giovanni di Verrazano (1524), Jacques Cartier (ab 1535), Martin Frobisher (ab 1576), John Davies (ab 1587), Henry Hudson (1610) und William Baffin (1616). Eine Passage wird dabei noch nicht gefunden (Näheres in Band 2 der Weltgeschichte der Seefahrt).

Spanien und Portugal erobern ihre Überseereiche (16. Jh.)

Mit den Entdeckungsreisen an der Wende vom 15. zum 16. Jahrhundert wurde das geopolitische Weltbild vollkommen verändert. Neue Handelsrouten wurden erschlossen und die traditionellen Handelswege verloren teilweise stark an Bedeutung. Die Schiffahrtsroute von der Levante nach Südeuropa war nur noch von geringer strategischer Bedeutung, da sie von dem ertragreicheren Weg um die afrikanische Südspitze übertroffen wurde. Aus der Neuen Welt wurde die Route der Silberschiffe von Westindien über die Azoren nach Spanien sowie die Fahrten der Fischerflotten von Westeuropa nach den reichen Fischgründen an der Neufundlandbank von größter wirtschaftlicher und damit auch politischer Bedeutung.
Für die großen Hafenstädte des Mittelmeeres und der Ostsee wie Venedig, Genua, Barcelona und Lübeck begann daher ein allmählicher Niedergang. Der Aufstieg der westeuropäischen Häfen wie Sevilla, Lissabon, Antwerpen, Amsterdam und London begann. Traditionelle Häfen in Asien wie Hormus, Kalikut und Malakka wurden zu den größten Umschlagplätzen der Welt. Neue Hafenstädte in den entdeckten Gebieten wie Santo Domingo, Havanna, Puerto Bello, Cartagena in Westindien, Callao, Panama, Acapulco und Manila auf den Philippinen erlangten größte Bedeutung. Es entstanden dadurch neue, kritische Spannungszonen auf den Weltmeeren. Die Auseinandersetzungen erhielten jetzt eine neue, weltweite Dimension. Durch den Vertrag von Tordesillas (1494) wurden zwar die Interessensgebiete zwischen Spanien und Portugal abgegrenzt, die übrigen seefahrenden europäischen Nationen fühlten sich daran jedoch, zu Recht, keineswegs gebunden.
Portugal hatte es beim Aufbau seines maritimen Weltreiches zunächst jedoch mit den hochentwickelten Kulturen in Südasien zu tun. Es brach dort in den seit Jahrhunderten weitgehend friedlich laufenden Handel zwischen den Arabern und den Völkern Süd- und Ostasiens ein. Die Fürsten von Vorderindien standen ihnen zunächst abwartend gegenüber, da es ihnen egal war, ob die Araber oder die Portugiesen ihre Waren nach Europa weitertransportierten. Die Araber erkannten jedoch sofort die Gefahr, daß ihnen der ertragreiche Handel durch das Rote Meer und den Persischen Golf entrissen werden sollte. Durch ihre lange guten Kontakte konnten sie daher bald ihre Handelspartner gegen die Portugiesen beeinflussen. Dazu trug auch das arrogante Auftreten der Europäer bei. Die Portugiesen sahen aufgrund ihrer geringen Zahl als einzige Möglichkeit, ihre Mission zu erfüllen, die Anwendung von brutaler Gewalt.
Sofort kam es zu Kämpfen mit den einheimischen Herrschern, die nun tatkräftig von den Arabern unterstützt wurden. Durch Ausnützen von Rivalitäten zwischen den einzelnen Fürstentümern in Vorderasien und mit Hilfe ihrer Feuerwaffen konnten die Portugiesen den ersten Widerstand brechen. Da sie an Zahl zu schwach waren, um ganze Landstriche nicht nur zu erobern, sondern dann auch zu verteidigen, gingen sie dazu über, ihr Imperium auf die Seeherrschaft zu gründen. Entlang der Küsten von Südamerika (Brasilien) und Afrika wurden befestigte Versorgungsstützpunkte wie el Mina in Westafrika, Pernambuco in Brasilien sowie Sofala und Mosambique in Ostafrika erbaut. Im Indischen Ozean wurden an den wichtigsten strategischen Punkten befestigte Häfen oder Forts an den Häfen der Einheimischen angelegt, von denen aus ein ständiges Asiengeschwader die Seerouten kontrollieren konnte und Verstärkungen rasch an gefährdete Plätze transportiert werden konnten.
Es waren dies vor allem Maskat und Hormus am Eingang in den Persischen Golf, Diu und Goa in Vorderindien und Malakka an der malaiischen Halbinsel. Da die Eroberung von Aden mißlang, blieb der Seeweg durch das Rote Meer für die Araber offen. In der ersten Hälfte des 16.

Jahrhunderts hatten die Portugiesen ihre Handelsroute durch die Straße von Malakka zu den Gewürzinseln einerseits und nach China und Japan andererseits eingerichtet. Durch die Personalunion von Spanien und Portugal unter Philipp II. ab 1580 wurde eine offene Auseinandersetzung um die Molukken zwischen den beiden Kolonialmächten vermieden.

Gerade als Portugal seine ganzen Kräfte auf den Ausbau seines Seeimperiums in Ostindien konzentrieren sollte, begann König Manuel I. (1495–1521) mit einer neuen Offensive in Marokko. Mit starken See- und Landstreitkräften wurden mehrere Städte an der Atlantikküste erobert und teilweise mit starken Forts geschützt. Als Etappenstationen für die Ostindienfahrer hatten sie aber wegen ihrer Nähe zum Mutterland nur geringen strategischen Wert. Bis zur Mitte des 16. Jahrhunderts gingen darüber hinaus die meisten durch Gegenangriffe der Mauren wieder verloren. Allein für die Eroberung von Azemmour wurden 18.000 Mann Kampftruppen und die entsprechenden Seestreitkräfte aufgeboten. Das war das Zehnfache dessen, das Albuquerque für die Eroberung des wichtigen Malakka zu Verfügung hatte.

Ab der Mitte des 16. Jahrhunderts lebte der Handel mit Orientwaren durch das Rote Meer und auch den Persischen Golf wieder auf. Ursachen waren die Eroberung von Syrien, Ägypten und Mesopotamien durch die **Osmanen**. Sie errichteten starke Stützpunkte in Aden (1538) und Basra (1546). Außerdem waren die Besitzungen Portugals, die von Brasilien über Südafrika und Indien bis zu den Molukken reichten, weit überdehnt. Die Portugiesen mußten ihre Seeherrschaft gegen Angriffe der Flotten der Einheimischen und der Osmanen um die Mitte des Jahrhunderts in mehreren Seeschlachten und Gefechten verteidigen, konnten aber bis zum Ende des Jahrhunderts alle Angriffe mit Erfolg abwehren. Erst der Vorstoß der Niederländer und Engländer zu Beginn des 17. Jahrhunderts entriß den Portugiesen dort die Seeherrschaft.

In **Amerika** hatten Spanien und Portugal dagegen keine Gegner zur See zu überwinden. Dafür trafen sie dort schon bald auf die Konkurrenz der übrigen europäischen Seefahrernationen, woraus sich schon bald Zusammenstöße ergaben.

Vor allem aus Dieppe und St. Malo in der Normandie stießen bald **französische Seefahrer** zunächst nach Nordamerika, später auch nach Brasilien und bis Sumatra vor. Im Frieden von Crepy (1544) verzichtete die französische Krone aber auf koloniale Unternehmungen zugunsten von Portugal und Spanien. Im Gegensatz dazu förderte jedoch der Hugenottenführer und Admiral von Frankreich, Gaspard de Coligny (1519–1572), die Auswanderung und Ansiedlung von französischen Hugenotten in Amerika, die später zur grausamen Vertreibung der Franzosen aus dem späteren Rio de Janeiro durch die Portugiesen und die nicht minder grausame Liquidierung ihrer Siedlung in Florida durch die Spanier führte.

Die einzige maritime Opposition, die **Spanien** in Amerika zu überwinden hatte, war die Vernichtung der Flotte der Kriegskanus der Azteken am See von Tenochtitlan bei der Eroberung der Hauptstadt durch Hernan Cortés. Größere Schwierigkeiten bekamen die Spanier aber bald durch die **Engländer**. Wenn sich auch die Krone von England den größten Teil des 16. Jahrhunderts an kolonialen Unternehmungen desinteressiert zeigte, waren es schon sehr früh private Unternehmer, die zu Reisen in Richtung Westen aufbrachen. Schon zu Zeiten des Kolumbus suchten Seefahrer aus Bristol den Weg nach Ostasien. Aber erst unter Königin Elisabeth I. begannen Fahrten in größerem Stil.

Humphrey Gilbert und später sein Stiefbruder Walter Raleigh suchten nach einer Nordwestpassage und unternahmen erste Siedlungsversuche in der Neuen Welt. Mit den zunehmenden konfessionellen Spannungen in Europa nahm vor allem der Gegensatz zwischen England und Spanien immer mehr zu. Die englische Krone unternahm daher nicht nur nichts gegen die zunehmenden Fahrten von Freibeutern nach Amerika, sondern begann sie sogar zunächst insgeheim, später immer mehr offen zu fördern und sich schließlich daran sogar finanziell zu beteiligen, bis es zum Krieg kam. Überdies wurden die Weltmeere bei allen europäischen Kriegen der nächsten beiden Jahrhunderte zu einem beliebten Tummelplatz der Freibeuter und Handelsstörer.

Das portugiesische Kolonialreich

Fahrt von Cabral. Mit der Expedition unter Pedro Alvares Cabral beginnt Portugal mit dem Aufbau seines Handelsimperiums. Cabral läuft am 9. März mit dreizehn Schiffen und 1500 Mann Besatzung aus Lissabon aus, entdeckt unterwegs die Küste des heutigen Brasilien, verliert im Mai im Südatlantik in einem Sturm vier Schiffe, darunter jenes mit Kapitän Bartolomeu Dias an Bord, und erreicht im September Vorderindien.
März 1500–Juli 1501

Der Einbruch der Portugiesen in das Handelsmonopol der Araber und das harte Vorgehen der Portugiesen führen sofort zu kriegerischen Auseinandersetzungen.

Auf seiner zweiten Fahrt nach Indien, diesmal mit 20 Schiffen, errichtet Vasco da Gama an der Küste von Ostafrika den Stützpunkt Sofala und in Indien die Faktoreien Kananor und Kotschin.
1502–1504

Seeschlacht vor Kalikut. Eine Flottille von über 100 indischen und arabischen Fahrzeugen versucht das portugiesische Indiengeschwader abzufangen, wird aber von den rund 15 Schiffen unter Vasco da Gama, vor allen durch Geschützfeuer, fast vollständig aufgerieben.
1502

Seeschlachten vor Kalikut. Aus Portugal läuft ein Geschwader von neun Schiffen unter Afonso de Albuquerque nach Indien aus. Dort wird in Kotschin das erste Fort errichtet. Im Herbst 1503 fügt Albuquerque in drei Seeschlachten der Flotte von Kalikut in Stärke von jeweils über 100 Fahrzeugen schwere Verluste zu. Ein Gegenangriff des Samorins von Kalikut wird von dem Vizeadmiral der Portugiesen Pacheko verlustreich abgewiesen.
April 1503–1504

Rotes Meer. Die Flotte des letzten Sultans der Mameluken in Ägypten, Qansuh al-Ghauri (1500–1516) wird von den Portugiesen schwer geschlagen.
1504

Malabarküste. Ein Geschwader von 13 Schiffen unter Lopo Soares de Albergaria segelt nach Indien. Zunächst entsetzt es den vom Samorin von Kalikut hart bedrängten und von Duarte Pacheco Pereira heldenhaft verteidigten Stützpunkt Kotschin, nimmt eine Pfefferladung an Bord und vernichtet auf dem Rückweg vor Kalikut ein Geschwader, das arabische Kaufleute mit ihren Besitztümern an Bord gehabt hat. Die Kaufleute haben sich vor den Portugiesen in die Heimat absetzen wollen.
1504–1505

Indien. Der erste portugiesische Vizekönig für die Besitzungen in Indien, Francisco de Almeida (1505–1509), läuft mit 22 Schiffen und rund 2500 Mann, darunter 1500 Marinesoldaten, von Lissabon nach Indien aus. Im folgenden Jahr stößt sein Sohn Lorenço bis Ceylon vor.
März 1505

Ostafrika. Die Portugiesen erobern ohne großen Widerstand das für seinen Goldhandel aus dem späteren Rhodesien bedeutende Kilwa, anschließend wird auch Mombasa eingenommen.
1505

16. März 1506	**Seeschlacht bei Kananor.** An der Malabarküste, südlich von Kalikut, bringen die Portugiesen unter Lorenço Almeida der Flotte des Fürsten von Kalikut eine vernichtende Niederlage bei.
1507	**Oman.** Afonso de Albuquerque erscheint mit seinem Geschwader vor der Hafenstadt Maskat, versenkt die im Hafen liegenden Schiffe und richtet in der Stadt großen Schaden an. Mit der nun erzielten Rückenfreiheit wendet er sich gegen das noch bedeutendere Hormus.
1507	**Persischer Golf.** Der aus Europa mit seinem Geschwader von sechs Schiffen über Maskat kommende Albuquerque erobert den am Eingang des Golfs gelegenen, strategisch bedeutenden Stützpunkt Hormus. Schon im Jahr vorher hat er auf der Anreise die Insel Sokotra am Eingang zum Roten Meer erobert, die aber mangels Unterhaltsmöglichkeiten aufgegeben werden muß.
1508	**Oman.** Nach der Eroberung von Hormus und Maskat, gerät das ganze Land unter den Einflußbereich der Portugiesen, der sich schließlich bis Bahrein und Basra erstreckt.
März 1508	**Gefecht bei Dabul.** Die vereinigte indisch-ägyptische Flotte von zwölf großen Schiffen unter Amir Hussein (T) und zahlreichen indischen Galeeren unter dem russischen Renegaten Malik Ayaz besiegt südlich von Bombay ein portugiesisches Geschwader. In diesem Kampf fällt Lorenço Almeida.
3. Februar 1509	**Seeschlacht im Hafen von Diu.** Das portugiesische Indiengeschwader unter Francisco de Almeidas persönlicher Führung vernichtet die indisch-ägyptische Flotte und erringt damit endgültig die Seeherrschaft im Indischen Ozean. Sie ist in der Folge zwar nicht unbestritten, kann aber von Portugal über das ganze 16. Jahrhundert mit Erfolg verteidigt werden. Erst das Auftreten der Niederländer und Engländer macht ihr ein Ende. Für Almeida war es die persönliche Genugtuung, seinen Sohn gerächt zu haben.
1509	**Malakka.** Erstmals erscheint ein portugiesisches Geschwader von sechs Schiffen unter Diogo Lopes de Segueira vor der Handelsmetropole in der Straße von Malakka und legt dort ein Fort an. Die Malaien zerstören jedoch nach Abfahrt des Geschwaders die zwei dort liegenden Schiffe und das Fort. Der erste Versuch, den Seeweg zu den Molukken zu öffnen, ist für die Portugiesen gescheitert.
Dezember 1509	**Vizekönig.** Almeida übergibt nach der Seeschlacht bei Diu die Regentschaft an den neuen Vizekönig Afonso de Albuquerque (1509–1515). Dieser beginnt sofort seinen Plan, Südasien mit einem Netz von Stützpunkten zu überziehen, in die Tat umzusetzen.
3. Jänner 1510	**Malabarküste.** Ein Angriff von Albuquerque auf den wichtigen Handelsstützpunkt Kalikut scheitert. Noch im selben Jahr gelingt aber die Eroberung von Goa, das zum Zentrum der portugiesischen Besitzungen in Indien bis nach dem Zweiten Weltkrieg wird.
August 1511	**Einnahme von Malakka.** Albuquerque kommt mit seinem Indiengeschwader zu der Handelsstadt und kann sie nach einem blutigem Kampf erobern. Portugal kontrolliert von dort die Seewege von China und den Gewürzinseln nach dem Indischen Ozean. Das Flaggschiff von Albuquerque, die >Flor de la Mar<, erleidet bei der Rückfahrt Schiffbruch. Der Admiral kann sich gerade noch retten, die reichen Schätze auf dem Schiff gehen aber unter und werden erst im 20. Jahrhundert wieder gefunden.

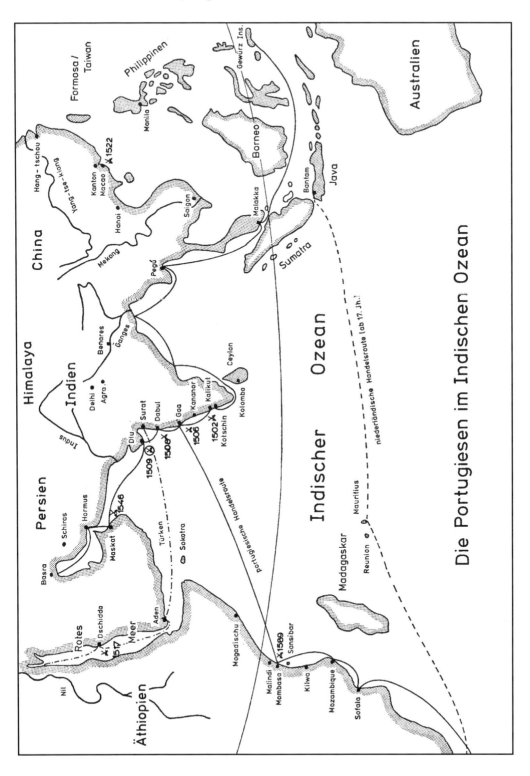

Februar 1513	**Rückschlag bei Aden.** Ein Geschwader der Portugiesen mit 20 Schiffen und 2500 Soldaten an Bord unter Albuquerque versucht den Schlüssel zum Roten Meer zu erobern. Der Angriff scheitert an den Festungsmauern und am erbitterten Widerstand der Araber. Der Eingang zum Roten Meer bleibt daher unter der Kontrolle der Araber und später der Osmanen.
1513	**Marokko.** Die Portugiesen erobern an der Atlantikküste mit starken Land- und Seestreitkräften die Stadt Azemmour, südlich vom heutigen Casablanca. Sie legen dort ein großes Fort an. Trotzdem muß die Stadt zusammen mit Safi 1542 wegen der ständigen Angriffe der Mauren wieder geräumt werden.
1513–1514	**Molukken.** Die Portugiesen nehmen den direkten Handelsverkehr mit den Gewürzinseln auf. Ihr Versuch, auch in China Fuß zu fassen, scheitert jedoch zunächst. Erst 1557 können sie in Macao eine Faktorei errichten.
16. Jh.	**Insulinde.** Der Handelsverkehr mit der Inselwelt geht nicht ohne Kämpfe mit den lokalen Fürstentümern ab. Im Jänner 1513 vernichten die Portugiesen mit einem Geschwader von 13 Schiffen unter Fernando Peres de Andrade eine große Flotte von Kriegsdschunken vor Malakka, 1514, 1518, 1538, 1551 und 1572–1573 sind sie in weitere Kämpfe mit den Flottillen der Einheimischen verwickelt.
1515	**Marokko.** Die Portugiesen erobern mit einer Flotte von 200 Schiffen und starken Landungstruppen den Küstenort Mamora an der Atlantikküste. Von dort soll ein Vorstoß nach der marokkanischen Königsstadt Fez unternommen werden, der jedoch nie ausgeführt wird.
März 1515	**Zweite Eroberung von Hormus.** Der örtliche Sultan hat die Portugiesen vertrieben und droht nun selbst unter persische Herrschaft zu gelangen. Albuquerque erscheint deshalb mit einem Geschwader von 27 Schiffen und 3000 Soldaten vor der Inselstadt. Er bringt sie endgültig in portugiesischen Besitz und errichtet ein starkes Fort. Auf dem Rückweg erfährt der bereits vor Hormus erkrankte Albuquerque von seiner Ablösung durch Lopo Soares de Albergaria und stirbt im Hafen von Goa.
1517	**Rotes Meer.** Der Versuch der Portugiesen, die Hafenstadt von Mekka, Dschidda, von See aus zu erobern, wird von den Arabern verlustreich abgewiesen.
1517	**China.** Ein portugiesisches Geschwader von sieben Schiffen unter Fernando Peres de Andrade besucht mit reicher Ladung aus Indien die Hafenstädte Kanton, Amoy, Futschau und Ningpo. Mit diesem Geschwader kommt auch der Gesandte für den Kaiserhof, Tomé Pires, nach Kanton.
1521	**China.** Ein zweites Geschwader der Portugiesen unter Simon Peres de Andrade kommt nach Kanton. Sein arrogantes Verhalten verärgert die Chinesen so sehr, daß sie mit ihren Kriegsdschunken sein Geschwader angreifen und bis auf drei Schiffe, mit denen Andrade entkommt, vernichten.
1521	**Molukken.** Die Portugiesen errichten auf der Insel Ternate ein Fort und eine Handelsfaktorei. Weitere Faktoreien werden kurz darauf auf Amboina und Lontar sowie auf Neira in den Bandas errichtet. Von diesen Stützpunkten aus wird der Gewürzhandel nach Malakka kontrolliert.
1521/1522	**China.** Wegen ihres anmaßenden Auftretens werden alle Portugiesen von den Chinesen des Landes verwiesen, jeder Handelsverkehr wird verboten. In meh-

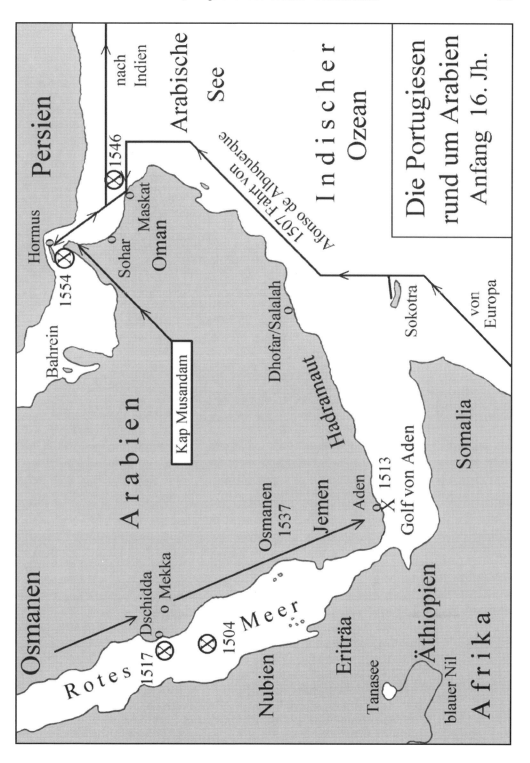

reren Gefechten mit den Dschunkengeschwadern der Chinesen ziehen die Portugiesen den kürzeren.

1523 (1524?) **Seeschlacht vor Kananor.** Ein Geschwader der Portugiesen unter Lope Vas de Sampaio und das Geschwader des Samorin von Kalikut unter Kutti Ali liefern sich einen unentschiedenen Kampf. Kutti Ali beschießt anschließend das portugiesische Fort bei Kotschin.

1526 **Straße von Malakka.** Der aus seiner Hauptstadt vertriebene Sultan von Malakka errichtet einen neuen Regierungssitz auf der Insel Bitan im Riau Archipel am Südausgang der Straße von Malakka. Ein Geschwader der Portugiesen vernichtet diesen Stützpunkt und bereitet dadurch der Herrschaft des Sultans ein Ende.

1. Hälfte 16. Jh. **Osmanen.** Sie erobern Ägypten (1514–1517), Mesopotamien (1534–1535) und schließlich Aden (1537) und stellen sowohl im Roten Meer als auch im Persischen Golf starke Galeerengeschwader auf. Dadurch gefährden sie für einige Zeit die Seeherrschaft der Portugiesen im Indischen Ozean und leiten wieder einen Teil des Handels aus Indien und dem Fernen Osten direkt in das Mittelmeer um.

1526 **Arabische Halbinsel.** Ein portugiesisches Geschwader aus Goa beschießt und erobert die Hafenstadt Dhofar, die dem Gouverneur von Maskat unterstellt wird.

1526 **Oman.** Ein Aufstand der Araber in Maskat wird von einem portugiesischen Geschwader unter Lope Vas de Sampaio blutig niedergeschlagen.

1528 **Gujarat.** Der Vizekönig Lope Vas de Sampaio (1526–1529) vernichtet mit seinem Indiengeschwader die Flotte des Fürsten von Cambay und ebnet dadurch den Weg für die spätere Eroberung von Diu.

1529 **Indien.** Der neue Vizekönig für Indien, Nuño da Cunha (1529–1538), Sohn von Tristão da Cunha, segelt mit einer starken Flotte von Portugal nach Ostindien. Auf dem Hinweg erobert er Mombasa als weiteren Stützpunkt für die Ostindienflotten. Im folgenden Jahr vereinigt er sein Geschwader mit dem seines Vorgängers Sampaio und verlegt den Regierungssitz von Kotschin nach dem besser geeigneten Goa.

1531 **Indien.** Nuño da Cunha kann die Hafenstädte Daman, Mangalore, Paté und Patan erobern.

1534 **Gujarat.** Die Mongolen unter Babur erobern Delhi und begründen im nördlichen Indien die Moghul-Dynastie. Der Fürst von Cambay fürchtet ein weiteres Vordringen nach Süden und wendet sich an die Portugiesen um Hilfe. Diese dürfen in Diu ein Fort errichten, erwerben dann die ganze Stadt, deren Hafen der wichtigste Stützpunkt für den Handel nach dem Inneren von Asien wird.

30. Jänner 1538 **See- Landschlacht am Golf von Mannar.** Die Flotte des Samorins von Kalikut soll einen den Portugiesen feindlichen König bei der Machtergreifung unterstützen. Sie liegt in Stärke von über 50 großen Schiffen im Golf zwischen der Südspitze von Indien und der Insel Ceylon. Das portugiesische Indiengeschwader unter Martin Afonso de Sousa greift an, bevor der Großteil der Schiffe der Inder in See stechen kann. Nach erbitterter Gegenwehr erobern die Portugiesen ein Drittel der Schiffe, ein weiteres Drittel und das Lager an der Küste wird von Landungstruppen vernichtet und rund 400 Kanonen werden erobert.

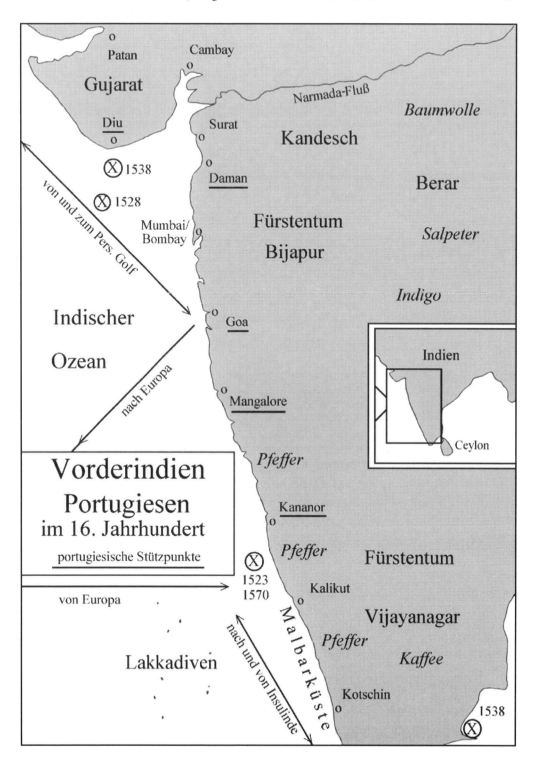

2. November 1538	**Gefecht vor Diu.** Die Portugiesen wehren den Angriff eines Geschwaders der Osmanen unter Sulaiman Pascha ab und überstehen auch dessen Belagerung.
1541	**Rotes Meer.** Vizekönig Estevao da Gama (1540–1542), Sohn von Vasco da Gama, unternimmt mit der Flotte einen Vorstoß in das Rote Meer. Das Geschwader der Osmanen im Roten Meer weicht dem Kampf aus und zieht sich nach Suez zurück. Ein beabsichtigter Angriff von da Gama auf diesen Hafen wird von den Türken rechtzeitig erkannt und kommt daher nicht zur Ausführung. Es ist jedoch der letzte Vorstoß der Portugiesen in das Rote Meer. Dort und im Persischen Golf behalten die Osmanen die Seeherrschaft.
1542	**Molukken.** Ein spanisches Geschwader unter Ruy Lopes de Villalobos erreicht von Mexiko aus die Gewürzinseln und setzt sich auf Tidore fest. Ein erster Versuch der Portugiesen, die Konkurrenten zu vertreiben, schlägt fehl. Erst nach drei Jahren müssen die Spanier, ohne Nachschub aus Amerika, kapitulieren.
1542	**Japan.** Die Portugiesen nehmen den Handel mit dem Inselreich über die Hafenstadt Kagoshima auf.
1544	**Gefecht vor Kyushu.** Ein Geschwader der Portugiesen trifft vor Japan ein, um den Handel mit diesem Land weiter auszubauen. Ein Dschunkengeschwader von chinesischen Händlern versucht die Portugiesen zu vertreiben und erleidet vor allem durch deren Artillerie eine schwere Niederlage. Die Chinesen wagen sich daraufhin nicht mehr mit ihren Dschunken nach Japan.
1545	**China.** Die Portugiesen werden von den Chinesen auch aus den Hafenstädten Amoy, Futschau und Ningpo vertrieben.
1546	**Oman.** In einem Seegefecht wird der Angriff eines türkischen Geschwaders auf den Hafen Maskat von den Portugiesen abgewiesen.
1549	**Gujarat.** Ein Geschwader der Osmanen aus dem Persischen Golf belagert ein zweites Mal den portugiesischen Hafen von Diu und wird erneut abgewiesen.
1551	**Oman.** Ein türkisches Geschwader von mehr als 20 Galeeren unter Piri Reis erobert nach mehrmonatiger Beschießung und Belagerung die Hafenstadt Maskat. Piri Reis blockiert dann auch Hormus und kontrolliert damit die Einfahrt in den Persischen Golf.
1553	**Gefecht bei Maskat.** Das portugiesische Indiengeschwader unter Diego de Noronha schlägt das türkische Golfgeschwader von 15 Galeeren und erobert Maskat zurück. Im selben Jahr zerstört ein portugiesisches Geschwader unter Duarte de Minzes die Hafenstadt Sohar am Golf von Oman.
1554	**Seeschlacht bei Kap Musandam.** Die Portugiesen treffen mit einem verstärkten Geschwader auf das ebenfalls verstärkte türkische Geschwader unter Sidi Ali bin Hussein. Nach zwölf Stunden Kampf haben die Portugiesen sechs Galeeren erobert und den Rest in die Flucht geschlagen. Die Portugiesen beherrschen damit wieder die Straße von Hormus.
ab 1554	**Osmanen.** Schon seit der Seeschlacht bei Prevesa (1538) verlegen die Türken den Schwerpunkt ihrer Offensive zur See in das Mittelmeer. Nach den letzten Rückschlägen im Indischen Ozean überlassen sie den Portugiesen dort wieder die Seeherrschaft. Der Handelsweg durch das Rote Meer nach Ägypten bleibt jedoch in der Hand der Osmanen.

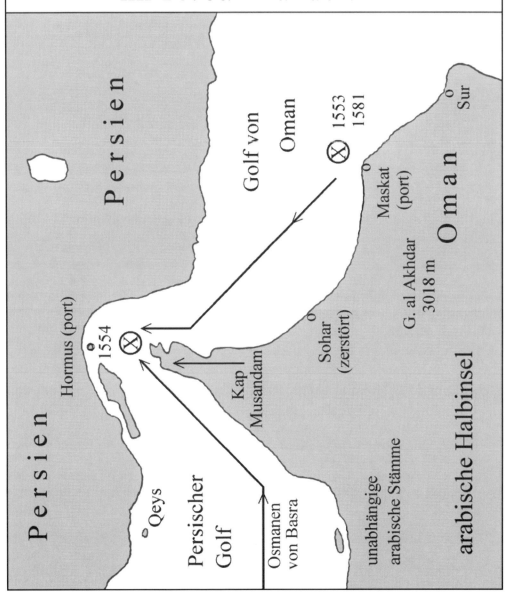

1555	**Schiffbau in Indien.** Feuer vernichtet das portugiesische Geschwader von zwölf Schiffen im Hafen von Goa. Für den Küstenverkehr zwischen den Stützpunkten der Portugiesen von Diu bis Malakka (Feederdienste) werden schließlich Schiffe in Indien gebaut und neben den portugiesische Schiffsführern meist von Asiaten bemannt. Es sind vorwiegend kleinere und schnellere Schiffe als die großen Ostindienfahrer aus Portugal.
1556	**Schiffbruch.** Ein türkisches Geschwader unter Ali Pascha läuft aus Basra zum Angriff auf die portugiesischen Stützpunkte an der Malabarküste aus. Es strandet aber an der Küste der Halbinsel von Gujarat und muß von der Besatzung aufgegeben werden.
1557	**China.** Gründung des Handelsstützpunktes und der Stadt Macao. Nach langen Verhandlungen erhalten die Portugiesen von China die Erlaubnis zur Errichtung dieses Handelszentrums auf einer Insel an der Mündung des Perlflusses unterhalb von Kanton.
1569	**Seeschlacht vor der Malabarküste.** Die Flotte des Herrschers von Kalikut unter dem Admiral Kunjali III. vernichtet ein portugiesisches Geschwader von 36 zum Teil starken Schiffen unter Dom Martino di Miranda, der seinen Verwundungen erliegt.
1570	**Seeschlacht bei Kananor.** Ein portugiesisches Geschwader von 50 Schiffen unter de Menezes vernichtet ein Geschwader der Inder, dessen Führer Kutti Pokker fällt, nachdem er das belagerte Chaul mit Nachschub versorgt hat.
1571	**Gefecht vor Malakka.** Der Sultan von Atjeh/Acheh, in Nordsumatra, will mit seiner Flotte den Stützpunkt Malakka angreifen, wird aber vom portugiesischen Wachgeschwader gestellt und erleidet ein schwere Niederlage.
1576	**Molukken.** Fall von Ternate. Das Fort der Portugiesen ist schon mehrfach vom örtlichen Sultan angegriffen worden, kann aber jedes Mal von einem Geschwader aus Malakka entsetzt werden. In diesem Jahr hält es Sultan Babullah unter enger Blockade, das Entsatzgeschwader geht in einem Sturm verloren und die Besatzung muß schließlich kapitulieren. Bei der Ankunft der Niederländer zu Beginn des folgenden Jahrhunderts haben die Portugiesen in den Molukken keinen festen Stützpunkt mehr.
22. September 1581	**Oman.** Der türkische Kapitän Mir Ali Bey greift mit nur drei Galeeren das portugiesische Maskat an und plündert die Stadt, die er bereits nach 24 Stunden fast ohne Verluste wieder verläßt.
1585	**Ostafrika.** Mir Ali Bey erobert mit einem Geschwader von Galeeren den starken portugiesischen Stützpunkt Mogadischu und einige weitere Plätze. Im folgenden Jahr kann er außer Malindi, Patta und Kilidi alle port. Stützpunkte an der Küste von Ostafrika nördlich von Madagaskar erobern. Das starke Mombasa unterstellt sich kampflos den Türken.
1589	**Ostafrika.** Im Jahr 1588 strandet ein portugiesisches Geschwader auf dem Weg nach Ostafrika an der Südküste der arabischen Halbinsel. In diesem Jahr gelingt den Portugiesen die Rückeroberung der meisten verlorenen Plätze. Das Geschwader von Mir Ali Bey wird in Mombasa blockiert, ein Aufstand der Einheimischen zwingt die Türken zur Flucht. Nur diejenigen, die sich auf die Schiffe der Portugiesen flüchten, darunter Mir Ali, entkommen dem Gemetzel an Land. Die Türken unternehmen keinen weiteren Vorstoß nach Ostafrika.

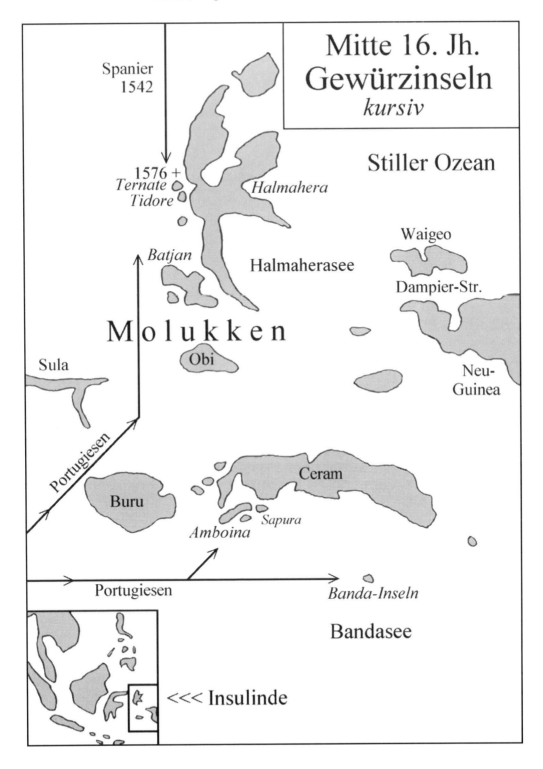

15./16. Jh.	**Brasilien** wird nach seiner Entdeckung durch Cabral (1500) zunächst nur als Versorgungsstation für die Geschwader auf dem Weg nach Ostindien genutzt.
1530	Die portugiesischen Brüder Sousa unternehmen die erste etwas eingehendere Erkundung der nach dem Vertrag von Tordesillas (1494) zu Portugal fallenden Küstengebiete. Es beginnt dann auch die wirtschaftliche Erschließung der Kolonie.
1549	Die Stadt Bahia/San Salvador wird gegründet. Sie bleibt bis zum Jahr 1763 die Hauptstadt des Landes.
1. Hälfte 16. Jh.	Die **Franzosen** betreiben Handel mit den Eingeborenen von Brasilien. Als sie zur Besiedlung übergehen, treffen sie auf den erbitterten Widerstand der Portugiesen.
1555	Zwei französische Schiffe unter Admiral Coligny bringen 600 französische Hugenotten in die Bucht von Rio de Janeiro, wo deren Anführer, der Malteserritter Villegaignon eine Ansiedlung gründet, die „La France Antarctique" genannt wird.
15. März 1560	Ein portugiesisches Geschwader von zwei großen und acht keinen Schiffen unter dem Gouverneur Mem de Sá bringt Landungstruppen in die Bucht von Rio, die das französische Fort Coligny erstürmen und an dessen Stelle das spätere Rio de Janeiro gründen.
1580	Durch die Personalunion von Spanien und Portugal unter König Philipp II. werden die portugiesischen Kolonien ebenfalls in die Kämpfe Spaniens gegen die aufständischen Niederlande und gegen England hineingezogen.

Das spanische Kolonialreich

	Ohne nennenswerten Widerstand erfolgen die ersten Städtegründungen der Spanier in Westindien mit Santo Domingo (1496) auf Hispaniola/Haiti, Nombre de Dios (1510) und Darien (1510) in Mittelamerika sowie Santiago de Cuba (1514).
1510/1511	**Amerika.** Die eroberten Gebiete werden in Encomiendas (Latifundien) zur Bewirtschaftung aufgeteilt. Zur Unterstützung der indianischen Arbeiter auf den Plantagen werden Sklaven aus Afrika importiert. Auf Betreiben von Pater Bartholomeo de Las Casas werden Schutzgesetze für die Indianer und Schwarzen erlassen, an die sich aber fast niemand hält.
1519–1521	**Eroberung von Mexiko.** Hernan Cortés startet im Februar 1519 von Kuba mit elf Schiffen, etwa einem Dutzend Kanonen, 16 Pferden und 600 Soldaten.
25. März 1519	An der Küste von Yukatan wehrt Cortés den Angriff einer großen Zahl Indianer erfolgreich ab.
	Im April gehen die Spanier beim heutigen Vera Cruz an Land und beginnen vier Monate später den Vormarsch in das Landesinnere. Der Bericht, daß Cortés die Schiffe verbrannt habe, um keinen Gedanken an Umkehr aufkommen zu lassen, ist nicht belegt.
Mai–August 1521	Zur Eroberung der mitten in einem großen See liegenden Hauptstadt Tenochtitlan/Mexiko läßt Cortés eine Flottille von 13 Brigantinen, zum Rudern und Segeln eingerichtet, mit je einer Kanone bestückt, erbauen. Mit diesen Schiffen vernichtet er im Mai die rund 1500 (?) Kriegskanus zählende Flotte der Azte-

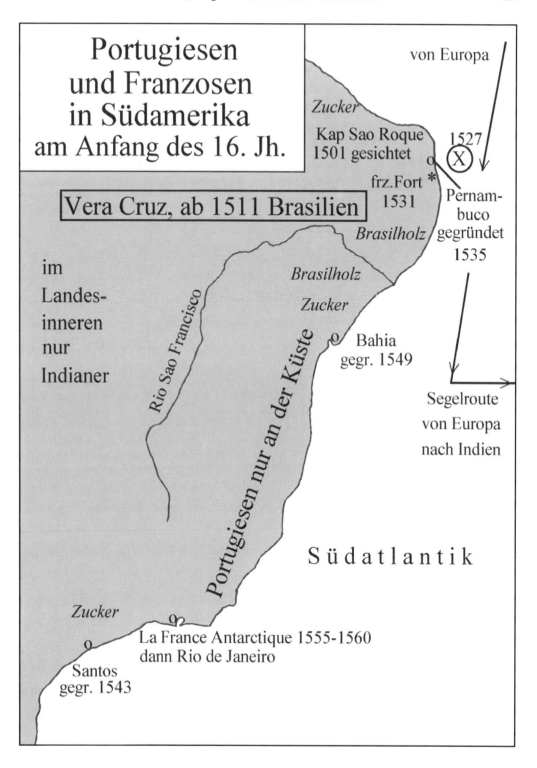

ken und erobert damit die Seeherrschaft um die Stadt. Nach Straßenkämpfen von zwei Monaten wird diese, von der Umwelt abgeschnitten, erobert. Nach Cortés eigenen Angaben waren die Brigantinen der Schlüssel zum Erfolg.

Jänner 1531 **Inkareich.** Nach zwei Erkundungsfahrten von Panama die Küste des Stillen Ozeans entlang nach Süden startet Francisco Pizarro mit 180 Mann und 27 Pferden zur Eroberung des Inkareiches. Bis 1534 erobert er fast das ganze Reich und gründet 1535 die zukünftige Hauptstadt Lima. Pizarro läßt 1538 seinen Rivalen Almagro, den Eroberer von Bolivien, töten, wird aber selbst von dessen Anhängern 1541 ermordet.

März 1536 **Rio de la Plata.** Eine Expedition aus Spanien unter Pedro de Mendoza gründet ein erstes Mal das heutige Buenos Aires. Die Siedlung wird jedoch bald wieder aufgegeben und weiter oberhalb am Rio Paraguay die Stadt Asunción gegründet. 50 Jahre später erfolgt erneut die Gründung von Buenos Aires.

1565 **Florida.** Der Spanier Pedro Menéndez de Avilés wird zum Gouverneur der Halbinsel ernannt. Seine Hauptaufgabe ist, den dort von französischen Hugenotten errichteten Stützpunkt, von dem auch Kaperfahrten nach Westindien unternommen werden, auszuschalten. Er läuft am 29. Juni mit zehn Schiffen und 1500 Mann von Cádiz aus, errichtet das Fort Augustin (heute ältestes Siedlungsdenkmal in den USA), vertreibt die französische Flottille nach kurzem Gefecht und erstürmt am 20. September die französische Ansiedlung. Alle Gefangenen werden als Piraten niedergemacht. Drei Jahre später nehmen die Franzosen Revanche, indem ein Geschwader den spanischen Stützpunkt San Mateo auf Florida zerstört und die Gefangenen ebenfalls umbringt.

ab Mitte 16. Jh. **„Silbergeleite".** Gegen die ständigen Angriffe von Freibeutern auf ihre Schiffe, die Edelmetalle aus Westindien nach Spanien transportieren, richten die Spanier einen jährlichen Geleitdienst, die „Armada Real", ein. Diese Geleitzüge sind ein beliebtes Angriffsziel in den Kriegen der kommenden Jahrhunderte. Für die Organisation und die Verteidigung der Geleite, vor allem in Westindien, macht sich Menéndez de Avilés verdient.

September 1568 **Gefecht vor San Juan d'Ulloa.** Der Engländer John Hawkins wird bei seinem dritten Freibeuterzug nach Westindien von einem spanischen Geschwader vor der Küste von Mexiko gestellt und verliert nach hartem Kampf sein Flaggschiff ›Jesus von Lübeck‹ (700), kann aber auf einem kleinen Schiff mit Mühe entkommen.

Mai 1572– August 1573 **Westindien.** Der Engländer Francis Drake unternimmt seine dritte Fahrt nach Westindien mit zwei kleinen Schiffen. Er plündert den spanischen Handelsstützpunkt Nombre de Dios und kehrt mit reicher Beute heim.

16. Jh. **Die Spanier in der Südsee.** Nach der Entdeckung durch Balboa (1513) beginnen bald die ersten Erkundungsfahrten, die zur Eroberung des Inkareiches im heutigen Peru und Ekuador und der Eroberung von Chile führen. Hauptwerft für das spanische Südseegeschwader wird Guayaquil, wo 1557 die ersten Galeeren, später auch größere Galeonen, zum Handelsschutz gebaut werden, denn von Callao nach Panama laufen die Schiffe mit der reichsten Silberladung von den Minen im Vizekönigreich Peru. Sie werden ab der zweiten Hälfte des 16. Jahrhunderts das Angriffsziel der Schiffe von England und den Niederlanden und unabhängiger Freibeuter/Piraten (die Unterscheidung ist oft schwer).

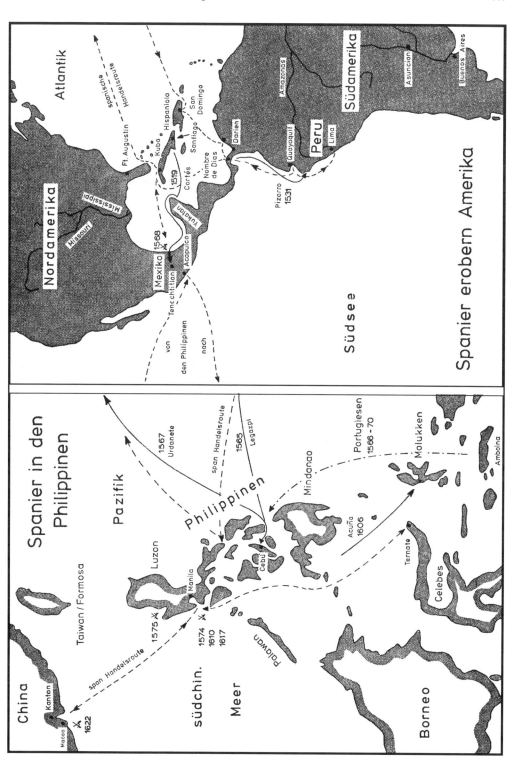

Februar 1565	**Spanien annektiert die Philippinen.** Nach Magalhães' erster Fahrt über den Stillen Ozean unternehmen die Spanier Loyasa, Saavedra und Villalobos von Neuspanien aus Fahrten zu den Philippinen, die aber alle erfolglos bleiben. Der Vizekönig von Mexiko organisiert darauf ein sorgfältig geplantes Unternehmen unter Manuel López de Lagaspi und dem Navigator Urdañete. Sie laufen im November 1564 mit den Schiffen >San Pedro< (500), >San Pablo< (300), >San Juan< (80) und >San Lukas< (40) aus Acapulco aus, erreichen nach 74 Tagen die Philippinen und gründen auf der Insel Cebu die erste Stadt.
In den nächsten Jahren müssen Angriffe der Portugiesen von den Molukken und der mohammedanischen Sultanate auf Mindanao abgewehrt werden.
Juni–Oktober 1567	**Segelroute.** Urdañete kehrt mit dem Flaggschiff nach Neu-Spanien zurück und entdeckt die von Winden begünstigte Ostroute über den nördlichen Pazifik zwischen 32 und 38 Grad nördlicher Breite.
1571	**Philippinen.** Legaspi gründet auf der Insel Luzon die neue Hauptstadt Manila. Diese Stadt wird auch der Umschlagplatz für den Handel zwischen China und Spanien über Mexiko, da der Weg durch den Indischen Ozean von den Portugiesen versperrt ist. Legaspi organisiert ab 1572 die jährliche Handelsverbindung zwischen Manila und Acapulco, wobei Silber aus den Minen in Amerika gegen chinesische Seide und Porzellan ausgetauscht wird.
November 1574	**Seeschlacht bei Manila.** Der chinesische Piratenführer Li-Ma-Hong versucht auf den Philippinen eine eigene Herrschaft aufzurichten. Er greift den spanischen Stützpunkt Manila mit 60 Dschunken und 2000 Mann an und kann vom dortigen Truppenführer Juan de Salcedo nur mit Mühe abgewiesen werden. Li-Ma-Hong errichtet daraufhin einen befestigten Stützpunkt im nördlichen Luzon.
Juli–August 1575	**Philippinen.** Salcedo greift den Stützpunkt von Li-Ma-Hong mit seinem Geschwader an und vernichtet dessen Streitkräfte in mehrtägigen Kämpfen.
13. Dezember 1577–26. September 1580	**Seezug und Weltumsegelung von Francis Drake.** Drake läuft von Plymouth mit fünf Schiffen, der >Pelican< (100) F, >Elisabeth< (80), >Marygold< (30), >Swan< (50) und >Christopher< (15) aus. Sein Ziel ist der Angriff auf den spanischen Schiffsverkehr an der Westküste Südamerikas. In den Stürmen vor der Magellan-Straße kehrt die >Elisabeth< um, die übrigen kleinen Schiffe gehen verloren. Drake ändert den Namen seines Flaggschiffes auf >Golden Hind<, läuft im September 1578 in die Südsee ein und plündert auf dem Weg nach Norden die spanischen Hafenplätze. Er macht zwei Prisen mit reicher Ladung, vor allem die >Cacafuego< führt eine große Menge an Gold und Silber an Bord. Drake segelt dann weiter nach Norden bis zum 48. nördlichen Breitengrad (Breite des heutigen Oregon) und beginnt die Rückfahrt über den Stillen Ozean nach Westen, da er mit einer Überwachung der Magellan-Straße durch die Spanier rechnet. Er erreicht im November 1579 die Palau-Inseln, im März 1580 Java, passiert im Juni das Kap der Guten Hoffnung und erreicht mit seiner Beute Plymouth.
Als Folge des Zuges von Drake errichten die Spanier in der Magellan-Straße eine befestigte Siedlung unter Pedro Sarmiento, die aber aus Mangel an Nachschub zugrunde geht.

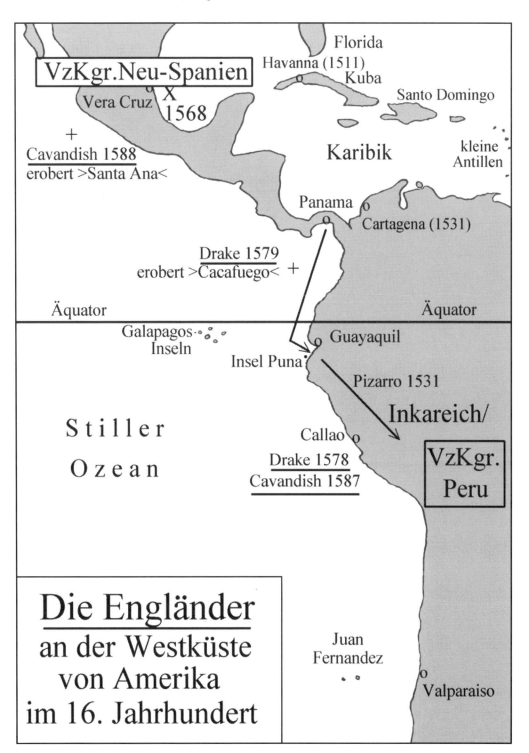

Dezember 1582 **Nachtgefecht.** Vor der Küste Brasiliens trifft ein englisches Geschwader von drei Schiffen unter Kapitän Edward Fenton auf drei spanische Schiffe. In einem Nachtgefecht wird eines der spanischen Schiffe versenkt.

September 1585– **Karibik.** Drake unternimmt einen halboffiziellen Seezug nach Westindien. Mit
Juli 1586 Martin Frobisher als Vizeadmiral, 25 Schiffen und über 2000 Mann plündert er auf der Hinreise den spanischen Hafen Vigo, erobert und erhebt Kontribution in Santo Domingo auf Hispaniola, hat den gleichen Erfolg in Cartagena und kehrt über Florida und Virginia mit reicher Beute zurück.

1587–1588 **Weltumsegelung.** Thomas Cavendish (E) erscheint mit drei Schiffen an der Westküste von Südamerika, erobert eine Reihe kleiner spanischer Schiffe, zerstört die Stadt Puna bei Guayaquil und erobert schließlich vor Mexiko die von den Philippinen kommende, reich beladene Galeone >Santa. Ana< (700), bevor er seine Reise über den Stillen Ozean und um das Kap der Guten Hoffnung fortsetzt. Im Herbst 1588 trifft er wieder in England ein.

Mittel- und Westeuropa im 16. Jahrhundert (Reformation)

Drei Faktoren waren für die zahlreichen Kriege, die in ständig wechselnden Allianzen im 16. Jahrhundert in Europa geführt wurden, verantwortlich:
1. die Auseinandersetzung um die Hegemonie in Europa zwischen dem Spanien unter Kaiser Karl V. und Frankreich unter König Franz I. und dessen Nachfolgern;
2. der schließlich gescheiterte Versuch von Kaiser Karl V., der Kaiserwürde den von Karl dem Großen hergeleiteten Vorrang vor den anderen Königen und Fürsten wieder zu verschaffen;
3. die Reformation und die darauf folgende Aufspaltung von Europa in einen protestantischen Norden und einen katholischen Süden.

Soweit diese Kriege den Mittelmeerraum betrafen, wurden sie bereits geschildert. In einem, wenn auch geringerem, Maße haben sie aber auch zu kriegerischen Auseinandersetzungen in den Gewässern um und an den Küsten von West- und Nordeuropa geführt.
Frankreich war in den letzten Jahrhunderten traditionell der Freund von Navarra und Kastilien, aber der Feind von Aragon aufgrund der Überschneidung der Interessen im Mittelmeer. Nach der Vereinigung der beiden großen Königreiche auf der Iberischen Halbinsel zum Königreich **Spanien** und dem Tod von Isabella von Kastilien (1504) benutzte Ferdinand von Aragon die erste Gelegenheit, sich in den Besitz des strategisch wichtigen **Navarra** zu setzen. Das mit Navarra verbündete Frankreich wurde durch ein Bündnis von Spanien mit König Heinrich VIII. (1509–1547) von England neutralisiert. Als Ferdinand in Navarra einmarschierte, schickten die Engländer Hilfstruppen nach Spanien und die Flotte unternahm Angriffe auf die französische Küste.
Die **Kriege zwischen Spanien und Frankreich** dauerten mit Unterbrechungen von 1521 bis 1559 (Friede von Cateau-Cambrésis) und spielten sich vorwiegend im Mittelmeer und auf Hoher See ab. Nach einem kurzen Zwischenfrieden flammten die Kämpfe nach der Ermordung zweier Gesandter von Frankreich (1541) in Norditalien erneut auf. König Heinrich VIII. griff wieder auf der Seite Spaniens gegen Frankreich ein, das wie so oft die Schotten gegen die Engländer unterstützte. Die Engländer griffen mit der Eroberung von Boulogne auf dem Festland an, ihre Flotte kam mehrfach mit der französischen Flotte ins Gefecht. Der Friede von Crepy 1544 unterbrach den Krieg nur ganz kurz. Frankreich holte nach dem Verlust von Boulogne Verstärkung von der Mittelmeerflotte nach dem Norden und machte den Engländern 1545 die Seeherrschaft im Ärmelkanal mit Erfolg streitig, konnte diesen Vorteil aber auf Dauer nicht nutzen. Die Kräfteverschiebung vom Mittelmeer in den Ärmelkanal war durch die Übereinkunft mit den Osmanen ermöglicht, deren Flotte in diesen und den folgenden Jahren im westlichen Mittelmeer operierte [siehe Kapitel „Die Seekriege im Mittelmeer (15. und 16. Jh.)].
Ein Jahr nach ihrem Regierungsantritt heiratete Königin Maria I. die Katholische (1553–1558) von England den Thronfolger Philipp von Spanien. Als das spanische Geschwader mit Philipp an Bord im Kanal erschien, erzwang der englische Lord High Admiral William Howard Lord Effingham mit einem scharfen Schuß den Flaggengruß und damit die Anerkennung der Hoheitsrechte über die Gewässer um England. Philipp kam dieser Aufforderung nach, um die Heirat nicht zu gefährden.
Nach der Thronbesteigung in Spanien als König Philipp II. erhielt er von England aktive Unterstützung im Kampf gegen Frankreich, die auch von Königin Elisabeth I. (1558–1603) nach dem Tod seiner Gemahlin Maria bis zum Frieden von Cateau-Cambrésis fortgesetzt wurde.

Der Krieg zwischen England und Frankreich lebte zwar in den folgenden Jahren mehrmals kurz auf, führte aber zu keinen bedeutenderen Kampfhandlungen mehr. Königin Elisabeth I. führte England dann in das Lager der Protestanten und entfernte sich so immer mehr von Spanien.

In diesen Kriegen zeigte sich erneut die Unbrauchbarkeit der Galeeren in den rauhen Gewässern vor den Küsten Westeuropas. England, später auch Frankreich und die Niederlande stützten sich daher in der Folge auf ihre Segelschiffe mit möglichst starker artilleristischer Bewaffnung. Diese Umstellung wurde von Spanien zu spät eingeleitet und trug zu den Rückschlägen in den nächsten Auseinandersetzungen bei.

Beim Kampf um die **Thronfolge in Portugal** war die spanische Flotte mit Erfolg im Atlantik tätig. Die Segelgeschwader bewährten sich bei der Eroberung der Azoren und trotzdem wurden noch immer die mannschaftsaufwendigen Galeeren gebaut und ausgerüstet.

Der 80 Jahre dauernde **Unabhängigkeitskrieg der Niederlande (1568–1648)** zerfällt in zwei Teile. Der erste Teil ist der bis zum Waffenstillstand 1609 dauernde Kampf um die nationale Souveränität. Der zweite Teil nach dem Ende des Waffenstillstands 1621 ist die Verteidigung dieser Unabhängigkeit bis zur Anerkennung durch Spanien im Westfälischen Frieden. Hier wird nun der erste Teil behandelt. Der zweite Teil wird im Rahmen des umfangreicheren Dreißigjährigen Krieges beschrieben.

Seit den Entdeckungsreisen und der Bildung großer überseeischer Kolonialreiche in Amerika, Indien und Insulinde durch Spanien und Portugal nahm der Seeverkehr gewaltig an Umfang zu. Große Segelflotten brachten die Reichtümer aus Übersee nach der Iberischen Halbinsel und wurden von dort über die in spanischem Besitz befindlichen Niederlande nach dem übrigen Europa weiter geleitet. Die anderen Nationen waren dabei von der Teilnahme an dem gewinnbringenden Überseehandel ausgeschlossen. Spanische Silberflotten liefen jedes Jahr aus Westindien kommend in Cádiz ein und die Gewürzflotten der Portugiesen aus Indien füllten die Lagerhäuser in Lissabon. Noch größer aber waren die Gewinne, die der Zwischenhandel den Niederländern einbrachte. Ihre Flotten besorgten im 16. Jahrhundert fast den ganzen Gütertransport von Spanien bis in die Ostsee als Nachfolger der deutschen Hanse. Weiterer Reichtum strömte in die Niederlande durch die ertragreiche Fischerei in der Nordsee.

Diesen blühenden und selbstbewußten Provinzen gewährte nun König Philipp II. keine konfessionellen und politischen Freiheiten. Dagegen begehrten sie nun unter der Führung des zunächst durchaus königstreuen Adels in zunehmendem Maße auf, bis es zur Revolution kam. Mit der Hinrichtung der Niederländer Egmont und Hoorne und 20 weiterer Adeliger 1568 begann der Kampf um die Unabhängigkeit der Niederländer, zunächst unter Wilhelm von Oranien, nach dessen Tod unter seinen Söhnen.

In diesem Kampf erlangte der Besitz der Seeherrschaft bald eine entscheidende Bedeutung. Zu Lande konnten die Spanier die Niederländer bald niederwerfen, aber zur See führten die niederländischen Freibeuter den Krieg von ihren Schlupfwinkeln auf den Inseln an der Nordsee, von England und von dem protestantischen La Rochelle weiter. Mit der Eroberung von Briel konnten sie den ersten wichtigen Stützpunkt auf eigenem Boden erringen und bald waren fast die ganzen Provinzen Holland und Seeland in ihrer Hand.

Sie wurden von den neuen Stadtverwaltungen auf eine solide finanzielle Basis gestellt. Dies war nur möglich, da im Schutze von bewaffneten Fahrzeugen der Seehandel bald wieder in normalen Bahnen lief. Diese Freibeuter und Kaperkapitäne, von den Spaniern verächtlich „Wassergeusen" (= Wasserbettler) genannt, bildeten den Rückhalt für den erfolgreichen Befreiungskampf. Bereits 1581 konnten sich die Nordprovinzen für unabhängig erklären. Der

Handel begann sich von den unter spanischer Kontrolle bleibenden Südprovinzen, von Flandern und Brabant, nach dem Norden zu verlagern.
Weitere Hilfe erhielten die Niederlande durch die zunehmende Entfremdung von Spanien und England. Elisabeth I. unterstützte, zunächst nur verdeckt, später immer offener die Niederlande, aber auch die protestantischen Hugenotten in Frankreich. Schließlich wurden die englischen Freibeuter bei ihren Fahrten nach Westindien mit königlichen Kaperbriefen (erst dann waren sie Freibeuter, vorher streng genommen Piraten) ausgestattet. Namen wie Drake, Hawkins und Frobisher wurden der Schrecken der spanischen Handelsschiffahrt rund um Amerika. Je deutlicher England sah, welcher Nutzen aus dem Handel mit Westindien zu ziehen war, desto mehr war es entschlossen, das spanische Handelsmonopol zu brechen. Dem spanischen Statthalter in den Niederlanden seit 1578, Alessandro Farnese, Herzog von Parma und Piacenza, war es mit der Eroberung von Antwerpen gelungen, den spanischen Halt in den Niederlanden zu festigen, und sogar eine gänzliche Unterwerfung schien nicht mehr ausgeschlossen. Deshalb glaubte König Philipp, genügend Rückenfreiheit zu haben, um eine Invasion in England vornehmen zu können. Äußerer Anlaß dazu war die Hinrichtung von Maria Stuart 1587 in England. Im Ärmelkanal traf die große Spanische Armada auf eine englische Flotte, deren Größe der Schiffe und Zahl der Marinesoldaten hoffnungslos unterlegen war, die sich aber aus diesem Grund auf ihre bessere artilleristische Bestückung stützte. Durch Vermeiden das Nahkampfs und ständiges Belästigen des Gegners mit Artillerieüberfällen wurde die spanische Flotte ins Verderben getrieben.
Durch den Zwang, ihre Handelsschiffe aus Westindien und nach den Niederlanden schützen zu müssen, waren die Spanier ständig in die Defensive gedrängt und mußten den Engländern daher das Gesetz des Handelns überlassen. Die Vereinigung von Spanien und Portugal in Personalunion ab 1580 brachte für Spanien eine weitere Kraftanstrengung und für England und die Niederlande neue Kolonialgebiete, in die sie ihre Seezüge unternehmen konnten. Der Indische Ozean wurde für sie dadurch geöffnet.
Unter König Heinrich IV. (1589–1610) von **Frankreich** wurde mit dem Edikt von Nantes (1598) der blutige Bürgerkrieg mit den Hugenotten beendet und Frankreich stieg schnell zu einer bedeutenden Macht auf. Nach dem Tod von Königin Elisabeth I. (1604) schloß deren Nachfolger, Jakob I. aus dem Hause Stuart, mit Spanien Frieden, das aber zu erschöpft war, um in den Niederlanden erneut die Initiative zu ergreifen. Die Niederländer andererseits sahen die Südprovinzen lieber unter dem fernen Spanien als womöglich in der Hand des aufstrebenden Frankreich. Somit waren die Voraussetzungen für einen Waffenstillstand, wenn schon nicht für einen Friedensschluß, zwischen Spanien und den Generalstaaten, wie sich die Nordprovinzen jetzt nannten, gegeben.
Auf **kulturellem Gebiet** wurde diese Zeit neben den Religionskämpfen durch die Wissenschaften, Philosophie, Literatur und Malerei bestimmt. Der Übergang von der Gotik zur Renaissance vollzog sich in den einzelnen Ländern unterschiedlich stark und unterschiedlich schnell. Im Deutschen Reich waren es Schloßbauten (Heidelberg), Rathäuser und Patrizierhäuser (Nürnberg, Rothenburg) und die „Weserrenaissance". In Frankreich dominierte der „Flamboyant-Stil, die eigentliche Renaissance findet man in den herrlichen Loire-Schlössern. In England zeigt sich die Renaissance im Tudor-Stil (Schloß Hampton Court).

Astronomie. Der Arzt und Domherr Nikolaus Kopernikus aus Thorn entwirft das heliozentrische Sonnensystem. Dadurch und durch die nun wieder bekannte Kugelgestalt der Erde wird die Nautik auf eine sicherere Basis gestellt. *1507*

1511	**Gefecht bei den Goodwin Sands.** Ein englisches Geschwader erobert die beiden schottischen Freibeuterschiffe >Lion< (36) und >Jennet Perwyn< (30), wobei der Befehlshaber der schottischen Flotte, Andrew Barton, fällt.
Mai 1512	**Biskaya.** Zur Unterstützung der verbündeten Spanier geleitet der englische Lord High Admiral Edward Howard mit seinem Geschwader spanische Truppentransporter mit englischen Hilfstruppen nach Nordspanien. Er kreuzt anschließend vor der Bretagne.
10. August 1512	**Gefecht vor dem Hafen von Brest.** Ein englisches Geschwader von rund 45 Schiffen unter Edward Howard kämpft ohne Entscheidung gegen ein französisches Geschwader von 39 Schiffen unter Jean de Thénouënel. Dabei fliegen die beiden Bord an Bord liegenden großen Schiffe >Regent< (E) und >Marie de Cordeliere< (F) in die Luft. Kapitän des letzteren war Hervé de Portzmoguer, dessen Name französisiert Primoguet lautet und nach dem zur Erinnerung die französische Marine fast immer ein Schiff mit seinem Namen besitzt.
25. April 1513	**Gefecht auf der Reede von Brest.** Howard greift die Franzosen unter Admiral Prégent de Bidoux, diesmal mit nur 24 Schiffen, erneut an. Gleich zu Beginn entert er ein feindliches Schiff, sein Schiff treibt ab, bevor die Entermannschft an Bord ist, die bereits an Bord Befindlichen fallen oder werden in das Meer geworfen. Nach dem Tod von Howard brechen die Engländer den Kampf ab (siehe Statistik im Anhang).
1514	**Ärmelkanal.** Der französische Admiral Prégent de Bidoux unternimmt einen Überfall an die Südküste Englands und verbrennt die Stadt Brighton, die damals noch Brighthelmstone heißt. Die Engländer führen anschließend einen Vergeltungszug gegen die französische Kanalküste durch.
1515	**Europa.** Die Heirats- und Erbverträge der Habsburger mit Böhmen und Ungarn sowie die Heirat von Erzherzog Philipp dem Schönen mit Johanna der Wahnsinnigen von Spanien schaffen das Weltreich der Habsburger.
1519	**Habsburger.** Die Wahl von Karl von Habsburg zum deutschen Kaiser und die Niederlage bei der Wahl durch Franz I. von Frankreich führt zu den Kriegen zwischen Spanien/Deutsches Reich und Frankreich um die Vorherrschaft in Europa.
1521	**Reformation.** Sie beginnt mit dem Anschlag der 95 Thesen von Martin Luther (Oktober 1517) gegen den Ablaßhandel der Kirche. Am Reichstag von Worms besteht Martin Luther gegenüber Kaiser Karl V. auf seinen Thesen und besiegelt dadurch die Spaltung der Christen in Katholiken und Protestanten. Den Protestanten schließen sich Preußen (1525), Hessen (1527), Schweden (1527), Ansbach (1528), Pommern (1534), Württemberg (1536), Dänemark (1536), Sachsen (1539) und Brandenburg (1539) an. Auf demselben Reichstag beginnt die Teilung der habsburgischen Länder zwischen Karl V. und seinem Bruder Ferdinand.
1523	**Schottland.** Frankreich schickt auf zwölf Schiffen Verstärkungen nach Norden. Ein englisches Geschwader tritt ihnen entgegen, erobert zwei der Schiffe und jagt die restlichen nach Frankreich zurück.
1523	**Ärmelkanal.** Ein englisches Geschwader schlägt ein französisches in die Flucht und verheert den Hafen von Tréport bei Dieppe. Im selben Jahr verheert der Graf von Surrey, Großadmiral von England, mit einem Geschwader die

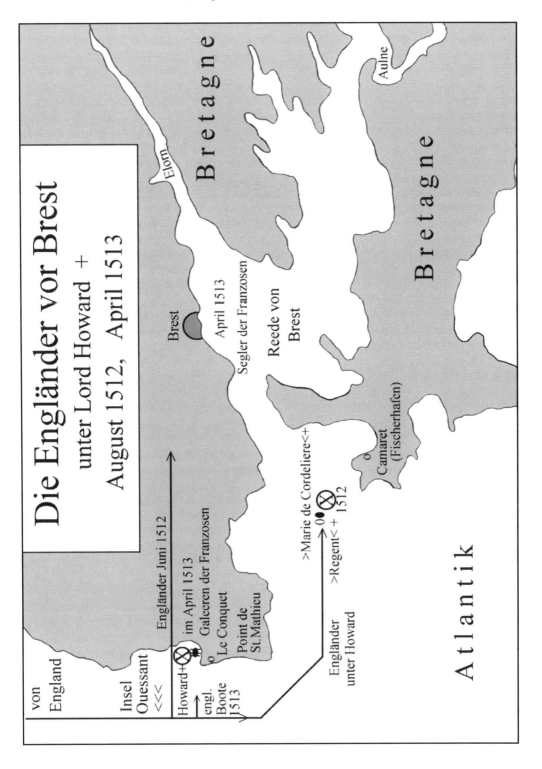

Küsten der Normandie und der Bretagne und deckt Truppenlandungen in Frankreich.

1525 **Deutsches Reich.** Der große Bauernkrieg breitet sich über ganz Süddeutschland, vom Oberrhein bis nach Oberösterreich, aus. Die Folge der Niederlage der Bauern ist die Leibeigenschaft bis in das 19. Jahrhundert.

1531 **Reformation.** In England wird der König als Oberhaupt der Kirche anerkannt. Dies wird vom Parlament 1534 bestätigt und führt zur Anglikanischen Kirche. Der bisherige große Besitz der Kirche wird verkauft.

1543 **Biskaya.** Ein französisches Geschwader treibt von den spanischen Küstenplätzen in Kantabrien Kontributionen ein, es passiert dabei den Kriegshafen Coruña und gelangt über das Kap Finisterre hinaus.

25. Juli 1543 **Seeschlacht bei Muros.** In der Bucht von Muros beim Kap Finisterre stellt das spanische Kantabriengeschwader von rund 25 Schiffen unter Admiral Alvaro de Bázan das gleich starke französische Geschwader. Nach zweistündigem erbitterten Kampf sind die Franzosen überwältigt, nur ein Schiff kann entkommen. Die Verluste der Franzosen sollen 3000 Tote betragen haben, die Spanier verlieren 300 Tote und 500 Verwundete.

14. Juli 1544 **Eroberung von Boulogne.** Ein englisches Geschwader mit Truppentransporter landet eine Heereseinheit unter der persönlichen Führung von König Heinrich VIII. bei Calais. Die Truppen beginnen mit der Belagerung von Boulogne, während die Flotte den Hafen von der Seeseite blockiert. Am 14. September muß die Stadt kapitulieren. Im selben Jahr plündert ein englisches Geschwader Edinburgh und weitere Städte an der schottischen Küste.

19. Juli 1545 **Treffen auf der Reede von Spithead.** Die französische Flotte in Stärke von 50 Galeonen, 100 kleinen Segelschiffen und 25 Galeeren unter dem Admiral Claude d'Annebaut greift die in Portsmouth liegende englische Flotte unter Lord High Admiral John de Lisle an. Die Engländer lichten die Anker und laufen den Franzosen entgegen. Bei einer Wendung kentert eines der größten englischen Schiffe, die >Mary Rose< (1500), mit großem Menschenverlust unter den Augen von König Heinrich VIII. Nach kurzem Artillerieduell trennen sich die Flotten ohne weitere große Verluste. Die reichlich vorhandenen Reste der >Mary Rose< werden im 20. Jahrhundert von der Unterwasserarchäologie geborgen.

Die auf der französischen Flotte eingeschifften Truppen plündern anschließend Orte auf der Insel Wight und an der Küste bis nach Dover. Dann werden sie bei Boulogne gelandet, um die Stadt zurückzuerobern. Die englische Flotte scheint es nach dem Schock des Verlusts der >Mary Rose< nicht gewagt zu haben, die Franzosen zu verfolgen.

15. August 1545 **Treffen im Ärmelkanal.** Nun treffen die beiden Flotten doch erneut aufeinander und trennen sich wieder nach kurzem Artillerieduell ohne Entscheidung und ohne große Verluste. Es zeigt sich bei diesen Operationen die Verwundbarkeit der Galeeren mit ihrem niedrigen Freibord in der rauhen See der nördlichen Breiten.

18. Mai 1546 **Gefecht bei Boulogne.** Je acht englische und französische Kriegsschiffe treffen aufeinander. Die Engländer erobern eine Galeere mit 180 Soldaten und 140 Ruderern an Bord.

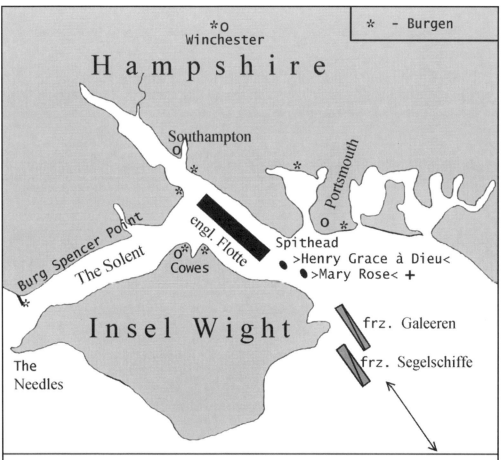

Treffen auf der Reede von Spithead 1545

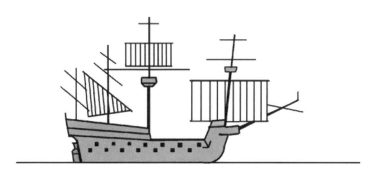

>Mary Rose< (30), 700 Tonnen, 514 Mann Besatzung

April 1547	**Reformation.** Kaiser Karl V. siegt in der Schlacht bei Mühlberg an der Elbe über die Protestanten, wobei zwei ihrer Führer in Gefangenschaft geraten. Der Kaiser steht auf dem Höhepunkt seiner Macht.
September 1547	**Schottland.** Ein englisches Geschwader verheert erneut die Ostküste von Schottland und vernichtet die kleine schottische Flotte.
Sommer 1548	**Schottland.** Der französische „General der Galeeren" Leone Strozzi unternimmt mehrere Fahrten zur Unterstützung der Schoten. Im Sommer des folgenden Jahres erobert er mehrere Inseln im Ärmelkanal.
1555	**Reformation.** Der Augsburger Religionsfriede beendet den Schmalkaldischen Krieg zwischen den deutschen Katholiken und Protestanten. Seine Bestimmungen sind unklar und führen zu neuen Konflikten.
1. Jänner 1558	**Kanalenge.** Die Franzosen unter François de Guise können in einem überraschenden Angriff von der Landseite das in englischem Besitz befindliche Calais erobern. Die Engländer kontrollieren nun nicht mehr beide Seiten der Kanalenge und der letzte Punkt des einst riesigen Besitzes in Frankreich ist verloren.
1560	**Schottland.** Elisabeth I. von England schließt einen Frieden mit den Clanführern des Landes. Um diesen durchzusetzen schickt sie ein Geschwader unter de Wynter nach dem Norden und vertreibt die im Firth of Forth noch liegenden französischen Schiffe.
1563	**Frankreich.** Elisabeth I. unterstützt die aufständischen Hugenotten in La Rochelle. Frankreich beschlagnahmt daraufhin alle englischen Schiffe in seinen Häfen. England reagiert mit der gleichen Maßnahme gegen alle französischen Schiffe. Nach der Übereinkunft von Amboise im März 1563 zwischen der Krone und den Hugenotten muß England das schon besetzte Le Havre nach kurzer Belagerung durch den Polizeioffizier Anne de Montmorency wieder räumen.
Frühjahr 1568	**Flandern.** Schiffe von Kaufleuten aus Genua sind auf dem Weg nach Flandern. Elisabeth I. läßt sie kapern und die Reichtümer in englischen Häfen lagern, damit sie nicht dem spanischen Herzog von Alba in den Niederlanden zugute kommen (!?). Herzog Alba beschlagnahmt deshalb allen englischen Besitz in Flandern. Die Freibeuterei bekommt nun einen neuen Auftrieb und ist von Piraterie kaum zu unterscheiden.
1572–1573	**La Rochelle.** Nach der „Bartholomäusnacht" in Paris (23./24. August 1572) verschließt die Hafenstadt den Katholiken die Tore und kann sich mit Hilfe von Schiffen aus England bis zum Ende des 4. Hugenottenkrieges im Juni 1573 zahlreicher Angriffe der Katholiken erwehren. In der Bartholomäusnacht werden in Frankreich 20.000 Hugenotten, davon 3000 in Paris, umgebracht.
1575	**Ärmelkanal.** England sendet ein Geschwader von drei schnellen Schiffen unter William Holstock in die Kanalenge, um sie von den Seeräubern zu befreien. Holstock kann in sechs Wochen 20 Piratenschiffe erobern. Drei Piraten werden gehängt.
1579	**Niederlande.** In der Union von Utrecht schließen sich die nördlichen Provinzen zusammen und sagen sich von den spanischen Niederlanden los.

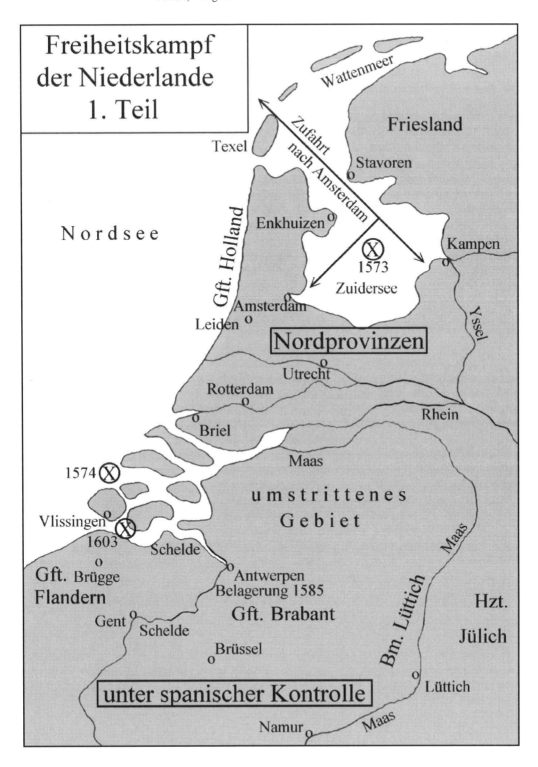

1580–1583 Krieg um Portugal

1580 Nach dem Tod des kinderlosen Königs Heinreich muß Philipp II. von Spanien seine Thronfolgerechte mit Gewalt durchsetzen. Die spanische Atlantikflotte unter Admiral Alvaro de Bázan, Marquis von Sta. Cruz, erobert die Hafenstädte im südlichen Portugal und unterstützt das Heer bei der Einnahme von Lissabon.

1581 **Azoren.** Ein spanisches Geschwader versucht die Azoren für Philipp II. in Besitz zu nehmen. Es scheitert zunächst am Widerstand der Portugiesen auf der Insel Terceira, dem wichtigsten Stützpunkt des rivalisierenden Thronprätendenten Antonio, Prior von Prato.

26. Juli 1582 **Seeschlacht vor Punta Delgado.** Nach dem Mißerfolg im vorangegangenen Jahr schickt Spanien nun seinen tüchtigsten Flottenführer, Alvaro de Bázan, mit einem starken Geschwader und 8000 Mann Landungstruppen zur Besetzung der Insel Terceira. Aus Frankreich ist mittlerweile ein Geschwader von 60 Schiffen zur Unterstützung der Portugiesen auf den Azoren eingetroffen. Vor der Insel São Miguel treffen diese auf die 25 (stärkeren) Schiffe der Spanier und erleiden nach hartem Kampf eine schwere Niederlage. Sie verlieren zehn Schiffe, davon vier versenkt, vier erobert und zwei verbrannt, sowie 2000 Mann an Toten, darunter den Geschwaderkommandanten Philipp Strozzi, und 400 Gefangene, die Bázan als Aufrührer hinrichten läßt. Die spanischen Verluste betragen 800 Tote und Verwundete. Es ist dies ein glänzender Sieg der Spanier über einen zahlenmäßig stärkeren Gegner, der internationale Beachtung findet. Außerdem ist es die erste Seeschlacht im Atlantik gewesen und die erste, die vornehmlich mit der Artillerie ausgefochten worden ist.

Juli 1583 **Azoren.** Im folgenden Jahr erscheint Alvaro de Bázan erneut mit einem Geschwader und mit 8000 Mann Landungstruppen vor den Inseln, landet die Truppen und nimmt sie nach kurzem Kampf für Philipp II. in Besitz. Diese Ereignisse veranlassen Spanien, das Schwergewicht der Seerüstung auf die Segelflotten zu verlegen.

1568–1609 Freiheitskampf der Niederlande (1. Teil) und Krieg Spaniens gegen England

1568 Mit der Hinrichtung der Niederländer Egmont und Hoorne und weiteren Adeligen beginnt der offene Kampf gegen die spanische Herrschaft.

1. April 1571 **Eroberung von Briel.** Der niederländische Freibeuter Wilhelm de la Marck erobert im Ärmelkanal zwei spanische Handelsschiffe und erscheint mit diesen vor Briel, das den Spaniern nach kurzem Kampf entrissen wird. In den folgenden Tagen schließt sich eine Reihe weiterer Küstenstädte dem Aufstand an. Dazu gehört vor allem des wichtige Vlissingen, das die Zufahrt auf der Schelde nach Antwerpen beherrscht.

11. Oktober 1573 **Seeschlacht bei Enkhuizen.** Ein spanisches Geschwader von 30 Schiffen versucht den aufständischen Wassergeusen die Seeherrschaft in der Zuidersee/Ysselmeer zu entreißen. Die Spanier erleiden eine Niederlage und verlieren sechs ihrer Schiffe.

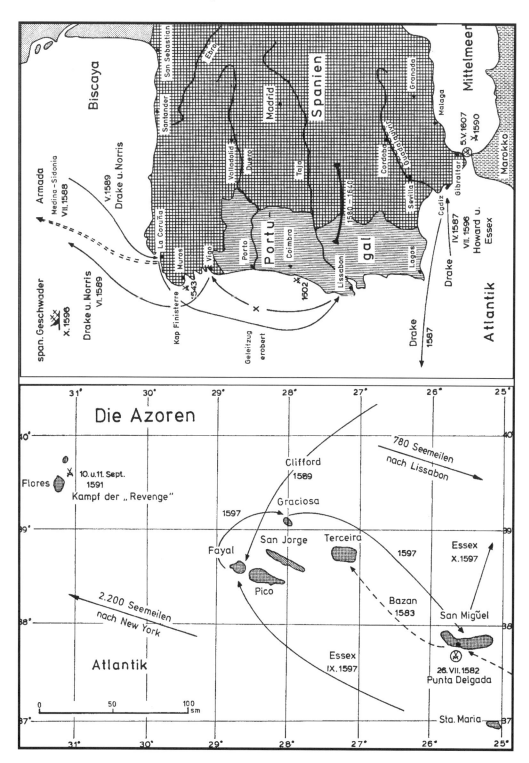

Jänner 1574	**Seeschlacht bei Romerswael.** Ein spanisches Geschwader versucht das von den Niederländern belagerte Middelburg zu entsetzen. Ein Geschwader der Wassergeusen bringt den Spaniern ein schwere Niederlage bei, letztere verlieren 15 Schiffe, Middelburg muß sich ergeben.
3. Oktober 1574	**Entsatz von Leiden.** Nach verzweifelter Gegenwehr der belagerten Niederländer wird die Stadt von flachgehenden Schiffen der Wassergeusen über die überschwemmten Felder entsetzt. Es ist einer der Wendepunkte des Kampfes.
1581	Die sieben **Nordprovinzen** sagen sich endgültig von Spanien los.
Februar–August 1585	**Belagerung von Antwerpen.** Im Frühjahr schließen die Spanier die Schelde und unterbrechen damit die letzte Versorgungsmöglichkeit für die belagerte Stadt und Festung. Mehrere Versuche der Belagerten, die Sperren mit schwimmenden Batterien und den vom Italiener Giannibelli konstruierten Treibminen zu zerstören, scheitern. Die Stadt muß sich schließlich ergeben und bleibt beim spanischen Süden.
1586	**England.** Nach den letzten Erfolgen der Spanier in den Niederlanden unter dem Statthalter Alessandro Farnese sieht König Philipp II. in England seinen Hauptfeind und beginnt eine Invasion vorzubereiten. In England drängt Drake darauf, dem Gegner zuvorzukommen und ihn im eigenen Land anzugreifen.
29. April–1. Mai 1587	**Überfall auf Cádiz.** Mit sechs königlichen Schiffen und 17 bewaffneten Kauffahrern greift Francis Drake, Flaggschiff >Elisabeth Bonaventure< (600), die spanische Flotte in ihrem Ausrüstungshafen Cádiz an. Er schlägt die sichernden Galeeren zurück und zerstört im Hafen in drei Tagen den Großteil der spanischen Schiffe, darunter sechs mit über 1000 Tonnen. Vier Schiffe mit Versorgungsgütern nimmt er als Prisen mit. Anschließend unternimmt Drake noch einen Kaperzug nach den Azoren, wo er einen reich beladenen Ostindienfahrer erobert. Er ist nach drei Monaten, fast ohne Verluste, wieder in England. Die Spanier müssen den Angriff um ein Jahr verschieben, weil erst eine neue Flotte zusammengestellt und ausgerüstet werden muß.
Mai–September 1588	**Seezug der großen Armada.** Nach mehrfachen Verzögerungen trifft die spanische Flotte Ende Juli vor dem Ärmelkanal ein. Sie steht unter dem Oberbefehl von Herzog Medina-Sidonia und umfaßt sechs Geschwader Segelschiffe, ein Geschwader Galeeren und ein Geschwader Troßschiffe. Königin Elisabeth I. übergibt den Befehl über die englische Flotte dem Lord High Admiral Charles Howard, ihm zur Seite stehen als Vizeadmirale Drake, Hawkins und Frobisher. Die spanische Flotte umfaßt 130 Kriegsschiffe mit 30.000 Mann Besatzung und Marineinfanterie. Die Tonnage beträgt 57.900 Tonnen. Die Artillerie besteht aus 2430 Kanonen von vorwiegend kleinem Kaliber, in den hohen Kastellen der Galeonen aufgestellt. Im Galeerengeschwader befinden sich vier große Rudergaleassen. Die Spanier verlassen sich wie bei Lepanto auf ihre Stärke im Enterkampf. Die Artillerie wird als Nebenwaffe betrachtet. Die Engländer bieten fast 200 Schiffe auf, zum großen Teil kleine bewaffnete Handelsschiffe. Die Besatzung beträgt 15.000 Mann, darunter rund 5000 Seesoldaten. Die Schiffe, durchwegs Segelschiffe, führen bereits Kanonen von größerem Kalibern und von größerer Reichweite in der Breitseitaufstellung.

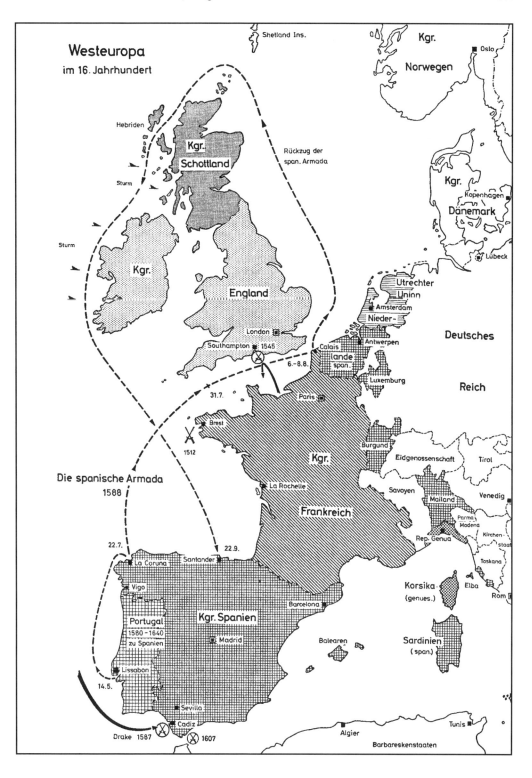

Der Größenvergleich der Flotten:

	Spanien	England
Segelschiffe mit über 1000 t	7	2
Segelschiffe mit 500-1000 t	50	11
Segelschiffe mit 100-500 t	20	150
Segelschiffe bis 100 t	25	30
Galeeren	ca. 30	–

Nähere Angaben im Anhang.

31. Juli Sobald die Armada gesichtet wird, läuft die englische Flotte aus Plymouth aus. Die Spanier nähern sich in einer Mondsichelformation. Mit ihren besser segelnden Schiffen umfahren die Engländer die Gegner und bringen den Schlußschiffen der Spanier durch ihr Artilleriefeuer erhebliche Verluste bei. Dabei vermeiden sie jeden Enterkampf.

1. August Die Engländer erobern zwei zurückgebliebene Havaristen, die >Nuestra Señora del Rosario< und die >Nuestra Señora del Rosa<, zwei der größten spanischen Schiffe.

2. August Es herrscht Kampfpause, da die Engländer an diesem Tag ihre Artilleriemunition wieder ergänzen müssen.

3. August Howard kämpft mit seinem Flaggschiff >Ark Royal< gegen mehrere spanische Schiffe. Eine >Ark Royal< gibt es in der Zukunft immer in der Royal Navy.

4. August Die spanische >Santa Ana< strandet bei Le Havre.

6. August Die spanische Flotte ankert vor Calais. Howard holt das englische Themsegeschwader unter Seymours zu seiner Verstärkung.

7./8. August Die Engländer unternehmen einen nächtlichen Branderangriff auf die feindliche Flotte. Acht alte Segler, mit leicht brennbaren Materialien beladen, werden angezündet und treiben auf die spanische Flotte zu, deren Schiffe die Ankertaue kappen und sich entlang der flachen Küste in Sicherheit zu bringen versuchen, wobei mehrere auf Grund laufen.

8. August Die spanische Flotte liegt weit verstreut bei Gravelines. Unter der Führung von Drake greifen die Engländer energisch an. Die Spanier werden an die flandrischen Strände gedrängt und erleiden Verluste durch Artilleriefeuer und Strandung. Erst als die Windrichtung auf Süd dreht, kann die stark mitgenommene spanische Flotte in die Nordsee entkommen. Bei den Kämpfen im Ärmelkanal verlieren die Spanier 20 Schiffe mit rund 5000 Mann.

Da der Rückweg durch den Ärmelkanal von der englischen Flotte kontrolliert wird und sich die Häfen in den Niederlanden in der Hand der Wassergeusen befinden, entschließt sich Medina-Sidonia zur Rückfahrt rund um die Britischen Inseln. Dabei verliert er in den Stürmen die Hälfte der verbliebenen Schiffe. Mit 65 Schiffen und 10.000 Mann kehrt der Herzog im September nach Spanien zurück. Dies ist die erste Seeschlacht gewesen, die nur durch den Kampf mit der Artillerie entschieden worden ist. Mit ihren besser segelnden Schiffen haben die Engländer den Nahkampf vermeiden können. Die Vormachtstellung der spanischen Flotte ist seit diesem Jahr gebrochen.

Mai–Juni 1589 **Kriegszug gegen Nordwestspanien.** Die Engländer Drake und Norris führen eine englisch-niederländische Flotte zu einem Kriegszug gegen die Iberische Halbinsel. Beteiligt sind rund 130 Schiffe, die meisten von privaten Unterneh-

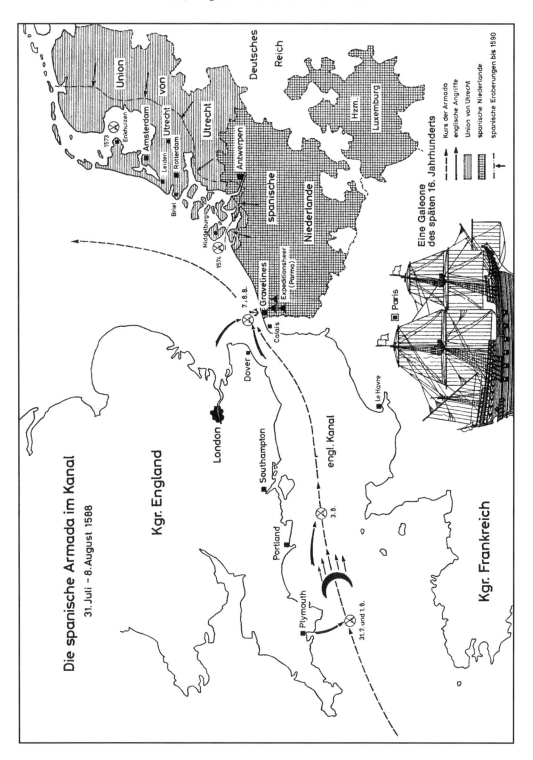

mern gestellt, mit rund 15.000 Mann. Zunächst wird die Stadt La Coruña erobert, wo sich die gelandeten Truppen betrinken, so daß sie sich nach großen Verlusten wieder einschiffen müssen. Dann landen die Truppen mit dem portugiesischen Thronprätendenten Don Antonio nördlich von Lissabon. Die Portugiesen verweigern jedoch Don Antonio die Anerkennung und die Truppen werden wieder eingeschifft. Vor Lissabon wird neben mehreren spanischen Schiffen ein Geleitzug der Hanse mit 60 Schiffen aufgebracht und auf dem Rückweg die Stadt Vigo gebrandschatzt. Der relativ geringen Beute steht der Verlust von 30 Schiffen und mehreren tausend Toten durch Kämpfe und Krankheiten gegenüber.

Juni 1589 **Kaperfahrten.** Ein englisches Geschwader von sieben Schiffen unter George Clifford, Herzog von Cumberland, startet von Plymouth zu einer Kreuzfahrt gegen die spanische Handelsschiffahrt. Vor dem Ärmelkanal und der spanischen Küste werden einige Prisen genommen, auf den Azoren die Insel Fayal geplündert und weitere Schiffe erobert.

April 1590 **Gefecht vor Gibraltar.** Vor Gibraltar werden zehn aus der Levante kommende englische bewaffnete Handelsschiffe von zwölf spanischen Galeeren angegriffen, die mit Verlusten abgewehrt werden.

10. und 11. September 1591 **Gefecht bei den Azoren.** Sieben englische Schiffe lauern bei den Azoren auf die spanische Silberflotte. Sie werden von einem starken aus Spanien kommenden Geschwader unter Admiral Alonso de Bázan überrascht. Nur die >Revenge< unter Richard Grenville stellt sich der Übermacht und muß nach heroischem Kampf die Flagge streichen. Grenville stirbt auf dem spanischen Flaggschiff an seinen Verwundungen. In der Royal Navy wird deshalb immer ein Schiff >Revenge< genannt.

1594 **Bretagne.** Mit der Unterstützung von aufständischen Bretonen landen die Spanier Truppen in der Bucht von Morbihan und gefährden den Flottenstützpunkt Brest. Ein englisches Geschwader unter Martin Frobisher unterstützt die Franzosen bei der Vertreibung der Spanier.

Juli–August 1595 **Cornwall.** Ein kleines spanisches Geschwader von vier Galeeren verheert die Küste der Halbinsel und führt auf dem Rückweg ein Gefecht mit der Bedeckung von einem niederländischen Geleitzug.

Juli 1596 **Einnahme von Cádiz.** Ein englisch-niederländisches Geschwader von 60 Schiffen mit 15.000 Mann unter Lord High Admiral Howard, Flaggschiff >Ark Royal< (55), und Graf Essex, dem momentanen Favoriten der Königin, Flaggschiff >Repulse< (50), erobert den spanischen Kriegshafen Cádiz. Nach Vernichtung der Schiffe im Hafen, der Hafenanlagen und der Versorgungsdepots wird die Stadt wieder geräumt. An der Operation nimmt auch Walter Raleigh teil.

Oktober 1596 **Schiffbruch.** Ein starkes spanisches Geschwader läuft zur Unterstützung der Katholiken in Irland aus. Es gerät bald in einen schweren Sturm und verliert 25 Schiffe mit 7450 Tonnen und 1700 Mann. 1700 Mann der gesunkenen oder gestrandeten Schiffe können gerettet werden. Das Unternehmen muß abgebrochen werden.

August–Oktober 1597 **Seezug gegen die Azoren.** Ein englisches Geschwader von 20 Schiffen mit 770 Kanonen und 5000 Mann Besatzung unter dem Grafen Essex plündert die

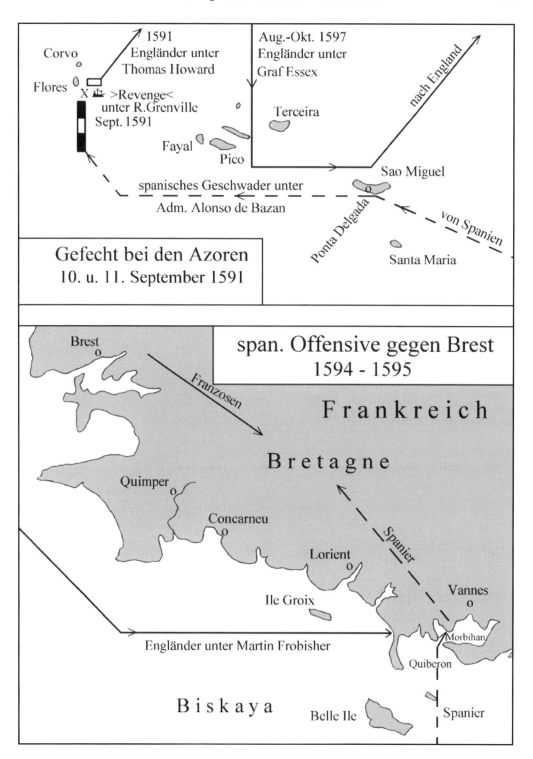

Städte der Azoren, erobert einige Schiffe, verfehlt aber den heimkehrenden Geleitzug aus Westindien und tritt die Heimreise an. Gleichzeitig läuft ein starkes spanisches Geschwader aus, um eine Landung an der Küste von Cornwall durchzuführen. Kurz vor dem Zusammentreffen der beiden Flotten zerstreut ein Sturm das spanische Geschwader, das einige Schiffe verliert. Die Engländer erreichen gerade noch die Häfen im Ärmelkanal.

1599 **Kanarische Inseln.** Ein niederländisches Geschwader von 73 Schiffen unter Pieter van der Doos plündert die Stützpunkte dieser Inselgruppe der Spanier.

1601 **Irland.** Ein spanisches Geschwader von 48 Schiffen unter Don Diego de Borachero landet Hilfstruppen für die aufständischen Iren bei Kinsale. Ein kleines englisches Geschwader kann einige spanische Nachzügler im Hafen von Kinsale blockieren und zur Übergabe zwingen.

Juni 1602 **Portugal.** Ein kleines englisches Geschwader greift den Hafen Coimbra an und vernichtet dort eine große Karake und mehrere Galeeren.

Oktober 1602 **Ärmelkanal.** Englische Galeonen unter Robert Mansell vernichten ein Geschwader von neun spanischen Galeeren. Nur die Flaggaleere unter Federico Spinola kann nach Dünkirchen entkommen.

Mai 1603 **Gefecht in der Schelde.** Ein spanisches Geschwader von acht Galeeren unter Federico Spinola trifft in der Schelde auf ein niederländisches Geschwader von zwei Galeeren, drei großen und mehreren kleinen Segelschiffen. Nach Kampf trennen sich beide ohne Entscheidung, die Niederländer verlieren ein Schiff, ihre blutigen Verluste sind ebenfalls etwas höher.

1604 **Friedensschluß.** Nach dem Tod von Elisabeth I. schließt ihr Nachfolger Jakob I. (1603–1625) Frieden mit Spanien.
Die Niederländer setzen den Krieg allein gegen Spanien fort.

24. Mai 1605 **Gefecht im Ärmelkanal.** Ein starkes niederländisches Geschwader vernichtet ein spanisches Geschwader von zehn Schiffe, der spanische Geschwaderkommandant Pedro de Zubiaur fällt auf seinem Flaggschiff nach tapferer Gegenwehr.

5. Mai 1607 **Seeschlacht auf der Reede von Gibraltar.** Ein niederländisches Geschwader von 26 Schiffen unter Jakob van Heemskerk greift das dort liegende spanische Geschwader von größeren Schiffen an und vernichtet es fast vollständig. Obwohl Heemskerk fällt, bedeutet dies einen schweren Schlag für die spanische Flotte.

1609–1621 **Waffenstillstand** zwischen Spanien und den Niederlanden. Dieser gilt jedoch nur in den europäischen Gewässern und nicht in Übersee und in den Kolonien. In dieser Friedenszeit kann der Handel der Niederlande einen großen Aufschwung nehmen. In diesem Übereinkommen wird erstmals festgelegt, daß zu einer Anerkennung der Souveränität über neuentdeckte Länder die effektive Inbesitznahme notwendig ist.

1598 **Reformation.** Im Edikt von Nantes wird den Hugenotten in Frankreich Religionsfreiheit mit wenigen Einschränkungen gewährt.

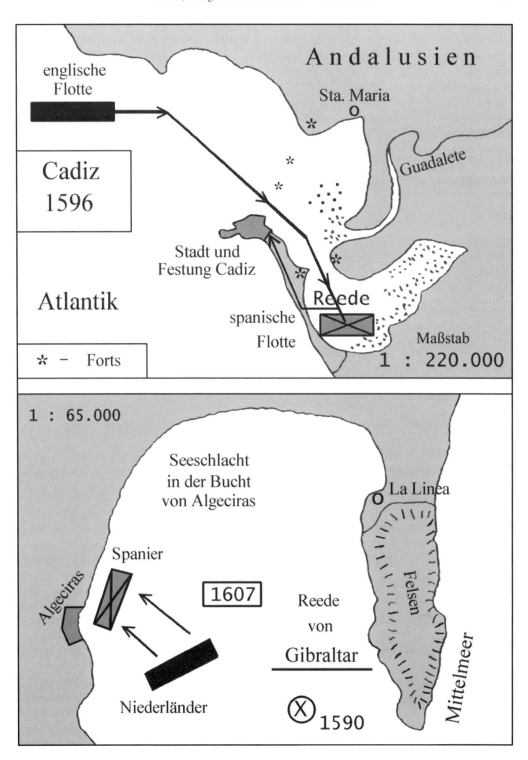

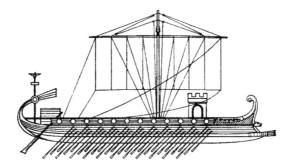

Nord- und Osteuropa im 16. Jahrhundert

Der Handel aus der Ostsee nach Westeuropa erlangte immer größere Bedeutung. Die Kontrolle über diesen Seeweg war daher immer mehr umstritten. Sie konnte aber in diesem Jahrhundert noch von keinem Land dominiert werden.

Dänemark kontrollierte noch immer beide Seiten des Öresunds durch seinen Besitz der Provinz Schonen. Die beiden Belte waren für Segelschiffe schwer zu befahren und lagen ebenfalls ganz auf seinem Territorium. Der ganze Schiffsverkehr von und nach Westeuropa von der Ostsee mußte daher den Öresund passieren. Mit den Einnahmen aus dem Sundzoll konnte Dänemark seine Kriegsflotte finanzieren. Trotz des Niederganges der Hanse konnte Dänemark diesen Vorteil aber nicht realisieren, da die Niederländer, die sie gegen die deutsche Hanse zu Hilfe gerufen hatten, nun ihrerseits bereits den Großteil des Ostseehandels an sich gezogen hatten. Mitte des Jahrhunderts passierten bereits durchschnittlich 2000 Schiffe der Niederländer pro Jahr den Öresund, von den Engländern waren es erst 130 Schiffe. Die Niederländer achteten genau darauf, daß keiner der Staaten an der Ostsee eine absolute Seeherrschaft errichten konnte. In diesem Bestreben wurden sie von den Engländern unterstützt.

Das unter dem Haus der Wasa aufstrebende **Schweden** verfügte im Westen nur über einen schmalen Zugang zum Skagerrak und damit zu den Weltmeeren. Es gründete dort in diesem Jahrhundert die Hafenstadt Gothenburg/Göteborg als sein Tor zum Westen. Die heutigen südlichen Provinzen von Schweden waren damals noch bis zur Mitte des folgenden Jahrhunderts im Besitz von Dänemark. Dafür gehörte das ganze heutige Finnland zur schwedischen Krone, wenn es auch eine gewisse Sonderstellung mit eigener Verwaltung einnahm.

Der seit der Niederlage bei Tannenberg (1410) gegen die Polen im Niedergang befindliche **Deutsche Orden** wurde in seinen Resten 1559 in ein weltliches Territorium umgewandelt, auf das sofort alle Anrainerstaaten Ansprüche erhoben. Rußland eroberte große Teile, darunter die damals wichtige Handels- und Hafenstadt Narva, Schweden setzte sich in Reval fest, Dänemark erwarb vorübergehend die Insel Ösel und das vereinigte Königreich Polen-Litauen den Großteil von Kurland und Livland. Schweden hatte sich im nordischen Siebenjährigen Krieg im Westen gegen Dänemark Rückenfreiheit verschafft. Es konnte nun die Vorstöße Rußlands unter Zar Iwan IV. in Richtung finnischer Meerbusen abweisen. Rußland suchte schon nach einem auch im Winter eisfreien Zugang zur Ostsee. Schweden vermochte seinerseits fast ganz Estland zu erringen und kontrollierte dadurch den zunehmenden Handel Rußlands nach dem Westen, soweit dieser nicht über die polnischen Häfen oder über Krakau und Leipzig sowie im Sommer über den Hafen Archangelsk am Eismeer geführt wurde.

In den Thronwirren nach dem Aussterben der Jagellonen (1572) in **Polen** und dem Ableben von Iwan IV. von Rußland war Schweden mehrfach mit beiden Ländern in wechselnden Koalitionen sporadisch im Kriegszustand, wobei keine Seite ein entscheidendes Übergewicht erlangen konnte. Es gelang König Johann III. (1569–1592) von Schweden seinen Sohn Sigismund 1587 zum König von Polen krönen zu lassen. Als dieser jedoch nach dem Tod seines Vaters nach Stockholm segelte, konnte er sich wohl noch zum König von Schweden krönen lassen, wurde aber als Katholik von den bereits meist protestantischen Schweden nicht akzeptiert und mußte sich schon 1599 nach Polen zurückziehen.

Sein Onkel, Herzog Karl von Södermannland, führte zunächst die Regentschaft in Schweden und wurde schließlich als Karl IX. zum König (1600/1604–1611) gekrönt. Er setzte die Politik seines Bruders Johann fort und kontrollierte mit einem starken Geschwader im finnischen

Meerbusen den Handel aus dem russischen Raum. Nach seinem Tod sollte sein Sohn Gustav II. Adolf (1611–1632) Schweden auf den Höhepunkt seiner Macht bringen.

Nach dem Tod des von der **deutschen Hanse** eingesetzten dänischen Königs Friedrich I. (1523–1533) brach die sogenannte „Grafenfehde" um die Krone von Dänemark aus. Lübeck unter dem Bürgermeister Jürgen Wullenwever überschätzte seine Kraft bei weitem. Sein Versuch, wieder die alte Oberhoheit der Hanse über die nordischen Länder zu erringen, scheiterte, weil sich neben den Niederlanden jetzt auch Schweden und Preußen gegen die Hanse wandten. Nach mehreren Niederlagen zur See mußte Wullenwever seine Politik als gescheitert betrachten.

Zu diesem Rückschlag kamen auch mehrere außenpolitische Niederlagen. Nachdem bereits 1494 der Peterhof in Nowgorod von Großfürst Iwan III. geschlossen worden war, folgten im 16. Jahrhundert einschneidende Handelsbeschränkungen auch in Burgund (Flandern) und in England. In England hatte die Hanse früher große Teile des Handels beherrscht. Schon Mitte des 15. Jahrhunderts machten sich dort Tendenzen breit, den Handel der Hanse einzuschränken und deren Privilegien zu beschneiden. Als die Engländer begannen, ihren Seehandel in die Ostsee auszudehnen, kam es zum offenen Konflikt.

Trotz Uneinigkeit vieler Hansestädte konnten sie unter Einsatz einer eigens geschaffenen Flotte und durch die geschickte Diplomatie des Bürgermeisters von Lübeck, Hinrich Castorp, der die Auseinandersetzungen der weißen und roten Rose in England ausnützte, den Kampf in ihrem Sinne beenden, indem sie den exilierten englischen König Edward IV. bei seiner Rückkehr auf den Thron unterstützten. Dieser bestätigte im Frieden von Utrecht 1474 noch einmal die Privilegien der Hanse. Noch König Heinrich VIII. förderte die Hanse, die ihn beim Aufbau seiner Flotte im Krieg gegen Frankreich Mitte des 16. Jahrhunderts unterstützte. Königin Elisabeth I. jedoch förderte bedingungslos die eigene Wirtschaft und kündigte die Privilegien der Hanse. Dagegen hatte diese jetzt kein Machtmittel mehr. Im Jahr 1598 wurde der Stalhof in London, das Handelszentrum der Hanse für England, endgültig geschlossen.

Die Hanse hatte mittlerweile auch im nordischen Siebenjährigen Krieg weiter an Macht und Ansehen verloren. Doch waren Niederlagen in kriegerischen Auseinandersetzungen nicht die eigentliche Ursache des Niedergangs der Hanse. Der tiefere Grund war, daß hinter der deutschen Hanse **keine starke Territorialmacht** stand und die einzelnen Teile des Städtebundes immer mehr ihren eigenen lokalen Interessen folgten, die sie über das Gesamtinteresse stellten. Durch das Erstarken der Nationalstaaten im Handelsbereich der Hanse und deren Bevorzugung der eigenen Wirtschaft hatte die Hanse gegen deren Machtmittel (Heer und Flotte) mit zentraler Führung nichts Gleichwertiges entgegenzusetzen. Das Ausbleiben der Heringzüge, die nicht mehr in das Kattegat kamen, bedeutete dazu einen wesentlichen Ausfall an Einnahmen. Die Verlagerung der Welthandelsrouten als Folge der Entdeckungsreisen nach Asien und Amerika konnte keinen Rückschlag mehr bedeuten, denn die Weichen zum Niedergang der Hanse waren schon längst gestellt.

Fast ganz **Rußland** hatte im Mongolensturm des 13. Jahrhunderts seine Eigenständigkeit verloren. Das Großfürstentum Moskau konnte bis zum Beginn des 16. Jahrhunderts praktisch seine Unabhängigkeit erringen und sich die weiten Gebiete des Fürstentums Nowgorod bis zum Eismeer eingliedern. Iwan IV. der Schreckliche (1533/47–1584) vermochte den Tartarenstaat von Kasan zu besiegen und die Krimtartaren in die Schranken zu weisen. Der Vorstoß an die Wolgamündung und die Gründung von Astrachan eröffneten den Handelsweg zum Vorderen Orient und durch die Gründung von Archangelsk wurde der direkte Handelsverkehr mit England und den Niederlanden aufgenommen. Ein Vorstoß zur Ostsee wurde vorerst von den

Schweden zurückgewiesen. Einem Vorstoß zum Schwarzen Meer standen zunächst noch die von den Osmanen unterstützten Krimtartaren im Wege. Durch die Unterwerfung der Uralkosaken wurde aber schon der erste Schritt zur Erschließung von Sibirien getan. Der Landweg zum Stillen Ozean war aber noch weit.
Kultur. In Polen begann unter den letzten Jagellonen das „Goldene Zeitalter". Die Gotik fand eine spezielle Variante in der „Weichselgotik". Die bedeutendsten Bauwerke von Polen waren in der alten Königsstadt Krakau (bis 1611) mit dem Burgberg, dem Schloß, der Marienkirche und den Tuchhallen. In Warschau wurde der im Zweiten Weltkrieg total zerstörte Stadtkern mit dem Schloß nach alten Ansichten original wieder aufgebaut. Auch die Kunst der Renaissance wurde in Polen durch flämische und einheimische Künstler voll umgesetzt. In Rußland stammt in Moskau der Großteil des Baukomplexes des Kreml aus dieser Zeit.

Schweden. König Christian II. von Dänemark und Norwegen (1513–1523) erobert ganz Schweden. Gustav Wasa von Schweden entkommt der Gefangenschaft und flüchtet nach Lübeck. *1520*
Schweden. Gustav I. Wasa verdrängt mit finanzieller Unterstützung von Lübeck den letzten König der Kalmarer Union aus Stockholm. Er führt 1527 die Reformation in Schweden durch, konfisziert zahlreiche Kirchengüter und verringert dadurch die Abhängigkeit von Lübeck. *1523*
Gotland. Die Insel wird von Admiral Severin Norrby für den vertriebenen Christian II. von Dänemark gehalten. Als Norrby das dänische Schonen angreift, wird er von König Friedrich I. von Dänemark vertrieben und unternimmt daraufhin Piratenfahrten. Im folgenden Jahr werden seine zehn Schiffe von einem Geschwader aus Lübeck und Schweden vernichtet. *1525*
Norwegen. Der 1523 aus Dänemark vertriebene König Christian II. startet von den Niederlanden mit 25 Schiffen eine Fahrt nach Kopenhagen, um seinen Thron zurückzugewinnen. In einem Sturm im Skagerrak verliert er zehn Schiffe, die restlichen werden an die Küste von Norwegen getrieben. Dieses erkennt Christian wieder als König an. *1531*

Krieg Lübeck gegen Dänemark und Schweden *1533–1536*

Nach dem Tod von König Friedrich I. von Dänemark greift Lübeck in die Thronstreitigkeiten Dänemarks ein und macht sich damit auch Schweden zum Gegner.
Gefecht bei Bornholm. 20 Schiffe der verbündeten Dänen und Schweden, darunter auch einige preußische Schiffe, unter dem dänischen Admiral Peder Skram, Flaggschiff >Stora Krafvel< (S), besiegen neun Schiffe aus Lübeck, die sich nach dem in der Hand der lübischen Partei befindlichen Kopenhagen zurückziehen. *Juni 1535*
Gefecht im kleinen Belt. Peder Skram erscheint mit seinem Geschwader noch im selben Monat vor Travemünde, wo er ein Kriegsschiff und mehrere Handelsschiffe erobert. Dann überrascht er bei der Insel Fünen ein lübisches Geschwader von zehn Schiffen, von denen er neun erobert und eines vernichtet. Anschließend beginnt er die Seeblockade der Lübecker in Kopenhagen. *Juni 1535*

August 1536	**Kriegsschluß.** Nach dem Fall von Kopenhagen muß Lübeck seinen Thronkandidaten fallen lassen und schließt im folgenden Jahr auch mit Schweden Frieden.
1547	**Rußland.** Großfürst Iwan IV. (1547–1584) von Moskau wird zum „Zaren von ganz Rußland" gekrönt. Er dehnt das Reich weiter aus, erobert Kasan (1552) und Astrachan (1556) und beginnt mit dem Vorstoß über den Ural. Diese Erfolge sind durch seine rücksichtslose Modernisierung der Staatsverwaltung und das Zurückdrängen des Einflusses der Bojaren möglich, die ihm den Beinamen „der Schreckliche" eintragen.
1553	**Eismeer.** Der Engländer Richard Chancellor kommt mit der >Edward Bonaventure< auf seiner Fahrt bis nach Archangelsk und reist von dort zu Land nach Moskau. Ein neuer Handelsweg wird dadurch für Rußland und England erschlossen.
1558	**Rußland** erobert die Stadt Narva, zehn Kilometer vom finnischen Meerbusen entfernt, aber durch den Fluß Narva mit diesem verbunden. Es erhält dadurch erstmals einen eigenen Zugang zum finnischen Meerbusen und damit zur Ostsee.
1558	**Baltikum.** Dänemark kauft die Bistümer Ösel und und Kurland. Es gerät dadurch in Konflikt mit Schweden, kann sich aber die Unterstützung von Rußland sichern.
1562	**Estland.** Die Schweden erobern vom Herzog des Landes die Hauptstadt Reval. Anschließend blockieren sie Narva und sorgen dafür, daß der Handel mit Rußland über Reval geführt wird.

1563–1570 Der Nordische Siebenjährige Krieg

Dieser Krieg ist ein Kampf um die Seeherrschaft in der Ostsee zwischen Schweden unter König Erich XIV. und Dänemark unter König Friedrich II.

9. Juni 1563	**Gefecht bei Bornholm.** Zwölf Schiffe der Schweden unter Jakob Bagge, Flaggschiff >Elefant< (65), treffen auf acht dänische Schiffe, von denen sie drei erobern.
Sommer 1563	Ein zweites schwedisches Geschwader kapert in der Ostsee alle dänischen und lübischen Handelsschiffe, worauf Lübeck im Juli den Schweden ebenfalls den Krieg erklärt.
21. September 1563	**Treffen bei Gotland.** Am Nachmittag treffen die Flotten von Schweden und Dänemark aufeinander und liefern sich bis zur Dämmerung ein unentschiedenes Artillerieduell.
9. und 10. Juni 1564	**Seeschlacht bei Öland.** Die Flotte der verbündeten Dänen und Lübecker mit 21 dänischen und sechs lübischen Schiffen unter dem Dänen Herluf Trolle siegt über die schwedische Flotte von 23 Schiffen. Den Lübeckern gelingt es, das schwedische Flaggschiff >Mars< zu erobern, das jedoch in Brand gerät und in die Luft fliegt. Schwedens Admiral Bagge gerät dabei in Gefangenschaft.
22. Juli 1564	Vor Warnemünde sprengt sich ein großes schwedisches Kriegsschiff, die >Hvita Falk< unter Kapitän Björnson in die Luft, um sich nicht drei dänischen Schiffen ergeben zu müssen.

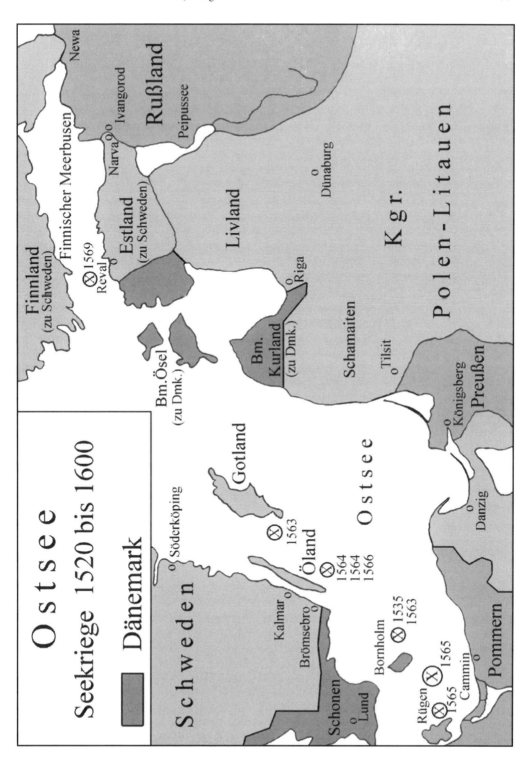

25. Juli 1564	Vor Bornholm erobert die Flotte der Schweden unter Klas Fleming einen lübischen Geleitzug von 21 (14?) Handelsschiffen, der gerade aus Narva kommt und sich auf dem Weg nach Lübeck befindet.
22. und 23. August 1564	**Seeschlacht bei Öland.** Die schwedische Flotte unter Klas Horn und die dänische unter Herluf Trolle kämpfen zwei Tage lang rund um die Insel. Die Schweden erobern drei dänische Schiffe und verlieren eines durch Strandung.
10. Juni 1565	Bei Rügen trifft die schwedische Flotte auf ein kleines dänisches Geschwader. Vier dänische Schiffe werden auf den Strand gesetzt und verbrannt, ein Schiff können die Schweden erobern.
14. Juni 1565	**Seeschlacht bei Wismar.** Den ganzen Tag kämpfen die beiden Flotten, die Verbündeten unter H. Trolle, Flaggschiff >Jegermesther< (90), die Schweden unter K. Horn, Flaggschiff >St. Erik< (90), ohne Entscheidung. Herluf Trolle wird dabei tödlich verwundet.
17. Juli 1565	**Seeschlacht zwischen Rügen und Bornholm.** In dieser blutigsten Schlacht des ganzen Krieges stehen sich 36 Schiffe der Verbündeten (darunter 14 aus Lübeck) und 49 Schiffe der Schweden gegenüber. Vom Mittag bis zum Abend wird erbittert gekämpft. Die Verbündeten verlieren ihr Flaggschiff >Jegermesther< und zwei weitere Schiffe, auch die Schweden verlieren drei, allerdings kleinere Schiffe.
5. August 1566	**Treffen bei Öland.** Die Flotten der beiden Parteien trennen sich nach einem mehrstündigen Artillerieduell ohne Entscheidung. Zwei Tage später trifft vor Gotland ein schwerer Sturm die Flotte der Verbündeten. Die Dänen verlieren elf Schiffe mit über 4000 Mann, die Lübecker drei Schiffe mit 1900 Mann, darunter das Flaggschiff >Morian<. Nur 82 Mann der gesunkenen Schiffe können gerettet werden.
Sommer 1569	**Baltikum.** Die dänische Flotte unter Peder Munk, verstärkt durch sechs Schiffe aus Lübeck, erscheint vor dem Hafen Reval, wo ein großes schwedisches Geleit liegt. Von den Deckungsstreitkräften werden die >Skotska Pincha< (56), vier polnische Freibeuter und dann 50 Kauffahrer erobert.
Dezember 1570	**Friedensschluß.** Die allgemeine Erschöpfung auf beiden Seiten, in Schweden wütet auch die Pest, führt zum Frieden von Berlin. Schweden ist die vorherrschende Macht in der Ostsee.

1570–1593 Krieg Schweden und Polen gegen Rußland

Der Kampf dreht sich um den Besitz von Livland im Baltikum und um einen auch im Winter eisfreien Zugang zur Ostsee für Rußland.

1571	**Baltikum.** Die Russen unter Iwan IV. belagern Reval um einen weiteren, länger eisfreien Zugang zur Ostsee zu erlangen. Die schwedische Flotte hilft entscheidend bei der Verteidigung der Stadt und sichert auch die Küsten des finnischen Meerbusens.
Juni 1574	**Finnischer Meerbusen.** Das schwedische Blockadegeschwader vor Narva erobert einen großen Teil eines Geleitzuges der Hanse, der sich auf dem Weg nach Lübeck befindet.
1581	**Finnischer Meerbusen.** Den Schweden gelingt die Einnahme von Narva, Rußland ist nun wieder gänzlich von der Ostsee abgeschnitten. Sein Handel

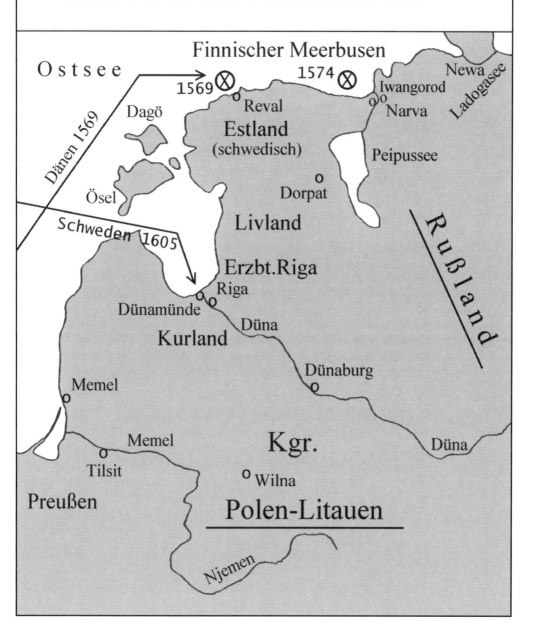

nach dem Westen muß nun vorübergehend über die Häfen von Polen (wenn gestattet) oder im Sommer über Archangelsk am Eismeer umgeleitet werden. Der Seeweg über Archangelsk hat daher zeitweise große Bedeutung.

1582 Ein Waffenstillstand unterbricht die Kämpfe nur kurz.

1584 **Eismeer.** Gründung von Archangelsk. Nach der Erschließung eines Weges vom Eismeer nach Moskau durch den englischen Kapitän Chancellor wird von den Russen dieser Hafen zum unbehinderten Handelsverkehr mit England (Moskowiter Kompanie) und den Niederlanden gegründet.

1590 **Finnischer Meerbusen.** Die Russen versuchen Narva zurückzuerobern. Dank der Seeherrschaft im finnischen Meerbusen und der Flottillen auf dem Peipus-See und am Ladoga-See können die Schweden die Angriffe abwehren.

1593 In einem neuerlichen Waffenstillstand treten die Russen ganz Estland und Narva an die Schweden ab.

1587 **Dänemark.** Ein Geschwader von 13 Schiffen wird in die Norwegische See gesandt, um die Briten und andere Nationen vom Handel mit Island und Lappland abzuhalten und für den Fischereischutz zu sorgen.

1597 **Schweden.** Herzog Karl von Södermannland, der Bruder des verstorbenen Königs Johann III., schließt gegen den Willen seines Neffen, König Sigismund von Polen und Schweden, mit Rußland Frieden. Mit Unterstützung aus Finnland vertreibt er die Anhänger von Sigismund aus Schweden und wird praktisch dessen Herrscher.

Juli 1598 **Schweden.** König Sigismund III. Wasa, König von Polen und Schweden, unternimmt einen energischen Versuch, seine Herrschaft auch in Schweden anzutreten. Mit rund 100 von den Niederländern gemieteten Handelsschiffen läuft er aus Danzig aus, erobert im ersten Anlauf Kalmar und beginnt seinen Vormarsch. Seine zusammengewürfelte Flotte unter Admiral Sten Baner wird durch vier Kriegsschiffe verstärkt.

29. September 1598 Als die schwedische Flotte auftaucht, kapituliert Baner, scheinbar ohne einen Schuß abgegeben zu haben. Um die gleiche Zeit verliert Sigismund die Landschlacht von Stångebro bei Linköping, kehrt nach Polen zurück und betritt nie mehr den Boden von Schweden. Die schwedische Flotte erobert Kalmar problemlos zurück.

1599 **Dänemark.** König Christian IV. (1588–1648) unternimmt mit einem Geschwader von zwölf Schiffen eine Fahrt in die Norwegische See. Er umrundet dabei das Nordkap und kommt bis zur Halbinsel Kola.

1605 **Baltikum.** Herzog Karl, jetzt König Karl IX. (1600/1604–1611), unternimmt mit 17 Kriegsschiffen und 23 Transportern und Landungstruppen einen Angriff auf die bedeutende Hafenstadt Riga. Er erleidet aber zu Lande eine Niederlage und muß die Reste seiner Truppen in Reval wieder einschiffen.

Juni 1608 **Baltikum.** Die Schweden können diesmal Dünamünde, den Vorort von Riga, erobern. Ein Vorstoß der schwedischen Flotte die Düna aufwärts bis Riga scheitert am Einsatz von Brandern durch die Polen. Die Schweden blockieren daraufhin die Mündung der Düna. Trotzdem gelingt es einem Geleit aus den Niederlanden im Schutz eines dänischen Geschwaders die Blockade zu brechen. Im folgenden Jahr müssen die Schweden die von den Polen ständig belagerte Festung Dünamünde wieder räumen.

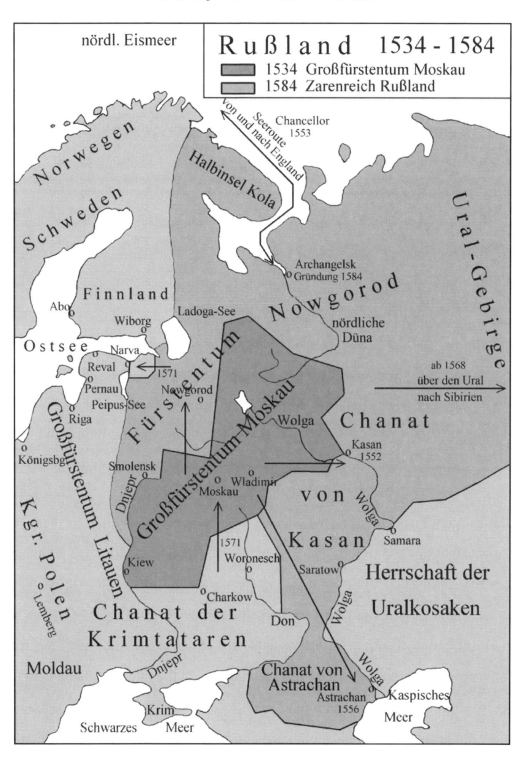

1611–1613 Der Kalmar Krieg

Die Offensiven der Schweden, sein Anspruch auf die Kontrolle des Seehandels in der Ostsee (Nachfolger der Hanse) und sein Anspruch auf Lappland, das auch von Dänemark/Norwegen gefordert wird, veranlassen König Christian IV. von Dänemark zur Kriegserklärung.

Mai 1611 Dänische Land- und Seestreitkräfte erobern nach mehrtägigem Bombardement die schwedische Festung Kalmar am Kalmarsund gegenüber von Öland, wobei eine Reihe kleinerer schwedischer Schiffe vernichtet wird.

Juni Die Schärenflottillen beider Länder kommen mehrfach miteinander und mit den Küstenbatterien des jeweiligen Gegners ins Gefecht, doch kann keine der beiden Seiten einen entscheidenden Vorteil erringen.

Juli Die Dänen unternehmen eine Landungsoperation auf Öland und erobern die Insel, während Kronprinz Gustav Adolf die dänische Festung Christianopel erobert.

Juni 1612 **Kattegat.** Die Dänen erobern mit Heer und Flotte die Städte Alfsborg und Gothenburg/Göteboerg, wobei ihnen auch das kleine schwedische Kattegat-Geschwader in die Hände fällt. Schweden hat nun keinen Zugang zur Nordsee mehr.

August– September 1612 Die dänische Flotte blockiert Stockholm, wohin sich auch die schwedische Flotte zurückgezogen hat. Mehrere Angriffe auf die starken Befestigungen und mehrtägige Beschießung durch die Flotte bringen keinen Erfolg. Die Dänen segeln wieder ab.

November 1612 England vermittelt Friedensverhandlungen, die 1613 zum **Frieden von Knäred** führen. Schweden gibt seine Ansprüche auf Lappland auf und kauft die Städte Elfsborg und Gothenburg zurück.

1616 **Dänemark.** Es wird eine Ostindische Kompanie gegründet. Ein Geleitzug aus bewaffneten Handelsschiffen unter Admiral Gjedde fährt nach Vorderindien und gründet in Tranquebar, nördlich von Negapatam, eine Faktorei.

Die Seekriege zur Zeit des Dreißigjährigen Krieges

Die Seekriege in der ersten Hälfte des 17. Jahrhunderts stehen alle mehr oder weniger in Zusammenhang mit dem Dreißigjährigen Krieg. Sie sind daher unter dieser Überschrift wie folgt zusammengefaßt:
- der letzte Hugenottenkrieg in Frankreich,
- die Kämpfe in der Ostsee und in Deutschland,
- der Seekrieg Spanien gegen die Niederlande, 2. Teil des Unabhängigkeitskrieges,
- die Seekriege in Übersee,
- der Krieg Spanien gegen Frankreich,
- die Kämpfe im Mittelmeer neben den großen Kriegen,
- die Kämpfe am Bodensee,
- die Kämpfe zur See während des englischen Bürgerkrieges.

Der vordergründige Anlaß für den Kriegsbeginn war der (2.) „Prager Fenstersturz", bei dem zwei kaiserliche Räte vom Hradschin, der Prager Burg, in den Burggraben geworfen wurden, da sie eine Versammlung der Protestanten verboten hatten.

Die europäischen Kriege dieser Zeit zeigen den allmählichen Übergang von den Religionskriegen des 16. Jahrhunderts zu den Auseinandersetzungen der Nationalstaaten. Die Hugenottenkriege des 16. Jahrhunderts und der erste Teil des Unabhängigkeitskrieges der Niederlande waren noch stark von religiösen Emotionen bestimmt und auch im ersten Teil des Dreißigjährigen Krieges waren die Parteien noch in konfessionelle Lager geteilt. Nach dem Eingreifen von Frankreich 1635 trat jedoch endgültig das nationalstaatliche Prinzip in den Vordergrund. Darüber hinaus bezeichneten die Friedensschlüsse von 1648 und 1659 das endgültige Ende der Hegemoniebestrebungen der Habsburger, der erste Friedensschluß für die österreichische Linie, der zweite für die spanische.

Kardinal **Richelieu** († 1642), seit 1624 erster Minister und damit für die französische Innen- und Außenpolitik verantwortlich, brachte den Krieg mit den **Hugenotten** durch die Eroberung von deren Hauptsitz La Rochelle zu einem Ende. Er ließ ihnen im Vertrag von Alais 1629 gewisse religiöse Freiheiten, verlangte und überwachte aber auch die absolute Unterwerfung in politischen Angelegenheiten unter die königliche Autorität. Er schuf dadurch im Inneren Ruhe und konnte mit seiner aktiven Außenpolitik beginnen.

Sein Ziel war es dabei, Frankreich von der Umklammerung durch die Habsburger im Norden, Osten und Süden endgültig zu befreien. Er griff daher in lokale Auseinandersetzungen in Oberitalien (Erbfolgekrieg von Mantua) an der Seite der Gegner von Habsburg ein und unterstützte die Protestanten im **Dreißigjährigen Krieg** zunächst durch finanzielle Zuwendungen. Als die Katholiken 1635 im Frieden von Prag die Oberhand erhielten, griff Frankreich aktiv in den Krieg ein und begann dadurch auch den Kampf mit den spanischen Habsburgern, einen Krieg, der noch elf Jahre über den Westfälischen Frieden hinaus dauern sollte.

Richelieu konnte den Erfolg seiner Politik nicht mehr erleben, sein Nachfolger Kardinal Mazarin setzte sie jedoch in der gleichen Linie mit Erfolg fort. Ohne die Hilfe von außen hätten die protestantischen Länder des Deutschen Reiches gegen die Macht der Habsburger nicht bestehen können. Durch das Eingreifen zunächst der Dänen, später aber vor allem der Schweden und Franzosen endete der Krieg in den deutschen Ländern ohne militärische Entscheidung, aber mit der gesicherten Existenz der Protestanten.

Der Krieg, der sich vornehmlich auf deutschem Boden abspielte, war naturgemäß fast ausschließlich ein Landkrieg. Albrecht von Wallenstein erkannte jedoch, daß mit einer Flotte und gesicherten Stützpunkten in der Ostsee dort die Seeherrschaft hätte errungen werden können. Damit hätte man die Unterstützung, die über die Ostsee zu den norddeutschen Fürsten kam, unterbinden und den Krieg in kurzer Zeit entscheiden können. Schon der Ansatz, dieses Ziel zu verwirklichen, ist vor Stralsund 1628 mißlungen. Unter den damaligen Umständen wäre es jedoch gegen die starken Flotten von Schweden und Dänemark nicht zu verwirklichen gewesen. Auch wäre eine kaiserliche Flotte in den nordischen Gewässern sofort von England und den Niederländern bekämpft worden, da sie deren Interessen in der Ostsee gefährdet hätte. Englands Verhalten den Seegeltungsbestrebungen des Großen Kurfürsten gegenüber zeigt dies deutlich. So blieb gegen Ende des Dreißigjährigen Krieges die Auseinandersetzung zwischen Schweden und Dänemark um die Vorherrschaft in der Ostsee, die Schweden für sich entscheiden konnte. Schweden ging daher aus diesem Krieg als eine neue europäische Großmacht hervor.

England verfolgte in diesen Jahren seine eigene Politik der Bündnisse des augenblicklichen Nutzens. Zugute kam ihm dabei die insulare Lage, die es nicht direkt in die Auseinandersetzungen verwickelte und zugleich zu einem begehrten Bündnispartner machte. Es verzichtete nun im Gegensatz zu früheren Jahrhunderten auf Gebietsgewinne am Kontinent, wandte sich den Ländern in Übersee zu und legte so die Basis für das britische Imperium. Dabei war es zunächst durch den Bürgerkrieg von 1642 bis 1649 im Inneren beschäftigt, griff aber unter dem Lord Protektor Oliver Cromwell umso energischer in die europäische Politik ein. Cromwell wandte damit die bewährte Politik an, von inneren Unzulänglichkeiten durch äußere Erfolge abzulenken.

Spanien führte den **Kampf gegen die Niederlande** als Kleinkrieg mit Belagerungen und Kaperfahrten. Als es sich zu einer großen Anstrengung aufraffte und den Niederländern mit einer großen Flotte die Seeherrschaft im Ärmelkanal streitig zu machen versuchte, erlitt es in den Downs 1639 die Niederlage, die mehr als 1588 das Ende der spanischen Seemacht bedeutete.

Die **Kämpfe in Übersee** erlangten mit dem Beginn des 17. Jahrhunderts eine neue Dimension. Die Aufteilung der neu entdeckten Länder zwischen Spanien und Portugal im Vertrag von Tordesillas war von den übrigen Nationen nie anerkannt worden. Im 16. Jahrhundert setzten daher bald die Kaperfahrten zunächst privater, später staatlich lizenzierter Freibeuter ein. Mit dem Übereinkommen von 1609, wonach zu einem Souveränitätsanspruch die effektive Inbesitznahme des Territoriums notwendig war, begannen nun England und Frankreich, später auch die Niederlande, mit der Kolonisation in Amerika und der Errichtung von Stützpunkten an strategisch wichtigen, noch nicht besetzten Punkten.

Schon 1600 wurde die englische Ostindische Kompanie gegründet, 1602 folgte die niederländische Vereinigte Ostindische Kompanie und 1621 die niederländische Westindische Kompanie. In Frankreich wurde 1664 durch Jean B. Colbert je eine Westindische Kompanie mit Sitz in Le Havre und eine Ostindische Kompanie mit Heimathafen Lorient gegründet. Diese Gesellschaften führten die Kolonisation und den Erwerb von Handelsstützpunkten im großen Stil durch. Dazu unterhielten sie neben ihren Handelsschiffen eigene Kriegsflotten und führten Kriege auf eigene Rechnung. Die ersten Stützpunkte im Westen wurden auf den Inseln in der Karibik im Jahr 1625 gegründet, denen in den nächsten Jahrzehnten zahlreiche weitere folgten. Spanien mußte schließlich nach dem Erbfolgekrieg im Frieden von Utrecht (1713) diese Besitzansprüche anerkennen.

Die Geschwader der Niederländer und Engländer aber auch der Franzosen und Dänen erlitten bei den Fahrten nach **Ostasien** oft schwerste Mannschaftsverluste durch Skorbut und Tropenkrankheiten. Der Gewinn einzelner Fahrten von bis zu 400 Prozent für Unternehmer und Mannschaft, die auf eigene Rechnung Waren mitbringen durfte, spornte immer wieder zu neuen Unternehmungen an. Zwischen den verfeindeten Europäern einerseits und mit den Einheimischen andererseits kam es dabei oft zu schweren Kämpfen. Die Kriege der Einheimischen untereinander spielten sich dagegen meist auf den großen Flüssen von Indien bis China und an den Küstengewässern von Insulinde ab.

Zu dieser Zeit begannen zunächst Franzosen, meist aus der Bretagne und der Gascogne, sich in Westindien, vorwiegend an der Nordküste von Hispaniola und auf kleinen Inseln, festzusetzen, von wo aus sie Piraterie betrieben. Unter dem Namen „**Flibustier**" wurden sie der Schrecken der spanischen Handelsschiffahrt. Sie wurden oft vom offiziellen Frankreich, später auch von anderen Nationen meist zum Kampf gegen die Spanier in Dienst genommen, da sie die dortigen Gewässer bestens kannten und durch ihre straffe innere Organisation mit ihren schnellen Schiffen eine bedeutende Unterstützung waren. Später stießen auch Seeleute anderer Nationen zu ihnen. Ab dem 18. Jahrhundert wurden sie zu einer Plage aller seefahrenden Staaten und mußten in regelrechten Kriegszügen ausgerottet werden.

Zu Beginn der 17. Jahrhunderts begann der Vorstoß der Engländer und Niederländer nach Süd- und Ostasien. Die **Niederländer** umgingen dabei die portugiesische Route nach Indien entlang der Küste Ostafrikas und segelten dank der verbesserten geographischen und astronomischen Kenntnisse von der afrikanischen Südspitze direkt nach Insulinde. Da sie Malakka nicht gleich erobern konnten, machten sie Batavia/Djakarta zu ihrem Hauptstützpunkt und breiteten sich von dort systematisch aus. Es gelang ihnen auch, von Japan die Genehmigung zu erhalten, dort eine Faktorei zu gründen, die der einzige Handelsstützpunkt der Europäer in diesem Land bis zum 19. Jahrhundert bleiben sollte. Vorstöße zu den Philippinen wurden von den Spaniern abgewehrt. Die Portugiesen wurden jedoch aus fast ganz Vorderindien und Insulinde vertrieben. Die Stützpunkte Malakka, Ceylon und Goa wurden durch regelrechte Seeblockaden neutralisiert.

Die **Engländer** gingen zunächst ebenfalls nach Insulinde. Dort gerieten sie aber bald mit den Niederländern in Streit. Der Zwischenfall von Amboina 1623, von den Engländern zu einem Massaker aufgebauscht, erweckte in England großen Eindruck. Er war später einer der Gründe, warum die Öffentlichkeit bereitwillig den ersten Seekrieg gegen die Niederlande 1652 befürwortete. Aus Insulinde vertrieben, konzentrierten sich die Engländer zunächst auf das westliche Vorderindien und entrissen dort den Portugiesen das Handelsmonopol.

Der **Südatlantik** war im 16. Jahrhundert praktisch ein portugiesisches Binnenmeer. Die Handelsflotten der Portugiesen nahmen bei der Ausreise nach Indien den Kurs entlang der Küste von Brasilien nach Süden, bis sie die Passatwinde der „roaring fourties" erreichten, mit deren Hilfe sie das Kap der Guten Hoffnung ansteuerten und umrundeten. Auf der Rückreise nahmen sie von der Südspitze Afrikas die Route mit dem Benguelastrom entlang der afrikanischen Westküste nach Norden. Versorgungsstützpunkte befanden sich sowohl an der Ostküste Südamerikas als auch an der Westküste von Afrika. Französische Versuche, sich in Brasilien festzusetzen, wurden zurückgewiesen. Die Spanier begannen erst allmählich mit der Erschließung des La Plata-Gebiets.

Zu Beginn des 17. Jahrhunderts begannen die Niederländer sich an der Ostspitze des heutigen **Brasilien** festzusetzen. In zehnjährigen Kämpfen konnten sie ein beträchtliches Gebiet von Recife/Pernambuco nach Nordwesten erobern. Mit dem Beginn des Unabhängigkeitskampfes der Portugiesen von Spanien ab 1640, in dem sie von den Niederländern unterstützt wurden, kam es zum Ende der Kämpfe. Nach Beginn des ersten Seekrieges gegen England räumten die Niederländer ihre Eroberungen in Brasilien als zu kostspielig in der Erhaltung. Bei diesen Kämpfen vor der Küste von Südamerika kamen es zum ersten Mal zu großen Seeschlachten zwischen Kriegsflotten von europäischen Mächte weit in Übersee.

In **Westafrika** sicherten sich England, Frankreich und die Niederlande nur einzelne Stützpunkte, die ausreichten, um sich an dem gewinnbringenden Sklavenhandel nach Amerika beteiligen zu können. Diese Unternehmen waren ein Dreiecksgeschäft. Von Europa wurde billiger Tand nach Afrika gebracht und dort gegen Sklaven eingetauscht. Die Sklaven wurden in Amerika gegen Edelmetalle, Edelhölzer, Zuckerrohr, Tabak und andere landwirtschaftliche Erzeugnisse eingetauscht, die dann in Europa gegen gutes Geld verkauft werden konnten.

Frankreichs aktives Eingreifen in den Dreißigjährigen Krieg brachte auch für Spanien eine neue Front zu Lande in den Pyrenäen (neben Flandern und dem Deutschen Reich) und zur See im Mittelmeer. Für diese Seefront hatte Richelieu mit der Aufstellung eines königlichen Geschwaders vorgesorgt und in der Person des jungen Maillé-Brezé einen geeigneten Flottenführer gefunden. Dieser griff mit der französischen Flotte im Mittelmeer ein und trug zum Erfolg der Aufstände in Spanien bei.

In **Spanien** hatte der Leiter der Außenpolitik, der Graf von Olivares, Herzog von Sanlúcar, wie Richelieu in Frankreich versucht, das zentralistische Regierungssystem einzuführen, ohne über die politischen und staatsmännischen Fähigkeiten seines französischen Rivalen zu verfügen. Das Ergebnis war 1640 der Aufstand in Katalonien, das den König von Frankreich zu seinem Grafen wählte, ein weiterer Aufstand in Andalusien und noch im selben Jahr der Abfall von Portugal. Spanien, von den folgenden inneren Kämpfen zerrissen, schied als Machtfaktor in Europa aus.

Mit dem Tod von Richelieu 1642 verlor die französische Flotte jedoch ihren Förderer, und in der Seeschlacht bei der Insel Giglio 1646 fiel ihr tüchtiger Admiral Maillé-Brezé. Dieser Krieg dauerte daher noch elf Jahre über den Westfälischen Frieden hinaus. Frankreich bekam 1648 Rückenfreiheit im Norden und Osten, konnte aber trotzdem den Krieg zu keinem befriedigenden Abschluß gegen das schwache Spanien bringen, da es selbst durch den inneren Krieg der Fronde (Ständeaufstand, 1648–1652) geschwächt war. Schließlich brachte der Pyrenäenfriede auch diesen Krieg zum Abschluß. Spanien mußte sich zu Gebietsabtretungen bequemen. Das für die Zukunft wichtige Ergebnis dieses Vertrages war die Hochzeit von König Ludwig XIV. mit der ältesten Tochter von Philipp IV. Sie verzichtete zwar gegen Bezahlung einer Mitgift von 500.000 Goldtalern auf ihre Erbrechte an der spanischen Krone, da Spanien aber diese Summe nie bezahlen konnte, war hier schon der Anlaß für den Spanischen Erbfolgekrieg geschaffen.

Die Auseinandersetzungen zur See im **Mittelmeer** zu dieser Zeit waren vorwiegend von Freibeuterkämpfen gekennzeichnet. Sowohl die Mohammedaner als auch die Christen betrachteten die Schiffe der Andersgläubigen meist als vogelfrei und damit als gute Beute. Dadurch herrschte ein ständiger Kleinkrieg, der mehr durch wirtschaftliche als religiöse Motive verursacht war. Vor allem die Barbareskenstaaten von Nordafrika auf der einen wie die christlichen Ritterorden auf der anderen Seite zeichneten sich dabei aus. Nordafrikanische Freibeuter und Piraten fuhren zu dieser Zeit bis in den Ärmelkanal und an die Atlantikküste von Nordamerika. Verschärft wurde die Situation durch die Austreibung von rund einer halben Million Mauren aus Spanien, die sich in Nordafrika ansiedelten und dort die Reihen der Korsaren verstärkten. Gegen diese Überfälle gab es dann regelmäßig „Strafexpeditionen", die jedoch zu keinem Ergebnis führten.

In der Auseinandersetzung zwischen **Venedig** und den Habsburgern in Italien in der zweiten Dekade des 17. Jahrhunderts kam es zu Operationen des Geschwaders des spanischen Vizekönigs von Sizilien in der Adria, ohne daß sich größere Kämpfe entwickelten. Venedig mußte sich außerdem gegen die von Österreich unterstützten Raubzüge zur See der dalmatinischen Uskoken erwehren.
Die Kämpfe zur See im Mittelmeer während des ersten Seekrieges Englands gegen die Niederlande (1652–1654) werden im nächsten Abschnitt beschrieben. Hier wird jedoch der noch in der ersten Hälfte des 17. Jahrhunderts begonnene **Krieg um Kreta** (1645–1669) behandelt.
Das Osmanische Reich begann den Angriff auf Kreta in einer Periode der eigenen Schwäche. Da auch der Stern von Venedig bereits im Niedergang war, zog sich der Krieg über mehr als zwei Jahrzehnte hin. Die Flotte Venedigs konnte die Zufuhr für die bereits auf der Insel kämpfenden Türken nie ganz unterbinden, obwohl sie mehrfach versuchte, die Dardanellen mit einer dichten Blockade zu sperren. Die Türken waren zunächst zu schwach, um die starke Hauptfestung Kandia auf der Insel zu erobern. Erst als bei den Osmanen der neue Großwesir Mohammed Köprülü (1656–1661) an die Macht kam, nahm das Land wieder einen Aufschwung und der Krieg konnte erfolgreich beendet werden. Venedig behielt nur einige kleine Stützpunkte im Nordwesten der Insel.
Noch in die erste Hälfte des 17. Jahrhunderts fällt der **englische Bürgerkrieg**, in dem die Seeoperationen zwar nur eine untergeordnete Rolle spielten, die aber eine große Folgewirkung hatten. Der Krieg entstand aus dem Machtkampf zwischen Krone und Parlament und dauerte im engeren Sinn von 1642 bis 1646. Nach der Gefangennahme des Königs ging ein Teil der zunächst dem Parlament ergebenen Flotte zu den Royalisten über. Sobald die neue Regierung in England gefestigt war, ergriff sie energische Maßnahmen. Admiral Blake jagte das royalistische Geschwader unter Prinz Rupert aus dem Ärmelkanal und rund um die Iberische Halbinsel, wobei es aufgerieben wurde. Admiral Popham sicherte im Ärmelkanal den Handelsverkehr gegen royalistische Freibeuter. Admiral Dean besorgte das gleiche in den Downs und den Hoofden, und Admiral Ayscue ging nach Nordamerika und zwang die Kolonisten zum Abfall von den Königlichen. Dies und die Besetzung der Inseln rund um England nahm die Flotte bis 1651 voll in Anspruch. Der Aufstieg der englischen Flotte unter dem ersten Commonwealth wird im nächsten Kapitel beschrieben.
Nach der Schlacht bei Lützen (1632) stießen die Schweden bis nach Süddeutschland vor. Sie erreichten dabei den **Bodensee**, auf dem die Kaiserlichen als Reaktion in Bregenz eine Seeflottille aufstellten. Nach dem Rückzug der Schweden 1634 führten ihre Verbündeten, die Franzosen und Württemberger, den Krieg am See weiter. Im Jahr 1647 kamen die Schweden erneut und konnten sogar Bregenz erobern, bald darauf erfolgte jedoch der Waffenstillstand.
Das Ergebnis der Kriege, die mit dem **Westfälischen Frieden** und dem **Pyrenäenfrieden** abgeschlossen wurden, waren der Aufstieg der neuen Handelsmacht der Niederlande, deren große Geleitzüge nun alle Weltmeere befuhren, sowie das Erstarken von England, das sich von seinem alten Landbesitz am Kontinent endgültig gelöst hatte und wie die Niederlande seine Zukunft auf den Weltmeeren und im Seehandel suchte. England holte dabei gegenüber den Niederländern rasch auf und nützte seine insulare Lage geschickt aus.
Weitere Ergebnisse waren die Festigung der Macht des französischen Königs und durch die Zentralisierung des Landes der Aufstieg Frankreichs zur stärksten Landmacht des folgenden Jahrhunderts. Ferner war der Niedergang von Spanien als Großmacht in Europa, zunächst bei Erhaltung seines Kolonialreiches in Amerika und im Stillen Ozean, besiegelt. Ein weiteres Ergebnis war die Erringung der Unabhängigkeit von Portugal und der Verlust seines Kolonial-

reiches in Asien bei Erhalt seines Besitzes in Afrika und Brasilien. Und schließlich kam das Ende des imperialen Hegemonialstrebens der Römisch Deutschen Kaiser und die Stärkung der fürstlichen Territorialgewalten im Deutschen Reich.

In England wurde zu dieser Zeit (1636/37) der erste Dreidecker, die >Sovereign of the Seas< von 1520 t Wasserverdrängung gebaut. Das **Standard-Linienschiff** wurde aber der Zweidekker von 50 bis 80 Kanonen. Vor allem gegen die Kaperschiffe wurden schnellere Kriegsschiffe entwickelt, die Fregatten von rund 400 t und 26 bis 40 Kanonen, alle in einer Batterie. Diese Schiffe bewährten sich für Kreuzerkrieg und Aufklärung.

Schon 1624 baute der Niederländer Cornelius Drebbel das erste erfolgreiche **Unterwasserfahrzeug** und unternahm Tauchfahrten auf der Themse. Trotzdem gab es in den nächsten beiden Jahrhunderten auf diesem Gebiet keine Weiterentwicklung.

1620–1629 Frankreichs letzter Hugenottenkrieg

In der letzten der bewaffneten Auseinandersetzungen zwischen den französischen Protestanten und der Zentralgewalt (1562–1629) kommt es mehrfach zu Gefechten zwischen den Geschwadern der beiden Parteien. Die Kämpfe drehen sich vornehmlich um den Hauptstützpunkt der Hugenotten, den festen Hafen La Rochelle an der Biskaya.

Oktober 1622 **Seeschlacht bei der Insel Ré.** Ein Geschwader der Königlichen, bestehend aus bewaffneten Handelsschiffen und von aus dem Mittelmeer geholten Galeeren, insgesamt rund 60 Schiffe mit 10.000 Mann, kämpft unentschieden gegen die Schiffe von La Rochelle in etwa der gleichen Stärke.

Anfang 1625 Bei Lorient an der Südküste der Bretagne erobert die Flotte der Hugenotten ein Geschwader von sechs Schiffen der Königlichen.

Richelieu, seit kurzem an der Macht, verstärkt daraufhin die königliche Flotte durch angemietete Schiffe aus England und den Niederlanden

16.–17. September 1625 **Seeschlacht im Pertuis Breton.** In einem erbitterten Kampf gegen die 57 Schiffe der Katholiken unter dem Admiral von Frankreich, Heinrich von Montmorency, erleiden die Hugenotten nördlich der Insel Ré eine empfindliche Niederlage. Sie verlieren elf Schiffe, gegen vier der Königlichen. Die Engländer und Niederländer ziehen nun ihre Schiffe ab. England beginnt ab 1627 die Hugenotten aktiv zu unterstützen.

1627 Ein Versuch des englischen Herzogs von Buckingham, die Insel Ré zu besetzen, scheitert kläglich.

1627–1628 **Belagerung von La Rochelle.** Richelieu läßt nun die Land- und Seeblockade von La Rochelle verstärken. Die Hafeneinfahrt wird durch zwei Dämme fast vollständig zugeschüttet. Auf diesen Dämmen stellen die Königlichen Geschütze auf. Ferner wird vom Festungsbauer Pompeo Targone eine schwimmende Festung gebaut. Diese ist ein mit Artillerie bestückter Turm, der auf mehrere Schiffe aufgesetzt ist.

Mai 1628 **Erstes Gefecht vor La Rochelle.** Ein englisches Geschwader unter Lord Denbigh versucht La Rochelle von der See her zu entsetzen und wird mit Verlusten abgewiesen.

September 1628 **Zweites Gefecht vor La Rochelle.** Auch ein zweiter, energisch durchgeführter Versuch der Engländer unter Robert Bertie de Lindsey erleidet das gleiche

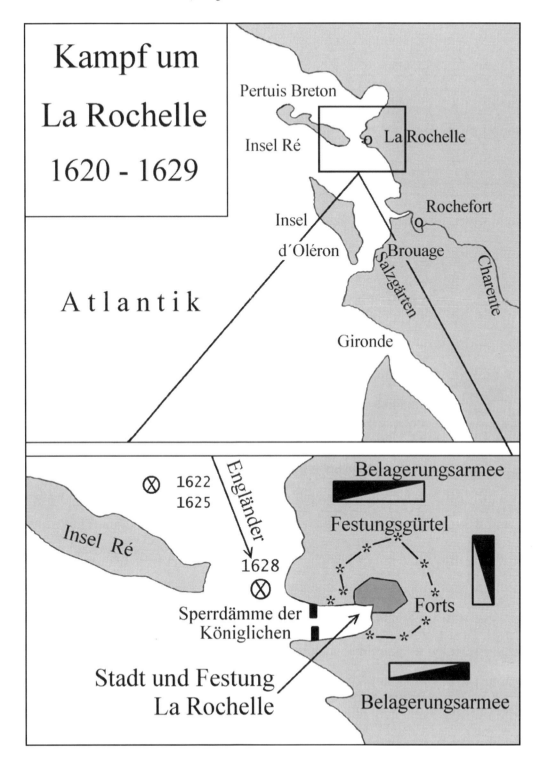

Schicksal. Dabei setzen die Engländer eine Art primitiver Treibminen (infernal machines) ein. Im Oktober muß sich La Rochelle schließlich nach heroischer Verteidigung ergeben. Von 28.000 Einwohnern sind 23.000 an Seuchen gestorben.

1629 **Vertrag von Alais.** Dieser nimmt zwar den Hugenotten alle politischen Sonderrechte, läßt ihnen aber noch gewisse religiöse Freiheiten. Die Macht der französischen Könige ist nun absolut. Richelieu hat die Hand frei, um allmählich aktiv in den Dreißigjährigen Krieg einzugreifen.

1618–1648 Die Kämpfe in der Ostsee und im Deutschen Reich

November 1620 **Schlacht am Weißen Berg.** Das Heer der Kaiserlichen unter General Johann Tilly siegt bei Prag über die Böhmen. Der „Winterkönig" Friedrich von der Pfalz muß nach den Niederlanden fliehen.

September 1621 **König Gustav II. Adolf** (1611–1632) von Schweden landet mit seiner Flotte und 20.000 Mann Heerestruppen bei Riga und erobert nach einem Monat die polnische Hafenstadt und anschließend ganz Livland.

Juni 1626 Gustav Adolf landet mit 150 Schiffen 13 Regimenter zu Fuß und neun Schwadronen Reiterei gegen einen symbolischen Widerstand der Preußen bei Pillau und rückt von dort nach dem Westen vor.

28. November 1627 **Gefecht bei Oliva** (Reede von Danzig). Die polnische Flotte von zehn Schiffen siegt über ein schwedisches Blockadegeschwader von sechs Schiffen. Eines wird erobert und eines fliegt in die Luft. Im übrigen beherrscht während des Krieges die schwedische Flotte die Ostsee.

23. Mai–4. August 1628 **Belagerung von Stralsund.** Wallenstein versucht diese wichtige Hafenstadt in die Hand zu bekommen, die von den protestantischen Seemächten erfolgreich verteidigt wird. Wallenstein muß unverrichteter Dinge wieder abziehen. Ohne eigene Flotte kann er die Versorgung der Stadt nicht unterbinden und muß schließlich seine Pläne vom Aufbau einer Flotte in der Ostsee fallen lassen.

August 1628 **Schiffbruch.** In den Schären vor Stockholm kentert das neue schwedische Linienschiff >Wasa< (64). Mitte des 20. Jahrhunderts wird es wieder gefunden, gehoben und ist heute eines der bedeutendsten Museumsschiffe.

Juni 1630 **Pommern.** König Gustav Adolf landet mit 27 Kriegsschiffen und 13 Transportern 13.000 Mann Heerestruppen bei Usedom an der Odermündung und beginnt seinen erfolgreichen Kriegszug durch das Deutsche Reich.

1631 Bei der Eroberung von **Wismar** fallen den Schweden 14 Schiffe und Fahrzeuge der kurzlebigen kaiserlichen Marine in der Ostsee in die Hände, darunter die >Salvator< (26) und die >Maria Rekompens< (26).

September 1631 **Schlacht bei Breitenfeld.** Nach der Zerstörung von Magdeburg durch Tilly im Mai schließen sich die Sachsen Gustav Adolf an, der die Kaiserlichen nahe Leipzig vernichtend schlägt. Der Vorstoß der Schweden nach Süddeutschland beginnt.

November 1632 **Schlacht bei Lützen.** Die Schweden siegen erneut über die Kaiserlichen, nunmehr unter Wallenstein, König Gustav II. Adolf fällt aber in der Schlacht.

1634 **Ermordung von Wallenstein** in Eger. Die Kaiserlichen sind dadurch ihres besten Feldherrn beraubt. Trotzdem siegen sie noch im selben Jahr in der

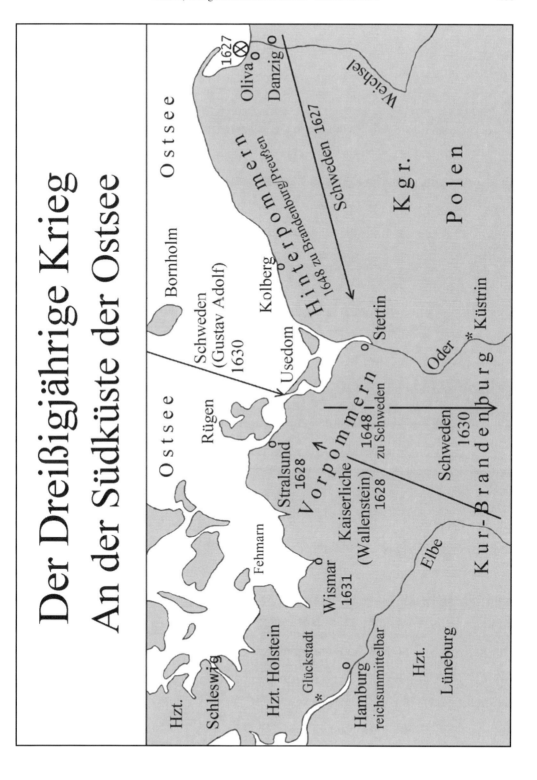

	Schlacht bei Nördlingen über die Schweden. Das Eingreifen der Franzosen im süddeutschen Raum verlängert den Krieg um weitere zehn Jahre.
September 1641	**Hamburg.** Von seiner Festung Glückstadt an der Elbemündung behindert Dänemark den Seehandel von Hamburg. Die Hansestadt blockiert daraufhin Glückstadt mit einem Geschwader, muß die Blockade aber nach einer Niederlage gegen die dänische Flotte wieder aufheben. Hamburg muß in der Folge in eine Abgabe an die Dänen für ihre passierenden Schiffe einwilligen.
1648	**Westfälischer Friede.** In Münster und Osnabrück werden die Friedensbedingungen ausgehandelt. Frankreich erhält die Rheingrenze. Schweden erhält Vorpommern und das Herzogtum Bremen. Bayern bekommt die Oberpfalz und behält die Kurwürde. Sachsen erhält die Lausitz, Brandenburg Hinterpommern, Minden und Halberstadt. Die Schweiz und die Niederlande scheiden aus dem Reichsverband aus. Das Reich löst sich in einen Staatenbund auf. Der Großteil der deutschen Territorien ist in eine Ruinenlandschaft verwandelt.
1643–1645	**Krieg Schweden gegen Dänemark**
	Die beiden nordischen Reiche verfügen in der ersten Hälfte des 17. Jahrhunderts über ständige Segelflotten, die jenen der westlichen Seemächte kaum nachstehen. Auch in diesem Krieg, wie in anderen vor- und nachher, geht es um die Vorherrschaft in der Ostsee, hier im Rahmen des Dreißigjährigen Krieges. Die Dänen ziehen dadurch eine schwedische Armee vom Kriegsschauplatz im Deutschen Reich vorübergehend ab.
Mai 1644	**Gefecht bei Jütland.** Die dänische Flotte unter König Christian IV. (1588–1648) besiegt westlich der Halbinsel ein in den Niederlanden für die Schweden ausgerüstetes Geschwader.
11. Juli 1644	**Treffen bei Fehmarn.** Die schwedische Flotte mit rund 40 Schiffen und 1020 Kanonen unter Clas Fleming, Flaggschiff ›Scepter‹ (58), trifft auf die ungefähr gleich starke dänische Flotte unter General-Admiral Jörgen Wind, Flaggschiff ›Patientia‹ (48). Der dänische König nimmt auf der ›Trefoldigkeit‹ (48) am Kampf teil, der nach zehn Stunden ohne Entscheidung endet. Schiffe gehen keine verloren, aber Admiral Fleming fällt.
Sommer 1644	**Öresund.** Der dänische König erhöht den Schiffszoll beträchtlich, um mit den zusätzlichen Einnahmen den Seekrieg zu finanzieren. Die Niederländer weigern sich, die erhöhten Sätze zu bezahlen. Sie geben ihrem diesjährigen Ostseekonvoi von 900 (!) Handelsschiffen eine Bedeckung von 40 Kriegsschiffen unter Admiral Witte de With bei. Die Dänen lassen die Kauffahrer nach Bezahlen des alten noch niedrigeren Satzes passieren. Admiral Witte de With erwartet die Rückkehr der Kauffahrer im Kattegat.
23. Oktober 1644	**Seeschlacht bei Laaland.** Die schwedische Flotte unter Admiral Wrangel, Flaggschiff ›Smålnds Lejon‹ (32), von 42 Schiffen mit Unterstützung durch ein niederländisches Geschwader trifft bei den südlichen dänischen Inseln auf ein dänisches Geschwader von 17 Schiffen unter Pros Mund, Flaggschiff ›Patientia‹ (48). In einem Kampf von sechs Stunden wird das dänische Geschwader vernichtet. Nur drei Schiffe können entkommen, Mund fällt. Die Schweden verlieren nur ein Schiff von 22 Kanonen.

1645	**Friede von Bromsebrö.** Schweden erhält die Inseln Gotland und Ösel sowie eine Befreiung vom Sundzoll. Da die Niederländer die Schweden aktiv unterstützt haben, wird für sie eine Reduzierung des Sundzolls erreicht, sehr zum Mißvergnügen der englischen Konkurrenten. Im Westfälischen Frieden 1648 erwirbt Schweden Vorpommern mit Rügen, Wismar und das Gebiet zwischen Elbe- und Wesermündung.

1621–1648 Seekrieg Spanien gegen die Niederlande

	Nach Ende des Waffenstillstands mit den Niederlanden greifen die Spanier deren Handelsschiffahrt in das Mittelmeer in der Straße von Gibraltar an.
10. April 1621	**Gefecht in der Straße von Gibraltar.** Die Spanier greifen ein niederländisches Geleit in der Meerenge an, können zwei Schiffe erobern, der Großteil entkommt jedoch.
Oktober–November 1625	**Nordsee.** Ein in Flandern neu gebautes spanisches Geschwader von fünf regulären Kriegsschiffen und sieben Freibeutern durchbricht die Küstenblockade durch die niederländische Flotte und führt Handelskrieg in der Nordsee. Vor der schottischen Küste wird eine große niederländische Fischerflotte angetroffen. Die sechs Fischereischutzschiffe werden niedergekämpft und über 80 Fischerboote vernichtet.
Oktober–Dezember 1625	**Expedition gegen Cádiz.** Von 1624 bis 1630 befindet sich auch England im Kriegszustand mit Spanien. Ein englisches Geschwader von 100 Kriegsschiffen unter Edward Cecil, Earl Wimbledon, unternimmt einen Angriff auf die spanische Seefestung. Das schlecht geführte, schlecht organisierte und mangelhaft ausgerüstete Unternehmen endet ohne jeden Erfolg und mit großen Verlusten durch Krankheiten. Auch der Versuch, die zu dieser Zeit erwartete Silberflotte abzufangen, mißlingt.
1626–1634	**Freibeuter.** Spanische Handelsstörer aus Dünkirchen erobern in diesen Jahren 1500 Schiffe und versenken weitere 336, meist niederländische, bei einem eigenen Verlust von 15 königlich spanischen Schiffen und 105 privaten Freibeutern. Aus Mangel an Kriegsschiffen und Besatzungen können die Vereinigten Niederlande keine lückenlose Blockade der Küsten der spanischen Niederlande durchführen.
28. Juni 1629	**Gefecht vor Dünkirchen.** Ein niederländisches Geschwader unter Piet Hein macht im Ärmelkanal und vor Dünkirchen Jagd auf den spanischen Schiffsverkehr. Hein bringt dabei einem spanischen Geschwader eine Niederlage bei, Piet Hein fällt jedoch bereits zu Beginn des Kampfes.
September 1631	**Brabant.** Die Spanier rüsten in Antwerpen ein Geschwader zum Angriff auf die Niederlande aus. Den Holländern gelingt es jedoch, dieses in einem nächtlichen Überfall fast vollständig zu zerstören.
1635	**Frankreich** tritt auf der Seite der Gegner Spaniens in den Krieg ein, der schließlich über den Westfälischen Frieden hinaus andauern soll.
April 1637	**Mittelmeer.** Vor Korsika erobern spanische Galeeren aus Neapel und Sizilien ein ganzes Geleit von zehn niederländischen Handelsschiffen.

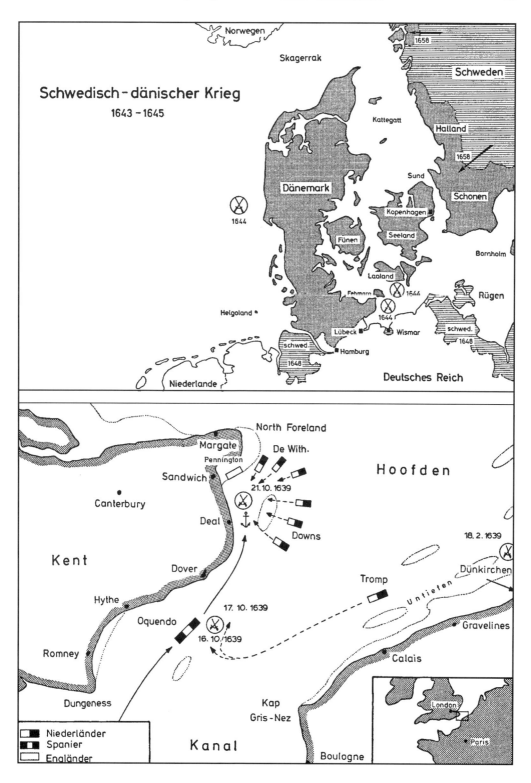

März–April **Ärmelkanal.** Ein spanisches Geschwader unter Lope de Hoces kreuzt im Är-
1638 melkanal und kann eine Reihe von niederländischen und französischen Handelsschiffen kapern.

22. August 1638 **Biskaya.** Auf der Reede von Guetaria bei San Sebastian wird das Geschwader von Lope de Hoces von den Franzosen durch einen Angriff mit Brandern zur Gänze vernichtet.

18. Februar **Seeschlacht vor Dünkirchen.** Auf dem Weg nach Spanien trifft kurz nach
1639 dem Auslaufen ein spanisches Geschwader von zwölf Schiffen auf ein gleich starkes niederländisches unter Maarten H. Tromp. Nach erbittertem Kampf erobern die Niederländer zwei Schiffe, ein weiteres wird verbrannt. Die Spanier verlieren 1600 Mann, auch das niederländische Geschwader ist schwer mitgenommen.

September 1639 **Ärmelkanal.** Unter dem Oberbefehl von Admiral Antonio de Oquendo, Flaggschiff >Santiago<, erscheint das spanische Atlantikgeschwader. Es umfaßt 70 Kriegsschiffe, darunter mehr als ein Dutzend mit über 1000 t Wasserverdrängung (die >Santa Teresa< hat 2400 t). Die Besatzung beträgt 24.000 Mann einschließlich der Seesoldaten auf den Transportern.

16. und 17. **Treffen im Ärmelkanal.** Mit 30 durchwegs kleineren Schiffen greift der nie-
September 1639 derländische Admiral Maarten H. Tromp die Spanier an. In einem reinen Artilleriekampf drängt er die Spanier an die englische Küste bei Dover. In den Downs (Dünen) geht Oquendo vor Anker, um Verpflegung und Wasser zu ergänzen und Schäden auszubessern. Um die Neutralität zu überwachen, ankert in der Nähe ein Geschwader der Engländer unter Admiral Penington, Flaggschiff >Anna Royal<. Tromp beobachtet und blockiert die Spanier an ihrem Liegeplatz. Dabei wird er laufend durch weitere Schiffe aus den Niederlanden verstärkt.

21. Oktober **Seeschlacht in den Downs.** Den 70 spanischen Schiffen stehen schließlich fast
1639 100 niederländische, allerdings durchwegs kleinere Schiffe gegenüber. Admiral Tromp, Flaggschiff >Amelia<, teilt seine Flotte in sechs Geschwader, eines davon, unter Witte de With, wird zur Beobachtung der Engländer abgestellt. Elf Brander werden bereitgestellt. Am Morgen, bei günstigem Wind, greift Admiral Tromp an. Die Spanier, die nicht damit rechnen, auf dem Liegeplatz des neutralen England angegriffen zu werden, können kaum die Ankertaue kappen. Ihre Flotte gerät vollkommen in Unordnung. Die niederländischen Brander finden reichlich Opfer. Ein Großteil der spanischen Schiffe treibt auf den Strand und wird dort (!) von den Niederländern vernichtet. Oquendo kann nur mit rund einem Dutzend seiner Schiffe entkommen. Die Niederländer bringen 14 Prisen ein. Der Rest ist vernichtet oder gestrandet. Die spanischen Verluste betragen ferner 7000 Tote und Verwundete sowie 1800 Gefangene. Den Niederländern kostet dieser Sieg nur ein Schiff und 500 Tote. Pennington macht keinen ernsthaften Versuch, die englische Neutralität zu wahren. Die Rolle Spaniens als eine bedeutende Seemacht ist endgültig zu Ende.

1640 **Portugal.** Dieses wird sofort nach seiner Unabhängigkeitserklärung von der Flotte der Niederlande bei seinem Kampf gegen die Spanier unterstützt.

1641 **Gefecht vor Lissabon.** Ein Geschwader der Niederlande von 20 Schiffen versucht eine spanische Silberflotte abzufangen. Es trifft jedoch auf ein stärkeres

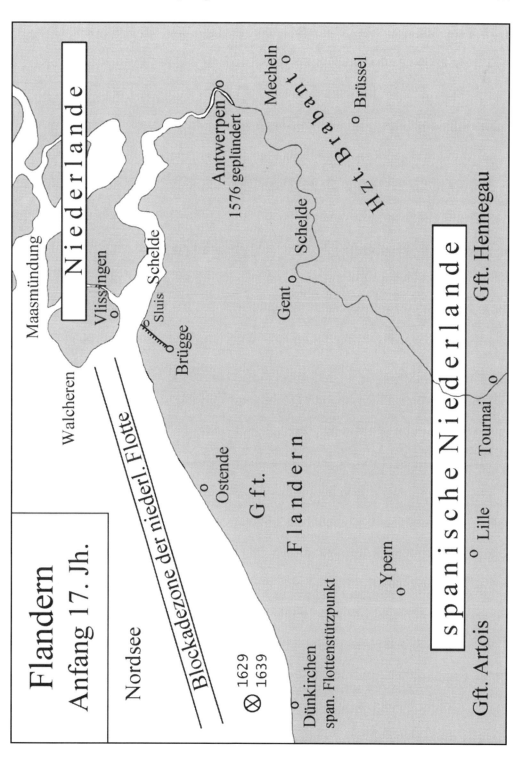

1648	spanisches Geschwader und muß sich nach Kampf zurückziehen. Beide Seiten verlieren je ein Schiff. Im **Westfälischen Frieden** muß Spanien endgültig die Unabhängigkeit der Niederlande anerkennen.

1. Hälfte 17. Jh.

Seekriege und Ereignisse in Übersee

Westindien und Nordamerika

1595	**Karibik.** Ein englisches Geschwader von 26 Schiffen mit 2500 Mann unter Francis Drake und John Hawkins fährt nach Westindien zum Angriff auf die spanischen Stützpunkte. Nach dem Tod von Hawkins vor Puerto Rico und von Drake vor Puerto Bello kehren die Schiffe ohne Erfolg heim. Vor der kubanischen Küste treffen sie auf ein gleich starkes spanisches Geschwader und müssen sich den Rückweg in einem zweistündigen Gefecht erst freikämpfen.
Anfang 17. Jh.	**Karibik.** Die unter dem Namen „Flibustier" bekannten Seeräuber und Freibeuter (je nach politischer Verbindung) machen von ihren Schlupfwinkeln in Westindien die dortigen Gewässer in zunehmendem Maße unsicher.
8. September 1628	**Gefecht bei Matanzas.** An der Nordküste von Kuba, östlich von Havanna, stellt der niederländische Geschwaderkommandant Piet Hein mit 24 Schiffen die von Mexiko auf dem Heimweg befindliche spanische Silberflotte von 20 Schiffen unter Juan de Benavides. In einem Nachtgefecht kann Hein fast alle Schiffe erobern, nur drei entkommen. Mit den Schätzen, die Hein im November nach den Niederlanden bringt, können die Seeoperationen der nächsten Jahrzehnte finanziert werden. Piet Hein wird zum Leutnant-Admiral befördert. Es ist dies der einzige Fall, daß eine ganze Silberflotte aus der Neuen Welt erobert worden ist. Die Beute auf den einzelnen Schiffen ist im Anhang von Band zwei dieser Weltgeschichte aufgeführt.
September–Dezember 1629	**Westindien.** Engländer, Franzosen und vor allem Niederländer beginnen sich auf den Kleinen Antillen festzusetzen. Spanien schickt deshalb ein Geschwader von 17 Galeonen unter Don Fadrique de Toledo und Vizeadmiral Antonio Oquendo nach Westindien. Schon bei den Azoren entdeckt Toledo ein niederländisches Geleit von rund 80 Schiffen und verfolgt es bis San Cristóbal auf Santo Domingo. Der Großteil der Handelsschiffe wird erobert oder vernichtet. Zur See und an Land werden 129 Kanonen erbeutet, 2300 Gefangene gemacht und 4000 schwarze Sklaven erbeutet. Die Stützpunkte auf den Inseln Nevis (frz.) und San Cristóbal (frz.) werden erobert. Die Spanier verfügen vorerst wieder über die absolute Seeherrschaft in Westindien.
30. August– 3. September 1638	**Seeschlacht vor Kap San Antonio.** Vor der Westspitze von Kuba greift ein niederländisches Geschwader von 40 Schiffen unter Cornelius Jol, genannt Houtebeen oder Pie de Palo (= Holzbein), die spanische Silberflotte unter General Carlos Ibarra an. Nach viertägigem Artillerieduell werden die Niederländer abgewiesen, ihr Führer Houtebeen fällt.

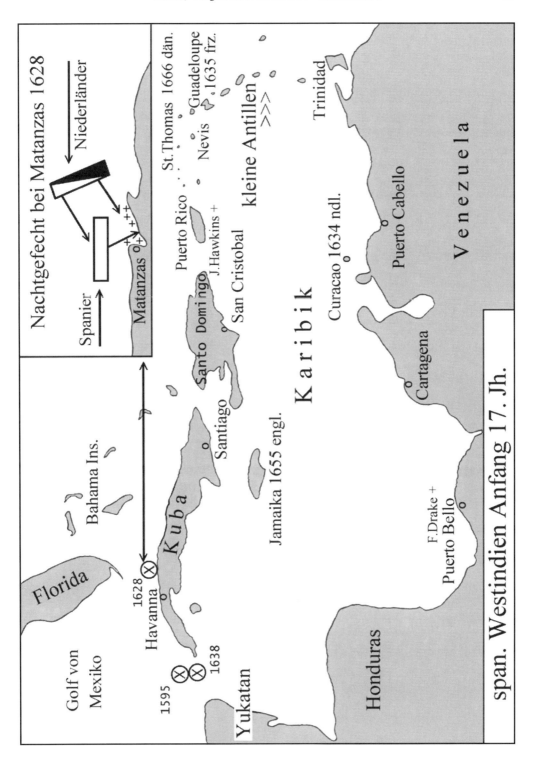

Indischer Ozean und Stiller Ozean

Anfang 17. Jh. Die Engländer stoßen in den westlichen Indischen Ozean vor und bekämpfen dort das portugiesische Handelsmonopol. Zur selben Zeit versuchen die Niederländer die Kontrolle über die Anbaugebiete der Gewürze in Insulinde zu erringen.

30. Juni–2. Juli 1594 **Gefecht in der Bucht von San Mateo.** Richard Hawkins jun. ist im April 1593 mit der >Dainty< (350) zu einer Kreuzfahrt in die Südsee ausgelaufen. Er plündert Valparaiso und kapert einige Schiffe. Schließlich wird er von einem spanischen Geschwader von sechs Schiffen unter Beltrán de Castro vor der Küste Perus gestellt. Hawkins muß sich schließlich nach dreitägigem verzweifelten Widerstand, mehrfach verwundet, der Übermacht ergeben. Nach seiner Heimkehr 1605 schreibt Hawkins die „Observations", einen anschaulichen Bericht seiner Reise.

April 1600 **Japan.** Das erste Schiff der Niederlande, die >Liefde<, trifft in Japan ein. Sie ist 1598 aus den Niederlanden ausgelaufen, kommt durch die Magellanstraße, überquert den Pazifik und erreicht nach einem Jahr Fahrt Kyushu. Von der Besatzung lebt nur mehr ein Drittel, und nur noch fünf Mann können die Segel bedienen. Die Niederländer dürfen dann in Nagasaki eine Faktorei errichten.

Dezember 1600 **Gefecht vor Manila.** Bei seiner Weltumsegelung will der Niederländer Oliver van Noort bei den Philippinen chinesische Dschunken, die sich auf dem Weg nach Manila befinden, abfangen. Die Spanier treten ihm mit einem Geschwader von zwei größeren und mehreren kleinen Schiffen bei der Insel Mariveles, heute Corregidor, entgegen. In einem erbitterten Gefecht verlieren die Niederländer ein kleines Schiff, das Flaggschiff der Spanier, die >San Diego< (350), sinkt, aber van Noort räumt das Feld.

April 1601 **England.** Das erste Geleit der **Englischen Ostindischen Kompanie (EIC)** unter James Lancaster verläßt den Hafen Torbay und trifft im Juni vor Sumatra ein, von wo es mit reicher Gewürzladung wieder heimkehrt.

24. Dezember 1601 **Seeschlacht vor Bantam.** Der Angriff eines portugiesischen Geschwaders von acht großen und 20 kleinen Schiffen unter Furtado de Mendoza wird von einem niederländischen Geschwader von fünf größeren und besser bewaffneten Schiffen unter Wolfert Harmensz abgewiesen. Die Portugiesen verlieren zwei Schiffe.

1602 **Niederlande.** Die Seehandelskompanien der einzelnen Teilstaaten werden zur **Vereinigten Ostindischen Handelskompanie (VOC)** zusammengeschlossen. Sie hat das Handelsmonopol für den Indischen Ozean und Ostasien, das sie auch selbst verteidigen oder durchsetzen. Daher sind die Ostindienfahrer meist stark bewaffnete Handelsschiffe.

1602 **Persischer Golf.** Die Araber können den portugiesischen Stützpunkt auf der Insel Bahrein erobern.

1605 **Gewürzinseln.** Die Niederländer können sich neben den Portugiesen auf der Gewürzinsel Tidore in den Molukken und auf der Gewürzinsel Amboina in der Banda-Gruppe festsetzen.

Jänner–April 1606 **Philippinen.** Die Spanier versammeln ein Geschwader von 18 Segelschiffen, sieben Galeeren und vielen Dschunken und Sampans unter Pedro de Acuña. Damit vertreiben sie (nun in Personalunion mit Portugal) die Niederländer,

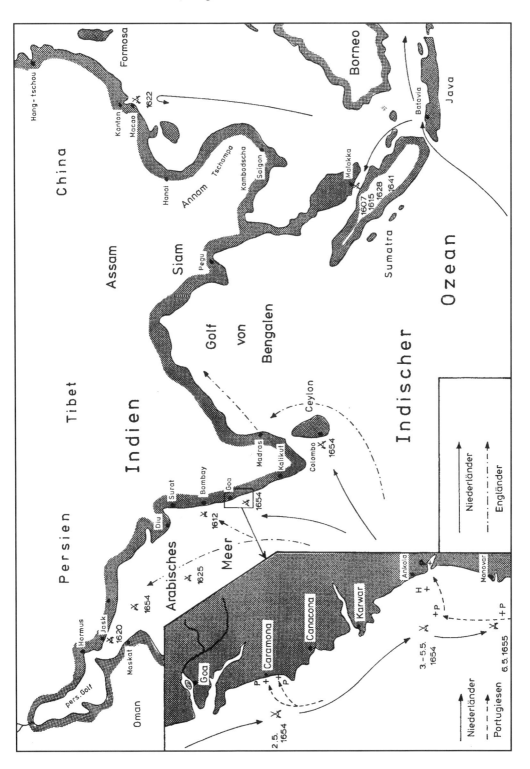

deren Geschwader bis auf ein Schiff abwesend ist, aus Tidore und Amboina. Sie erobern schließlich auch die Gewürzinsel Ternate vom örtlichen Sultan, werden aber schon zwei Jahre später von den Niederländern wieder vertrieben. Eine Galeone der Niederländer kann das ganze gemischte Geschwader von Acuñha in Schach halten.

1606 und 1607 **Seegefechte vor Malakka.** Ein niederländisches Geschwader von elf Galeonen unter Admiral Matelief belagert den Stützpunkt der Portugiesen. Ein portugiesisches Entsatzgeschwader von zwölf Segelschiffen und vier Galeeren unter Vizekönig Martin Afonso de Castro vertreibt zunächst in einem entschlossenen Seegefecht die Niederländer. Die Portugiesen teilen dann ihr Geschwader, die eine Hälfte bleibt vor Malakka, die andere segelt in Richtung Nikobaren. Die Niederländer können in den nächsten Monaten eines nach dem anderen aufreiben.

1608 **Indien.** Unter Kaiser Akbar (1556–1605) verstärken die Mogulen ihre Stellung in Bengalen. In diesem Jahr wird die Stadt Dacca zum Verwaltungssitz und zu einer starken Festung ausgebaut. Von dort aus werden die lokalen Herrscher und die Piraten im Golf von Bengalen bekämpft.

1609 **Japan.** Die Fürsten auf der Insel Kyushu, die Brüder Shimazu, erobern das kleine Königreich auf den Ryukyu-Inseln mit der Hauptstadt Naka auf Okinawa. Nominell bleibt Okinawa weiter unter der Oberhoheit Chinas. Die Bedeutung der Inseln liegt in der Vermittlung des Seehandels zwischen Japan und China, der offiziell verboten ist.

24. April 1610 **Erste Seeschlacht bei Playa Honda.** Südlich von Manila besiegt der spanische Gouverneur der Philippinen, Juan de Silva, mit einem Geschwader von sechs Segelschiffen und zwei Galeeren mit zusammen 70 Kanonen und 750 Mann Besatzung das niederländisches Ostindiengeschwader unter F. de Wittert. Das niederländische Flaggschiff und ein weiteres Schiff werden erobert, de Wittert fällt. Der Angriff der Niederländer auf den wichtigen spanischen Handelsstützpunkt Manila ist damit abgeschlagen, und die Spanier erobern 70 Kanonen und eine große Menge an Seide, die de Wittert chinesischen Dschunken abgenommen hat.

um 1610 **Sumatra.** Sultan Iskander Musa von Atjeh (Nordsumatra) erobert das auf der malaiischen Halbinsel gelegene Johore und kontrolliert dadurch neben dem Pfefferhandel Sumatras auch die Zinnminen von Malaya.

1609–1611 **Indien.** Die Mogulen beginnen den noch unabhängigen Fürsten Musa Khan von Bengalen anzugreifen. Der Gouverneur der Mogulen in Bengalen, Islam Khan, mit Sitz in Dacca beginnt im Oktober 1609 mit dem Vormarsch. Untiefen der Flußarme werden durch neue Kanäle umgangen. Musa Khan versucht den Gegner mit einer Gegenoffensive zu stoppen, wird aber in einer Flußschlacht zurückgeworfen (Juni 1610). Kurz danach erleidet Musa Khan eine weitere Niederlage, sein Flaggschiff >Sundara< wird dabei versenkt. In einer Landungsoperation erobert Islam Khan die starke Flußfestung Dakchara (Juli 1610). Islam Khan siegt in einer weiteren Flußschlacht, und mit der Eroberung von Sonargaon (April 1611) gibt Musa Khan den Krieg verloren. Interessant in diesen Flußkämpfen ist die Verwendung von **Raketenwerfern** neben Artillerie, Gewehren, Pfeil und Bogen und **Steinschleudern**.

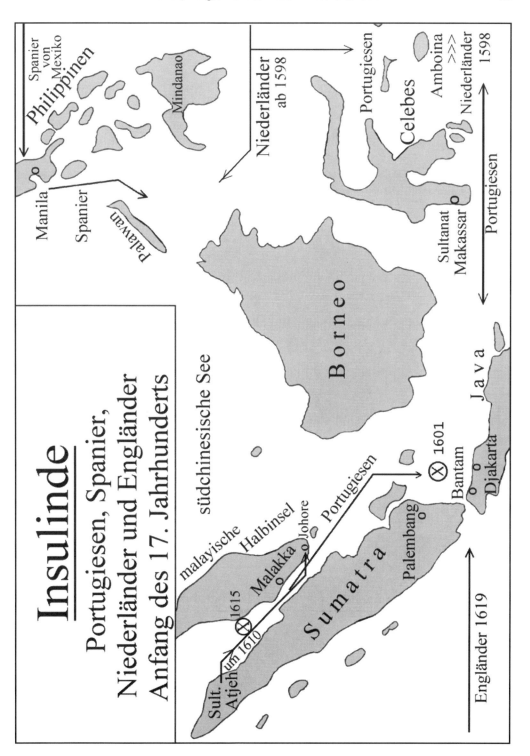

1612	**Gefecht bei Bombay.** Ein englisches Geschwader siegt über ein portugiesisches. Die Engländer setzen sich anschließend in Surat fest. Zwei Jahre später wird ein Gegenangriff der Portugiesen in einem weiteren Seegefecht abgewiesen.
1612	**Indien.** Nach Musa Khan versucht der Radscha (= Raja, Fürst unter Oberherrn) Pratapaditya von Jessore den Vizekönig der Mogulen aus Bengalen zu vertreiben. Er schafft eine gut organisierte Flotte von fast 1000 Flußkriegsschiffen mit Artillerie und Raketenwerfern, darunter schnelle „Sips" zur Aufklärung und schwere „Jung" zum Transport von Elefanten und schweren Gütern, an. Beim heutigen Kalkutta kommt es zu einer großen See-Flußschlacht, in der nach dem Tod des Admirals von Jessore die Flotte der Mogulen siegt. Einen wesentlichen Anteil am Sieg haben die Bogenschützen der Kaiserlichen.
17.–18. Juli 1615	**Seeschlacht bei Cañete.** Der Niederländer Joris van Spilbergen trifft bei seiner Weltumsegelung ca. 150 Kilometer südlich von Callao auf das spanische Südseegeschwader unter Rodrigo de Mendoza. Spilbergen ist im August 1614 von Holland mit sechs Schiffen ausgelaufen und hat zum Kampf noch fünf Schiffe mit 108 Kanonen und 600 Mann gegen das ungefähr gleich starke spanische Geschwader zur Verfügung. Nach 24 Stunden hartem Kampf müssen sich die Spanier mit dem Verlust der Galeone >Santa Ana< zurückziehen. Spilbergen erreicht über die Philippinen und um Afrika herum im Jahr 1617 wieder die Niederlande. Cañete ist die erste richtige Seeschlacht im östlichen Stillen Ozean gewesen.
1615	**Seeschlacht bei Malakka.** Zwölf portugiesische Segelschiffe unter Admiral Antiques vernichten ein Geschwader des Sultans von Atjeh. Sie werden aber dann von einem niederländischen Geschwader von acht Schiffen geschlagen. Trotz dieser Niederlage wird aber der Angriff der Niederländer auf Malakka verhindert.
15. April 1617	**Zweite Seeschlacht bei Playa Honda.** Das spanische Philippinengeschwader von sieben Segelschiffen und drei Galeeren mit 150 Kanonen unter Juan Ronquillo siegt über ein niederländisches Geschwader, das zwei Schiffe verliert.
1618	**Java.** Die Niederländer machen die Stadt Djakarta zu ihrem Hauptstützpunkt in Insulinde und benennen es in Batavia um.
1619	**Insulinde.** Die Engländer greifen die niederländischen Stützpunkte Bantam und Batavia auf Java an. Der niederländische Gouverneur Jan Pieterszoon Coen vertreibt die Engländer daraufhin aus fast ganz Insulinde. Die Engländer konzentrieren sich dann auf das Gebiet des Indischen Ozeans.
November 1620	**Gefecht bei Jask.** Am Eingang zum Persischen Golf besiegen vier Schiffe der englischen Ostindischen Kompanie (EIC) nach längerem Kampf ein portugiesisches Geschwader von 21 allerdings kleineren Schiffen.
ca. 1620–1640	**Java.** Das Sultanat von Mataram dehnt seine Herrschaft über ganz Java, ausgenommen die niederländischen Stützpunkte, aus. Die Eroberung von Bali scheitert jedoch, die Insel wird daher nicht islamisiert.
April 1622	**Eroberung von Hormus.** Ein Geschwader der EIC unter den Kapitänen Blyth und Weddell erobert mit Hilfe persischer Landtruppen die bedeutende Handelsstadt und Inselfestung. Sie wird von Persern und Engländern ausgiebig geplündert und wieder geräumt. Von diesem Schlag erholt sich die Handelsme-

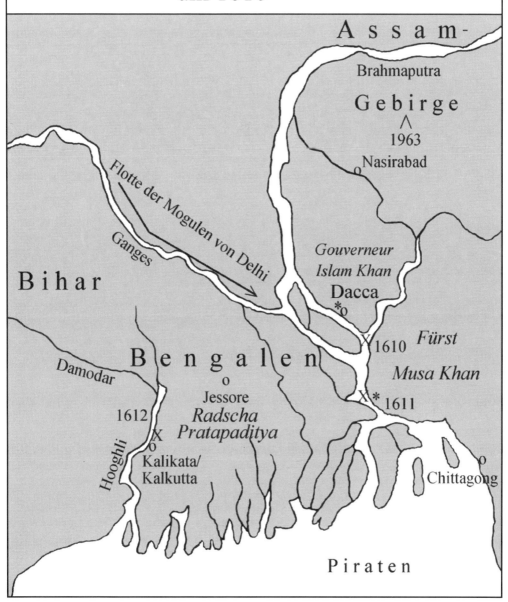

tropole nicht mehr. Das Schiff der EIC mit der Beute an Bord geht vor Surat unter. Trotzdem muß die EIC der Krone und dem Lord High Admiral je zehn Prozent des Beuteanteils ausbezahlen.

Juni 1622 **China.** Ein niederländisches Geschwader von 15 Schiffen mit Landungstruppen unter K. Reyerszoon greift das portugiesische Macao an und wird verlustreich abgewiesen. Der Geschwaderkommandant und ein Drittel der Besatzungen fallen. Die restlichen Niederländer besetzen die Pescadores-Inseln. Von dort wird dann Taiwan/Formosa erobert.

1623 **Insulinde.** Jan P. Coen, seit 1618 Gouverneur von niederländisch Ostindien, vertreibt die Engländer auch von den Gewürzinseln. Das sogenannte „Massaker von Amboina" (die Ermordung mehrerer englischer Händler) wird später zu einem der Anlässe für den ersten niederländisch-englischen Seekrieg. Coen sichert schließlich auch die Banda-Inseln und baut Batavia und Jakarta zu Festungen aus.

1624 **Gefecht im Golf von Oman.** Ein portugiesisches Geschwader von acht Schiffen unter Ruy Frere de Andrade besiegt das niederländische Geschwader der Arabischen See.

1. Hälfte 17. Jh. **Insulinde.** Die Sultane von Makassar auf Celebes/Sulawesi beherrschen die Javasee und kontrollieren den Handel mit den Europäern und Chinesen von den Gewürzinseln her.

10.–24. Februar 1625 **Gefecht im Arabischen Meer.** Ein Geschwader von je vier englischen und niederländischen Schiffen unter Kapitän John Weddell (E) führt ein mehrtägiges Gefecht gegen das portugiesische Geschwader unter de Andrade in ungefähr der gleichen Stärke. Der Kampf zieht sich von Surat bis vor die Küste von Arabien. Die Portugiesen verlieren schließlich zwei Schiffe und rund 500 Mann, die Verbündeten ca. 60 Mann an Toten.

1628 **Gefecht bei Malakka.** Ein portugiesisches Geschwader vernichtet mit Unterstützung von 100 kleinen Schiffen des Fürsten von Pahang eine Flotte von 250 Fahrzeugen mit 20.000 Mann des Sultans von Atjeh.

1629 **Java.** Der Sultan von Mataram greift die Niederländer in Batavia zu Lande und zur See an, die jedoch seine ganze Flotte vernichten. Sein Belagerungsheer gerät daraufhin in Nachschubschwierigkeiten und der Angriff scheitert.

1636 **Blockade von Goa.** Die Niederländer beginnen eine mehrjährige enge Blockade dieses wichtigsten portugiesischen Stützpunktes im Indischen Ozean und Sitzes der Vizekönigs. Das portugiesische Indiengeschwader versucht mehrmals die Blockade zu brechen. Nach mehreren Jahren ist Goa zwar nicht erobert, aber zur wirtschaftlichen Bedeutungslosigkeit abgesunken.

1638 **Japan.** Nach einem Aufstand christlicher Bauern auf der Insel Shimabara bei Nagasaki, der blutig niedergeschlagen wird, werden nach den Spaniern nun auch die Portugiesen aus Japan vertrieben und der christliche Glaube verboten. Der heftige Widerstand der schlecht bewaffneten Bauern veranlaßt die Regierung in Japan einen schon in Planung befindlichen Kriegszug gegen Manila abzublasen. Den Spaniern bleibt daher die schlecht ausgerüstete Stadt erhalten.

1640 **Golf von Bengalen.** Die Engländer errichten einen Stützpunkt in Madras und setzen sich damit auch in diesem Teil des Indischen Ozeans fest.

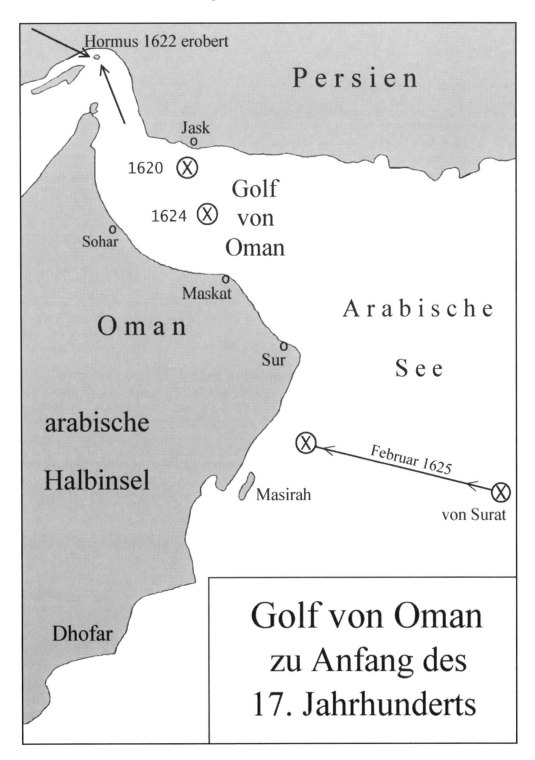

Jänner 1641	**Fall von Malakka.** Nach einer Blockade von elf Jahren ist die portugiesische Verteidigung von Malakka so geschwächt, daß die Niederländer den Stützpunkt ohne große Anstrengung erobern können.
1640–1658	**Ceylon.** Die Niederländer erobern Schritt für Schritt die Insel und vertreiben die Portugiesen auch aus den meisten Stützpunkten an der Küste Vorderindiens. Portugal bleibt schließlich nur mehr Goa, Diu und einige unbedeutende Faktoreien.
1644	**China.** Die in der heutigen Mandschurei lebenden Mandschus übernehmen die Herrschaft in China und behalten sie nominell bis 1911, dem Jahr des Beginns der Republik.
1647	**Philippinen.** Ein Geschwader von elf Schiffen der Niederländer unter Martin Gertzen beschießt Festung und Hafen Cavite bei Manila. Bei einem Landungsversuch fällt Gertzen, das Unternehmen wird abgebrochen. Im nächsten Jahr wird der Westfälische Friede geschlossen, Manila hat alle Angriffe der Niederländer überstanden.

Südatlantik

März 1617–Juni 1618	**Orinoko.** Walter Raleigh unternimmt mit zwei Schiffen seine erfolglose Fahrt nach Südamerika und den Orinoko flußaufwärts, zur Suche nach dem sagenhaften „El Dorado". Trotz Verbots durch die Königin kommt es zu Scharmützeln mit den Spaniern. Auf Klage des spanischen Botschafters in London wird das alte Todesurteil an Raleigh nun vollstreckt.
1623 - 1626	**Weltumsegelung.** Die niederländische „Nassauflotte" von elf Schiffen unter Jacques L'Hermite läuft aus den Niederlanden zu einer Freibeuterfahrt aus. Auf dem Weg zur Magellanstraße unterstützt das Geschwader im Südatlantik das Geschwader von Willekens beim Kampf um Brasilien. L'Hermite stirbt vor Callao, sein Vizeadmiral Schapendam bringt die Flotte durch den Indischen Ozean wieder in die Niederlande.

1624–1654 Vorstoß der Niederländer nach Südamerika

Mai 1624	Die niederländische Westindische Kompanie erobert mit einem Geschwader von 35 Schiffen unter Jakob Willekens Bahia, die Hauptstadt von Brasilien.
April 1625	Ein spanisch-portugiesisches Geschwader von 52 Schiffen mit 1185 Kanonen und 12.500 Mann unter dem Oberbefehl von Fadrique de Toledo, das größte Geschwader, das bis dahin den Atlantik überquert hat, erobert Bahia zurück. Ein niederländisches Entsatzgeschwader kommt zu spät.
1626–1627	Ein niederländisches Geschwader unter Piet Hein führt erfolgreich Kreuzerkrieg vor der Küste Brasiliens.
1630	Die Niederländer erobern Recife und Olinda in der reichen Zuckerprovinz Pernambuco. Im folgenden Jahr schicken beide Seiten neue Geschwader nach Brasilien. Die Iberer bringen Soldaten nach Pernambuco und sollen ein Zuckergeleit heim geleiten. Die Niederländer verstärken ihre Garnisonen.
12. September 1631	**Seeschlacht vor der Abrolhos-Bank.** Die beiden Geschwader treffen ca. 400 Seemeilen SSO von Bahia aufeinander. Die Iberer unter V.Adm. Antonio de Oquendo, Flaggschiff >Santiago< (44), verfügen über 34 Schiffe mit 430 Ka-

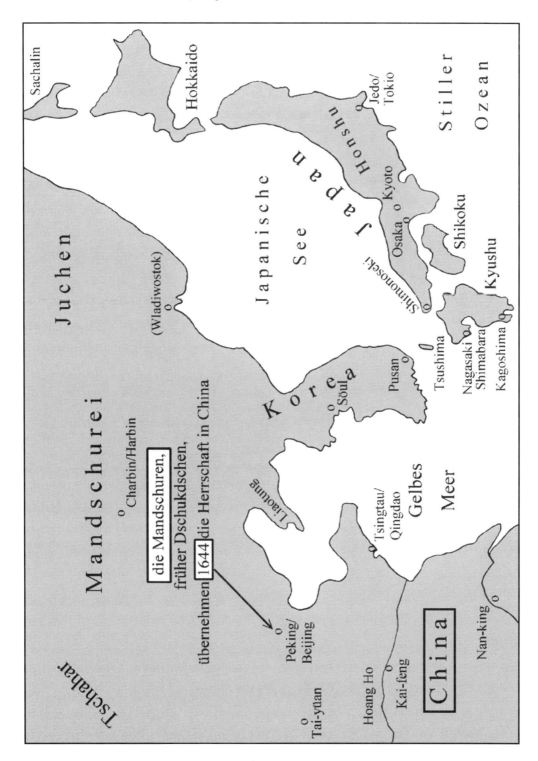

nonen und 5000 Mann. Die Niederländer unter Adriaan Pater sind 16 Schiffe mit 470 Kanonen und 2800 Mann stark. Die beiden Admiralsschiffe und einige weitere legen sich Bord an Bord, die übrigen führen ein Artillerieduell. Nach sechsstündigem erbitterten Kampf verlieren die Iberer zwei gesunkene und ein geentertes Schiff sowie 700 Mann. Die Niederländer verlieren zwei Schiffe und 400 Mann. Darunter befindet sich aber das in die Luft geflogene Admiralsschiff, auf dem der Flottenführer fällt. Die Iberer bringen das Geleit mit 20 Zuckerschiffen nach Lissabon.

1634 **Karibik.** Den Niederländern gelingt die Einnahme von Curaçao in Westindien.

1637 **Westafrika.** Die Niederländer erobern den portugiesischen Stützpunkt São Jorge da Mina/Elmina. Sie werden die Nachfolger der Portugiesen im ertragreichen Sklavenhandel von diesem Handelsplatz.

12.–15. Jänner 1640 **Seeschlacht vor Recife.** Eine spanisch-portugiesische Flotte von 41 Schiffen unter Francisco Melo de Castro versucht den Niederländern ihren Stützpunkt in Brasilien zu entreißen. In viertägigen Kämpfen kann das niederländische Brasiliengeschwader unter Admiral Loos den Angreifern beträchtliche Verluste beibringen und den Angriff abschlagen.

Während des ersten Seekrieges gegen die Engländer (1652–1654) räumen die Niederländer ihre Stützpunkte in Brasilien. Ihre Erhaltung ist zu teuer. Portugal hat sich 1640 von Spanien getrennt und ist nun Verbündeter der Niederländer.

1635–1659 Seekrieg Frankreich gegen Spanien

21. Mai 1635 Ein spanisches Geschwader von zehn Segelschiffen und 35 Galeeren erscheint vor der Küste der Provence, um dort einen Aufstand zu unterstützen. In einem schweren Sturm verliert es zwei Segelschiffe und neun Galeeren. Die Unternehmung muß abgebrochen werden.

September 1635 Eine spanischen Flotte von Segelschiffen und Galeeren nimmt die Lerinischen Inseln vor der Küste der Provence in Besitz. Sie werden von Spanien zu einem starken Flottenstützpunkt ausgebaut.

März–Mai 1637 Ein starkes französisches Geschwader unter dem Befehl des Erzbischofs de Sourdis und von Flottenchef Graf d'Harcourt, bestehend aus Segelschiffen und Galeeren, landet ein Heer auf den Lerinischen Inseln und kämpft die Landwerke und das spanische Galeerengeschwader nieder.

22. August 1638 **Seeschlacht bei San Sebastian.** Auf der Reede von Guetaria liegt ein spanisches Geschwader von 28 Schiffen unter Lope de Hoces. Die Franzosen greifen mit einem Geschwader von 18 Galeonen und sieben Brandern unter de Sourdis an. Fast alle Brander erreichen ihre Ziele, die meisten spanischen Schiffe werden vernichtet. Rund 4000 Seeleute und Soldaten fallen oder ertrinken.

1. September 1638 **Gefecht bei Genua.** Zwei Galeerengeschwader von je 15 Schiffen fechten den letzten Galeerenkampf im Stil des Mittelalters aus. Nach Verlust von sechs Schiffen fliehen die Spanier nach Genua. Die Franzosen verlieren drei Schiffe. De spanische Admiral Velasquez fällt.

Oktober 1639 **Seeschlacht in den Downs.** (siehe vorne).

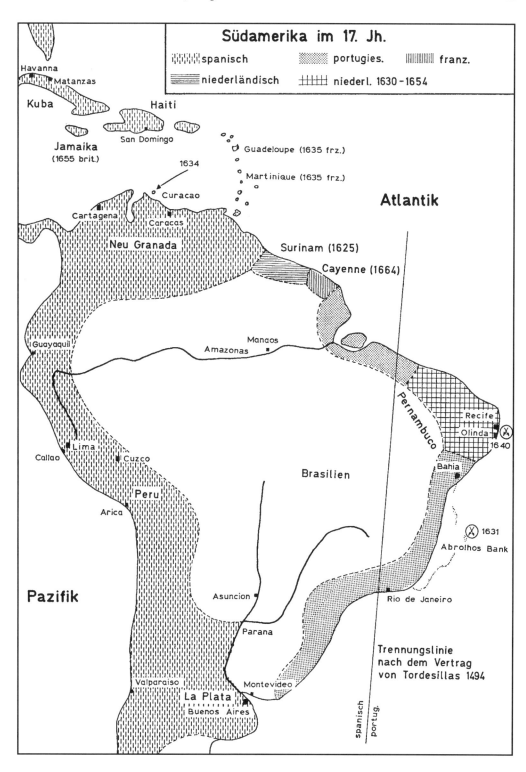

22. Juli 1640	**Gefecht bei Cádiz.** Das französische Atlantikgeschwader unter Admiral Maillé-Brezé greift ein spanisches Westindiengeleit an und vernichtet eine der Geleitgaleonen sowie einige Handelsschiffe, der Rest kann nach Cádiz entkommen.
1640	**Katalonien.** Barcelona und ein Teil der Provinz revoltierten gegen die spanische Herrschaft und stellen sich unter den Schutz von Frankreich.
Dezember 1640	**Portugal.** Das Land sagt sich von Spanien los. Der Führer der Revolte, der Herzog von Braganza, wird als Johann IV. zum König gekrönt.
20. August 1641	**Gefecht bei Tarragona.** Ein spanisches Galeerengeschwader wird von wenigen französischen Segelschiffen vernichtet.
30. Juni und 1. Juli 1642	**Seeschlacht bei Barcelona.** Ein französisches Geschwader von 44 Segelschiffen, 14 Brandern und 17 Galeeren unter Admiral Maillé-Brezé trifft auf ein spanisches Geschwader von 36 Schiffen und sechs Brandern. Beide Seiten trennen sich nach zweitägigem Kampf ohne Entscheidung. Die Spanier verlieren zwei Schiffe durch Brander und eines durch Entern. Auch eine französische Galeone sinkt.
4. September 1643	**Gefecht bei Cartagena.** Der französische Admiral Maillé-Brezé siegt über ein spanisches Geschwader, indem er es durch geschicktes Manövrieren zwischen zwei Feuer bringt. Nach dem Tod von Richelieu (1642) verfällt die junge französische Kriegsmarine wieder.
1645	**Katalonien.** Die spanische Grenzfestung Rosas muß sich nach langer Blockade durch ein Geschwader unter de Gouttes und der Belagerung durch die Landtruppen ergeben. Katalonien ist nun von spanischen Truppen gesäubert, Frankreich verstärkt nun seine Offensive in Italien.
14. Juni 1646	**Seeschlacht bei der Insel Giglio.** Ein französisches Geschwader von 36 Segelschiffen und 20 Galeeren unter Admiral Maillé-Brezé blockiert die belagerte italienische Stadt Orbitello. Ein spanisches Entsatzgeschwader von 22 Segelschiffen, fünf Brandern und 30 Galeeren unter dem Grafen von Linares greift zunächst erfolglos an. Als der französische Admiral durch eine Kanonenkugel fällt, bricht sein Vizeadmiral den Kampf ab und erlaubt dadurch den Spaniern, Orbitello zu versorgen.
23. Dezember 1647	**Treffen vor Neapel.** Ein französisches Geschwader unterstützt das gegen die Spanier revoltierende Neapel. Ein spanisches Geschwader unter Don Juan d'Austria dem Jüngeren liefert den Franzosen ein unentschiedenes Treffen, wonach diese heimfahren.
Sommer 1650	**Italien.** Ein starkes spanisches Geschwader von 39 Segelschiffen, neun Galeeren und zahlreichen kleinen Fahrzeugen unter dem Oberbefehl von Don Juan d'Austria d. J. wird in Neapel versammelt. Es unterstützt das Heer bei der Rückeroberung der von den Franzosen besetzten Hafenstädte der Toskana. Piombino muß sich am 19. Juni ergeben, Porto Longone auf Elba folgt nach heftigem Widerstand am 31. Juli.
9. August 1652	**Gefecht vor La Rochelle.** Ein französisches Geschwader von 18 Galeonen, 19 Galeeren und Brandern greift das spanische Blockadegeschwader von 25 Schiffen an. Ein spanisches Schiff wird erobert, zwei werden verbrannt und die Spanier zur Aufgabe der Blockade gezwungen.

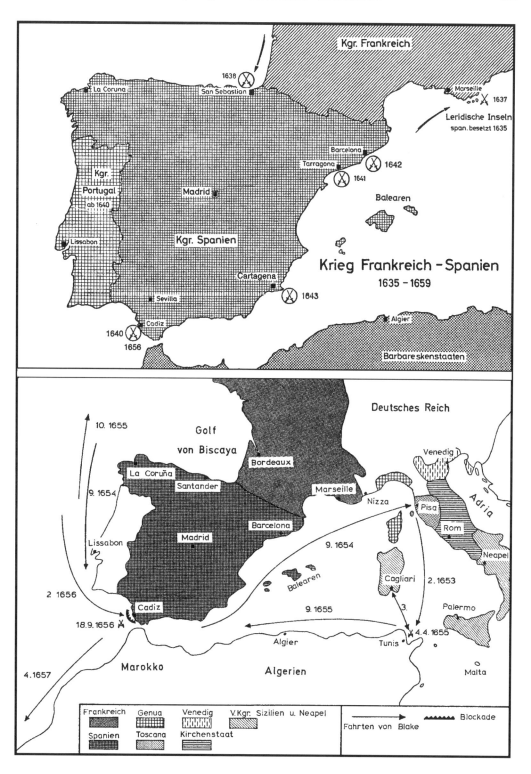

15. September 1652	**Gefecht vor Dünkirchen.** Das in spanischen Händen befindliche Dünkirchen wird von den Franzosen zu Lande belagert und zur See blockiert. Der englische Admiral Blake greift mit seinem stärkeren Geschwader die Blockadeflotte an und vernichtet sie. Dünkirchen ist für die damals noch mit England befreundeten Spanier vorerst noch einmal gerettet.
11. Oktober 1652	**Kapitulation von Barcelona.** Ein spanisches Geschwader unter Don Juan d'Austria d. J. unterstützt das Heer bei der Rückeroberung der Stadt, die sich nach einer Belagerung von 15 Monaten ergeben muß.
1654	**England** greift auf der Seite von Frankreich in den Krieg gegen Spanien ein.
1655	**Gefecht vor Barcalona.** Ein Geschwader von neun französischen Schiffen jagt zwölf spanische Schiffe in die Flucht. Es ist die letzte Offensive der geschwächten Flotte Frankreichs vor dem Pyrenäenfrieden.

Um das noch immer bestehende **Handelsmonopol** der Spanier in den Kolonien zu brechen, startet England eine Offensive in den amerikanischen Gewässern.

1655	**Eroberung von Jamaika.** Admiral Penn, Flaggschiff >Swiftsure< (60) geht mit einem englischen Geschwader von 38 Schiffen, darunter 20 Transportern, mit 1080 Kanonen und 2000 Mann Landungstruppen nach Westindien. Auf den Stützpunkten in der Karibik wird die Truppenstärke auf 7000 Mann gebracht. Ein erster Angriff auf Hispaniola schlägt fehl. Jamaika kann jedoch im Handstreich erobert werden.
Juli–Oktober 1655	**Cádiz.** Admiral Blake kreuzt vor dem spanischen Haupt-Flottenstützpunkt und versucht zu verhindern, daß Verstärkungen nach Westindien gehen und dort Admiral Penn in die Quere kommen.
18. September 1656	**Gefecht vor Cádiz.** Blake nimmt im Jänner 1656 die Blockade von Cádiz wieder auf. Mitte September ist er mit einem großen Teil des Geschwaders zur Wasserergänzung abwesend. Ein aus Westindien heimkehrendes spanisches Geschwader von acht Schiffen wird von den wenigen auf Posten stehenden Fregatten unter Kapitän Richard Stayner gestellt. Nach mehrstündigem Kampf vernichten die Engländer vier der spanischen Schiffe und erobern eines, mit einem kleinen Teil des Schatzes an Bord.

Blake bleibt trotz angegriffener Gesundheit bis zum Frühjahr 1657 auf seinem Posten vor Cádiz.

20. April 1657	**Angriff auf Sta. Cruz de Teneriffa.** Admiral Blake erfährt, daß im Hafen von Sta. Cruz eine spanische Silberflotte eingelaufen ist. Blake hebt sofort die Blockade auf und wagt den Angriff auf den stark befestigten Hafen. Die Spanier haben ihre 22 Galeonen im Hafen so verankert, daß die Geschütze die Hafeneinfahrt bestreichen. Am Strand sind Batterien aufgestellt, ein starkes Fort deckt die Einfahrt. Das Geschwader von Blake greift in zwei Gruppen an. Ein Teil der Schiffe beschäftigt Fort und Batterien, der andere Teil greift die spanischen Galeonen an. Um 8 Uhr vormittags beginnt der Angriff. Nach sechs Stunden sind die spanischen Schiffe vernichtet. Zwei Galeonen sind gesunken, der Rest ist verbrannt. Auch die Strandbatterien werden zum Schweigen gebracht, nur das Fort feuert bis zum Schluß. Bis um 7 Uhr abends gewinnt Blake trotz widrigen Windes wieder die freie See. Von seinem Geschwader sind nur einige Schiffe schwer beschädigt. Der englische Mannschaftsverlust beträgt

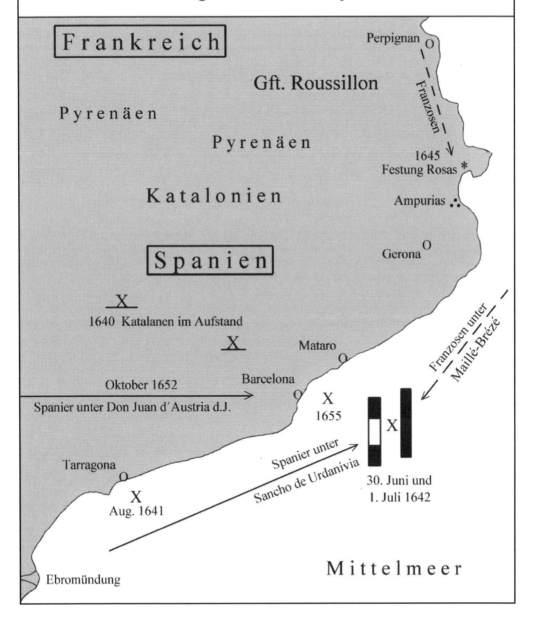

November 1659	200 Mann. Den Spaniern ist es schon vor dem Angriff gelungen, den Silberschatz der Flotte an Land in Sicherheit zu bringen. **Pyrenäenfriede.** Spanien tritt an Frankreich seinen Besitz nördlich der Pyrenäen ab und übergibt auch Gebiete im Süden der spanischen Niederlande. Die Hochzeit zwischen König Ludwig XIV. und der spanischen Königstochter wird vereinbart. Die Großmachtstellung Spaniens ist zu Ende.

Die Kämpfe im Mittelmeer neben den großen Kriegen

April 1603	**Golf von Patras.** Die Flotte der Malteser in Stärke von fünf Galeeren, vier Fregatas und vier Segelschiffen erobert die Festungen Lepanto/Naupaktos und Patras am Eingang zum Golf von Korinth. Zwei Getreideschiffe und 76 Kanonen werden erbeutet und 400 Gefangene eingebracht.
Oktober 1608	**Überfall.** Ein französisches Geschwader von acht Schiffen erobert aus dem türkischen Jahresgeleit von Alexandria nach Istanbul (der sogenannten Karavane) vor Kap Gelidonya zwei große Galeonen und sieben kleine Schiffe.
Juni 1609	**Nordafrika.** Ein spanisches Geschwader von sieben großen Schiffen, drei Patachen und drei Karavellen unter Luis Fajardo unternimmt einen Seezug entlang der Küste von Nordafrika nach Algier, Tripolis und Tunis. In letzterem Hafen werden zwei Schiffe gekapert und rund 20 mit über 400 Kanonen werden verbrannt. Erstmals operiert ein spanisches Geschwader, nur aus Segelschiffen bestehend, im Mittelmeer.
1609	**Gefecht vor Zypern.** Der türkische Flottenkommandant trifft mit 50 Galeeren auf drei große Galeonen unter dem französischen Malteserritter Fressinet. Die Türken können alle drei Schiffe erobern und damit einen der letzten Erfolge von Galeeren über Segelschiffe verbuchen.
Ende 1609	**Vertreibung.** Die spanische Flotte „evakuiert" in fünf Monaten eine halbe Million Mauren aus Spanien nach Marokko.
29. August 1613	**Gefecht bei Samos.** Ein spanisch-sizilianisches Geschwader von acht Galeeren unter Ottavio de Aragon greift ein türkisches Geschwader von zehn Galeeren an. Die Türken verlieren sieben Schiffe und fast 1800 Mann.
September 1613	**Gefecht im Golf von Squillace.** An der Südküste Kalabriens überrascht ein Geschwader aus Neapel rund zehn Schiffe aus Tunis und erobert zwei Galeeren, drei Galeonen und ein Handelsschiff. Außerdem werden fast 1000 christliche Sklaven befreit.
April 1616	**Gefecht bei Negroponte.** Sechs Galeeren aus der Toskana treffen auf ebenso viele türkische Galeeren. Nach wechselvollem Kampf erobern die Italiener die beiden Flaggschiffe, der Rest kann entkommen.
14.–16. Juli 1616	**Seeschlacht bei Kap Gelidonya.** Fünf Segelschiffe und eine Patache aus Sizilien unter Admiral Francisco de Rivera, Flaggschiff >Conceptión< (52), treffen vor der Küste Kleinasiens auf ein Geschwader von 55 türkischen Galeeren, die sich in einer Halbmondformation nähern. Nach drei Tagen Kampf ziehen sich die Türken zurück. Ihr Verlust beträgt: eine Galeere versenkt, fünf entmastet, die Hälfte der übrigen beschädigt. Die Sizilianer verlieren rund 100 Mann.
20. November 1617	**Treffen bei Ragusa.** In den Auseinandersetzungen zwischen Spanien und Venedig zu Beginn des 17. Jahrhunderts kämpft ein spanisch-sizilianisches

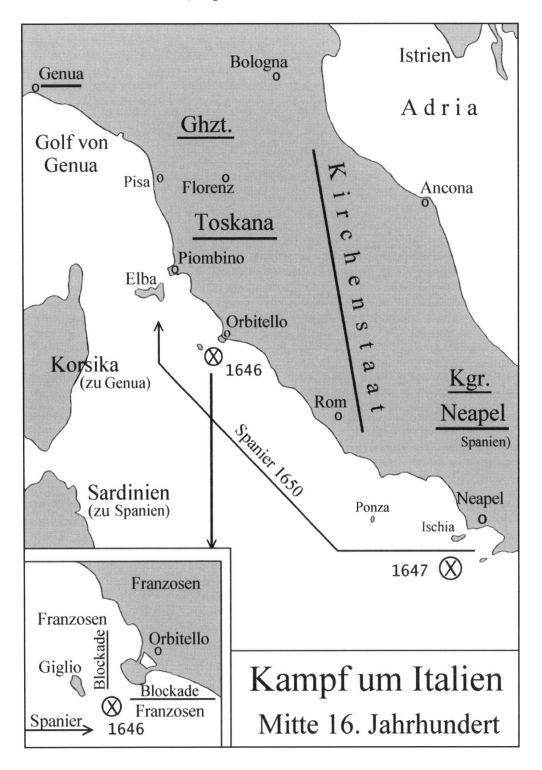

	Segelgeschwader unter Admiral Francisco de Rivera gegen ein gemischtes Geschwader aus Venedig ein Artillerieduell auf große Entfernung und ohne Entscheidung.
1618	**Gefecht vor Cádiz.** Das spanische Kantabriengeschwader unter Admiral Miguel de Visazaval erobert fünf türkische Galeeren, die kurz vorher drei Handelsschiffe aus Flandern gekapert haben.
1620–1621	Ein englisches Geschwader von 18 Schiffen wird in das Mittelmeer geschickt, um gegen die Piraten an der algerischen Küste vorzugehen. Durch Versagen der Führung bleibt das Ergebnis gleich null.
10. August 1621	**Gefecht bei Cádiz.** Ein spanisches Geschwader von neun Schiffen unter Admiral Fadrique de Toledo greift ein niederländisches Handelsgeleit aus der Levante an. Wegen der nur schwachen Deckungsstreitkräfte können die Spanier den Großteil der 26 Kauffahrer erobern.
1621	**Handelskrieg.** Ein Geschwader von Schiffen aus Spanien unter Admiral Pedro de Leyva, aus Sizilien unter General Diego Pimentel und aus der Toskana unter Marquis de Atiri operiert in der Levante und bringt zahlreiche Prisen nach Messina ein.
3. Oktober 1624	**Gefecht bei Sardinien.** Ein Geschwader von Schiffen aus Neapel (8), der Toskana (4) und einigen Schiffen des Kirchenstaates greift sechs Schiffe der Barbaresken aus Algier an. Eines von diesen, mit 50 Kanonen, fliegt in die Luft, vier weitere werden von den Verbündeten erobert. Der spanische Geschwaderkommandant Pimentel fällt im Kampf.
Mai 1625	**Ionisches Meer.** Die Flotte der Malteser, fünf Galeeren und vier Fregatas, unter dem General der Galeeren Tallamey führt einen erfolgreichen Handstreich gegen die Insel Sta. Maura in den Ionischen Inseln durch. Bei der Rückkehr von dieser Aktion verliert das Geschwader vor Syrakus im Kampf mit sechs Galeeren aus Bizerta zwei seiner Schiffe.
1628	**Levante.** Ein englisches Freibeutergeschwader unter Kenelm Digby besiegt auf der Reede von Iskenderun/Alexandrette ein französisch-venezianisches Geschwader, wobei drei französische Schiffe erobert werden und eines versenkt wird.
1631	**Irland.** Ein Geschwader der Barbaresken aus Algier plündert die Küste der Insel und kehrt mit 1500 Gefangenen zurück. Vor Kap Finisterre werden sie von einem Geschwader von 15 Schiffen aus Flandern gestellt, die sechs Schiffe der Algerier erobern und zwei weitere versenken.
7. August 1638	**Gefecht bei Valona.** Vor der Küste Albaniens und unter den Kanonen der Festung Valona erobert ein Geschwader aus Venedig in der Stärke von 24 Galeeren 16 Galeeren der Barbaresken aus Nordafrika.
August 1640	**Tunesien.** Die Flotte der Malteser unter dem Landgrafen Ludwig von Hessen erobert unter den Mauern der Festung Goletta an der Einfahrt nach Tunis sechs große Segelschiffe der Barbaresken.
28. September 1644	**Levante.** Ein Geschwader von sechs Galeeren der Malteser erobert bei Zypern aus der türkischen „Karavane" von Alexandria nach Istanbul eine große Galeone mit einer Lieblingsfrau des Sultans an Bord. Die Türkei beginnt daraufhin mit den Vorbereitungen für einen neuen Krieg gegen die Christen.

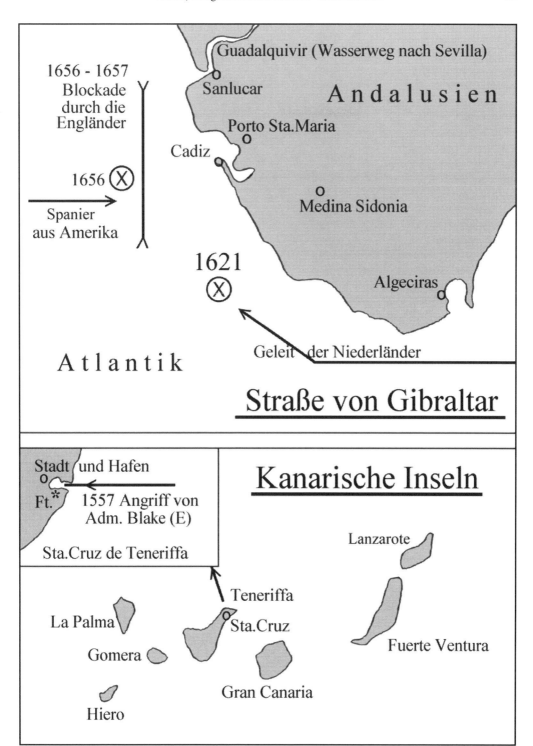

1652–1654	Die Kämpfe im Mittelmeer im ersten Seekrieg England gegen die Niederlande werden im nächsten Hauptkapitel geschildert.
September 1654	**England.** Admiral Blake erscheint mit einen großem Geschwader von 25 Schiffen mit 800 Kanonen im Mittelmeer. Er stellt dort das im letzten Seekrieg gesunkene Ansehen der englischen Flagge wieder her.
4. April 1655	**Angriff auf Porto Farina** (Hafen von Tunis). Der Hafen ist einer der wichtigsten Stützpunkte der Korsaren im Mittelmeer. Blake forciert mit 15 Schiffen die Einfahrt bei Goletta, bringt die Batterien der Forts zum Schweigen und verbrennt die dort liegenden neun Schiffe.
	Blake beginnt anschließend mit der Blockade von Cádiz die Kampfhandlungen gegen Spanien.

1645–1669 Der Krieg um Kreta

	Die ständigen Überfälle der Malteser auf die türkische Schiffahrt empfindet die Hohe Pforte genauso als Seeräuberei wie die Christen die Überfälle der Barbaresken. Nach dem Vorfall von 1644 beschließen die Osmanen in großem Umfang zurückzuschlagen.
Juni 1645	**Invasion von Kreta.** Die türkische Flotte unter dem Kapudan Pascha Yussuf in Stärke von 80 Galeeren, 20 Segelschiffen und den Transportern landet ein Heer auf der im Besitz von Venedig befindlichen Insel in der Nähe der Stadt Kanea. Ein Vierteljahrhundert dreht sich der Kampf um die Versorgung der auf der Insel kämpfenden Truppen. Es sind fast durchwegs gemischte Verbände aus Segelschiffen, meist Galeonen, und Galeeren im Einsatz. Die Hauptaufgabe der Flotte Venedigs ist, die Dardanellen und damit den Nachschub der Türken zu blockieren.
14. August 1646	**Kreta.** Ein Geschwader Venedigs, mit den Schiffen der Verbündeten aus dem westlichen Mittelmeer (Kirchenstaat, Toskana, Malta), in Stärke von 50 Galeeren und 18 Segelschiffen unter dem Befehl von Capitano delle Navi Marino Capello aus Venedig greift die Türken vor Kanea/Chania an. Die Segelschiffe passieren dreimal die Hafenfront, ihre Beschießung richtet aber wenig aus und fünf Brander erreichen ihre Ziele nicht.
Jänner 1647	**Treffen bei Negroponte.** Die türkische Flotte unter dem Kapudan Pascha Musa trifft mit 45 Galeeren auf ein Geschwader Venedigs unter Capitano delle Navi Giovanni Battista Grimani mit 23 Galeeren und 15 Segelschiffen. Nach einem Kampf von mehreren Stunden fällt Musa, die türkischen Galeeren fliehen. Sie verlieren eine eroberte Galeere, eine verbrannte Galeere ist auf Negroponte gestrandet.
17. März 1648	**Schiffbruch.** Vor Psara in der Ägäis verliert Venedig in einem Sturm 18 Galeeren und neun Segelschiffe, mit ihnen Capitano delle Navi Grimani und eine große Zahl von Besatzungsmitgliedern.
Mai 1649	**Seeschlacht bei Smyrna.** Auf der Reede von Foca bei Smyrna stellt Geschwaderkommandant Giacomo Riva, Flaggschiff >Rotta Fortuna<, mit 19 Galeonen die türkische Flotte von 90 Galeeren unter Kapudan Pascha Hussein. Die Türken verlieren 17 Schiffe gegen nur eines der Venezianer. Eine türkische Galeere wird von ihren Rudersklaven zu den Venezianern gebracht.

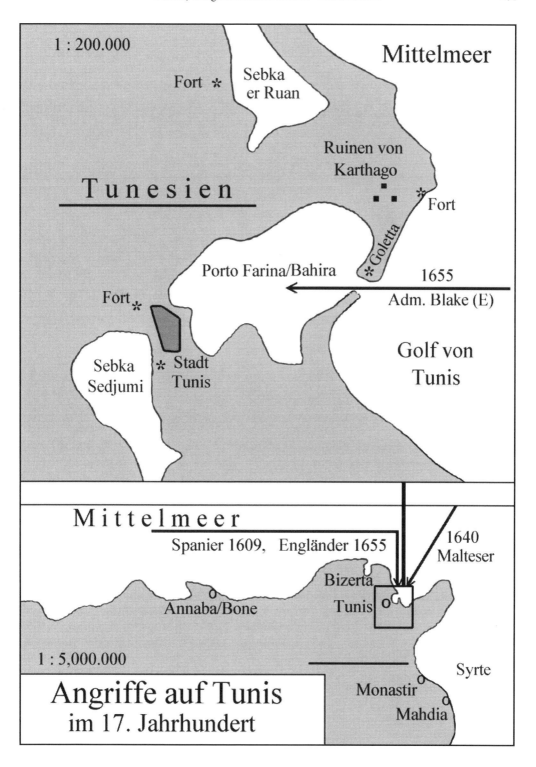

ab 1650	**Schiffstypen.** Die Türken verstärken ihre Flotte an Segelschiffen, bei denen die Flotte Venedigs klar überlegen ist. Für eine Schlacht auf Hoher See sind die Galeeren kaum mehr zu gebrauchen. Sie werden meist bei Windstille als Schlepper für die Segelschiffe verwendet.
10.–13. Juli 1651	**Seeschlacht bei der Insel Paros.** Die Venezianer mit 58 Schiffen, 28 Segelschiffe, 24 Galeeren und sechs Galeassen, unter Alvise Mocenigo treffen auf die türkische Flotte von 100 Schiffen, je zur Hälfte Segelschiffe und Galeeren unter Kapudan Pascha Ali. In einem dreitägigen Verfolgungskampf verlieren die Türken 15 Schiffe und rund 1000 Gefangene.
11. Mai 1654	**Erstes Treffen vor den Dardanellen.** Das Blockadegeschwader von Venedig vor den Dardanellen unter Capitano delle Nave Giuseppe Delphino besteht aus 16 Segelschiffen und zehn Galeeren. Die türkische Flotte unter Kapudan Pascha Murad mit 30 Segelschiffen und 46 Galeeren kämpft sich den Weg aus den Dardanellen in die Ägäis frei. Die Venezianer verlieren zwei Segelschiffe und zwei Galeeren, die Verluste der Türken sind ungefähr gleich.
21. Juni 1655	**Zweites Treffen vor den Dardanellen.** Der neue Kapudan Pascha Mustafa erscheint in den Dardanellen mit 36 Segelschiffen und 68 Galeeren. Das Blokkadegeschwader Venedigs unter Lazaro Mocenigo hat 26 Segelschiffe und zehn Galeeren. Es tritt den Türken schon in der Meerenge entgegen. Den Türken gelingt der Durchbruch nur unter großen Verlusten. Sie verlieren 16 Schiffe, die Venezianer nur eines.
26. und 27. Juni 1656	**Erste Seeschlacht in den Dardanellen.** Die türkische Flotte unter dem russischen Renegaten Chinam Pascha erscheint in den Dardanellen mit 28 Segelschiffen und 70 Galeeren. Das Geschwader Venedigs unter dem Capitano Generale Lorenzo Marcello verfügt über 29 Segelschiffe und 38 Galeeren, davon sieben von den Maltesern. Die Türken werden vernichtend geschlagen. Bis auf 14 Galeeren sind alle anderen Schiffe entweder erobert, verbrannt oder gesunken. Venedig verliert die Segelschiffe >Sultana San Marco< (von den Türken früher erbeutet), >San Pietro< und >Arma di Nasau<. Auf der >Sultana< kämpft der frühere venezianische Flottenbefehlshaber Lazaro Mocenigo als Voluntär und verliert ein Auge. Der Flottenkommandant Marcello fällt in diesem Kampf.
3. Mai 1657	**Gefecht in der Ägäis.** Ein venezianisches Geschwader von 25 Galeeren trifft auf 15 Schiffe der Barbaresken aus Nordafrika. In einem Gefecht, das sich über mehrere Tage hinzieht, erobern oder vernichten die Venezianer neun Schiffe.
17.–21. Juli 1657	**Zweite Seeschlacht in den Dardanellen.** Die türkische Flotte erscheint in einer Stärke von 18 Segelschiffen, 40 Galeeren und zahlreichen Transportern. Die Blockadeflotte besteht aus 35 Segelschiffen und ebenfalls 40 Galeeren. Den Oberbefehl hat diesmal der Kommandeur der Galeeren des Kirchenstaates, dem sich Mocenigo unterordnet. Die Türken verlieren beim Durchbruch fünf Segelschiffe und sechs Galeeren. Das Flaggschiff der Venezianer fliegt in die Luft und mit ihm Flottenkommandant Mocenigo.
August 1660	**Landungsoperation.** Ein Geschwader der Verbündeten von 35 Segelschiffen, 41 Galeeren und 30 kleinen Schiffen landet 6000 Mann Heerestruppen in der Suda-Bucht. Da sie gegen Kanea nichts ausrichten können, werden sie im folgenden Monat nach Kandia zurückgebracht.

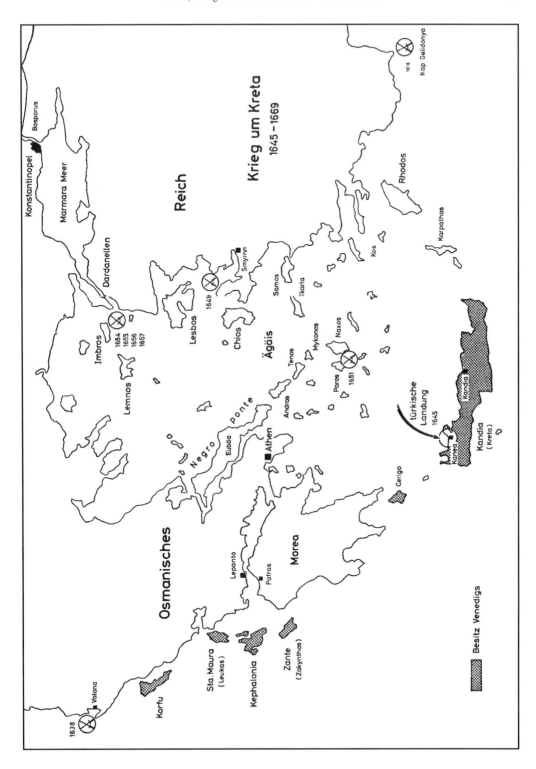

29. September 1662	**Gefecht bei Kos.** Zwischen den Inseln Kalimos und Kos erobern die Venezianer aus der „Karavane" von Alexandria vier große und 28 kleine Schiffe.
8./9. März 1668	**Gefecht bei Kandia/Heraklion.** Zwölf türkische Galeeren treffen auf zwölf venezianische unter Lorenzo Corner und verlieren in einem erbitterten Kampf sieben Schiffe. Den Venezianern kostet dieser letzte Sieg in diesem Krieg 1100 Mann an Toten und Verwundeten.
24. Juli 1669	**Kreta.** Eine Flotte der Verbündeten mit einem starken Geschwader aus Frankreich unter Beaufort, Flaggschiff >Monarque< (94), beschießt die türkischen Stellungen um Kandia. Sie erleidet dabei erhebliche Verluste und das starke französische Kontingent segelt wieder heim.
September 1669	Da es den Venezianern nicht gelingt, den Nachschub für die Türken auf Kreta zu unterbinden, fällt schließlich das letzte Bollwerk auf der Insel, die Festung Kandia, die von Freiwilligen aus halb Europa verteidigt wird, nach einer Belagerung von 18 Jahren, während der sie von der Flotte Venedigs versorgt wird. Nur die unbedeutende Festung Spinalonga und einige andere kleine Stützpunkte bleiben noch für einige Zeit in der Hand von Venedig. Im selben Jahr schließt die Markusrepublik Frieden mit der Pforte.

Die Segelschiffe erweisen sich in diesem Krieg nicht nur durch ihre Feuerkraft und Standfestigkeit den Galeeren überlegen, sondern sie sind auch fast im ganzen Winterhalbjahr einsetzbar, während die Galeeren wegen der schlechten Wetterbedingungen zu dieser Zeit aufgelegt werden müssen. Im Mittelmeer und der Ostsee existieren Galeeren zwar noch bis in das 18. Jahrhundert, spielen aber keine Rolle mehr im Kampf zwischen den Hochseeflotten. Im östlichen Mittelmeer sieht man noch an einigen Häfen die alten Schiffshäuser der Galeeren wie z.B. in Alanya oder in Chania auf Kreta.

1632–1648 Die Kämpfe auf dem Bodensee

In der zweiten Hälfte des Dreißigjährigen Krieges (1618–1648) wird auch die Gegend um den Bodensee Kriegsschauplatz.

25. Oktober 1632	Nach der Eroberung von Radolfzell durch die Schweden, Württemberger und Franzosen beginnen diese eine Seeflottille aufzustellen. Die Kaiserlichen verstärken daraufhin auch ihrerseits ihre Seestreitkräfte und unterstellen sie einem „Admiral des Bodensees". Dies ist zunächst Oberstwachtmeister Weisse. Diese Flottille basiert auf der seit 1620 bestehenden See-Allianz der Städte Konstanz, Lindau, Überlingen, Bregenz, der Insel Mainau und Mörspurg/Meersburg.
September–Oktober 1633	Die Schweden belagern die Stadt Konstanz. Sie erhält über den See laufend Verstärkung und kann sich daher der Angriffe erwehren. Die Überlegenheit der Kaiserlichen auf dem See rettet die Stadt.

Die Operationen auf dem See drehen sich in der Folge vorwiegend um Truppentransporte, Versorgungsfahrten und Kaperkrieg.

23. April–15. Mai 1634	Die Stadt Überlingen wird von den Schweden mit starken Landstreitkräften belagert. Über den See herangebrachte Verstärkungen und die Beschießung der am Seeufer liegenden Flügel der Belagerer durch die Seestreitkräfte der Kaiserlichen veranlassen auch hier die Schweden zum Abzug.

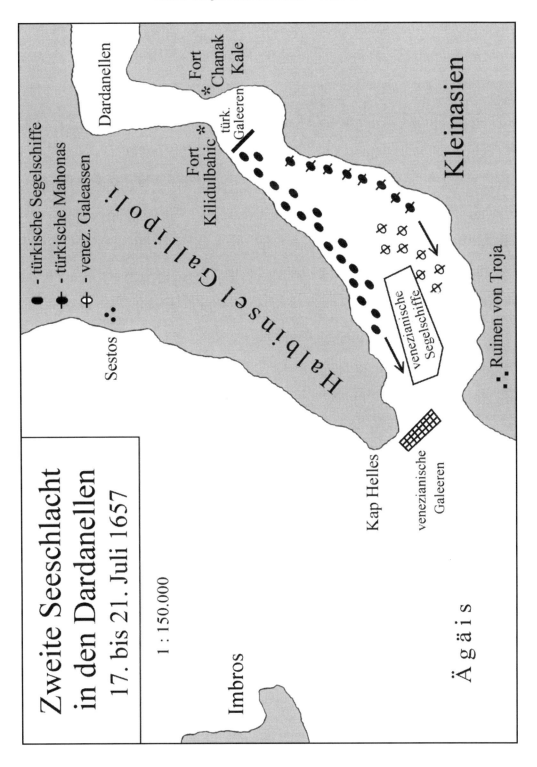

15. Mai 1634	Die Schweden können Buchhorn erobern und beginnen dort ihre Flottille durch Neubauten zu verstärken.
September 1634	Nach der Schlacht bei Nördlingen räumen die Schweden das Bodenseeufer, Franzosen und Württemberger halten aber weiter einige Punkte und können im Jänner 1643 sogar Überlingen erobern. Die Kaiserlichen verstärken deshalb wieder ihre Seeflottille und unterstellen sie dem Grafen Wolfegg. Im Jahr 1646 stoßen die Schweden erneut zum Bodensee vor.
4. Jänner 1647	Die Schweden erobern Bregenz und beginnen mit der Belagerung von Lindau. Der Versuch der schwedischen Flottille, Lindau auch vom See her zu blockieren, scheitert. Das schwedische Geschwader kann dann jedoch überraschend die Insel Mainau erobern. General Wrangel hebt am 1. März die Belagerung von Lindau auf.
ab September 1647	Mit in Überlingen gebauten Kriegsschiffen mit je 16 Kanonen kann die schwedische Flottille die Seeherrschaft erringen, ohne die Kaiserlichen in einem Gefecht geschlagen zu haben.
7. August 1648	Gefecht bei Langenargen. Die schwedische Flottille treibt ein aus Bregenz ausgelaufenes Geschwader der Kaiserlichen von sieben Schiffen nach längerem Schußwechsel zurück.
Oktober 1648	Der **Westfälische Friede** beendet auch die Kämpfe auf dem Bodensee.

1642–1651 Der englische Bürgerkrieg zur See

	Die englische Flotte von 32 Schiffen unter dem Grafen Warwick unterstützt von Anfang an die Sache des Parlaments.
August 1642	Die Flotte unterstützt das Heer bei der Einnahme von Portsmouth und sichert sich damit einen wichtigen Stützpunkt.
1644	**Landkrieg.** Das Heer des Parlaments siegt über die Truppen von König Karl I. bei Marston Moor und im folgenden Jahr bei Naseby. Der König flieht 1646 nach Schottland, wird aber im folgenden Jahr an das Parlament ausgeliefert.
Juni 1648	Vizeadmiral Batten bringt ein Geschwader von elf Schiffen von der Themse nach den Niederlanden und stellt es den Royalisten zur Disposition.
Juli 1648	Der Prinz von Wales erscheint mit diesem Geschwader auf der Themse, wo er auf das Geschwader von Warwick trifft. Ein Sturm treibt die Royalisten nach dem Osten und es kommt zu keinem Kampf.
Jänner 1649	Prinz Rupert von der Pfalz übernimmt mit seinem Bruder Moritz das royalistische Geschwader und segelt nach Irland. Vom Hafen Kinsale aus führt er einen Kaperkrieg gegen die englische Handelsschiffahrt.
30. Jänner 1649	**London.** Oliver Cromwell säubert das Parlament Ende 1648 von den Presbyterianern. Das „Rumpfparlament" verurteilt den König zum Tode, er wird in Whithall hingerichtet. England wird Commonwealth (Republik).
ab Mai 1649	Prinz Rupert wird in Kinsale von einem Geschwader unter den Generalen Robert Blake und Richard Deane blockiert, kann aber schließlich entkommen und läuft nach Lissabon unter den Schutz der Portugiesen, die Cromwell noch nicht anerkennen.

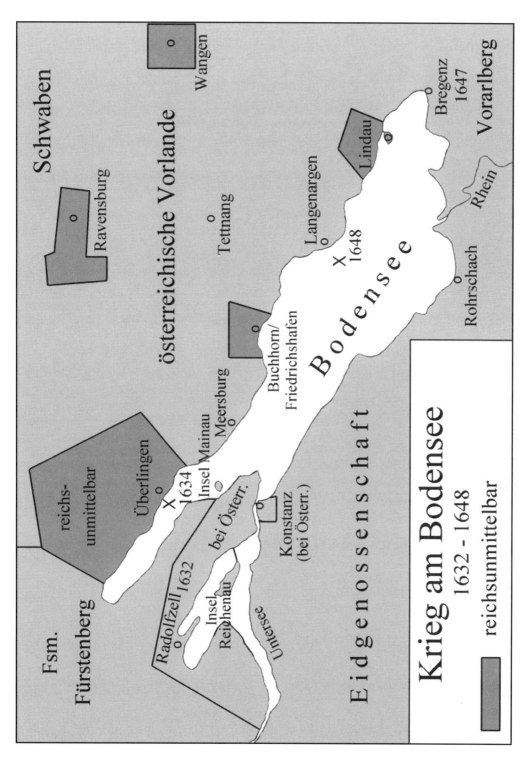

März 1650	Blake nimmt mit einem Geschwader von 15 Schiffen mit 2000 Mann Besatzung und 436 Kanonen die Blockade der Royalisten in Lissabon auf. Er kann sein Geschwader in Cádiz und Vigo im befreundeten Spanien versorgen.
14. September 1650	Als Repressalie gegen Portugal greift Blake den aus Brasilien heimkehrenden Geleitzug an, vernichtet drei Schiffe und erobert weitere vier. Während er die Prisen nach Cádiz in Sicherheit bringt, entkommt Prinz Rupert mit seinen letzten sechs Schiffen von Lissabon in das Mittelmeer.
November 1650	In Cartagena versenken die Royalisten ihre letzten Schiffe, damit sie Blake nicht in die Hände fallen.
Mai 1651	Prinz Rupert rüstet in Toulon ein neues Geschwader von fünf Schiffen aus und läuft nach Westindien, um dort die Royalisten zu unterstützen. Als er mit nur mehr zwei Schiffen dort ankommt, sind die Kolonien bereits unter der Kontrolle des Parlaments. Sein Bruder Moritz ist seit damals verschollen, er selbst erreicht mit seinem letzten Schiff den Hafen Nantes in Frankreich.
Juni 1651	Ein Geschwader unter Blake und George Ayscue erobert die in den Händen der Royalisten befindlichen Scilly-Inseln.
August 1651	Ayscue läuft mit einem Geschwader von sieben Schiffen nach Westindien und erobert dort Barbados von den Royalisten. Die übrigen Besitzungen, die Inseln Nevis und St. Kidds in Westindien und Virginia, unterwerfen sich daraufhin ohne Widerstand dem Parlament.
September 1651	Blake greift mit seinem Geschwader und mit Landungstruppen die Kanalinseln Jersey und Guernsey an. Die Inseln werden schnell erobert, die beiden festen Schlösser müssen sich im Dezember ergeben. Die Royalisten sind damit aus allen englischen Besitzungen vertrieben.
1631	**Seerecht.** Der Niederländer Hugo Grotius schreibt sein Buch „De Dominio Maris", in dem er das freie Nutzungsrecht der See vor allem für die Fischereiflotten reklamiert. Der Engländer John Seldon antwortet darauf mit seinem Werk „Mare Clausum", in dem er die Tradition der, teilweise weiten Territorialgewässer betont. Nur die Weltmeere sollen allen Nationen zugänglich sein.

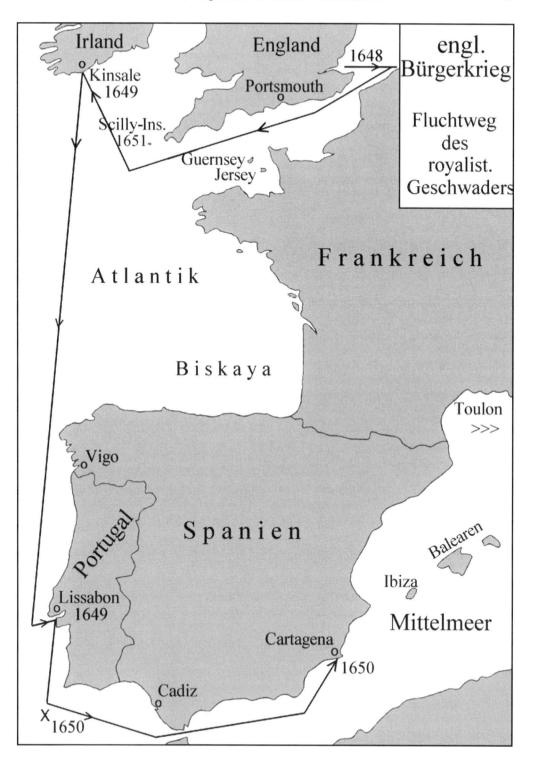

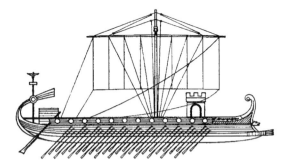

Anhang

1. Der Schiffskatalog der Ilias (Homer), die älteste erhaltene Flottenliste

Die berühmte Liste erwähnt die 29 Kontingente der verschiedenen Stämme mit der Anzahl der Schiffe, die an der Belagerung von Troja teilgenommen haben sollen. Neuere Untersuchungen werfen ein neues Licht auf die historische Relevanz der Liste, deren wichtigste historische Ansätze wie folgt lauten:

Erathostenes (275–195 v. Chr.)	1184/83 v. Chr.
C. W. Blegen (The Cambridge Ancient History, II., 2, S. 163)	ca. 1250 v. Chr.
F. H. Stubbins (ebendort, II., 2, S. 343)	ca. 1200 v. Chr.

Der Seevölkersturm zerstörte die Mykenische Kultur um 1200 v. Chr., ein Krieg gegen Troja müßte rund eine Generation früher stattgefunden haben, das heißt um rund 1230 v. Chr.
Die Anzahl der Schiffe der Stämme von Thessalien mit ca. 230 scheint sehr hoch gegriffen zu sein. Landescharakter, Küstenformation und Wetterbedingungen sprechen dagegen. Im übrigen hätte die größte Schiffszahl von Stämmen im Landesinneren (Nrn. 25, 26 und 27) gestellt werden müssen. Die Gesamtzahl von 1186 Schiffen hätte ungefähr 100.000 Mann transportieren können (siehe Fahrt der modernen >Argonaut< mit 20 und mehr Mann in: T. Severin, Auf den Spuren der Argonauten). Diese Zahl war aber sicher nicht gleichzeitig im Einsatz.
Neue Ausgrabungen in Troja in den neunziger Jahren des 20. Jahrhunderts sowie Übersetzungen von Keilschrifttafeln der Hethiter aus Hattusa erhärten die Existenz der Hafen- und Handelsstadt Troja an der von Heinrich Schliemann begonnenen Grabungsstätte, aber noch nicht den Zug der Griechen gegen Troja und dessen Zeitansatz.
Der Schiffskatalog ist etwas verkürzt wiedergegeben.

	Landschaft/Stamm/Stadt	Schiffe	Führer/Bemerkung
1	Böotien mit Theben und dessen Hafen Aulis	50	mit je 120 Mann!
2	Orchomenos in Böotien	30	
3	Phokäer + Hafen Krisa (Golf von Korinth)	40	
4	Lokrer mit Opous	40	Patroklus
5	Euböa (Chalkis, Eretria, Histiäa)	40	Elphenor
6	Attika mit Athen	50	Menelaos
7	Salamis	12	Ajax
8	Tiryns, Epidauros, Asine, Argos (Saronischer Golf)	80	Diomedes
9	Mykenä, Korinth, Sikyon (Golf von Korinth)	100	Agamemnon
10	Lakedämonier von Sparta und Oitylos	60	Menelaos
11	Pylos, Kyparissa, inklusive Alphaios (Ionisches Meer)	50	Nestor
12	Arkadia mit Orchomenos, Tegea	60	Schiffe stellt Mykenä
13	Epiräer von Elis (Ionisches Meer)	10	
14	Dulichion/Leukas, Echinaden (Ionisches Meer)	40	Meges, Inselstämme
15	Ithaka, Kephalonia, Zakynthos (Ionisches Meer)	12	Odysseus
16	Ätolier (Golf von Patras)	40	
17	Kreta (Knossos, Phaistos, Miletos)	80	Idomeneus
18	Rhodos mit Lindos	9	Tlepolemus

	Landschaft/Stamm/Stadt	Schiffe	Führer/Bemerkung
19	Insel Syme bei Knidos	3	Nireus
20	Inseln der Dodekanes	30	Phaidippos und Antiphos
21	pelasgisches Argos (Achäer, Hellenen, Myrmidonen)	50	Peleus und Achilles
22	Phylaker, Parrhasos, Itone, Antron, Pteleos	40	Protesileos
23	Pherai, Böbe, Claphira, Jolkos	11	22 - 29 sind die Stämme
24	Methone, Thaumakia, Meliböa, Olizon	7	von Thessalien, Philoktetes
25	Trikka, Ithome, Ochalia	30	
26	Ormenus, Asterion, Berg Titanus	40	Eurypylos, jedes Schiff
27	Argissa, Eleon, Orthe, Olooson	40	Polypoites, mit 50 Mann
28	Kyphos	22	Gouneos
29	Magneter	40	Prothoos

In diesen 29 Schiffskontingenten werden 46 Könige und Schiffsführer und 178 Ortsnamen genannt. Von beiden sind hier nur die wichtigsten und bekanntesten der Namen angeführt.

2. Die königlich englische Flotte 1513

Schiff	Tonnage	Soldaten	Matrosen	Summe	Befehlshaber
>The Henry Imperiall< oder >Henry Grace Dieu<	1000	400	300	700	W. Trevenyan
>The Trynyte<	1000	400	300	700	Lord Ferys u.a.
>The Gabriell Royall<	800	350	250	600	Cornewale u.a.
>The Kateryn Fortileza<	700	300	200	500	Lord Arundel u.a.
>The Mary Rose< F	600	200	200	400	Edward Howard
<The Petir<	450	150	150	300	Weston Browne
>The Nicholas Reede<	400	250	150	400	William Pirton
>John Hopton<	400	150	150	300	Thomas Wyndam
>The Mary George<	300	150	100	250	Barkley
>The Mary Jamys<	300	150	100	250	Eldicar
>The Criste<	300	150	100	250	Candisshe
>The Grete Bark<	400	150	100	250	Shurborne u.a.
>The Mary and John<	240	100	100	200	John Hopton
>The Lesse Bark<	240	100	100	200	R. Trogmorton u.a.
>The Nicholas and Hampton<	200	80	80	160	Arthur
>The Trinity<	160	100	60	160	Anthony Pointes
>The Lezarde<	120	60	40	100	Rygynall
>The Germyne<	100	60	40	100	Ichyngham
>The Sabyne<	120	60	40	100	Sabyne
>The Jenet<	70	30	30	60	Gournay
>The Swalowe<	80	40	50	90	Coke
>The Swipesteake<	80	40	30	70	Tooley u.a.
>The Cristofer Davy<	160	80	80	160	Wiseman
>Mathew Cradoke<	240	100	100	200	Mathew Cradoke
Summe 24 Schiffe	8490	3550	2900	6450	

Unter den Matrosen befinden sich 314 Kanoniere für die Artillerie, die auf 17 Schiffen gefahren wird.
Dazu kommen 24 Versorgungsschiffe mit rund 3200 Tonnen und 8000 Matrosen.
Einige weitere erhaltene Tabellen geben die gleiche Zahl von Schiffen an, weichen aber in Detailangaben ab und teilen nicht in Soldaten, Matrosen und Kanoniere.
Diese Flotte greift unter Lord Howard die Franzosen im Hafen von Brest an.

3. Schiffe der königlich englischen Flotte 1588

Schiffsname	Baujahr	Größe in tons	Besatzung	Kanonen	Admirale/Kapitäne
>Ark<	1587	800	430	55	Howard of Effingham, Admiral
>Revenge<	1577	500	250	43	V.Adm. Francis Drake
>Victory<	1586	800	430	42	K.Adm. John Hawkins
>Elisabeth Bonaventure<	1581	600	250	47	Earle of Cumberland
>Rainbow<	1586	500	250	54	Lord Henry Seymour
>Golden Lion<	1582	500	250	38	Lord Thomas Howard
>White Bear<	1563	1000	490	40	Lord Sheffield
>Vanguard<	1586	500	250	54	
>Elisabeth Jonas<	1559	900	490	56	Robert Southwell
>Antelope<	1581	400	170	30	
>Triumph<	1561	1100	500	42	Martin Frobisher
>Dreadnought<	1573	400	190	32	
>Mary Rose<	1556	600	250	36	Edward Fenton
>Nonpareil<	1584	500	250	38	
>Hope<	1584	600	270	48	
>Bonavolia<	1584	?	250	?	
>Swiftsure<	1573	400	180	42	
>Swallow<	1573	360	160	8	Richard Hawkins
>Foresight<	1570	300	150	37	
>Aid<	1562	250	120	18	
>Bull<	1570	200	100	?	
>Tiger<	1570	200	100	30	
>Tremontana<	1586	150	70	21	
>Scout<	1577	120	70	10	
>Achates<	1573	100	60	13	
>Charles<	1586	70	45	16	
>Moon<	1586	60	40	9	
>Advice<	1586	50	40	9	
>Merlin<	1579	50	35	7	
>Spy<	1586	50	40	9	
>Sun<	1586	40	30	5	
>Cygnet<	1585	30	20	3	
>Brygandine<	1583	90	35	?	
>George<	?	100	24	?	

Weitere 160 bewaffnete Handelsschiffe und Fahrzeuge von 20 bis 400 tons stellen für den Kampf gegen die spanische Armada einzelne Fürsten, die Stadt London und mehrere Hafenstädte.

4. Schiffe der Spanischen Großen Armada 1588

Geschwader von Portugal unter Medina-Sidonia, Flottenflaggschiff >San Martin< (48)
12 Schiffe mit 7730 Tonnen, 387 Kanonen und 4623 Mann Besatzung

Geschwader der Biskaya unter Juan Martinez de Recalde, Flaggschiff >Santa Ana< (30)
14 Schiffe mit 6540 Tonnen, 238 Kanonen und 2692 Mann Besatzung

Geschwader der Galeonen von Kastilien unter Diego Flores de Valdes, Flaggschiff >San Cristóbal< (36)
16 Schiffe mit 8710 Tonnen, 384 Kanonen und 4177 Mann Besatzung

Geschwader der Schiffe aus Andalusien unter Pedro de Valdes, Flaggschiff >Nuestra Senora del Rosario< (46)
11 Schiffe mit 8350 Tonnen, 250 Kanonen und 3105 Mann Besatzung

Geschwader von Guipúzcoa unter Miguel de Oquendo, Flaggschiff >Santa Ana< (47)
12 Schiffe mit 6990 Tonnen, 239 Kanonen und 2600 Mann Besatztung

Geschwader der Levante unter Martin de Bertendona, Flaggschiff >La Regazona< (30)
10 Schiffe mit 8660 Tonnen, 280 Kanonen und 3637 Mann Besatzung

Geschwader der Transporter unter Juan Gomes de Medina, Flaggschiff >El Gran Grifon< (38), das Schiff wurde von Rostock ausgeliehen
23 Schiffe mit 10.250 Tonnen, 394 Kanonen und 3729 Mann Besatzung. Das Geschwader soll das spanische Heer von Flandern nach England übersetzen

Geschwader der Kreuzer unter Antonio Hurtado de Mendoza, Flaggschiff >Nuestra Senora del Pilar de Zaragoza< (11)
22 Schiffe mit ca. 1600 Tonnen, ca. 110 Kanonen und 1168 Mann Besatzung

Galeassen aus Neapel unter Hugo de Moncada, Flaggschiff >San Lorenzo< (50)
4 Schiffe mit ca. 1500 Tonnen, 200 Geschützen und 1341 Mann Besatzung, dazu 1200 Ruderslaven

Galeeren aus Portugal unter Diego Medrano, Flaggschiff >Capitana< (5).
4 Schiffe mit ca. 600 Tonnen, 20 Kanonen und 262 Mann Besatzung, dazu 890 Ruderslaven

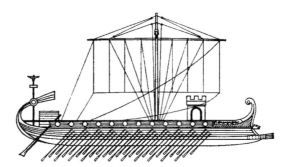

Literaturverzeichnis

Allgemeine Nachschlagwerke, Weltgeschichten, Lexika, Atlanten, Zeitschriften etc., die in den Bänden fünf bis sieben benützt worden sind, werden im Anhang des letzten Bandes aufgeführt. Hier soll nur jene Literatur genannt werden, die für diesen Band speziell benützt worden ist.

Prähistorische Seefahrt

Barceló, P. A., Karthago und die Iberische Halbinsel vor den Barkiden, Habelt, Bonn 1988
Eder, B., Argolis, Lakonien, Messenien, Vom Ende der mykenischen Palastzeit bis zur Einwanderung der Dorier, Verlag der Akademie der Wissenschaften, Wien 1998
Grey, D., Seewesen, in: Archaeologica Homerica, Vandenhoek & Ruprecht, Göttingen 1974
Latacz, J., Troia und Homer, Piper, München 2003
Lazenby/Simpson, The Catalogue of the Ships in Homers Iliad, Clarendon, Oxford 1970
Medas, St., La marineria cartaginese, Delfino, Sassari 2000
Müller-Karpe, H. (Hrsg.), Zur geschichtlichen Bedeutung der frühen Seefahrt, C. H. Beck, München 1982
Reyes, A. T., Archaic Cyprus, Clarendon, Oxford 1994
Schlichtherle, H. (Hrsg.), Pfahlbauten rund um die Alpen, Theiss, Stuttgart 1997
Seipel, W. (Hrsg.), Katalog zur Ausstellung „Der Turmbau zu Babel", 4 Bde., KHM, Graz, 2003
Strobel, A., Der spätbronzezeitliche Seevölkersturm, de Gruyter, Berlin 1976
Zimmermann, G. T., Bronce Age Ships, Davison, Pensacola 1970

Zeit der Riemenschiffe

Bacharach, B., Early Carolingian Warfare, University of Pennsylvania, Philadelphia 2001
Bagnall, N., The Punic Wars, Rom und Karthago, Siedler, Berlin 1995
Brockmann, E., The two Sieges of Rhodes 1480, 1522, J. Murray, London 1969
Brögger/Shetelig, The Viking Ships, Dreyers, Oslo 1971
Brooks, F. W., The English Naval Forces 1199-1272, A. Brown, London 1933
Bunbury, P., Man & the Sea from the Ice Age to the Norman Conquest, Coles, London 1975
Caddeo, R. (Hrsg.), Storia Marittima dell'Italia, Bd. 1, Garzani, Mailand 1942
Cambridge, The Cambridge Ancient History, 12 Bde., 3. Aufl., University Press, Cambridge 1970
Cambridge, The Cambridge Medieval History, 8 Bde., 2. Aufl., University Press, Cambridge 1924
Cameron, A., The Mediterran World in late Antiquity, A.D. 395-600, Routledge, London 1993
Casson, L., The Ancient Mariners, V. Gollancz, London 1960
Casson, L., Ships and Seamanship in the Ancient World, University Press, Princeton 1971
Clot, A., Al-Andalus, Das maurische Spanien, Wissenschaftliche Buchgesellschaft, Darmstadt 2002
Elton, H., Warfare in Roman Europe, A.D. 350-425, Clarendon, Oxford 1996
Eickhoff, E., Seekrieg und Seepolitik zwischen Islam und Abendland, de Gruyter, Berlin 1966

Faber, G., Piraten oder Staatengründer (Normannen), Bertelsmann, Gütersloh 1968
Gabrielsen, V., The Naval Aristicracy of Hellenis Rhodes, Univ. Press, Århus 1997
Graff/Higham, A Military History of China, Westview, Boulder/Col. 2002
Green, P., The Greco-Persian Wars, University Press, Berkely 1996
Greenhalgh, P. A. L., Early Greek Warfare, University Press, Cambridge 1973
Guilmartin, J. jr., Gunpowder and Galleys, University Press, Campridge 1974
Haarmann/Halm, Geschichte der arabischen Welt, 4. Aufl., Beck, München 2001
Hamilton-Currey, E., Sea-Wolfes of the Mediterranean, Murrey, London 1910
Haywood, J., Dark Ages Naval Power - a Reassessment of Frankish and Anglo-Saxon Seafaring Activity, Routledge, London 1991
Heskel, J., The North Aegean Wars 371-360 B.C., Steiner, Stuttgart 1997
Höckmann, O., Antike Seefahrt, C. H. Beck, München 1985
Huntingford, G. (Hrsg.), The Periplus of the Erythraean Sea, Hakluyt, London 1980
Jenkins, N., Das Schiff in der Wüste, Umschau Verlag, Frankfurt/Main 1980
Jones, G., A History of the Vikings, University Press, Oxford 1984
Jurien de la Graviere, E., Les Marines du 15me et 16me Siècles, Plon, Paris 1879
Kienast, D., Untersuchungen zu den Kriegsflotten der römischen Kaiserzeit, Habelt, Bonn 1966
Köster, A., Das antike Seewesen, Schoetz & Co., Berlin 1923
Lewis, A., Naval Power and Trade in the Mediterranean 500-1100, University Press, Princeton 1951
Lewis, A., The Northern Seas, Oktagon Press, New York 1978
Limor, O.,Hsg., Die Disputationen zu Ceuta (1179) und Mallorca (1286), Monumenta Germaniae historica, München 1994
Ma Huan, The Overall Survey of the Ocean's Shores 1433, übersetzt v. J. v. G. Mills, Hakluyt, Cambridge 1970
Manfroni, C., Storia della Marina Italiana (400-1261), Accademia Navale, Livorno 1899
Manfroni, C., Storia della Marina Italiana (1203-1571), Forzani, Rom 1897
Morrison/Williams, Greek Oared Ships 900-322 B.C., Uni Press, Cambridge 1968
Norwich, J. J., Byzanz, 3 Bde., Econ, Düsseldorf 1993
Olsen/Crumlin Pedersen, Fünf Wikingerschiffe aus dem Roskilde Fjord, Nationalmuseum, Kopenhagen 1978
Pausanias, Beschreibung Griechenlands, übersetzt v. E. Meyer, dtv, München 1975
Picard, Ch., La mer et les musulmans d'Occident au Moyen Age, Press Universit., Paris 1997
Pistarino, G., I signore del mare (Genua), serie storica, Genua 1992
Rizakēs, A. (Hrsg.), Achaia und Elis in der Antike, Nat. Hell. Forschungszentrum, Athen, 1989
Rodgers, W. L., Greek and Roman Naval Warfare, U.S. Naval Institute, Annapolis 1964
Rodgers, W. L., Naval Warfare under Oars, Annapolis 1967
Rost, A., Vom Seewesen und Seehandel in der Antike, B. R. Grüner, Amsterdam 1968
Sandars, N. K., The Sea Peoples, Thames and Hudson, London 1985
Schelzel, M., Wikingerzüge, Koch, Rostock 2001
Schmitt, O., Der Lamische Krieg, 322-321 B.C., Diss., Habelt, Bonn 1992
Shepard, A. N., Sea Power in ancient History, Heinemann, London 1925

Starr, Ch. G., The Roman Imperial Navy, Colnell Uni Press, Ithaka 1941
Tarn, W.W., Hellenistic Military and Naval Developments, University Press, Cambridge 1930
Thiel, J. H., A History of Roman Sea-Power bevor the second Punic War, North Holland Publ., Amsterdam 1954
Thiel, J. H., Studies of the History of Roman Sea-Power in Republican Times, North Holland Publ., Amsterdam 1946
Thukydides, Geschichte des Peloponnesischen Krieges, 2 Bde., dtv, München 1973
Wallinga, H. T., Ships and Sea-power bevor the great Persian Wars, Brill, Leiden 1992
Wilson, A. N., Der geteilte Jesus, Gotteskind oder Menschensohn, Bertelsmann, München 1993

Zeit der Segelschiffe

Al-Rawas, Isam, Oman in early Islamic History, Ithaca, Reading 2000
Anonym (1724), History of the Russian Fleet under Peter the Great, Navy Records Society, London 1909
Boxer, C. R., The Portugese Seaborne Empire, Hutchinson, London 1969
Boxer, C. R., The Journal of M. H. Tromp Anno 1639, University Press, Cambridge 1930
Braudel, F., The Mediterranean and the Mediterranean World in the Age of Philipp II., Collins, London 1973
Corbett, J. C., Drake and the Tudor Navy, Longman's, Green & Co., London 1898
Corbett, J. C., England in the Mediterranean, Longman's, Green & Co., London 1904
Corbett, J. C. (Hrsg.), Fighting Instructions, Navy Records Society, London 1905
Earle, P., Corsairs of Malta and Barbary, Sidgewick & Jackson, London 1970
Fritze/Krause, Seekriege der Hanse, Brandenburgsches Verlagshaus, Berlin 1997
Kirchhoff, H., Seemacht in der Ostsee, Cordes, Kiel 1907
Mattingly, G., The Defeat of the Spanish Armada, Cape, London 1959
Parry, H., The Spanish Seaborne Empire, Hutchinson, London 1966
Pistarino, G., Dibattito su grande famiglie del mondo Genovese ..., Accad. ligure, Genua 1997
Roy, A. Ch., History of the Mughal Navy and Naval Warfare, The World Press Private Ltd., Kalkutta 1972
Spate, O. H. K., Monopolists and Freebooters, Croom Helm, London 1983
Spont, A., War with France, 1512-1513, Navy Records Society, London 1897
Whiteway, R. S., The Rise of Portugese Power in India 1497-1550, Constable & Co., Westminster 1899

Biographien

Da Mosto, A., I Dogi di Venezia, Martello-Giunti, Venedig 1977
Hafner, G., Prominente der Antike, Econ, Düsseldorf 1981
Papastavron, J., Themistokles, Wissenschaftliche Buchgesellschaft, Darmstadt 1978
Park, Y-H., Admiral Yi and his Turtle-Boat Armada, Shinsaeng, Seoul 1973
Pemsel, H., Biographisches Lexikon zur Seekriegsgeschichte, Bernard & Graefe, Koblenz 1985

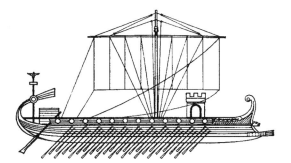

Index Band V

Manche Stichworte liegen in fast allen Kapiteln. Zum leichteren Auffinden, welche Seitenzahl das gewünschte Kapitel mit dem gesuchten Inhalt angibt, wird hier die Reichweite der einzelnen Kapitel angeführt.

Die prähistorische Seefahrt	1–6
Die frühen Hochkulturen	7–28
Die Seekriege der Griechen (500–240)	29–68
Die Seekriege von Rom (und seiner Vorläufer) 1100 vor bis 630 n. Chr.	69–128
Die Araber im Mittelmeer (7.–10. Jh.)	129–160
Die Seezüge der Germanen und Wikinger	161–182
Die Seekriege im Mittelmeer (11.–14. Jh.)	183–236
Die Seekriege im Ärmelkanal und der Biskaya (12.–15. Jh.)	237–250
Deutsches Reich, Skandinavien und die Deutsche Hanse (12.–15. Jh.)	251–262
Die Seekriege im Mittelmeer (15.–16. Jh.)	263–302
Die Seekriege in Süd- und Ostasien (bis zum 16. Jh.)	303–328
Die Fahrten der Entdecker (15. und 16. Jh.)	331–342
Spanien und Portugal erobern ihre Überseereiche (16. Jh.)	343–362
Mittel- und Westeuropa im 16. Jahrhundert (Reformation)	363–382
Nord- und Osteuropa im 16. Jahrhundert	383–392
Die Seekriege zur Zeit des Dreißigjährigen Krieges	393–440

Aachen 256
Abbas I. d. Gr., Shah in Shah 278
Abbasiden 131, 140
Abd ar-Rahman I. 142
Abd ar-Rahman III., Kalif 154
Abd el-Malik 136
Abd el-Qadir 2
Abdallah b. Sad 134
Abreu, Antonio 340
Abrolhos-Bank, Seeschlacht vor der 418
Absalon von Roskilde 254
Abul Abbas, Kalif 140
Abydos 34, 212
— Seeschlacht bei 52, 62
Acapulco 360
Achäischer Bund 54, 96
Actium 42
— Seeschlacht bei 110
Acuñha, Pedro de 410
Adalia/Satalia, Seeschlacht bei 230
Aden 264, 304, 348
Adherbal 84
Adria 72, 122, 142, 146, 148, 158, 210, 230, 232, 234, 286, 292
Adrianopel 187, 224
Aemilius 94
Aethelred 176

Aethelwulf 172
Aetius, Flavius 122, 166
Afghanistan 29
Ägadische Inseln, Seeschlacht bei den 86
Ägäis 2, 9, 18, 29, 30, 34, 35, 62, 64, 92, 98, 144, 150, 152, 154, 190, 194, 198, 202, 212, 216, 228, 263, 284, 432
— früher Seehandel 4
— Seeherrschaft der Griechen 40
Agathokles 69, 78
— in Afrika 78
Agathostratus von Rhodos 68
Agesandrias 52
Aghlabiden 131
Ägina 20, 30, 32, 36, 38, 88
— Seeschlacht bei 40
Agnadello, Schlacht bei 278
Agrippa 73, 106, 108, 110
Agron 86
Ägypten 7, 12, 16, 20, 22, 24, 29, 30, 32, 34, 35, 36, 60, 64, 66, 68, 96, 114, 132, 140, 146, 152, 158, 185, 186, 198, 206, 212, 214, 264, 276, 280, 304, 352
— Aufstand 42
— Fatimiden in 132
— Fischerkulturen 2
— Hyksosherrschaft 14

- Kanalbau 66
- Seehandel 10
- Seeherrschaft 66
- Seemacht 14, 24
- Transportflotte 14

Ägypter 32, 68
- Kulturleistungen 7

Ahenobarbus 104
Ahhijava 16
Ahom 322
Aibak, Sultan 316
Aigospotamoi 33
- See-und Landschlacht bei 54

Aigues Mortes 186, 216, 234, 240
Aijubiden 183, 206
Aischylos 29
Aistulf, König 142
Ajaccio 290
Akarnanien 58
Akbar, Großmogul 304, 322, 412
Akkad, Reich von 7
Akkon 24, 158, 196, 208, 214, 218
- Seeschlacht bei 214

Akragas/Agrigentum
- Belagerung 76

Akropolis von Athen 34
Akupunktur 307
Alalia, Seeschlacht bei 75
Al-Andalus 140, 142, 146, 152, 154, 160, 186, 196, 202, 214
Alanya 434
Alarich 120
Albanien 192, 196
Albergaria, Lope Soares de 345, 348
Alborán 286
Albuquerque, Afonso de 334, 345, 346, 348
Alcácer-Seguer 270
Alemannen 166
Alexander d. Gr. 29, 34, 62, 71, 303, 307
Alexander III. von Schottland 256
Alexander von Pherai 58
Alexandria 124, 206, 230
- Hafen von 102
- Museion und Bibliothek 34
- Pharos 66
- Welthandelszentrum 35

Alexios I. Komnenos, Kaiser 192, 194, 196
Alfons I. von Portugal 202
Alfons V. von Aragon 267, 270
Alfons V. von Aragon und Sizilien 268
Alfons V. von Portugal 336
Alfons XI. von Kastilien 228

Alfred d. Gr. von England 172, 174
Alfsborg 392
Algeçiras 120, 134, 138, 154, 218, 228, 334
Alghero, Seeschlacht bei 230
Algier 278, 280, 282, 286
Ali Pascha 294, 296, 354, 432
Alkibiades 33, 48, 50, 52, 54
Almagro 358
Al-Mansur, Kalif 142
Almeida, Francesco de 345
Almeida, Lorenco de 345
Almeria 132, 152, 156, 183, 202
- Marinearsenal 154

Almohaden 212, 216
Alp Arslan, Sultan 184, 190
Alpenübergang 88
Altsteinzeit 2
Amadeus VI. von Savoyen 232
Amalfi 130, 192, 200, 280
Amalrich von Jerusalem 206
Amandus 118
Amazonas 340, 342
Amboina 348, 395, 410, 416
Ambrakia/Actium 108
Ameinokles 20
Amelia 406
Amerika 176, 344
Amir Hussein 346
Amorgos 34, 224
- Seeschlacht bei 62

Amoy 348, 352
amphibische Operation 16, 36
Amphiktionie von Kalaureia 18
Amphipolis 46, 58, 60
Ampurias/Emporion 144
Amselfeld, Schlacht auf dem 234
Anastasius I. von Byzanz 122
Ancona 204, 212
Andalusien 396
Andrade, Fernando Peres de 340, 348
Andrade, Ruy Frere de 416
Andrade, Simon Peres de 348
Andravida 268
Andronikos II. Palaiologos 220
Andronikos III. Palaiologos 228
Andronikos Kontostephanos 206
Andros 34
- Seeschlacht bei 68

Angeln 166
Angelsächsische Chronik 166
Angevinisches Reich 238
Anglikanische Kirche 368

Anjou 250
Ankara 236
Ankunft in Memphis 14
Anna Royal 406
Annam 305, 312, 314, 318, 322
Ansald de Mari 212
Antalia 132, 150
Antigoniden 66
Antigonos 64
— Königstitel 64
Antigonos II. Gonatas 66, 68
Antigonos III. Doson 68
Antillen, Kleine 338, 408
Antiochia 202, 204
Antiochos III. von Syrien 34, 72, 90, 92, 94
Antiochos von Athen 52
Antipater 62
Antonio von Portugal 378
Antonius 73, 104, 108
— umzingelt 110
Antonius d. Ä. 100
Antwerpen 170, 242, 374, 404
Apollophanes 106
Apostel Paulus 114
Apulien 144, 204, 212
Äquator 336
Araber 160, 198, 312, 343, 345, 348
— Ausbreitung 129
— Flottenbau 132
— Hafenbau 132
— Handelsfahrten 131
— Kulturmittler 131
Arabien 114
Arabische See 303, 338, 416
Aragon 183, 187, 210, 212, 224, 230, 264, 268, 363
— Ordenanzes Navales 230
Aragon, Ottavio de 426
Archangelsk 383, 384, 386, 390
Archidamischer Krieg 44
Archidamos von Sparta 44
Archimedes 88
Ardaschir I. von Persien 308
Arduin 158
Arginusen 33
— Seeschlacht bei den 52
Argo 16
Argonautensage 16
Argos 56
Arier 8
Aristagoras 35
Aristarch 35

Aristides 40
Aristoteles 29
Ark Royal 376, 378
Arles 142, 146, 150
Arma di Nasau 432
Armada Real 358
Armbrustschützen 194, 220
Ärmelkanal 165, 248, 363, 366, 370, 374, 380, 406
— Gefecht im 240
— Treffen im 368, 406
Arminius, der Cherusker 112
Arnemuiden 242
Arrabanes 124
Arsenal von Venedig 294
Artaphernes 36
Artaxerxes I. von Persien 42
Artaxerxes III. von Persien 60
Artemision, Seeschlacht bei 38
Arudj Barbarossa 280
Arundel, John 246
Aruntius 110
Aryandes 24
Ascension 340
Aschieri, Orlando 218
Aschoka Piyadasi 307
Aserbaidschan 154
Askold 148
Assarhaddon 22
Assurbanipal 22
Assyrer 8, 20
Assyrien 18, 20
Assyrische Reiche 7
Astrachan 384, 386
Astrologie 35
Astronomie 35, 365
Asunción 358
Athen 20, 29, 30, 32, 34, 35, 36, 38, 40, 42, 46, 56, 58, 60, 62, 64, 66, 69, 72, 96, 98, 224
— Bundesgenossenkrieg 58
— die Pest in 44
— Expedition nach Sizilien 48
— Kapitulation 54
— Seehandel 54
Äthiopisches Reich 116
Athos 38
— Vorgebirge 36
Atiri, Marquis de 428
Atjeh 310, 314, 354, 416
Atlantik 336
— erste Seeschlacht im 372
Attalos I. von Pergamon 66

Attalos III. von Pergamon 96
Attika 36, 40, 44, 270
Attila 122
Attischer Seebund 32, 40, 42, 44, 58
Attisches Reich 32
Augsburger Religionsfriede 370
Aulis 16, 64
Aurangzeb, Kaiser 304
Auslegerboote 307
Australien 2, 304, 307
Avaren 170
Averroes 187
Avignon 224
Ayscue, George 438
Azemmour 348
Azoren 336, 338, 364, 372, 374, 378, 408
Azteken 344, 358
Baalbek 158
Babur von Kabul 322
Babylon 7, 8, 14, 24, 29, 34
Babylonische Gefangenschaft 29
Badres 24
Bagdad 142, 190
Bagge, Jakob 386
Bahamas 338
Bahia 356, 418
Bahrein 136, 346
Bajezid I., Sultan 234
Bajezid II., Sultan 274
Balban, Sultan 318
Balboa, Vasco Nunez de 340
Balearen 96, 120, 144, 146, 160, 183, 196, 210, 212, 284, 290
Bali 414
Balkan 124, 134, 142, 234, 263, 264, 265
Balkensperre 308
Balmuchet 244
Balsaflöße 324
Baltikum 256, 258, 260, 386, 390
Banas, Demetrios 202
Banda-Inseln 416
Baner, Sten 390
Bantam 305, 414
— Seeschlacht bei 410
Banû Ghânya 210
Banyas 158
Barbados 438
Barbaresken 266, 280, 282, 284, 286, 428
Barbareskenstaaten 183, 396
barbarica conspiratio 166
Barbarigo 296
Barbenoire 244

Barcelona 185, 194, 212, 218, 288, 424
— Seeschlacht bei 422
Bardanes 138
Bari 144, 148, 190, 198, 204, 276
— Seeschlacht vor 188
Barletta 276
Bartholomäusnacht 370
Barton, Andrew 366
Basileios II., Kaiser 158, 160
Basilikata 220
Basra 136, 284, 346, 354
Batavia 414, 416
Batavia/Djakarta 395, 414
Bauernkrieg 368
Bayern 168
Bázan, Alonso de 378
Bázan, Alvaro de 284, 296, 368, 372
Beauchamp, Richard 248
Beda Venerabilis 168
Beirut 158, 196
Belgica 166
Belgrad 270
Belisar 122
Bellagio 226
Belt, kleiner 385
Belte 383
Benavert 194
Benavides, Juan de 408
Beneke, Paul 260
Benevent 142, 148, 150
Bengalen 304, 318, 322, 412, 414
Benguelastrom 338, 395
Beorht von Northumbrien 168
Berber 134, 140
Berenguer de Requesnes 290
Berge Phönikos 134
Bergen 254, 260
— deutsche Brücke 252
Bernardo de Cabrera 230
Besiedelung 2
Bibliothek 34
Bilderverehrung 140
Bimbisira 26
Biremen auf Rollen 102
Biskaya 168, 172, 368
Bitterseen 66
Bizerta 280
Björnson, Kpt. 386
Blake, Robert 424, 430, 436, 438
Blancheport, Guido von 274
Blockade 242
Blockadekrieg 110

Blockschiffe 102, 234, 260
Boabdil von Granada 272
Bocanegra, Ambrosio 246
Bodensee 434
Bogenschützen 238, 240, 414
Bohemund 196
Böhmen 366
Bojaren 386
Boleslaw I. Chrobry 178
Bolivien 358
Bombay 414
Bonifacio 267, 290
Böotien 16
Bornholm 385, 386, 388
Bornhöved 252
— Schlacht bei 256
Boso von Vienne 150
Bosporus 26, 30, 56, 58, 60, 116, 148
— Seeschlacht im 230
— Seeschlacht vor dem 64, 154
— Zollforderungen 68
Bouciault 234
Bougie 278, 290
Boulogne 368
Brahmaputra 304, 322
Bramante 266
Brandenburg 170, 258
Brander 16, 102, 122, 242, 390, 406, 420, 422
Branderangriff 376
Brandpfeile 108, 110
Brasidas, General 44, 46
Brasilien 334, 345, 356, 418
Brasiliengeleit 438
Bregenz 436
Breitenfeld, Schlacht bei 400
Bremen 172
Brest 366, 378
Bretagne 246, 248, 250, 378, 395
Briel 372
Brighton 366
Brindisi 144, 204, 212
Bristol 242, 344
Britannien 116, 118, 165, 166
Britische Inseln 74, 100, 114, 163
britisches Imperium 394
Brügge 240, 242, 252
Brundisium 102, 108
— Seeschlacht vor 104
Brutus 102
Buchdruck 314
Buchhorn 436
Buchstabenalphabet 29

Bucht von Morbihan 378
Bucht von Quiberon 73
— Seeschlacht in 100
Buckingham, Herzog von 398
Buda/Ofen 288
Buenos Aires 358
Bulgaren 142, 144, 160
Bulgarien 148, 154
Burgund 150, 248, 250, 253, 384
Burrak Reis 274
Buzonavis 188
Byblos 18
Byzantinisches Reich 130, 138, 140, 142, 144, 148, 154, 158, 184, 185, 187, 192, 202, 270
— Flottenorganisation 200
Byzanz 40, 58, 60, 68, 74, 75, 114, 118, 146, 154, 158, 160, 170, 192, 206, 216, 218, 222, 266
Cabot, John 338
Cabral, Pedro Alvares 340, 345
Cacafuego 360
Caccia Diabolo 282, 284
Cadamosto 336
Cádiz 146, 340, 374, 378, 404, 422, 424, 428, 438
Caesar, Gaius Julius 73, 96, 100, 102
Cagliari 226
Calais 165, 244, 246, 248, 368, 370, 376
Caldiran 278
Caligula 114
Callao 358, 414
Cambay 350
Cambridge 176
Campania 152
Campo Fregoso, Pietro di 232
Cañete, Seeschlacht bei 414
Canossa 192
Cão, Diogo 338
Capello, Marino 430
Capello, Vincenzo 286
Capistranos, Johannes 270
Capo d'Istria/Koper 234
Capua 188
Caraffa 270
Carausius 116
Carcavilla 268
Cardona, Ramon de 278
Carlos de la Cerda 244
Carlos de Valera 270
Carnuntum 112
Carros, Francesco 226
Cartagena 120, 362, 422, 438

Carteia bei Gibraltar 102
Casa de la Contrataction 340
Cäsaräa 158, 196
Cassius 102, 104
Castellamare di Stabia
— Seeschlacht bei 220
Castelnuovo 286
Castorp Hinrich 384
Castro, Beltran de 410
Castro, Martin Afonso de 412
Catana 48
Catania 192, 198
Catanzaro 158
Catfish-Cave 2
Cattaro/Kotor 232
Catulus 86
Cavagnola 226
Cavendish, Thomas 362
Cavite 418
Cebu 360
Cecil, Edward 404
Celebes/Sulawesi 416
Ceramea, Seeschlacht bei 140
Ceuta 206, 224, 334
Ceylon 26, 303, 310, 316, 345, 350, 418
Chaeronea 98
Chair ad Din Barbarossa 265, 284, 286, 288
Chaironeia 33
Chalkedon, Seeschlacht bei 98
Chalkidike 33, 44, 58
Chalkis 30, 38, 66
Chancellor 390
Chancellor, Richard 342, 386
Chania 434
Chasaren 138
Chauken 165
Chaul 354
Chelandine 196
Cheng Ho, Flottenkommandant 320
Cherbourg 246
Cherchell 282
Chersones, thrakische 33, 40
Chin Do, Gefecht bei 324
China 8, 18, 305, 307, 308, 310, 312, 314, 318, 322, 340, 348, 352, 354, 360, 418
— Chin-Dynastie 314
— Expeditionen 306
— Han-Dynastie 320
— Kaiserreich 308
— "kämpfende Staaten" 307
— Mandschu-Dynastie 418
— Ming-Dynastie 320

— Reich der Tang 314
— Reich von Chi 307
— Reich von Sichuan 308
— Reich von Wei 308
— Reich von Wu 305, 307, 308
— Reich von Yuë 307
— Song-Dynastie 314
— Technik 308
— wirtschaftliche und kulturelle Blütezeit 314
— Yüan-Dynastie 318
Chinam Pascha 432
Chioggia 232
— Seeschlacht bei 234
Chioggiakrieg 232
Chios 35, 48, 50, 58, 60, 62, 94, 194, 220, 224, 226, 228, 292
— Seeschlacht bei 92, 152
Chlodwig, König 166
Chola, Reich von 303, 314
Chosrau II. von Persien 124, 310
Christentum 114, 116, 120
— Staatsreligion 74
Christenverfolgung 116
Christian II. von Dänemark 253, 262, 385
Christian IV. von Dänemark 390, 392, 402
Christianisierung im Baltikum 251
Christodulos 198
Christopher 360
cinque ports 237, 240, 248
Civilis, Julius 114, 165
Civitá-Vecchia 288
Claudius 114
Clermont 194
Clifford, George 378
Cluny 158
Clupea 84
Clysma 132
Codex Euricianus 166
Codex Hammurabi 8
Coelius 110
Coen, Jan Pieterszoon 414, 416
Coimbra 380
Colbert, Jean B. 394
Coligny, Gaspard de 344, 356
Colonna, Marc Antonio 298
Comer See 196, 226, 282
Como 196
Conception 340, 426
Constans 118
Constantius II. 118
Constitutio Antoniniana 116
Contarini, Andrea 234

Cordoba 142, 183
Córdova, Gonzalo de 274, 276
Corner 232
Corner, Lorenzo 434
Cornificius 106
Cornwall 378
— Zinnexport 73
Corregidor 410
Corte Real, Gaspar 340
Cortés, Hernan 344, 356
Coruña 368
Covides, Pedro de 270
Covilha, Pedro de 333
Crassus 100
Crecy, Schlacht bei 244
Cremona 267
— Flußschlacht 267
Crispus 118
Cromwell, Oliver 394, 436
Crotone 144
Cumae 106
— Seeschlacht bei 76, 106
Cunha, Nuño da 350
Curaçao 420
Curzola, Seeschlacht bei 222
Cyrenaika 7, 24
d'Annebaut, Claude 368
d'Harcourt, Graf 420
Dabul 346
Dacca 412
Dahang 322
Dainty 410
Dakchara 412
Dakka 412
Dalmatien 142
Daman 350
Damaskus 158
Damian von Tarsos 152
Damietta 140, 146, 206, 212, 214
Damme, Seeschlacht bei 240
Dandolo, Andrea 222
Dandolo, Gilberto 216
Danelag 172
Dänemark 163, 170, 178, 252, 256, 258, 260, 383, 386, 390, 394, 402
— Ostindische Kompanie 392
— Seemacht 251
Dänen 170, 172, 254, 385, 392
Danewerk 170
Dan-no-ura, Seeschlacht von 316
Danzig 252, 260, 390

Dardanellen 6, 34, 36, 40, 52, 54, 56, 60, 134, 138, 204, 206, 228, 230, 397, 430, 432
— Seeschlacht in den 267, 432
— Seeschlacht vor den 194
Dareios I. 26, 29, 30, 36, 62
Dareios III. 34
Datis 36
David, König 10
de Boucicault 266
de la Garde 290
de Vera, Diego 280
Deane, Richard 436
Decharges 329
Decius, Kaiser 116
Dekeleischer Krieg 50
Delhi 316, 318, 322, 350
Delos 42, 66, 73, 96
Delphi 22
— Orakel 75
Delphino, Giuseppe 432
Demetrias 150
Demetrios Poliorketes 34, 64, 66
Demochares 106
Demosthenes, General 46, 60
— "Philippika" 33
Denia 132, 183
deutsche Brücke 252
Deutsche Hanse 384
— Niedergang 384
Deutscher Orden 258, 260
Deutscher Ritterorden 256, 258, 383
Deutschland 150, 192, 206, 253, 256, 260, 368, 393
Dhofar 316, 350
Diadochen 34
Diadochenkriege 29, 62
Dias, Bartolomeu 338, 345
Dieppe 342
Digby, Kenelm 428
Diktatur 100
Dilmun/Bahrein 10
Diogenes 86
Diokletian 74, 116
Dionysios I. von Syrakus 58, 69, 76
Dionysios von Phokäa 35
Dionysius/Dinis von Portugal 224
Dionysos I. von Syrakus 56
Diözese 116
Diphilus 50
Diplomatie 210
Diu 350, 352
Djerba 200, 278

— Seeschlacht bei 290
Djidjelli 200, 278
Dobrudscha 148
Dock 240
Dockanlage 8
Doge von Venedig 142
Dolabella 100, 104
Domenico Michiel 198
Domesday Book 180
Don Juan d'Austria 265, 292, 296, 298
Don Juan d'Austria d. J. 422, 424
Donau 29, 112, 170, 198, 264, 282
Donauflottille 112, 270, 272
Donaumündung 158
Dorchester 168
Dorestad 168, 170
Doria, Andrea 265, 276, 282, 284, 286, 288
Doria, Ansaldo 202
Doria, Conrado 222
Doria, Filippino 280
Doria, Gianandrea 290, 296
Doria, Lamba 222
Doria, Luciano 232
Doria, Oberto 216, 218
Doria, Paganino 230
Doria, Pagano 230
Doria, Philippo 230
Doria, Pietro 232, 234
Dorische Wanderung 16
Dover 100, 165, 240, 242, 248, 368, 406
Downs (Dünen) 406
Downs, Seeschlacht in den 406
Dragut 290
Drake, Francis 342, 358, 360, 374, 376, 408
Drakon 29
Drebbel, Cornelius 398
Dreidecker 398
Dreiecksgeschäft 396
Dreißigjähriger Krieg 393
Drepanum
— Gefecht bei 76
— Seeschlacht bei 84
Dromone 132, 156
Drontheim 254
Drontheimfjord 4
Drungarios 154
Drusus d. Ä. 112
Dschebel Sahaba 2
Dschidda 348
Dschingis Khan 316
Dschunke 305
Dschunkengeschwader 352

Dublin 172, 174
Duilius Cajus 82
Düna 390
Dünamünde 390
Dünkirchen 404, 406, 424
duoviri navales 80
Durazzo 196
— Seeschlacht bei 192
Duvensee 4
Dwafar 158
Ebro 86
Ebromündung, Gefecht an der 88
Ebrovertrag 86
Echinaden, Seeschlacht bei den 56
Edessa 116
Edikt von Nantes 365, 380
Edinburgh 368
Edward Bonaventure 386
Edward I. von England 240
Edward III. von England 238, 242, 244, 246
Edward IV. von England 260, 384
EIC 410, 414, 416
Eismeer 386, 390
Eismeer, nördliches 4, 164
Eknomos, Seeschlacht bei 82
El Obeid-Kultur 4
Elam 20
Elba 204
Elbe 112, 170, 252
Elbing 252
Elbslawen 178
Elcano, Juan Sebastian 342
Elefant 386
Elefantentransporter 310, 414
Elefantine, Insel 12
Elisabeth 360
Elisabeth Bonaventure 374
Elisabeth I. von England 344, 363, 364, 365, 370, 380, 384
Emirat der Omaijaden 142
Emsmündung 112
Encomiendas 356
England 163, 165, 168, 172, 174, 176, 178, 180, 237, 240, 248, 342, 374, 384, 394, 424
— Bürgerkrieg 394, 397, 436
— Ostindische Kompanie 394
— Parlamentsheer 436
— Rumpfparlament 436
Engländer 370, 395, 406, 410, 414, 416
Enkhuizen, Seeschlacht bei 372
Enrico Dandolo 185, 210
Enrico Pescatore 210

Entdeckungsfahrten
— geeignete Schiffe 332
— nautische Kenntnisse 332
— politische Voraussetzungen 331
— wirtschaftlicher Druck 331
Entdeckungsreisen
— vorbereitende Reisen 333
Enterbrücke 80, 82
Entergeschoß 108
Enterhaken 310
Epaminondas 58
Ephesos 35, 50, 92, 224
— Seeschlacht bei 68
Epidamnos 42
Epidauros 38, 44
Epikur 35
Erathostenes 34
Erdbeben 230
Eretria 36, 38
— Gefecht bei 52
Erich VI. von Dänemark 256
Erich VII. von Dänemark 253, 258
Erich von Pommern 336
Erich XIV. von Schweden 386
Erineus, Gefecht bei 50
Ermengar 144
Erythräisches Meer 74
Erzherzog Philipp 274
Esmail I., Shah in Shah 278
Esten 256
Estland 251, 256, 383, 386, 390
Etrusker 69, 75
Etsch 268
Euböa 18, 30, 35, 52, 92, 150, 204
Eudamus 94
Euklid 34
Eumenes I. von Pergamon 66
Euphranor 102
Euphrat 7, 8, 10, 14, 18, 20, 114, 158
Eurich, König 166
Eurybiades 38
Eurymedon 32
— Doppelschlacht 40
Eustach der Mönch 240
Exarchat 142
Exeter 174
Fajardo, Luis 426
Famagusta 294
Farnese, Alessandro 365, 374
Fatimiden 131, 132, 152, 154, 156, 158, 194
Fehmarn 402
Fenton, Edward 362

Ferdinand II. von Aragon 272
Ferdinand II. von Neapel 272
Ferdinand V. von Aragon 264, 270
Ferdinand, Kaiser 290
Ferdinand, König 278
Fernrohr 307
Ferrara 224
Feuerschiff 254, 308
Feuertöpfe 308
Feuerwaffen 343
Feuerwerke 314
Fez 216
Fiesco, Luigi 232
Fimreite, Seeschlacht bei 254
Finnischer Meerbusen 384, 386, 388
Finnland 383
— Fischerkulturen 4
Fischerboote 114
Flaggendiskriminierung 246
Flammenwerfer 308, 326
Flandern 237, 242, 274, 370
Fleming, Clas 388, 402
Flibustier 395, 408
Flor de la Mar 346
Florenz 218, 263
Florida 358
Flöße 114
Flottenbewegungen 288
Flottendemonstration 166
Flottenexpedition 12, 308
— nach Ägypten 42
Flügelaltar von **Hans Memling** 260
Flugmaschinen 307
Flußflotte 170, 314, 318, 322
Flußflottille 12, 170, 267, 268, 304, 308, 314, 318
Flußkrieg 18, 308, 412
Flußschiffe 305
Flußschiffahrt 8
Flußschlacht 412
Flußstreitkräfte 305, 307, 310
Formentera 196, 282
Formosa/Taiwan 416
Forschung 75, 96
Forschungsfahrt 334, 342
Fort Augustin 358
Forum Romanum 78
Fossa Drusiana 112
Frachtschiffe 10
Francesco de Almeida 346
Franken 142, 165, 166, 168, 210
— Piratenfahrten 165

Frankenreich 142, 148, 162, 168, 170, 172, 174
- Gründung 166
Frankfurt 256
Frankreich 240, 250, 264, 272, 276, 288, 363, 370, 396, 397, 404, 420
- Erwerbungen 248
- Ostindische Kompanie 394
- Westindische Kompanie 394
Franz I. von Frankreich 265, 280, 363, 366
Franzosen 290, 356, 434
französische Seefahrer 344
Fraxinetum/Frejus 152, 154, 158
Fregatten 398
Freibeuter 58, 345, 365, 370, 394
- Erfolge 404
Freibeuterfahrt 418
Freihandel 78
Fresken von Thera 9
Friaul 263
Friede des Nikias 48
Friede von Aachen 142
Friede von Bromsebrö 404
Friede von Caltabellotta 187, 222
Friede von Cambrai 282
Friede von Crepy 344, 363
Friede von Dardanus 98
Friede von Knäred 392
Friede von Prag 393
Friede von Stralsund 252
Friede von Turin 234
Friede von Utrecht 384, 394
Friede von Vordingborg 253
Friede zu Thorn 258
Friedensvertrag von Alcáçovas 272
Friedrich I. Barbarossa, Kaiser 185, 204, 206, 208
Friedrich I. von Dänemark 384, 385
Friedrich I. von Holstein 262
Friedrich II. von Dänemark 386
Friedrich II., Kaiser 186, 212
Friedrich III., Kaiser 260, 272
Friedrich von der Pfalz 400
Friedrich von Hohenzollern, Burggraf 258
Friedrich von Sizilien 222
Friesen 161, 165, 170
Frisches Haff 260
Frobisher, Martin 362, 378
Fronde 396
Funan 305, 310
Fünen 385
Fustat/Kairo 132

Futschau 348, 352
Gabala 212
Gades/Cádiz 88
Gadifer de la Salle 236
Gadzand 242
Gaeta 276
Galata 222, 228, 232
Galater 66
Galeassen 188
Galeeren 188, 266, 364, 434
Galeeren aus Genua 237
Galeone 266
Galizien 196, 246
Gallien 100, 118, 166, 168
Gallier 78
Gallipoli 33, 187, 230, 232
Gallus 114
Gama, Estevao da 352
Gambia-Fluß 336
Ganges 26, 304, 318
Gardasee 267, 268
Garigliano 152
Gascogne 395
Gaugamela 34, 62
Gaumata 24
Geiserich 120
Geleitzug der Hanse 378
Geleitzüge 244
Gellius 110
Gelon von Syrakus 76
Genua 90, 142, 154, 185, 186, 188, 194, 196, 198, 202, 204, 210, 212, 214, 216, 218, 220, 222, 228, 230, 232, 265, 266, 267, 276, 278, 282, 288, 290, 420
- Bürgerkrieg 224
Georg von Antiochia 200, 202
Germanen 112, 118, 161, 165
Germanicus 112
Germanien 112, 114, 118, 165
Gerrha 94
Gertzen, Martin 418
Getreide 252
Getreideflotte 58, 60
Gewürzflotten 364
Gewürzhandel 304, 348
Gewürzinseln 342, 348, 410
Ghurab 304
Giannibelli 374
Giblet/Byblos 196
Gibraltar 224, 228, 286, 378
- Gefecht bei 88
Gil Eanes 336

Gilgamesch-Epos 8
Giovanni da Nova 340
Gironde 166
Glückstadt 402
Goa 346, 350, 354
- Blockade von 416
Gold 7
Golden Hind 360
Goldene Bulle 256
Goldener Halbmond 7, 8
Goldenes Horn 131, 138, 154, 228, 232, 268
Goldenes Vließ 16
Goldküste 336
Goletta 428
Golf von Actium 73
Golf von Akaba 206
Golf von Bengalen 303, 304, 412, 416
Golf von Gaeta 152
Golf von Guinea 336
Golf von Korinth 22, 32, 44, 54, 56, 58, 148, 284
Golf von Larnaka 56
Golf von Mannar, See- und Landschlacht im 350
Golf von Neapel 150
Golf von Oman 416
Golf von Patras 58, 294
Golf von Pylos, Gefecht im 46
Golf von Siam 310
Golf von Squillace 426
Golf von Tarent, Gefecht im 80
Golf von Tonkin, Seeschlacht im 318
Golf von Volos, Seeschlacht im 218
Gonçalves 336
Goncalvo de Cordoba 264
Goodwin Sands 366
Goten 116, 118, 161
- in der Ägäis 74
- in Italien 74
Gothenburg/Göteborg 383, 392
Gotik
- Kathedralen 238
Gotland 251, 252, 258, 262, 385, 386, 404
Gottesfrieden 178, 192
Gottfried II. von Achäa 212
Göttrik von Dänemark 170
Gozo 288
Grado 232
Granada 228, 292
Granikos 34, 62
Gravelines 376
Gravesend 246

Great Christopher 242
Gregor von Tours 168
Gregorios 150
Grenville, Richard 378
Grenzkrieg 264
Griechen 8, 9, 14, 29, 38
- Flottenkontingente 38
- in Ägypten 20
- Kulturleistungen 10
Griechen, ionische 34
Griechenland 7, 16, 29, 148, 224
- Kultur 29
griechischer Kaiser 224
griechisches Feuer 132, 136, 138, 150, 154, 190
griechisches Kaiserreich 216, 220, 226
Grillo, Simone 216
Grimaldi, Antonio 274
Grimaldi, Giovanni 267
Grimaldi, L. 216
Grimani, Giovanni 430
Grimani, Marco 286
Grönland 164, 176
Großbauten 187
Große Armada 374
Große Galeone 286
Grotius, Hugo 438
Grüner Sund 256
Guadalquivir 90, 148, 196, 212, 214
Guayaquil 358, 362
Guernsey 246, 438
- Seeschlacht bei 244
Guetaria 406
Guido von Jerusalem 208
Guido von Lusignan 208
Guillaume de Mar 240
Guise, Francoise de 370
Gujarat 314, 350, 352, 354
Gunderich 120
Gupta-Reich 310
Gussoni 212
Gustav Adolf, Kronprinz 392
Gustav II. Adolf von Schweden 384, 400
Gustav Wasa 253, 262
Gutäer 7
Guynemer von Boulogne 194
Gylippos, General 48, 50
Gython 92
- Seearsenal 42
Habsburger 234, 250, 253, 282, 366
- Erbverträge 260
- Heiratspolitik 366

Hadramaut 310
Hadrumentum 132
Hafen von Diu, Seeschlacht im 346
Hafen von Syrakus
— dritte Seeschlacht im 50
— erste Seeschlacht im 48
— vierte Seeschlacht im 50
— zweite Seeschlacht im 50
Hafenbau 132
Hafenbauten 164
Hafenstädte 343
— phönikische 62
Hafrsfjord, Seeschlacht bei 172
Hafsiden 216
Hagia Sophia 190, 266
Haifa 196
Hainburg 272
Haithabu 161
Håkon IV. von Norwegen 256
Hakon Jarl 176
Hakuson-Ko, Seeschlacht bei 312
Halys 8
Hamburg 172, 252, 260, 402
Hamilkar Barkas 82, 84
Hammurabi 7, 12
Handelsfaktorei 348
Handelsgeleit 248, 260, 402
Handelskrieg 14, 234, 238, 404, 428
Handelsorganisation 251
Handelsquartiere 196
Handelsrouten 343
Handelsschiffahrt 253
Handelsverkehr 310
Handelsweg nach China 222
Handelszentren 184
Han-Dynastie 308
Hannibal 71, 72, 88, 90
— Siege in Italien 71
— Zug über die Alpen 71
Hanno 75
Hanse 176, 248, 252, 258, 260
— Stellung 253
Hansebund 252
Harald Blauzahn 176
Harald Hardråda 190
Harald I. Schönhaar 163, 174
Harald II. Godwinson 178
Harald III. Hardrade 178
Harappa 8, 303
Harfleur, Seeschlacht vor 248
Harmensz, Wolfert 410
Harwich 174

Hasdrubal 86, 90
Hassan von Algier 292
Hassan von Mahdia 200
Hastings 178, 242, 244, 246
Hattin 208
Hattusa 8
Hattusilis III. 16
Hausmeier 162, 168
Havel 170
Hawkins, John 358, 408
Hawkins, Richard jun. 410
Hebriden 174, 254, 256
Hedschra 132
Heemskerk, Jacob van 380
Heilige Liga 265, 294, 298
Hein, Piet 404, 408, 418
Heinrich der Löwe 251
Heinrich II. von England 238
Heinrich II., Kaiser 188
Heinrich III. von England 240
Heinrich IV. von Frankreich 365
Heinrich IV., Kaiser 192
Heinrich VI., Kaiser 186, 206, 208, 210
Heinrich VIII. von England 363, 368, 384
Heinrich von Holstein 260
Heinrich von Portugal 300
Heirat 158, 160
Helgeaa 178
Hellas, Thema 140
Hellenismus 34
Hellespont 34, 36
— Schiffsbrücke 38
— Seeschlacht im 118
Helsingborg 258
Helsingör 258
Hengist und Horsa 166
Henry de Murs 220
Herakleios, Kaiser 75, 124
Herakleopolis 12
Heringzüge 384
Herodot 29
Heruler 116, 166
Herzog von Alba 370
Herzog von Anghien 288
Herzog von Lancaster 246
Herzog von Orleans 272
Hethiter 8, 14, 16
Heyerdahl, Thor 1
Hideyoshi 307, 324
Hiero von Syrakus 76
Himera, Schlacht bei 76
Himerios 152

Hinterindien 305
Hipparch 35
Hispalis/Sevilla 120
Hispaniola 338
Histiaios von Lesbos 35
Hjortspringboot 112
Hjørungavåg, Seeschlacht bei 176
Hoang Ho 8, 18, 305
Hoces, Lope de 406, 420
Hochseeschiffahrt
— Beginn 4
Hohenstaufen 216
Holstein 252, 258
Holstock, William 370
Homer 16, 29
Hopliten 32, 46, 50
Hormus 308, 316, 346, 348, 352, 414
— Seehandelszentrum 320
Horn, Clas 388
Howard, Charles 374
Howard, Edward 366
Howard, William 363
Hubert de Burgh 240
Hugenotten 344, 356, 358, 365, 370, 398
Hugh Quiriet 242
Hungerblockade 54
Hunnen 118, 122, 166
Hunyadi, Johann 270
Hussein Pascha 430
Hussein, Sidi Ali bin 352
Hvita Falk 386
Hyerische Inseln 204
Hygelac 168
Hyksos 7
Ibarra, Carlos 408
Iberische Halbinsel 71, 74, 86, 88, 90, 118, 120, 122, 124, 134, 138, 144, 154, 183, 186, 248, 364, 376
Ibiza 196, 212
Ibn Roschd/Averroes 187
Ifriqiya 136, 138, 144
— Raubzüge 140
— Seeschlacht vor 152
Igor von Kiew 154
Ilevollen 254
Ilias und Odyssee 9
Illyrer 71
— beherrschen Adria 86
Illyrien 86, 148, 188
Imbros 60, 228
Indianer 356

Indien 34, 307, 310, 314, 316, 318, 320, 322, 412, 414
— Reich von Magadha 26
Indischer Ozean 62, 74, 131, 334, 338, 346, 360, 365
Indochina 312
Indus 29, 34, 62, 303
Induskultur 8
Ingenieurleistung 268
Inkareich 358
Insel Giglio, Seeschlacht bei der 212, 422
Insel Mainau 436
Insel Man 174
Insel Paros, Seeschlacht bei der 432
Insel Ponza, Seeschlacht bei der 222
Insel Ré, Seeschlacht bei der 398
Insulinde 304, 348, 395, 414, 416
Inuit/Eskimos 164
Ioannes, Patrikios 136
Ionien 36
Ionier 32
Ionische Inseln 188, 202
Ionisches Meer 29, 32, 42, 58, 69, 148, 284
— Seeschlacht im 22, 188
Ipsos, "Schlacht der Könige" 64
Iran 29
Iren 165
Irische See 165
Irland 165, 170, 172, 174, 238, 380, 428
Isaak II. Angelos, Kaiser 206, 210
Isabella von Kastilien 270, 272, 363
Iskander Musa von Atjeh 412, 414
Iskenderun/Alexandrette 428
Islam 190
Islam Khan 412
Islamisierung 304
Island 164, 390
Israeliten 10
Issos 34, 62
Istanbul 288, 294
Isthmische Spiele 92
Isthmus von Korinth 148
Istrien 94
Italien 106, 120, 142, 146, 148, 184, 186, 188, 212, 290
— Verfassung 112
Ithaka 196
Iwan III. von Rußland 384
Iwan IV. von Rußland 383, 384, 386, 388
Jaffa, Seeschlacht bei 198
Jagiello von Litauen 258
Jakarta 416

Jakob I. der Eroberer 212
Jakob I. von England 365
Jakob II. von Aragon 222, 224, 226
Jakob III. von Schottland 260
Jamaika 338, 424
Japan 306, 308, 310, 324, 342, 352, 395, 410, 412, 416
– Christen in 416
– Handelsdelegation 322
Jaroslaw von Kiew 190
Jask 414
Jason 16
Java 304, 312, 314, 318, 414, 416
Jayavarman VII. der Khmer 316
Jazid 134
Jean de Béthencourt 236
Jean de Vienne 238, 246
Jeanne d'Arc 238, 248
Jegermesther 388
Jennet Perwyn 366
Jersey 246, 438
Jerusalem 8, 10, 22, 114, 184, 185, 194, 196, 198, 212
Jesus von Lübeck 358
Jesus von Nazareth 112
Johann I. Ohneland 240
Johann II. von Portugal 332
Johann III. von Schweden 383
Johann IV. von Portugal 422
Johanna (die Wahnsinnige) 274, 366
Johanna II. von Neapel 267
Johannes I. Komnenos 198
Johannes I. Tsimisces 158
Johanniter 226, 228, 230, 264, 266, 268, 276, 278, 280, 282, 284, 286, 288, 292, 426, 428, 432
Johanniterorden 224
Johore 412
Jol, Cornelius 408
Jomsburg-Wikinger 176, 178
Julia Traducta/Tarifa 120
Jung 414
Jumna 318
Justijus 110
Justinian d. Gr., Kaiser 74, 122
Justinian II., Kaiser 138
Jüten 166
Jütland 170, 402
Kabinettskriege 393
Kadesch, Landschlacht bei 8, 14
Kahena 136

Kairo 158
Kairuan 134, 136
Kaiser von Nikäa 212, 214, 216
Kaiser, deutscher 212
Kaiserkanal 306, 310, 322
Kaiserliche 434, 436
Kaiserreich, lateinisches 185, 210
Kaiserreich, Römisches 112
Kalabrien 48, 144, 150, 156, 158, 198, 220, 284, 426
Kalif 190
Kalifat 140
Kalifat von Cordoba 187
– Marinearsenal 154
Kalifen 280
Kalifen von Bagdad 312
Kalikut 304, 338, 345, 346, 350, 354
– Seeschlacht vor 345
Kalkutta 414
Kalliasfriede 42
Kallikrates von Samos 66
Kallikratidas 52
Kallinikos 136
Kalmar 390, 392
Kalmarer Union 253, 258
Kambyses II. von Persien 24, 29
Kamikaze 318
Kampfgondeln 150
Kampfplattformen 238
Kampfschwimmer 156
Kanalbau 22, 112
Kanalbauten 304, 412
Kanäle, schiffbare 8
Kanalflotte 114
Kananor 345
– Seeschlacht bei 346, 350, 354
Kanarische Inseln 236, 270, 336, 380
Kandia 156, 434
Kandia/Heraklion 434
Kanea 216, 430, 432
Kanea/Chania 430
Kanonen 242, 329, 374
– erste 234
Kantakuzenos, Johannes 228
Kanton 308, 340, 348
– Seesieg der Mongolen 318
Kap Agulhas 338
Kap Anzio, Seeschlacht 232
Kap Artemision 38, 94
Kap Blanco 336
Kap Bojador 336
Kap Bon 78, 122

- Seeschlacht bei 84
Kap der Guten Hoffnung 338
Kap Finisterre 120
Kap Gelidonya 426
Kap Helles 206
Kap Malea, Seeschlacht bei 204
Kap Matapan, Treffen bei 298
Kap Musandam, Seeschlacht bei 352
Kap Orlando, Seeschlacht bei 222
Kap Passaro, Seeschlacht bei 84
Kap San Antonio, Seeschlacht bei 408
Kap Skagen 112, 161
Kap Sunion
- Silbergruben 36
Kaperbrief 365
Kaperfahrten 394
Kapitol 78
Kapverden 270, 336
Karake 266
Karavane 428, 434
Karavellen 230
Karibik 362, 408
Karien 36
Karkemisch 18
Karl d. Gr., Kaiser 142, 168
Karl der Kühne von Burgund 248, 250
Karl I. von England 436
Karl II. der Kahle, Kaiser 172
Karl IX. von Schweden 383, 390
Karl Martell 140, 168
Karl V., Kaiser 265, 280, 282, 284, 286, 288, 290, 342, 363, 366
Karl VII. von Frankreich 248
Karl VIII. von Frankreich 250, 264, 272
Karl von Anjou 187, 216, 220
Karl von Södermannland 383, 390
Karolinger 162
Karolingische Renaissance 163
Karthago 10, 24, 30, 69, 78, 120, 124, 136
- Fall von 90
- Gründe der Niederlage 72
- Gründung 75
- Hilfe von Sparta 71
- Schlacht bei Zama 72
- Seegefecht bei 90
- Seeschlacht vor 88, 136
Kasan 386
Kaspisches Meer 152, 298
Kassander 64, 80
Kassiten 7
Kastilien 183, 202, 212, 214, 218, 220, 228, 232, 238, 244, 246, 270, 336, 338, 363

kastilischer Erbfolgekrieg 332
Katalanische Kompanie 187, 224
Katalaunische Felder 166
Katalonien 187, 220, 396, 422
Katane/Catania, Seeschlacht bei 76
Kattegat 178, 253, 384, 392
Kedah 314
Kediri 304, 316
Keilschrift 8
Kephalonia 274
- Nachtgefecht bei 150
Keraunos 66
Kerkyra 44, 58
Kerkyra/Korfu 22, 32, 42, 48, 58, 110
- Bündnis mit 42
- Bürgerkrieg auf 46
- Seeschlacht bei 80
Kertanagara von Majapahit 318
Khmer 305
Kibyrrhaioten 140, 144
Kiew 152, 154, 158, 256
Kilikien 35, 36, 56, 62, 66, 68, 100, 156, 194
Kilwa 316, 345
Kimon 40
Kin 314
Kinsale 246, 380, 436
Kirche 178, 190
Kirchenschisma 185, 190
Kirchenstaat 142, 168, 224, 263, 265, 268, 286, 430, 432
Kition, Seeschlacht bei 56
Kleinasien 8, 16, 24, 30, 33, 34, 35, 56, 62, 66, 68, 94, 150, 154, 158, 184, 194, 220
Kleistenes 22, 29
Kleitos 62, 64
Kleombrotos 58
Kleopatra VII. 73, 108, 110
Kloster Lindisfarne 170
Klosterschulen 163
Knidos 33, 56
- Seeschlacht bei 56
Knut II. d. Gr. von Dänemark 164, 178
Kogge 251, 252, 253
Kolahalbinsel 4, 342
Kolchis 16
Köln 158, 252
Kolonisation 29, 251, 394
Kolonisation der Griechen 18
Kolumbus, Christoph 333, 338
Kompaß 305, 307
Kon Tiki 1
Kongo 338

Königreich von Granada 224
Königsstraße 29
Konon 33, 52, 54, 56
— persischer Flottenkommandant 56
Konrad III. von Deutschland 185, 202
Konrad von Jungingen 258
Konstans II., Kaiser 134
Konstantin d. Gr., Kaiser 74, 118
Konstantin V. von Byzanz 142
Konstantin VII. von Byzanz 154
Konstantin XI. von Byzanz 270
Konstantinische Schenkung 268
Konstantinopel 74, 118, 122, 124, 129, 148, 152, 158, 184, 190, 194, 196, 204, 206, 210, 212, 214, 216, 222, 228, 232, 234, 263
— Angriff auf 134, 138
— Belagerung 124
— Eroberung von 185, 210, 268
— Rückeroberung 216
— Seeschlacht vor 124, 138
Konstanz 434
Konstanze von Sizilien 206
Kontostephanos 206
Kopenhagen 256, 260, 262, 385, 386
Kopernikus, Nikolaus 365
Korea 306, 308, 310, 312, 324
Korfu 124, 192, 202, 206, 284, 294, 298
— Seeschlacht bei 192
Korinth 30, 32, 36, 38, 40, 42, 44, 46, 48, 56, 60, 66, 92, 96
— Handelszentrum 22
— Liga von 60
— Seemacht 20
Korinthischer Bund 29, 34, 56, 62
Korinthischer Seekrieg 56
Koromandelküste 303, 310
Koron 210, 222, 274, 284
Korsika 69, 82, 104, 120, 142, 186, 218, 267, 286, 290, 404
Korykos, Seeschlacht bei 92
Kos 34, 58, 60, 216, 434
— Seeschlacht bei 68
Kotschin 345, 350
Krakau 385
Kreiseinteilung 8
Kreta 14, 144, 146, 156, 210, 286, 294, 397, 430
— Piraten 92
— Seemacht 9, 12
Kreuzerkrieg 110, 418
Kreuzfahrer 183, 210
Kreuzfahrerstaaten 186

Kreuzzug 194, 208, 210, 212
— dritter 185
— erster 184
— vierter 185
— zweiter 185, 202
Kriegsdschunken 348
Kriegshäfen 132
Kriegskanus 356
Kriegsschiffe
— Entwicklung 238, 253
Krim 30, 138
Krimtartaren 384
Krisa 22, 58
Krk 100
Kroisos von Lydien 8, 24
Ktesiphon 114
Kuba 338, 408
Kublai Khan 304, 306, 318
Kultur, griechische 34
Kulturaustausch 1, 8
Kulturentwicklung 187, 238
Kulturkontakte 10
Kunjali III. 354
Kunjalis, Familie der 304
Kupfer 7
Kuppelgräber 9
Kurie in Rom 200
Kurkuas, Johannes 154
Kurland 251, 383, 386
Kurupedion 64
Küstenfort 304
Küstenschiffahrt 132
Küstenwarndienst 170
Kutti Ali 350
Kutti Pokker 354
Kykladen 12, 58, 224
Kynoskephalä 92
Kynossema, Seeschlacht bei 52
Kyonnerang, Seeschlacht bei 324
Kyros II. d. Gr. 8, 24, 29
Kythera 46, 56
Kyushu 410, 412
Kyzikos 134, 136, 192
— Seeschlacht bei 52
L'Espagnol sur Mer 244
L'Hermite, Jacques 418
La Coruña 378
La France Antarctique 356
La Goletta 284
La Plata 395
La Rochelle 237, 246, 248, 364, 370, 398, 422
— Belagerung 398

- Seeschlacht vor 246
Laaland, Seeschlacht bei 402
Lade 32, 92
- Seeschlacht bei 35
Ladislaus 266
Ladoga-See 390
Lagasch 7
Lagaspi, Manuel Lopez de 360
Lagos-Kompanie 332
Lagunenflotte 267
Lagunengeschwader 140
Laiazzo 278
- Seeschlacht bei 222
Lakonien 46, 56
Lamachus 48
Lambert, Graf 172
Lamischer Krieg 62
Lampedusa 144
Lancaster, James 410
Landebrücken 156
Landenge von Schleswig
- Schleppstrecke 161
Landnahme der Wikinger 172
Landungsoperation 118, 322, 412, 432
Langenargen 436
Langobarden 74, 124, 140, 142, 146, 154, 168
Langobardenreich 168
Languillera, Flaminio de 290
Lanzarote 236, 300
Lanzarote Passanha 232
Lanzaroto Maloisel 236
Laodicea/Latakia, Seeschlachten vor 104
Lappland 390
Las Casas, B. de, Pater 356
Las Hormigas, Seeschlacht bei 220
Latakia 194
Latinerkrieg 78
Le Havre 370, 394
Lecco 196
Lechfeld, Schlacht am 176
Legaspi, Manuel Lopez de 360
Leiden 374
Leif Eriksson 176
Lelantinischer Krieg 20
Lemnos 60, 64, 98, 150
- Seeschlacht bei 154
Leo von Tripolis 150, 152, 154
Leon III., Kaiser 138, 140
Leonardo da Vinci 266
Leonidas 38
Leontios von Ostrom 136
Leotychides 40

Leowigild 168
Lepanto 265, 274
- Bedeutung 298
- Seeschlacht bei 296
Lepanto/Naupaktos 426
Lepidus 104, 108
Leridische Inseln 420
Lesbos 35, 50, 194, 274
Leuchtturm 66
Leucimne, Gefecht bei 42
Levante 9, 114, 158, 196, 202, 214, 428
Levantegeleit 216
Leyva, Pedro de 428
Leyva, Sancho de 290
Lezcano, Juan de 276
Libanon 7, 20, 34, 158
- Seeschlacht vor dem 22
Liburne 73, 108
Libyen 29
Licinus 118
Liefde 410
Liegnitz 256
Liga von Cambrai 278
Liga von Venedig 272
Ligurien 148, 154
Ligurische Küste 94
Ligurisches Meer 234
Likendeeler 258
Lilybaeum 106
Lima 358
Li-Ma-Hong 360
Limassol 212, 222
Limerick 172, 174
Linares, Graf von 422
Lindau 436
Lindisfarne 163
Lindos 35
Lindsey, Robert Bertie de 398
Linear-B 16
Lion 366
Lipari 75, 288
Liparische Inseln 4, 6, 106
- Gefecht bei den 82
Lisle, John de 368
Lissabon 196, 202, 206, 234, 292, 340, 372, 378, 406, 436
Litauen 258
Literatur 8
Livland 383, 388, 400
Livorno 218, 263, 274
Locarno 214
Loire 140, 166

Loiremündung 172
Lokris 38
London 172, 176, 237
— Stalhof 252
Longinus 102
Lontar 348
Loredan, Pietro 267
Lorient 394, 398
Lothal 8, 303
Lothar I., Kaiser 172
Lothar III., Kaiser 186, 200, 251
Lough Carlingford 172
Lübeck 170, 248, 251, 252, 256, 260, 384, 385, 386, 388
— Seemacht 252
Lucca 144
Lucius 110
Lucullus 98
Ludwig der Fromme, Kaiser 172
Ludwig II., Kaiser 146, 148
Ludwig II. von Anjou 266
Ludwig II. von Ungarn 282
Ludwig III. von Aragon 267
Ludwig IX. von Frankreich 186, 214, 216
Ludwig VII. von Frankreich 185, 202
Ludwig von Hessen 428
Ludwig XI. von Frankreich 248
Ludwig XII. von Frankreich 264, 278
Ludwig XIV. von Frankreich 396, 426
Lugano-See 198
Lugdunum/Lyon 118
Luis de Malé 242
Luni 142, 148, 188
Lusignans 230
Lusitanien 96
Luther, Martin 366
Lützen, Schlacht bei 400
Luzon 360
Lyderreich 29
Lydien 24
Lydier 8
Lykien 36
Lysandros 33, 52, 54
Lysimachos 66
Macao 354, 416
Madeira 334
Madras 416
Madrid 280
Magadha, Reich von 307
Magalhães, Fernao de 340
Magdeburg 400
Magellan-Straße 340, 360

Magna Charta Libertatum 240
Magnentius 118
Magnesia 94
Magnus der Gute 178
Magnus III. Barfuß 254
Magnus V. Erlingson 254
Mago 90
Mahdia 132, 152, 194, 198, 200, 280, 288
Mailand 196, 263, 267, 282
Mailänder Toleranzedikt 116
Maillé-Brezé 396, 422
Main-Donaukanal 170
Maine 250
Mainz 192
Maioranus, Kaiser 120
Majapahit 304, 318
Majolus 158
Majordomus 168
Makassar 416
Makedonien 29, 33, 58, 60, 66, 68, 192
— Flottenrüstung 68
Makedonischer Krieg 90
— der dritte 94
Makedonisches Reich 72
Malabarküste 74, 304, 310, 345, 346, 354
— Seeschlacht vor der 354
Malaien 305
Malakka 305, 320, 346, 354, 412, 416, 418
— Seeschlacht bei 414
Malaya 412
Malik Ayaz 346
Malindi 316, 338
Mallorca 212
— Seeschlacht bei 144
Malta 4, 82, 194, 214, 220, 264, 282, 288, 430
Malvasia 220
Mameluken 183, 280, 345
Mamora 348
Mangalore 350
Maniakes, Georgios 190
Manila 360, 410, 412, 416, 418
— Seeschlacht 360
Manishtusu von Akkad 12
Mannschaftsverluste 395
Mansell, Robert 380
Mantinea 58
Manuel I. Komnenos, Kaiser 185, 200, 202, 206
Manuel I. von Portugal 344
Manzikert 184, 190
Maoris 324
Marathon, Landung bei 36

Marcello, Lorenzo 432
Marcellus 88
Marchfeld, Schlacht am 256
Marck, Wilhelm de la 372
Marco Polo 222, 318
Mardonios 36
Margarete von Dänemark 258
Margaritus von Brindisi 206
Maria I. von England 363
Maria Rekompens 400
Maria Stuart 365
Maria von Burgund 250
Mariasudden 254
Marie de Cordeliere 366
Marinearsenal 118
Marius 96
Mariveles 410
Markomannen 112
Marmarameer 52, 60, 134, 148, 150, 224, 228
Marokko 158, 216, 224, 270, 344, 348
Mars 386
Marseille 146, 185, 194, 267, 288
Marston Moor 436
Maruffo, Matteo 234
Mary Rose 368
Marygold 360
Maskat 312, 346, 350, 352, 354
Maslama 138
Massilia 100
– Gefecht bei 75
Masten, Seeschlacht der 134
Mastkorb 238
Masur Shah von Malakka 322
Matanzas 408
Mataram 304, 305, 314, 414, 416
Matelief 412
Matthew 338
Matthias Corvinius 272
Mauren 134, 142, 152, 154, 158, 168, 188, 196, 220, 228, 344, 348
– Vertreibung 396
Maurikios, Kaiser 124
Maurja-Dynastie 307
Mausolos 58
Maximian, Kaiser 166
Maximilian I., Kaiser 250, 272, 278
Mazara, Seeschlacht vor 156
Mazarin 393
Mecklenburg 252
Meder 7, 24
Medici, Gian Giacomo 282
Medina 132, 280

Medinaceli 290
Medina-Sidonia 374, 376
Medizin 35
Medrese 266
Megalithkultur 6
Megalopolis 62
Megara 38, 64
Mekka 132, 280
Meleé 38
Melo de Castro, Francisco 420
Mem de Sá 356
Memel 252
Memnon 34, 62
Memphis 12, 14, 20, 42
Mendoza, Bernardino de 286
Mendoza, Francisco de 292
Mendoza, Furtado de 410
Mendoza, Juan de 290
Mendoza, Pedro de 358
Mendoza, Rodrigo de 414
Menekrates 106
Menéndez de Avilés, Pedro 358
Menezes, de 354
Menodorus 104
Menorca 202, 212
Meriniden 216
Merowinger 162, 166, 168
Merowingerreich 168
Mers-el-Kebir 278, 292
Mersin 194
Mesopotamien 4, 7, 12, 34, 142, 190, 264, 278
– Kanal 114
– Kulturleistungen 8
– Seehandel 10
Messenier 32, 46
Messina 46, 71, 102, 104, 106, 146, 185, 294
– Seeschlacht bei 220
Metallpanzerung 306
Metellus 96
Mexiko 356, 360
Michael II. von Byzanz 144
Michael von Bulgarien 148
Michelangelo 266
Middelburg 374
Mikrolithe 2
Milazzo, Seeschlacht bei 150
Milet 16, 30, 35, 50, 66
– Gefecht vor 50
Milford Haven 238, 242, 248
Milos 4, 48
Miltiades 30, 36, 40
Minamoto 316

Mindanao 360
Mindaros 52
Ming-Dynastie 306, 320
Minzes, Duarte de 352
Mir Ali Bey 354
Miranda, Martino di 354
Miseko II. von Polen 178
Misenum, Flottenstützpunkt 112
Mitanni, Reich von 8
Mithridates VI. von Pontus 98
Mittelamerika 338
Mittelmeer 172, 300, 396
— Besiedelung 2
— römisches Binnenmeer 74
Mittelmeer, westliches 6
Mocenigo, Alvise 432
Mocenigo, Lazaro 432
Mocenigo, Lorenzo 432
Mocenigo, Piero 270
Modon 230, 274, 288
Modon/Methoni 210
Mogadischu 312, 316, 354
Moghul-Dynastie 350
Mogontiacum 114
Mogulen 412
Mogul-Kaiser 304
Mohacs 282
— Schlacht bei 264
Mohammed 132
Mohammed II., Sultan 268, 272
Mohammed Köprülü 397
Mohammed Scirocco 296
Mohenjo Daro 8, 303
Molara, Seeschlacht bei 218
Molara/Meloria 266
Molosser 58
Molukken 304, 310, 340, 348, 352, 354
Mombasa 316, 345, 350, 354
Monaco 286
Monarque 434
Monastir 280, 288
— Seeschlacht bei 152
Moncada, Hugo de 286
Mondsichelformation 376
Mongolen 236, 256, 263, 318, 320, 350
Mongolensturm 187, 384
Monotheismus 10
Monsunwinde 74, 96, 310
Montmorency, Anne de 370
Montmorency, Heinrich von 398
Mora 178
Morea/Peloponnes 268

Morgenfeier von Brügge 242
Morian 388
Morley, Robert 242, 244
Morosini, Alberto 218
Morosini, M. 216
Mosén Diego 270
Moskau 342, 384, 385, 386
Motya 76
Muawija b. Hodeidj 134
Muawija, Kalif 132, 134
Mudjahid von Denia 160
Muhammed Ibn Tughluq, Sultan 318
Mühlberg, Schlacht bei 370
Mund, Pros 402
Munichia 62
Munk, Peder 388
Münzfunde 165
Münzverstecke 165
Murad I., Sultan 234
Murad Pascha 432
Murcus 104
Muros, Seeschlacht bei 368
Mursilis 14
Musa Khan 412, 414
Musa Pascha 430
Muschelsammler 2
Musso 282
Mustafa Pascha 432
Muwatallis 14
Mykale, Schlacht bei 40
Mykenä 9
Mylae 106
— Gefecht bei 46
— Seeschlacht bei 82, 106
Myndus, Seeschlacht bei 104
Myonnesos, Seeschlacht bei 94
Mytilene 62
— Gefecht vor 52
Nachrichtensystem 90
Nachtgefecht 362
Nagasaki 416
Nanchang 320
Nancy, Schlacht vor 248
Nanking 306, 318, 322
Nantes 172, 438
Narentiner 158
Narses, Feldherr 124
Narva 383, 386, 388
Nasaris 150
Naseby 436
Nassauflotte 418
Naulochos 108

- Seeschlacht bei 108
Naupaktos, Seeschlacht bei 44
Nauplia 188
Nava de la Tolosa 212
Navarin 266
Navarin/Pylos 274
Navarra 363
Navarro Pedro 278
Navigation 2, 9, 164
Naxos 35, 36, 216, 292
- Seeschlacht bei 56
Neapel 144, 146, 188, 200, 208, 263, 264, 267, 268, 272, 276, 280, 422
- Seeschlacht vor 220
Neapel, Königreich 268
Nearchos 34
- Reisebericht 62
Nebukadnezar II. 8, 22
Negersklaven 356
  erste 336
Negroponte 426, 430
Negroponte/Euböa 210, 218, 263, 270
Neira 348
Neufundland 338, 340
Neuseeland 324
- Besiedlung 6
Nevis 408
Nicotera 198
Nidaros 176
Nidaros/Drontheim, Seeschlacht bei 254
Niederlande 248, 253, 364, 370, 372, 394, 404, 410
- Brasiliengeschwader 420
- Handelsaufschwung 380
- Nordprovinzen 374
- Vereinigte Ostindische Kompanie 394
- Westindische Kompanie 394
Niederländer 364, 383, 395, 410, 416, 418, 420
- in Brasilien 395
Nihonfu/Pusan 310
Nikäa 185, 210, 222, 226
Nikanor 64
Nikephoros Phokas d. Ä. 150
Nikephoros II. Phokas 156
Niketas Oryphas 146, 156
Nikias 46, 48, 50
Nikobaren 314
Nikomedia 226
Nikopolis 234
Nil 2, 10
- als Verkehrsweg 7
- Flottenvorstoß 12

- Flußflottille 20
- Flußgefechte 12
- Flußhafen 12
- Kanal 12
Nildelta 14, 16, 20
- Seeschlacht im 18
Nilkanal 29, 30, 34, 66, 114
Nilmündung 102
Nina 338
Ningpo 348, 352
Ninive 7
Nissa, Seeschlacht bei 178
Nizza 288
Noirmoutier 170, 172
Nombre de Dios 358
Noort, Oliver van 410
Nordafrika 183, 200, 265, 278
Nordamerika 164
Nordeuropa 166
- Besiedlung 2
- Schiffahrtsbedingungen 161
Nordgermanen 161
Nordkap 390
Nördlingen, Schlacht bei 402
Nordostpassage 342
Nordsee 4, 74, 165, 404
Nordseehering 253
Nordwestdeutscher Kreis 251
Nordwestpassage 342
Norikum 112
Normandie 174, 244, 248
Normannen 158, 163, 184, 185, 188, 192, 198, 200, 206
- Staatsverwaltung 184
Noronha, Diego de 352
Norrby, Severin 385
Norwegen 163, 178, 251, 254, 385
Norweger 172
Noryang, Seeschlacht bei 324
Notion 33
- Seeschlacht bei 52
Nova Castella, Joao da 340
Nowgorod 251, 256, 384
- Peterhof 252
Nubien 10, 12, 24, 29
Nuestra Senora del Rosa 376
Nuestra Senora del Rosario 376
Numidien 96
Obelisk 7
Oberitalien 176
oberitalienische Seen 196, 214
Obsidian 4

Oc Eo 310
Odo, Graf 174
Odoaker 122
Okinawa 412
Okpo, Seeschlacht bei 324
Oktavian 73, 104, 108, 112
Olaf I. Tryggvason 163, 176
Olaf II. Haraldson 176
Öland 388, 392
— Seeschlacht bei 386, 388
Oleg von Kiew 152
Olinda 418
Olisipo 96
Oliva 400
Olivares, Herzog 396
Olynthischer Krieg 60
Omaijaden 131, 134, 140, 146, 156
Oman 10, 24, 310, 312, 316, 346, 352, 354
Omar von Aydin 228
Omar, Kalif 132
Oquendo, Antonio de 406, 408, 418
Oran 278, 284, 292
Orbitello 422
Orchan, Sultan 226
Orchomenus 98
Orellana, Francisco de 342
Öresund 252, 383
— Seeschlacht im 260
Oricum 102
Orient 34
— Wirtschaftsraum 35
Orinoko 418
Orkney-Inseln 114, 174, 254, 260
Orleans 248
Orm 174
Orontes 8
Oryphas, Niketas 148
Ösel 256, 386, 404
Osman I., Sultan 220
Osmanen 187, 226, 230, 232, 236, 263, 264, 266, 267, 268, 270, 272, 282, 284, 286, 288, 298, 300, 304, 348, 350, 352, 397, 430, 434
— im Indischen Ozean 344
— nun Kalifen 280
— Seeherrschaft 265
Osmanisches Reich
— Gründung 220
Ostafrika 312, 316, 345, 354
Ostasien 395
Österreich 234
Ostfriesland 258

Ostgermanen, in der Ägäis 116
Ostgoten 122
Ostia 100
— Seeschlacht bei 146
Ostküste von Afrika
— Städtegründungen 131
Ostrakismos 40
Ostrom 118, 120, 124
— Seeherrschaft 122
Oströmisches Reiches 132
Ostsee 4, 251, 256, 383, 386, 394, 400, 402
— Seeherrschaft 386
Othman, Kalif 134
Otranto 150, 264, 272, 276
Otto I. d. Gr. 176
Otto II., Kaiser 158
Oxford 176
Ozeanien 324
Pacheko 345
Padua 263
Pagan 316
Palästina 7, 10, 34, 114, 156, 158, 184, 194, 196, 206, 208, 212, 216, 218
Palau-Inseln 360
Palembang 310, 312, 314, 320
Palermo 132, 144, 150, 152, 156
— Gefecht im Hafan 190
Palos 338
Panama 340, 358
Panik 228
Panipat, Schlacht bei 322
Pannonien 122
Panonion, Seeschlacht bei 92
Panormus/Palermo 84
Pantelleria 136, 198, 280
Panzerung 106
Papst 212
— **Alexander III.** 206
— **Alexander VI.** 264
— **Benedikt VIII.** 188
— **Benedikt IX.** 178
— **Bonifaz II.** 144
— **Bonifaz VIII.** 226
— **Bonifaz IX.** 234
— **Gregor VII.** 192
— **Johannes X.** 152
— **Julius II.** 278
— **Klemens IV.** 216
— **Leo III.** 142, 170
— **Leo IX.** 190
— **Pius V.** 294
— **Urban II.** 184, 194

- **Zacharias** 168
Paramesvara von Malakka 320
Paris 172, 174
Paros 216
Pataliputra 307, 310
Patan 350
Paté 350
Pater, Adriaan 420
Paterculus 82
Patientia 402
Patras 268, 284, 300, 426
Patroklus 66
Pausanias 40
Pavia 142, 280
Paxos 284
- Gefecht bei 86
Pechina 154
Peipus-See 390
Peisander 56
Peking 318, 322
Pelican 360
Pelle 66
Peloponnes 42, 44, 46, 58, 134, 150, 216, 218, 264, 268, 270, 284, 298
Peloponnesischer Bund 32, 44
Peloponnesischer Krieg 29, 32, 44
Pemba 316
Pembroke 246
Penang 310
Penhoët, Jean de 248
Penington 406
Penn, William 424
Penteren 32
Pereira, Duarte Pacheco 345
Perez, Jakob 220
Pergamon 66, 72, 96
- Kunstzentrum 35
Periander 22
Perigenes 86
Perikles 29, 33, 42, 44
Perinthus 60
Perlfluß 354
Pernambuco 418
Perser 24, 30, 33, 35, 56, 60, 124, 154, 266, 300, 314, 414
- Flottenkontingente 36
- in Ägypten 42
- in Kleinasien 42
Perserkriege 30
Perserreich 24, 29, 34
Perserzug
- dritter 36

- erster 36
- zweiter 36
Perseus 94
Persien 62, 140, 190, 278, 284, 288, 308, 310
Persischer Golf 10, 12, 34, 62, 94, 116, 136, 346, 350, 352, 410, 414
Perth 242
Pertuis Breton, Seeschlacht im 398
Peru 358
Perunefer 14
Pescadores-Inseln 416
Pessagno, Manuel 224
Peter I. von Zypern 230
Peter II. Orseolo 158, 188
Peter III. von Aragon 218, 220
Peter IV. von Aragon 228, 230
Peterhof 252, 384
Petersdom 266
Petschenegen 184, 194
Pferdetransporter 36, 94, 212
Pharao
- **Ahmose** 14
- **Amasis** 24
- **Amenemhet I.** 12
- **Apophis III.** 14
- **Apries** 22
- **Echnaton** 14
- **Mentuhotep III.** 12
- **Merenptah** 16
- **Necho** 22
- **Psammetich I.** 22
- **Ramses II.** 14
- **Ramses III.** 18
- **Sahure** 10
- **Sesostris I.** 12
- **Sesostris III.** 12
- **Snofru** 10
- **Tefnacht** 20
- **Thutmosis III.** 14
Pharnaces von Pontus 102
Pharos, Insel 66
Pharos/Hvar 102
Pharsalus 102
Pherai in Thessalien 58
Philadelphos 34
Philipp II. August 185, 208, 237
Philipp II. von Makedonien 29, 33, 60
Philipp II. von Spanien 290, 294, 300, 363, 364, 372, 374
- Personalunion mit Portugal 344
Philipp III. der Kühne 220
Philipp IV. von Frankreich 240, 366

Philipp IV. von Spanien 396
Philipp V. von Makedonien 72, 88, 90
Philipp VI. von Frankreich 238, 242
Philipp von Ravenstein 264
Philippi 60
– Schlachten bei 104
Philippikos 138
Philippinen 340, 360, 418
Philister 18
Philokles 66
Philosophenschule 34
Phokäa 30
– Seehandel 22
Phokäer 69
Phokas, Kaiser 124
Phöniker 10, 24, 29, 32, 35, 69, 75
– Ausbreitung 18
– Schiffbau 18
– Seemacht 18
Phöniker/Punier 69
Phönikien 30, 36, 60, 64
Phormio 42, 44
Phrynichos 50
Piali Pascha 288, 290, 292, 294
Pianchi 20
Pianello 226
Pianosa bei Elba 218
Pigafetta, Antonio 342
Pijamaradu 16
Pikten 165
Pillau 400
Pimentel, Diego 428
Pindar 29
Pining 336
Pinta 338
Pinto, Fernan Mendez 342
Pinzon, Vincente 340
Piombino 288, 422
Pionierwesen 304
Pippin 142
Pippin III., König 168
Piraten 54, 73, 76, 96, 98, 102, 131, 136, 142, 165, 178, 258, 266, 304, 306, 312, 322, 360, 395, 396
Piratenfahrten 165
Piraterie 238, 251
Piräus 66, 98
– Kriegshafen 36
– Schiffshäuser 42
Pires, Tome 340, 348
Piri Reis 352

Pisa 124, 186, 188, 194, 196, 198, 200, 204, 210, 212, 218, 226, 263
Pisani, Niccolo 230
Pisani, Vettore 232
Pisidien 62
Pizarro, Francesco 358
Pjöngjang 324
Plataa 40
Platon 29
Playa Honda 412, 414
Plymouth 242, 248, 360, 376, 378
Po 224, 268
Pola 210
– Seeschlacht bei 232
Polen 256, 258, 383, 388
– "Goldenes Zeitalter" 385
Polen-Litauen 258
Polyanthes 50
Polyklet 29
Polykrates 24, 30
Polynesien 6, 324
Polyxenidas 92
Pommern 176, 178, 254
Pompeius d. J. 102
Pompeius Magnus 100
– ermordet 102
Pompeius, Gnaeus 73, 100
Pompeius, Sextus 73, 102, 104, 106, 108
Pontonbrücke 170, 314
Pontus 98
Ponza 274
– Seeschlacht bei der Insel 267
Porto Farina 430
Porto Longo, Seeschlacht bei 230
Porto Longone 422
Portofino, Seeschlacht bei 267
Portsmouth 237, 240, 242, 246, 368, 436
Portugal 158, 183, 206, 208, 224, 232, 270, 300, 334, 336, 342, 343, 344, 345, 356, 364, 396, 397, 406, 422
– Königreich 202
– maritimes Weltreich 343
– Stützpunkte 343
Portugiesen 264, 304, 348, 352, 360, 378, 395, 416, 418, 436
– aus China verwiesen 348
Portus Joannes 110
Portus Julius 106
Portzmoguer, Herve de 366
Porzellan 314
Pothurst 336
Po-yang-See, Seeschlacht am 320

Prager Fenstersturz 393
Pratapaditya, Radscha 414
Praxiteles 29
Prégent de Bidoux 274, 280, 366
Preußen 256, 400
Prevesa, Seeschlacht bei 286
Prinz Heinrich von Portugal 332, 334, 336
Prinz von Wales 436
Prinzeninseln 148
Prinzipat 114
Probus 165
Prokonsularis/Tunesien 136
Promontorium Mercurii, Seeschlacht beim 122
Propontis 58, 60
Protomalaien 6
Provence 146, 148, 154, 158, 224, 250, 420
Prunkflotte 282
Psara 430
Ptolemäer 34, 92
Ptolemaios I. 64, 66
Ptolemaios II. 66
Ptolemäisches Reich 72
Puerto Bello 408
Puerto Rico 338, 408
Pulcher 84
Pulver 314
Punier 71, 75
— Seehandel 75
Punischer Krieg
— dritter 96
— erster 80
— zweiter 86
Punt 10
Punta Delgado, Seeschlacht vor 372
Pusan 324
Pydna 94
Pylos 32
— Kampf um 46
Pyramiden 7
Pyrenäenfriede 396, 426
Pyrrhus von Epirus 80
Pythagoras 29
Quiriet 244
Quirino 212, 214
Ra II 1
Radinos 154
Radolfzell 434
Raetien 112
Raffael 266
Ragnar Lodbrok 172
Ragusa 148, 426
Ragusa/Dubrovnik 210

Raignier de Grimaldi 242
Raimund VII. von Toulouse 240
Rajendra I. von Chola 314
Raketen 314
Raketenwerfer 412
Raleigh, Walter 378, 418
Rammsporn 10, 18, 32, 40, 50, 75, 316
Ramón Bonifacios 214
Rapallo 272
Raubzüge 162
Ravenna 124, 138, 140, 142
— Flottenstützpunkt 114
Raymond Berengar III. 196
Recife 418
— Seeschlacht vor 420
Recife/Pernambuco 395
Reconquista 183
Rednertribüne 78
Reede von Foca 430
Reede von Gibraltar, Seeschlacht auf der 380
Reede von Guetaria 420
Reede von Spithead, Treffen auf der 368
Reformation 363, 368, 370, 380
Regensburg 170
Regent 366
Reggio di Kalabria 288, 300
Regulus 82
Reich der Mitte 9
Reich von Magadha 303
Reichsteilung von Rom 104, 120
Religionskriege 393
Renaissance 266
Repulse 378
Requesnes, Berenguer de 290
Requesnes, Luis de 280, 294
Reval 383, 386, 388
Revenge 378
Revolution im Schiffsantrieb 1
Rhein 112
— Kanalbau 74
— Schiffsbergung 114
Rheinflotte 166
Rheinflottille 112
Rheingrenze 118, 166
Rheinmündung 165, 166, 170
— Seeschlacht in der 168
Rhion, Seeschlacht bei 44
Rhodos 34, 35, 36, 56, 58, 60, 64, 68, 72, 96, 98, 104, 124, 132, 134, 142, 194, 212, 214, 224, 226, 240, 264, 268, 272, 276, 280
— Belagerung 64
— Handels- und Kunstzentrum 35

- Seehandelszentrum 34
Rhone 146
Rhonetal 150
Rialto 142
Riau Archipel 350
Richard I. Löwenherz 185, 208
Richard II. von England 246
Richelieu 393, 396, 398, 400
Ricimer 120
Riemen (Ruder) 6
Riga 251, 390, 400
Rio de Janeiro 356
Rio de la Plata 340, 358
Ritterorden 183
Riva 268
Riva, Giacomo 430
Rivera, Francisco de 426
roaring fourties 395
Robert Guiscard 184, 190, 192
Robert I. von Neapel 224
Robert von Anjou 224
Roccaforte 216
Roderich 138
Roger de Flor 224
Roger di Lauria 220, 222
Roger I. 190, 194
Roger II. 184, 200, 202
Rollo 174
Rom 70, 71, 146, 158, 176, 282
- Expansion 70
- Flottenbauprogramm 71
- Getreideimport 73
- greift nach Norden 74
- in der Adria 86
- Krieg gegen die Piraten 100
- Plünderung 120
- Rheinflottille 74
- Seeverteidigung 74
- soziale Umwälzung 73
- Strategie 72
Romanos I. Lekapenos, Kaiser 154
Romanos IV. Diogenes, Kaiser 190
Römer 70, 71
Romerswael, Seeschlacht bei 374
römische Bürgerkriege 98
römische Flotte
- Polizeiaufgaben 112
- Transportdienst 112
Römisches Reich 92, 102, 110, 116, 120, 122, 166
- Bürgerkrieg 118
- Flottenquästoren 80

- Marinebehörde 80
Romulus Augustulus 122
Ronquillo, Juan 414
Rosas 220, 422
Rosetta, Seeschlacht bei 152
Rosso della Turca 214
Rostock 252, 260
Rostra 78
Rote Klippen, Seeschlacht bei den 308
Roter Fluß 322
Rotes Meer 7, 29, 30, 34, 114, 116, 206, 264, 345, 348, 350, 352
- Schiffbau 276, 278
Rotta Fortuna 430
Rouen 174, 240, 246
Roupinho, Dom Fuas 206
Rudolf von Habsburg 256
Rügen 254, 388
Rügen und Bornholm, Seeschlacht zwischen 388
Rules d'Oleron 240
Rupert von der Pfalz 436, 438
Rußland 251, 256, 342, 383, 384, 386, 388, 390
- Christianisierung 158
Rye 244
Ryukyu-Inseln 412
Sacco di Roma 282
Sachsen 118, 165, 166, 400
Sachsenkriege 168
Safawiden 278, 284, 288
Safi 348
Saguntum 71, 86
Saladin, Sultan 185, 206, 208
- Eroberungen 206
Salamis 32, 38, 64
- Seeschlacht bei 38
Salamis auf Zypern
- Doppelschlacht bei 42
- Seeschlacht bei 64
Salcedo, Juan de 360
Salerno 188, 192, 200
Salmanassar V. 20
Salomon, König 10
Salpeter 314
Salvator 400
Samos 32, 35, 50, 54, 56, 92, 140, 194, 426
- Aufstand von 42
- Seeherrschaft 24
Sampaio, Lope Vas de 350
San Antioco, Seeschlacht bei 82
San Antonio 340

San Cristóbal 408
San Diego 410
San Gabriel 338
San Juan 360
San Juan d'Ulloa 358
San Lukas 360
San Mateo 358, 410
San Michael 338
San Pablo 360
San Pedro 360
San Pietro 432
San Raphael 338
San Sebastian, Seeschlacht bei 420
Sanchez de Tovar, Fernan 246
Sancho IV. von Kastilien 220
Sande, Alvaro de 290
Sandwich 172
Sankt Thomas 260
Sansibar 316
Sant Anna 284
Santa Ana 362, 376, 414
Santa Teresa 406
Santander 274
Santiago 340, 406, 418
Santo Domingo 362, 408
São Jorge da Mina/Elmina 332, 338, 420
Sapienza, Seeschlacht bei 274
Sappho 29
Sarazenen 131, 144, 146, 148, 152, 154, 158, 198, 208
Sardes 29, 35
Sardinen 104, 120
Sardinien 86, 104, 160, 183, 187, 188, 204, 218, 226, 228, 230, 267, 284, 428
— Seegefecht bei 90
Sargon II. von Assyrien 20
Sargon von Akkad 10
Saronischer Golf 46, 56
Saseno 216
Sassaniden 116, 308
Sassanidenreich 116, 132
Scarborough 4, 246
Scepter 402
Schapendam 418
Schärenflottillen 392
Schaufelräder 314
Schelde 242, 372, 374, 380
Schiffbau 20, 188
Schiffbau in Indien 354
Schiffbruch 54, 71, 84, 106, 114, 116, 118, 136, 138, 140, 144, 146, 156, 180, 188, 190, 196, 198, 200, 210, 216, 222, 242, 246, 260, 278, 280, 286, 290, 346, 354, 378, 400, 430
Schiffs- und Pilotensperre 50
Schiffsbrücke 14, 18, 26, 38, 304
Schiffsbug/Rostra 78
Schiffshäuser 434
Schiffsklassen 305
Schiffskompaß 329
Schiffsschleppe 148
Schiffstypen 164, 432
Schildkrötenpanzer 324
Schlacht am Collinischen Tor 98
Schlacht auf den Katalaunischen Feldern 122
Schlacht bei Adrianopel 118
Schlacht bei Cannae 88
Schlacht bei Tunis 84
Schlacht bei Zama 90
Schlei 260
Schlesien 256
Schleswig 251, 256, 258
Schleusentore 303
Schmalkaldischer Krieg 370
Schmirgel 4
Schonen 385
— Heringsmärkte 252
Schotten 166, 363
Schottland 114, 237, 256, 260, 366, 370
Schwaben 154
Schwarzer Weiher 172
Schwarzes Meer 16, 30, 33, 56, 60, 98, 222, 263, 270, 385
Schweden 163, 176, 258, 262, 383, 385, 386, 388, 390, 394, 402, 434, 436
— Ansprüche 392
— Bergbau 252
Schweiz 154, 158
schwimmende Batterie 278, 288
schwimmende Festung 398
Schwimmhilfen 1
Scilly-Inseln 438
Scipio 72, 82, 88, 90, 94, 96
Scylletium, Seeschlacht bei 106
See Genezareth 114
Seearsenale 132
„seefahrende" Stämme 2
Seefahrt, frühe 9
Seefahrtsbedingungen 9
Seeflottille 434
See-Flußschlacht bei Kalkutta 414
Seehandel 9, 18, 76, 412
— frühe Handelsgüter 4, 10
Seeherrschaft 1, 140

Seemacht 9
Seemacht gegen Landmacht 44, 71
Seeräuber 158
Seerecht 240, 438
– Llibre de Consolat 218
– von Rhodos 34
Seeschlacht der Vernichtung 156
Seestädte 130
Seevölker 7, 16, 18
Seevölkersturm 8, 10
Segelkriegsschiffe
– Entwicklung 329
– Feuerkraft 434
Segelroute 360
Segelschiffstaktik 240
Segesta 48
Segueira, Diogo Lopes de 346
Seide 307
Seidenstraße 306
Seine 172
Seldon, John 438
Seldschuken 184, 190, 192
Seldschukenreich 220
Seleukia 208
Seleukiden 307
Seleukidenreich 34, 72, 94
Seleukos II. von Syrien 68
Selim I. d. Gr., Sultan 278
Selim II., Sultan 265
Selvo, Domenico, Doge 192
Semiten 7
Sena Gallica 124
Senat von Rom 98
Serbien 234
Sergius 146
Servilius 100
Settepozzi/Spezai 216
Severus, Septimius 114
Sevilla 146, 158, 196, 206, 232, 340
Sfax 152, 288
Shantung 307
Shetland-Inseln 174, 260
Shimabara 416
Shimazu 412
Side 92
Sidon 18, 20, 34, 66, 158, 196
– Eroberung von 60
– Seeschlacht bei 86
Siebenbürgen 288
Sigfred 174
Sigismund von Ungarn 234
Sigismund, König von Polen 383, 390

Signalstationen 118
Signalsystem 132
Sigurd I. Magnusson 196, 254
Sikhart von Benevent 144
Sikyon 22, 30, 38, 42
Silberflotten 358, 364, 408
Silistra 158
Silva, Juan de 412
Simhala 310
Sinan Pascha 288, 300
Sinan, Architekt 266
Sips 414
Sizilianische Vesper 187, 220
Sizilien 33, 46, 48, 78, 80, 104, 106, 120, 124,
    132, 134, 138, 140, 144, 146, 150, 152,
    156, 158, 184, 186, 187, 190, 202, 206,
    208, 214, 216, 220, 222, 224
– Kampf um 71, 144
– Königreich 200
– Kornkammer 69
– Landung auf 106
– Stentinello-Kultur 4
Skanderbeg 263
Skandinavien 163, 180
Skipetaren 263
Sklaven
– Schutzgesetze 356
Sklavenhandel 396, 420
Skorbut 395
Skotska Pincha 388
Skram, Peder 385
Skylax von Karyanda 30
Skyros, Insel 2
Skythen 26, 29, 30
Slawen 74, 124, 170, 176, 187
Sluis, Seeschlacht bei 244
Smålnds Lejon 402
Smolensk 251
Smyrna 194, 228, 270
– Gefecht bei 228
– Seeschlacht bei 430
Sofala 345
Sognefjord 254
Sohar 314, 352
Sokotra 346
Sokrates 29, 54
Solis, Juan Dias 340
Solon 29
Sonargaon 412
Song-Dynastie 314, 316
Sonnenschiff
– der Pharaonen 7, 10

Sonnensystem 365
Sorbolo, Nicolo 268
Sostratos von Knidos 66
Sourdis, Erzbischof de 420
Sousa, Martin Afonso de 350
Sousse 288
Souveränität
— Bedingung für 380
Sovereign of the Seas 398
Spanien 264, 265, 270, 276, 278, 292, 298, 300, 334, 342, 344, 360, 363, 366, 374, 394, 396, 397, 404, 420
— Ende als Seemacht 394
— Philippinengeschwader 414
— Südseegeschwader 414
Spanier 365, 374, 395, 410, 416
— Handelsmonopol 424
Spanische Armada 365
Spannungszonen, neue 343
Sparta 29, 30, 32, 36, 38, 40, 44, 46, 50, 54, 56, 58, 60, 62, 72, 84, 92
— beherrscht Ägäis 33
Sperrkette 256, 268
Sphakteria, Insel 32, 46
Spilbergen, J. van 414
Spinalonga 434
Spinola, Federico 380
Spinola, Thomas 218
Srivijaya 304, 312, 314, 316
St. Erik 388
St. Helena 340
Sta. Cruz de Teneriffa 424
Sta. Maria 338
Sta. Maura 274, 428
Staatspiraterie 260
Staatsrecht 240
Staatsvertrag 76, 78
Stadtrecht 251
Stadtstaaten 29
Stalhof 252, 384
Stamfordbridge 178
Stangeberg 178
Star Carr, Paddel 4
Stavanger 174
Stayner, Richard 424
Stefan von Bari 204
Steinbrüche von Syrakus 50
Steinreliefs 8
Steinschleuder 412
Stele von Kition 20
Stentinello-Kultur 4
Stepan Kontostephanos 202

Stettin 252
Steuerruder 1
Stickelstad 178
Stiller Ozean 333, 340, 358, 360
Stockfisch 252
Stockholm 253, 262, 392
Stonehenge 6
Stora Krafvel 385
Störtebeker 258
Stourmündung 174
Stralsund 252, 394
— Belagerung 400
— Seeschlacht bei 254
Strandbatterien 424
Straßburg 118
Straße von Gibraltar 196, 237, 404
— unter Kontrolle der Christen 212
Straße von Hormus 314
Straße von Malakka 310, 320, 350
Straße von Messina 29, 80, 156
Streitwagen 7
Strozzi, Leone 370
Strozzi, Philipp 372
Stückpforten 329
Suda-Bucht 294, 432
Südafrika 338
Südamerika 324, 338, 340
Südatlantik 395, 418
Südsee 304, 307
— Besiedelung 6
Sueben 168
Suez 352
Sui-Dynastie 310
Sulaiman 138
Sulaiman d. Gr., Sultan 264, 280, 284, 304
Sulaiman Pascha 352
Sulla 98
Sultan Babullah 354
Sultana San Marco 432
Sumatra 312, 410, 412
— Seemacht 312
Sumerer 7
Sundara 412
Sund-Zoll 258, 260, 383, 402
Suppiluliumas II. 16
Surat 414, 416
Susa 29, 62
Sven Estridsen 178, 180
Sven Gabelbart, König 163, 176
Sverre Sigurdson 251, 254
Svolder, Seeschlacht bei 176
Swan 360

Swiftsure 424
Syagrius, Dux 166
Sybota, Seeschlacht bei 44
Symeon, König 154
Synode zu Clermont 184
Synode zu Melfi 184
Syra 38
Syrakus 33, 46, 48, 58, 69, 76, 84, 140, 148, 150, 194, 198
— Belagerung 78
— Bürgerkrieg 78
— Fall von 88
— Gefecht vor 78
— großer Hafen 48
— Seezug nach Etrurien 76
Syrer 64
Syrien 7, 34, 64, 86, 90, 92, 104, 116, 152, 184, 194, 264, 280
Tageseinteilung 8
Tai Tsung, Kaiser 312
Taira 316
Taiwan 308
Tajo 146
Tallamey, General 428
Tamilen 303, 310
Tang-Dynastie 312
Tanger 220
Tanhangpo, Seeschlacht bei 324
Tankred von Lecce 206, 208
Tannenberg 383
— Schlacht bei 258
Taormina 156
Tarent 80, 108, 276
— Gefecht bei 88
— Seeschlacht vor 146
Targone, Pompeo 398
Tarik 138
Tarimbecken 308
Tarragona 165, 422
Tarsos 132, 150, 152, 156
Tartarenstaat 384
Tartessos 75
Tassilo, Herzog 168
Tauchboot 307, 398
Taucher 62
Tauromenium, Seeschlacht bei 106
Technik 90
Tell el-Amarna 14
Tempelritter 208
Tenedos 60, 98
Tenochtitlan 356
— See von 344

Terceira 372
Ternate 348, 354, 412
Terracina 288
Territorialgewässer 438
Tessiéres, Carlo 290
Tetuan 236
Teuta 86
Teutoburger Wald 112
Thaivölker 305
Thalassokratie 30
Thales 29
Thapsus, Sieg bei 102
Thasos 144
— Gefecht bei 40
Theben 12, 14, 16, 20, 56, 58, 60
Themenverfassung 75, 131
Themistokles 32, 33, 36, 38, 40, 73
Themse 176, 436
Themsemündung 242, 246
Thénouëel, Jean de 366
Theodosius I. 120
Theodosius, Heermeister 166
Theophanes 154
Theophano 158
Thera 4
— Admiralshaus 6
— Fresken 12
Thermopylen 38
Thessalien 46, 92
Thessaloniki 150, 206, 263, 267
Thomas 244
Thomas der Slawe 144
Thorn 365
Thraker 36
Thrakien 29, 33, 46, 148, 194
Thukydides 29, 46
Tiberias 158
Tiberius III. von Byzanz 136
Tiberius, Kaiser von Rom 112
Tidore 352, 410
Tiepolo, Lorenzo 214
Tiglat-pileser III. 7, 18
Tigris 7, 62, 114
Tilly, Johann 400
Timur Lenk 236, 320
Tiribazus 56
Tissaphernes 50, 52, 56
Toledo 122
Toledo, Fadrique de 408, 418, 428
Toledo, Garcia de 288, 292
Tolosanisches Reich 122, 166
Tonle-Sap-See 305

- Seegefecht 316
Tontafelarchiv 8
- der Pharaonen 14
Torbay 410
Torgisl, Wikingerführer 170
Torpedo 307
Tortosa 142, 202
Toskana 144, 426, 430
Totila 124
Toulon 288, 438
Tournai 242
Tours und Poitiers 140
- Schlacht bei 168
Trajan, Kaiser 114
Trani 200, 204
Tranquebar 392
Transportflotte 22, 82, 84, 88, 102, 116
Trapani 216
Trapezunt 270
Trau 232
Travemünde 385
Trefoldigkeit 402
Treibminen 374, 400
Tréport 366
Trevisan, Nicolo 267
Triere 32, 38, 108
- Entwicklung 18
- mit Slawen als Ruderer 52
Triest 234
Trinidad 340
Tripolis 200, 278, 282, 288
Tripolis/Libanon 132, 208
Tristão 336
Triumvirat
- erstes 100
- zweites 102
Trockendock 308
Troia in Apulien 188
Troizen 38
Troja in Kleinasien 6, 16
Trolle, Herluf 386, 388
Tromp, Marten H. 406
Tropenkrankheiten 395
Truppentransporte 434
Tschaka 194
Tschampa 305, 312
Tschandragupta Maurja 307
Tuchhandel 242
Tudhalijas IV. 16
Tunesien 134, 140, 152, 185, 216, 280, 288, 298
Tunis 132, 136, 186, 284, 426

Tupac Yupanqui, Inka 324
Turgut Ali 288, 292
Turgut Reis 286, 288, 292
Turm zu Babel 8
Turin 158
Türken 184, 265, 268, 288
Tyndaris 106
- Seeschlacht bei 82
Tyros 10, 18, 24, 66, 75, 196, 208, 214
- Belagerung 62
- Seegefecht vor 20
Tyrrhenisches Meer 234, 288, 290
- Binnenmeer von Rom 71
Übergang vom Ruder- zum Segelkriegsschiff 330
Überlingen 434, 436
Übersee 408
Ugarit 9
Uluch Ali 296, 298
Umfahrung von Afrika 22
Ungarn 176, 212, 228, 232, 270, 272, 282, 288, 366
Universitäten 187
Ur 7, 10
Ural 386
Uralkosaken 385
Urdañete 360
Usedom 400
Usipi 165
Uskoken 397
Utrecht 170
Utrecht, Union von 370
Valencia 183, 282
Valens, Kaiser 118
Valentinian III., Kaiser 120
Valerian, Kaiser 116
Valona 428
Valparaiso 410
van der Doos, Pieter 380
Vandalen 74, 118, 120, 161
- Raubzüge 122
Varus 112
Vasco da Gama 338, 345
Vasenfest von Delos 66
Vecht 170
Velez de Gomera 278, 286, 292
Venedig 124, 130, 142, 146, 152, 158, 184, 185, 186, 192, 194, 198, 200, 202, 206, 210, 212, 214, 216, 222, 224, 230, 232, 263, 264, 267, 270, 274, 278, 286, 294, 298, 397, 428, 434
- Flottenrüstung 142

- Handelsprivilegien in Byzanz 192
- Terra Ferma 263
- Tributzahlung 272
Veneter 100
Venezianer 432
Venier 296
Vera Cruz 356
Verdrängungsfahrzeuge 1
Verdun, Vertrag zu 148
Verona 263
Verrazano, Giovanni di 342
Vertrag von Alais 393, 400
Vertrag von Alcaçovas 338
Vertrag von Granada 276
Vertrag von Misenum 104
Vertrag von Nymphaion 216
Vertrag von Paris 240
Vertrag von Tarent 106
Vertrag von Tordesillas 333, 338
Vertrag von Zaragoza 342
Vertrag zu Aachen 170
Vertrag zu Verdun 172
Vertreibung der Mauren 426
Vespasian, Kaiser 114
Vesper von Ephesus 98
Victoria 340
Vietnam 305
Vigo 362, 378, 438
Vijayanagar 320
Villalobos, Ruy Lopes de 352
Villamarin, Bernardo de 276
Villegagnon 356
Virginia 438
Visazaval, Miguel de 428
Visby 251, 258
Visconti 267
Vitalianus 122
Vitalienbrüder 258
Vlissingen 372
VOC 410
Völkerwanderung 118, 122, 166
Vorderindien 395
Vorpommern 404
Vulso 82
Wachtürme 132
Walcheren 242
Waldemar II. von Dänemark 251, 256
Waldemar IV. Atterdag 252, 258
Wales 174
Wallace-Linie 2
Wallenstein, Albrecht von 394, 400
wandernde Rollbahn 268

Wappensäulen 332
Waräger 158, 162
- im Schwarzen Meer 148
Warlords 306
Warnemünde 386
Warschau 385
Warwick, Graf 436
Wasa 400
Wasa, Gustav 385
Wasserfahrzeuge, erste 1
Wassergeusen 364, 372, 374, 376
Weddell, John 416
Weichselgotik 385
Weißer Berg, Schlacht am 400
Weltumsegelung 340, 342, 360, 362, 410, 418
Wenden 251, 254, 256
Wendenland 178
Werften 66
Weser 165
Wessex 172
Westafrika 336, 396, 420
Westeuropa, Handelsgüter 237
Westfälischer Friede 364, 397, 402, 408, 418, 436
Westfriesland 168
Westgoten 120, 122, 134, 138, 166, 168
- in Gallien 166
Westindien 358, 395, 438
- Städtegründungen 356
Wien 282
Wight 174, 368
Wikinger 146, 162, 163, 164, 170, 174
- im Mittelmeer 148
- Landnahme 164
Wikingerschiff 162
Wikingerzüge
- Ursachen 162
Wilhelm I. der Eroberer 178
Wilhelm II. von Sizilien 206, 208
Wilhelm von Arles 158
Wilhelm von Oranien 364
Wilhlem von Hauteville 190
Willekens, Jakob 418
Willoughby, Hugh 342
Winchelsea 244, 246
Wind- und Meeresströmungen 333
Wind, Jürgen 402
Wismar 252, 260, 400, 404
- Seeschlacht bei 388
Wissenschaft 142, 187
Witebsk 251
Witte de With 402, 406

Wittenborg 258
Wittert, F. de 412
Wladimir, Großfürst 158, 160
Wolfegg, Graf 436
Won Kyun 324
Worms 366
— Konkordat 254
— Vertrag 280
Wrangel 402
Wu Ti, Kaiser 308
Wullenwever, Jürgen 384
Wurfmaschinen 104
Wurfspeere 1
Württemberger 434
Xanthippos von Athen 40
Xanthippos von Sparta 84
Xerxes I. 32, 36, 40
Ximenes de Cisneros 278
Yamato 308, 310
Yang Chien, General 310
Yang Su, Admiral 310
Yang Ti, Kaiser 306, 310
Yang-tse-kiang 305, 308, 310, 314
Yarmouth 240
Yi Sun Sin 324
Yin-ching, Admiral 320
York 172

Yoshitsuné 316
Yukatan 356
Yussuf Pascha 430
Zaccaria, Benedetto 218
Zaccaria, Familie der 224
Zahlensystem 307
Zante 292
Zara 185, 210, 212, 228, 234
Zeno, Andrea 214
Zeno, Carlo 234
Zeno, Kaiser 122
Zenon 35
Zhu Yuanhang 320
Zierikzee, Seeschlacht bei 242
Zikkurat 8
Zinnminen 412
Ziriden 131
Zubiaur, Pedro de 380
Zuidersee 74, 170, 372
Zypern 4, 20, 24, 30, 32, 33, 34, 35, 36, 40, 56,
  60, 64, 102, 116, 132, 140, 142, 150, 152,
  156, 185, 196, 204, 206, 208, 224, 230,
  232, 264, 265, 272, 294, 298, 428
— Galeerenerfolg 426
— Handelsstützpunkt 16
— Seeschlacht bei 16, 35
Zyprioten 32

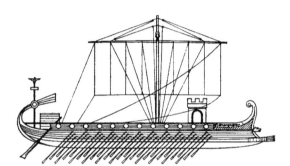

Ergänzungen und Korrekturen

zu Band 1

Chronik

Schriftforschung. Bei der Untersuchung der Vinča-Kultur am Balkan in Siebenbürgen und um Belgrad werden auf Gebrauchsgegenständen schriftartige Zeichen in größerer Zahl gefunden, die von ihrem Entdecker als älteste Schrift, noch vor der Keilschrift, angesehen werden. Die Interpretation als Schrift (nicht entziffert) wird von vielen Forschern noch als verfrüht angesehen. *5. Jtd. v. Chr.*

Felsbilder. Am Onegasee in Nordrußland wurde auf einer Decke einer Megalithkammer, dem „Dachstein", eine Felszeichnung gefunden, die neben der Abbildeung bildlicher Gegenstände wie Boote auch erste Piktogramme enthält, mit deren Hilfe man den Sinn der Darstellung enträtseln kann. *3. Jtd. v. Chr.*

Gütertransport. Unter Oktavian Augustus wird der Obelisk von Sethos I./Ramses II. von Heliopolis nach Rom gebracht und im Circus Maximus aufgestellt. Er wird im 16. Jahrhundert zerbrochen wieder gefunden und 1589 auf der Piazza del Populo wieder aufgerichtet. *um 10 n. Chr.*

Gütertransport. Unter Kaiser Konstantin I. wird ein Obelisk des Thutmosis III. aus Karnak nach Konstantinopel transprtiert, dort aber nicht aufgestellt. Ca. 357 läßt Kaiser Constantius II. diesen nach Rom verschiffen und im Circus Maximus als Gegenstück zu dem von Augustus aufstellen. Er wird im 16. Jahrhundert zerbrochen gefunden und nach Restaurierung 1588 auf der Piazza San Giovanni in Laterano erneut errichtet. *um 300 n. Chr.*

Korrekturen

Seite 186, oben: statt auch *aus*
Seite 196, unten: nach Europa *an*

zu Band 2

Korrekturen

Seite 476, oben: statt 271 *1271*
Seite 714, Mitte: statt 259.4988 soll heißen *259.498* und statt 0,4% soll heißen *80,4%*

zu Band 3

Chronik

Internationale Organisationen. Die schon 1948 gegründetre internationale Schiffahrtsorganisation der UNO mit der Bezeichnung IMCo wird auf IMO (Intern. Maritime Organisation) umbenannt. Ihr gehören bereits alle seefahrenden Nationen, insgesamt 121 Staaten, an. Sie verfügt in diesem Jahr über ein *1982*

Budget von 12 Mio. $ und berät die UNO in Schiffahrtsfragen wie Sicherheit, Umweltschutz u.a.

November 2002 **Schiffbruch.** Vor der Küste von Spanien, westlich von Kap Finisterre, sinkt der Tanker >Prestige< mit rund 77.000 Tonnen Schweröl an Bord indem der auseinanderbricht. Die Küste der Provinz Galizien ist auf Jahre hinaus mit Öl verseucht, der Muschelfang ruiniert. Es werden beschleunigt Tanker mit Doppelhüllenrumpf gebaut, damit die alten Schiffe ausgeschieden werden können.

1. Februar 2003 **Raumfahrt.** Beim Landeanflug zum Raumfahrtzentrum Cap Canaveral bricht 16 Minuten vor der Landung die Raumfähre >Columbia< auseinander. Nur kleinere Teile erreichen den Erdboden, alle sieben Besatzungsmitglieder sind tot. Die >Columbia< war am 14. Jänner zur ISS gestartet.

August 2003 **Schiffsfund.** Ein Bergungsunternehmen ortet vor der Küste von Georgia, USA, das Wrack des 1865 gesunkenen Raddampfers >Republik<. Das Schiff war in einem Wirbelsturm gesunken und soll Gold im Wert von 150 Millionen Dollar an Bord haben. Mit den Bergundvorberetitungen wird begonnen.

August 2003 **Schiffbruch.** Vor der Kolahalbinsel sinkt in der Barentssee das ausgemusterete russische U-Schiff >K 159<, als es zum Verschrotten geschleppt wird. Die neun Mann zur Konrolle des Schiffes an Bord gehen mit ihm unter.

25. September 2003 **Schiffbau.** Das derzeit größte Kreuzfahrtschiff der Welt, die britische >Queen Mary< II. läuft aus ihrem Werfthafen St. Nazaire zur ersten Werftprobefahrt aus. Das Schiff mit 150.000 BRZ und 345 Metern Länge soll ab Dezember 2003 ihre Kreuzfahrten aufnehmen.

Korrekturen

Seite 1387, Mitte: statt Kippenflader soll es heißen *Kippentlader*

Herr Kapitän i.R. Nikolaus **Viehauser** macht auf folgende Korrekturen ausmerksam, wofür ich ihm sehr dankbar bin.

Seite 1173, oben: statt westliches Timor soll es heißen *östliches* Timor
Seite 1179, oben: statt Scheuerleute soll es heißen *Schauerleute*
Seite 1191, unten: zu Pamir als Ergänzung (3100 BRT/*4172 tdw*/6550 t)
Seite 1216, Mitte: Passagierschiffahrt der HAPAG *1970* eingestellt
Seite 1224, Dezember 1975:   Die beiden Schiffe sind *nicht* durch Verrutschen der Ladung untergegangen. Die Unfallursache ist unbekannt.
Seite 1226, Zeile 6:   statt Quessant *Ouessant*
Seite 1232, Schiffbruch: Die Untergangsursache der >München< kann *nicht* ungesicherte Ladung gewesen sein
Seite 1268, Zeile 3:   statt Djakarta gehört *Jakarta* (seit ~1972)
Seite 1366, Paragraph 3 soll lauten:
   3) Das Totgewicht (dead weight - tdw) ist die Tragfähigkeit in Gewichtstonnen (tdw) eines leeren und betriebsfertigen Schiffes über den Tiefgang hinaus (BRZ minus NRZ).
   4) Die Verdrängung (Deplacement - t) ist das Gewicht des verdrängten Wassers und damit das Gewicht des Schiffes in einem bestimmten Ausrüstungszustand.

zu Band 4

Korrekturen

Seite 274: statt 1876 korrekt *1976* (laut Information von Herrn Otto Reinold)

Ich würde mich freuen, wenn ich weitere konstruktive Verbesserungen von Leserseite bekommen würde.

H. Pemsel

Helmut Pemsel
Weltgeschichte der Seefahrt

Bd. 1:
Geschichte der zivilen Schiffahrt.
Von den Anfängen der Seefahrt bis zum Ende des Mittelalters

450 Seiten, gebunden mit Schutzumschlag
ISBN 3-7083-0021-1 (für Österreich)
ISBN 3-7822-0821-8 (für Deutschland)
€ 40,00

Bd. 2:
Geschichte der zivilen Schiffahrt.
Vom Beginn der Neuzeit bis zum Jahr 1800 mit der Frühzeit von Asien und Amerika

452 Seiten, gebunden mit Schutzumschlag
ISBN 3-7083-0022-X (für Österreich)
ISBN 3-7822-0834-X (für Deutschland)
€ 42,00

Band 3:
Geschichte der zivilen Schiffahrt.
Von 1800 bis 2002. Die Zeit der Dampf- und Motorschiffahrt

554 Seiten, gebunden mit Schutzumschlag und 150 Abbildungen
ISBN 3-7083-0023-8 (für Österreich)
ISBN 3-7822-0835-8 (für Deutschland)
€ 54,00

Band 4:
Biographisches Lexikon.
Von der Antike bis zur Gegenwart

464 Seiten, gebunden mit Schutzumschlag und ca. 800 Abbildungen
ISBN 3-7083-0024-6 (für Österreich)
ISBN 3-7822-0836-6 (für Deutschland)
€ 48,00